HUNAN MUSEUM
湖南省博物馆

陈建明　主编

中国博物馆学历史文献选编

第三辑

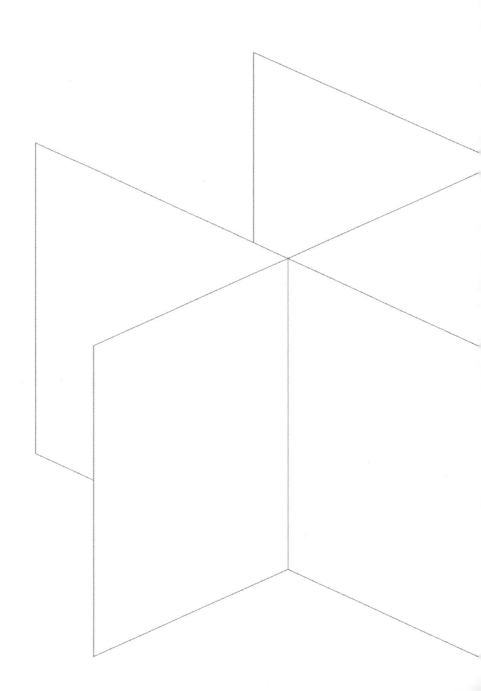

文物出版社

图书在版编目（CIP）数据

中国博物馆学历史文献选编·第三辑／陈建明主编.
—北京：文物出版社，2018.7
ISBN 978 - 7 - 5010 - 5461 - 9

Ⅰ.①中…　Ⅱ.①陈…　Ⅲ.①博物馆学 – 专题文献 –
选编 – 中国　Ⅳ.①G269.2

中国版本图书馆 CIP 数据核字（2017）第 285304 号

中国博物馆学历史文献选编　第三辑

主　　编：陈建明

责任编辑：李缙云　刘永海
封面设计：程星涛
责任印制：梁秋卉

出版发行：文物出版社
社　　址：北京市东直门内北小街 2 号楼
邮　　编：100007
网　　址：http：//www.wenwu.com
邮　　箱：web@ wenwu.com
经　　销：新华书店
印　　刷：北京京都六环印刷厂
开　　本：889×1194　1/16
印　　张：24.75
版　　次：2018 年 7 月第 1 版
印　　次：2018 年 7 月第 1 次印刷
书　　号：ISBN 978 - 7 - 5010 - 5461 - 9
定　　价：200.00 元

前　言

　　中国博物馆学文献选编的计划缘起于十多年前的中国博物馆学史研究课题。经国家文物局于 2002 年 3 月批准专项,湖南省博物馆组织课题组开展了为期三年的中国博物馆学史研究的工作。其主要成果,一是编辑了《中国博物馆学文献目录》,二是编写了《中国博物馆学大事记》,三是撰写了《中国博物馆学史研究报告》。在课题结题报告中,将计划开展《中国博物馆学文献选编》工作作为后续成果之一。

　　当年课题组为广泛收集中国博物馆学史料,全面反映中国博物馆学研究成果,曾赴全国各地查找资料,对全国知名博物馆专家和博物馆学学者、博物馆机构和教育科研机构进行了采访和调研,收集到上万份文献资料。特别是得到了吕济民、苏东海、王宏钧、沈庆林、罗哲文、于坚、甄朔南、朱凤翰、李象益、齐钟久、胡骏、周宝中、马希桂、齐吉祥、郑广荣、安来顺、秦贝叶、牛燕、张承志、李保国、许治平、宋惕冰、杜耀西、刘超英、周士琦、史树青、齐秀梅、刘恩迪、任廷芳、杜娜希、李静茹、张连娟、孙果云、马承源、费钦生、杨嘉褚、徐湖平、宋伯胤、奚三彩、梁白泉、张文军、王学敏、汤伟康、张礼智、陈全方、杨嘉祐、侯良、高至喜、孙景云、梁吉生、冯承伯、傅玫、傅同钦、刘毅、郭长虹、黄春雨、朱彦民、宋向光、高崇文、史吉祥、昝淑芹、杨志刚、刘朝辉、霍巍、陈德富、马继贤、吴洁坤、高荣斌、吕军、严建强、朱戢、刘卫东等诸位先生的大力支持和帮助,许多珍贵史料就是他们无私提供的。当我们重新翻检开始选编之时,感激之情无以言表。尤其令人遗憾的是,其中几位已经永远离开了我们。愿这迟来的感谢能通达天庭。

　　尽管中国博物馆学是不是一门学科的争论至今不绝于耳,但我们收集到的成千上万篇文献已经证明,关于博物馆的实践总结和理论探索在中国早已开始并从未停止。中国博物馆学文献选编的任务,就是力图将在中国博物馆学发展史上具有重大意义的文献收录进来,在一定程度上勾勒出中国博物馆学的发展脉络,也为进一步开展学术研究提供便利,免于翻检之功。本次先期出版的四辑,收录了中国博物馆学早期的著作、译著和文集;博物馆学文章、论文和论文集的选编工作将随后展开。

　　曾有人说,中国博物馆事业就像一艘巨轮高速航行在没有航标的河流上,未免言过其实。但难以否认的是,与近年中国博物馆专业史无前例的大发展、大繁荣相比较,中国博物馆学理论研究的相对滞后是不争的事实。无论是基础理论的研究,即揭示博物馆的核心价值、基本功能、职业伦理,解决博物馆为何的问题;还是应用理论的研究,探讨博物馆收藏、科研、教育、传播,解决博物馆何为的问题,均为实践对理论的急切呼唤。愿《中国博物馆学历史文献选编》能借博物馆学先辈们的智慧，为我们前行的道路增添一缕光芒。

　　湖南省博物馆《中国博物馆学史研究》课题由陈建明策划提出并任责任人，聂菲、熊建华、游振群、张曼西、喻燕姣、间四秋、翁金灿、廖丹、李易志、唐微、张锋、吴彦波、李丽辉、舒丽丽、李慧君、刘平等人员做了大量的资料搜集整理和录入工作。

　　《中国博物馆学文献选编》第一至四辑由刘平、李慧君组织汇编，张艳华、李燕、赵月、赵抒清、许艳艳等人员编辑、校对。再次一并致谢。

　　最后，向出版本书的文物出版社各位有关人员，特别是责任编辑李缙云、刘永海致以我们最衷心的谢意。

陈建明

2016 年 11 月

凡　例

一、《中国博物馆学历史文献选编》收集博物馆学各个时期的基本文献分辑出版，为中国博物馆学系统留存历史资料。

二、考虑到著作权年限的相关规定，丛书选编的时间范围暂定为 1840～1966 年。

三、丛书选编首期出版四辑，收录 20 世纪 30 至 60 年代的单行本著作和文集。

四、丛书所收文献按现代汉语规范重新编排，原文中的明显错误或印刷失误，以及因排版方式不同方位词有异等作了修订，其余一仍其旧。

五、原文中漫漶莫辩的字词用"□"符号代替，部分配图亦存在模糊不清的情况，敬请谅解。

六、丛书对原文作者加以简介，附于文题之后；对博物馆机构和博物馆人物，以及相关的人名、地名进行了注释，详略不等；考辨不清的博物馆名称则未加注释，新识者教之。

七、注释统一采用脚注形式。原作者或原编者的注释在其后标明为"原文注"，译者的注释在其后标明为"译者注"，丛书编者的注释不另作说明。

八、错误及未尽之处，敬请专家和读者不吝赐教。

总 目 录

苏联博物馆学基础

苏联博物馆学科学研究所　编

博物馆科学工作研究所筹备处　编译

文物出版社

·1957·

МИНИСТЕРСТВО КУЛЬТУРЫ РСФСР

НАУЧНО – ИССЛЕДОВАТЕЛЬСКИЙ ИНСТИТУТ МУЗЕЕВЕДЕНИЯ

ОСНОВЫ СОВЕТСКОГО МУЗЕЕВЕДЕНИЯ

ГОСУДАРСТВЕННОЕ ИЗДАТЕЛЬСТВО
КУЛЬТУРНО - ПРОСВЕТИТЕЛЬНОЙ ЛИТЕРАТУРЫ

МОСКВА 1955

目　录

序　言

　　苏联博物馆是宣传共产主义思想和共产主义世界观的有效工具，从而也是进行共产主义教育的有效工具。博物馆在苏联广大人民群众当中进行着巨大的科学教育工作，以忠实于社会主义祖国，蓬勃的爱国主义和无产阶级的国际团结精神来教育他们。

　　苏联博物馆把自己的工作建立在马克思列宁主义理论基础上，并将科学上各种成就，将苏联的以及各国的文化宝藏介绍给苏联人民。

　　群众性的政治教育和文化教育工作的规模在我国日益增大。一切文化机关，包括博物馆在内，都积极地参与这一工作。它们都以自己特殊的手段，执行着提高我国人民的文化水平以及用共产主义思想教育人民的任务。

　　但是，问题不仅在于文化教育工作的规模。文化机关的中心任务，从前是，现在还是为争取思想理论水平的提高，为争取科学理论基础宣传的深入，以及为争取科学教育工作的积极的创造性形式而坚持着的不断的斗争。

　　在苏维埃政权的年代，根据共产党和苏联政府的指示，在我国建立了分枝交错的博物馆网。苏联博物馆的工作内容、规模、组织形式、性质、任务等等，虽然都各不相同，但它们却是科学教育和科学研究机关中的统一的体系。这种统一首先是由科学教育工作的共同任务所决定的。当然，进行这种科学教育工作，除了博物馆，还有许许多多苏联文化机关。

　　我国的博物馆是科学机关。我国著名的、有世界意义的列宁博物馆①、国立苏联革命博物馆②、国立爱米塔什博物馆③、国立历史博物馆④、国立特列洽可夫画廊⑤、普希金美术博物馆⑥、国立俄罗斯博物馆⑦等等，它们的全部活动都是为科学研究的准则所贯穿着。

　　由于博物馆的特征是特种科学教育机关，因此科学研究的准则也就成为所有地志博物馆的活动的基础。

　　博物馆首先要涉及到物质文化和精神文化的真实纪念物以及我们周围自然界中的实物。这些珍贵的

---

　　①　一个专门研究列宁生平及苏共党史的机构，其总部中央列宁博物馆位于莫斯科，于 1924 年在今普希金街对外展出，新馆于 1936 年在革命广场落成并开放。该馆还在圣彼得堡、第比利斯、基辅、乌里扬诺夫斯克、巴库、利沃夫、塔什干设有 7 座分馆，下同。

　　②　位于莫斯科，1924 年在莫斯科市革命历史博物馆的基础上成立并对外开放，1939 年成为介绍苏联革命历史的博物馆，1968 年改称中央革命博物馆，20 世纪 90 年代中期改为俄罗斯现代史博物馆。

　　③　现多称"国立艾尔米塔什博物馆"，位于圣彼得堡，1764 年在俄国女皇叶卡捷琳娜二世宫廷收藏品基础上建立，1852 年对外开放，1917 年十月革命后，博物馆收归国有，下同。

　　④　位于莫斯科，建于 1873 年，1883 年向公众开放，是俄罗斯从古到今历史文物的最大收藏点，下同。

　　⑤　现多称"国立特列恰科夫美术博物馆"，位于莫斯科，于 1856 年创立，当时称为"特列恰科夫画廊"，1881 年对外开放，1892 年，创始人特列恰科夫将兄弟两人的所有收藏品捐献给莫斯科市政当局，1918 年，博物馆收归国有，下同。

　　⑥　现多称"国立普希金造型艺术博物馆"，位于莫斯科，建于 1912 年，当时被称为精品艺术博物馆，1937 年为了纪念伟大的俄罗斯诗人普希金改为现名，下同。

　　⑦　位于圣彼得堡，1895 年由亚历山大三世下令创立，1898 年在米哈伊洛夫宫对外开放。

材料常常是研究历史科学、自然、技术、文学、艺术等部门中极其多样的问题时所使用的特种原始资料。

博物馆只能在巨大而深刻的研究工作的基础上，在无数的社会历史纪念物中和自然历史纪念物中来进行搜集和选择（这是特别重要的）自己的材料。

苏联博物馆不仅仅是珍贵宝物的储藏库。它是进行研究工作的广大场所。在这里，对所搜集来的丰富材料要进行研究和科学加工，因为没有科学加工是不能为人民的利益从科学上和实际上来利用这些丰富材料的。

博物馆既搜集到真实材料，并对它们进行了研究，便可以把它们包括到自己的陈列中来。没有真实材料，没有原始资料，就没有博物馆；同样，也没有博物馆是不进行陈列的。

博物馆所陈列的实物，能够使人们对于人类的过去和现在，对于周围自然界以及对于人类为改造自然界而进行的斗争，有更深刻、更具体的概念。

博物馆通过陈列所起的宣传作用的力量，直接取决于陈列的科学水平。要使陈列工作发挥充分的作用，要使它成为科学教育宣传的有效工具，就必须进行巨大的创造性的劳动。

苏联博物馆陈列工作的特点是它的陈列意图以及解决这种陈列意图的明确性，形式主义是与苏联博物馆陈列格格不入的。

苏联博物馆全部活动的特点，便是它们科学教育工作和科学研究工作的统一。在博物馆中，教育任务和科学活动之间不能有脱节现象。无论博物馆是搜集自己的藏品，把它们准备用于陈列展出给自己的参观者们，或者是进行群众工作，摆在它面前的，永远是极复杂而极有责任地对劳动人民来进行政治教育的任务。

苏联博物馆根据其规模及性质，分为若干种类。有全苏性（以及世界性）的中央博物馆。创立了各共和国、边区、州、市和区的博物馆网。这些博物馆的管理都集中在苏联文化部、各加盟共和国的文化部以及它们的地方机关。在许多情形下，一些博物馆是由苏联其他各部和苏联科学院领导的。

根据博物馆主要藏品的类别和陈列内容，博物馆又按科学、技术、艺术、文学分为各种专业博物馆。

纪念优秀历史人物和重大历史事件的这种纪念性博物馆，是相当多而独具特色的。

纪念文物博物馆是纪念性博物馆的特殊一类。

除了分科博物馆和专业博物馆之外，在苏联还有很多综合性的博物馆。占苏联博物馆最大一部分的是地志博物馆，它们便是综合性的。大多数地志博物馆都包括历史馆（革命前的和苏维埃时期的）、自然馆，以及其它各馆（如绘画馆等）。有时纪念性的博物馆也是综合性的。

苏联人民都热爱博物馆，他们经常乐于参观博物馆，以便从这里吸取表现在人类物质生活和精神生活上的、错综多样的人类历史的知识。

苏联共产党关于思想问题，以及关于进一步提高人民群众的物质和文化生活的决议中所包含的基本原则，应当成为博物馆实践活动的根据。

例如，博物馆应当帮助人们了解历史发展的动力，了解人民群众首先是苏联人民——共产主义社会的自觉的建设者在历史中的作用和意义；应当阐明苏联人民的领导力量共产党的作用，以及苏联全体人民为和平而进行的斗争。博物馆应当为反对关于个人在历史中的作用的反马克思主义的理解，为反对个人崇拜思想表现而斗争。在博物馆工作中，正确反映苏联各民族团结于统一友爱的大家庭中的共产党的民族政策，是有着特别重要意义的。

　　宣传共产党和苏联政府关于进一步发展重工业（全民经济发展基础的基础），发展农业和进一步提高人民群众的福利和文化等重要决议，是博物馆的经常任务。特别重要的是，在博物馆中要不断地加强宣传大型机器制造工业的作用和意义，因为列宁曾教导我们说，大机器制造工业是社会主义唯一能改造农业的物质基础。

　　共产党关于用揭示人类改造自然的活动，以及用与各种成见做斗争的方式来扩大和改进自然科学宣传工作的指示，也应当成为博物馆的注意中心。

　　地志博物馆的工作任务，也是非常繁重的。地志博物馆根据对地方的过去和现在的深刻研究而进行的工作，以培养参观者们对自己地方的自豪感，从而也培养他们热爱苏维埃祖国，无限忠实于苏维埃祖国的伟大事业。

　　博物馆的政治教育和文化教育任务，只有在它的工作人员创造性地进行自己的宣传工作，并在自己的队伍里与一切文牍主义和教条主义的表现进行斗争的条件下，才能得到正确的解决。

　　无论博物馆在进行哪方面的宣传工作，不管博物馆的政治教育和文化教育工作表现为什么形式，它们应当以真正科学的客观精神为基础，热情而具有说服力地向苏联广大人民群众灌输伟大的共产主义思想。

　　除了宣传共产主义思想和进行共产主义政治思想教育以外，博物馆还担负一项具有全国意义的极其重要的任务。

　　根据苏联政府的决议，博物馆是文化和艺术纪念物的主要储藏库。保存和保护古代的纪念物和现代文化的纪念物，以及人民为自己的将来而进行的英勇斗争的纪念物的这一光荣任务，永远应当成为博物馆的注意中心。文化和艺术的纪念物，是人民极宝贵的遗产，博物馆为使这些遗产完整无缺，对人民和国家负有责任。它的任何损失都是无法弥补的。

　　不应当把保存文化和艺术纪念物，看成是博物馆的组织和技术任务。

　　莫洛托夫在全苏共产党（布）第十八次代表大会上说："必须不遗余力地研究文化遗产。应当认真地、深入地了解它。应当利用资本主义和人类从前历史所留给我们的一切，以及利用人类用自己劳动在多少世纪中所创造的砖块，来建筑崭新的、人民生活方便的、宽敞而充满阳光的大厦。"（《全苏共产党（布）第十八次代表大会上莫洛托夫报告的速记稿》第314页，国家政治出版局1939年出版。）

　　博物馆对国民经济有巨大的帮助，因为它宣传先进技术、先进工作方法，同时还以自己科学研究的成就来帮助国民经济。进一步加强这一方面的工作，也是博物馆的重要任务。

　　我国博物馆工作的不断发展和改进，只有在综合苏联博物馆的先进工作经验的基础上才有可能。苏联博物馆工作的理论和实践是一门特殊的科学，即苏联博物馆学。

　　苏联博物馆学的任务是确定博物馆工作的一般原则，同时也估计到不同专业博物馆的特殊性质。

　　苏联博物馆工作的理论基础，是在与有害的资产阶级影响，特别是在1930年第一届博物馆工作会议中所表现的与资产阶级影响作斗争的过程中建立起来的。第一届博物馆工作会议中，错误地确定了博物馆工作的特征。在博物馆的陈列中，鼓吹了反映波克洛夫斯基及其"学派"的观念的社会学。因此，根除这次会议上的这些错误，便成为博物馆战线上全体工作人员的责任了。

　　由于对博物馆先进工作经验进行研究和综合的结果，在我国出现了许多论述博物馆工作的理论、历史和实践等个别问题的著作，以及阐述博物馆的科学研究、搜集、陈列和群众工作等方面的方法问题的书籍。

　　但是，到目前为止，苏联博物馆工作者还缺乏按一定系统来叙述博物馆工作理论和实践的主要原理的参考书。

　　编写有系统的参考书的困难，是很明显的。并不是一切有关博物馆工作的理论和实践问题都已探讨得很全面了。有些个别的问题，现在才刚刚开始进行研究。然而，博物馆工作者现在却迫切需要这种参考书。

　　本书——《苏联博物馆学基础》的目的，是给予博物馆工作者，特别是最有群众性的地志博物馆工作者以实际的帮助，把博物馆工作的理论和实践的系统知识介绍给他们。

　　本书中所叙述的是苏联博物馆学中的哪些问题呢？

　　本书首先给"苏联博物馆"这一概念下了定义，说明了博物馆工作的特殊性，批判了博物馆工作中唯心主义理论，并肯定了历史条件所规定的科学发展和博物馆发展之间的相互关系。

　　同时还阐明了博物馆中各种博物馆藏品的作用，以及它们作为知识的起源的原始资料的意义。

　　继而谈到博物馆的搜集工作的问题，搜集工作在博物馆工作中的地位和意义，博物馆文物搜集工作的主要任务和方法。

　　在分析苏联博物馆搜集工作经验的同时，也叙述了博物馆为保存在自己基本藏品中而选择物质文化和精神文化纪念物的基本原则。搜集工作的途径和方法，所搜集来的材料的初步统计和说明程序等的叙述，都和博物馆基本藏品的补充方法结合起来。书中还专门论述了自然科学和历史博物馆的搜集工作的问题。

　　博物馆藏品的登记、鉴定和科学记述，以及博物馆藏品的保管问题等，都分章予以叙述。

　　苏联博物馆的陈列工作问题，在本书中占有特殊的地位。其中规定了陈列工作在苏联博物馆活动中所占的地位和意义，叙述了安排陈列的基本原则，阐明了选择陈列材料的标准以及陈列品的分类和摆放的原则。并且专门论述了陈列的艺术形式的问题，还阐述了各种性质博物馆的陈列特点。本书以苏联博物馆群众工作、它的形式和方法（参观、报告、展览、小组活动）为结尾。

　　这样，本书企图系统地阐明苏联博物馆活动、苏联博物馆学的理论和实践的全部基本问题。

＊　　　　　＊　　　　　＊

　　参加本书，即《苏联博物馆学基础》讨论的有：莫斯科博物馆、列宁格勒①博物馆、喀山博物馆的全体人员，还有斯维尔德洛夫、奔萨、莫洛托夫、基洛夫等省的地志博物馆，以及阿捷尔拜疆②共和国马里地志博物馆、弗拉基米尔和高尔基省的地志博物馆的全体人员。

---

　　①　现多称"圣彼得堡"，下同。
　　②　现多称"阿塞拜疆"。

第一章　博物馆及其特征

第一节　苏联博物馆

在伟大十月社会主义革命的最初的日子里，列宁就曾指令人民教育委员会采取坚决的措施来保护博物馆的文化珍品。列宁建议将所有的艺术和历史藏品，将所有的民族文化纪念物，作为人民的财产，把博物馆变成教育劳动群众的中心。

刚刚成立不久的人民教育委员会，为了执行列宁的指示，所以于 1917 年 11 月间发出了《致工人、农民、士兵、水兵和俄罗斯全体公民书》的传单，传单里说："……除了自然财富以外，劳动人民还继承了巨大的文化财富：极美丽的建筑物，藏有稀世而美丽、大有教育意义并能振奋人心的物品的博物馆，藏有巨量精神珍品的图书馆等等。所有这一切，现在都已真正属于人民了。所有这些都将帮助穷人和他们的子女在知识上迅速地超过从前的统治阶级，将帮助他们成为新人，成为旧文化的享有者，成为空前未有的新文化的创造者。同志们，要警觉地保护人民的这一财富！"①

1918 年 1 月第三次全俄苏维埃代表大会通过发展国内博物馆工作的决议。代表大会指出："必须保护由过去继承来的巨大的文化珍品，必须将这些珍品的储藏库变成为全民所利用的博物馆，使之成为教育泉源的博物馆。"

在俄共（布）党第八次代表大会（1919 年 3 月）上通过的纲领中曾写着这样的要求："开放一切在剥削劳动人民劳动的基础上所创建的，以及直到今天以前还在剥削者独占支配下的艺术宝库，并使其成为劳动人民所享有。"

博物馆，也和国家的其它文化教育机关一样，在苏维埃政权建立的初期，便已确定了为千百万劳动人民服务的目标，以便有助于劳动人民的追求光明、追求知识的巨大高涨。

所有这一切都证明了：博物馆在伟大十月社会主义革命以后所获得的非常重要的意义。

苏维埃政权的年代，博物馆网在国内蓬勃地发展起来。1954 年博物馆的数目达到一千左右，而在十月革命以前却只有一百八十个博物馆，其中包括在现在俄罗斯联邦共和国境内的一百四十九个博物馆。苏维埃时代，博物馆在数量上的增长，在各民族共和国中特别明显，因为在沙皇制度下，那里的博物馆是极少数的。而现在，没有一省、没有一个共和国，是没有博物馆的。

在苏维埃国家里，博物馆是文化纪念物——独一无二的、罕有的、某点突出或对当地说来是典型的物品的国家主要储藏库，博物馆也保存有我国自然财富的标本和其他能反映自然历史的物品。

苏联博物馆，根据自己活动的内容，既是科学研究机关，而同时又是科学教育机关。

作为一个科学研究机关，苏联博物馆搜集着、研究着和保存着文化纪念物和自然历史纪念物，以及

---

① 1917 年 11 月 4 日彼得堡工人士兵代表苏维埃中央执行委员会的通报。——原文注

其它物品——那些关于自然和社会的科学知识的原始资料。

作为一个科学教育机关，博物馆将自己研究工作的成果利用于科学教育工作的活动中——即利用于自己的陈列中和刊登于专门的科学普及刊物中。博物馆用陈列的方法，使苏联人民能够通过对陈列中展出的那些博物馆藏品，原始资料的直接观察，来认识过去文化遗产和社会主义社会的文化珍品，以及我国的自然财富等等。

博物馆以自己的科学教育工作促进着人民群众的普通知识和文化水平的提高，提高他们的共产主义教养，促进马克思列宁主义世界观的形成。

苏联博物馆把自己的全部工作建筑在马克思列宁主义的方法基础上，建筑在共产党党性的基础上。

苏联博物馆对于国民经济建设也有所帮助。例如，地志博物馆由于查明和研究了自然的生产力、地方的经济，便通过自己的陈列以及在专门出版的刊物上来介绍这个研究的成果。通过博物馆的陈列来宣传科学成就和社会主义工业和农业中的先进经验，在苏联博物馆活动中占着重要地位。于是，苏联博物馆利用博物馆资料便协助解决了在我国建成共产主义中的一些实际问题。

第二节　博物馆的特征以及它对组织博物馆工作的意义

只有在博物馆工作人员以博物馆工作的科学理论、以能正确进行博物馆各种科学研究工作并能在科学宣传工作中最有效而准确地运用多种多样的博物馆手段和博物馆学方法论的方法来把自己武装起来的时候，才能够顺利完成摆在苏联博物馆面前的任务。

但是，直到现在，对于博物馆事业的马克思列宁主义理论的研究，尚未给以应有的注意。这就严重地阻碍了博物馆工作的发展，妨碍了博物馆正确地从事搜集、保管、陈列工作和群众工作。

因此，苏联共产党第十九次代表大会关于必须研究各门知识的理论的指示，对于博物馆问题，也是有直接关系的。

马克思列宁主义教导说：为了正确地了解社会现象，有极大重要性的，并不是这些现象所固有的一般的东西，而是那些能把社会现象互相区别开来的那些特殊的特征。正是这些特殊的特征对于科学说来，才是最为重要的。而它们对于我国博物馆工作的理论和实际、对于苏联博物馆学也有着巨大的意义。

苏联博物馆按其分科，按其藏品特点及其具体任务来看，是极为多种多样的。只要指出一些最重要类型的博物馆和它们的藏品，也就足以说明它们的多种多样了。例如，有古生物学博物馆、地质学博物馆和生物学博物馆。古生物学博物馆是搜集、保藏、研究和陈列已经绝迹了的各种动物的遗骸和已经绝迹了的植物的印痕化石。地质学博物馆则是搜集、保藏、研究和陈列各种有用矿产的标本。生物学博物馆则是搜集、保藏、研究和陈列各种动植物的标本等等。历史的、人文志的、革命历史的和其他别种的博物馆则搜集、保藏、研究和陈列文化纪念物，如：工具、劳动产品、武器、社会生活和家庭生活用品、不同时代的各种文件等等。

美术博物馆保藏和陈列着雕刻、绘画和格拉费卡①的作品等等。地志博物馆搜集、保藏和陈列那些能说明当地的自然、历史的过去和社会主义的现在——即能说明它的经济、文化及其日常生活的资料。纪念性博物馆保藏和陈列那些与重大历史事件有关的、与卓越的国家政治活动家和科学、技术、艺术、

---

① 造型艺术之一，包括素描、铜版画、木刻石版画、水粉画等。——原文注

文化等方面的杰出人物有关的生活和活动的资料。

甚至于还建立了微生物学博物馆，这里的陈列品只有借助于各种光学仪器才能够为大家看到。

博物馆基本藏品是多种多样的。有直接取诸自然而没有经过人们任何加工的物品；有取自自然，但为了保藏和陈列经过特别制造而成为标本的物品；有人类劳动和精神创造的产品（物质文化和精神文化的纪念物），所有这些都可以在博物馆的基本藏品中找到。

博物馆按其具体的社会任务来说，也是多种多样的：有为一般群众开放的博物馆，有隶属于教育机关的博物馆，有主管机关主办、为特定参观人员开放的博物馆。博物馆类型的这种不同也表现在安排陈列的各种原则上。一些博物馆是根据有系统的原则来组织自己的陈列；另外一些博物馆是专题性的陈列；再有一些则是把这些原则综合起来来安排自己的陈列的。

博物馆的专门分科、基本藏品及其具体任务等的多种多样和各异的性质，使人们难于弄清它们的特征和本质。因为特征和本质是不能只停留在现象的表面的。然而，博物馆工作理论的重要任务之一却是要弄清博物馆的特征，以及根据这个问题再来弄清存在于博物馆中的从事科学教育活动的可能性。

无论这些博物馆按其专门分科和基本藏品来说是如何多种多样，但是它们的特征、它们的根本特点便能把所有博物馆结合在一起，而造成它们的统一。博物馆正是以本身的特征来区别于其它文化教育机关和科学机关——图书馆、俱乐部、科学研究所等等。正确地确定博物馆的特征，对于博物馆的实际工作说来，是非常重要的，因为对博物馆特征的不正确的了解，往往会导致对博物馆提出不适合于博物馆性质和本质的要求。

由此可见，博物馆特征的问题——这是科学地规定博物馆陈列范围的问题，也就是说，这是博物馆工作理论与实践的最主要的问题。

在资产阶级的科学中，曾不止一次地企图确定博物馆本质，企图理解它的特征。但是由于他们在这方面所采用的方法的缺陷，所以他们都遭到了失败。资产阶级博物馆学是从唯心主义的和形而上学的立场来论述博物馆的本质和起源的。

属于资产阶级唯心主义的博物馆起源的理论，有"主观美学"的理论。

这个理论设法以对美的"天赋"的爱来解释搜集工作，即博物馆珍品的积累工作。根据这个"理论"，博物馆的产生应当归功于人们企图用那些能激起美感的物品来把自己围绕起来的那种愿望。另一种称为"生物论"的、关于博物馆起源的资产阶级的"理论"，也是大家所知道的。它硬把"搜集的本能"加在人的身上，按照这个"理论"，不仅是人们，而且一些动物也具有这种"本能"，因为他们的典型代表能够把对于它们自己说来是毫无用处的闪烁的贝壳、石子和其他美丽的东西拖往自己的洞穴。

因此，从这些资产阶级的"理论"中所得出的结论，便是说，博物馆的发生不是根据社会的要求，不是因为社会历史发展的结果，而是由于人们"天赋的"本能。这些理论的唯心主义实质是很明显的。

在资产阶级文献中最为流行的，是"语言学理论"（这个"理论"的名称是与博物馆 МУЗЕЙ 这个词的字源有关，因为 МУЗЕЙ 是古希腊人的诗神缪斯 МУЗ 所居住的圣地或庙宇）。这个"理论"把各国博物馆工作的起源归诸于一个共同的"发祥地"——古希腊。根据这个理论，不同国度、不同时代所特有的各式各样博物馆的产生和存在，并不是用成熟了的社会要求来说明，而是用对古代博物馆的模仿来说明。

所有这些理论的出现，是并非偶然的。列宁对于类似这种的理论曾这样写道："这是任何科学所由以开始的那种形而上学的最明显的标志：还不善于着手研究事实时，总是 a Priori（预先）臆造一些毫无结果的一般理论。"（《列宁全集》第一卷俄文版第126页、中文版第123页至124页）

只有马克思、列宁的方法论，才能使我们正确地了解作为社会现象的博物馆的本质和作用，才能使我们正确地了解成熟了的社会要求对博物馆发展所起的历史的制约关系。

马克思列宁主义关于必须用历史的方法来研究社会现象及其特征的原理，是了解所有社会现象（其中也包括如博物馆之类的社会现象）的强有力的方法武器。"社会科学问题中，最可靠的……"列宁指示说，"最主要的，是用科学观点来对待这个问题，这就是说，不要忘记基本的历史联系，用下面的观点来观察每一个问题，即：一定现象在历史上是怎样发生的，这个现象在其发展中经过了那些重要阶级，并且从发展的观点来看这个事物现在变成了什么"（《列宁全集》第二十九卷第 436 页）。只有这种历史方法，才能使你理解到：在不同的历史时期、在社会发展的不同的条件下，"博物馆"这一概念的量与质的变化的规律性。用这种方法便可弄清楚博物馆的社会意义和社会作用中，以及博物馆的创建者和"需要者"的社会成员中所产生的、由历史条件所制约的那种分歧。

博物馆工作历史综合性著作的缺乏，便妨碍了博物馆工作理论的研究和对它的特征的阐明。但是，科学历史，特别是文艺复兴时代的历史，首先是与博物馆的发展有密切联系的博物学历史，都对于博物馆历史给予了丰富的资料。

博物馆有着许多世纪的历史。大家都知道的有古希腊的博物馆，在希腊把为科学和艺术所开设的专门机关（庙宇或祭祀诗神的地方）叫做博物馆。在古希腊的许多城市里便有了博物馆，在稍晚一些的年代里，在亚力山大、别尔卡姆、古罗马、拜占庭等处也都有了博物馆。

从文艺复兴时代开始，博物馆的发展，和科学的发展一样，是与资产阶级的需要相联系着的。为了发展工业，资产阶级需要科学。因为它能研究物体的性能和自然的力量的表现形式。资产阶级也需要相应的博物馆，以便在这里能使学者们找到用于自己研究的材料。

与主要以艺术作品为博物馆藏品的古代博物馆不同，在欧洲，自从文艺复兴时代以来，就出现了另一种博物馆，它们主要是搜集动物界和植物界的标本，各种各样的矿物、测量学和天文学的工具（这些工具当时称之为"哲学工具"），同时也搜集日常生活用品和外国的武器。

这时，地理上的发现起了很大的作用，这些发现得到了直到在那时以前在矿物学、动物学、植物学和人体生理学方面所得不到的新材料。这些从前不知名的物品——海外的稀奇的动物、植物、矿物、当地居民奇异的服装和家具——都来到了欧洲，而补充了博物馆藏品并成为商人们、航海家们以及旅行家们创建新博物馆的基础。博物馆因为拥有丰富的矿物、动物、植物以及别的作为研究工作主要基础的藏品，所以现在就特别吸引着学者们。

俄罗斯的博物馆也有自己丰富而古老的历史。有一些材料说明，早在古俄罗斯就已搜集了珍贵的藏品。

最古的俄罗斯博物馆——武器陈列馆的宝库，于十六世纪就已引起所有外国参观者的惊讶。

十八世纪初期（1714 年），彼得一世于彼得堡建立了名为"珍品陈列室"的第一个俄罗斯科学博物馆，后来它便成了科学院那些博物馆的前身[①]。

珍品陈列室在它被拨归 1724 年建立的彼得堡科学院[②]以后，得到了特殊的发展。从此，院士们便直接参加了珍品陈列室的工作。这些院士当中有天才的俄罗斯学者罗蒙诺索夫，他记述了珍品陈列室的矿

[①] 可惜，一部分博物馆科学工作者中，常对彼得堡的珍品陈列室有不正确的看法。从今天的立场来估计珍品陈列室，不可避免要使人们不理解它作为科学机关的作用，因为它的内容和活动的形式是受历史条件所约束的。斯塔纽柯维奇的著作《彼得堡科学院的珍品陈列室》便是纪念彼得堡珍品陈列室的历史的。（莫斯科列宁格勒版，苏联科学院出版局 1953 年出版）——原注

[②] 1725 年正式成立，俄国最早的科学研究机构，位于圣彼得堡。

物学藏品，直到他生命结束以前，他和这个博物馆的联系也从没有间断过。

院士菲尔斯曼在描写珍品陈列室的发展史时写道："十八世纪初年，珍品陈列室的目的只不过是将最美好的物品集聚在里面而已。但是，它们逐渐搜集得愈加广泛，以致不仅是俄罗斯的、也有别的国家的藏品了。它们逐渐成了似乎是俄罗斯科学全部历史的生动图解，因为它们既搜集科学原物的世界珍品，又在自己的内部集聚着我们国家的财富。科学院博物馆从珍品陈列室的狭隘任务成长为最大的科学研究院了。"

在1756年创立的自由经济协会，为了寻找增加地主农业收益的途径，在其存在的最初时期便组织了在当时即很著名的机关，即农业机器和农具博物馆以及实用自然历史博物馆。

在十九世纪前半期，人们对祖国历史的兴趣日益加强，因而创立了研究俄罗斯历史的、附设有博物馆的学术协会——彼得堡全国考古学委员会、莫斯科和熬德萨历史与俄罗斯古迹协会。个人对历史古物的搜集，得到了广泛的传播。

这样，博物馆就逐渐成为科学机关了。它们有系统地用新的贵重藏品，特别是用自然历史的纪念物充实了自己。无论是个别的学者或是专门的考察队，都出发到海外各国去搜集科学材料，特别是搜集动植物的科学材料，因为动植物学还一直"仍然是在搜集事实"（恩格斯语）的科学。在这种情况下所搜集到的材料，都是精彩的藏品，这些藏品照例都集中在博物馆里。

例如，大家都知道，卓越的自然科学家林奈，当他从事于植物分类的研究时，他不仅看遍了欧洲许多博物馆的植物干腊标本，并且还特地把自己学生安置到开往遥远国家的船只上担任各种不同的职位，为了使这些学生给他寄回或带回各种种子和晒干的植物。特别是林奈曾利用了第二勘察加考察队的参加者所搜集到的材料。林奈的学生戈里郭里·捷米陀夫将这次考察队所搜集的植物干腊标本给他寄了来。此外，在东部西伯利亚若干地区进行科学考察时所搜集到的大批植物也寄给了林奈。林奈写道："从来没有人给我的礼物能比拿西伯利亚植物作为礼物使我更为高兴的了。"（斯塔纽柯维奇的著作《彼得堡科学院的珍品陈列室》的第146页）

法国学者居夫耶争取到使政府公布一项国家法令，其中责成船上的医生以及担任其他职务的人员为了正在法国建立的博物馆搜集和运回博物馆所需的材料。达尔文乘"比格里"号船作环球旅行时游历了南美洲，研究了南美洲的地质，并搜集了许多藏品，后来他把这些藏品都转赠给博物馆了。

为了搜集自然历史藏品、人文学藏品和其他藏品而有许多贡献的俄罗斯航海家们的功绩，大家是都知道的。在他们当中应当指出克鲁辛什切尔恩，他当考察队出发时，曾给院士谢维尔庚和谢瓦斯栖亚诺夫几回专门的书面指示，指示他们为珍品陈列室搜集材料。院士兰戈斯陀尔夫的考察队以无数有关巴西的、欧洲任何一个国家也不能比拟的藏品，丰富了珍品陈列室。

俄罗斯南极考察队（1819年）搜集了各科知识的巨量实际材料以及"各种自然物、服装、野蛮民族的武器"等丰富藏品。

里特凯的考察队（1826至1829年）搜集了相当多的、有关自然历史和人文志的材料。普尔热瓦斯基在自己旅行时搜集了最珍贵的动植物学藏品。米克鲁赫－马克莱所搜集的人文志学的藏品，有着极其重大的科学意义。陀库恰耶夫所领导的几个考察队所搜集到的自然科学藏品，奠定了由这位学者倡议而创立的尼热哥罗得博物馆的基础。

以院士维廉士的劳动所创立的莫斯科季米里亚捷夫农业科学院①附设土壤博物馆是遐迩闻名的。

---

① 始建于1865年，是俄罗斯历史最悠久的农业高等院校，以伟大的植物生理学家季米里亚捷夫命名。

博物馆广泛地提供了俄罗斯学者们所搜集的藏品来用于研究，而这些博物馆藏品也成为无数科学研究的根据了。

从以上所述及的，可以得出结论：博物馆在许多世纪以来就与适当的科学分科密切地联系着，并且与科学一齐发展，以满足社会要求。但是，应当着重指出，博物馆作为促进科学发展的特殊机关，在历史上它的产生，在许多情形下，往往是先于分科的科学研究所的产生。正是博物馆才经常成为建立相应的科学研究所的基础；这一点，是世界科学和祖国科学的历史，特别是苏联科学院的历史都证明了的。

必须记住，构成人类知识的宝贵泉源的博物馆藏品的搜集，是许多代的学者们忘我劳动有时还是英勇劳动的结果。学者们所搜集的博物馆藏品经常证明了某一种科学的发展的阶段。根据博物馆的藏品常能看到科学发展道路的复杂性，能明显地看出研究者们有时是怎样步入了歧途，或者看到重要的科学发明是怎样发生的。

当然，博物馆是科学发展的根本基地的时代，现在已经是早就过去很久了。科学研究的扩大和深入，新的研究方法和新的研究手段的发生，成为科学研究机关错综分支出现的原因。近代的科学已经依靠一套完整的科学机关的体系：实验室、科学研究所、博物馆、高等学校、科学技术展览会和农业展览会等等。但是，博物馆即使在现在仍然在科学发展中保留着一定的而且是不小的作用。从很久以前博物馆搜集物便是研究者研究的重要对象，在我们的时代也还是这样。

在博物馆，所搜集到的博物馆藏品，是科学研究的原始资料，同时也是满足广大群众对新鲜的和未知的事物、自然现象以及社会现象的兴趣的原始资料。

被学者们搜集在博物馆里的稀有而珍奇的物品，如我们所见到的，都能促进关于自然、关于社会的知识的发展，都服务于科学。博物馆过去是而现在也是各种不同的，有时还是唯一无二的认识自然和认识社会的原始材料的总汇。

博物馆作为特殊类型的科学机关，在其搜集物和藏品中反映出认识世界和解释世界的唯物主义的方法，而这种方法是进步的哲学观点所特有的，是进步的教育思想所特有的。例如，对教育学来说它的特点就是要求在教学中有目的性和直观性。

只要以著名的斯拉夫教育家杨·阿莫斯·柯棉斯基（1592 年至 1670 年）为证就够了。柯棉斯基根据具康的学说——"意识中没有一种东西不是预先在感觉中存在过的"——认为感觉是教学所由以开始的出发点。

他写道："假如你想使学生对某一说法完全信服，那么你就应当找到不容置疑的见证人。首先是，而且主要的是，你应当找到实物，把它置于学生们自己的感觉之前。"

因此，博物馆藏品的用途也可以明确了：博物馆藏品是知识的原始来源，是证明该物以及与之相似物品的存在的不容置疑的物证。如果没有这些不容置疑的物证，那么在许多场合下将难于证明这些或那些现象的①。

所以，特别是在博物馆工作发展初期，特别珍视稀有的珍品的，也就是说非常珍视只有一份的物品或者非常稀有的，作为认识某一不平常的稀奇物品并证明其曾存在于世界上的唯一手段的这种物品。这

---

① 马哥波罗由中国旅行回来后，向那些还不知道世界上有煤存在的本国同胞讲述道：在中国，人们从地里挖出来黑色的石头，他们燃烧这种石头来使屋子烘暖，来做饭。当时对这种可以燃烧的黑石头的难信的报道，没有一个相信，马哥波罗受到了人们的嘲笑并称为扯谎的人。如果马哥波罗把这种黑色石头（煤）的样品带了回去，那么这个样品显然要落到博物馆里作为认识煤的原始资料以及它的存在的证据了。——原文注

些稀有的珍品之受到博物馆的珍视，是因为它们是作为直感认识不平常现象的材料（原始材料）以及作为这些物品存在本身的证明物。

搜集在博物馆的物品，不仅是科学研究的对象，同时也是经常用来满足博物馆广大参观者的普遍好奇心和正当的求知欲的材料。

科学的成就，尤其是地理学的成就，不仅要导致搜集稀有的珍物，同时也要搜集那些能说明某一国家特征，能对这个国家产生一个概念的普通物品。

因林奈创造"自然体系"所引起的对植物、动物形状的新种类的描写，导致了系统性"自然历史博物馆"的产生。这些博物馆企图在馆内尽量完整地介绍现代动物界和植物界，并且不受个别形状的稀有和独特所限制。这些系统性的博物馆的任务是在于用直观的形式产生关于自然体系的概念，表现出自然体系的各个环节。

在人文志博物馆中，有按其本身说来并无特点的物品出现，这是由于有必要来陈列整套的物品（整套的日常生活用品），如住宅的整套物品。

在博物馆内陈列住宅，需要陈列家具什物以及其他稀有的和日用的物品。

科学的发展和分化，促使博物馆的分化，促使它们的陈列任务变为复杂。由于科学的成就，形而上学的那种自然绝对不变的概念被新的概念所代替——"自然在时间中发展着、地球发展着、以及生存在地球上的动植物也发展着"的概念（恩格斯语）。

由于积累起了不少科学材料，便使"在科学中采用比较的方法——恩格斯说，——成为可能的，同时也是必要的了。"这一点不可能不在博物馆工作中得到反映，特别是不能不在它们的陈列工作中得到反映。于是就需要创造一些解说性的陈列材料，如说明陈列出来的动物、植物和矿石等产地的地理分布图等等。在陈列中要包括梗概性的文字说明，因为这是为了了解博物馆物品所不可缺少的，以及从直接观看博物馆藏品时所了解不到的材料（如物品产生的时间、地点以及它的属性等等）。

在伟大十月社会主义革命以后，科学研究的形式和方法，从根本上改变了。马克思列宁主义的方法论在科学中占了统治的地位。

根据这种情况，在苏联，博物馆的活动也改变了。苏联博物馆和资产阶级的博物馆（不管是革命前俄国的、或者现代资产阶级的）的原则区别就在于：苏联博物馆的活动是以马克思列宁主义理论为基础的。这种原则区别也就规定着博物馆工作的全部方向。苏联博物馆的这个原则区别，在它们的陈列工作中表现得更为鲜明。陈列工作开始来解决物品和现象相联系的陈列任务，来解决揭示原因和后果的陈列任务。在陈列中出现了对物品和现象（无论是从静的方面，或者是从动的方面）加以空间的和时间的阐述。

苏联博物馆这些新的安排陈列的方式方法不是像从前那样孤立地把博物馆藏品展示给参观者，而是在它们相互联系、相互制约的关系当中来展示给参观者的。根据马克思列宁主义的方法论的要求来安排陈列主题的原则，已成为主要的原则了。

在伟大十月社会主义革命以后，国内曾广泛地展开了博物馆的建设。如果说革命前的俄罗斯博物馆是把自己的陈列用来满足社会上特权阶级的人们的狭隘求知欲和美学要求的话，那么，在苏联，这些博物馆则是为广大人民群众服务的了。

在提高人民大众的一般教育和文化水平的问题成了文化革命的主要问题之一的苏联的条件下，博物馆获得了作为一个科学教育机关的特殊意义。苏联博物馆通过自己的陈列和博物馆特有的其它方法，能够以浅易通俗的形式来介绍出关于自然历史和社会历史发展的具体知识。因此，群众性科学教育工作便成为苏联博物馆的主要任务了。

用博物馆的手段，力图把知识根据马克思列宁主义方法论的要求，更深入地传达给广大人民群众的这种热望，便要求苏联博物馆在自己陈列中除了真正博物馆藏品以外，还应当把一些科学性的辅助材料（如：地图、图片、图表、示意图等等）包括进来作为它们的补充。主要是借助于这些材料，才能显示出来诸现象的相互联系和相互制约；这就能帮助博物馆的参观者从陈列的博物馆藏品中得出正确的和有科学根据的结论。

改善苏联博物馆的科学教育工作，以及扩大用博物馆手段能表达的范围的这种热望，也能使许多其它辅助材料得到广泛的利用。苏联博物馆把下列物品也包括在自己的陈列中：纪念物的复制品，从原物拓制下的拓型，以及各种浮雕、模型、结构模型，还有主要作为插图用的美术作品等。

上述每一种博物馆材料在陈列中的作用和意义是不同的，而这种不同在具体陈列中并不经常是明确的、显而易见的，所以有时便不能正确地了解博物馆的特征。

对博物馆特征的不正确的了解，往往会造成犯理论上和实践上的严重错误。特别是会造成对真正博物馆藏品与辅助性陈列材料之间的区别丧失明确的理解。因此，科学性辅助材料就往往并不作为真正博物馆藏品的补充而被包括在陈列中，它们常作为独立的陈列成分出现，因而便代替了作为一切博物馆陈列基础的实物。

在陈列中，用科学辅助性材料来代替自然历史和历史文化的纪念物及其它真正博物馆藏品的这种不正确倾向，鲜明地表现在第一届博物馆代表大会的工作中（1930年）。代表大会指出，必须陈列的不是实物而是过程；因为大会认为：博物馆的特征是由博物馆所揭示的那种过程来决定的。大会认为：作为陈列工作的新的要素，不是实物历史文物，而是辩证法的发展规律。这些错误的方针，在波克洛夫斯基的庸俗社会学和他的"学派"中，以及在马尔的反马克思主义"理论"中得到了支持。

他们给我们博物馆实际工作带来了很大的毒害，并且险些把博物馆藏品（原物）几乎完全从许多博物馆的陈列中排除出去，因而险些把博物馆的搜集工作完全停止下来。

第三节　马克思列宁主义的认识论乃是理解博物馆特征的方法学基础

博物馆特征的本质这个问题，只有在马克思列宁主义的认识论中才能得到正确的解决。

马克思列宁主义的认识论（反映论）能辨别认识过程中两个基本因素、两个方面。第一个认识因素是感性认识，即依赖感觉和依赖感官所得的直接材料。第二个认识因素是理性思维（理性认识），感官的直接材料是理性思维所依据的材料；而这种思维是比感觉能更深刻地反映世界的。

感性认识和理性思维结合在一起时，就组成总的认识基础。马克思列宁主义的认识论，并不像经验论者和唯理论者那样把统一的认识过程的这两个方面、两个因素对立起来。马克思列宁主义的认识论认为：这两个方面是人在其对周围现实认识的统一过程中所必需的和相互补充着的。人的思维，归根到底，总是与感官提供予我们的材料相联系着的。感觉是我们所有知识的源泉，感官——这是外在世界能够深入到我们意识中所通过的唯一途径。离开这些形象、知觉、概念，那么思想便是空洞的，没有任何内容的，就是说，这种思想是不能存在的。

人根据感官所提供的材料行动着并且认识着各种事物。如果没有感官，那末他的实践活动和理论活动将是不可能的。"从活生生的观察，到抽象思维，从抽象思维再到实践——这就是认识真理，认识客观现实的辩证法的途径"——列宁这样指出。[①]

根据对某些个别物体直接的感觉上的把握，人才能够认识它们之间的本质联系和相互关系，才能够认识诸现象的规律。他是用对于感性材料合理加工的方法，即用比较、对照、分析、综合的方法，用逻辑上的推理和论断的方法，来认识到这些规律的。如果对周围现实的认识局限于不依赖感官材料的、也未经实践验证的抽象思维，那末就必然要直接导致烦琐哲学。"人，首先是通过第一信号系统（即感性认识）来感受现实，——巴甫洛夫写道，——然后通过第二信号系统（即文学、语言、科学思维），他便成为现实的主人。"

因此，为了认识事物，感觉和思维都是必需的。没有感官就不可能认识世界。

借助于思维和对直接感性印象的逻辑加工，人才能够认识现象和过程的本质、它们的内部联系及其规律性。一个正常的人，——巴甫洛夫指出，——虽然他具有能使他改进、获得科学的第二信号系统，但是，只有当第二信号系统经常地和正确地与第一信号系统相联系起来的时候，才能有效地运用第二信号系统。思维，能正确反映自然和社会发展规律的正常的思维，只有在第一信号系统和第二信号系统紧密无间地相互作用下才有可能。

因此，对人的正确思维说来，直接的感性认识便是必要的因素和迫切的要求。

马克思列宁主义的认识论，就这样对正确和充分解决博物馆特征的问题，提供了牢靠的基础。可是，在博物馆学的文献中，关于博物馆特征的问题，实际上仍然是没有研究出头绪来。

博物馆工作以及它的特点，直到目前为止，仍然是从文化教育工作任务（那种与博物馆特征无关的、对一切文化教育机关都是相同的任务）的观点来进行研究的。平常都是说，博物馆的使命是在自己的陈列中反映社会发展和自然发展历史中的这些方面或那些方面。但是，究竟借助于哪些陈列材料，才能达到这点的问题，仍然是空白的。换句话说，博物馆工作者的注意力不是集中于反映社会发展或自然发展历史的陈列中博物馆形式的本质上，即不是集中于博物馆工作的特征上。

清楚与正确地理解博物馆的特征，便能规定博物馆工作的具体内容和形式，而这也就是在博物馆中与任何曲解作实际斗争的理论基础。确定博物馆的特征——便是确定对博物馆全部活动特别是对它的陈列，给予估价的标准。因此，对博物馆特征的正确理解，就能保证陈列的科学水平和思想水平的提高，就能保证博物馆科学教育工作的效果和功能。对博物馆发生的原因和各种博物馆藏品在博物馆发展的各个阶段上的作用的分析，便能得出这样的结论：博物馆的特征，是在博物馆中能够创造出对那些当时当地在博物馆外稀有或完全没有的物品从直接感性上来认识的条件。

博物馆的这些条件是用对博物馆藏品按科学原则组织好的搜集和陈列的办法建立起来的。在这些藏品（知识的原始来源）的搜集、保管和陈列中，也就包括着博物馆的特征和博物馆的存在意义。

苏联博物馆在陈列中力求反映自然发展和社会发展的历史。它们陈列真实藏品，同时还陈列用苏联最新的科学成就制成的复制品、模型、结构模型、标本等等。

博物馆材料的这种复杂的综合对苏联博物馆之所以必须，不仅仅是为了给予观众对陈列品的具体知识，同时也是为了指出各种物品间的关系和联系的概念，以便使观众能得出有助于辩证唯物主义世界观的形成的结论。苏联博物馆主题陈列的内容和目的也就正是在这里。

---

① 列宁著：《哲学笔记》，1947 年国家政治出版局出版，第 146 页至 147 页。——原文注

第四节　博物馆材料的分类以及各种博物馆的作用

因为博物馆陈列中所利用的材料是多种多样的，所以便有必要对这些材料来进行分类。博物馆藏品可以分为两个基本类别：1）作为认识的直接对象（感性经验的对象）的知识的原始来源的实物藏品；2）作为关于客观现实的知识的媒介物，以及能代表人类和科学所积累下来的间接经验的藏品。

所有真正的知识，大家都知道，全是从直接经验中取得的。可是，人并不能直接体验到世界上的一切。我们的知识，实际上绝大部分都是间接经验的产物：不是从过去多少世纪传下来的，便是由现代人们那里获得的。

然而，对某一个人说来是间接经验的，对其他另一些人说来仍然可以是直接经验。所以，如果从整个知识看来，那末任何知识也不能脱离直接经验。

例如，博物馆中的那些古代劳动工具和其它物品能够给予我们直接经验以及关于这些文化纪念物的直接知识。另一方面，考古学者在科学作品中对这些文化纪念物的描述，对读者说来，就是间接经验，就是考古学者由直接研究古物中取得的那些知识的媒介。

再举个例子。由绝种的动物遗骸使人们能够获得对这些遗骸的直接知识，能够在科学理论上来说明绝种动物种类的结构。古生物学者的书面著作，就是间接经验，就是古生物学者在研究绝种的动物遗骸中取得的那些知识的媒介。

把博物馆藏品分为知识的原始资料和知识的媒介，便能够明确地划清博物馆陈列中的直观性和实物性之间的界限，因为这些概念总是混淆不清的。

还在三百年以前，杨·阿莫斯·柯棉斯基就已经指出：实物性是指所陈列的物品是直接取自周围现实的，因而也是能够给与直接经验的，即感性认识的原始资料的这种藏品。他认为，直观性是一切物品及现象的各种形式的再现，如图画、图表、标本、模型等等；也就是说，直观性是指知识的媒介，是指传达间接经验的那种直观的、感性上可以感受的形式。

因此，博物馆陈列中的实物性——这就是使博物馆观众能够获得直接经验，即感性认识的原物藏品的陈列、原始资料的陈列。柯棉斯基所指的这种实物性，也就是博物馆科学教育活动的基础，即博物馆的特征。

博物馆工作中的直观性提供了用展示这些物品的图画或立体艺术表现形式——标本、模型，用感性可以感受的形式来表达那些关于实际物品或现象的知识的这种方法。用特定的空间艺术表现方式（如地图、图解和曲线图等）来表达关于对物品及现象研究结果所得的知识，这种知识的传达也是属于直观性之内的。在所有的情况下，类似的艺术表现形式都是知识的媒介，即都是传达间接经验的手段。

苏联博物馆在科学教育活动中所运用的那些材料是极其多种多样的，这不仅仅是在陈列形式上，并且在陈列意义上（这一点是特别重要的）也是如此的。

把博物馆材料划成实物材料（即知识的原始来源）和其他材料（即知识的媒介），还不能对个别种类陈列材料在博物馆陈列中的不同意义和它们的功用得出准确而透彻的概念。

在博物馆科学教育工作中以及在它们的陈列中，实物材料及个别种类辅助材料的作用并不是相同的。因此，各个种类的博物馆材料不能相互代替，而不使博物馆科学教育工作的成功受到损失。每一种这样的材料，都必须按其直接用途来使用。一种材料用另一种材料来代替，便能降低博物馆的生动表现性和有效果性。

可是，博物馆的实践表明，不正确地用一种博物馆材料代替其他种博物馆材料，特别是用任何一种辅助性材料来代替实物材料，是博物馆中最经常重复的恶习。

一切博物馆材料，按照它们在陈列中的作用、功能，可以分为以下五种基本类别：

1. 实物；

2. 实物的精确复制品以及它们的科学复原作品；

3. 在陈列中不是作为文化古物来利用，而是为了描述事件、事实、现象而利用的艺术作品；

4. 科学性辅助材料；

5. 文学说明：

（1）指导性的主要文字说明；

（2）目录性文字说明；

（3）标签和解释性文字说明。

属于第一类的是真实物品：

1. 作为科学研究的对象，而且是认识的原始资料的文化纪念物和自然历史纪念物；

2. 能以证明共产主义建设中卓越成就，以及能以证明苏维埃时代那些新的、主要的和典型的现象的物品；

3. 由自然界直接取来的某一地区的动物标本和植物标本，以及用适当的方法腊制了的某一地区的动物标本和植物标本，地壳的矿物组成成份的标本和土壤标本。

文化纪念物中，第一，包括那些常是认识远古历史的唯一资料的考古学材料。第二，还包括那些有科学历史意义和艺术意义的其他文化纪念物。属于这一类的有：作为物质文化和精神文化材料而具有意义的整套藏品（不管它们所由以制成的材料性质和制造方法如何）；原料、半制品和制成品的标本；标志居民物质财富的物品（服装、家具、器皿、器具、装饰品等等）；艺术纪念物（绘画、雕刻、水墨画等等）；武装斗争和军事行动的纪念品（武器、装备、被服）；关于古币学（铸币、奖章、勋章）、印鉴学（印记）、纹章学（纹章、徽章）、集邮等整套藏品以及具有特殊意义的个别藏品；民间创作的卓越作品（雕刻、塑造、绘画、镂刻、刺绣、挂毯编织、花边等等）；与历史上突出事件相联系的纪念性整套藏品和个别藏品，以及与历史上杰出的文化活动家和政治活动家的生活和创造有关的纪念性整套藏品和其它个别藏品；手写的和印刷的文件（小册子、传单、标语、书籍、具有历史意义的原版地图、分图、图表等等）以及原版的照片（冲晒出的相片和底版等等）。

自然历史材料中包括：古生物学的遗物（发掘出的动物遗骸和植物遗株以及动植物的化石、印痕）；动物学的材料（鸟兽标本、剥制标本、兽皮、骨骼、头骨、干燥昆虫标本、软体动物的硬壳、各种禽卵）；浸制标本；动物学物品（禽类及其它动物的巢穴等等）；植物学标本（各种干腊植物标本、树干年轮、各种种子和干燥的果实、干燥的植物各个部分或者它们的浸制标本等等）；地壳矿物组成成份的自然标本以及土壤标本等等。

物品的搜集过程中，以及为陈列而进行选择过程中，对物品评定的标准应当是根据这些物品作为某些本质性事实，即作为知识的主要原始来源的证据（证明）的那种适用程度来决定的。

由于原物的尺码过大，或者是由于原物易于损坏，而不能在陈列中摆放那些原物的时候，那末，博物馆便要在陈列中使用这些实物的准确的复制品。

属于这种复制品的有：

1. 科学的复原品；

2. 捺型、仿制品（例如：果实和蔬菜的仿制品）；

3. 各种机器、工具、装备、建筑、生产设备和文化生活建筑物的模型等等。

这些复制品能够对于它们所表现的原物构成相当完整的概念。它们对形式、大小、颜色、比率等等能给予直接感性上理会（认识）的可能。它们这种巨大的认识上的意义是无可争辩的。可是，它们不具有原始资料所具有的那种本身即是明显证据的性质。

艺术作品是极珍贵的博物馆材料，但它们在博物馆的陈列中，却有着不同的功用。在这一博物馆中，绘画、水墨画、雕刻等作品可作为相应历史时期的艺术纪念物来陈列；可是在另一种情况下，也可作为某些事件和现象的描述和说明。例如，苏里柯夫的图画《射手临刑的早晨》和彼洛夫的图画《普加乔夫的审判》都可以作为真正的文化纪念物（在展示十九世纪艺术时），就是说它们是属于知识原始来源的证据的。如果同样是这些图画，展示在历史陈列中是为了对图画所表现的历史事件造成形象的概念，那末这时候这些图画已经完全成为博物馆材料即知识的媒介了。

应该特别指出，艺术作品虽然是现实的形象性复制品，但它可不是认识这个现实的原始资料。艺术作品与原物的精确复制品是不同的。因为按艺术创作的本质来说，艺术纪念物并不过分要求绝对精确地对现实予以复制的。

艺术家在对现实予以复制时运用着创作构图的自由，来表现出被描绘的现象的概括性的、最具有特征意义的轮廓，同时把自己对被描绘现象的态度带进这一作品中来。

车尔尼雪夫斯基写道："……艺术家虽然不能不是一个普通的人，而仅仅是一个艺术家。即使他不愿意这样，但他究竟不能不对他所描绘的生活现象提出自己的判决；这个判决便表现在他所作品中。"[1]

在博物馆陈列中，科学性辅助材料是图表、地图、统计图、照像图表、示意图、技术设计图、技术绘图、表格及其它材料；这些材料都包括在陈列中来，以便说明那些与博物馆陈列中的实物相联系的各种现象和事实。借助于这类材料，用空间的艺术描述形式，便能得出数量上的比较（曲线图表）便能表现出某些现象在地理上的分布（地图、平面图等等），便能表现出个别事实与一些现象之间的联系（图解），便能表明出原因和结果等等。

所有这些科学性辅助材料，由于它们的直观性，所以都是易于理会的，因而也是普及科学知识的极重要的手段。

这些材料的力量和说服性就在于：它们所提供的那些资料表明了在空间的相互关系中，思想的概括工作的结果。在科学性辅助材料中平常都用普通而不大的描述便能给予巨大的内容，而且这些不大而简单的描述只消一眼（几乎是刹那间）便可以理解。小型图表的内容，在相应的说明书内用文字叙述时，常需要在陈列中占很大的地方，并且需要观众费相当多的时间来读它。例如，为了理解"苏维埃政权的胜利前进"这张地图中的内容，为了了解苏维埃政权在俄罗斯辽阔领土上的开展的先后顺序，那末就需要读完若干页的说明书；并且还要在思想上把这些资料加以对照。如果用看地图的方法，观众便能迅速地获得、而且在有说服力的直观形式中获得同样的知识（当然，这是在地图制绘得正确的情形下）。

在科学性辅助材料中，机器、仪器以及个别部件的技术设计图和技术设计分图，都占有特殊的地位。这些材料的特点在于：它们和曲线图表及图解等不同，它们不是用假定的、象征性的描画，而是对被描画的物品和现象给予实际的空间比例。

因此，科学性辅助材料，不是直接取自现实的物品，而是具有直观形式的、概括了现实的那些

---

[1] 车尔尼雪夫斯基：《美学文集》，1938 年莫斯科版第 138 页。——原文注

知识。

可是，必须注意，作为描述某人的活动的文件，或是作为直接与某种事件相关联着的文件，而取自生活的那些曲线图表、地图、照片统计图、照片图表、图解、设计图、绘画、表格以及图示等等，都是真正的实物文件。因此，它们都属于博物馆原始资料的藏品，而不属于科学性辅助材料。

科学性辅助材料吸引观众注意的能力（即所谓它们的吸引性）是能够大大提高的。提高的办法，是使这些科学性辅助材料具有立体的形式，使它们电气化或机械化（电光地图、活动曲线图表等等）。有时依靠把这些陈列品的尺码予以相当放大的办法，也能达到这一目的。

由于这类陈列品有易于增强印象的可能性，所以这一可能性便极度地引诱着某些博物馆工作人员去用它们来替换第一类陈列品，即替换博物馆实物。然而，尽管这些科学性辅助材料有那些吸引力，但是它们无论如何也不能在陈列意义和陈列作用上代替相应的实物。

所有上面谈及的这些辅助陈列材料都被称为科学性的，是因为在它们身上表现了对那些与博物馆陈列的实物有关的物品、事件、事实和现象进行研究的结果。这些材料之所以被称为辅助的，是因为借它们的帮助，能够表明与陈列中的博物馆物品相联系的那些现象的数量大小、空间位置、发展动向等等。

因此，科学性辅助材料，对于博物馆实物说来，在陈列中起着从属的、次要的作用。它们是主题陈列中不可分割的组成部分，而在陈列中完成着巨大而重要的作用。可是，它们不能、也不应该用来替换组成博物馆的陈列基础即博物馆特征的实物。

属于这类陈列材料的还有博物馆中使用的下列印刷的说明文和手写的说明文：

1. 目的在于对陈列材料作思想理论性阐明的说明文；

2. 目的在于帮助对陈列品的理解系统化的说明文；

3. 目的在于向观众叙述关于博物馆藏品的必要知识的说明文。

正确地用于陈列中的印刷说明文及手写说明文，能帮助更深刻、更完全地理解陈列品并能阐明它们所反映现实的作用意义。问题并不是用说明文来代替实物，而是借助于文字来丰富对陈列材料的感受和理会。

说明文按其在陈列中各种不同的功用，可分为如下几种：

1. 指导性说明文；

2. 目录性说明文；

3. 标签和解释性说明文。

属于指导性说明的是从马克思列宁主义经典著作引证的章句、从苏维埃机关和党的机关的决议中的引证的文句以及学者们发表的意见的引证语句。

这些说明文对于陈列的内容给予思想理论上的阐述。

目录性说明文是陈列出的整套藏品的各部、各章、各主题、各分题以及其他细致划分的名称。借助于这些说明，对陈列品的理解便能系统化起来。

附在所陈列的实物上，或附在它们的复制品上，以及附在艺术作品上的标签和解释性说明文，能用简略的形式指出研究博物馆藏品所得出的科学的总结，并能包括关于这件陈列品的必要的知识。解释性说明文可以属于陈列材料之类。

如果正确地对待标签的编制，那末标签便能够与陈列品结合而使博物馆藏品的内容变得丰富，并且还能使博物馆藏品，按巴甫洛夫的说法"由于似乎是乔装起来"而和视觉相联结在一起了。结果，文字作为特殊的组成部分，不能被单独地意识到，而是把它真正含义的内容包括在对藏品的理解中；它的真正含义的内容不是作为文字的内容，而是作为这种藏品本身的内容来被意识到的。根据这一点，藏品之所以能够被理解，那不仅是感性性质所赋予的，同时也是能用文字这种手段表明出来的性质所赋予的。正因为如此，这些内容丰富的物品，才能通过文字把其中包括的社会的、历史的内容，进入人们的理解中来。在陈列中借助于说明文（标签），能对那种不完整的、在考古发掘中出土的生锈的藏品（如箭镞）不仅作为具有一定用途的物品来被理解，同时也是作为属于一定的历史时期和一定地区的物品来被理解的。

所述及的陈列材料的分类，是根据它们在陈列中功用的特征和作用来进行的。博物馆材料的一切类别（如：实物——即组成博物馆科学教育工作形式的特征的原始资料；在陈列中作为辅助材料的直观材料；以及作为领会陈列的思想内容的主要因素的指导性说明文和解释性说明文），都是能帮助博物馆实现自己科学教育活动的手段。

第五节　博物馆藏品（实物）是博物馆全部活动的基础

博物馆各种活动的基础，是由博物馆实物构成，而这些实物的总和便构成博物馆的全部藏品。

博物馆的搜集工作，首先就是要搜集博物馆藏品（实物），没有实物便不能有博物馆，没有实物的陈列便不能叫做博物馆的陈列，而陈列便要失掉它自己的意义、作用和特征。

博物馆藏品（实物）是博物馆通过自己的陈列来进行群众性科学教育工作的基础。

博物馆的教育活动和它们的科学研究工作以及它们的原始资料的陈列工作之间的直接联系，使博物馆的群众性科学教育工作有别于俱乐部、文化宫、图书室等部门所进行的群众性文化教育工作。

博物馆的全部藏品包含着在纪念文物中和在物质遗骸中具体化了的往昔生活、动物界和植物界的交替以及人类社会发展的历史。

在生活中，在直接围绕我们的现实中，我们不能去观察和研究已经绝迹了的植物种类和动物种类（如猛犸）、原始人的劳动工具、他们的生产方法和文化水平。但是，在博物馆里却可以看到这些，因为博物馆正是专为这个目的而设立的。

在博物馆里既可以研究绝迹动物的骨骼遗骸，又可以研究根据人类社会发展程度而规律性地演变了的劳动工具。

这些保藏在博物馆里的物品，作为科学的原始资料，是有着巨大意义的。

假若不是为了研究自然历史和社会历史而对自然历史的和文化历史的纪念物采取了保护的措施，那末科学便不可能得到有效的发展和改进。

马克思在《资本论》第一卷中曾写道："为了研究已经绝种的动物身体组织，遗骸的构造是有其重要性的，与之相同，劳动手段的遗物对于研究已经灭亡的社会形态也是有着重要性的。"至于劳动手段，那么，它们"……不仅是人类劳动力发展的尺度，同时也是劳动之所由完成的社会关系的指标"[1]。

马克思读到古代亚洲人民、埃及人民和爱特鲁亚人的简单合作时，曾作了如下的批注："在伦敦的和在欧洲其他国家首都的古代阿西利亚、埃及以及其他国家的藏品，可以使我们成为这些劳动的合作过程的见证人。"

在博物馆中，不仅能看到和研究到提供远古情况的物品，并且还可以看到和研究到那些正在生活和

---

① 马克思：《资本论》，第一卷，第五章，1951 年俄文版第 187 页。——原文注

发展着的东西，看到和研究到那些在现代已经得到广泛流行的、但却在遥远的地方和异国的东西。

人们如果必须在物品发生与存在的地方来对这些物品进行研究的话，那么为了研究这些物品，很多人的生命也许不会够用的。可是博物馆却可以提供这种可能，来在同一个时间和在必要的比较和对照下研究这些散在于大地表面各处的物品。

博物馆也搜集那些有重大社会意义的现代性的其新颖能惹起人们浓厚兴趣的、而在当时又是属于稀奇的物品，并提供可能来对这些物品进行观察和研究。这些物品，自然是只有在它们广泛流行开之前，才能保持它们作为博物馆藏品的意义；而在这以后，这些物品只能获得历史的意义了。

例如，米丘林新提出的唯一无二的水果品种，在以前某个时期曾是稀奇的物品，并且曾引起人们对它的巨大兴趣，可是在后来它们在苏联的条件下得到了如此广泛的流传，以致成为家喻户晓的事情了。物品之具有博物馆意义也有相反的变化，它的例子便是那些当时被俄国探险队带回来的，曾广泛流行的、住在阿拉斯加的印地安人的家庭生活日用品。后来因为这个种族已经完全灭绝，所以这些物品便成为了解阿拉斯加地方的印地安人生活和习惯的唯一的原始资料了。

因此，物品之具有博物馆意义，不是由于它们本身的特殊，便是由于类似物品的消失。

应当特别谈到当代的绘画、水墨画、雕刻等优秀作品。在我们今天所创作的和存在着的这些作品，只有在博物馆中才能对它们进行广泛的鉴赏。因为这些作品都仅仅有一份。同时，在广泛流行的现代性物品中，同样也可以有具有头等意义的博物馆的物品。这就是具有重要历史意义的、称之为纪念性的物品，因为它们不是与杰出的历史事件相联系着（如与伟大十月社会主义革命有关物品），便是因为它们是属于历史上杰出的活动家的（如列宁的物品等）。

博物馆藏品（物质文化和精神文化的纪念物、社会关系、社会事件和社会现象的直接见证）都能够对新的一代说明许多关于在剥削者的社会中劳动者的生活条件和劳动条件。

列宁于1919年5月1日在红场上讲话，他把目光转向历史博物馆时，说："我们的子孙将把资本主义制度时期的文件和纪念物看成稀奇的东西。他们将难于想象：日用必需品的交易怎么能掌握在私人手中，工厂和工场怎么能属于个别的人们所有，一个人怎么能剥削另一个人，而不从事劳动的人又怎么能在世界上生存。"

在博物馆中得到的关于这方面的知识，将会有助于群众的共产主义自觉的形成，鼓舞他们为共产主义社会的建成而斗争。

博物馆，对于科学说来，是不能用别的代替的基地。

在我们今天，博物馆藏品对于科学的作用和意义，可以用苏联科学院通讯院士伯·阿·雷巴柯夫[①]的那部荣获斯大林奖金的著作《古代俄罗斯的手工业》为例子来做说明。当伯·阿·雷巴柯夫在这个著作中结束关于俄罗斯手工业历史编纂的评论，以及指出对古代经济这一部分的观点发展中的三个阶段时，说：由于前两个阶段的实际物质资料的贫乏，才使俄罗斯的手工业被断言为渺小而贫乏的。

否定俄罗斯的手工业，几乎成为各个时代和不同派别的历史家们所必然要做的事情了。其中一贯爱这样做的，特别是：姆·恩·波克洛夫斯基、姆·伊·库里舍尔、维·欧·克留切夫斯基、恩·阿·罗日柯夫以及其他一些很少从事物质资料研究的历史家们。

伯·阿·雷巴柯夫曾经研究过许多博物馆的物质材料，这些博物馆是：国立历史博物馆、爱米塔什

---

① 现多称"雷巴科夫"，苏联历史学家、考古学家，下同。

博物馆、列宁格勒俄罗斯博物馆、里亚赞①博物馆、弗拉基米尔博物馆、斯摩棱斯克博物馆、诺沃哥罗德②博物馆、依斯特林博物馆、扎高尔斯克博物馆、渥洛阿拉姆斯克③博物馆、高洛绵斯克博物馆、奥尔洛夫斯克博物馆和伯良斯克④博物馆，以及乌克兰和别洛露西亚⑤的那些博物馆——基辅博物馆、切尔尼高夫⑥博物馆、诺沃哥罗德—谢维尔斯克博物馆、明斯克博物馆、高敏尔斯克博物馆，以及其他各博物馆。

这便使他能够重新阐明古俄罗斯的社会经济历史的许多方面，并对古代俄罗斯文化的高度发展水平做出很重要的结论。

伯·阿·雷巴柯夫由于改进了考古学材料的研究方法，所以拟定了确定物品年代一致性的新方法。"这个方法的实质是：在许多大小相近、图形相仿、形状相似的同一类型的东西中，能够寻找出用同一铸模铸造的或用同一压模压制的东西来。为了确定这一点，那么被比较的东西的一切细小部分都必须绝对相同。在这方面，铸模上的某一点缺陷，或者修刻铸模（或坩埚）时工匠刻刀的微小颤动，都可以给我们提出线索，因为这个缺陷不可避免地将重复在由这一铸模铸造出的一切铸件上。"

把这个方法用在记载年月上，不仅可以确定已被阿·阿斯皮琴所断定了的俄罗斯物品的年代，同时甚至于还可以确定阿·维·阿尔崔赫夫斯基的严整的体系。譬如，阿尔崔赫夫斯基所记载的年代是这样的：第十二世纪在切尔达诺夫的第一号古墓葬；第十三世纪在费里的第三号古墓葬；第十四世纪在费里的第三号甲古墓葬。但是，所有这三个古墓葬中的鬓环全都是用同一个铸模铸造的。

这个阶段上的材料，看来是研究得很完全了，但是用比较完善的方法对它们进行研究，便能够得出更为深刻的科学研究结论。

因此，集中了数以百万计的、具有巨大科学意义和艺术意义的原始研究材料物品的苏联博物馆，一方面是提高人民大众的文化水平和思想政治教育所必不可少的科学教育机关。

另一方面，这些博物馆有供研究自然历史和社会历史的原始研究材料，所以它们又是为发展科学所最需要的机关。

博物馆以自己成套的原始材料藏品吸引着很多学者—研究工作者。把博物馆的物品和成套藏品纳入"科学的运用"中来，首先便要使这些博物馆的藏品井然有序，要使博物馆的藏品便于进行科学研究工作。

博物馆藏品利用于科学，便要求博物馆本身把它们预先进行研究，确定它们的真实性，并说明它们作为科学资料的意义。

假如在资本主义时代，科学是与劳动者脱离的话，那么在社会主义社会中，科学便是直接和物质财富的生产联系着。苏联所组织的经常性展览会便是科学与生产相结合的鲜明例子。在苏联，为了进行广泛的观摩而开放着全苏农业展览会、建设展览会以及许多其他种常设的展览会；这些展览会，就其本质说来，都是博物馆的一种形式。在这些展览会上陈列着苏联科学的成就和生产革新者们的成就；苏联的博物馆和常设展览会是普及科学成就和推广先进经验，并使它们广泛深入到生产中去的主要的积极的

---

① 现多称"梁赞"。
② 现多称"诺夫哥罗德"。
③ 疑为"乌里扬诺夫斯克"。
④ 现多称"布良斯克"。
⑤ 现多称"白俄罗斯"。
⑥ 现多称"切尔尼戈夫"。

方式。

*　　　*　　　*

    上面叙述了博物馆工作的基本概念；在马克思列宁主义认识论的基础上指出了制约着博物馆所有主要活动（如搜集、保管、陈列和群众性科学教育等活动）的内容和方法的博物馆的特征。

    博物馆各种主要活动的具体内容，将在下面各章予以详细叙述。

第二章　博物馆的搜集工作

第一节　博物馆搜集工作的内容与任务

博物馆的搜集工作就是搜集那些构成博物馆基本藏品的真实纪念物。换句话说，博物馆搜集工作的内容便是基本藏品的补充工作。

基本藏品的补充工作，自然要与博物馆其它各方面活动有着紧密的联系，首先是与科学研究工作有着紧密的联系。然而，基本藏品的搜集工作有着它独立的意义，追求着自己的目的与任务，并且有独特的方法和内容。

基本藏品并不能包括科学研究工作和陈列工作所需要的全部资料。这种材料照例是比较广泛的，其中很大一部分包括在博物馆的辅助性藏品和科学档案中。

基本藏品的建立，同样也需要搜集各种各样的文件、口头的证据以及其它补充资料，因为这些材料都是对基本藏品进行正确的科学鉴定和记述时所必须的。如果没有这些补充资料，博物馆的真实物品常常会失掉它的意义，并且不能成为科学研究工作和陈列工作的基础。

清楚地划分博物馆的基本藏品和补充藏品的成分，是正确了解博物馆搜集工作内容的前提。每个博物馆工作者都应记住：博物馆的基本藏品的成分中，仅能包括自然发展史与社会发展史的真实纪念物。由此便可以得出对博物馆搜集工作内容的正确理解。

在博物馆活动中，搜集工作的意义是由博物馆建立在真实纪念物（即认识社会发展和自然发展历史的某些事实、事件、现象和过程的原始资料）的基础上来决定的。若没有适应博物馆专业的真实文物所组成的藏品，那末也就没有博物馆。博物馆作为特种科学机关和文化教育机关的特征就在于此。

博物馆不断搜集起来的真实纪念物，便组成博物馆的基本藏品，并且它们也是所有博物馆发展和存在的必要条件。正因为如此，搜集工作在一定意义上可以被看作是博物馆全部工作的基础。博物馆的工作历史证明：博物馆是通过搜集工作而建立起来的。

任何一个博物馆，在它一经产生的时候，便应该有一定的最低限度的、预先搜集到的藏品。大多数的博物馆，在它建立的初期，通常都是有着不多的藏品，以后经过不断的搜集来使这些藏品增加的。不论博物馆曾存在过多么久，也不论博物馆的藏品有多么丰富，它们照例在任何时候也不能停止藏品的补充工作即搜集工作。这，特别是指我国最多的那一类博物馆，即地志博物馆。这些博物馆甚至于常常缺少必不可少的最低限度的真实纪念物、自然标本和其它原始资料，因而就使它们不能以博物馆特具的形式来进行自己的工作。

作为科学机关和文化教育机关的博物馆，按其本身活动的性质，需要经常地、有系统地补充自己的藏品。博物馆越深入地、越全面地研究和揭发陈列工作中与博物馆专业相适应的科学问题，那么这些博物馆就会越发感觉到需要扩大可以被它们找到的原始资料的范围，即博物馆藏品的范围。

如果基本藏品得不到不断的补充，不能有计划、有系统地搜集适应于博物馆专业的、新的原始资料的藏品，那么，任何一个博物馆也都不能够顺利地发展，都不能扩大陈列工作而使陈列工作焕然一新，也都不能使科学研究工作和科学教育工作深入下去。

博物馆搜集工作的基本任务，决定于博物馆的专业，而且这些任务还应当保证：

1. 在真实纪念物的基础上，来建立陈列；

2. 在与博物馆专业相适应的藏品中，保管那些科学、历史、艺术珍品，因为如果这些珍品不收在博物馆藏品的保藏库内就会消失得渺无踪迹；

3. 在真实纪念物的基础上，即在与博物馆专业相适应的原始资料的基础上，进行科学研究工作。

博物馆搜集工作的这些任务，相互之间是密切联系着，而在博物馆工作实践中又能够完全相适应的。

所有博物馆，照例都是为了搜集和保存某种文化纪念物或自然标本而设立的，并在这种搜集与保存的基础上来建立博物馆的陈列工作，来进行科学研究工作和科学教育工作。但是，在不同类型与不同任务的各博物馆的搜集工作中，以陈列工作的专门需要为主，或者以科学研究工作的专门需要为主，是各不相同的。例如，在科学院的各博物馆和各部门直属的博物馆中，科学研究工作的利益将首先决定基本藏品补充的任务。在进行群众性科学教育工作的博物馆中，基本藏品补充的最重要任务则是保证满足陈列工作的需要。

虽然在大部分博物馆的搜集工作中，通常以陈列工作的需要是主要的，但是，这绝不能完全无遗地概括这些博物馆在补充基本藏品时其它一些任务。特别应当注意的是：每一个博物馆不仅是科学教育机关，而且是科学研究机关；这种研究机关的任务是首先在其基本藏品的基础上进行一定的研究工作。因此，博物馆在搜集工作的规划中就不应该忽视适合于博物馆专业的科学研究工作的需要。

同时还应当经常估计到：陈列工作和科学研究工作的当前需要常常并不符合于博物馆基本藏品中适合于它们专业范围的纪念物的保管上的要求。后一种任务，即保管纪念物的任务，是具有巨大的科学意义和国家意义的。对这一任务估计不足，就会使苏联的科学发展和文化发展的事业遭受到严重的损害。因此，应当特别强调搜集以及在博物馆基本藏品中保存苏维埃时期的纪念物的绝对重大的意义。

许多博物馆其中包括大部分地志博物馆，它们在苏维埃时期纪念物的搜集工作中只是追求一个目的，那就是：把搜集到的物品迅速地和直接地用于博物馆的陈列中去；它们这种实践原则上是不正确的。这会使苏维埃时期文化纪念物的保管工作遭到一定的损失。这类博物馆的那些工作人员没有考虑到作为苏维埃文化纪念物的这些典型的现代物品的潜在历史意义和科学意义。结果，现代文化纪念物的某些范畴，就没有被博物馆搜集去，也没有成为博物馆的基本藏品（如：苏维埃时代的陶器、钱币、纺织品、衣服、家具等诸如此类的标本）。

因此，各种类别的苏联博物馆的搜集工作，应该保证在

猛玛象骨骼（苏联科学院动物学博物馆）

博物馆基本藏品中，保存一切具有科学历史价值和艺术价值的文化纪念物，特别是苏维埃时期最重要的和典型的文化纪念物。用这些纪念物来补充基本藏品的工作，应该不管这些文化纪念物是否在最近能够用于陈列，也不管它们对目前的科学研究工作是否需要。自然，每一所个别的博物馆都应根据自己的专业范围和任务来解决这个最主要的问题。

第二节　博物馆搜集工作的科学研究性质

为了解决某一物品或整套物品是否列入博物馆基本藏品中的问题，必须对这些物品的科学价值、历史价值和艺术价值作出正确的鉴定，而这种正确的鉴定只能是相应的科学研究的结果。

马克思列宁主义理论是苏联各种类型博物馆的搜集工作的方法学基础。只有辩证唯物主义和历史唯物主义才能给予博物馆搜集工作以坚实的科学基础和理论根据，因为博物馆搜集工作必须从实物和我们周围世界的客观存在出发，必须从它的可知性和经常的可变性出发。

在各种类型的博物馆的搜集工作中，对于马克思列宁主义理论的运用，是各有其与相应科学的任务和专业范围密切相关的特点。

对历史专业的博物馆说来，搜集工作是决定于苏联历史科学的任务；在生物学博物馆中，搜集工作是决定于苏联生物科学的任务；在文学博物馆里，搜集工作是决定于苏联文学的任务。艺术博物馆的搜集工作也是决定于苏联的艺术学的任务。在以上的几大类中，博物馆的搜集工作，是能够有其本身的特性的。例如：在历史博物馆中，可以划出考古学博物馆和人文学博物馆；在艺术博物馆中，可以划出戏剧博物馆和音乐博物馆等等。

博物馆的搜集工作应该贯彻党性的原则。

列宁指示说："唯物主义本身包含有所谓党性，要求对事变做任何估计时都必须直率而公开地站到一定社会集团的立场上。"①

对搜集工作采取客观主义的方法，是完全不能容许的。因为客观主义方法经常是各种资产阶级的理论以及反马克思主义的歪曲和谬论的一种掩护。

如果认为搜集工作与科学研究工作的区别、与陈列工作的区别是：搜集工作只是简单的搜集资料，因而怎样也不能事先肯定对这种资料的进步解释与理解——这样认为，是错误的。相反，用一定方式搜集到一切材料，在一定程度上已事先肯定了从这些材料中应得出那些结论和概括。

假装拒绝一切方法论，主张似乎是没有什么企图的那种简单的搜集自然纪念物和社会纪念物的资产阶级客观主义者，实质上却总是有着一定的倾向，同时总是歪曲事实的。

博物馆藏品的补充，要求严格的科学的选择。

不可以用没有重要科学意义、毫无真正博物馆价值的物品来使博物馆基本藏品变为臃肿。

选用博物馆藏品的工作，要求有专门知识和专门修养。这种工作只能委任给最熟练的、最有经验的博物馆科学工作者；因为他们除了具有在这门科学上的一般理论修养和专门知识外，他们还必须掌握相应的研究方法和研究技术（例如：研究考古学与人文学的方法，搜集植物、昆虫、地质学标本的技术等等）。

鉴定文化纪念物的真实性，鉴定它们的历史价值、科学价值和艺术价值时，专门知识是完全必须的。

① 《列宁全集》，第一卷，380页至381页（俄文版）；中文版，第379页。——原文注

鉴定生物界和非生物界的标本，对搜集来的当地动植物标本为了进一步保管而进行的相应的浸制或干腊制加工——对于这些，专门知识也是必须的。

善于正确地鉴定个别物品或整套物品的这种能力，还不能保证藏品真正的科学补充，尽管这种能力对于补充藏品说来是必须的先决条件。例如：假使这个博物馆工作人员能够鉴定每个个别的植物和钱币，但是，这还不能意味着他能够搜集应当保存在博物馆中的一切植物藏品和钱币藏品。为了能够胜任博物馆藏品的补充工作任务，科学工作者必须了解这一物品或这一纪念物的历史意义，同时也必须查清它们在自然发展或在社会发展中的起源、作用和地位。

猴子的剥制标本（苏联科学院动物学博物馆）

在每一个别场合下，必须查清这件物品对这一范畴的社会纪念物或者自然纪念物说来具有多大的典型性，也必须查明这件藏品能够把社会发展或自然发展中的过程和现象的本质说明得清楚的程度。只有那种能够弄清对于科学说来是很重要的事实，能够弄清在自然中或社会中客现存在着的一定联系和规律的博物馆藏品的整套藏品，才能称之为科学的藏品。

苏联博物馆工作的方法学基础与组织基础和资本主义国家的博物馆工作方法学基础与组织基础的原则性的区别，明显地表现在苏联博物馆搜集工作的历史上。这种区别的根源在于苏联社会制度和国家制度本身的条件之中。

在沙皇俄国，博物馆藏品的补充工作没有其科学的、物质的和法律的巩固基础。博物馆照例总是不能拥有必须的各种各样的自然历史纪念物和文化纪念物，许许多多有博物馆价值的纪念物都是地主和资本家的私有财产以及交易和投机的对象。

只有在伟大十月社会主义革命以后，才给博物馆的搜集工作开辟了广阔的活动范围。根据列宁的倡议，苏维埃政府以一系列的法令宣布了一切重要的历史纪念物以及有博物馆意义的艺术品和古代物品都是国家财产并且把这些财产拨归劳动人民所享有。同时在1917年10月，苏维埃政权废除了土地私有制，从而对于历史专业博物馆开辟了搜集那些地下埋藏着的考古学纪念物的无限可能。

共产党和苏维埃政府经常对保护祖国文化纪念物给予极大的重视。苏维埃政府在1948年10月14日所批准的《文化纪念物保护条例》中再一次强调"苏联领土上只有科学历史价值的或艺术价值的文化纪念物是不可侵犯的全民性财产，并且受到国家的保护"。《条例》同时指出："博物馆为文化纪念物藏品的主要藏库。"

于是，只有在苏维埃政权之下，博物馆基本藏品的补充才获得了坚实的国家基础，而这种基础是博物馆在沙皇俄国时所未曾有过的，是在资本主义各个国家内一直到今天也还没有的。

我国博物馆的使命是鉴别有科学价值、历史价值和艺术价值的物品，并把它们搜集到自己的基本藏品中。我国博物馆是我们祖国伟大历史纪念物的保存者、研究者和宣传者。因而，博物馆就因为巨大的民族珍品都交付在他们手中而肩负着极为重要的国家任务。

由于把私人搜集的、有博物馆价值的物品收为国有的结果，我们的博物馆便为异常珍贵的藏品所丰富了。从沙皇和王公的宫邸、从地主的庄园、从巨商大贾和工厂主的私人住宅中，获得了图画、武器、家具、器皿、书籍、各种文件、钱币等古代物品的珍贵藏品。表现沙皇俄国统治阶级生活方式的这些官邸、庄园、私人住宅的陈设，在伟大十月社会主义革命后都成为博物馆的陈列品了。

只有在苏维埃政权的条件下才有可能的，这种对待历史纪念物和自然历史纪念物的新的态度，在我国博物馆面前铺开了补充和扩大它们藏品的新的道路，历史资料的新范畴被利用于科学运用资料之内，而新的物品也成为博物馆陈列对象了。

这首先指反映我国英雄革命历史的纪念物、反映劳动人民在共产党领导下的革命斗争的纪念物。在沙皇俄国曾是禁品而博物馆也未能搜集到的这些纪念物，现在则成为每个苏联历史专业博物馆基本藏品中最重要的部分了。

苏联历史博物馆，从它产生的那一天起，就负有加紧搜集那些能全面说明我国劳动阶级的历史、说明他们在历史进程中起主导作用的文献性材料或实物材料的使命。所有这些被资产阶级和地主阶级的历史科学所抹煞和歪曲的一切，在革命前的博物馆搜集中自然是得不到相应的反映的。

博物馆基本藏品的补充工作，便要求有系统的科学研究工作。为基本藏品而进行的藏品搜集，应与博物馆的专业有机地联系着，应与自然历史和社会历史的研究有机地联系着。

科学工作者在研究博物馆计划规定的题目的过程中，便要搜集相应的实物；应当力求用这些实物来进行博物馆基本藏品的补充工作，这种补充工作便是博物馆对每一科学研究题目进行分析的结果。

博物馆搜集工作不仅应该预先奠基于相应的科学研究工作上，特别是还应当奠基于按特别文献、档案文件、博物馆藏品以及按其它资料所拟的选题来预先研究的基础上。搜集工作按其性质说来不能是别的，只能是科学研究形式之一。

博物馆对适应其专业的自然真实纪念物和社会真实纪念物的搜集，为各门科学建立了最为丰富的藏品，为后代保存了知识上十分重要的原始资料。

组织得很好的、博物馆的搜集工作，有助于博物馆科学研究工作的进一步发展，因为博物馆的藏品是博物馆科学研究工作的基本资料。博物馆基本藏品愈丰富，博物馆就有更大的可能来进行研究工作。

一定专题的纪念物的搜集过程本身以及按科学原则选择出来的藏品的编排，是博物馆科学研究工作的一种。因此，包括在博物馆科学研究工作计划中的题目，可能局限于某一类实物的搜集，但不一定把这一题目固定为手稿的形式。

第三节　根据各博物馆的类型和专业而进行的博物馆基本藏品补充工作的特点

在博物馆的基本藏品中应当有各种范畴的原物，其完备程度和数量，是根据博物馆的专业和类型为转移的。博物馆专业范围越是广泛，应当包括在它基本藏品中的纪念文物（尽管各种别的范畴的纪念物之数量在这时可能是比较有限的）的范围也就越为多种多样。而博物馆的专业愈狭窄，则博物馆在其基本藏品中照例是应更为完备地具有与博物馆专业相适应的各范畴的纪念物。

各专业博物馆的基本藏品的成分，还要根据该博物馆是中央的还是地方性的为转移。

由此可见，同一范畴的纪念物，在各种不同专业与不同类型的博物馆中，可以用于各种不同的目的。例如，人文学藏品，下面这些博物馆都同时搜集：国立历史博物馆、国立苏联革命博物馆、国立苏联各族人民人文志学博物馆、各地志博物馆等等。搜集武器的有：军事炮兵博物馆、爱米塔什博物馆、国立历史博物馆、苏军博物馆、国立苏联革命博物馆以及各地志博物馆等。搜集生产工具的有：历史专业的各种博物馆、工业博物馆等。搜集图书、绘画以及其它造型艺术作品的有：特列洽可夫画廊、爱米塔什博物馆、国立历史博物馆、革命博物馆、国立文学博物馆、普希金博物馆、各地志博物馆等。搜集艺术手工艺品的有：手工业博物馆、国立人文志学博物馆、各地志博物馆以及其它各种历史专业和艺术专业的博物馆。

同时，在同一博物馆中，在一定范畴的纪念物的搜集上，可能产生各种不同的任务。例如：在建立陶器、木器、金属、织物、武器的藏品时，博物馆可能按社会用具和日常生活用途来搜集物品以便用来说明技术发展和生产方式的发展，以便用来确定生产区域等等。

以什么样的目的来对待博物馆藏品的搜集工作，便能决定博物馆搜集工作是完全的还是不完全的。

从陈列的需要看来可能认为足够了的，但是从博物馆按一定题目来进行的科学研究工作看来，可能却是完全不够的；有时相反，对于科学研究说来，分析某个狭义的、社会性的部分问题是十分充足的，而又可能不能满足广阔历史专业陈列的起码需要。在一种场合下，需要一种、两种或者三种典型的物品，而在另一种场合下，则需要一整套的物品。因而给那些范围广阔而又有专门专业的各地志博物馆的基本藏品挑选藏品的这项任务，是特别复杂的。

各地志博物馆的搜集工作应该首先保证用物质文化和精神文化的真正纪念物来建立自己的陈列。

同时，地志博物馆的搜集工作应该还要保证保存本地方的文化与自然的一切最重要的纪念物，而不管它们在陈列中是否能被使用。这项任务的提出，是根据：地志博物馆是最能说明地方的自然、历史以及保存社会主义改造的藏品的主要保存者。

物质文化和精神文化的真正纪念物，以及自然历史纪念物和最重要的自然实物标本之集中于各地志博物馆的基本藏品库中，便使这些博物馆成为各地方的重要科学中心。

在搜集这类资料的基础上，地志博物馆也应当开展本地方的科学研究工作。

第四节　博物馆搜集工作的规划

博物馆基本藏品的补充工作，应当是有计划的、有系统的、经常不断进行的。在任何情况下，都不允许使这项工作带有偶然的性质。必须编制博物馆基本藏品补充工作的若干远景计划。

博物馆基本藏品补充计划的编制工作是一项复杂的任务。这项任务的解决便要求有认真的科学研究工作。

博物馆基本藏品的补充计划是博物馆进行搜集工作的基本大纲。遗憾的是，博物馆对待这项重要工作，有时是不太负责的。

规划博物馆搜集工作时，应该密切联系科学研究工作和陈列工作。如果对藏品现有成份没有确切的知识，以及对现有藏品没有至少是初步的科学研究，那么实现这项任务便是不可能的。

如果不确知博物馆基本藏品中都有些什么，如果不知道据以进行新藏品选择工作的那一选题范围内，博物馆都拥有些什么——如果不知道这些，是不能规划新藏品的搜集的。只有博物馆把自己的注意力，把自己的科学力量和物质资料，都集中于补充博物馆所最需要的藏品时，博物馆基本藏品的补充工作才能沿着正确途径进行。

为了保证搜集工作的计划性，必须使搜集工作列入博物馆年度生产计划之内。在博物馆的年度预算中，应当预先规定进行搜集工作所必须的专门费用。博物馆应该拥有资金来购买陈列品，来支付专门出差和专门考察旅行所需的费用，来支付在报纸上刊登收购有科学价值、历史价值和艺术价值的物品的广告费用等等。

博物馆藏品补充工作计划的制定，应当估计到获得各种范畴博物馆藏品的现实可能。要做到使计划具体、现实并且与博物馆目前需要相联系，那么最好的途径就是对藏品按专题来进行选择。博物馆每一部分，每年都应该把自己的年度藏品补充计划工作所集中的若干选题提将出来。

第五节　搜集工作的途径与方法

博物馆搜集工作的途径和方法，是多种多样的，而它们又都是由所搜集材料的题材和性质来决定的。

在那些确有可能存在着博物馆材料的地方，进行有系统有组织的科学调查工作，应当认为是有计划获得新藏品的最为可靠的手段。

这些工作是以考察队、科学采访和科学调查等形式实现的。

用科学考察方法来搜集资料的优点在于：科学考察集体与个体搜集者不同，前者是能够深入地、多方面地研究提出问题，并且还能更完整地搜集相应的博物馆资料。①

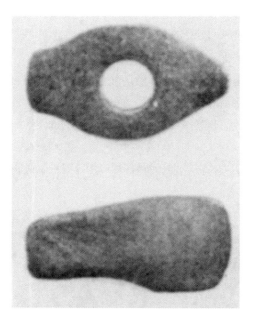

高尔基省沃洛索沃遗址的石斧（国立历史博物馆）

因为组织考察队是需要有大量的人员与巨额经费，所以博物馆还可以用派遣一两个科学工作者作科学采访的办法，来进行搜集工作。这样的科学采访，如果组织得好，对于博物馆基本藏品也是能给予极其重要的补充的。

在大多数的情况下，用考察或科学采访的方法开展有计划的搜集工作之前，首先要进行目的在于发现那些最适于博物馆搜集的区域和对象的调查工作。调查工作是对最多样的博物馆材料进行有计

---

①　关于勘察工作以下将更详为叙述。——原文注

划的专题搜集最重要的准备形式。往往调查工作也用于为博物馆采集具体的自然界标本、采集文化纪念物以及采集在博物馆基本藏品中只有一份的其它物品。在这些情况下，调查过程中，要进行为博物馆获得相应物品而必需的那种准备工作。例如，当给博物馆取出巨大而笨重的文化纪念物时，当取出地下出土物品时，当取出整段巨大木干时，当取出大型禽鸟的窠巢等等的时候，准备工作就特别重要。

预先进行调查工作，在下面这种情况下也是必需的，即发掘最适于博物馆目的，而博物馆又必须有一份来供展出的那些文化纪念物的时候。这些文化纪念物例如：各种考古文化埋葬物的整套标本、整套的住宅标本（简陋的房舍及其他）以及要求专门调查和要求在当地自然状态下选取适用份数的那些物品。

搜集博物馆藏品——这是国家的重要事情。如果只靠自己的力量，任何一个博物馆也不能成功地完成摆在它面前的、搜集与其专业相应的博物馆藏品方面的广泛任务。

一切博物馆，首先是地志博物馆，都必须在其搜集工作中依靠广大的苏联社会人士以及首先是当地的地志学者的帮助。地志博物学的积极分子、少年科学家和猎人、教授和大学生、教师和小学生——这些人都能对我们各博物馆的搜集工作给予重要的协助。

住在最适于组织搜集博物馆材料的那些地区的地志学者，能够向博物馆报道关于各种纪念物所在地的珍贵情报。他们也能够按博物馆的要求来搜集这些情报。只是需要善于按正确的途径来引导这些地志学者的主动性。

当地知识界的作用也是特别巨大的，特别是当地高等学校的教师、中小学教员、医生、工程师、农艺师、林学家、林区工人等等的作用。博物馆，特别是地志博物馆，为了吸收当地知识分子参加搜集工作，应当组织专题讲座和刊印历史藏品、生物学藏品和其它藏品的搜集问题的宣传品。在讲座和宣传品中，应当不仅仅对博物馆搜集工作的问题作一般性的和通俗性的阐述，如同对于群众性听众所适用的那样；还必须详细讲解博物馆所特别需要的、而业余地志学家的力量又可能搜集到的各种藏品的搜集原则和搜集方法。

博物馆应当用尽一切办法把私人手中有博物馆价值的物品，吸收到自己的藏品中来。指导参观的说明员应当对博物馆的参观者解释藏品的搜集补充对于科学有如何重要的意义。说明员应当号召参观者把可能对博物馆有用的一切物品都交给博物馆。在这时需要指明：我国的公民在帮助博物馆搜集有科学价值或艺术价值的物品时，便是参加了一项重要的爱国主义事业。

在居民当中作报告和主持讲座的博物馆科学工作者，也应当进行与博物馆搜集活动有关的解释工作和宣传鼓动工作。这些问题也应当在当地期刊上加以阐明。此外，还应当出版专门性的传单，上面指明：博物馆究竟需要什么，当地居民有哪些物品、文件、照片、书籍、报纸以及其它物品是博物馆的珍品。编写博物馆藏品的概略性一览表时，应当注意当地条件。这些一览表不仅列举博物馆所需要的物品的范畴（例如古代服装、武器、家具等），并且还要指出博物馆按以搜集补充自己藏品的其他主题（本地区革命运动史、文化史等等）。

在所有告当地居民的宣传书中，都必须指明：交到博物馆的珍贵材料将按照与其所有者的协商由博物馆付款收买。至于无偿赠与的物品，将登记在博物馆的目录簿上，并且载明这些物品系某某人的赠品。有时按赠与者的希望，可以把展出物品系他捐予博物馆的赠品一事在陈列中加以指明。在每一个别情况下，博物馆都应分别对待的来满足赠与者的这种希望。

与博物馆藏品搜集补充工作问题相关联的群众工作的重心，必须集中于博物馆的普及工作，集中于对博物馆的科学意义、文化意义、国家意义的解释上。必须强调指出：保存在博物馆的藏品是苏联人民的财产。

第六节　勘察工作

勘察工作的准备与进行，是由以下密切联系着的各种工作所组成的。

一、启程往田野工作地以前所进行的勘察准备工作包括：

1. 研究专门文献；

2. 研究博物馆基本藏品；

3. 研究主题陈列计划或已展出的陈列；

4. 拟制勘察大纲和勘察路线，编制勘察计划和勘察预算，批准它们；

5. 根据相应的科学科目、文化纪念物的种类、自然物的种类等等来熟悉勘察工作（田野工作）的专门性方法要领；

6. 使勘察工作计划与研究同一主题的科学机关协作，从它们取得科学材料、取得咨询意见；

7. 与准备进行勘察工作的地区建立事先的联系并与当地机关磋商勘察计划；

8. 取得并准备专门性的设备；

9. 取得必须的正式文件（出差护照、田野工作和搜集博物馆藏品等的专门许可）。

二、到达预定地区后所进行的勘察工作包括：

1. 与当地领导机关、科学机关、经济机关和其他机关建立事务性联系，与这些机关确定勘察计划和勘察路线；

2. 根据当地机关的材料事先熟悉当地情况以及当前工作对象，并且根据这一研究确定勘察大纲；

3. 向地方居民介绍勘察的目的，组织当地积极分子来协助勘察工作；

4. 按勘察大纲和勘察路线研究和搜集田野上的材料；

5. 把一切属于搜集到的藏品和各别的佐证物品都载入田野勘察清册上和田野勘察日志上，并且把属于勘察主题的，用科学记述、描绘、摄影、测量、绘制平面图等办法所得的一切其它材料也记载下来；

6. 当必要的时候，对于搜集到的物品和标本进行修复和浸制加工或干腊加工；

十七世纪的基辅银饰（国立历史博物馆）

7. 把搜集到的材料根据它们的性质和种类进行专门性的包装，以预防在送达指定地点前的运送期间内发生损失和破坏；

8. 在当地的组织中和机关中报道勘察的总结，在当地的报纸上用无线电公布消息。

三、勘察队回到博物馆之后所进行的工作包括：

1. 对于一切搜集到的材料预先在专室内予以加工；

2. 编制科学表册；

3. 编制财政表报；

4. 把搜集到的藏品（附有田野勘察清册）交与博物馆基本藏品储藏库；

5. 将连同专门清册的照相底版及照片交与博物馆相片库；

6. 把绘画、图纸、日志以及其它书面材料交与博物馆科学档案库以及其它相应的储藏库；

7. 在博物馆学术委员会上报告勘察的总结；

8. 组织总结性的展出。

让我们把上面列举的勘察工作的各阶段、各种工作，都逐一地详细看一看。

一切勘察工作的成功，首先决定于勘察工作的准备和组织。因此，勘察前的准备工作应及时地开始，并应非常详细而周到地进行。摆在勘察工作面前的任务越复杂，勘察规模越庞大，参加勘察的人数越多，勘察路线距离越长，在现场（田野）的日期越久等等，那么，准备工作的期间照例也是要越长的。

勘察工作前的准备，通常都是从研究勘察主题的专门文献开始的。与此次勘察中拟进行田野工作地区直接有关的专门文献的研究工作，应给予特别的注意。如果说勘察地区还可以不立刻确定的话，那末，勘察工作的基本主题总是事先便要拟定好了的。只有在认真研究这次勘察主题的基础上，才有可能正确地确定博物馆藏品的勘察搜集的地区。

选择进行勘察工作的地区，往往是复杂而重要的任务；这一任务的解决，要求预先进行科学调查。有时为了正确地确定勘察工作地区以及把勘察路线弄得确实，还要求到准备勘察的地区去进行调查。例如，当拟进行勘察工作的地区研究得不够多，以及当不能根据文献材料对这地区得出确切的概念时，那末，在组织考古勘察工作时便只有这么去做。在类似这种情形下，调查工作是勘察的良好准备的最重要条件。但是，在其它一切情形下，相应的调查工作进行的越周到彻底，那末勘察工作本身也能越顺利地实现。

上面已经提到，搜集博物馆材料的勘察工作，照例是应当在那些确有可能存在这些材料的地区进行。但是，从这里绝不能得出结论说：搜集必需材料的勘察性调查工作，只有在人所共知并且大致上保证这些材料存在的那些地区才能进行。在勘察工作中也和一切科学工作中一样，有时不得不去做一定程度的冒险。因此，也有这样的情形，当调查结果对提出的那些问题没有得出最后的答案的情况下，为了查明和搜集重要藏品，甚至于在那些有藏品存在与否尚属可疑的地区也应当进行勘察工作，就是说要去做一定程度的冒险。

由于博物馆搜集工作的目的是为了补充博物馆的基本藏品，因而对当前搜集工作的准备，自然也应当从研究相应专题的博物馆基本藏品来开始（同时还要研究相应的专门文献）。

这一点之所以必须，乃是为了要在研究博物馆基本藏品中保存着的那些材料之后，能够确切地弄清在这一专题中博物馆究竟有些什么，并且为了补充基本藏品还应当搜集些什么。

当拟制勘察大纲时，博物馆必须最大限度地来估计到相应主题陈列的需要，必须估计到这一陈列中

"不广泛的地方"。往往组织勘察工作，首先正是因为博物馆陈列工作上的需要、开辟新陈列上的需要、或者改善和扩大现有陈列上的需要而促成的。因此，当准备勘察时一定要详细研究相应的那些部分的专题陈列计划或者已展出的陈列。只有用这种办法，才能够确切而具体地在勘察工作大纲中反映出那些陈列上的要求。

根据这一点，应当指出作为科学工作者的陈列工作者参加勘察的特殊重要性，因为勘察工作的主要目的是为了扩展一定的陈列而进行的博物馆材料的搜集。当然，只有那些已经直接研究着这一陈列的安排的博物馆科学工作者，才对于搜集相应的博物馆材料是最有修养的。

如果搜集工作是由保存在博物馆基本藏品中的藏品补充工作来规定的话，那末，最好在勘察工作中能有保管部工作者来参加。

这样，在每一个别情况下，根据计划勘察的主要任务，在勘察中必须有博物馆陈列部的工作者或保管部的工作者来参加。

只有在勘察工作参加人员研究了专门的科学文献、基本藏品和博物馆专题陈列（或专题陈列计划）之后，才应当着手来编制勘察大纲、勘察路线、勘察计划和勘察预算。勘察大纲和勘察路线的研究拟定，是先行于勘察计划和勘察预算的编制的。

勘察大纲必须对全部勘察工作指出方法上的方向，并且是勘察工作主要的和指导性的科学文件。

当研究起草勘察大纲时，重要的是，既要正确地指出应该研究的那些基本问题，还要正确地指出将要搜集的那些原始资料（文化纪念物、自然标本等等）的范畴。应当力求基本问题为数不多，并且还要使这些问题能把勘察的基本主题加以具体化，而不致把参加勘察的人员吸引到一旁去。应把参加勘察的全体人员的注意和力量都集中于按勘察的基本主题来对博物馆的材料进行研究和搜集的工作上——这就是勘察大纲的主要任务和勘察工作的科学领导者的最重要的责任。在大纲中把勘察主题的内容揭示的越具体，那末勘察所进行的全部搜集工作的目的性也就越明确。

但是，应当注意，在勘察工作过程中，在考察工作者面前也可能有勘察大纲所事先没有料到的一些新问题发生。

如果一经查明研究和搜集新发生的问题的材料，能够对于解决这一主题的基本任务有着一定的意义，能够对于主题的科学理解更加深刻和更加丰富，能够使博物馆的发现更加丰富，那么这些问题便要补充包括在制定好的勘察大纲中去。如果相反，新发生的问题显然会把勘察工作引向脱离其基本主题，那末，不管这些问题本身怎样重要和怎样有趣，也必须把它们从大纲中删去。

这当然并不是意味着整个勘察队或者按专门任务和专门路线进行工作的个别的参加勘察的人员，不能或者不应当搜集顺便碰到的、在科学意义上和博物馆意义上有趣的和珍贵的材料，只是因为这种材料对于事先规定的主题没有直接关系。

如果勘察队在完成自己任务的时候，没有同时利用已有的可能性来顺便给博物馆取得珍贵的藏品或者个别物品，那将是一个错误。但是，这种附带的搜集工作无论在任何情况下也不应当使勘察队全体以及参加勘察的任何一个人脱离开勘察队的基本方向和目的性。

让我们用下面的例子来说明这种情形。假使有一个勘察队，其基本任务是研究和搜集"革命前（十九世纪末、二十世纪初）俄国农民情况及其分化过程"的这一专题，他们在那保存着民间艺术创造、实用艺术（木刻和木浮雕、刺绣、花边等等）的美妙标本的地区进行着工作。勘察队可以与搜集标志农民情况和农民分化的那些材料的同时，顺便给博物馆取得这种艺术的标本。这种采集工作也可能在勘察队准备工作一开始就把它作为次要任务之一纳入勘察计划之内而预先拟好。在下面这种情形下，才能够做到这一点，就是当勘察队准备去的地区是人所共知有手工艺术广泛分布的地区和相应的文化纪念物存在地区的时候。

对将来计划进行勘察的专题所进行的事先调查工作，可以属于次要的任务之内。但是任何情况下也不能允许补充性的委托使勘察队基本任务的完成受到损失。

勘察计划必须把委托给勘察队的一切任务都包括进去。勘察队成员间的分工、工作日历（其中包括各部分任务的完成日期、个别物品的研究日期等等）都应当纳入计划之内。

根据勘察工作计划来编制勘察队的预算。在预算中必须规定好与进行勘察有关的一切开支，其中包括支给出差者的出差费、火车费以及地方交通用的车费，在必要的时候支付向导、译员以及其他从局外聘请来的人们的费用，预算必须规定置办特用的勘察装备和器材的款项、购买相应范畴内博物馆材料等等的支出。

勘察大纲、勘察计划和勘察预算应当由勘察队的全体人员进行讨论，然后在博物馆学术委员会上批准。

博物馆材料（自然物、文化纪念物及其它）的搜集，要求这些材料的取得、鉴定、记述、保存都有专门的办法。要求于勘察队的参加者的是，要善于利用专门的器具和装备。他们应当掌握相应科学（地质学、植物学、动物学、考古学、人类学、人文志学及其它科学）部分的勘察工作（田野工作）方法。如果勘察工作的参加者不熟悉田野工作的方法，那么为了训练他们，就必须及早地组织在有经验的专家领导下的专门学习。与此同时，还应当着手置办勘察用的器材。在培养勘察队的参加者准备进行田野工作的进程中，他们应当熟悉勘察用的器材，并学会实际利用这些勘察器材。

在勘察队的准备时期，应当使博物馆勘察工作与那些研究相同主题的其它博物馆和其它科学机关进行协作。这一点之所以必须，是为了消除工作中不必要的雷同，是为了获得参考资料、咨询意见等等。博物馆如果和其它科学机关很好地建立了联系，那末博物馆将能改善它们自己的搜集工作，将能提高这一工作的科学水平。

博物馆既与其它科学机关协作，那么也就能够和它们共同组织勘察。进行共同勘察，能够节省资金和人力，并且大大有助于经验交流。

例如，在许多情况下，地志博物馆能够参加中央的一些博物馆、科学院的一些研究所以及当地的一些科学研究机关和高等学校所进行的勘察。如果地志博物馆没有有足够经验的科学工作者（考古学家、人文志学家、自然学家等等），那么这样的勘察，建议在专门为此目的而聘来的学者的领导下进行。中央的科学机关和地方的科学机关共同进行勘察，能给这些博物馆提供可能，来最有效地把资金用于藏品的获得上，来同时培养自己的科学工作者进行独立的搜集工作。

博物馆在组织勘察时，应与预定进行工作的地区的领导机关建立事先的联系（用通信等办法）。同时还要取得（如果这是必要的话）中央机关所发给的田野工作的专门许可证件（例如，受权进行考古发掘的证明书等等）。

第七节　综合性勘察

在许多情况下，为了搜集博物馆所必需的藏品，组织各种专长的科学工作者参加的综合性勘察，是适当的。

综合性勘察，由于能围绕一个问题聚集各种专家，所以这种勘察便能创造最良好的勘察（田野）研究条件。自然或者社会被作为统一的整体来研究，这一整体中的事物和现象都是彼此有机地联系着、互相依属着、相互制约着的。

组织综合性勘察，比起组织狭窄的专题性专业勘察的可能性要大的多。

综合性勘察照例是搜集全面说明某一地区生产力、某一地区自然资源、历史和经济的那些博物馆材料时所必要的。综合性勘察对于地志博物馆有着特殊的意义。

综合性勘察给中央的那些博物馆也能带来巨大的利益，因为它们能够为了组织综合勘察而把自己的力量和中央其它一些博物馆以及其它科学机关联合起来。例如，莫斯科国立历史博物馆能够和列宁格勒国立苏联各族人民人文志学博物馆，和苏联科学院历史研究所、考古学研究所以及人文志学研究所，和建筑学科学研究院等共同进行关于历史专题的综合性勘察。

地志博物馆能够或者是独立地组织综合性勘察，或者是参与苏联科学院、各加盟共和国科学院、中央的以及地方的其它科学机关在它们地区内所进行的勘察。

如果综合勘察的参加人员为数众多时，那么便可以把综合勘察队分为几个个别的小队和小组，并且每一小组应不少于三个人。

这一划分可以有两类。在一种情形下，这一综合性勘察的每一小队（小组）要受委托在那能提供个别具体的，供勘察研究对象的一定地区上来搜集和研究材料。在这时，博物馆材料的研究和搜集所根据以进行的那些问题的范围，对于每一小队（小组）和对于整个勘察队说来，都应当是相同的。每一小队（小组）的成员中应当相应地包括整个勘察队由以组成的那些专业的代表在内。把综合勘察队分成几个同时在指定地区内的不同地点和不同部分工作着的小队（小组），就保证勘察队能在较短时期内综合地调查完全部指定地区。

在另一种情形下，综合性勘察的各小队（小组）可以按该勘察队中各科学专业编成。例如：在综合性自然勘察队中可以组织成地质学家小队、动物学家小队、植物学家小队。在综合性历史经济勘察队中可以编成历史学家小队和经济学家小队。

综合性勘察队的成员，按其科学专业越多种多样，其人员越多，以及综合性勘察队所进行的工作分得越细致，那么把勘察队分为专业分科的一些小队和小组，就会更为适宜。在这时，也可能发生两级的内部再划分。

开始，综合性勘察的参加者，按他们同类的专业划分为几个小队；以后，这些小队在自己当中按各别的专业划分为几个小组。例如，研究当地自然、历史、经济和文化的综合性考察团，可以划分为两个队：自然学小队和历史经济学小队。这两个小队之中的每一小队也可以再划分为：植物学家小组、动物学家小组、地质学家小组、考古学家小组、历史学家小组、人文志学家小组、经济学家小组。

准备和进行综合性勘察，比起组织平常的专题勘察，是有着许多额外的困难的。首先就要碰到编制大纲的复杂性。而大纲必要编成这样，即，使勘察队的参加者（各门科学、各门知识的代表）能够真正地被工作的共同主题团结在一起，能够在解决勘察队面前摆着的任务中互相帮助。如果不是这样，综合性勘察队就失掉自己的意义和作用了。

进行综合性勘察的另一个困难，就是在田野工作的条件下，各种不同科学专长的参加勘察队的人员共同工作，往往是难于协调起来的。所以这样，仍是因为用于这一门科学的或者用于另一门科学的搜集与研究材料的方法，有着本质上的差别。特别是参加综合性勘察的各种不同科学专长的代表们，为了完成自己这一部分勘察任务，往往不得不在同一地区在不同的季节进行工作。从而，综合性勘察工作的规划以及这一工作的领导就发生了困难。

由于专门科学的任务，由于有若干不同的路线，因而使综合性勘察的进行变为复杂，因而还使在同一地区内选择勘察地点和勘察路线的必要性变为复杂。

例如，在综合性历史、考古、人文志、人类学勘察队里，考古学家们的路线可能和整个勘察队的路线完全不同。

但是，不应当醉心于对综合性勘察队的参加者按专业来进行过度的细致划分。不应该忘记：组织任何一个综合性勘察时，它的主要任务便是保证个别专家之间的互助和联系，以便使勘察队面前摆着的那些任务的共同解决，变为轻而易举。勘察队内部人员的划分，首先必须遵循的正是上面这一目的。因此，当把综合性勘察队的参加者划分为小队和小组时，应当紧密地根据勘察队中所有的主导的科学专业。

第八节　博物馆所搜集物品的初步登记和记述

尽管对于博物馆纪念物的单独研究和科学性记述，还不直接属于搜集工作，通常是博物馆基本藏品的科学研究工作中的下一阶段；但是，对于每一博物馆藏品进行科学研究和记述的某种程度的因素，是应当发生在正确进行基本藏品的补充搜集工作中。在搜集工作的当时，科学工作者对于这一物品的博物馆价值就应当给予一定的估价。没有这一点，他便不能决定把博物馆某些物品包括在基本藏品中来永久保存是否适宜的问题。在搜集工作过程中，对于每件物品进行研究的程度，可能是不同的。但是，在一切情形下，对于博物馆物品的研究和对这些物品的价值估价时，都应当预先防止两种错误：拒绝获得珍贵的博物馆物品，或者把没有博物馆价值的物品包括到基本藏品中来。

对于物品的正确的科学鉴定，与对物品的正确记述密切地相关联着。在搜集工作时，应当特别细致与完整地进行记述，同时还要精通该类纪念物（考古学纪念物、人文志学纪念物、文献纪念物、古币学纪念物、武器、瓷器及其它）的记述特点。只有对物品一开始就作出正确的记述，以及对物品发现时的一切情况一开始就作出正确的记述，才能保证对这一物品作进一步的科学鉴定和记述。正是因为这样，对于物品预行（初步）登记和记述，特别是在勘察搜集时，必须特别详细缜密地进行。

为了对博物馆物品进行精确的鉴定和说明，在获得这一物品时，取得关于它的一切可能的和必需的情况资料，是很重要的。因此，正确地作成这种博物馆文件，以及首先是正确地制成接收凭证、制成极确实的记载一切项目的原始登记簿，是有着巨大的意义的（参看本书第三章）。但是，对于博物馆物品的原始性记述的这件事情，并不总是局限于原始凭证的编制和把物品正确地载入原始登记簿内。往往关于某些物品附加性的极其重要的情况资料，在这物品被博物馆获得的时候，便可能得到；而这些情况资料便是一定要记载下来的。

实践指明：对博物馆收到的新物品进行初次研究时（当编制物品的原始凭证或把物品载入原始登记簿内时），往往忽略掉关于所获得物品（或整套物品）的各种不同的珍贵情况资料。交出这件物品的人所熟悉的这些情况资料，或者把这件物品包括在博物馆藏品中的博物馆工作者所熟悉的这些情况资料，有时就没有被包括在原始记述里。在这些情况下，常常要预先推测：这些情况资料以及当时附带收到的那些情况资料，将会在那对于新收到的这些物品进一步进行科学研究的阶段上，与物品本身的详细记述一块儿载入博物馆文件之内。但是，往往在以后，由于某些原因，记述便局限于载在原始登记簿内的、原始的、极为简约的该项物品的记录而已了。已有的关于物品的补充性情况资料，被逐渐忘掉。本来能够给予必要的情况资料的人，不知去向了。而物品便落得成为半被认识的，没有被充分确实鉴定的以及没有被充分确实记载上年代的。由于对原始文件的制成漫不经心的结果，在许多博物馆内就要出现一批"无凭证的"藏品，这些藏品是难于鉴定，有时还是不能鉴定的。

当获得新的物品时，应当不局限于在原始登记簿内作简短的记录，而应马上编写关于这一物品可以得到的一切情况资料的更详细的记录。这样的记录，如果它被记载得好，那么将是进一步科学记述的材料，而有时也将是解释新获得的物品的材料。记载这一记录的工作，要委托给有经验的博物馆工作人员。

对新获得的、应纳入基本藏品的物品编造原始性博物馆文件，因而就是极其重要和极有责任的工作。它直接关系着博物馆的基本科学工作；并且它并不像有一些没有经验的博物馆工作者所往往认为的那样，仅是单纯的形式而已。

必须记住：如果由于对有博物馆价值的物品的漫不经心和忽略，而没能获得在这件物品进入博物馆基本藏品中时能够获得关于它的那些必需的情况资料时，那末在陈列中和在科学工作中也就不能利用这件物品。

当有大批物品进入博物馆基本藏品中时，博物馆文件的编制，便要求特殊的注意。这常常发生在下面的情形下：或者是由于勘察搜集的结果，或者是由于其他博物馆转交来藏品的结果，以及有时是由居民手里偶然性的大量收买的结果。在这些情况下，博物馆文件的编制往往是匆匆进行的，可能发生混乱现象，或者对藏品只作极其一般的、约略的记述。根据新鲜的迹象，往往不难于恢复真相，不难于得出所缺乏的情况资料，不难于检验所获得物品的正确程度。但是，如果这些错误发现得过晚，那么改正这些错误则是不可能的了。

当从博物馆物品的交付人手中取得每一件博物馆物品时，必须取得尽量的更详细和更正确的情况资料：关于物品的名称和来源，关于物品与一定的历史事件和一定的历史人物的关系（这些材料对于纪念性文件和纪念性物品说来是特别必需的），关于用途，关于制成的时间和技术，关于所在的地点，关于使用方法和使用条件（这些材料对于各种人文志学材料、劳动工具、手工业制品说来是特别重要的）。如果关于物品的来源、关于物品之属于某某人、关于物品与重要历史事件的关系，根据可能程度，由其他知道这些问题的人们与以佐证，那将是极合希望的。

十七世纪的银酒器（国立历史博物馆）

在一切情形下，应当一定要记明交付者的姓名，记明交付者的住址，并且还要记明有关交付者个人的材料，因为这些材料对于获得的物品、对于物品的来源、物品的制成方法及其它等等都有直接的关系。

应该注意，获得物品时，并不是总能简单而轻易地得到关于这物品的确切材料。

佐证性的情况资料，可以用询问其他人们（如事件的参加者、家庭中其他成员、邻人、同乡等）的办法得到。为了得到这样的情况资料，有时采取在物品所在地点进行调查的办法。往往有这样情形，交付者只不过是物品的偶然的所有人（例如，这件物品是他拾到的、是他由远代先人继承下来的、从陌生人手里买到的），因而他关于这件物品甚至于说不出最低限度的必需的情况资料。在这种情况下，物品的原始鉴定工作就完全落在博物馆工作者身上了。没有被充分鉴定的和年代不明的物品，只有当这些物品的科学价值显而易见的情况下，才能够购买、取得。

所获得的关于物品的一切情况资料，应当正确而完整地由博物馆工作者予以记载，由他签署，以及由交付者和其他把该物品介绍给博物馆的人们签署。这些情况资料，便构成关于物品的原始性博物馆文件。在记入簿内时使用这一原始文件，这份原始文件一定要交到博物馆科学档案库保存。

第九节　自然科学专业各博物馆的搜集工作的特点

自然科学专业的各博物馆，以及各地志博物馆的自然馆的搜集工作，基本上可以归纳为采集自然界各种物品的工作。照例，在自然状态下，直接在自然界中所搜集到的自然科学材料，是极其多种多样的。每一组自然科学材料都要求有特别的采集方法和田野加工方法。

搜集自然界物品，与搜集任何其它博物馆材料本质上的区别就在于：大部分这些材料不仅应当采集到，并且还要在田野当地用某些方法进行保存性加工，就是说要把这些材料在自然状态下加以保存。这两层手续，彼此是如此密切相联系着，以致一说到搜集某些自然物品时，这句话总是意味着不仅仅是，也不单纯是材料的采集，并且还有对材料进行的保存性加工。

此外博物馆对自然界物品的搜集，照例是要求特殊的，有时还是相当复杂的田野工作器材和装备。还需要有自然物品采集工具，以及对采集到的材料进行干腊加工、浸制加工、保存性加工、进行保存时所用的各种工具、各种器材和各种用品。在一些情况下"赤手空拳"也可以采集到材料。但是，即使在这时，对于取自自然的物品，也应当在田野条件下预先加工和保存，以便使这些物品能在毫无损坏的自然状态下运送到博物馆。没有专门的设备和器材，这常常是不可能做到的。

关于采集各种自然物的方法和采集时所必需的器材的详细叙述，以及对采集到的材料进行干腊加工或浸制加工的方法和对这些材料进行预先（即在田野条件下所进行的）保存性加工的叙述，可参照有关的参考书和工作指南[①]。

关于这些问题，在下面只给出那些最必要的和简短的说明。

---

① 这些参考书和工作指南是：

1. 斯大林奖金获得者斯·维·奥布鲁切夫主编的《旅行家与地志学家手册》，国家地理文献出版社出版，莫斯科，第一卷，1949年版，第二卷，1950年版。

2. 弗·斯·列昂节也夫著：《地志博物馆中干腊标本的制法以及植物展出的准备工作》，国立文化教育出版社，莫斯科，1952年版。

3. 恩·恩·普拉维西可夫和恩·维库兹涅错夫合著：《动物学藏品的搜集和准备》，国立文化教育出版社，莫斯科，1950年、1952年版。

4. 斯·斯·杜洛夫著：《自然学摄影家》，苏联科学出版社，莫斯科，1952年版。——原文注自然界采集对象，按其采集方法，可以分为两类：第一类是可以"拿"到的自然界采集对象，第二类是需要"捕捉"来的自然界采集对象。属于第二类的大多数是动物，而属于第一类的——某些动物以及一切其它的自然物：植物、矿物、土壤等等。对于第一类说来，需要的是拿获的工具。对于固定不动的物品（植物，矿物及其它）则需要能把物体从它所依存的基础（植物、海绵等等）分离开的工具，以及需要能把物体从包含着它的自然界（矿物、地质标本、古生物学材料、土壤）中取出的工具。

为了采集地质学（矿物学）标本，则必须有地质学用采矿石标本的小锤、凿子、备有装材料［碎布、纸、棉花及其它］的背包。这一套装备，对于搜集细小的古生物材料［甲壳和植物的印痕化石、古生代按门贝（Аммониты）等的化石］也是需要的。用发掘的办法采集古生物材料，这是一件复杂的工作，只有在专家的参加下才能进行这样的工作。

在搜集植物时需要有旅行用的干腊标本夹子，夹子里要有足够的纸张；需要有挖根用的移植铲或者宽面锄；还需要有割枝用的锋利的刀子。

动物学者的主要工具，是枪、网以及各种捕捉器。捕鸟必须有鸟枪，捕哺乳类动物除了有猎枪外，还要有夹子和各种捕捉器（用于捕捉鼠类和其它小兽）。捕捉两栖类的动物时，在陆上只要用手就可以，在水里要用网。爬行动物，可以用手捉，或用网扣住。捕毒蛇时，用套子或用尖端带叉的棒子。捕昆虫的主要工具是网子（用于空中捕捉的是轻纱制的，用于草上抄捕的是亚麻制的，用于水中的是致密而牢固的网布制的）。用撼树的方法捕捉时使用伞，用筛箩植物灰来捕捉时使用筛子等等。灯笼是用于向光的动物，各种捕笼则是用于捕捉能为诱饵骗过的动物等等。

捕捉其它无脊椎的动物时，在水中则用各种网、笼罩，在陆上———一部分可以用手拿，一部分则要用网（在草上、枝上兜抄）。

所要搜集的材料种类越多，器具的样数也越多。但是，那些要求使用过多不同采集方法的东西，不应同时进行搜集，特别是在采集工作如果由不大的小组用徒步旅行的方法来进行的时候。

在同一时间内可以搜集昆虫、蜘蛛、蜗牛类，但是，譬如说，捕捉昆虫和地下栖息的蚯蚓，就难于混在一起进行，因为捉蚯蚓需要铁锹。那些不是旅行直接任务的材料也可以顺便捕捉，如果捕捉这一材料并不需要什么特殊的捕捉工具的话。为了装那"信手拈来的"捕得物，只要有几个小铁盒、铁罐或小袋也就够了。

在任何搜集工作时，必须备有背包、笔记本、铅笔（不要变色的化学铅笔即拷贝铅笔）、镊子、放大镜。在搜集时也需要把那些关于采集到的材料的必要情况资料记载下来，因为，不然的话，便易于把采集到的东西弄混乱，而采到的材料也将变成没有必需的说明资料的材料，就是说将变成没有价值的材料。

给博物馆采集自然标本的办法虽然各有不同，但是必须执行一个基本要求，就是每一件标本必须完整而毫无损伤地送到博物馆。为了把毫无损伤、完整程度良好的自然标本送到博物馆，那么便需要在田野保管工作和运送时遵守一定的规则。

例如，在搜集植物（干腊标本）时，需要只选择那些毫无瑕疵的标本（没有破碎的、没有受昆虫蛀蚀的显明伤痕的等等）。每一件标本都应当细心放在旅行用的植物标本夹子的页间。如果马马虎虎地把植物放进标本夹内，那末这份标本一定会被损坏、被弄皱等等。

另一个例子，从花上取下的昆虫，没有弄皱，没有损坏；可是却把它和巨型甲虫一起放到昆虫窒杀箱内；结果，这个昆虫便被揉皱得很厉害，就是说，被弄坏了。

再举个例子，一只鸟在近距离内被用"加大的火药"给打了下来，或者把一只鸟匆匆地扔进袋子里。结果只是一份损坏得很厉害的标本，并且有时还只是白白断送了一只鸟。有贝壳印痕的石灰石块，如果不包好而放进袋子时，在路上互相碰撞，其结果则印痕被损坏了等等。

因此，当采取自然标本时，只有遵守一定的规则，只有对这些标本进行严格的"田野现场"保存处理，才能保证获得良好的标本。只有当采到的材料质量很高时，才能够有成效地进行下一步干腊加工、浸制加工和保存性加工。

如上面所指出的，搜集自然标本时，往往要求在田野的条件下进行某种干腊加工、浸制加工和保存性加工。在准备去旅行或者考察时，需要详细地估计到所能搜集到的材料在保存上的特点，并且具备一切必须品。决定某一类自然标本的保存方法时，在田野上逗留时间的久暂，有着巨大的意义。所搜集到的材料到达博物馆前所经过的时间，便决定这一材料的"田野现场"加工方法，也包括保存性加工在内。

例如，在一日间旅行时，平常把昆虫便放在昆虫窒杀箱内。两栖类和爬行类动物就让它们活着，打死的鸟兽原样不动带回来，而植物要保存在旅行用纸夹内等等。

当多日旅行时，对所采集到的材料必须用适当的方法加工，也可以作鸟兽剥制充填标本。两栖类和爬行类动物要放在酒精和甲醛液中，把昆上放在棉花层上，把植物放在植物夹内；这就是说，在现场、在田野上，就可以开始对材料进行保存性加工工作。在两三天的旅行时，也只好像上面这样做。

甚至于组织两天的旅行时（且不说多日的旅行）也要把对那些准备搜集的材料进行保存性加工时所必需的一切器材带好。

在田野上逗留的日期，既然能决定对所搜集到的自然标本进行田野加工的各种不同形式，因而也就能决定为保存搜集到的材料不受损害而必须要携带的那些器材和装备等具体物件。

第十节　历史专业各博物馆的搜集工作的特点

应当搜集并包括进历史专业各博物馆的基本藏品中的历史纪念物的主要种类，可以分为以下几类：

1. 实物纪念物，其中包括考古纪念物和人文志学纪念物；
2. 文献纪念物，其中包括碑铭纪念物，手稿纪念物以及印刷的纪念物；
3. 图片材料，其中包括地图、示意图、平面图、设计图；
4. 造型艺术纪念物，其中包括图画、素描、水彩画、版画、浮雕等；
5. 文献性照片和影片，其中包括底片与冲晒出的照片、电影胶片（负片和正片）。

历史博物馆的实物搜集，或者地志博物馆相应部分的实物搜集，是在它们藏品的数量上最大、成分上性质最复杂的部分。

最古的物质文化纪念物，往往是由于考古发掘的结果，才出现在博物馆内的。搜集考古学纪念物，对于研究最古的历史时期和在博物馆中展出最古的历史时期说来，是有着巨大意义的；因此这些纪念物也就是古代史和中古史范围内一切博物馆搜集的不可分割的组成部分。特别应当注意：如果不搜集和研究考古学材料，那么没有一个地志博物馆能够展出自己当地的历史初期的情况。

在历史专业各博物馆的实物搜集中，除了考古学藏品之外，人文志学藏品占有极其重要的地位。人文志学藏品比考古学藏品，照例是由更晚期的物质文化物品所组成，并且人文志学藏品还似乎是考古学藏品的历史的延续和补充。

数量众多种类繁杂的是历史珍品，因而为各历史专业博物馆所搜集着的物品，当然并不能仅仅限于考古学藏品和人文志学的诸藏品而已。

在博物馆历史搜集物中的考古学材料以及一部分人文志学材料的价值，距离我们当代越近，特别是从资本主义时期开始，便急剧下降着。同时，有历史价值物品的数量和纷繁的种类也大量地增加着，因为伴随着人类社会的发展，物质文化也越来越丰富起来。在苏维埃时期的物质材料，是非常多种多样的；尽管遗憾的是，到现在为止苏维埃时期的物质材料被各博物馆搜集得有限，并且在苏维埃时期的整个博物馆基本藏品中，苏维埃社会物质文化纪念物的比重还是极为不够的，比起其它各类材料远有逊色（例如，比起造型艺术材料、文献材料等等）。

尽管可以包括在博物馆历史藏品中来的物质材料的丰富多彩，但是有时正因为这种丰富与多彩，而在搜集实物纪念物时往往会发生把某种对博物馆基本藏品说来真正珍贵的东西有忽略过去的这种危险。这种忽略，有时对于历史科学说来能是不可挽回的损失；对于历史专业博物馆的基本藏品说来是不可弥补的空白。

在搜集补充另一种博物馆藏品时，就很少有类似这样的情形。例如：在搜集自然科学藏品时把某一种物品忽略过去，常常在以后还能够补充上。自然界提供一种可能，能够在一定地点、一定时间搜集到整套完全相同的标本（有用矿产的标本、各种植物的标本、蝴蝶的标本等等），以便来用这些标本补充博物馆藏品中所缺少的那些份材料。

可是，当历史专业各博物馆的藏品搜集补充时，这样的可能性并不是通例，而是例外。应该注意，历史专业博物馆的藏品，照例是由稀有物品组成，有时还是由独一无二的物品组成的。由于这些物品是历史的纪念物，那么这些物品在现代，自然就不能到处都可以遇到。这些纪念物的数量有限，它们之被保存下来是偶然的。今天现有的历史纪念物，明天便可消失。因此，各博物馆都应当不放过一个机会来取得在历史价值上珍贵的真实纪念物，因为这样的可能性在以后就会再也遇不到了。对于独一无二的物品或者纪念性物品（就是说与著名的历史事件或杰出的历史人物相关联着的物品）说来，那末这样的错过，就是特别不能允许的了。

搜集博物馆历史藏品时，苏维埃时期的实物纪念物是值得特别注意的。尽管苏维埃社会的历史在时间上只占有不长的时期，而苏维埃制度的最初年代距我们只不过是几十年，但是，现在便已经尖锐地感觉到苏维埃时期历史的博物馆藏品的不足。伟大十月社会主义革命历史、外国武装干涉时期和内战时期、国家社会主义工业化和农业集体化的历史——关于这些历史的实物材料，在博物馆基本藏品中是比较少的。不言而喻，在当时，博物馆搜集这类材料是比现在容易的，因为在当时这样的材料是非常多的。现在也能够搜集到关于苏维埃社会初年历史的不少珍贵材料。

当搜集补充历史专业博物馆的基本藏品时，古代的，年代久远的物品也应值得巨大的注意。物品越古老，就越难确定这种物品会有很多份数被保存下来，甚至于即使这类物品过去曾广泛地使用过（如：钱币、武器、服装、农具、家具等）。如果过去这类物品没

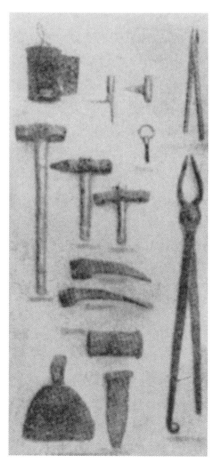

十九世纪矿工的劳动工具
（国立历史博物馆）

有大量地被使用过，那么不言而喻，到我们今天所保存下的几份因而将是较少的稀罕物。

但是，物品的稀罕本身还不能说明它的巨大的历史的、科学的、博物馆的珍贵价值。相反，有时候，古代物品的稀罕与用途狭小的性质，把它包括在博物馆历史藏品中甚至于还会成为否定的标志。这首先是指那些在当时人们生活中没有起本质作用的古物，因而也不是那一历史时期的典型的、有特征意义的纪念物。

历史专业博物馆藏品的最重要部分，是文献性资料（印刷的和手写稿），因为这些资料能够反映最重要的历史事实和事件，特别是能够反映人民群众，即历史的真正创造者的作用。各博物馆对这类材料搜集时，应当根据有关苏联国家档案材料的现行法令进行。

在可搜集来作为历史专业各博物馆的基本藏品的文献性资料之中，应当也包括各种印刷出版物：书籍、乐谱、杂志、报纸以及其它定期出版物。

应当指出：直到今天为止，地志博物馆对于书籍、杂志、报纸、乐谱等等还搜集得不够，还不能把这些资料充分地利用于它们自己的陈列中。但是，这些资料却是最重要的一种历史资料，它能直接反映我们祖国的文化历史、我们祖国的文学历史、音乐历史、先进的社会思想历史、祖国科学历史。

某一历史时期当代的图表材料（如：地图、平面图、设计图、原图以及当时按原图作的拷贝图），是历史性纪念物的为数不多的一类，但却是很珍贵的一类。

造型艺术作品（写生画、黑白画、浮雕等等）是能标志当代社会人们的文化水平、生活习惯、性格风貌和思想意识的头等历史性资料。搜集这些文化纪念物，乃是历史专业博物馆的最重要任务之一。

在艺术作品中，对于历史专业各博物馆有着特别意义的，是那些表现历史事件、由作者（即这些事件的当代人）取自现实而作成的图画和素描。

艺术家照真人所画下的肖像画，往往是再表现那些伟大作家、统帅、学者等人的外貌的唯一资料。

但是，必须注意，艺术作品往往有着倾向性，所以需要严格地检查它们，并且把它们和其它历史资料来对照。能满足历史真实性的要求的那些艺术作品，是极有价值的历史资料。

应当属于文献性材料的还有当时的照片和底片。这一类真正材料的意义，对于博物馆说来是巨大的。正是这种材料，才常常是把事件直观地展示出来的最重要形式。博物馆应当特别注意取得照片材料，努力来选择这种材料，使它们能够全面地阐明历史的过去，特别是人民群众的生活。

寻找古老照片的工作，应当有系统、有计划地进行。浏览旧的定期刊物和画报对于这个工作是有帮助的。对当地世居的人们进行询问也能有很多的收获。博物馆可以查清曾直接参加过重要的国家活动、社会、经济、文化活动的那些人物。在这些人们手里（如果他们死去了，那么在他们的亲友手里）就能保存着在历史上珍贵的照片。

在搜集旧照片时，必须认清它们的历史价值，因为它们的价值并不总是一眼便可以理解到的。当然，任何一个博物馆工作者都不会放过机会来为博物馆搜集那种比方说能够表现一九○五年该地区一个城市中革命示威运动的照片。但是，并不是一切博物馆工作者都重视另一题材的照片的历史意义。这，特别是对于当地的经济历史。例如，关于当地资本主义发展的历史，能够有下面这些照片：第一座蒸汽磨坊、地主庄园的第一台蒸气打谷机、私人银行当地分行的开设等等。例如，在地方文化史方面可能遇到这些照片：在当地剧院里第一次上演高尔基的戏剧；地方公众图书馆的开设；音乐学校的开办等等。

文献性记录影片（底片和正片胶片）材料，是绝对珍贵的历史资料。

当确定地志博物馆历史馆的搜集工作的性质和范围时，应当根据博物馆历史部分的科学研究工作和陈列工作的需要。首先应当保证那些陈列中特别缺乏历史真实纪念物的部分得到补充。

但是，这当然并不是说，历史部分在自己的搜集工作中应当仅仅局限于当前陈列和未来陈列上的需要。如同已经指出过的，地志博物馆的任务是要在自己的地区内成为文化纪念物的主要保存者。它们的历史馆必须采取一切必要的措置，以便弄清在当地有历史价值的物品，并把它们集中到博物馆基本藏品中来。

地志博物馆所搜集的历史纪念物，应当在这些纪念物的总和中，反映出当地过去人类社会的生活和活动的一切方面，并且应当首先把作为历史动力的人民群众展示出来。这些纪念物应当反映的，特别是物质生产的历史、社会的经济结构、它的国家制度和政治制度、生活习惯、文化、各种不同的阶级和社会集团的思想意识。文献和物品应当在自己的总和中反映出从远古时代直到伟大十月社会主义革命以前在当地和我国领土上曾存在过，并且合规律地更替了的一切基本的社会经济形态。

博物馆藏品应当能够把历史过程的具体性和独特性完全展示出来。这些藏品应该反映市民历史（此处指非军事的、非教会性的历史——校译者）中一切最重要事件，应该反映俄罗斯的，特别是当地的阶级斗争和革命运动的历史中一切最重要的事件。这些藏品应该明显地展示出伟大的俄罗斯人民的英雄传统，他们为祖国的自由、独立而与各种侵略者和干涉者所进行的胜利斗争，并且还要在许许多多方面来肯定祖国文化、科学、技术、艺术的优越性。在这些藏品中应当使下列人物的生活与活动得到反映，这些人物是：当地杰出的人民英雄、国家和社会活动家、有名的陆军统帅、海军统帅、学者、发明家、旅行家、作家、艺术家、作曲家和演员。当确定那些能够而且应当作为地志博物馆历史部藏品的文件和物品的范围时，应当在选择材料中遵守正确的比例。当然，地志博物馆应当把主要注意力集中在那些能反映本地区、本州岛、本共和国的过去历史文献和物品的搜集工作上。但是，如果地志博物馆历史部的藏品只是由能反映当地的过去历史的物品来构成的话，那就不对了。这样的藏品不能保证地志博物馆历史部开展充分有价值的陈列，因为陈列是应当指出与我们祖国历史的有机联系，作为祖国的组成部分和不可分割部分的、当地的历史。

在解决地志博物馆历史部藏品中一般性材料与地方性材料的相互关系（比例）这一问题时，首先应当根据该地区、该时期的历史过程的具体进程出发。在地志博物馆范围内，这种相互关系（比例）将按各种不同的历史时期和个别的主题而变化。同时，通史性主题的材料往往会密切地与当地历史的一些主题交织在一起。有时，通史性主题能够用地方性的材料很好地表现出来；例如：当这一历史主题的材料在我们祖国领土内曾到处流传普及过的那些场合，便是如此（如，原始公社制）。也可能是这样：通史性主题将能用属于当地的材料文件和物品鲜明而完整地表现出来（例如："十八世纪至十九世纪前半期的农奴制度"、"资本主义在改革农奴制以后时期内的发展"等主题以及其它）。

另一方面，一般性（通史性）材料按其本身性质说来，往往不能离开地方的历史，并且这些材料还是能规定当地历史基本的、最重要的特征的材料。在博物馆藏品中，也就是在博物馆陈列中，如果缺乏这种材料，那将是一个严重的空白。有时这种情况甚至于会导致对地方的过去作出原则上错误的阐述，会造成这样的印象，似乎当地的历史是单独地、脱离全国历史而发展起来的。属于这样材料的，例如：能标志本国国家结构与社会结构、中央政府的行政活动、司法活动、军事活动、经济活动的文件藏品。

当选择历史部藏品时，往往难于把当地的物品和那些在当代该地区外的我们祖国领土上曾常用的物品区别开来。许许多多已成为地志博物馆历史部藏品的物品，根本是无需把它们局限起来。这样的物品应当在陈列中强调指出我们祖国领土上历史进程的统一，和我们祖国社会经济发展、政治发展和文化发展的共同性。

地志博物馆在历史方面所进行的有计划的搜集工作，只有与研究当地历史的调查研究工作有机地结合起来，才有可能。

　　不言而喻，要调查研究当地的历史，必须从研究当地档案库中的材料开始。博物馆历史部工作人员，正是在这个地方，才能获得关于当地历史的珍贵的、还没被任何人利用过的书面资料。在档案库里的工作，应当同时对那些能利用于陈列中的最重要文件进行拍摄照片的工作。

　　地志博物馆应该特别注意研究本地区那些曾发生过某些著名历史事件（革命的发动、军事战役等等）的地方。清楚地知道革命运动的杰出的活动家、学者、作家、诗人、统帅、发明家、艺术家、演员、音乐家以及其他优秀的历史人物住过的地方和诞生的地方，也是很重要的。

　　同时，各事件的意义、每一人物的作用，都不只应该由我国整个历史的角度来评价，而且还应该由当地历史的角度来评价。在全国范围内这一事件或者这一个人物的活动，可能并没有特殊的意义。可是对于当地历史说来，它们的意义却是巨大的；从另一方面说来，地志博物馆自然是很喜欢表现那些既与当地直接有关，而又在我们祖国历史中起过巨大作用、使祖国增光的历史性事件和历史人物。这一点是每一地志博物馆的直接的和首要的责任——这是不需要指出的。

　　地志博物馆也应该调查那些曾有过古代手工业与小手工业、工厂和作坊、矿山、矿井的地方，其目的是为了搜集国民经济和技术历史的藏品、革命运动史的藏品、工人阶级史的藏品。

　　这些主题到现在为止还没有受到地志博物馆应有的注意。但是，在工人干部的家庭里，关于革命运动史的

阿·斯·波波夫所发明的第一架
无线电收音机（中央交通博物馆）

珍贵材料却能够被保存着。古老的生产工具、器械、车床、产品标本、工人服装、家庭陈设、工资支付账本以及其它能标志过去生产上的技术条件、社会条件和生活条件的材料，都可能被保存着。

　　地志博物馆的调查工作也能帮助发现考古勘察和人文志勘察所需的物品。

　　历史专业的苏联博物馆的最重要的任务之一，就是搜集苏维埃时期物质文化和精神文化的纪念物，并把这些纪念物集中在博物馆里。这个工作所以有绝对的重要意义，首先是因为伟大十月社会主义革命、我们祖国历史中以及全世界进步人类历史中十月革命以后的时期所具有的世界性历史意义来决定的。

　　博物馆既搜集着苏维埃时代的实物纪念物、文献纪念物以及其它纪念物，因而也就为将来的后代保存下了世界上第一个社会主义国家的历史的原始资料。博物馆基本藏品中所搜集到的苏维埃时期的材料，使博物馆能够在自己的陈列中展开对苏维埃社会的历史的真正科学的展出，能够在普及关于苏维埃社会的历史的科学知识中作出自己的贡献。

　　搜集苏维埃时期藏品的工作，有着许多特点；这些特点，在规划、组织和进行这一工作时，都必须足够地估计到。

　　革命前历史的纪念物在数量上保存下的较少，而苏维埃时期，特别是当代，却有着极为丰富的材

料，——这就是关于苏维埃时期物品的搜集工作和关于革命前历史时期物品的搜集工作的区别。这些丰富的材料充满着周围现实，而在这种情况下搜集工作的任务，就是从庞大的实物材料、文献材料和其它材料当中，挑选出最能有力而生动地标志出苏维埃社会的历史和当代情况的那一部分材料。

在生活当中进行博物馆藏品的搜集时，需要注意的是：现在在直接生活中使用的许多物品，如果从它们将来的历史意义的角度看来，那么它们便应该作为苏维埃社会的物质文化和精神文化的纪念物而被列入博物馆的基本藏品中。

对于苏维埃时期，是有着更大的可能来深刻而有根据地鉴定和记述那些博物馆藏品。往往能够从生存着的见证人处得到关于这些材料的历史说明。对于苏维埃时期材料的搜集，比起对革命前时期材料的搜集，可以汲取对博物馆基本藏品进行补充的资料来源范围也是更为广阔的。苏联人民、苏联各机关、各组织以及各企业，便是这样一种取之不尽用之不竭的储藏所，如果善于安排和组织搜集工作的话，它便可以把苏联博物馆基本藏品所必须的一切给予这些博物馆。因此，博物馆对于补充苏维埃时期历史的基本藏品的可能来源进行登记，是有重要意义的。

例如，地志博物馆应当进行系统的工作来查明当地劳动人民的杰出代表，因为他们可能有苏维埃时代的这些实物材料和文献材料。

全苏革命博物馆之友协会，当时曾进行了巨大的工作来搜集革命运动和国内战争参加者的材料。在我们现代，有着对博物馆说来很有价值的材料的人们，也大大增多了。这不仅仅是伟大十月社会主义革命和国内战争的参加者，并且还有卫国战争的英雄、无畏的地下工作者、勇敢的游击队员，和平的社会主义劳动战线上的先进工作者们。博物馆应该不漏掉一件珍贵材料来从上述这些人物手中取得材料。现在或者最近时期所未搜集的东西，对于当代人和后代人们便能够是无可挽回的损失。

工业、农业、文化和生活等展览会，是在同一时代进行大量补充博物馆基本藏品时的来源。这些展览会的陈列品，应当被选入博物馆基本藏品中来。在某些场合下，展览会的基本物品，特别是按专题或年代顺序的原则安排的展览会的基本物品，都应当完完全全交付给博物馆，因为这些物品随着时间的转移逐渐能被利用于陈列的目的及科学研究的目的。

博物馆为了查清和搜集苏维埃时代的文献材料，便应当与档案库和档案机关保持最密切的联系。除了在国家档案库中为查清文献材料而进行的系统工作外，博物馆还应当和现在执行着工作的机关的档案库建立联系。

这时应当记住：地方历史的文献材料，在地方的国家档案库中和中央的国家档案库中都能有。例如，国立中央十月革命和社会主义建设档案库中、国立中央苏军档案库中、国立中央文学和艺术档案库以及其它档案库中，都有许许多多关于地方历史的材料。

地方的期刊和中央的期刊，能够对搜集补充苏维埃时期基本藏品提供重要的材料。

在国立中央录音、照片、电影档案库中、在塔斯社的照片库中、在国立苏联革命博物馆中、在"苏联新闻影片"社及其他地方组织的新片库中，都存有苏维埃时期的珍贵照片。

第三章　博物馆藏品的登记、鉴定和科学记述

第一节　博物馆藏品登记的任务

苏联博物馆在自己基本藏品中保存着有头等科学价值并享有世界盛名的数以百万计的自然历史纪念物、物质文化和精神文化纪念物。这些纪念物都证明着我国自然界有取之不尽的财富，都证明着我们祖国有独具风格的历史和各族人民的创造才能。

博物馆基本藏品是社会主义财产，它们构成巨大的物质上的珍品，并要求细心的保管和正确的登记。然而，博物馆基本藏品特征性的一些特点，对博物馆搜集工作的登记还提出一些特殊的要求。例如，大家都很清楚，一些个别的博物馆藏品，虽然没有物质上的重要价值，但可能具有极其巨大的科学意义，因而也就具有博物馆意义的珍贵价值。因此，博物馆基本藏品的登记工作应该遵循着双重任务。博物馆搜集工作的第一个任务是保护社会主义财产；第二个任务是揭示博物馆藏品和个别物品的科学价值和艺术价值，就是对这些藏品和个别物品进行科学鉴定。

博物馆藏品如果缺乏科学鉴定或者艺术鉴定，那么这些藏品便会丧失博物馆藏品的价值，而在个别的情况下还会使博物馆基本藏品成为混杂的废物。

对博物馆藏品进行组织得正确的登记工作，是一切博物馆正常地发挥自己功用以及完成它面前的思想政治任务和科学任务的最必须的条件之一。

搜集到的博物馆物品和藏品，如果没按照确定好了的规则登记下来，从科学上没予以鉴定，也没有记述的话，那么它们便不能被保存下去，也不能在博物馆的科学研究工作、陈列工作和群众性科学教育工作中来使用它们。

对于已有的基本藏品中的各件物品，如果没有确实的概念，那么便会使博物馆失掉有计划地组织自己搜集工作的可能性。

总之，只有按一定形式办理得正确的博物馆藏品登记工作，才能够保证有可能把关于博物馆物品、关于它们的来源、关于它们的所在地、关于它们到达博物馆的日期等填写出确切的材料，同时才能够在博物馆基本藏品中或在博物馆陈列中易于迅速地找出这些物品。正因为这样，博物馆工作者对于正确安排博物馆藏品登记工作的问题，才应当予以特殊的注意。

在博物馆基本藏品登记工作中，必须分为两个基本阶段：

1. 对博物馆基本藏品进行原始登记和原始整理；

2. 对博物馆基本藏品进行有系统的登记和科学编目。

有特殊科学价值的博物馆藏品，除了上述原始登记和科学编目的两个阶段外，还要经过专门性的专题研究和科学记述的阶段。

第二节　博物馆藏品的原始登记和原始科学整理

如同大家所知道的，任何一件博物馆藏品，如果没按照既定的登记规则从文件手续上弄完备的话，那么它便不能被放在博物馆内或放在博物馆的任何储藏库内。

博物馆登记工作的第一阶段，由下列三步手续组成：

1. 将博物馆藏品制成凭证；

2. 将博物馆藏品载入原始登记簿（基本藏品目录簿、主要目录簿、新收到物品簿）；

3. 编制博物馆藏品的代号。

（一）将博物馆藏品制成凭证

博物馆收到一件物品，以及博物馆交出一件物品，都必须用相当的文件固定下来。

按现有的规则，每一件博物馆藏品，只有当它具有附发文件时，才能够把它登记在各原始登记簿上。所说的这种附发文件，便是按已确定的形式作成的双方交接凭证。

在交接凭证中要指明下列各点：

1. 凭证号码；

2. 制成凭证的地点和日期；

3. 办理藏品交接的机关或个人的全称（姓名）和地址；

4. 陈列品之被转交出去是为了经常性保存或者是临时性使用；

5. 按凭证应交出藏品的详细清单，并要指明这些藏品的完整程度，藏品所具有的一切登记标志；

6. 用数字（大写）写出藏品的总数；

7. 博物馆藏品的价格（如果这些藏品是买来的）；

8. 签署，并且要标明藏品交接双方的职名。

交接凭证是有巨大法律意义的文件。因此，必须对这一凭证的制作极为注意。凭证必须用打字机打出或用清晰可辨的字体缮写，由交接双方签署，同时签署还要在括号内重复一遍（要清楚）；凭证必须有博物馆的图章并经馆长批准。

交接凭证，照例要作成两份。如果一方为了签署凭证而有必要把凭证付邮，那么凭证便要作成三份。在这时候，要把需要签署的寄出两份，其中一份签署后回交博物馆归档，而另外一份则留在签署者的手中。第三份凭证是存根（检查用），它留在博物馆中。如果这件博物馆藏品是购置的，那么在一切情况下都要做成三份凭证，其中有一份要送交财务科。在凭证中总要指明制成份数，并且指明各份都交与何人。

必须记住：把博物馆收到的物品制成凭证，并不仅仅是解决保管上和法律上的任务，并且还是解决科学性的任务。如果交接凭证制得不够正确和完整，那么就会给博物馆藏品的文件制成工作带来不可纠正的损害，并给进一步科学鉴定和研究这些物品造成困难。当制成交接凭证时，必须在特别的文件内，即在所谓的"备考册"内，记载关于博物馆藏品来源、它们以前属于哪一博物馆或属于某人、与一定历史事件或人物的关系、它们制成的年代、所在地点等等的一切材料。这本备考册与相应的交接凭证在一起保存。

当物品是作为赠品交给博物馆的时候，也必须取得备考册。这时候，备考册的制成者就是博物馆藏品的赠与者；由赠与者签署的备考册便要附在赠与声明书内。

如果赠与者没附来备考册，那么博物馆工作者便应当力求获得和记载那关于进入基本藏品的物品的尽多的情况资料。这样作成的记录，在内容上必须指出这些情况资料的来源。科学工作者所签署的记录，要附在交接凭证一起。

列宁设计的小棋桌及架子有暗抽屉作为保藏秘密文件之用（中央列宁博物馆）

如果博物馆基本藏品的补充，是由于博物馆进行勘察工作或田野工作的结果，那么当制成新接收藏品的凭证时，必须附上勘察日志、田野记述和田野标签（自然标本用）。

在日记中要记载下勘察工作的一切基本要素。日记记载得好，便能提供关于为博物馆藏品取得的那些藏品的极重要的情况资料。例如，以搜集"十九世纪末二十世纪初俄国工人阶级情况"这一主题材料为目的的勘察队，在寻找标志资本主义时代无产者痛苦的生活条件和劳动条件的生产工具、服装、日用品的同时，便要在日记中记录下来各企业中工作情况的目睹者的回忆、对工人生活的描述、关于个别劳动工具和生活用品使用范围的讲述等等。这些记录便有助于对藏品进一步的科学整理，便使博物馆藏品进行登记和鉴定工作有了凭据。田野记录应当包括下列一些情况资料：物品获得的时间和地点，博物馆藏品的记述，该藏品曾属于何人，藏品的制成和使用时代，藏品的历史价值，藏品在获得当时的情况，值多少钱。在备考栏中要指明：该物系由何人获得、过去物主的住址以及他对交出物品的态度（即要求）。收到的物品要获得自己的编号。

所有这些材料都是对博物馆藏品进行研究和科学记述时极其珍贵的文件凭证。

如同上面已经提到的，自然部分的标本当制成凭证时必须有标签，这标签应当包括下列内容：

1. 采集地点。指明这一点时必须极其清楚，并要包括地理位置的名称（一般都是村名、区名、省名、加盟共和国名）。如果在人烟稀少的地区，只有最近的村名是不够的，所以这时还要指明采集地点离该村的大致距离（向南、向东北多少公里等等），或者当有自然境界（河流、山脉、森林）名称时，再把自然境界等名称标上。如果指出河名时，那么不可以只限于河的名称（甚至于标明在某区内的河流名称）而已，而要给出更加确切的方位：村名、自然境界名等等；

2. 采集时间——年月日；

3. 搜集者，即采集到这份标本的人的姓名和略名；

4. 标本所在地的条件。

对于在山上采集到的标本，应标明其海拔高度，其精确程度至少在五百公尺以内，对于海中采集的标本则要标明其深度（对较深的淡水生物标本亦同）。对于栖息于地上的动物要标注栖息地点："松林—白苔地带"、"落叶松—绿苔地带"、"泥沼地带"等等，对于从植物上取下的昆虫，则要注明植物名。对于植物则应注明该标本所由取得的植物群落（苇塘、泥潭草地、黑落叶松林等等），有时还要注明土壤（沙土、石灰质土壤及其它）。对于矿物则应指明产地，对于古生物标本则需要指明该掘出物的被发现的发掘地性质（简短的地质学的记述）。

除了上述几项情况的记述（情况材料）外，在鸟类和哺乳类动物的标签上还必须标明性别、记载剥完外皮后的尺码，标明眼睛的颜色和许多其它区别于别的鸟类和哺乳类动物的特征。

在填写标签时，必须严格遵守编排代号的规则。

搜集者在搜集现地亲自填写的田野标签，是标本的基本文件。因此，这种标签一定要被保存好。可以把这标签与标本放在一起（把标签卷成圆筒），最好标签上记好标本的号码和代号之后就个别地保存起来（这种标签保存在信封之类的口袋里，在口袋上记好放在其中的这批标本的号码）。

在鉴定标本以后，就是说在肯定标本的正确的学名以后，便要把这个学名载入标签上或者把这个学名从旧标签上抄到新标签上，即"最后的"标签上（本文内所说标签皆系指卡片之类的标签——校译者）。在任何情况下，都需要指明标本的确实的学名（对于动物学标本、植物学标本和古生物学标本则需要标明通用的拉丁名称）和作出鉴定的专家姓名。如果鉴定是由科学方面的权威人士所作的话，标明姓名这件事就特别重要了。

交接凭证和备考册在一起，还有赠与声明书，都交到登记科，而其它文件性材料则交予科学档案库，但在交接凭证中需要载明档案库的文件编号。

博物馆藏品的一切流动（即接收、交予另一博物馆临时使用；交予博物馆的另一些科室以及其它流动），都一定用凭证予以记载。

在临时性保存和临时性利用的交接凭证上应当指明：接收或交付的目的和期限（如交专家鉴定、展览会等等），博物馆藏品预定被收到或被交出的日期，负责使物品完整如初的机关和正式代表人，以及博物馆藏品交出的根据。

博物馆藏品从博物馆交出，只能根据领导该类博物馆网的上级机关准许，才可以进行。当交出博物馆藏品时，在凭证中要指明某人从基本藏品中领取博物馆藏品所凭的委托书。

藏品在博物馆内部的调动要做凭证（有时要做调动报告表）。这份凭证要由下列人员签署：对接收和交出博物馆藏品在物质上负责的双方人员，以及保管部主任和有关各部的主任。

在博物馆藏品遗失时，要制成专门凭证，而这些凭证经主辖该博物馆的上级机关批准后，才能生效。除了保存遗失凭证之外，同时还要保存能证明为寻找失落的博物馆藏品所采取的办法的那些文件①。

---

① 博物馆藏品交付其它博物馆经常使用或临时使用，博物馆藏品在博物馆内的调动，以及博物馆藏品的注销，都必须遵照既定的指令来进行。——原文注

所列举的凭证都要按其种类保存在个别的卷宗内。每一张凭证要根据收到物品的顺序按凭证登记簿进行编号。为经常性登记和临时性登记而收到的博物馆藏品的凭证，要个别地予以编号。年终时，归在同一卷宗内的凭证都要装订好，并用火漆加封。在最末一页上，有标明页数的证明标注，同时这个标注还要由馆长签署和加盖馆章来证明标注无讹。

（二）原始登记簿

每一件为长期保存而进入博物馆的博物馆藏品，必须马上根据交接凭证登记在原始登记簿内；这种原始登记簿在各种不同的博物馆内有着各样的名称：基本藏品目录簿、主要藏品登记簿、新接收藏品登记簿。

如果博物馆藏品，在其到达博物馆后一两天之间，仍然没有经过这种制成法律性文件的阶段，而这一事实被国家监察机关或该博物馆受辖的上级机关发觉时，博物馆行政和负责登记的博物馆工作人员将作为隐匿国家财产而负有责任。

对于把藏品登记入原始登记簿的这件事，必须给予最严重的注意。

在以下两种情况下可以在博物馆藏品到达博物馆后两天以内不履行必须记入原始登记簿的这种要求。第一，当数量及种类浩繁的藏品一次到达博物馆，因而博物馆根据其技术条件不能够在两天之内制成这么多藏品的藏品登记表的时候；第二，当到达博物馆的这些自然部的物品（打死的鸟、捕到的鱼及其他）必须经过标本专家事先加工整理之后才能够载入原始登记簿的时候。在上述两种情况下，仅仅制成交接凭证，载入原始登记簿的工作，要在博物馆材料的整理加工以后才能进行。

原始登记簿中包括该博物馆基本藏品中全部现有的博物馆藏品。

在博物馆中往往还有这样两种分类簿：

1. 登记属于博物馆基本藏品的博物馆藏品用的；

2. 登记科学性辅助材料用的。

应当包括在基本藏品中，因而也应当记入基本藏品原始登记簿内的成套的和单件的藏品，是根据1948年10月14日苏联部长会议决议所批准的纪念物保护条例，应当在各博物馆——当代和过去物质文化和精神文化纪念物的储藏库中予以长久保存的。那些整套藏品和单件藏品是：物质生活和文化生活的真实纪念物，能标志过去历史、社会主义建设和苏维埃时期国家改造的实物材料和真实文献材料，以及能标志自然条件和自然财富的那些材料。

可以用于陈列或适于陈列并保存在基本藏品中的其余材料，都属于科学性辅助材料，而登记在专设的科学性辅助藏品簿中。

原始登记簿的格式由领导机关规定，印刷成册的登记簿亦由领导机关分送各博物馆。博物馆不得对这些账簿的格式作任何增添和改变。

原始登记簿必须有坚固的封皮，在封皮上应用大号铅字标明账簿编号和博物馆的名称。

原始登记簿的内容包括以下各项：

1. 编号；

2. 年月日的记载；

3. 新收到的藏品的来源和收到的日期，凭证号码；

4. 藏品的名称和关于藏品的记述，或者关于藏品的简单概况；

5. 藏品数量；

6. 制成的材料及其技术；

7. 尺码、重量;

8. 完整程度;

9. 藏品应属于哪一类;

10. 物品和集品的价格;

11. 系统登记编号和科学编目上的号码;

12. 附注。

原始登记簿是博物馆藏品从到达博物馆之时起,立刻受到法律保护的唯一文件。登记簿的页数必须逐页注号,而在最后一页上由博物馆长、基本藏品保管员和上级机关首长签字证明页数已经审查无讹。原始登记簿要装订好并用火漆把装订线固定住。

记入原始登记簿时,可以逐件登记或者整批藏品一并登记。

当逐件登记时,每一件陈列品都看作为独立的登记单位,而自成一个编号来记入登记簿内。

整批藏品一并登记,就是不按个别物品来进行登记,而是同时在一个编号下统一记载在一批藏品内的许多物品——即科学上一整套的物品(主题陈列的整套物品不包括到整套藏品这一概念之内)。例如,可以整批登记的有:全套的家具;同一原始部落、原始村落的物品;某一工厂同一车间一定期间内的产品;在当年一定季节中在不大的区域内所搜集的干腊标本、地下革命组织印刷物藏品等等。在这种情况下科学工作者在原始登记簿中不是登记各件物品(椅子、干腊叶子、标语和价单),而是根据记载有每件藏品的藏品清册把全部藏品整个记上。这时,每一件物品都要个别地标明原始登记簿的编号,也要标明藏品清册上的编号。

藏品清册通常包括下列各项:顺序编号、藏品名称、交付藏品的人名以及交到的时间、藏品被整批交予哪一博物馆和哪个人、藏品的一般记述、藏品被包括到哪一类去、指明藏品数量的藏品一览表、标明是否具有日志或其它凭证、交接双方的签署。

应当注意:藏品的整批登记工作,在小博物馆中只有下面几种特殊情况下才能进行:当从勘察中一次收到大量考古学标本、植物学标本、矿物学标本的时候,当博物馆收到不可能在紧迫短促的日期内登记完的浩繁的藏品的时候,或者是当分散登记时能使藏品的科学价值受到损伤的时候。在一切其余的情况下,宁可进行逐件登记。

记载原始登记簿的工作由一个人来执行——由基本藏品保管员或者由藏品保管员属下的登记主任来执行。如果博物馆中没有藏品保管员的正式编制,那么记载工作便由受博物馆专门命令所分配作这一工作的科学工作者来执行。

原始登记簿的记载工作,按批准了的博物馆基本藏品登记规章来进行。

在原始登记簿第一项记上顺序编号,这个编号就是单件藏品当逐件登记时所获得的,或者是整套藏品在成批登记时所获得的号码。单件藏品或整套藏品所获得的原始登记簿上的顺序编号,当藏品在博物馆的期间,总是它的固定编号,并且这个编号是博物馆藏品将来代号的最初的(第一个)要素。

在第二项上填上博物馆藏品登入原始登记簿的年月日,这能检查是否遵守把这些物品登记在博物馆基本藏品中的期限。检查应使载入原始登记簿的年月日与接收凭证的年月日相符。

在第三项上应当详尽地阐明藏品到达博物馆的条件:藏品收到的日期,博物馆收到藏品的途径(由于博物馆勘察工作的结果或是用购买的办法,由于赠与等等办法获得的)。在这一项内应当注明接收凭证,因为这个凭证里记有藏品到达博物馆时附发的一切文件——即凭证、逐套藏品的清册、备考册、赠与记录、发掘日记及其他,并且还要简略地指明它们在科学档案库中的存放地点。

对于自然历史藏品说来，最重要的文件是标签（关于发现地点、搜集时间、搜集者姓名的材料，如果经过了鉴定，那么还要把藏品名称和鉴定者的姓名记上）。但是并没有必要把这文件的全部内容记入原始登记簿内，因为这种文件是所有每份藏品都必须有的。没有标签的那些情况要专门予以预先说明，以便即时保持该藏品的科学价值。

博物馆藏品的概述，首先要载明名称。因此，在第四项中，记载总是从新到达博物馆的藏品名称开始（即从藏品的本名开始，如：图画、椅子、衬衣、蜡台、书籍、画册、信件、传单等等），然后再简略地加以记述，这记述中要着重指明那些最基本的、独特的和辨识的特征。

对于自然物品说来，只有在科学鉴定之后才能正确地命名（或写出学名），而科学鉴定照例是不能在物品到达博物馆当日便会作出的。因此在第四项中常常记载一般性的名称，如：枭剥制标本、鼠皮、鼬鼠头骨、桦树干皮、土壤标本、铁矿标本、一年生植物干腊标本、毛皮标本等等。

各种实物材料、造型艺术材料或文献性材料的博物馆藏品的记述，应当根据相应机关所制定的规章记入原始登记簿内。

在其次三项中（即第六项、第七项和第八项中），要记载博物馆藏品的外部特征；这一点，对于从法律上保护纪念物是有着绝对重要意义的。在第六项中指出博物馆藏品所由制成的材料和技术。材料要记载得简略：青铜、木料、铸铁、粗布、纸及其它。当记载贵重金属或宝石时，在这项上要简略地写上成色和重量。制成博物馆藏品的技术要写得极其简短：雕刻、平面铸造；对于文件，则简单写明：手稿、油印、胶印、铅印；对于艺术作品，则简单写明：油画、水彩、胶彩、粉彩、铅笔及其它。

在第七项中记载博物馆藏品的尺码。藏品的尺码用公制尺码来表示。贵重金属和宝石由专门请来的宝石工人来衡定，并且在每一个别场合下都要制成凭证，同时专门另设一本账簿来登记贵重金属和宝石制成的藏品。

博物馆藏品的概述，在第八项中补充以对藏品完整程度的精确鉴定，即补充以到达博物馆时藏品完整程度的情况的严格登记。填写这一项时，应当极其仔细地进行。在以后，根据这一记述，便能够检查藏品在博物馆中保管得如何，从而确定对藏品完整程度所负的责任。

当作为博物馆藏品而收到的物品是由博物馆、机关或个人购买的，而这物品被赠与博物馆时，在第九项中要记上物品的价格。

在第十项中要指明，物品属于哪种藏品，被交付博物馆哪一个保管部中，这一点会大大地使以后的查询工作易于进行。如同大家都知道的，拥有大量博物馆藏品的那些博物馆，往往有若干保管部；在这些保管部中，博物馆纪念物是按材料种类和其它分类学上的特征来保存的。所以这样来保存，乃是因为需要遵守适于这些和那些材料的专门特点而进行保存的那些规则。

在第十一项中标明博物馆藏品在对其科学整理（加工）的第二阶段上所获得的编号，这便能保证原始登记簿与科学目录、科学登录证之间的联系。

原始登记簿的这一项，因而要在博物馆藏品科学编目之后，才能够填写，而对博物馆藏品进行原始科学整理时，原始登记簿上这一项仍然是空白的。

在第十二项上，用铅笔标明藏品的存放地点或者藏品转交另一博物馆临时使用的凭证号码，当博物馆藏品遗失时则要把因遗失而制成的凭证号（用钢笔水）写上，同时指明凭证保存地点，并且这一记载还要经馆长或基本藏品总保管员的签署并附博物馆馆章证明属实无讹。

博物馆藏品载入原始登记簿以后，这件藏品立刻要编上代号（关于代号的编造方法请参看本章第五节及其它各节）。在这一阶段上代号的组成部分乃是：博物馆的简称（例如：ИКМ，即 И 地志博物馆），原始登记簿的代号（基本藏品目录簿——ИК；主要目录簿——ГИК；新收到藏品簿——КП 等等），以及该博物馆藏品在原始登记簿上所获得的号码①。这样，登入 И 地志博物馆基本藏品目录簿中的藏品，便能有这样的一个代号：ИКМИК　2248（某地博目录簿 2248）。如果博物馆中使用原始登记簿有另一名称（主要目录簿、新收到藏品簿），那么它的代号标志也要相当地变化。最近，这一代号可以在分母的地方补充以科学目录的代号和藏品号码。

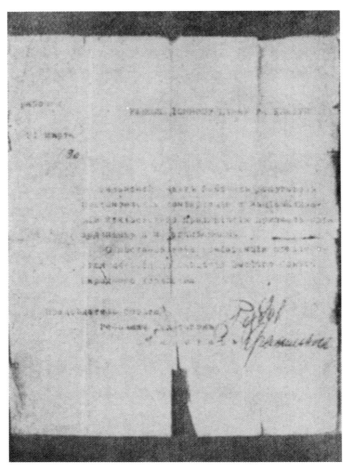

1918 年 3 月 31 日关于耶拉布加城商人斯塔赫耶夫的企业国有化的决议
（鞑靼苏维埃社会主义自治共和国国立博物馆）

（三）博物馆藏品的其它登记簿

由贵重金属和宝石制成的博物馆藏品，不仅和基本藏品的其它藏品同样需要登记入原始登记簿内，并且还要按特殊格式根据财政部的指令来登记。

不属于博物馆基本藏品，对于陈列工作、科学工作和群众性科学教育工作都没有价值，并且是博物馆科学性辅助藏品的博物馆材料，都要登记在辅助性藏品簿内。属于这一类的藏品有：博物馆为陈列而作的图画、地图、表格和曲线图；捺型、结构模型、模型、复制的绘画（如果它们对于技术历史没有独

---

①　这一句中的俄文代号都是各该账簿的全名的字头，如 NKM，即 N—ский　краеведческий　музей。如果把各代号亦译成中文，那么便是这样：NKM——某地博、ИК——目录簿、ГИК——主目簿、КП——收簿，等等。以后为了便于理解，在俄文表号后都在括号内附上校译拟注的中文代号。——译者注

立的价值，如果这些复制画没有艺术价值的话）；用于陈列的通行本的地理画册和艺术画册的材料，根据博物馆要求而画的历史题材的绘画（如果这些绘画不是作为苏联画家的艺术技巧的典范而具有独立价值的话）；还有其它博物馆藏品。博物馆工作者每当发生其一物品是属于基本藏品或属于辅助藏品的问题时，都应当细心地来对待这一问题的解决，以便使有辅助意义的博物馆藏品不致归到基本藏品中去，不致因记载这些物品而使基本藏品原始登记簿杂乱无章。同时也不能允许那些有真实历史资料价值并预定于博物馆中长期保存的材料，没有被登记在基本藏品簿内，而记到辅助性材料之类上的情况发生。

关于把博物馆物品归属于基本藏品或科学性辅助藏品的问题，由专门委员会来解决，这委员会的成员是：基本藏品主任和各保管部主任，或受命保管博物馆藏品的那些工作者们。委员会在必要的场合下为了咨询可以聘请一些专家。

科学性辅助藏品簿应当有以下各项：

1. 顺序编号；

2. 物品名称及简略记述；

3. 完整程度；

4. 物品的取得日期或订制日期；

5. 价格；

6. 取得或订制该物品的目的；

7. 文件——会计室账单和会计室记账年月日；

8. 注销凭证；

9. 物品以后的情况——保存场所或根据何人指示销毁；

10. 附注。

填写科学性辅助藏品簿的方法和基本藏品原始登记簿的记载方法相同。但是，科学性辅助材料的登记，照例是不太复杂的。

记于科学性辅助藏品簿的博物馆物品的代号编排方法，如同基本藏品各件物品那样编排代号，只不过是不用原始登记簿（基本藏品目录簿、主要目录簿或新收物品簿）的代号，而代之以科学辅助藏品簿的代号：КВФ（科辅簿）。这样，物品在 И 地志博物馆科学辅助藏品簿中将有这样的代号：ИКМ　КВФ 2248（某地博科辅簿 2248）。

科学辅助材料的登记和基本藏品登记一样都要根据保存在下列两份卷宗内的凭证进行：1. 新收到物品凭证，2. 物品注销凭证。

由于科学性辅助材料的登记工作，无需经过系统登记和科学编目的步骤，所以这类藏品的登记工作借助于凭证的副本、调拨通报或专门记载科学辅助藏品簿上基本资材的账簿，便能在各保管单位中直接进行。在各保管单位中最好也能有科学性辅助材料的目录卡片。

在临时保存簿——ВХ（临保）中则登记那些为临时性使用而到达博物馆的物品，如：为了展览会之用，为了估价以及进一步购买，为了修复，为了让专家作鉴定，为了临时陈列，为了研究，以及由于某些原因物品要暂时留在博物馆内的那些场合。

这一账簿可以有下列各项：顺序编号，收到日期，物品的名称和简略记述，完整程度，物品来自何处和凭证号码，在该博物馆藏品中这一物品的使用性质，归还期限，归还以及凭证号码，附注。

关于临时性保存物品的文件凭证，应集中下列两种卷宗内：1. 博物馆为临时保存而接收的凭证卷宗；2. 临时性保管的博物馆物品的归还凭证卷宗。

临时保管的物品应予编上代号。但是，与长期保存的物品不同，在这些临时保存的物品上不可以写上代号，而应当挂上有代号的标签。不用记上主要目录簿、新接收物品簿或基本藏品目录簿，而代之以临时保存簿的标记，ВХ（临保），结果便是这样：ИКМ ВХ 2248（И 地博临保 2248）。

为临时保存能收到的物品代号，也没有写在分母上的代号，因为这一类博物馆藏品是不包括在科学藏品之内的。

原始登记簿是法律性文件，因此原始登记簿内的记载应当写得字迹清楚，并且在博物馆藏品原始登记簿内不得有任何涂抹或篡改。

订正要用红色墨水，要使抹去的字迹仍然可以看清，订正的地方一定要经馆长签署并附有印章以证明订正无讹。并且在这里照例还要作订正的说明。

当从基本藏品中注销任何一件藏品以后，无论在任何情况下也不许用已注销的号码来登记另一件物品。

原始登记簿以及原始登记簿附带的那些凭证，是重要的法律保护文件，所以应当保存在专人手中——藏品保管员或登记主任的手中。这个负责人员只服从馆长，并且没有馆长的书面命令，他就没有权力把登记文件交给任何人。

登记簿经馆长允许后，博物馆藏品可以交出用于仅限在保存基本藏品的房间内进行查对、核对和研究。

基本藏品保管员对于全部博物馆藏品负有物质责任，如果在编制中没有保管员的名额，那么便要由馆长负责，或者由根据命令负责进行登记的科学工作者负责。

所有登记文件都应当保存在保险柜（防火橱）里，或者保存在能保证物品完整无缺、不受盗窃、没有火灾等危险威胁的房间里。

一切博物馆基本藏品的登记和保存都必须集中于一个人手中，就是说都必须由一个人统辖，这个人就是基本藏品总保管员。总保管员接收一切博物馆基本藏品来从物质上负责保管。在博物馆各室陈列着的博物馆陈列品，根据凭证由该博物馆各部主任或某些陈列室负责的科学工作者，来从物质上负责保管。但是，这无论如何也不是从总保管员身上卸下责任，因为总保管员对于登记工作的全部安排以及对于一切博物馆藏品的正确保管都负有全责。

（四）博物馆藏品的数量统计

博物馆一切基本藏品的数量，用统计的方法便可以确定。

统计工作应当符合于该博物馆中通用的博物馆藏品系统来进行。而每个博物馆所进行的博物馆藏品的系统分类工作，则又是以博物馆专业和博物馆基本藏品成分为转移的。

一经具备不同种类博物馆藏品的基本统计资料，便应当为了进一步的统计登记建立一个账簿，这账簿上左页记载新收到的博物馆藏品，而右页则记载这些博物馆藏品的付出。左右两页的分项必须相同。例如，如果自然标本部分统计登记簿上收入（左页）有下面这么几项：年月日、凭证号码、矿物类、古生物类、植物类、动物类、禽类、鱼类、昆虫类、小计和附注；那么，博物馆藏品付出的这面上（右页）也应当依模照样地有这些项目。

在每一项中，都要记上当日付出的和收入的博物馆藏品数量。在备注中应当指明：收到这些物品，是为了临时性保存，还是长期保存。

博物馆藏品的统计登记，将能给出一种可能，使在任何时候都可以获得关于博物馆藏品的数量、关于它们的性质以及它们的流动情况的确切概念。

第三节　博物馆基本藏品的系统登记和博物馆基本藏品的科学编目

（一）科学编目的任务和组织

收藏在博物馆中的历史和文化的真实纪念物，以及自然界的实物标本，如同大家所知道的，乃是研究和认识社会历史和自然历史的原始资料。

在陈列中展出的博物馆实物，能够在博物馆观众面前，直观地、实物地揭示出社会生活中和自然生活中的具体事件和具体现象。但是，并不是总能够，也并不是每件博物馆实物都能够完成这种责任巨大的认识上和教育上的功能。只有当藏品经过全面地研究的情况下，这一物品才能成为"博物馆展示"的有效手段。

如同上面已经指出的，对博物馆基本藏品进行科学整理的第二阶段上，博物馆藏品要进行系统的登记和科学编目，对于突出的纪念物，除此之外还要进行专题研究和科学记述。

博物馆藏品的系统登记和科学编目，区别于原始登记的，便是：系统登记和科学编目的任务是确定博物馆藏品的科学分类以及对它们的进一步研究。

如果说在原始登记簿中，博物馆藏品的登记是这些物品到达博物馆后马上进行，并且还要按年月日先后进行的话，那么博物馆藏品之记入科学目录，便可以经过为进行下列工作所需要的一些时间，即：对这些物品进行最基本的研究、鉴定和较为详细的记述，以及进行科学分类等工作所需要的一些时间。

博物馆藏品的原始科学整理（加工），如同上面讲过的，应当由那受命担任这项工作的负责人员进行。

而博物馆藏品的系统登记和科学编目的工作，往往需要有专门的修养和专门的知识，因此一定专业的科学工作者才能够更顺利地进行这项工作。科学编目工作是按博物馆藏品在分类学上的类别来进行的，并且是由精密地分类的专业专家来进行的。例如，在有各种各样基本藏品的博物馆中，自然学家可以进行自然之部的科学编目工作，历史学家可以进行考古学材料、历史生活材料和革命历史材料的科学编目工作。

当不大的博物馆在自己的编制中只有两三个工作人员，而全部博物馆基本藏品的编目工作不得不由某一门科学的代表人物（历史学家或自然学家）来完成的那些场合下，科学目录仍然能够是专业化的。

当确定科学目录份数时，必须注意：按科学编目簿对各种不同范畴物品的划分，应当有统一的逻辑根据，并且还要适合于该博物馆所采用的对材料进行科学分类的方法。

博物馆藏品的科学编目工作（编入科学目录或编入科学登录证），要求专家为了科学鉴定一件物品（它的年代，确定它的来源和使用地区，关于它的作者情况等等）进行各种各样的补充查考，所以要相当耗费时间。必须对科学编目工作有考虑周密的规划，以保证连续地和有系统地研究所有的博物馆藏品，首先是实物藏品。如果实物没有经过科学编目这种形式的初步科学研究整理，那么这些实物便不应包括在陈列中。

当规划科学编目工作时，必须注意以下各点：

1. 保护作为最珍贵的社会主义财产的博物馆纪念物的任务；
2. 应编目的博物馆藏品的数量，以及新收到藏品的可能性（有计划的勘察、发掘、购买等等）；
3. 对于陈列所必需的物品以及有巨大科学价值的博物馆藏品，在进行科学编目时的优先性；
4. 现有从事编目工作的科学工作者，以及他们负担其它各种工作的分量。

基本藏品科学编目日程计划（工作日历）便是考虑到所有上述各点才编成的，在这计划中，给博物馆各个科学工作者都预先规定出具体的任务。基本藏品总保管员是对完成全部计划负责的，而各部则由各部主任负责。

（二）博物馆藏品的鉴定

博物馆纪念物的科学编目工作应当根据这些纪念物的科学鉴定。

"博物馆藏品的鉴定"的概念中包括：

1. 鉴定博物馆藏品的名称、用途、思想内容，这能够对于下面的问题得出至少是最一般的概念，即：藏品的发生和存在的条件究竟是什么样的，以及这一物品作为历史资料能够标志什么样的经济现象和社会现象；

2. 鉴定博物馆藏品所由制成的材料，以及物品的生产技术；

3. 鉴定纪念物的真实性，鉴定博物馆藏品所属的时代；

4. 按物品的所属（属于国家、地区、工场、作坊、学校、作者以及属于其它）来鉴定。

当解决这些问题的过程中，常使用多种多样的科学研究措施和方法。

例如，当鉴定陶器时，专门性参考书的作者便介绍出对纪念物进行研究的下列步骤：

1. 外部的技术观察：从各方面来详细观察物品；必要时，借助于扩大镜或更完善的方法来研究；这时必须注意材料的性质、色彩，必须注意足资证明物品生产的工艺学上的各种特征等等；

2. 辨识工厂商标和匠人与艺术家的印记；但是，当辨识时，应当注意：物品上现有的商标和标贴，在许多场合下还不能够是鉴定物品时充分的根据，因为有巨大价值的博物馆纪念物常常有伪造的；

3. 风格的分析：风格分析的任务中，包括：对绘画图案的形式和内容的研究，对装饰性质的研究，对字体的研究，对所选择的色彩的研究；

4. 铭刻的分析：从题词的笔画和文字与一定时代的文字性质以及该纪念物可能属于的社会环境的文字性质相比较来研究它们；

5. 印章的分析：辨识物品上的徽章和铭文；

6. 研究图案，即研究历史人物的肖像画，历史事件的图画，研究文学作品上的插图，研究服装，生活日用品的图案；

7. 化学分析：当有必要来研究生产工艺技术、材料性质、材料的化学成分时，由经验丰富的实验所来进行；

8. 研究造型艺术的资料：研究绘画、版画、袖珍画等方面这一类型物品的图形；

9. 研究书面资料，研究札记、日记、回忆录、财产目录、统计单以及其它各种历史文件；

10. 研究纪念物被发现时所处的环境，以及研究纪念物周围的物品；

11. 查明物品的历史，查明物品过去的主人，查明它的流传过程[①]。

上面所指出的这些鉴定方法，完全可以用于或者部分用于对一切收藏在博物馆内作为博物馆的基本藏品的实物纪念物作科学鉴定的过程中来。

对于藏品本身的研究应当成为鉴定博物馆纪念物的基础。在科学鉴定过程中，必须援引各种不同范围的资料。

当进行科学鉴定工作时，专门的"鉴定标准表"（опред－елители），有着特别巨大的意义；这种

---

① 阿·伯·萨蒂柯夫著：《十八世纪至十九世纪的俄国陶器》，莫斯科版，1952年，17页至19页。——原文注

"鉴定标准表"照例是按博物馆材料类型专业化的出版物。

对于自然科学各科，这一类参考资料为数很多，并且是博物馆工作者的自然学家在工作中可靠的依据。

当研究物质文化和精神文化纪念物时，鉴定标准的问题便更加复杂。这类参考书的数目是极少的，并且其中若干参考书早已成为绝版书了。

但是，在博物馆文献中，也有若干参考书，是对博物馆藏品进行科学鉴定时应被博物馆工作者有效利用的[1]。

但是，即便个别种类博物馆材料所必要的参考文献缺乏；或者这类的文献不足，都不应当成为对博物馆藏品进行研究的首要工作受到拖延的理由。必须根据专业文献独立地进行研究，并且根据这些文献编成自己约略的鉴定标准。用这种工作方法时，可能在术语上和分类图解上与其它博物馆所采用的术语和分类图解有一些分歧。虽然这样，但能反映对博物馆藏品进行研究和鉴定的研究工作，保存在博物馆科学档案库中的这种文件，对于博物馆有着巨大的科学上价值和方法学上的价值，并且还是将来的研究者的珍贵材料。

对博物馆藏品进行科学鉴定的工作，要求与专家们有经常的联系。每当进行科学鉴定的博物馆工作者发生疑问和难解的问题时，他便应当设法取得专家口头的咨询意见或书面的咨询意见。如果博物馆全部基本藏品需要进行认真的科学鉴定工作，而博物馆工作者又不具备进行这一工作所应有的技能，在这种场合下，就必须有相应的各种专家实际的帮助。对于博物馆藏品的一切手工业方式和笨拙的鉴定，都会给保存在博物馆中的藏品带来巨大的损害。

对于自然科学标本（藏品）说来，对它们进行研究的第一阶段，乃是确定确切的科学名称。在这一点上，自然科学材料就具有着因自然界物品的数量丰富和种类繁多而产生的许多困难。如果说，对于当地最普遍的脊椎动物来确定确切的科学名称还不十分困难的话，那么对绝大多数的昆虫（且不说其它无脊椎动物）进行正确的科学鉴定，便要求通晓该类动物的专家来参加。甚至于有详细的"鉴定标准表"也不能保证不是专家的人能够正确地进行鉴定，因为正确地利用"鉴定标准表"的可能程度，是取决于鉴定者对于该类植物、动物或其他自

冰草与小麦的杂交种之一（苏联农业展览会"粮食"馆）

---

① 阿·伯·萨蒂柯夫著：《十八世纪至十九世纪的俄国瓷器》，莫斯科，1952年版；莫·莫·杰尼索娃，莫·艾·包特诺夫，叶·恩·杰尼索夫合著：《俄国武器》，莫斯科，1953年版；恩·依·列别节娃著：《纺织研究的基本问题》，莫斯科，1949年版；伯·阿·库夫金著：《农民房舍建筑》，莫斯科，1929年版；伯·阿·库夫金著：《农民住房的研究任务和方法》；阿·阿·郝多索夫著：《农村织布业》，莫斯科，1950年版；及其它参考书。——原文注

然物的熟悉程度的。

只有当物品的科学名称被有足够权威的专家确定好之后，这件物品才能够被认为是真正的从科学上鉴定完了的物品。非专家所给予的名称往往仅具有初步鉴定的性质，因为还没有博物馆工作人员是能够通晓一切动物和所有植物的。

（三）为系统登记和科学编目而进行的博物馆藏品分类

进行科学编目之先，应当对博物馆材料进行相应的分类，因为科学目录和科学登录证一般都是按照博物馆基本藏品材料所分成的每一类来个别填写成的。

如果博物馆仅只有自然部和历史部，并且这些博物馆的基本藏品比较少，那么科学编目可以较为单纯地来分类博物馆的藏品。

假如，自然部可以把博物馆藏品按下列各类分类：地质学和矿物学、植物学和动物学。历史部中纪念物可以分为下列各类：考古学、实物纪念物（不包括考古学实物）、文献纪念物、造型艺术纪念物。

当条件允许博物馆按材料组织基本藏品的保存工作的那些场合下，便可以按较细致的分类来划分博物馆的藏品。例如，在自然部可以有下列各类：矿物学（包括岩石学）——矿层标本、矿物、有用矿产、化石学，植物学、动物学。在植物学类别中，如果材料丰富时，可以按系统的特征再细致分类（隐花植物、显花植物、单子叶植物、双子叶植物、藓苔植物、蕨类及其它）。如果按保存上的特征（干腊标本、浸制标本、树干切段、干燥种子和干燥果实等等）来细致划分类别，是不太方便的，因为这样的类别划分，使人不能判断某一系统类别的藏品材料是否完整。动物学中可以按大类来划分：哺乳类、鸟类、两栖类和爬虫类、鱼类、昆虫类、无脊椎类（不包括昆虫类；在这里也可能划分出这些类：甲壳类、蜘蛛、软体类等等）。

历史部中，实物纪念物（考古纪念物除外）可以按材料分类：贵重金属和宝石、金属、武器、陶器、木器、织物及其它。

文献纪念物也可以分为：古代手稿、地图及其它。

在那些有庞大艺术部的博物馆中，以及在专设的艺术部的博物馆中，基本藏品可以按下面的范畴予以系统分类：圣像画、写生画、水墨画、版画、雕刻、建筑、实用艺术。实用艺术也能够再细致划分为：家具、织物、瓷器及玻璃，以及其它。

单一专科的博物馆应当在对基本藏品分类时，注意该博物馆的特征以及适合于博物馆专业的科学上的最新成就。

当按类划分材料时，不可以把那些应该属于这一类的物品，因它们为数不多而不予细致划分，因为我们苏联博物馆是逐年地成长着和充实着，而科学目录也将是永久性的文件。

第四节 科学目录和科学登录证

博物馆藏品的系统登记，以及博物馆藏品编目，都可以在专设的账簿中记载，即记载于科学目录簿中，或者记载于科学登录证中；科学登录证是单页的，不装订在一起的文件，这种文件保存在卡片箱里或纸夹里。

科学目录的格式，不同于原始登记簿的那种一成不变的固定格式，它是可以根据进行编目的博物馆材料的性质和特征为转移而变化的。

例如，一种格式可以用于物质文化物品，另一种格式便可以用于文献纪念物，第三种则用于艺术作品，第四种又可用于自然标本。

科学目录格式（形式）可以有区别，是为了记述博物馆材料时能够更完整，而这博物馆材料又只有当被确切地鉴定好并且全面研究过之后，才能具有特殊的科学价值和艺术价值。

一切科学目录都有名称和自己的代号，这代号一般都是由基本藏品部的名称，或者该类博物馆物品所属的基本藏品范畴的名称的前几个字母组成。例如：考古学材料的科学目录代号便可以用"А"（因考古学在俄文是 Археология——译者注），瓷器和玻璃（Фарфор и стекло）用"Ф"，动物学（Зоология）用"З"，绘画（Живопись）用"Ж"等等。凡经过科学编目的每一件博物馆藏品上，都要记上代号。

当博物馆中有若干册科学目录时，便要作一本清册，清册上要把现有的科学目录簿子全部登记上。

科学登录证的格式（形式），在使用它们的地方，都根据相应的条例作了规定。

科学目录和科学登录证上的记载，也和原始登记簿上的记载一样，应当写得清楚，不作任何涂改。为了避免记载上任何修改或涂去，博物馆的工作实践硬性地规定了一条规则，遵照这条规则的规定，把对博物馆材料进行科学整理的总结，首先记载在目录卡片上。这些卡片上的错误是易于防止的，因为写错了的卡片可以用另一张卡片代替。而科学目录上的记载，只有在目录上对博物馆藏品事先进行了科学整理之后，才能把整理的结果机械地转抄在科学目录各页上。

科学目录的记载，和原始登记簿上的记载一样，可能有逐件记载或者整套记载。科学登录照例是逐件记载的，尽管在必要的场合下科学登录证也能够按整套藏品编制。

科学目录和科学登录证格式上的各项，一般地与原始登记簿（基本藏品目录簿、主要目录簿、新接收物品簿）的格式有很多一致的地方，但是在记载内容上，科学目录或者科学登录证应当从本质上区别于原始登记簿上相应的记载。这种区别应当表现为巨大的完整性、科学上的精确性和博物馆藏品简述的论证性，这些都因为能够进行一切必需的查考、能与专家们进行商讨以及能对博物馆藏品进行初步研究而得到保证。

科学目录或者是科学登录证应当包括以下各项材料：博物馆藏品在该目录上的顺序号码；物品在原始登记簿上的号码；博物馆藏品的名称和记述；藏品制成的材料和技术；尺码；重量；博物馆藏品的完整程度；物品的来源和物品获得的方法；科学编目的年月日；保存地点；附注。

在科学登录证上还要有一栏记载鉴定物品时所用的引证资料的文献。

现在来概述一下科学目录或者科学登录证的格式上的每项。

如同上面指出的，在系统登记和科学编目的过程中，博物馆藏品便获得科学目录上的号码。在科学目录中所连续记下的目录编号，便能够查清该范畴内的全部藏品的数量。目录号码和该科学目录代号在一起，在科学编目后马上写在藏品上。比如，属于И地志博物馆基本藏品的金属杯，在经过原始科学整理之后，被写上的代号是ИКМ ИК ИК 2248（某地博目簿2248）。这金属杯在再次被研究的期间内就有了充足的法律根据，必须保存其原来的状况。研究的结果便是把博物馆物品记入金属部的科学目录中去。

记入科学目录以后，博物馆工作者便把科学目录的代号，补记在物品上。这代号如果用于上面指出的那个例子上，便将是这个样子：ИКМ$\frac{ИМ2248}{М1884}$（某地博$\frac{目簿2248}{金1884}$）。这个记载表明：И地志博物馆的这件藏品在基本藏品目录簿上的号码是2248，在金属部科学目录上的号码是1884。

在科学目录中或者在科学登录证中也要写上藏品在原始登记簿上的号码，因为这能够查清和确定原始科学整理（原始登记簿）和系统登记（科学目录、科学登录证）的关系，从而确定该博物馆藏品进入博物馆基本藏品中的年月日。科学目录的号码也应当记入原始登记簿内。

在科学目录和科学登录证上，博物馆藏品的名称和记述，都要从物件的通名开始，同时，名称应符合于既定的科学术语。在物件通名后再写鉴定。例如，应当这样指出：糠耙，木制；旗，索莫夫斯克城示威运动时用的；传单，俄罗斯社会民主工党（布）莫斯科委员会印的；信件，高尔基的；衬衣，男用反领的；杯子和盘，瓷的；肖像画，维·赤卡洛夫的；及其它。

当记载写生画、水墨画、雕刻等作品时，首先指出作品的作者，如果作者不详，那么要指出派别和时代。然后再写出画名。记述本身要从主题的记述开始。艺术作品应当这样来记述，即使作品的思想、结构、色调都明确，并应对艺术作品的风格作概括的记述。在艺术作品记述的末尾，必须指出：该作品是原作（即实物）、改作（作者自己再画的）或者是复制。如果这件艺术作品是原作或改作，那么必须指明：这份作品有否作者署名。如果这作品是复制品，那么要指出复制画的作者。

相片（照片和底片）的记述，如果是肖像照片，那么要从指明像上人物的姓和略名开始，接着记上相片所属的年代，记上肖像的一些典型特征：头像、胸像、半身像、全身像。

记载集体相片时，应从集体名开始，以后再逐名记出像上所摄的各人。

记述表现各种事件、生产过程、各地风景、物品之类的照片和底板时，应当从主题的名称开始。最好能把摄影的时间和地点以及摄影者的姓名也指明。

如果是一定用途的物品，其外形模拟另一物品的外形时，那么这物品的名称应符合于物品的直接用途，而不应符合于其外表形状。例如，小房形的墨水瓶，应名为"房形的墨水瓶"，而不应名为"房子模型"。物品的记述应当具体而确切，但同时还要简洁。在记述博物馆物品时，应当从一般到特殊，在指出物品在形式上、结构上、色彩上以及其它特点上最有代表性的特征当中，来首先造成一般的视觉上的印象。必须指明物品上的题字、标志、商标以及其它符号。

记述博物馆藏品方法，根据这一物品或那一物品的性质为转移，而有若干种变化。例如，当记述文件时，一定要指明文件本身的材料（纸、羊皮纸及其它），张数和页数的总数，同时要标明空白张数或页数，本文记载的技术（手写的文件、打字机打印的、油印的、铅印的等等）。其次必须记上文件内容的简述，指明文件的语言（哪国语言）、文件的作者和收件人，指明其插图和批注。

任何博物馆藏品（实物纪念物、文件、书籍或图画）上的一切题词的全文，都应当复制出来（抄写下来），并指明以下三点：

1. 它们的存放地点；
2. 题词记载于文物上的方法；
3. 题词是哪种语言的。

题词全文本身必须按原本的语言复制，并完整地保存其字体。对于外交原文，应在括弧内写出译文。

著作的作者亲笔签字以及亲笔写的作品完成的日期，都要复制得确切，并指出作品的存放地点。

记载于科学目录中关于制造材料和技术的情况，照例要与原始登记簿上相应的资料相符合。但是，往往必须根据进行过研究所得的材料，来核对原始登记簿上的记载，同时原始登记簿上记载得不正确时，要作出标记。

当标明尺码时必须遵守一定的先后次序：高度，接着再写长度或宽度，最后写厚度或深度。圆形物品只量直径，椭圆形物品要先指明大的直径，然后再指明小的直径。

对于有框的绘画、版画、巨幅油画（或壁画），要先指明不带框的尺码，然而在括弧内标明带框的尺码。

当量成块的和成段的织物时，先指明布的宽度（幅度），然后再指明长度。

衣服应当量每一个别部分：对于衬衣、裙衣等，先量长度，然后领高、领长，以后量底襟宽度；对于裤子，先量腰、后量裤长等等。

马尔采夫无壁犁（苏联农业展览会）

一切贵重金属和宝石都绝对必须秤定分量。宝石的重量用"克拉"表示[1]。

如果物品仅在个别装潢部分上有贵重金属，而这些部分又不能脱离这件物品时，便应当详细秤定全部物品重量，仅仅指出由贵重金属制成的部分数量即可。

完整程度要以尽可能正确而完整的形式记载下来，同时把那些甚至于是最微末的缺陷都要记下来。指明有否裂罅、破裂，注明贵重金属等制品中脱落的部分、斑点、空洞。所以必须这样，一方面是为了登记保存物品以及为了弄清物品在博物馆中的条件，另一方面则是为了保护物品不致被顶替和窃盗。

在这里也要指明对博物馆藏品进行修复的所有阶段。

关于保存地点要用铅笔记载，因为这一记载是可能变更的。

在附注中要记载博物馆藏品的流动情况。这里也可以记载专家们检查博物馆藏品的年月日、消毒的年月日、对物品进行修复和修理的资料及其它。

只有当自然标本的确实的科学名称被确定以后，才能对自然标本进行科学编目工作。此外大多数自然标本都要经过为保存物品而事先制成标本的加工过程。例如，动物要这样保存：制成浸制标本或剥制标本、干尸、充填标本、骨骼、干燥昆虫、软体动物的洁净贝壳及其它形式。植物的保存：需要或者制成浸制标本或干制标本（干腊标本、树干切段及其它）。对于古生物材料，也要经过制成标本的加工过程。

---

① 克拉为重量单位，一克拉等于一百分。——译者注

照例，动物界标本之记入原始登记簿，一定要经过可以至少保证它们若干时间的完整的保存性加工阶段之后。进一步的标本制成的加工，要以后再做，但是应当在系统登记和科学编目之前；同时作剥制标本的准备，骨骼的装配不包括在科学编目前应进行的工作之内，因为并不是一切兽尸和兽皮都可以制成剥制标本，并不是一切骨头都可以加工成为装配起来的骨骼。在科学编目之前所进行的标本制成的加工，如已经使藏品可用于长期保存以及可用于个别细部的科学研究时，即可认为完成。

用于自然标本的科学目录的形式，可以稍不同于用于物质文化和精神文化纪念物的科学目录的形式，自然物科学目录中应包括以下各项：

1. 顺序编号；

2. 编目的年月日；

3. 原始登记簿上的号码；

4. 物品的学名（科学名称）；

5. 物品的性质；

6. 物品的特点；

7. 采集地点和采集时间；

8. 采集者；

9. 物品的来源；

10. 标本制成人；

11. 份数；

12. 完整程度；

13. 保存地点；

14. 附注。

自然标本科学目录最初三项的填写，与其它科学目录中相应各部分的填写，没有什么区别。

在"物品的学名"项内植物学、动物学和考古学材料的名称，一定要用拉丁文写成。此外还可以写出通用的俄文名称（如果有这样的通称），以及当地的民间俗名，即这材料采集到的地方，当地的居民一提到这个名称，便知是指这种动物或植物的那种俗名。特别重要的是在必要的情况下，要写出苏联各族人民民族语言的名称。（这段里所说要写出俄文名称当然是指苏联——校译者。）

在"物品的性质"项内，要指明：剥制标本、充填干尸标本、兽皮、骨骼、头骨、角、干腊叶子、树干切段、种子标本、浸制标本（酒精浸制、蚁醛浸制及其它）、甲壳等等。对于矿物学标本（矿物、有用矿物、地层标本）要量大致的尺码（体积）。对于古生物材料，要指明印痕、骨名等等。

在"物品的特点"项内，仅包括该份材料的特点即可。例如，一切形状的特征，比如说，雀的一切形状的特征，已经由这鸟的名称本身决定，因而把形状的特征包括到这项以内便是多余的。但是，这一份材料可能在某些分歧地方与典型材料有所区别，而这些特点便要记在这项以内：例如，多处脱色、鸟喙形状不正，部分腐坏（木干的断裂）等等。对于动物，要记上各个生物的性别，而在需要确定年龄的地方，把这生物的年龄记上也是重要的（例如，鸟类，年幼的和成年的鸟在羽毛上便不同）。

在"采集地点和采集时间"项内要记载这份物品被采集到的地点：州、区、地理上的位置（村名等等），还要记上年月日。对于动物学和植物学材料无需记载所在条件（这些条件都记在标签和卡片上）。对于古生物材料，要指明该份标本所在的地层性质（地层成分、地质年代）。对于矿物学标本，要标明产地性质。

在"采集者"项内，指明采集这份标本的人的姓和略名。

在"物品的来源"项内，当直接从搜集者收到时，则重复一遍他的姓，或者载明"由搜集者"同时要注明收到的条件：收买、赠与等等。当从某某机关或某某组织（科学团体、勘察队等）收到物品时，要记上这机关和组织的名称（如："沃罗涅什禁猎区"、"19……苏联科学院植物研究所勘察队"、"某农学院土壤学教研组化验室"、"法连区国立选种站"等等）。

在"标本制成人"项内，记上标本制成人的姓和略名。在"份数"项内，如所有脊椎动物（不包括鱼卵、两栖类动物卵、两栖类的幼虫、幼鱼在内）之类的标本，都逐件记载，并且每份都有自己的号码。软体动物的巨型甲壳、各种树干的切段、巨石，也都逐件记载。保存在酒精内的小动物，没有独立的目录号，有号码的是"保存单位"，即这些动物的容器。这种办法也用于干燥保存的，即"散装"保存的那些小物件上（如：小软体动物的贝壳）。小的植物一般在干腊页上都放若干个。在所有这些情况下，都要指明份数（只要易于数清数量的话；也有数不清的情形，如，鱼子和小草虾等等）。对于生物学藏品要记载包括在整套藏品中的标本数。

在"物品的完整程度"项内，要标明有否某些缺陷，如，"额骨为子弹所伤"（熊的头盖骨），"部分蠹虫蛀蚀"（毛皮），"部分结晶破坏"（晶体的结晶层），"在后足第三及第四指上无指爪"（骨骼），"部分为霉损坏"（干腊标本）等等。

在"保存地点"项内，要指明物品在陈列中的地点（某某部等等）以及在科学性藏品中的地点（何部、第几橱等等）。

在"附注"项内，要记入装备与修配当中接连发生变化的补充情况、批注。

重编科学目录的情形，不可以认为是正常的现象。仅仅在极特殊的情况下，以及只有上级机关的允许后，并且一定要在保存旧的账簿和一切文件的条件下，才能允许重编科学目录。

第五节　博物馆藏品代号的编排

当把物品载入登记簿上之后，立刻就要用博物馆、原始登记簿、科学目录、临时保存簿等等的代号，给博物馆藏品编排代号。这就必须事先把代号的固定形式以及代号编排技术都确定好。

博物馆代号由上级机关批准，这代号一般都是由博物馆名称的头几个字母组成。

博物馆藏品上的代号，是表示物品属于某一博物馆。

例如：И 地志博物馆基本藏品中的一件物品，将有这样标识——"ИКМ"（И 地博）。接着以分数形式标明原始登记簿和科学编目的代号：分子便是原始登记簿的略称和号码，分母便是科学目录的略称和科学目录上的号码。这样一来，已在 И 地志博物馆原始登记簿上登记了的博物馆藏品，它的代号将是这样的：ИКМ $\frac{HK2248}{}$（И 地博 $\frac{簿2248}{}$），这就是表示 И 地志博物馆，博物馆物品在基本藏品目录簿上是 No2248。

在记载整套藏品时，物品号码要这样填：ИКМ $\frac{HK2248/25}{}$（И 地博 $\frac{簿2248/25}{}$），这就是表示这一套藏品目录簿上记在 No2248 项下，而在这套藏品中这个物品的顺序号码是 25。

博物馆藏品记载在科学目录上之后，物品还要补充编上代号：在以前写好的代号的分母地方，科学工作者便填上科学目录的代号和号码。假使物品按科学目录上查来，它的号码是 1554，那么表示在代号上便是：ИКМ $\frac{HK2248}{HK1544}$（И 地博 $\frac{簿2248}{科目1544}$）。

如果博物馆不只是有一份目录，而每一范畴的博物馆藏品都要按保存各馆（部）在独立的科学目录中进行科学编目的那些情况下，那么各馆（部）都将有自己的代号：木器部的代号——Д（木）、纺织器部——Т（织）、金属部——М（金）、陶器部——К（陶）等等①。如果在各部中仍然有若干科学目录，那么各部代号上还要附加上该范畴博物馆藏品在该部中号码（用罗马数字），如：Д—Ⅰ，Д—Ⅱ，Д—Ⅲ，等等（即：木—Ⅰ，木—Ⅱ，木—Ⅲ等等）。

博物馆藏品在上述情况下的完整代号将是这样：ИКМ $\frac{\text{НК2248}}{\text{Д1544}}$（И 地博 $\frac{\text{目簿 2248}}{\text{木 1544}}$），这表示 И 地志博物馆的这件物品在原始登记的目录簿上是 No. 2248，而在木器科学目录上是 No. 1544。

为了不致损坏陈列品的外貌，代号照例是绝对不能写在明显的地方。应当认为把代号写在物品上是最为理想的事，但是这并不是什么时候都可以办到的。物品的材料及其大小，往往只能不得不挂上标签，而在标签上再写代号。例如，在纺织品上要用粗线把标签挂上。

细小的铸币、饰物、宝石制品及其它细小物品，如果在它们上面不能写上号码，也不能挂上标签的时候，那么便要把这些物品装在袋子、套子和匣子里，而在这些包装的外面记上登记所需的各个项目。

同一范畴的物品最好都在一定地方填写代号，并且还一定要填写得不致使物品本身受到损害。因此，当填写代号时，不可以利用化学墨水和化学铅笔，而且并不是什么时候都能写在物品上面。

例如，不可以把代号写在油画的底布上，而应当把代号写在底框上。不允许用墨汁或墨水直接把代号写在博物馆实物的纺织品上。当编排纺织品代号时应当用墨汁写在小块白布上，然后把它再缝在这件物品上（披肩、上衣、衬衣及其它）。

不可以把通常编制家具目录时所用的金属号码牌子钉在博物馆陈列品上或悬挂在博物馆陈列品上。也不可以用金属丝悬挂登记标签，因为金属号牌和金属丝都能磨伤物品，并且一经生锈还能使物品损坏。

最好把代号总写在同一地方：在披肩、头巾、台布及其它物品上，都写在角上；画框，写在左下角；陶器以及某些木制、石制的器皿（盘、碟、杯、盆等），把代号记在底上；家具上的代号，写在博物馆藏品的背面、底面、底坐下；桌子上的代号，写在桌面底面框上，同时还要找没有涂漆、没有刷色的地方；橱柜上的代号，要记在左侧门的里面；纺车、木雕刻、香烟盒、墨水瓶等等，如果是可以打开的，便记在物品内部，其他都记在底下，即在没有涂色、没有题字等的地方。

代号往金属物品（贵重金属的物品除外）上记载时，要用瓷釉写上。

代号往一切陶器、石器和金属物品上记载时，要用瓷或者墨汁写在涂釉的地方，同时在瓷器上的墨写的代号还要用树脂涂上（此处所译树脂是 Даммарный Лак——译者）。木器则用油色来写代号。

在文件上的代号，最好用戳子盖上，尽可能用尺码最小的，同时还要使用好的印色（黑印油）。所有的图画（木刻、水彩、宣传画），一般都是这样来写代号，同时在写生画上也是一样，这些代号都写在物品的反面左下角上。

如果图画是画在薄纸上的，那么代号便要写在贴上的小标签上。照像只能用胶水来贴，因为任何别的浆糊（阿拉伯胶、鱼膘胶等等）都能使纸的性质变化。

在珍本的手稿上、在袖珍手稿上或者在写得十分密的手稿页上（这些照例都是包装起来保存的），代号要记在包装上。

---

① 这里的代号，都是各部的俄文字头，即：木器—Дерево—Д；纺织品—Тканъ—Т；金属—Металл—М；陶器—Керамика—К。——译者注

在石膏物品上，代号要用瓷釉来写。

在剥制标本上，代号要写在剥制标本支架的里面。代号还应当重复写在贴到和钉到支架下面的标签上（包括着所有内容的这种标签是必须有的，因为没有它，这份藏品便将丧失掉全部科学价值；陈列用的说明标签是不能代替它的）。在兽皮和干尸上，代号要写在标签上；在头骨上，除写在标签上，还要在头骨上重复写一遍（在骨骼上、各个骨头上、巨型甲壳上亦同）。在干腊标本上，代号写在干腊页上（写在标本的标签部分上）；在树干切段上，写在切段的下面，以及写在和切段一块儿的标签上。在浸制标本上，代号要用墨写在容器内放着的标签上，无论如何也不可以把代号和号码仅仅写在容器上，因为它们会逐渐被擦掉，如果为了方便（检查、登记）而把代号写在容器上的时候，那么这代号还必须在里面放着的标签上重写一遍。

在矿物标本上、古生物学等标本上，代号都写在物品的标签上，当有可能的时候也在物品上重复写上（在不显目的方便地方用墨水写在白瓷釉上）。

散装在匣子里和罐子里的各种干燥碎散物品，它们的代号都写在匣内或容器内放着的标签上。代号可以复写在匣子或容器的外壁上。

应当把下列办法当作一条规则：深色物品上要刷上白色瓷釉，而代号用墨汁写在这瓷釉上；在浅色物品上，则不用涂瓷釉仅用墨汁写上代号。

当重新编排代号时，应当注意：使旧的登记标志都被划去（这一般都用斜十字来划去），但是被划去的博物馆登记号和旧的代号还要易于辨识方可。

藏品完全编好代号后，便结束了登记的第二阶段，这一阶段主要是对于博物馆藏品有着科学的保护意义。并且，如果博物馆藏品失落，用复制品代替原物，或博物馆藏品损坏等情况发生时，科学目录还是审查机关极其珍贵的材料。对物品进行完整的记述，以及把物品全面而正确地记载在科学目录上，乃是这样一种补充性的和特别珍贵的资料，没有这种资料便不能解决许多许多的法律性问题。

第六节　博物馆藏品的辅助登记卡片

辅助卡片在博物馆日常工作中有着非常重要的意义。它们是必需的参考材料，因为它们能够使保存在博物馆中的纪念物的登记和研究工作大大地减轻。

在科学工作和群众性科学教育工作的进程中，常常要用博物馆的一些基本藏品。例如，往往有必要查明在基本藏品中有否个别范畴的物品：与具体革命组织的活动有关的历史纪念物、能说明这种或那种生产的成套藏品、一定派别的绘画作品、某一画家的绘画作品等等。

如果没有卡片记载，那么在一切情况下，便都不得不全部查看原始登记簿或科学目录，便都不得不对所需要的资料作相应的选择，而这样便同时要大量费掉劳力和时间。而当必须找到登记文件的那些场合下，卡片就应当成为了解原始登记簿和科学目录的内容，了解科学记述材料的一把钥匙。如果没有卡片，不仅能使生产技术、形式和风格的变化、纪念物所属的一定时代、它的作者、它属于哪些历史人物等等复杂问题的查明发生了困难，而且在许多情况下，有巨大价值和意义的问题的解决，还会是不可能的。

好的辅助卡片记载——是对博物馆基本藏品进行正确的有组织的登记以及进行科学整理工作的重要条件之一。

辅助卡片，根据博物馆专业、博物馆基本藏品性质以及根据该博物馆给自己提出的不同目的，可以是各种各样的。

可以指出下列通用的几种辅助卡片箱：

1. 目录卡片；

2. 分类卡片；

3. 方位卡片；

4. 专题卡片；

5. 品名卡片；

6. 年代卡片；

7. 物主卡片；

8. 地域卡片；

（一）目录卡片

目录卡片是科学目录的附属部分。属于博物馆基本藏品的一切物品都记载在卡片上，这些卡片便按照博物馆所采用的博物馆材料编目系统和物品到达博物馆时所获得的目录编号顺序，摆放在卡片箱内。目录卡片可以保证便于找出博物馆藏品中的任一藏品，并且便于不用特地查看原始登记簿和科学目录即可获得关于这件物品情况的资料。在卡片箱中也有当物品已全部记入原始登记簿（基本藏品目录簿、主要目录簿、新收到物品账簿）和科学目录之后所获得关于物品的情况资料。

目录卡片能包括下列各项情况资料：

1. 原始登记簿上和科学目录上的号码；

2. 陈列品的名称和对于它的记述；

3. 尺码；

4. 收到的时间和收到的来源；

5. 保存地点。

目录卡片照例是与物品记入科学目录的同时做成的。

（二）分类卡片

在卡片箱中，参考材料是根据所采用的博物馆藏品编目来分类的。例如，在自然部基本藏品的分类卡片箱中，生物学陈列品和植物学陈列品可以按属、种来区分。考古学藏品的卡片可以按时代、文化、发掘地来区分。工业的卡片，可以按生产、企业等来分类。在这些分类的每一类中，又可以按物品名称的字头在字母上的顺序（在我国多用笔划多少为先后——校译者）来排列卡片，这大大地便利了卡片的使用。

（三）方位卡片

这种卡片箱的目的，是保护陈列品，并且要保证迅速查到它们在储藏库、在陈列室以及在其它地点的移动情况。

方位卡片，记载所有博物馆藏品在博物馆中的存放地点（在哪个基本藏品储藏库、哪个陈列室，而在每一个陈列室内和储藏库内还要指明在哪个橱、柜、架等等）。在这一卡片箱内，博物馆藏品为临时使用而交与其它博物馆的情况，也要得到反映。自然，这种卡片会有流动的性质，因为博物馆藏品的调动便会使个别的一些卡片也随着改变自己的位置。

这样，方位卡片可以帮助我们什么时候都能获得关于哪些物品有多少在该基本藏品储藏库中、在橱中、在陈列室中被保存着的概念。

如果仅仅知道博物馆的名称，而又必须弄清它的存放地点，那么只要利用物品卡片和目录卡片便可以得到我们要弄清的存放地点的情况资料。

在方位卡片的卡片箱上，可以有：

1. 物品名称；

2. 物品的简单记述；

3. 物品在原始登记簿和科学目录上的号码；

4. 保存地点（基本藏品库、陈列室、陈列部分、橱、台、架等等）。

如果物品被从某部提出给其它博物馆临时使用的话，那么卡片应当载明该博物馆的名称，以及博物馆物品从基本藏品中提出时所依据的文件的号码。

（四）专题卡片

这种卡片，是根据用于博物馆科学工作、陈列工作以及群众性科学教育工作过程中所确定的那些主题来建立的。反映在卡片上的主题，不应当是臆造出来的。大家都知道，根据可以使博物馆关心的那些问题的广阔范围来确定各种主题的可能性是无边无限的。卡片的这些主题，应当适应于该专业博物馆所编制的基本问题。卡片的补充工作应不断的进行，并且要和博物馆科学活动相协调。组织得好的卡片能够是独特的博物馆经验积累，因为这种卡片里将要记载博物馆所拟制的那些基本主题。

专题卡片的查考价值也是非常巨大的。研究者当准备陈列、改组陈列或者准备科学的基本藏品工作和改组科学的基本藏品工作时，任何时候都能得到关于基本藏品中现有博物馆纪念物的材料，而这些纪念物还是对那使他（研究者）关心的具体主题进行研究的历史资料。

（五）品名卡片

品名卡片箱中，卡片是按基本藏品中博物馆藏品的名称来分类的。如果仅仅知道物品的名称，而又需要进行科学的基本藏品工作和陈列工作时，有这样的卡片便可以保证进行查对工作的可能。当研究生产方式的进化，研究生产技术的变革，研究某些物品属于一定的生产区域、匠人等的时候，品名卡片能提供巨大的帮助。

当编制品名卡片时，应当注意：博物馆纪念物的名称一定是要科学上确定了的，并且还一定要符合于博物馆工作中所通用的术语。例如，陶器部的品名卡片册可以有下列各栏：钵、盘、瓶、罐、杯、广口水罐、盆、碟、茶壶、茶碗、墨水瓶等等。

在博物馆藏品名称的各个栏，都一定要按字母顺序排置，而在栏内的卡片则应按物品材料、物品生产地点等，照年代顺序来系统分类。

（六）年代卡片

在这一卡片箱里，博物馆藏品是按时间上的特征来分类的。

把某一物品的卡片归属于一定的年代时期的根据，一定要是对物品的科学鉴定；对物品的年代鉴定。卡片箱所分的年代时期能够是最为多种多样的，而且这年代的分期还要根据博物馆性质、博物馆基本藏品成分、博物馆所研究的科学主题为转移的。例如，以最现代的纪念物来补充基本藏品的那些博物馆中，记载年代的这些卡片要逐年排列。对于博物馆藏品的搜集局限于那些历史时代说来，较大的划分完全是可以用的，如：每十年、每二十五年、每五十年、每世纪等等分为专栏。

年代卡片箱中卡片上的博物馆纪念物的记述，一定要包括：物品名称、博物馆文件中所标出的代号和号码。在卡片上还应当有简略的记述，特别是当这种记述可以肯定年代的时候，因为年代的标志是年代卡片上对物品进行记述必不可少的因素。

（七）物主卡片

它的任务是按物品所属的政治家、军事家、科学家、文学家和艺术家们来分类的材料。

卡片能够在必要的情况下迅速弄清现存于基本藏品中的、能说明某一国家、革命者、统帅、作家、画家、发明家、学者等人物的那些博物馆材料有多少。

按人物分类的卡片，在卡片箱里按姓的字母顺序排列。此外，在卡片上还应当指出：博物馆藏品的科学标记、名称，在必要的时候还要指出博物馆藏品的简略记述。

（八）地域卡片

在这一卡片箱里，博物馆藏品的卡片是按地理上的名称来排列的。卡片关于保存在基本藏品中（当研究一定的历史区域时还能够是历史资料）的那些博物馆藏品，给出详尽的材料。例如，在一个加盟共和国的地志博物馆或在州的地志博物馆里，材料可以按共和国的区、州的区域来排列；绘画藏品按国家排列；人文志学材料按各族人民分布地区排列等等。

如同上面所指出的，辅助性卡片记载都是以卡片的形式构成的。这些卡片的形状照例是和一般图书馆目录卡片相同，尺码是长 12 厘米 × 宽 7 厘米半（12 × 7.5 cm）。这种大小的卡片之所以方便，还因为市上有现成的装这种卡片的箱子，而这些箱子，最好每一博物馆中都有。

卡片上记载的内容和排列，要根据博物馆科学工作者自己的处理来决定。但是，必须严格遵守既经决定的记载形式和记载顺序，因为这在一定程度上能够加速卡片的编制，并便于使用这些卡片。

第七节　博物馆藏品的专题研究和科学记述

（一）博物馆藏品的专题研究和科学记述的意义和任务

把博物馆纪念物作为认识社会生活现象的资料来利用，这便要求对博物馆藏品"从它的一切关系和间接联系上"（列宁语）来全面地加以研究。

这样来全面研究博物馆纪念物，只有在对博物馆藏品进行深刻的科学研究结果之后才有可能；这样的科学研究工作，在原始登记时，甚至于在科学编目时，都是不能进行的。

对博物馆纪念物的科学研究，便构成博物馆特种科学工作，即对博物馆藏品专题研究和科学记述工作的内容和任务。

博物馆纪念物的专题研究和科学记述既然是博物馆的特种科学研究工作，那么对于把整个博物馆工作提到更高阶段上说来，便有着绝大的意义。

对博物馆藏品进行深入的专题研究，便能避免表面地阐述陈列中的问题，还能避免在科学工作、陈列工作和政治性群众工作中犯实际上的错误和思想上的错误。

例如，在二十年代至三十年代之间，各种博物馆的陈列中都出现了1905年革命过程中出版的小册子《巷战战略》。但是，对于这一珍贵的陈列品的利用，却是表面的，因为博物馆工作者们对于这本小册子仅仅有非常不充分的情况资料，而在文献中甚至于还有一些关于这一文件的不正确的材料。大家都知道，研究者当研究 1905 年至 1907 年间第一次俄国资产阶级民主革命时期，在党的极端秘密的战斗工作范围内的布尔什维克的各种组织之间所存在过的那些联系的问题时，都经历着一些巨大的困难。《巷战战略》这本小册子，确凿地证明了这样联系的存在。但是，在陈列中出现这一小册子的事实本身，既不能揭示这种联系的组织形式，也不能揭示曾互相交流实际工作经验和理论知识的各个战斗组织之间的互助关系。

只有对博物馆实物进行专题研究之后，苏联革命博物馆才令人信服地确定了根据俄国社会民主工党莫斯科战术局的倡议而写成的革命历史纪念物的年代（1906 年）、作者和出版者。这一小册子在全国范围的广泛传播，便是布尔什维克莫斯科委员会和俄国社会民主工党外地的党组织有机联系的实物证明。

当对这一俄国革命斗争纪念物进一步研究时，便又不仅弄清了莫斯科战术局和彼得堡组织以及和一些省份的组织之间的联系和组织网，并且还弄清了莫斯科战术局的一些其它工作种类和工作形式。

于是，对于这一纪念物进行专题研究，在确定了它的创造历史、确定了它的流传条件，以及确定了起义工人利用小册子中所指出的巷战战略时的条件之后，便能更充分地发挥作用把纪念物利用于科学陈列工作和群众性科学教育工作中去。

这样，对博物馆藏品进行专题研究和科学记述，同时也是有着广泛的科学意义的。大家都熟悉，许多苏联博物馆都在自己的基本藏品中保存着对于科学和艺术都具有巨大价值和意义的优秀的博物馆纪念物和稀有的自然标本。但是，这些优秀的博物馆物品在没有被专题研究、没有被从科学上记述之前，在这些物品还没有编成记入特殊科学目录的博物馆藏品科学记述卡片之前，那么所有这些博物馆珍品在一定程度上仍然是难用于更广泛的科学研究目的的。

正是因为这样，才迫切地需要一切进行着科学研究工作的博物馆，不仅把探讨某些与陈列有关的问题列入自己的生产计划之内，并且还要把对属于博物馆基本藏品的那些博物馆藏品所进行的专题研究工作和科学记述工作也纳入自己的生产计划之内。

博物馆纪念物的专题研究是以博物馆纪念物的科学记述来完成的。科学记述可以有两种形式：1）评述的形式：以科学研究文章的形式，甚至于以专题研究报告的形式；2）略述的形式：即以"博物馆藏品科学记述卡片"的形式。

但是，如果研究性的文章或研究性的专题研究报告并非总是根据对博物馆藏品进行专题研究结果写成的话，那么编制科学记述卡片的工作便完全必须是根据对博物馆藏品进行专题研究的结果来进行的。如果不是这样的话，就不可以认为对博物馆藏品进行的科学研究工作业经完成。

博物馆藏品科学记述卡片，属于专门性目录。第一份这样的目录应当保存在博物馆科学档案库中，并当进行科学研究性查考时交出使用。第二份目录则必须交与群众工作部，如果没有这么一部，那么便要直接交与说明员使用。对于说明员们说来，这样的目录乃是准备引导参观者时不可少的唯一参考材料。

（二）各种类型博物馆藏品的科学记述

在各博物馆中保存着巨大数量的、多种多样的纪念物。在研究和记述每一种纪念物时，都有自己的特点。例如，陶器的记述将区别于金属的记述，木制的博物馆藏品的科学记述将区别于纺织品的记述。同时，如果把这些类型的记述和手稿，书籍或造型艺术作品的科学记述相对照的话，那么便可以看出它们之间原来是有着极多的区别的。所研究的纪念物的性质不同，研究的方式方法和记述的形式也将随之变化。但是，尽管博物馆藏品多种多样，为了记述的目的总是可以分为若干范畴的纪念物的。在这些范畴内，研究方法和记述形式，自然会有一些区别。但是，这些区别不会是决定性的区别，因而对于每一类博物馆藏品便可以使用一律形式的科学记述卡片。

当研究和记述所有范畴的博物馆藏品时，共同的地方是对那作为原始资料的物品批判分析，还有对所记述的作为博物馆陈列品的纪念物的概况叙述。

在科学记述的卡片中，共同的地方也是那些在基本上符合于科学保存目的的记载。对于一切范畴的博物馆藏品，科学记述卡片的形式可以包括下列共同的情况资料：物品名称、可以找到这件物品并可以在登记文件中找出关于这件物品情况资料的那些代号、物品的外部记述、物品的照片（一般的尺码是长6厘米、宽4厘米，即6×4cm）。

科学记述卡片上的以下各项应当反映博物馆藏品科学研究的过程。因此，科学记述卡片的形式，也要根据用于各种不同范畴的博物馆纪念物的科学研究的那些特点。

我们来看一看若干基本范畴的博物馆藏品的一些记述形式：

1. 实物纪念物的记述形式；

2. 手写文件及印刷文件的记述形式；

3. 造型艺术作品的记述形式；

4. 相片材料的记述形式；

5. 图表性文件材料的记述形式。

（1）实物纪念物

作为历史资料来研究实物纪念物，并且作为博物馆陈列品来鉴定它们的价值——这是博物馆科学工作的基本任务之一。这一工作的意义是由博物馆是纪念物的储藏库的这个特征本身来决定的，而在这些纪念物之中实物纪念物又占有最大的地位。历史的史料科学的绝大多数是研究文献纪念物（考古学所研究的仅仅是实物纪念物中的一种——考古学纪念物），因此对于实物纪念物的研究就更加必需了。

在研究和科学记述实物纪念物时，他研究的对象首先是博物馆藏品本身。但是对物品本身的研究，照例还是不能得出关于纪念物作为历史资料的一切必需的情况资料。必须把纪念物的研究和对历史文献、档案、当代人氏的书面证明和口头证明、文艺作品、造型艺术的深入研究结合起来，以及和同类实物纪念物的比较研究结合起来。

我们来详细研究一下实物纪念物科学记述卡片。因为填写这种卡片，在一定程度上是反映着对实物纪念物进行研究的工作进程的。

实物纪念物科学记述卡片和目录卡片一样，是从物品的名称开始的。这一名称照例是应当符合于原始登记簿和科学目录给博物馆藏品所起的那个名称。

但是，研究者不应盲目地相信以前所做的名称鉴定，特别是在确定名称是很复杂的那些情况下。研究者必须检查实物纪念物的名称是否与通用的博物馆术语相符，在必要的场合下还要在科学文献内记载一切补充的查考资料。应当时刻注意，纪念物的专题研究是科学工作的完成阶段，因而科学记述的资料应当具有极度的科学可靠性。研究者们当进一步处理博物馆物品的一切场合下就要把科学记述卡片作为科学文件来引用。这一点不仅仅是指鉴定纪念物的名称这一项，并且还包括那些构成物品科学记述的一切项目。

如果研究者发现在原始登记及科学细目中，在物品命名上发生的错误或者不准确的时候，那么他便有权在科学记述卡片上写上改正的名称。并且还要在附注上关于这点作特别说明。和物品名称并排写着的登记标志，能够把所记述的物品和原始登记簿、和科学编目簿之间的联系固定起来。

专题记述卡片的第一项，是用于详细的外部记述和鉴定博物馆藏品的。博物馆外部记述的资料，以及它的鉴定资料（材料、技术、形式、风格等等的标志），研究者都可以从科学目录中找到。但是，如果编写卡片的人认为对博物馆藏品所进行的记述和鉴定不够正确和不够完整的话，那么他便可以变更它。物质文化和实用艺术品的鉴定是不太容易的事，并且还要有专门的知识。但是，即使有专门知识，也不免要经常去找专门性的参考材料（鉴定标准表）、文献，去征求该门科学、技术或实用艺术专家的意见和解答。

当记述纪念性物品时，又要有一些补充的考证。要弄清纪念物在所纪念的历史事件中的意义，要弄清它在历史活动家或者在科学界、技术界、艺术界或者文学界的杰出代表人物的日常生活或创造活动中所占的地位。在许多情况下，这一问题的研究可以用扩大考查的格式，这种考查格式放在特用的附注里，它的标题是"物品对于某人或某一事件的关系"。

纪念物外貌的记述应当以它的完整程度的情况资料为结束。必须详细地指出所发现的一切缺陷，比如，某些组成部分破裂或缺少，纺织品的破碎和污染等等。

对博物馆藏品外貌作完详细记述之后，研究者便要来弄清物品创造的时间和地点，弄清它存在和使用的地区。对于这些问题的答案是绝对重要的，因为给物品正确地标明年代以及确定出它的发生和使用地域乃是研究物品是否真实的基本证据。

弄清这些问题往往要求科学记述卡片的编写者，不仅要去查考文献，并且还要去查考已公开的原始资料（文件、回忆录、来往信件等等）和没有公开的原始资料（档案材料）。

科学记述卡片的下一栏，要记载博物馆纪念物外部历史和内部历史。

博物馆藏品外部历史是根据文件来写成的，它是对博物馆藏品从它出现直到它到达博物馆基本藏品中来以前的这段时间内所经历的道路的记述。

如果博物馆物品是被正确地登记在原始登记簿里，并且如果还有附发文件的话，那么研究者可以不用特别费力便能从登记簿和其它文件（凭证、日志、清册及其它）中得出记述外部历史所必须的一切文件性情况资料。但是，如果博物馆藏品的登记工作是粗杂地进行的，没有遵守既定的规则，并且还没有附在交接凭证上的那些文件，那么事情就完全不是这样了。在这种情况下，科学记述卡片的编写者便要作复杂而麻烦的考证工作来论证物品的外部历史资料了。

物品外部历史重要项目之一，便是记载这些物品在别的博物馆基本藏品中放过多久，记载这件物品是在常设的博物馆展览会中或者是临时性的展览会中陈列。博物馆论文集、总结和目录之类的专门性博物馆文献，能够有助于弄清这些问题。这一类资料应当时刻在博物馆藏品科学记述卡片的编写者注意范围之内。苏军中央博物馆在记述阿尔泰山区游击队自造武器时，曾利用了独特而很贵重的材料查清了纪念物的外部历史。这资料就是发现这件武器和运输这件武器时所拍的真实照片。

如实地重写纪念物外部历史是有着巨大意义的。因为它能帮助鉴定物品的真实性，而进一步进行研究的全部进程在很多地方所根据的正是这个。

博物馆纪念物的内部历史，永远是专家科学研究工作的产物。这件工作不是专家在对物品作原始科学整理和科学编目时做的。博物馆藏品的内部历史是在研究这件物品和批判地分析这件物品过程中创造出来的。

揭示纪念物内部历史的工作的科学研究性质，便要求引用各种各样的资料。例如，苏联革命博物馆对于叶米良·普加乔夫（十八世纪农民起义的领袖——校译者）的旗帜进行研究的过程中，研究者需要去参考那些能说明在普加乔夫领导下的农民运动的档案材料，而主要是去参考那些能说明农民战争中起义农民到达尼诺哥罗得省当时的档案材料，因为所记述的旗帜就是在这一省内使用过的。

当苏军中央博物馆对阿尔泰山区游击队自造武器进行记述时，研究者是根据文献、回忆来研究这些纪念物的内部历史的。这时，检查印证事件参加者（阿尔泰山区游击队员们）所报导的情况资料，不仅帮助了使回忆的资料变为准确，并且帮助了搜集那些与白匪军作战中曾使用过这个游击队自造的武器的补充性实物证据。

研究者在简要的历史证明中，要叙述与所研究的纪念物有关的具体历史事件的过程或历史现象的内容，作出简略的评述，并作出概括性结论和阐明那些在研究这一件博物馆藏品时可能提出来的问题。

卡片的编写者既然确定了纪念物的历史并从而规定了这件纪念物作为历史资料的价值，那么他便能轻而易举地来回答他所研究的物品对于博物馆基本藏品以及对于一定主题的陈列有甚么样的科学意义和博物馆意义的问题。

在最后一栏内，列举出卡片的编写者当对这件物品进行专题研究和科学记述时所利用的文献和资料（公开了的档案文件和没有公开的档案文件、文献、口头证据和图画材料）。

博物馆藏品专题科学记述卡片能够使陈列工作者和说明员比较容易和比较迅速地弄清楚利用这一件博物馆藏品将能揭示哪些问题，并且从而弄清这一件物品在某一主题陈列系统中能够占有什么样的地位。

最后，科学记述卡片能够代替专家的指导，指出那些与该历史纪念物有关的问题进行初步研究以及以后的深入研究时所必须的文献和原始资料。

（2）文献资料

文献资料是集中于博物馆基本藏品中以资保管的最重要的博物馆材料中的一种。

研究和科学记述那些手写的和印刷的文件性纪念物和文献性纪念物，是各博物馆科学工作者的责任。

根据博物馆的性质，它的专业的不同，对文献资料进行科学记述所提出的任务也随之变化。例如，历史文学博物馆或语言学博物馆将把主要注意用于手稿形式、文件的词汇内容和文法内容的研究上。历史专业博物馆将把绝大的注意用于揭示纪念物作为历史资料的价值的观点来对文件、手稿进行研究。

文献资料的科学记述应当根据对这一资料所进行的深刻而全面的研究。这时，应予研究的便是：纪念物的外观、形式、内容、发生的历史和使用的历史。

如同实物纪念物一样，记述应当包括物品名称和标明物品的登记资料。名称应当从物品的名称名词部分开始写出（见第三章第四节），并且名称应当极度简短和确实。例如"信件，列宁写给圣彼得堡委员会所属军事委员会的"，"传单，俄国社会民主工党莫斯科委员会五一节用的"，"土地买卖契约"，"起诉书关于……案件的"等等。

对于手稿和文件的外部记述说来，必须对于材料（纸、皮革、桦树皮、布等等）和写成技术（手稿、打字、铅印、油印等等）有周密研究。材料和写成技术的研究，对于鉴别纪念物的年代和揭示纪念物发生和使用的历史，都能作出很珍贵的情况资料（纸的性质、墨迹、文词的写成方法等等）。外部记述也应当把纪念物构成情况的研究结果包括在内，如：封面、书皮、饰纹、图画、落款等等。还要指出关于陈列品尺码的情况。

科学上论证完整的外部记述便能提供一种材料，用来讨论该纪念物是原本或是抄件。但是，当牵涉到古代文献的纪念物时，外形的研究总不能分清原本和抄件。要弄清这些问题，便要求对纪念物进行严格的、全面的、历史科学的分析。外部记述这一栏应以标明纪念物的完整程度和修复情况来结束。

在下一栏内，要作出纪念物内容的记述。在科学记述的这一部分中必须指明文件的标题、作者姓名（如果知道这位作者的话）、手稿或文件的页数、刊行者的资料（如果已标明有这种资料的话）。接着，要用略略数语揭示出纪念物的内容。在最后，要标明文件的一切特点、文件上所有的印章钤记、批注以及其他小注。

科学记述的最复杂和最重要的部分，便是纪念物的历史。正是应当在这里来揭示纪念物作为历史资料的意义，来获得关于所研究的材料的科学价值和博物馆价值的结论所必需的一切资料。

像实物纪念物的记述时一样，开始要写出文件或手稿的外部历史（即文件进入博物馆以前的历史），原本保存地点、纪念物的陈列、纪念物的分布和抄写。只有在这以后，才能叙述研究纪念物内部历史的结果：纪念物创造的时间和地点；它的创造原因；也要叙述纪念物出现的社会环境或作者；纪念物流传的地方、方法和时间。

研究的总结便是揭示物品的科学价值和博物馆价值。在这时最好能专门阐述一下纪念物对于博物馆陈列的价值。

这份科学记述卡片，是以标明所利用的资料和文献来结束的。

（3）造型艺术作品

对于这一范畴的博物馆实物的专题研究和科学记述，应当在博物馆科学研究工作中占有显著的位置。

包括在各种专业博物馆的基本藏品中的造型艺术纪念物的研究和记述，可以从各种不同角度来进行。例如，在艺术博物馆中，当研究和记述艺术纪念物时，有绝大意义的便应属于艺术学上的分析。在历史专业博物馆中，研究和记述作为历史资料的艺术作品的任务，提到首要地位；这时还要保留艺术学的分析，只不过在深度上比第一种情况开展得较小而已。

艺术作品科学记述卡片的上部，在其形式上几乎完全相同于已经讲述过的实物材料和文件材料所用的格式。区别仅仅在于：在艺术作品名称上以及在艺术作品作者的名字上都要一一指明这份作品究竟是原作、复制或者是作者重画的作品（作者自己再画的作品）。

卡片的第一项，照例仍是博物馆藏品外部的记述。在这儿应当作出关于材料、技术、尺码（如果记述的是图画，那么要写两种尺码：不带框的和带框的）的情况资料。此外，还要指明艺术作品是否有框，并且一定还要标明纪念物上所有的署名和题字。如果记述体积不大的塑像时，那么最好指明它的重量。

关于纪念物的完整程度，必须另立一项：有无脱落、凸起、铁箍、裂隙、裂纹、打落碎片、破损等地方。此外，还要写出纪念物修复的情况资料。

其次要表明所研究的艺术作品作者简历的情况资料。这时，还要特别去注意创作才能发展的基本阶段，并且要特别去注意阐明他是哪一阶级利益的代表者的问题。

卡片的下一项要反映当记述造型艺术作品时科学研究的特征。在这一项中，要写出用艺术分析能揭示出作品内容和作品艺术形式的这种艺术分析的结果。在这里要标明艺术作品的主题、题材和结构，同时尽可能肯定它的风格，所属的艺术或艺术派别。

记载艺术纪念物历史的这一项，分为两部分。在第一部分要写出艺术作品的内部历史（或称创作历史），就是说要弄清产生这一题材的条件、理由或原因，要弄清作品创作的时间、地点和周围情况，以及要弄清作者的意图。

在第二部分要记述艺术作品的外部历史。从头记述博物馆纪念物在包括到博物馆基本藏品中之前全部存在时期内所经历的全部途程。在这时要特别去注意艺术作品在博物馆中或在展览会上陈列时间以及陈列地点的精确记载。

在另立一项上记载关于该作品现有的复制品的情况资料（复制地点、复制者、复制的目的，以及这些复制品现存地点），或者相反，来记载发现原作的地点。最后，还要列举人所共知的个别出版物和期刊上的复制品和刊行品。

艺术作品科学记述卡片的结尾是鉴定该博物馆藏品的科学价值和博物馆价值以及注明当研究这件物品时（包括各种图画材料、雕塑材料在内）所利用的文献和资料。

（4）相片材料

文件性相片作为历史资料，有着巨大的价值，并且广泛地被利用于博物馆陈列中。

在各博物馆的基本藏品中保存着底片和冲晒出的照片。这两种相片材料，不是原版的，便是复制（翻版）的。从实物摄影取得的原版照片或底片是特别珍贵的。因此，首先必须对这些原版的照片或底片加以研究和科学记述。但是，由于在陈列中和科学工作中也利用复制的底片和照片，所以这些底片和照片也需要加以研究和科学记述。

只有对相片材料进行独立的批判加工整理，才能使博物馆在科学工作中，陈列工作中，以及在科学教育的群众工作中避免发生不能允许的实际错误和避免发生有时甚至于是思想上的错误。

研究和记述相片材料（也同研究和记述其它博物馆材料一样），都要求去参考范围广阔的资料，来对纪念物进行全面研究。例如，当苏军中央博物馆对于反映打捞 1919 年被苏联海员在考波尔湾击沉的英国潜水舰的相片材料藏品进行记述时，便曾经利用了苏军中央博物馆的传单、文献、期刊，还利用了和英国干涉军作战的参加者的回忆以及其它一些材料。

对于博物馆藏品本身的研究、对文件凭证和资料的研究，便能弄清科学记述卡片所需的一切情况资料。

卡片的第一项（名称，收到物品的来源和时间、保存地点）所包括的资料，都是摘自交接凭证和博物馆材料登记簿（基本藏品目录簿、新收物品簿、主要目录簿）的。最好引证保存在博物馆中并且与所记述的相片材料有直接关系的那些其它材料。

在相片外部记述项内必须指明：所记述的相片是原版或是复制品（翻版）、有否修正的地方、照片表面的性质（光泽的、乌光的）、照片的式样以及它的尺码。

其次要记述相片材料的内容。在这一部分中，要揭示出：相片上所反映的是什么事件，什么样的实物纪念物、文献纪念物，或者所反映的是什么样的人物。在这里也要写出相片的简略记述。

在"历史"项内，要记载关于摄影时间和地点、关于照片的摄制者、关于照片到达博物馆以前所在地点的资料，同时还要记载照片上所摄物品的历史材料。

在记述的末尾要指明照片的完整程度，要记载科学价值和博物馆价值，并且还要列举当科学地记述相片材料时所使用的资料。

（5）图表性文件材料

对于这一类博物馆藏品的研究和科学记述，有着一些特征性的特点。属于这一范畴的有：图表、平面图、地图，以及其它有历史资料价值的材料。

如同记述实物材料、文献材料和其它材料一样，图表性文件材料的科学记述卡片也包括博物馆藏品的名称和它们一切登记资料。在外部记述项内，应当明确指出博物馆藏品的材料和其它突出的性质（例如：纸，有水印的，水印图案是王冠上的狮子，纺织品，棉织的，白色等等）。在这里还要写出纪念物制造的技术情况资料（墨、铅笔，水彩、油及其它），还要写出关于尺码的情况资料（量其长度和宽度），其次，要记述纪念物上保有的签署和批注，如果有必要，那么还要把它们描下来、拓下来。在这一栏末尾，要指出博物馆藏品的完整程度，并标明其修复的场合和修复性质。

确定所记述的纪念物的作者，是有着绝对巨大意义的。对于记述上的这一项进行研究，便往往能够明确我们祖国的学者在科学和技术上的各方面的优越性。在科学记述卡片上，只指出作者姓氏，是不够的。心须努力尽可能获得关于该作者的一些详尽情况资料：生卒年代、创作经历、社会成分等等。

关于所记述纪念物的作者的简略情况资料，都要写在科学记述卡片上。在有关作者的情况资料的后面，要记载纪念物的简略内容。如果记述的是图画，那么必须确定题材、主题、结构。对于地图，要指明写在文件上的材料内容，以及地图的规模和平面画法。"内容"栏应对所记述物品写出清楚的概念。这一点之所以重要，不仅是为了达到保存的目的，并且也是为了科学地记述博物馆藏品。

纪念物的历史应当包括关于纪念物到达博物馆前的那些资料以及该纪念物创造的历史。在第一种场合下，必须研究登记的保护性文件凭证、目录、历史材料和说明书；第二种场合下，一定要研究一切可以得到的资料以便确定纪念物创造的地点、时间和历史。在这里也要记载关于纪念物上所表现的物品的历史材料。最后，要记载博物馆藏品公开和陈列的情况资料。

科学记述卡片其余各项，和以上所列举的相同。

（6）自然物品的科学记述

这一范畴博物馆藏品的研究和科学记述有着自己的特点。

科学所熟悉的一切种类的植物、动物、矿物，都被记述完了。因此，为了记述本身而去编写它们的记述，那将是白白浪费时间。只有对某类植物、动物等进行专题研究时，才需要这样记述。但是，在这些场合下，记载的是对该类中许多个体进行研究的总结性的记述。

对个别一些物体（个体）进行科学记述，在下面几种场合下是必需的：

当博物馆中有一类个别物体（一个或几个）是属于科学所不知道的一类，就是说属于从来还没有人记述过和提到过的这样一类；当记述这类物体时，要给它取一个科学名称，并把这个科学名称公布出去。

当有一些物体是迥然不同于正常物体的时候，这样的情形，如：色素缺乏、两性同体、畸形等等；这样的物体一定要受到研究和详细记述，因为偶然失掉这些物品，如果它们又是没有经过记述的，那么便会使科学损失了有意义的机会。

当博物馆中有一些标本，都是新品种的植物或者是新品种的动物，它（牠）们都是刚刚培育出来并且还没有得到广泛传播的，就是说，多少尚属珍品的情况。

在这些记述中，不仅应当更详尽地记述现有的物体，并且还要记载获得它们的经历，就是说还要叙述搜集工作者进行工作的结果才搜集到这一品种或者至少是搜集到这个物体（假如它还不能称之为"品种"）的那些工作过程。在每一个地志博物馆都能发生需要这类科学记述的情形，因为我国每个省或每个边区，在今天都创造着某些新品种的作物，而往往还创造着一些新种类的家畜。当编制这些记述时，必须注意：所记述的不是"一般地"某一品种或种类，而是现有的物体（一个或几个），就是说记述必须严格地个别进行。当博物馆中有刚获得的新品种的标本或实验标本的那些场合下，这些标本必须予以详细研究以便于编写它们的详细记述。如果没有这种记述，这些标本便失掉其科学价值，因为这些标本将会成为"来路不明"的物品。

（三）博物馆藏品科学记述工作的组织

对于博物馆纪念物所进行的专题研究和科学记述的工作，是非常艰巨的。只有在正确地规划这一工作的条件下，才能够指望博物馆工作中这种十分必需的工作的成功。

参与规划的应当有博物馆长（科学部的副馆长）、基本藏品主任和各部的主任。

当拟制博物馆材料的研究和科学记述计划时，必须注意到参与记述工作的科学工作者人数、博物馆专业以及根据博物馆当前任务对基本藏品进行研究工作的先后顺序。

首先在研究与科学记述计划中要包括：

1. 在陈列中或应包括在陈列中的物品，而在这些物品中首先是在陈列中有主导意义的物品，即所谓"骨干性陈列品"；

2. 具有头等科学价值、博物馆价值和艺术价值的个别物品和成套藏品；

3. 与当代和历史上实际问题有关的整套藏品。

科学记述工作不仅应当记载于博物馆一般计划之内，而且还要记载于接受对博物馆藏品进行研究和科学记述的具体任务的博物馆工作者年度生产计划之内。

如果在进行规划时曾考虑到科学工作者的专业知识，那么这工作将是最有效果的，因为当记述时一定要有属于该历史时期的一定范围的问题的深刻知识。

对博物馆藏品进行研究和科学记述工作中，照例应当既有基本藏品各部的工作人员参加，又有陈列工作者参加。工作的结果提交集体讨论。只有在经过专家和科学工作者的集体从科学上完全予以肯定之后，才能认为对于某件博物馆藏品进行的研究和科学记述工作是完成了的；才能认为科学记述卡片，是可以纳入相应的卡片箱的。

对于全部科学记述工作的监督，由博物馆科学部分的副馆长和基本藏品各部主任来进行。

第四章　博物馆基本藏品的保管

第一节　博物馆基本藏品的保管任务

1948 年 10 月 14 日苏联部长会议所批准的《文物保护条例》中说：

"苏联领土上具有科学价值、历史价值或艺术价值的一切文物，都是不可侵犯的全民性财产，并置诸国家保护之下。"

根据上述条例，"国立博物馆都是文物藏品的主要储藏库。搜集在博物馆与专门储藏库中的文物，必须按照统辖这些博物馆与储藏库的中央国家机关所批准的程序登记和保管"。

保护珍贵的全民性财产（我们祖国过去的和现代的文化纪念物）使之完整无缺的、光荣而重大的任务，便要由博物馆来担承。应把那些苏维埃时代卓越的遗物、社会主义国家的纪念物、从社会主义向共产主义过渡时期在经济方面、文化方面和改造自然方面的成就的纪念物永远地为后代保存起来。

正确地组织博物馆基本藏品的保管工作，对于每个博物馆都是必定要作的工作。博物馆如果没有保管自己材料以及对自己材料进行保养工作的正确体系，那么它便不能完成苏维埃国家在它面前所提出的那些任务。

从伟大十月社会主义革命胜利后最初的日子起苏维埃政府就关怀着博物馆纪念物保管的工作。

1918 年 8 月 5 日，人民委员会颁布了关于登记、接收和保护艺术纪念物和古代纪念物的指令。宫廷和贵族庄园的贵重物品都收进了博物馆①。

1918 年 12 月 10 日人民委员会公布了由列宁签署的关于登记和保护俄罗斯共和国领土上所有的科学珍品，即所有的"科学博物馆、博物馆藏品、陈列室"的指令。

苏维埃政府对于博物馆珍品、文化纪念物和自然纪念物的保护问题所颁布的一系列的决定，都说明政府对保管博物馆纪念物的不断的关怀。

负有保护文化纪念物和自然标本责任的苏联博物馆，对于它们责任范围内的全民性财产的完整无缺负有责任。

保管博物馆材料的目的，是要保证博物馆藏品完整无缺，不受偷窃、损坏和不致破碎，以及要创造良好的条件以便在陈列中和在科学研究工作中利用这些博物馆藏品。

博物馆保管制度组织，不能仅仅局限于狭义的保管，就是说不能仅限于规定博物馆基本藏品在储藏库中、在陈列馆中的存放规则和仅限于保管设备和装置的制度。博物馆中的正确的保管体系，还应当预料到各个种类博物馆材料的保养工作的一切需要。所谓保养工作（Консервация），就是指为了使每一件博物馆纪念物能最大限度地长久保存下来而根据它（这件博物馆藏品）在物理学、化学和工艺学上的特

---

① 《工农政府法令汇编》，No37，794 页。——原文注

点所采取的办法。保养工作应使物品不致丧失其历史文件的突出性质和特点并能够保存物品固有的性质。为此，便需要创造这样一些条件，使物品中的破坏过程在这些条件下能被消除，或者至少能停止扩大，从而使物品自然老旧的作用进行得缓慢。大多数保养工作办法，都要求具有专门的工艺学知识，并且是只有专家才能使用这些办法的。拙笨的保养工作不仅能使博物馆藏品受到损害，并且还能完全毁掉它们。

对博物馆藏品进行修复时，则需更大程度的谨慎。所谓修复（Реставрация），就是指部分地或全部地恢复受损害了的博物馆纪念物，固定和加固它。

博物馆纪念物真实面貌有时变成了畸形，除掉这些歪曲部分，弄清和保存实物的工作（如揭出有博物馆价值的古代圣像原画的工作），也属于修复。为了不使纪念物受到不可弥补的损失，修复工作一定只能由专家修复员来进行，并且他们还要有中央文物保护机关对进行该项修复工作的相应的书面许可。

保养工作和修复的方法和手段，要求专门的实验室研究，并要求在研究这些方法和手段时有专家（化学家和工艺学家）参加。只有在这种条件下，才能在真正科学的基础上，并且利用了苏联科学与技术的最新成就，研究出这些方法和手段。

不可以认为基本藏品储藏库仅仅是备用的博物馆物品的仓库。在保管着文化纪念物和自然纪念物的苏联博物馆中，库房必须是陈列馆的特种形式的延续，必须是科学研究室。基本藏品储藏库应当成为能补充主题陈列的，博物馆藏品系统分类的存放处所。在基本藏品储藏库中，存放博物馆藏品的系统和次序，迅速找到这些物品和藏品的可能性，以及博物馆材料用于研究的方便性，都是在科学工作中利用博物馆基本藏品的必不可少的条件。

除了需要注意保养上和修复上的那些专门性的要求外，还必须对储藏库中的博物馆藏品有符合于科学上那些要求的分类。使用博物馆藏品的不只是科学工作者，生产部门的工作者、画家、作家们，也都常常要来研究各国立博物馆陈列中以及基本藏品储藏库中的博物馆藏品。正确地组织博物馆基本藏品的保管之所以重要，因为它不仅是为了博物馆内部的日常工作，并且还是为了满足科学工作者、艺术工作者以及国民经济工作者的需求。

如果正确地组织储藏库中博物馆基本藏品的存放，便能使一切可以纳入基本藏品的博物馆藏品保证得到妥善的保管。

博物馆基本藏品（参看第一章）应单独保管，并应与那些所谓辅助性材料和临时保管的物品区别开。

为临时使用或临时保存而收到的物品，应区别于其它博物馆基本藏品而单独存放。易于重新获得或易于再制成的，但不适于长期保存的实物材料（例如，极易腐败的农产品：果实、蔬菜），可以记入特殊材料簿，以便于个别保管。

除了有计划地补充搜集博物馆藏品之外，为了正确地构成博物馆基本藏品，建立交换用的基本藏品，是有着巨大意义的。把一些不符合于本博物馆专业范围但能在别的博物馆中被使用的那些物品划分出来，拨入交换用的基本藏品中去，这样便能精简基本藏品而消除一些多余的材料。交换用的基本藏品能帮助博物馆从其它博物馆中以有计划重新安排藏品的方式获得必需的博物馆藏品。交换用的基本藏品中可以包括在数量上超出博物馆所需要的那些重份材料。拨出重份材料，绝对不应破坏博物馆藏品的完整性和藏品的整套性（如考古学品）。交换用的基本藏品的物品，应当详细记入特别账簿之内，并且只有经上级组织允许才能够注销或移交与其它机关。

在博物馆基本藏品中，有若干类博物馆物品是需要划出来的，因为这些类物品有很高的价格而要求特殊细心的专门保管。贵重金属和宝石、半贵重金属和次等宝石，以及它们的制品，应区别于其它材料，根据苏联财政部的专门指令而单独保存在保险柜中。开启保险柜的规则，清点和交出这一类博物馆藏品的规则，都在个别的指令中有所规定。如果这类贵重物品数量很大时，最好有放置这些保险柜的单独隔离的房间。

对于其余的博物馆藏品也不能都一律对待。博物馆工作人员在拟定博物馆保管制度时，应当注意到个别物品或个别的整套藏品在博物馆价值和科学价值上的特殊藏品，把它们从整个博物馆基本藏品中划出来，并予以特殊细心的保护。

只有建立得正确的博物馆科学登记系统，才能够把在科学意义上最贵重的材料划分出来予以保管，才能够给这些材料提供单独保管的条件。

除了那些单个的博物馆藏品之外，博物馆基本藏品中还保存着整套藏品——一定主题的成套物品，它们在科学价值上或在艺术价值上是统一的一套。往往属于整套藏品的都是同类的物品（如钱币藏品）。但是也可能有一些整套藏品是由不同类的物品所组成的[①]。例如，在整套的考古学藏品中，便能有最多种多样的物品（骨制材料、陶器、金属饰物、武器等），在这种场合下，重要的是要知道：这一套藏品是源出于同一个考古学纪念物，并且是由某一个人或某些人在一个地点于一个季节中间进行发掘获得的。在以后几年对同一纪念物进行发掘所获得的材料，也构成新的整套藏品。

成套藏品的基本特征，就是：藏品的全面性、完整性和整套藏品的不可分割性。在藏品中越能全面而鲜明地反映出所欲阐述的主题的一切基本特征和一切基本方面时，那么这一套藏品的科学价值也就越高。

藏品的全面性是确定整套藏品博物馆价值的重要尺度。藏品越全面，它在科学上就越为珍贵。

当确定藏品的价值时，有时获得材料的困难程度也有一定意义（如极地勘察队所获得的材料、深海材料、难于攀登的高山地带的材料等等）。

藏品的主题性，对足以阐明主题的最重要的典型藏品进行目的明确的选择，都能提高藏品的科学价值。包括在整套藏品内的个别物品的遗失，往往能破坏对藏品进行选择的整个工作，特别是当那些物品如果是不能获得的（例如，考古学物品，与历史人物有关或与历史事件有关的那些纪念性物品）。

如果整套藏品的材料是由大型科学勘察队或由杰出的学者所搜集到的，那么这套藏品的科学价值也就更大。属于科学研究史的那些整套藏品（如普尔热瓦里斯基勘察队、考兹洛夫勘察队的藏品），都被认为是特别珍贵的藏品。

当全套藏品是一组时，即当这套藏品是根据事先确定好的特征为说明某一现象而专门选择到的、有连续性的一系列同类的物品时，全套藏品的完整性就更加重要了。从这样一组内遗失一件物品，就在很大的程度上使整套藏品失去价值，而遗失这样一组藏品的一部分（三分之一以上），便等于遗失了这组藏品。阐明创造新品种植物或新种类动物的逐步工作阶段的那些成组的自然标本，便可以作为例子。

科学勘察的材料不应分散保存。它们或者是组成一个整套藏品，或者根据主题的性质把搜集到的材料分为若干套藏品和若干组藏品。

博物馆中科学性整套藏品的完整性，不仅在登记时应当受到细心的保护，并且在保存时也应当受到细致的保护。特别重要的是保管那些作为不可分割的整套藏品而专门选择出来的一组一组的博物馆藏

---

① 在这整套藏品中所包括的物品，如果彼此相邻地摆放，则会有害于它们的完整时（如铜器和锌器），那么，便应当把这些物品分别摆放，但不得使整套藏品的成套性受到破坏。——原文注

品。尽可能把这些物品都收藏在一个共同的存放的地点内（橱、或匣、箱、包等等），而从其余那些藏品中区别出来。

博物馆接受赠与的藏品或博物馆在个别收藏爱好者们的手里得到的藏品，应当区别于科学性整套藏品。这些根据搜集者的个人兴趣搜集成的，不能明确表现科学目的的"整套藏品"，在革命前的博物馆中是很多的。这些"整套藏品"是可以分散保管的，因为选择这些藏品时的依据，是偶然的特征。关于这些藏品原始成份（每件）的情况资料，都要保存在原始登记簿中，因为这类藏品中那些物品通常都是同一时间登记下来的。

应当把组成自然界"生活实况"的整套藏品，就是说应当把作为曾共同存在过的、构成不可分割的整体的那些物品，划分出来以便特别保管。例如，简陋居室以及室内的全部陈设和日用物品，便构成一整套藏品，这套藏品是不应分散开的。同一生产作坊的物品，也应在一组藏品内予以保存，尽管这些物品是由不同材料制成的（木制、金属制、植物纤维制或动物纤维制的）。"生活实况"的——自然的整套藏品在其构成份数上越完整，以及一些文件可以把它阐明得越详尽，那么它也就越有更大的价值。属于这一类整套藏品的一切物品，都应在一组内予以妥善的保存。

诸如钱币库，整套食器之类的物品，也要求分组保存。这些物品不能分劈开的——例如把某套食器中的一把茶壶和别套食器中的茶壶摆放在一起，而把它们按年代、按形状来安排起来，便是不可以的。完整的一套服装（包括帽子和鞋子）比起这套服装的单独部分（衬衣、裙子及其它）就有着更大的科学价值和博物馆价值；禽卵如果和巢在一起，便比只是禽卵要更加珍贵等等。

纪念性物品应当特别细致妥善地保管。纪念性物品所属的人物、事件或机关越重要，并且它越能典型地说明他（它）们的活动，那么这些物品和整套藏品在科学意义上也就越为珍贵。根据纪念性物品或纪念性整套藏品的珍贵程度，对这些物品必须保证有单独保管的条件。陈列是以某人的活动或某机关的活动为内容时，那些与他（它）的活动有关的物品（如：某一作家或学者的手稿、写字台和钢笔，某一音乐家的钢琴和乐谱，某一军人的武器等等），在上述物品中就都是具有最重要的价值的。特别珍贵的是那些有这样人物题字的材料。整套的纪念物品，通常都不分散保管，而应予以整批保管。

对于基本藏品中的物品说来，能表现所反映现象的本质的那些典型性博物馆藏品，是有着巨大意义的。

某些博物馆藏品之所以能获得特殊的意义，乃是由于它们非常罕见或者被保存下来的为数极少。

当确定博物馆整套藏品和个别物品的稀有与否和稀奇与否时，物品的不可修复性起着巨大的作用。有着绝对的艺术价值或科学价值的那些物品，也是稀奇的藏品。

稀有的和稀奇的物品在保管上应当特别标示出来，应经常地和细致地检查，并应首先受到保养和修复性的处理。稀奇的和稀有的博物馆藏品，在自然标本中、在历史纪念物和艺术纪念物中，都能遇到。

可以作为自然标本中稀有物品之例的，有：产地已采尽了的矿石（如几种绝迹了的乌拉尔孔雀石，特别是"钟乳石"和"瘤状矿石"）；陨石（完整的陨石或陨石的部分，它们陨落时曾有人目睹并有过记载的）；在某一历史时期已绝种了的野兽标本，发掘出来的动物骨骼（巨角鹿、犸猛）；已经消失了的景物的照片或其它刻画这些景物的作品等等。

作为稀有的历史物品之例的，可以指出比十九世纪前半期更早些的木制品。由于木制物品有迅速损坏的性质，所以它们被保存下来的很少。它们之中有着特殊珍贵价值的是：农具（十八世纪的和更早些的），这些农具的标本（典型代表）往往是稀奇的；还有船只的各部或整个船只。

纺织品中稀有的，是断绝生产了的纺织品（例如，刺金的天鹅绒及其它）。在各博物馆整套藏品中极为稀有的是矿工、钢铁工人的全套工作服和那些能反映工人日常生活的物品。

属于革命前那一时期各种剥削者阶级的代表人物的衣服和日常生活用品，保留到我们今天的为数很少，因而有着巨大的博物馆价值。

在博物馆藏品中，内容是描述上层社会的手抄本和古版本书籍，都是非常稀少和非常珍奇的。

当鉴定历史纪念物的博物馆价值时，要注意到物品的古老程度和年代。物品越古老，那么流传到我们今天的这种物品就越少，因而也就越难于找到它们。因此，早于十九世纪前半期的物品，越是距离现代远的，博物馆价值就越来越大。物品上如有题词、签印、签署时，它的科学价值就会增高。这些题词和签印（或译为烙印——校译者）往往不仅便于对物品的纪念性价值和它属于哪一历史人物进行研究鉴定，并且还能准确地标出物品的年代。被标注好年代的物品是可靠的原始资料（认识的原始来源），它比那没有题词和符号，仅凭外观、风格等等来进行鉴定的物品，要有更大的科学价值。对物品本身进行细致的科学研究，以及对有关物品的一切参考资料和情况材料进行细致的科学研究，便有助于给物品标明年代的工作。当鉴定物品时，确定物品本身、题词本身、签印本身的真实性，是非常重要的；因为在十九世纪中叶，伪造的博物馆藏品曾广泛风行一时。

真正的博物馆藏品，如同曾经强调指出过的，才能够构成博物馆基本藏品的基础。

物品制成的艺术性和精巧性，镶嵌的质量和纤细程度，制造的复杂性，装饰的结构和装饰制成的如何——这些在确定物品的博物馆价值，特别是在确定装饰艺术的物品的博物馆价值时，都起着巨大作用，经过艺术镶嵌（镂镶、雕刻、镶以贵重材料）的武器，便使武器的博物馆价值大为提高，并且往往能使这些博物馆藏品成为珍奇的藏品。

在造型艺术物品中，应当注意作者的声誉大小，作品艺术技巧和作品艺术技巧所达到的程度。

博物馆藏品的图形以及它们的科学记述在各种出版物上曾刊载过，如果它们对于科学有着重要的意义，如果关于它们在历史资料中又有所记载，那么这些博物馆藏品便有着特殊的科学价值。在博物馆中，对于这些物品一定要保证有特别细致的保管。

博物馆藏品具有科学的记述，比没有凭证又没有关于它的来源的必需的情况材料的那种博物馆藏品是更为珍贵的。因此，在基本藏品中应当划出一批需要特别保管的博物馆藏品（宝石、贵重金属以及它们的制品），并且对于个别物品和有巨大博物馆价值和科学价值的一批物品，应当保证有特殊的保管条件。

在储藏库中存放和系统地分类物品时，这样的物品要单个包装，要有个别的存放容器，并且首先应受到清理（由保养工作专家进行）和修复。这样的物品如果数量很大时，则最好放在特别储藏库中。最突出珍贵的物品可以从一般的保管系统中划分出来，放在保险库中。对于各地志博物馆说来，标志地方自然和历史的整套藏品，是有着特别的博物馆价值的。

第二节　博物馆藏品的主要类别

由于博物馆藏品的形式不一和种类纷繁，所以它们的保管便有着许多巨大的困难。

对于一切博物馆藏品说来，共同的保管条件是取决于那些基本的、经常作用着并能影响物品完整的因素，即：温度、湿度、光线、空气。

为了对不同材料和不同化学成分的博物馆藏品组织正确的保管，便需要确定一切博物馆藏品的共同保管条件，并且要弄清某些个别种类物品在保管上的那些特性。

博物馆藏品，根据其材料来源和化学成分，可以分为以下几类：

1. 通常是稳定化合物的、无机材料的博物馆藏品：地质学标本、矿物学标本、金属制品、后制品、陶器、玻璃；

2. 要求经常保护以防范植物性和动物性虫害的、有机材料的博物馆藏品：植物学藏品、动物学藏品、古生物学藏品、人类学藏品、木制品、皮革制品、角制品、玳瑁制品、琥珀制品、骨制品、纺织品、纸制品；

3. 由有机材料和无机材料等复杂成分构成的博物馆物品、绘画、许多装潢艺术品、家具、武器、带有镶嵌物的物品等等。

博物馆藏品也可以被分为：直接取自自然界的自然标本，和那些是人类劳动结果的物品（历史纪念物、艺术品）。

博物馆藏品是取自自然的标本，则在储藏库中的分类和保管方法可以按各种材料和相应的自然科学分科（矿物学标本、地质学标本、古生物学标本、植物学标本、动物学标本、人类学标本）来分类和保管。

博物馆藏品是历史纪念物，则按物品的材料、年代和用途（文献、金属制品及其它）来分类。由于博物馆专业范围的不同，所以按各主题部分进行分类的方法应遵照分类目录。

造型艺术的博物馆藏品分为：绘画、黑白画、雕刻、装潢艺术、建筑。在这些类别内部，博物馆藏品按制作技术、年代、学派、艺术家、风格和主题再行系统分类。

从在博物馆条件下进行保管的角度看来，雕刻可以分为：金属雕刻、大理石雕刻、石膏雕刻和木雕刻。巨型雕刻应当与小件雕刻分别保管。

在有大量基本藏品的地志博物馆中，可以对基本藏品进行这样的初步划分：自然科学类基本藏品和历史类基本藏品；或者根据博物馆三部来进行划分，即：自然之部、革命前时期之部和苏维埃时期之部。

在这些基本藏品的每一部中，博物馆藏品先按所由制成的材料进行分类，然后再按年代区划来存放。

博物馆基本藏品的存放地点登记，就是记载这些藏品的保管地点。

为了进行存放地点的登记，便要把博物馆一切房间（陈列厅和基本藏品储藏库）用罗马数字编好代号。家具有一定的代号：家具的每一单位都有字母标示①和指明家具在陈列厅中或藏品储藏库中的位置的顺序号（用阿拉伯数字）。也用阿拉伯数字以分数形式表明物品在博物馆家具内的存放位置；（用分子表示架和小箱的号码，用分母表示纸夹、匣子的号码）。例如：3—Ⅲ；B—4；П—3；这一代号乃是表明：第三陈列厅、第四玻璃橱、第三架；Φ—Ⅲ；Ⅲ—8；2/5 这一代号乃是表明第三基本藏品储藏库、第八号柜、第二架和第5号匣②。

代号都要记载在博物馆设备上——基本藏品用家具和陈列厅用家具都用墨写；当必要的时候，为了标明代号可以用瓷漆色作为底色③。

———————————

① 这里所说的"字母标示"乃是俄文上的字头略写的方法，如柜（Шкаф）用Ш，玻璃橱（Витрина）用В，箱（Комод）用К来代表等等。在"字母标示"后，为了通顺，省略了这一段译文：（柜—Ш，玻璃橱—В；箱—К，等等）。——译者注

② 这里所用代号中的俄文字母都是略写的字头，如：З—Зал（陈列厅）、В—итрина（玻璃橱）、П—Полка（七架）、Ф—Фондохр-анилище（基本藏品储藏库）、Ш—ШкаФ（橱）等等。——译者注

③ 艺术性家具有时能利用于储藏库中；在这种家具上写号码时，应不使家具的外貌受到损害（贴号码、写字码、都要在背面等等）。——原文注

存放地点登记的代号都记载在总的查阅用卡片箱内，在这里卡片是按字母顺序或编目号码来排列；存放地点登记的代号也记载在按陈列厅和按存放容器而进行系统分类的查阅用的存放地点卡片箱内。

在存放地点卡片箱内的卡片上，要记载陈列品名称、科学编目号码、保管代号，还要注明完整程度；在珍奇的和特别贵重的物品卡片上还要贴上这些物品的照片。物品的移动马上要反映在卡片上。

对于每一件陈列用家具或基本藏品用家具（对每一个小箱，对每一个架子）都进行存放地点记述，这种记述往往带有指明物品在陈列厅中、在架上、在玻璃橱内、在支架上的存放位置的陈列图和平面图。这些记述和陈列图都摆在柜内或其它容器内，放在匣里、纸夹里。各陈列厅内物品分布情况的复制陈列图，都应当保存在纸夹内，标明日期，并由保管员签署。陈列品存放地点的一切变更，都应在陈列图内反映出来。当重新安排陈列时，旧的陈列图便都要交到博物馆的科学档案库中。

这样的体系能够便于迅速检查现有博物馆材料的是否完备。

为了记载博物馆藏品的流动情况，便需要填写每日"博物馆藏品：从基本藏品储藏库中交出和收入日志"并由主管的工作人员签署。

当博物馆保管员接管陈列和基本藏品储藏库以后，陈列品的一切移动，只有经过他的同意，和有他在场之下才能进行，并且要在存放位置凭证上注明。

在每一博物馆中，对所保管陈列品的情况必须有经常性的观察。当发现陈列品受到损坏或被盗时，要制成两份凭证。一份交给馆长，另一份则按年月日顺序归入凭证的档案中。

对于需要修复的陈列品，要记载一种特殊的修复日志，在这日志中要记上陈列品在修复前在登录证上所记载的状况，要记上修复的各个阶段所使用过的处理方法和结果。对于最贵重的陈列品，则一定要有修复前和修复后的照片。

保管员在博物馆内每日巡视的结果，要记在特设的"保管员日记"中，在这日记里要把一般的保管条件、陈列品的情况和必要的措施都记载上。在这日记中也要记载博物馆储藏库中和陈列厅中的温度条件和湿度条件。

"保管员日记"有下列各项：

1. 年月日；

2. 房间名称（陈列厅的号码）；

3. 温度和湿度的记录（九点钟一次和十六点钟的一次）；

4. 基本藏品的情况及发现出的缺点；

5. 必需的处理办法；

6. 保管员签字；

7. 为纠正缺点都作了些什么，以及采取措施的年月日。

每次开启装有贵重金属的保险柜的情况，都要由博物馆保管员在专设的日志内（根据专门的指令）予以注明。

在专设的日志中，应当记载每次开启封闭的和加锁的博物馆陈列橱的情况，并应说明开启的原因。要注明开启的年月日和钟点，再度加封的时间，还要注明开启陈列橱的人们的姓名和职务，并由他们签署。

第三节   决定博物馆藏品完整程度的一些基本因素

为了保存博物馆的基本藏品，必须在博物馆中创造能防止藏品受到损害的一些良好条件。只要维持那根据许多博物馆长期经验所拟制出的正确保管条件，便可以达到保存博物馆基本藏品的目的。

例如，在博物馆中规定有一定的温度和湿度，要维持一定的光照条件和正常的空气组成成分。

空气的温度越高，其中能含有的水蒸气也就越多，而这些水蒸气在温度降低时便成为露水而滴落下来。在没有温度调节器的房间内，不管是采暖的或没采暖的房间，都不可避免地或多或少要有显著的温度变化，因而空气的湿度也不可避免地要有或多或少的显著变化。当温度下降时，具有吸水性的物质，便吸去了水分，因而膨胀起来。当温度上升时，物品便开始干燥、收缩。温度的这种变化，以及作为温度变化结果的湿度的变化，对于在不同方向上不均匀干燥的材料说来，是特别危险的，例如对于木质标本和木制品。这种变化对于由具有不同膨胀系数的各种材料组成的制品，也是危险的，例如，对于绘画、家具、各种不同的模型等等。

温度的显著变化，甚至于使石制品，特别是处在露天下的石制品（例如，大理石雕刻及其它）都能受到损害。当温度降低到低于零度时，充满在大理石空隙里的水分便要冻结而膨胀。这就能导致形成细小裂罅，因而在长期作用的结果下便可以导使物品表面的破坏。

为了避免温度和湿度的剧烈变动，便不应在采暖上有不适时的中断。如果不得不中断时，应当逐渐降低或提高温度。采暖应在秋初开始，在春天尽可能晚些停止，在潮湿天气时还要加强采暖。

当室内空气过干时，在采暖器具（放热器）上要放上装水的铁盘，或在暖气管上悬上浸湿的布片。为了避免温度的剧烈变动，不可以把博物馆藏品放得靠近暖气管子和换气的出入风口。

在没有采暖的房间内，必须在户外空气足够干燥的条件下，经常进行换气通风，通风在春天要开始得尽可能早些，在干燥和凉爽的日子来进行，并且做这一工作，像在夏天一样，也要在早晚户外温度降低的时间内进行。如果户外气温在特别炎热的日子急剧增高的场合下，最好通风工作主要在夜间进行，以便使博物馆房屋内的温度得以均衡地提高。

没有采暖的房间的通风，特别是在春秋两季，应保证户外空气温度和室内温度的逐渐平衡。这样便能够预防墙壁、陈列橱、玻璃以及物品本身发潮。只有在晴朗的日子，以及在室外空气温度和室内温度之间没有急剧的差别时，才能够进行通风。

在采暖的房间内，博物馆的任务是：必须装备有进入空气滤过器的换气装置。设置得正确的，带有良好抽气孔的换气装置系统，应当在博物馆房间内每小时换气若干次，并且通过进气口输入变暖了的清洁空气。在炎热的夏天，只有在开窗不能引起温度和湿度的变化，以及灰尘不能飞进窗内的情况下，才能允许敞开窗户。常常敞开的这部分窗户，要覆上纱网。

当博物馆参观者聚集很多的时候，不管采暖的房间或者未采暖的房间内，都应当加强通风。

把博物馆藏品从未采暖的房间移进采暖的房间，或者从采暖的房间移向未采暖的房间时，物品都要包装好，并且要在中间温度的房间内存放若干时间（通常不少于六小时），而在到达移入地点之后也不应当马上把这些物品的包装打开。

为了避免潮湿，便要仔细注意使下水道、上水道管畅通无阻，仔细注意使天棚不漏雨水。当墙壁、天花板等发潮时，应当查明发潮的原因，并且应当立即采取措施以消除这些原因使之变干。

不可以把柜、玻璃橱、箱子等，紧紧贴靠墙壁摆放。必须仔细注意使绘画后面，挂毯后面、地毯等后面的墙壁没有潮湿现象。应当使用衬垫和其它隔离方法保护物品，使之不和墙壁接触。

当空气湿度加大时，不仅仅能发生机械性损害作用，湿气一经和空气污染物结合在一起，产生出化学上的化合物，这些化合物便能破坏博物馆藏品。光线在有湿气存在的情况下，作用力就会更加剧烈。此外，特别是在高温和有灰尘的情况下，湿气还能给植物界病害，给昆虫创造出营养环境。

能受各种霉菌损害的，主要是有机材料的陈列品。但是，如果湿气和灰尘的含量相当大，那么在大理石制品上以及甚至于在花岗岩的制品上，也能够出现藓苔；从大理石雕刻上除下这种藓苔的工作，只能委托专家修复工作者进行。

由于温度不均、湿度、光线和空气污染物共同作用的结果，博物馆藏品便能开始过早地老旧朽坏。在每一个博物馆面前，就产生了这样一个问题：能防止博物馆藏品老旧朽坏的正确保管条件究竟应当是什么样的？

在苏联某些地方，夜间温度和白昼温度之间，有着特别剧烈的差别。在大部省分和边区，是有着强烈的年度的温度变动。为了在没采暖的房屋（纪念性的博物馆）内全年间维持一定的均匀温度和湿度，及时通风是有着极大意义的；而在采暖的房间内，正确的换气系统和采暖系统，是有着极大意义的。

博物馆中正常的温度条件，一般认为是：当相对湿度①是 50~65% 的时候，冬天从 +10℃ 到 +18℃，夏天不高于 +25°。

日间温度和夜间温度之间每日的变动不得高于 2~5°，湿度的每日变动不得高于 3~5%。

为了经常保持一定的温度和湿度，要使用各种测量仪器。测量温度用温度计，测量湿度则使用普通湿度计和双柱湿度计。必须尽可能在博物馆的一切陈列厅内，特别是在能够发生剧烈的温度变化的陈列厅内，在空气常发生强烈变换的那些地方，都按上仪器；但是不能把仪器按置在户外的墙壁上，也不能按置在靠近采暖器的附近。

光线，主要是自然光线，对于破坏博物馆藏品，起着巨大的影响，在陈列中的陈列品，有时还有在基本藏品储藏库中的物品都能受到这种自然光线的作用。对着博物馆藏品直射的阳光，是作用最强的。

不仅是在直射阳光里含有紫外线，白色的雪和云也都能反射紫外线。紫外线在建筑物内不像在露天地上那样十分危险，因为大部分紫外线都被玻璃隔住，同时玻璃还能把热的赤外线全部透过来。

人工光线对陈列品的作用，比阳光要弱得多。光线能作用于无机材料的博物馆藏品，特别还能作用于有机材料的博物馆藏品。在植物学整套藏品和昆虫学整套藏品中间，许多份标本由于光线的作用则能完全失掉其色彩。能受光线损害的还有纺织品、纸张、有机性染料。

由于湿度的变动，会使光线的作用特别加强。光线的作用常常造成变色、褪色，有时还能使材料本身丧失耐久力，例如，能使纺织品——丝等丧失耐久力。

对于光线最不敏感的是金属、石和陶土制品。

光线也能起有益的作用，例如，它能够使油画上因时间过久而发暗了的油色和漆恢复色泽，还能使病害和虫害（主要是各种草类和细菌）的发展繁殖减低。

因为不许可有直射阳光直接作用于博物馆藏品，所以应当把玻璃屋顶装置得使直射阳光落不到陈列品上。窗户要用窗帘遮上、放下百叶窗或者安上毛玻璃。

由于温度和湿度的激烈变动，以及由于剧烈的光线所引起的对博物馆藏品的破坏作用，当空气成分不正常时，就更能加强。空气成分正常时，按重量比例，空气中含有：氧——23.2%，氮——75.5%，惰性气体——1.3%。二氧化碳气的含量几乎总等于 0.03%。但是，二氧化碳气的含量以及水蒸气的含量，还有灰尘和其它偶然性混合物的含量，都是根据各种不同条件为转移而变动的。

氧遇到湿气，便能使许多种类繁杂的材料起氧化作用，例如，能使油画上的油色变硬和变干，或者

---

① 相对湿度是一定温度下空气中实际饱和着的水分，以极限饱点，即水分开始凝成水滴的饱和点（"露点"）作为100%时，和与极限饱和点所成的百分比例。在《博物馆藏品的管理》（莫斯科1948年版，中文版1956年文化部出版，吴琼译）一书中附有在各种不同温度下计算出相对湿度标准的表。——除加着重点的是译注外，皆原注。——原文注

能使诸如铁、铜、铅、锌之类的金属氧化，这便有害于博物馆藏品的完整程度。

空气中二氧化碳气的混合物，平常并不很多。它的来源是呼吸过程、腐败过程和燃烧过程。二氧化碳的含量，有时能急剧增加，因而引起某些物品（如大理石、有机染料、涂料）的表面部分溶化，特别是在湿气非常多的情况下。

在大城市中，特别是靠近工场和火车站，空气成分中往往出现污染物气体，它们能强烈地破坏许多博物馆藏品。这种污染物气体就是：亚硫酸气体，硫化氧，阿莫尼亚[①]，有时还有氯气。

亚硫酸气体一至溶解于水，便形成亚硫酸，它能迅速氧化而成为硫酸，而硫酸对于除金、白金和宝石外的一切博物馆材料都起着有害的作用。它（硫酸）能够破坏有机材料的物品，能使颜色变色，能使大理石变成石膏，能与金属构成亚硫酸化物。

在空气中如有硫化氢存在，则有害于银制物品、铜制物品、铅制物品，还有害于含铅的一切颜色（特别是有害于铅白粉）。在硫化氢的作用下，圣像画的银边和油画都会逐渐变成黑色[②]。

氯气能使染料完全变为无色，对于织物纤维和皮革纤维都起着作用，并能引起金属的腐蚀。

在空气混合物中，还能够包括有有机成分和无机成分的极微细的灰尘颗粒。它们常常和湿气结合在一起，在博物馆藏品上形成一层难于除却的外皮（外在的覆层），而非常适于细菌、霉菌的寄生；这对于一切有机材料的博物馆藏品都是特别危险的。

为了避免建筑物内空气污染，便不能允许在博物馆区域内有使空气变为污浊的来源存在。

如果使用火炉采暖时，应当经常关心烟道的畅通无阻；如果使用暖气采暖时，应当把升火间（锅炉）隔离起来。

如果发现空气中有污染物气体，以及烟和煤烟时，必须采取迅速的措施排除使空气污浊的来源，并且还要加强导入新鲜清洁的空气。

参观者人数增多时，应当在博物馆房间内加强换气。换气孔道应当很好地防止雨雪等落入，而在活瓣口上应当装上可以定期清刷的滤尘器。换气小窗和窗户的可开启的各扇框上，覆好纱网。

必须保护博物馆藏品不使受到灰尘的有害作用，要经常用软抹布、排笔刷来清除灰尘，并且要把换气孔道全部敞开，用吸尘器定期清扫房屋。为了预防把泥土和灰尘带进博物馆来，参观者应当在博物馆建筑物入口处摆着的擦脚垫上或钢条格的擦脚架子上擦脚。在巨型博物馆内，在入口处装有栅格并设着吸尘器。在有着高度艺术价值的镶花选料地板的博物馆中，必须给参观者预备特种布套鞋，鞋上带有带子，以便系在参观者的鞋上。

当博物馆藏品进入陈列室或进入储藏库以前，必须对它们进行细致的检查，必须在隔离室[③]检查、清刷、消毒、杀虫。大部分博物馆藏品（黑白画、油画、织物），特别是考古学和古生物学性质的藏品的刷洗工作，一定只能由专家修复工作者进行。

第四节　博物馆建筑物、博物馆建筑物的设备；博物馆基本藏品的保护工作

博物馆建筑物不仅应当符合于陈列上的要求，并且还要符合于保管博物馆基本藏品的任务。应当把

[①]　现多称"阿摩尼亚"，即氨，下同。

[②]　煤含有数量不少的硫化氢。在采煤的地区，以及用煤来采暖的博物馆，都必须加强博物馆的换气。对于陈列品起着非常有害的作用的是一氧化碳（煤气）。——原文注

[③]　为了不把感染有木蛀虫的木制物品带进博物馆内，这是特别重要的。——原文注

博物馆设置在有金属结构和铁皮屋顶的石造建筑物内或钢筋水泥的建筑物内，并且还要离开木料建筑和木造房屋，离开那些可能的火灾来源（锅炉房、仓库、作坊、实验室等等）。建筑物最好用绿树并有不太大的一些贮水池围绕起来。

在博物馆建筑物内最好有水暖设备或蒸气供暖设备（保证热空气的清洁和湿润），有上水道、下水道、电光照明、带滤尘器以便洁净空气的通风系统，以及全套的防火设备，特别是灭火器之类的全套设备。每年不少于两次，由技术检查员对各房间作定期巡视，而博物馆长和保管员也要系统地巡视各个房间。用火炉采暖时，应当以相当厚的隔壁砖墙把火炉和靠近的屏风隔离开，并且要把铁板固定在炉门前的地板上。对于建筑物的木材部分必须进行耐火的处理，同时还要加强防火的措施。

博物馆的每一建筑物，都应有若干个出口。在陈列厅中，主要通路的宽度要占 3 米或 3 米以上，而玻璃橱和台架之间的通路的宽度也要不少于 2 米。

在基本藏品储藏库中、图书馆中以及其它附属性机构中，架间、柜间、桌间的距离必须有在发生火灾时可以迅速搬出物品的足够的宽度。不管用什么东西把通道堵塞住，都是严格禁止的。

博物馆建筑物应当有阻火壁，阻火壁要带有在火灾时可以把建筑物各个部分隔离起来的若干金属门或若干代替金属门的铁门。

必须对常设的配电装置进行系统的检查。在博物馆中不允许有临时性配电装置，线路负荷过多，用自制的保险盒掉换铅丝。博物馆的电路必须有总的开关电闸，安装在博物馆建筑物的入口，在非工作时间拉开。对于值班室的照明，最好安装专线，并且要把专线上的开关安在进入博物馆陈列厅的入口前面。电气化装置都应安上绝缘衬垫，并且要由电工人员和消防检查员进行定期的巡查。最好是装设暗线的电路（当修建或修理建筑物时）。

在没有电，或者电路发生障碍时，要使用干电灯或"蝙蝠"式的提灯。在基本藏品储藏库中和在陈列厅中，严格禁止点蜡烛或点煤油灯。

为了预防火灾，禁止在顶楼的房间内设立保管财产的仓库。在顶楼上要摆放砂箱或砂袋。在博物馆建筑物内不许外人留宿，也不许使用火油炉、汽炉、电热器具等。对于制作标本的工作人员以及其他工作人员的工作，因为他们要使用燃烧物质和电熨斗，所以必须配备专人监督。对于专设的吸烟室，也应配备经常性的专人监督。

只有在特别技术委员会对烟囱和烟道的水平部分查看之后，才能在秋冬两季期间升炉子。在全年之内，对于烟囱要按期经常进行清扫。为了供给用水，博物馆内一定要有水道，或者院内的水龙头。如果在博物馆区域内没有这两种设备的话，便要设置水井，或复盖着的贮水池。在建筑物的墙外，要放置整齐的、装着水的木桶和装有砂子的木箱。

博物馆必须有防火用具和设备：锁在有"消火栓"字样的木箱内的消火栓、消火水带、室外的金属火灾梯子等等。在博物馆各陈列厅内，都要摆放灭火器，平均 50 平方米一个。这些灭火器应当系统地重新装换，并且要像定期检查消火栓那样，也要定期检查灭火器。

当扑灭博物馆内的火灾时，为了避免损坏陈列品，尽可能使用干性的消防手段，干性的灭火剂、砂、石棉毯、耐火剂浸过的毛毡。如果使用泡沫灭火剂，那么在火灾后便要立刻消灭这种灭火剂作用的痕迹。

在博物馆建筑物中，除了要储备干砂子、铁杠、铁锹、搭杆、水桶、手电筒、水龙布、绳索、斧子和锯以外，还要有用于当电线起火时剪断电线的橡皮手套和剪刀、用于起浓烟时的防毒面具。在博物馆每一台电话机旁都要有一个标明消防队电话号码的小表格。当发生火灾时，要细致地消除空气强流的各个来源。

为了保护博物馆基本藏品，博物馆下面几层的窗户都要安上室内百叶窗或金属栅栏。在上面一层陈列厅内常常使用屋顶光源（一定要在天花板上有毛玻璃罩，以预防直射阳光对陈列品的有害作用）。

较贵重的物品都保存在保险柜里，在可以锁上的柜里，在为不同种类博物馆藏品而专门装备的玻璃橱里。

博物馆行政当局不管开馆时间或其余时间，都要采取保护博物馆各房间的措施。要组织常设的警卫——室内的和室外的。只有在有博物馆行政当局书面许可或凭着出入证，才能把局外人放进储藏库来。

未经办理交出凭证的手续，以及没有专门放行文据，任何一件博物馆藏品都不能带出博物馆去。

博物馆的所有门户、所有柜门、玻璃橱门，都装有暗锁和铅封用的耳子。悬挂着号码的、开启各门的这些钥匙，都记载在钥匙簿子上，这种簿子要编上号，用火漆加封，由博物馆长或副馆长签署。开启玻璃橱和柜子的钥匙，都保存在行政手里，或保存在基本藏品储藏库的锁了的柜里。有权签发护照（出入证）的人们的签字样张，要转交给房屋管理员或负责博物馆警卫工作的人员。

根据保管员拟订由馆长批准的特别清单，对于博物馆的部分房间，要加以铅封或贴上封条。

封闭基本藏品储藏库的房间，封闭陈列厅中玻璃橱和柜子的工作，由保管员进行，并记载在"开封与加封簿"上[①]。铅封和封印只能由保管员或在保管员在场时启下。在非常必要的场合下，博物馆长、副馆长或值班的科学工作者会同警卫人员，也可以启下封印。关于在这些情况下启下封印的事情，要制成相应的凭证。铅封器和封印都在保管员手中保存在有他的印鉴封上的特别橱柜中。

第五节　博物馆藏品的虫害以及防止虫害的办法

如果没有正确的保管条件，又不遵守主要的保管规则，博物馆藏品照例要受到某些虫害的侵蚀的。有时所受的损害能到如此程度，致使博物馆藏品丧失掉一切价值。

老鼠能给博物馆藏品带来严重的损害。为了防止在博物馆中出现啮齿类动物，首先必须采取预防的办法，使博物馆的房间离开食堂、餐厅、食品贮藏库等地方，严格禁止参观人员和工作人员把食品带进陈列厅和储藏库里来。

扑灭老鼠的工作应由灭鼠部门进行，不可采用家庭通用的方法。扑灭啮齿动物的这一工作必须不仅在博物馆所占的建筑物内进行；并且还要在博物馆的整个范围内进行，如果在邻近的那些房屋和建筑设备内都能进行的话，那将是极为合宜的。

对于裸放保管的物品有相当危险的是苍蝇，因为它们留下的痕迹（"苍蝇屎"）是能使物品受到损害的。在博物馆房间内有大量的苍蝇，这就是破坏博物馆藏品保管的基本规则和博物馆周围地区不卫生状况的显明标志。

在不同程度上损害博物馆藏品的昆虫，有将近七十种。其中最普遍的和最危险的是飞蛾、砥磨甲虫和毛皮蛀虫（插图1）。

飞蛾（蛀蚀衣服的、蛀蚀皮衣的、蛀蚀毡毯的）——是大家都知道的一种黄色、浅灰色或浅褐色的小蝶。飞蛾的幼虫是白色的，头部黄色或褐色，有三对胸足和若干对小腹足，成虫的长度达10厘米。根

[①]　严格禁止把封印直接盖在门、玻璃橱和柜子的木料部分上。——原文注

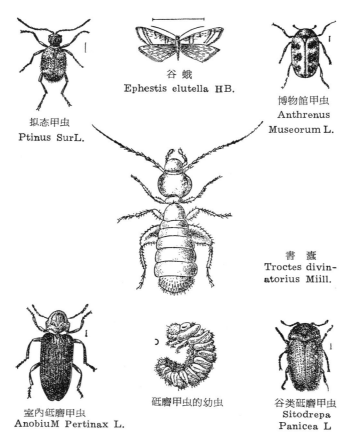

**插图1　博物馆藏品的一些害虫（在昆虫旁面的尺码是该昆虫的
实物大小）（译名还没有统一的标准，读者请参考拉丁学名）**

据飞蛾幼虫具有复足，便易于和甲虫的幼虫区别开，因为甲虫的幼虫往往是没有腹足的。飞蛾幼虫的成长依赖于损害各种各样有机物的，绝大多数是损害毛、毛皮、鬃毛、羽毛。它们能损害毛织物和毛制品（有时能损害丝制品和棉制品）、毛皮、绒、鬃毛、羽毛、干制的动物学整套藏品（剥制假兽、干制昆虫标本及其它）。损害博物馆藏品的是幼虫，成虫的飞蛾根本不靠博物馆藏品营养。各种飞蛾出飞的时期是各不相同的，但是基本上只在春、夏、秋三季。有助于飞蛾成长的是阴暗和温暖潮湿的空气。

　　毛皮蛀蚀甲虫能损害毛皮、鬃毛、羽毛、绒毛、皮革、动物的剥制标本、干燥昆虫，以及其它干制的动物学藏品。这种甲虫的幼虫是不难辨识的：幼虫的身体覆着很长的毛。在博物馆中常见的有若干种毛皮蛀蚀甲虫。其中最危险的是食皮甲虫（Attagenus），它是身躯较长的黑色甲虫（长4～6厘米），躯体上部有着一些单个发亮的小斑点；还有博物馆甲虫（Anthrenus museorum L.），它是身躯短小椭圆的黑色小甲虫，上面有略黄色的斑点和横纹，长2～3厘米。危害较少的是食肉甲虫（Dermestes Iardrius L.），长形的黑色甲虫，翅根有淡黄色宽的系带，长7～9厘米。

　　飞蛾和毛皮蛀蚀甲虫不一定把卵产在被损害了的物品上。也可能把卵产在未来幼虫食物的旁边某处。刚刚从卵孵化出来的幼虫是很小的、能蠕动的，因而这幼虫也就能够通过极微小的空隙钻进橱柜、箱子、小匣里来。初期的幼虫能够耐过较久时间的饥饿，因而它在多日觅食的过程中也不致于死亡。以幼虫的这种特点，可以用来说明为什么飞蛾或甲虫似乎完全不能接近的地方而那些物品反而受到了损害。因此，对于箱子和柜子的盖、橱柜的门以及诸如此类的储藏容器的门等是否关盖的严密无间，应当给予最大的注意。

砥磨甲虫——这是身体微具圆柱形、头部密接于胸腔的一种小甲虫。幼虫白色、多肉、微曲，隐藏在所赖以生活的食物中（就是说藏在它所居住的物品中），它边走边磨损蚀坏这件物品。

室内家具的砥磨甲虫——是黑色的。[①] 复翅有纵列的小点，长 4～5 厘米。幼虫在干燥木质器具内生长，边走边在木货器具中蛀蚀。它能损害建筑的木质部分、家具和其它木制品。砥磨甲虫在物品中居住的标志，是小圆孔，这是爬向外面来的甲虫所蛀蚀的出飞孔隙。雌性甲虫产卵于木质部分的缝隙和裂纹中、出飞孔隙中、榫槽中等等，就是说产卵于裸露的木质部分中。谷类砥磨甲虫[②]——是红褐色的，全长 2～3 厘米。它的幼虫能蛀蚀谷类产品、面粉制品、干制的动物标本、纸浆制品、书籍的色皮以及其它含有淀粉、浆糊、胶水的物品，它还能蛀蚀干木材（主要是老朽的、较软的）。在博物馆中谷类砥磨甲虫，因为它是书和纸浆制品的害虫，所以是特别危险的。

除了上面提到的那些害虫，能损害干燥的小的柔软昆虫、腊叶以及纸张的，还有大家都称之为"书蠹"、"土虱"的食草虫（Troctes divinatorius Mull）。这是灰色、近于白色的无翅小昆虫，长约 1 厘米。动物学标本和植物学标本、皮革制品有时可以受到"拟态甲虫"（Ptnus Fur L.）的幼虫损害。干腊叶以及其它干制植物标本都能受红色谷蛾（Ephestia elutlla Hb）的成虫损害。

防止昆虫界的害虫，不是很轻易的事。必须采取办法，使这些害虫不出现在博物馆中。预防害虫的办法，除了要严格遵守保持博物馆房屋的一般规则之外，还要使这些害虫不能进入玻璃橱、橱柜、箱子、小箱以及博物馆藏品的其它容器。

害虫易于从街上（即从户外）进入博物馆中。必须注意使橱柜和玻璃橱下面、屋角等地方，甚至于一片羽毛、一绺毛也不存在。这一类的尘芥，才正是害虫最初居住的地方。

没有加工的或加工得不好的骨骼和头骨，如不加以应有的检查便保存在博物馆中，它们能被飞蛾和食皮甲虫所居住。如果说在这种情况下骨骼和头骨实际上没有受到损害（幼虫不摄取骨骼维持生活，而是摄取干在骨骼上的"肉"的一切残渣以维持生活），那么这些骨骼和头骨便是散播危害许多博物馆藏品完整的害虫的温床。因此，没有加工的骨骼和头骨，必须遵守预防飞蛾和食皮甲虫居住于其中的一切办法，才能予以保存。

每一件可能有某种害虫寄生的、新到博物馆的藏品，都必须仔细检查和事先消毒。在这些场合下，灭虫专家或消毒专家的直接参与或参加意见，是必需的。只有经过这种步骤以后，博物馆藏品才能够存放在储藏室内或摆在陈列中。没有消毒室（驱虫室）的博物馆，至少应当有最简单的尺码相当大的消毒箱。

作为消毒剂的，最方便的是使用蚁醛、六六六、对位二氯苯薰蒸，对位二氯苯，只放在箱底上就行了。蚁醛（未经稀溶的），要倒在盘子里，再把盘子放在箱子底上。把一件带有出导管的容器内，放上六六六粉，然后加热，使得出六六六的蒸气，这蒸气沿着容器的导管通过消毒箱上的特设的进气孔而进入箱内。二硫化碳（把它注入盘内，如蚁醛那样）作用力很大，但是它有毒、易燃，因而只有在特别允许的情况下才能够使用它。除了上述的这些消毒剂之外，还可以使用氧化乙烯、滴滴涕、Циклан В、Эвлан、"Флит"、Сриоксиметилн、Орижиналь[③]。

不善于处理消毒剂，或者不正确地选用消毒剂，都能引起博物馆藏品遭受不良的影响。不善于处理消毒剂，对于博物馆工作人员的健康也是危险的。

---

① 室内砥磨甲虫的学名是：Anobium Pertinax L；在俄文为：Домовой Жук－точильщик。——译者注
② 谷类砥磨甲虫的学名是：Sitodrapa Panieea L；在俄文是：Хлебнмй Жук－точильщик。——译者注
③ 这里的几个俄文消毒剂的名称，现没有中译名，待与原作者联系后，再版时将它们的构造式附上。——译者注

在消毒箱内（或消毒室内），物品要放四天至七天（根据物品和消毒剂的性质为转移）。这种消毒箱也适用于感染了害虫的物品的消毒；这时候，要把这种物品在消毒箱内放置七昼夜到十四昼夜（根据物品的性质以及损害的性质而各有出入）。

对织物进行消毒时，一定要考虑织物、颜色等的特点，并且要适合于这种特点来选择消毒剂，以免损坏织物。

可以预防充填动物标本、兽皮和动物的干制标本受到飞蛾、食皮甲虫以及其它种蛀蚀毛皮、羽毛和皮革的害虫侵袭的最好办法，就是在制成这些标本时用砒霜把它们毒杀。砒霜——这是保护动物充填标本之类材料，使之不受飞蛾侵袭的有效药物，如果浸润得很彻底的动物充填标本，甚至于露天存放，都不致受到飞蛾的侵袭。飞禽的窠巢也宜用砒霜来浸润。

在一年中的温暖月份里，应当对藏品进行检查。特别应当察看有否食皮甲虫，因为它能迅速地在全博物馆内传播开来。飞蛾的繁殖较慢。在南方，害虫繁殖的很快；所以在这些地方，检查和预防的工作，就应当特别仔细。

服装、毯子（地毯或挂毯）、织花毯以及其它纺织制品和毛皮的清洗和通风，都是预防飞蛾的办法。通风每年两次，春天和秋天各一次，并且要把物品放置在荫凉处。在通风同时，便清洗这些物品。

如果在博物馆中哪怕是发现了几个害虫，那么也一定要马上采取办法来消灭它们，同时还要对那些可能寄生这种害虫的材料采取办法来预防害虫的侵袭。为了这一目的，要把感染了的橱柜、箱子、大箱立刻隔离撒以对位二氯苯，或者把这些容器内的东西放到消毒箱内。然后还一定要仔细检查邻近的材料是否也被感染上了害虫。如果没有可能来隔离感染了的橱柜或箱子，那么就要在当地进行消毒，把对位二氯苯放在袋内或敞口盒内。

对位二氯苯的蒸气有不愉快的气味，但是对人并无危险。对位二氯苯，不单是能够驱逐一切可以损害藏品的昆虫并可以杀死它们。这种药剂作为预防剂，可以大量放在橱柜中保存的每个盒子里：只要把它摆在橱柜里就可以了。也可以使用六六六（装在袋子里或纱布袋里），但是它的气味比对位二氯苯更加不愉快，并且还很有刺激性。石脑油精只不过是驱逐害虫的药剂，如果物品已经被感染，那么虽然放进石脑油精，害虫往往也不会死亡。

如果在没有被感染的橱柜或箱子本身内进行消毒，那么对于橱柜、箱子本身也必须要个别地予以处理，即需要仔细从内部刷洗它（最好用 2~3% 的蚁醛溶液）以及特别去注意那些裂缝、榫槽等。

兽皮、充填干尸和充填的动物标本，当它们感染上害虫时，可以用滴滴涕粉或六六六处理，大量地撒在它们上面（这时要把充填的动物标本从陈列中取出）。

防止砒磨甲虫是最难的，因为这种甲虫的幼虫都藏在它们所寄生的物品内部。毒药的蒸气渗入砒磨甲虫的孔道是很缓慢的，所以需要把被感染了的物品为时很久地放在这种蒸气中，才能有把握相信寄生于其中的一切幼虫被全部杀死。

如果砒磨甲虫寄生在家具、巨大的模型底座等物内时，那么可以使用溶液消毒法。这种办法就是把杀毒液喷入出飞的孔道中去。用于小型感染的最普通的药剂成份有：三份煤油和一份松节油。如果寄生很多时，就要使用更复杂些的药剂成份：

其一：一百份松节油，十五份松香，木溜油或石脑油二十五份；

其二：煤油一百份，结晶酚四份，木溜柏油十四份；

其三：松节油一百份，木溜油二十份，木溜柏油十份，结晶酚两份。

在水盆内将酚溶于松节油内或煤油内（或将研碎的松香粉末溶于松节油内），然后在这溶液内加入混合物的其余组成成份，予以彻底搅拌（第三号处方的混合物要一小时的沉淀时间）。在喷入药剂之后，把出飞孔道涂上这样的涂剂：三份木溜油稀释于三十份的变性酒精中，在这溶液里再加入研成粉末的松香十五份，然后把二十份石膏和二十五份白垩土以及五份筛好的细锯末拌在一起，掺到上述溶液内；混成物要好好搅拌，并使之沉淀一小时。把这种半流动体的涂剂用刀涂抹，在涂剂没干却之前把在物品表面上多余的涂剂都取下来。上面所举出的这些混成剂全是易燃的，所以在制作和使用它的时候，都需要特别小心，预防肇事。处理被砥磨甲虫侵蚀了的物品时，最好在甲虫出飞以前进行，甲虫的出飞时期在自然状态下是春天和夏初，而在温暖的房间里三月、四月便开始出飞。

国立爱米塔什博物馆为了杀死木质害虫，以及为了预防木质害虫都使用滴滴涕。处理物品表面及物品防虫，都可以使用滴滴涕结晶（不用其它混合物）溶于在化学成份上纯的酒精或丙酮中。用这些溶液处理时，应进行三、四次，使用喷雾器或使用柔软的（刷浆用）毛刷加工处理。上述的加工方法，只是专家修复员的力量才能胜任的。

滴滴涕的涂剂不可以用于木器，因为这种涂剂中含有滑石粉和白瓷土（高岭土），所以溶剂一经蒸发便能出现一层白色的薄膜。

为了消灭甲虫，还可以使用合成树脂的2%溶液（溶剂——96%的精溜酒精和不同量的苯)[①]。

一定要注意，表面光泽的物品（即涂有含漆的酒精溶液的物品），在酒精、苯、丙酮的作用下能够变暗，所以在处理后还要求重新涂光。

博物馆藏品能够受到霉的损害，有时能受到若干细菌的损害；很少的情况下还能受到室内蕈类的损害。而在露天存放的雕刻除了能受到上述病害侵袭外，还能受到青苔、藓类和低级的水藻的损害。最常使博物馆藏品受到损害的是霉。

霉的最微小胞子无论什么时候都存在于空气、灰尘之中，它们能够落到种类最为繁多的物品上。霉为了自己的发展要求具备一定的条件：相应的培养基、温度、湿度。在采光良好、通风良好的干燥房间内，相对湿度低于40%时，霉就不能繁殖，所以严格遵守一般保管规则的那些博物馆，通常都无需来消灭霉菌。通常只有在70~80%的湿度下，霉才能够繁殖，并且只有在感染了的物品上，霉才能够在较小的湿度下也继续繁殖。但是在湿度低的情况下，霉也不能死亡，霉转入了休眠状态，所以湿度一旦提高，它的生命力便又恢复过来。对于每一类霉，都有最适于自己的温度。对于大多数霉类，这种温度的幅度是在16°和25°之间，如果温度高于30°至35°以及低于4°至6°时，就停止繁殖。

有机材料的一切物品（纺织品、皮革、纸张、书籍、木、动物学和植物学藏品、骨等等），都能受到霉的损害。

遵守正确的保管制度——正常的温度、正常的相对湿度——就能使物品预防霉的侵袭。保管易受霉的感染的材料的房间，必须是光亮的。很少有人进出的以及采光不良的房间（地下室、仓库等）一定要很好的换气。霉常常出现在用胶糊粘连或制作的物品上。在胶糊内加进硼酸和麝香樟脑，就能使这些物品预防霉菌的出现。

当发现霉菌时，被感染的物品便应立刻隔离。这些物品的消毒工作，用蚁醛在消毒室内（或箱内）进行薰蒸。被感染了的物品如果对阳光不十分敏感，可以谨慎地使之受到直射阳光的作用。排除霉菌的工作，最好在物品干燥之后进行。

湿度过大、自然光线不足以及空气的停滞（通风不良），也都能促进可以侵袭木料、纸张、板纸、

---

① 所有这些成份都是易燃的，因而在使用时就要求非常谨慎。——原文注

油纸、钢纸等的室内蕈类的繁殖。根据以下特征便能发现室内蕈类感染：有霉的存在、腐败气味、木质的脆弱、木质色泽发暗、木质发潮、敲击时声音不清脆。室内蕈类能完全毁坏木质。因为它们通常是建筑的病害，所以是危险的。当发现室内蕈类时，一定要找专家以便对感染了的建筑部分进行消毒。

在庭院内雕塑上、在有壁画的潮湿建筑物的粉壁墙上，都能出现若干种类的苔、藓和低级水藻。为了消灭它们，一定要找专家修复员[①]，不然的话便易于给博物馆雕塑、壁画等带来不可弥补的损害。

第六节　保管博物馆藏品的家具

为了保存博物馆藏品和使博物馆藏品系统化，一定需要有若干种类的家具。对于那些不易受灰尘、光线、虫害、病害损坏的巨大的物品，即使用台架和底座。需要防止环境的有害作用的那些物品，放在橱柜或玻璃橱里。

织物、服装、毛皮、动物干制标本以及基本藏品储藏库中的其它物品，都放在专用的箱子里、橱状箱子里、有浅抽屉的橱柜里及挂在衣柜里。

细小物品要保管于各种小盒和浅抽屉内。保管图画，要使用专用的底垫和活动的分格架子。

为了对材料进行选择和科学研究，基本藏品储藏库应备有标准尺码的写字台和普通的轻便桌子。

博物馆的设备通常是用木料制成，很少用金属制成。基本藏品用的家具和陈列用的家具都是用干燥木料制成的，而且这些木料尽可能要经过防腐剂和耐火剂的处理。为了避免发生病害和虫害，对家具要进行定期检查、拂拭和通风。

用于制造博物馆家具的木料，要仔细选择。一定要使木料坚硬、耐久，因为这能或多或少地保护物品不受病害、虫害的侵袭。

橡树、樱桃树、铁梨木[②]以及质地坚硬的各种干燥木料，都是制造基本藏品用的家具的最好材料。

保管博物馆藏品的台架，可能有各种类型的。

最普遍流行的台架，是搪板可以任意取下的书架式的金属台架或木制台架。它们的高度最好不大（2.2～2.4 米），以便不用梯子便可以取到物品。如果房间小，台架要做得比普通的高些。在这些场合下，顶上的架子上可放巨大的、但轻便而不易打碎的物品，或摆上装在浅抽屉里的细碎物品。如果使用这种台架，则一定要有一架活腿高凳子。在很高的房间内，可以装置两层的台架，或侧面带有架子的橱柜。在第二层上，可放不沉重的、碎小的物品。保管大件的、沉重的物品时，要用搪板固定不动的金属台架或木制台架。例如，保管巨大的地质学标本用的台架，由于这些标本过重，搪板可能压弯，所以就需要上述的台架，还有保管巨大的金属制品所需要的台架也是这样的。台架的厚度和长度，要根据台架将负担的重量为转移。

书架式的台架通常都装有活动搪架板。最方便的是由一些相同规格的配件装配成的台架（插图2）。

棋盘格式的台架适用于必须个别保管的同类的小型藏品。这样的台架都是木制的或金属制的。装着活动的横直隔断板的棋盘格式台架是方便的。为了使横直隔断板固定不动，要使用圆帽螺丝。

保管基本藏品，也可以使用格内带抽屉的书架式和棋盘格式的综合型台架。

沉重的物品要保存在搪板不移动并固定得很结实的的橱柜内。

---

① 参阅本章第一节。如果没有中央文物保护机关的专门许可，禁止博物馆工作人员擅自清除雕塑上的苔藓等菌类。——原文注
② 这"铁梨木"的学名是 Tectonia Gramdis，俄文是 ТИК，类似中文的"铁梨木"。——译者注

　　根据罗斯托夫采夫教授（莫斯科列宁师范大学）的方法特别装备的橱柜，可以用来保管植物的干腊标本（插图3）。这种橱柜是由两部分组成的：上部和下部。每一部分的高度为1.2米、深度为60厘米，宽度为90厘米。每部分分为左右两部（深50厘米，宽42厘米），各部有四格或六格搪板。这样就得出八格或十二格存放干腊标本夹子的地方了。橱柜的门是密闭的。

插图2　装有根据博物馆藏品的高度
而可以自由移动的搪板的书架式台架（上部）

插图3　装有隔架以便于用来保管
植物的干腊标本的橱

　　最流行的一种橱柜，是有活动搪板的橱柜。在这种橱柜中，主要是保管不笨重的立体的物品。

　　在莫斯科水生物博物馆中，可以看到各种深度的橱柜，它们的深度是根据它们是否仅仅用于浸制标本的保管，或者它们还用于陈列的目的为转移的。在第一类橱柜中、装标本的瓶子分成几行摆在深度40～50厘米的搪板上；在第二类橱柜中，橱柜的深度不能大于20厘米，而标本只能摆成一行。在陈列室摆放展品的橱柜，其下部装有密闭的小门，这下部就是用作保存基本藏品材料的。

　　对于若干种博物馆藏品，要做带有特别槽座或格子的橱柜。例如，扁平的碟子、盘子等，可以立着放在橱柜中保管。因此，在橱柜中最好有一些彼此距离相当的垂直隔板。在同样的，只是格子宽大些的橱柜中，通常保管镶边（装框）尺码相等的材料（插图4）。

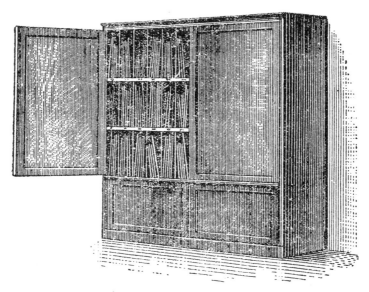

插图4　装有用于保存镶框（镶边）的材料和有骨架的材料的格子橱柜

保管金属材料或陶器材料，带有密闭的门或玻璃门的平常橱柜，是方便的。这些橱柜中的搪板要这样装置在活动的撑板上，以便根据所保管的物品大小改变搪板之间的距离。如果没有标准的橱柜，也可以把放置在标准匣子或纸板盒内的昆虫学标本，保存在普通的书架式的橱柜里。这种匣子的最方便的尺码是：长36厘米，宽23厘米，带盖的高6.5厘米，盖高2厘米，匣框厚1.5厘米；双面子口，它的底以及盖都是三合板或纸板的（插图5）。

插图5　在棉花上保存昆虫用的匣子

保管昆虫藏品，除匣子之外，还使用各种尺码的纸板盒，用起来方便的纸板盒是20×30厘米的，如保存蝶类则用30×40厘米的，由于盒子的尺码长宽之比是倍数关系（1∶2），所以它们是易于存放在搪板上以及活动抽屉里的。

带有搪板的橱柜也可以用来保管绘画、浮雕、宣传画、黑白画等物品，这时搪板之间的距离应是15～20厘米，因为这类材料在保管时不宜堆放的太高。为了使用方便以及为了保持更大的完整程度，要先把单页的材料放在纸夹内然后放回搪板，搪板并且要制成活动的。

最便于保管碎小材料的橱柜中的一种，是带有敞盖抽屉的，根据抽屉的高度不同，钉上彼此间距离5～10厘米的撑子。

在苏联科学院古生物学研究所（莫斯科）中，可以见到这类标准型的橱柜。这些橱柜的高是2.4米，宽是1.5米，深是0.5米（插图6）。根据抽屉中所保存的材料大小，在柜中抽屉彼此之间可以放置在任何距离上。古生物学上的细小材料，都分别放在彼此互成比例的、各种尺码的标准纸板盒内。

这样的橱柜也可以用来保管自然历史方面的任何较小的立体材料，又可以用来保管历史生活方面的任何较小的立体材料。在这种橱柜里也可以保存考古学藏品、古币学藏品、各种饰物等（插图7）。在没有前脸的抽屉里可以保存单页的文件材料。

带有活动抽屉的橱柜，也可以根据罗斯托夫采夫教授的那一类型制成。在维廉士农业土壤博物馆（莫斯科、季米里亚捷夫农业科学院）中，保管干腊材料的，有这么一种类型的橱柜。下部的高是1.2米。这种橱柜分为左右两部分，共有十个可以装活动抽屉的格。每个抽屉三面（后部及两侧）有帮屉，它们都没有前脸（插图8）。

保管绘画的橱柜也有着类似的结构（莫斯科国立历史博物馆中的），但是这种橱柜不分成左右两个部分，抽屉都有前脸，其长度和柜宽相等（插图9）。

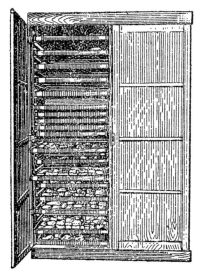
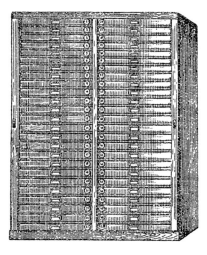

插图6　有活动抽屉以便于保存古生物学材料、
考古学材料、矿物学材料以及其它材料的橱柜

插图7　有活动抽屉以便于保存古币、保存零碎的历史
生活物品以及其它物品的橱柜

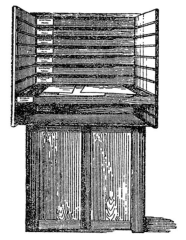

插图8　有敞盖的活动抽屉以便于保存
植物的干腊标本的橱柜

插图9　橱门上有着牙槽，用来支持
活动抽屉的一种橱柜

　　抽屉有玻璃罩，可以开启，橱门密闭的橱柜是用来保存昆虫学藏品的（莫斯科国立莫斯科大学动物学博物馆）（插图10）。更方便的橱柜是：橱柜中分左、中、右三行，每行中各有二十标准抽屉的这种。这种橱柜中所保存的，通常都是已经过加工处理的藏品。在苏联科学院动物研究所中，对于这种橱柜，采用这种尺码的抽屉：长42厘米，宽37.5厘米，带盖的高度7厘米，两侧和后面的框的厚1厘米，前脸的厚度2厘米；玻璃盖的框（宽3厘米，外侧高0.5厘米）要从下面做上裁口，前脸的边缘以及屉盖的前缘都是斜面的，因为这能便于开启屉盖，屉底的厚度是0.5厘米（插图11）。抽屉一定要精工细作，要涂漆加光。保存用针插住的昆虫用的匣子（即盒子），都要在匣底复上一层泥灰。匣的四壁都要从里边裱上白纸。用于还未经系统分类的材料，也可以使用同样尺码的匣子，不过要更便宜些的。四面的帮、底和盖都是普通木料制成的，未涂漆加光，其子口就是普通型盒子的子口，或两面都作子口（插图12）。

插图 10   保存昆虫学藏品用的橱柜

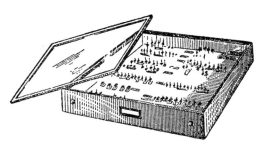

插图 11   覆上了玻璃的抽屉副本

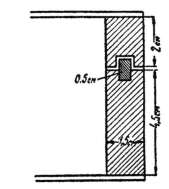

插图 12   有双面子口的抽屉的详图

    衣柜用于保管服装。在衣柜的上部按有一条圆形横撑，把衣裳挂在衣挂上，再把衣挂挂在这圆撑上。衣挂的大小，一定要做得适合于所保存的服装的尺码。衣挂的两端要包上棉花，再缝上粗布。衣柜用于保管大毛皮兽的兽皮也是方便和妥善的。

    保存衣服、织物以及保存大型纸张材料（绘画、版画、宣传画）时，常常使用这样的抽屉柜，这抽屉柜是一种做有各种高度抽屉的矮橱柜（插图 13、14）。

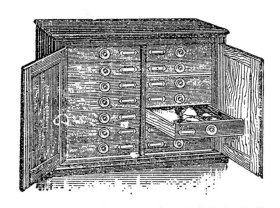

插图 13   保存博物馆藏品用的矮柜（或者是陈列橱的下部）

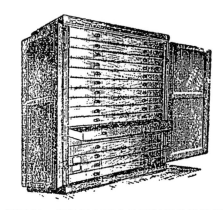

插图 14   用于保存巨大单页材料的矮橱柜

    如果保管丝绦、零块的丝织品、轻纱制品和绢网制品，则最好把它们细心地卷在木轴或厚纸板轴上，包上洁净的薄纸，再把轴的两端安放在抽屉两头的撑板的圆槽上。

    各种柔软物品（毛皮、兽皮、纺织品、服装等）的最普通的保管方法之一，就是把这些物品装入箱子里。在博物馆工作实践中，使用若干种类型的箱子。其中，有两种类型是最方便的。

　　第一种类型——从上面开盖的箱子。这种箱子是用干燥的松木板制成的；箱帮可以用2.5厘米厚的木板制成框子形状，再镶以0.5厘米的胶合板；箱长120厘米，宽60厘米，高55厘米。盖一定要能严密关紧，最好有子口。这种箱子可以用来保管巨型兽皮以及巨型禽类（鹅、鹰及其它）的充填标本。

　　第二种类型——从旁边开门并装有活动抽屉的箱子（插图15）。它的尺码：长120厘米，宽60厘米，高55厘米。箱帮由2.5厘米厚的木板制成：它有上帮、后身板、装有两条横撑的底，左右帮壁各有一条横撑宽7厘米。在两侧的横撑上做上把手，箱子帮上包以0.5厘米厚的胶合板。箱子的前脸是两扇可以左右开启的小门。把插销折页固定在两侧的帮子上。门闩和锁都安在小门的内缘；如果是带有子口的小门，那么便要把门闩和锁安在两扇门能够易于合在一起的内缘上。箱子内是抽屉。抽屉的帮用1.5厘米厚的木板制成，底用薄胶合板，不过在底的中部要有一条横撑。抽屉帮的高度，要依抽屉的用途为转移；在抽屉的前脸上按有两个蚌形拉手（扣手）。由于抽屉的高度不同，这样的抽屉可以在箱子里安放三个到六七个。在箱子内的两侧帮上钉宽2厘米的横撑六七对，每对横撑间隔2厘米。钉在抽屉侧帮上的、厚度1.5厘米的横撑，便可以沿着上述的间隔（即榫槽）抽出、推进。各个部分一定要严格地合乎标准，以便任何一个抽屉都可以用于任何一个箱子。

　　在箱子的底部，紧靠着两旁的边缘，钉上两条横撑（横宽6厘米）。这对横撑能够使空气在箱子下流通；并且在叠放箱子时，这对横撑还能保护下面箱盖不受重压。叠放箱子时要使底部的一对横撑正好压在下面箱子的侧帮上。

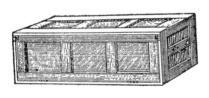
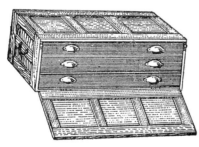

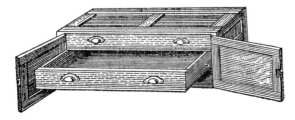

插图15　前脸可以放倒或开启的木箱

　　这种类型的箱子是很方便的，因为它可以叠放，同时叠放着的各行箱子上的门还能同时打开，并且由于有活动抽屉所以从箱内取出材料也很容易。

　　如果在箱内保管较大的物品时，便可以减少抽屉的数量；相反地，如果在箱内保管较小的物品时，又可以把抽屉的数量增多。最便利于使用的是制做矮帮的抽屉，因为这种抽屉可以适于保存任何尺码的物品，并且在一个箱子内可以把六七个抽屉装上不大的物品放进去。抽屉的帮高，那么它本身便使箱子的容纳量受到限制。

　　在箱子的抽屉内可以保存不大的剥制标本，中等大小的头骨。抽屉内也可以保存装有小型飞禽剥制标本、小型野兽的剥制标本、小型头骨的小盒，也可以保存装有贝壳的小盒，还可以保存地质学标本和古生物学标本以及任何单页的材料、织物、衣服及其它。带有能够开启的小门和抽屉的箱子比带抽屉的橱柜要方便一些，因为这种箱子便于重新分类其中的材料，并能充分地利用储藏库的面积（插图15）。

　　为了保存服装，箱子的尺码可以有所变化：加大它的长度，当有必要的时候也增大宽度。

　　尺码巨大的地毯、挂毯和绘画都要卷在专用的木制（胶合板制）轴上，再来保存。为了预防卷好了的地毯上落上灰尘，还要套上质地细密的布套或纸套（插图 27）①。为了保存疏展状态的旗帜要配上特制的框子；为了保存卷起来的、装在套子里的旗帜，要有特别的靠架（插图 26）。

为了保存武器，要做座架——装在橱中的靠架。

对于体积巨大的物品，要使用特别的座架。悬挂绘画，要利用各种各样的挂画板以及其它装备。绘画要分别悬挂在木制的多格的挂画板上。有时使用一种上部装有可以抽动的板条的设备，在这些板条上便可以来悬挂尺码巨大的绘画。为了悬挂中型绘画和小型绘画，要制造装有滑轮可以滑动的多格挂画板。挂画板的尺码，依照房间为转移（为房间宽度的 40%）②。

第七节　基本藏品储藏库及其设备

各博物馆的基本藏品储藏库应占的面积，至少应当是博物馆陈列面积的 30%。根据不同种类博物馆在保管上的特点，以及根据保管在基本藏品储藏库中的材料在利用上的方便，最好在储藏库中对于每一大类的博物馆基本藏品都有个别的房间。

设备良好的基本藏品储藏库的房间，必须是由耐火材料建筑的，必须有装备良好的采暖系统和通风系统，必须有足够数量的窗户来采光，并且一定要有两个出口——常用的和备用的各一。只有在极不得已的情况下，才能够使用地下室，但是这些地下室必须是干燥的，并且在这些地下室中必须有调节温度和湿度的条件。基本藏品储藏库必须装备有电光照明。窗户最好都安上铁栅栏。昼间，当储藏库中的房间中阳光强烈时，要把浅色的窗帘放下。基本藏品储藏库中的橱柜和玻璃橱要安放得使阳光只能从侧面照射它们。

如果有一部家具处于直射阳光的作用下，那么便要把橱柜制造成密闭的，把台架安上致密的帷幔。

桌子大部分都摆在窗子下面。桌子与其它家具之间的通路应当不少于 1～1.5 米。

当某件物品搬进基本藏品储藏库之前，它必须受到仔细检查和消毒。为此，每一博物馆都要有"隔离所"——这是给新到的藏品预备的特别房间。藏品首要先要进入消毒室；只有经过消毒以后，藏品才能被交到各部的清理室去。在小博物馆中，可以用消毒箱来代替消毒室。

为了搬运陈列品，可以使用托盘③。小件物品，当搬运时为了避免破损，要垫上由揉绉了的纸张、棉花、刨花制成的底垫，或者在托盘内镶上由薄胶合板制成的棋盘格子。格子要根据托盘的大小和博物馆陈列品的性质，可以制成各种尺码的。尺码巨大的物品，在搬运时要用特制的手车或甚至于用小橇车。移动和搬运用的箱子，必须用坚固耐久、没有洞穴和缝隙的材料制成。在这些箱的两侧，为了便于搬动必须装有横撑——把手。当运送易打碎的物品时，箱底要塞上刨花制的垫子；在需要的时候，箱内还要安上胶合板或纸板的格子，箱子一定要有盖，它的构造最好像托盘。最好有若干个带有浅抽屉箱、

① 必须注意使绘画避免发生裂纹，所以把画卷在轴上的时候，一定要使绘画面向上，而不应使背面底布向上。地毯和挂毯也要正面向上卷在轴上。——原文注

② 在国立爱米塔什博物馆中，绘画储藏库中备有活动的多格木制挂画板（尺码是：4.5 米×6 米的一种和 4.5 米×4 米的一种）。每格的尺码是 0.6 米×1 米，0.75 米×1 米。挂画板挂在安装在天花板下的金属横梁上，这些挂画板装着球式滑轮可以移动。地板上钉着固定不动的方形短柱（这样的方形短柱，沿着挂画板的长度固定四个），它们可以使挂画板不致互相碰撞，每一块挂画板都在底边装有把手和插闩（纵闩），因而保管员可以在此处加封。没有框子的画，要从挂画板的两面予以固定。在每张画的下面都要用螺丝拧上窄窄的板条，画便放在这板条上面，从画的左右两侧以及上面用木夹卡住。挂画板要易于移动。为了便于研究挂得很高的绘画，要备有装着滑轮的高凳子。此外，还要有可以任意移动的投光灯（即有金属遮光罩的、在三角架上的电灯），以便向一定方向投光照亮绘画。——原文注

③ 托盘是用薄板制成的。最方便的托盘，其长为 40 厘米，宽为 50 厘米，后壁和左右侧壁的高可以由 3 厘米至 7 厘米，前壁之高为侧壁之半。在侧壁上刻有用手可以扣住的槽子。托盘底裱上薄薄的橡胶垫或软木垫。——原文注

带有可以插进箱子的托盘、带有可以开启的箱盖以及可以从侧面开启的箱子。

为了在远途运送期间内保管那些保存于酒精或蚁醛中的巨型动物标本，使用各种尺码的特制的锌质箱子，这种箱子装有可以密闭的、带有橡胶垫子的盖子。这些箱子最常用于运送鱼类。

第八节　自然标本的博物馆藏品在保管上的一些特点

自然历史材料的基本特点，在于它们并不总是作为现成的藏品到达博物馆的。例如，植物标本和动物标本，一定要在到达储藏库或转入陈列以前，受到事先的、往往还是长时期的、细致的加工处理。自然历史材料可以再划分为两大类别：

1. 无机成分的物品；

2. 有机成分的物品。

这两类中的每一类，都有自己在保管上的一些特点。

（一）无机成分的自然标本

（1）岩石标本和矿物标本。这些材料绝大多数都是坚硬而干燥的物品，比较少的是液体物品（石油及其副产品、腐植土、天然盐水、矿泉水及其它），更少的是气体的物品（自然瓦斯）。

坚硬的自然标本（岩石、矿物标本、矿石及其它）都保存在箱子、盒子、木制托盘等容器内，这要根据标本的性质和尺码而定（插图16）。很大的标本放在橱的底层搪板上。在基本藏品中，最好把标本包好保存，以便使它们不致落上灰尘；为了预防褪色，便要在阴暗处保存（在密闭的橱内、在盖得严密的盒内或箱内保存）。放有见阳光褪色的矿物标本（乌拉尔闪变宝石、绿宝石、黄玉及其它）的玻璃橱，要挂上窗帘。温度的剧烈变动能够使许多标本损坏。由于湿度过大以及由于温度不平稳，许多标本特别是由亚硫酸化物构成的矿物标本和盐类，都能受到损害。如果没有保持均匀温度的干燥房间，那么便应当把这些矿物标本保存在能够盖得严密的或能够用蜡封固的有软木塞的罐子里。

插图16　根据物品的高度用不同的距离把矿物标本摆在浅抽屉上保管

岩石和矿物标本上的灰尘，要用软毛刷除去，或简单地把这些灰尘吹去。灰尘落得很多的标本，可以在温水中用毛刷刷洗干净（浸湿时易于溶解或易于变形的，如盐类、黏土等标本除外），然后用酒精把这些标本擦干。某些标本（如有针状结晶的矿石）上，除去灰尘的工作是很困难的。这些标本一定要保存在玻璃罩下。

液体状态的自然标本，要保存在盖得严密的器皿内，为了估计到液体可能有的膨胀，所以只能装容器容量的六分之五的液体。会冻结的材料，不可以保存在不生火的房间内。

自然气体的标本，要保存在倒置的瓶子内。

（2）土壤标本。土壤块、土层标本、土壤含有物等等，都保存在箱子里（插图17）和盒子里，这些箱子或盒子都是一面镶上玻璃或带有玻璃盖的。最使这些材料受到损害的是潮湿，因为潮湿能够促使霉菌的繁殖；因此不可以把这些标本保存在潮湿的房间里。对于土壤标本，特别是对于土块说来，当移动和运送时的碰撞，是很危险的；因为最轻微的碰撞便能引起标本结构的碎落和破坏。

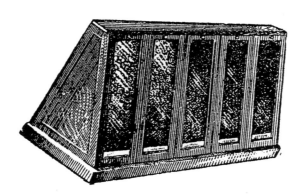

插图 17　土壤块的保管

（3）古生物标本。古生物学藏品是由化石、动物和植物的印痕埋藏在地下第四纪动物骨骼构成的。

动物和植物的印痕以及易碎的化石，都要保存在盒子里或匣子里（每件都单独保存），更易碎的标本还要保存在棉花里。盒子和匣子都放在橱中的搪板上，或放在橱中的抽屉里。应当仔细地保护材料，使之不落上灰尘。

发掘出来的骨骼和头骨的保存，与骨类材料的保存法相同。为了避免骨的龟裂和破坏，在已损坏的地方用石膏酪素溶液（酪素一份，水八份）加固；在这溶液中掺入石膏时直到成为面团状为止。也可以使用合成树脂加固。

（二）有机成分的自然标本

（1）植物学材料标本。大多数植物标本都在干燥状态下保存。在保存液（酒精、蚁醛、特制的液体）中保存那些多汁的果实、球根、球茎、多肉的植物、柔软的藻类、蕈类等等，即保存那些在干燥状态下不能保存的一切植物。由于植物在酒精中比在蚁醛中更易于褪色，所以常常把植物保存在蚁醛中。

保存浸制标本的规则，和保存动物标本的规则相同。

植物学藏品的基本类型，就是干腊植物标本，即在网状压板上干燥后、固定在厚纸上的植物。用窄纸条在植物茎的若干处横着放好，纸条的末端涂上浆糊，这样把植物固定住。植物本身不要涂上浆糊。摆满干腊标本的厚纸（插图18）要放进纸套内，然后将几份放在纸套内的干腊标本捆成一束。干腊标本束要保存在纸夹子里，这些纸夹子都放在关闭得很严的橱柜的搁板上。如果没有橱柜，可以把干腊标本保存在关得紧密的盒子（要有子口的）内，摆在台架上。

制成干腊标本保存的，有种子植物（如果是小的植物，则全部制成干腊标本保存；树和灌木则取下带有叶子、花朵的枝子，制成干腊标本保存）、高级胞子植物、巨型的藻类。藓苔类中，保存在干腊标本纸上的，有叶状藓苔和丛生藓苔。

生长在岩石上、树皮上等处，因而不能与寄生基体脱离的藓苔，把这藓苔在空气中干燥后，保存在

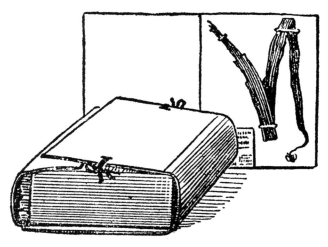

插图 18   植物干腊标本夹子

盒子里。

事先在空气中干燥了的引火菌（即木质海绵），不管有无寄生基体，都保存在盒子里。

干燥的果实和种籽（籽实学藏品）都要保存在纸板盒子、玻璃试管、小玻璃罐子以及保存在小纸包内。

树枝和树干的片断、树皮的片断、木料截段等形式的木质和树皮的标本，根据标本尺码的大小，可以分别保存在橱柜、抽屉或盒子里。

寄生在高级植物上的低级菌类（褐斑菌、伞状黑穗原菌等），都与宿生植物在一起，制成干燥标本保存，或者作为浸制标本保存。伞状蕈如果是干燥保存，则需要用特别方法制成标本，往往是保存在保存液中。

干燥的植物能够因潮湿、霉菌和病害、虫害受到严重的损害。这些植物标本需要保存在干燥的采暖的房间内（湿度在65%以下）。受了潮湿的植物便能变成褐色，并且不可能恢复其原有的色泽。为了杀死霉类，上了霉的植物标本，要用70°以下的热度烘烤。但是，想要完全除去植物上的霉类，一般是不可能的，所以这些生了霉的标本便成为坏了的（除此之外，这些标本还能因潮湿而变成褐色）。

可以侵袭干腊植物标本的，有若干种飞蛾和拟态甲虫、谷类甲虫、砥磨甲虫以及极小的无翅草蠹（俗称"书蠹"）。能侵袭干燥果实和种籽的，还有谷物害虫。寄生于干燥木质中的各种甲虫（砥磨甲虫、室内天牛以及若干其它甲虫）都能损害木质纤维。

在干腊标本中，特别常受到昆虫侵害的是大戟科植物和十字花科植物，还有开花期的荑黄花。为了预防它们受到昆虫侵害，要用小刷子涂上3%至5%的溶于酒精的升汞溶液；待酒精蒸发，升汞便留在植物上了。薛苔也这样处理。

引火菌（学名：Boletus Igmdrius；俄文名为 Трутовик——校注）常常在自然生长状态下就已经被昆虫寄生了。如果把这种菌原封不动地放置在藏品之中，那么将会损坏，甚至于能变为碎渣。为了杀死藏在菌中的昆虫，要用升汞的酒精溶液①处理它们，或使用别种方法处理它们。

在自然状态下已寄生于木质中的昆虫，危险性不大；因为新鲜程度不等的木质寄生昆虫，是不能生存于干燥木质中，而以后新的寄生昆虫便不能再有。危险的是干燥木质纤维的寄生昆虫。可以采用一般

---

①   要记住：升汞是毒药，所以在使用升汞时应当采取一切必不可少的慎重措施。——原文注

性的预防办法，防止它们。

（2）动物学材料标本。这种材料标本，按照对它们进行的保养方法，可以分为两类：浸制（湿的）标本和干燥标本。

在保存液（酒精、蚁醛）中保存的浸制标本，有鱼类、两栖类、爬虫类、禽类的幼雏、小哺乳类（如蝙蝠）、大多数的无脊椎动物（其中也包括很小的软弱昆虫，如蚜虫，还包括昆虫的幼虫）。

保存浸制标本并不复杂，因为这些标本受不到潮湿、灰尘、害虫的损害。在基本藏品中，浸制标本都保存在密闭的或阴暗玻璃橱柜中。在裸露的台架上保管浸制标本时，为了保护浸制标本不受光线（太阳光线）的有害作用，架子上都要挂上窗帷。在陈列中，要把浸制标本摆在不致受到阳光的直接作用的地方。

用于保存浸制标本的有大小玻璃罐、各种尺码的试管、陈列瓶；用于保存很大的标本的，还有锌制罐和锌制箱。保存许多组很小的标本（小虾、小虫、小昆虫等）时，不把标本放在许多各别的小罐里，而把它们放在小的试管里，甚至于把它们放在玻璃管的截段里，然后用棉花把两头堵上——后者比前者方便些的。把这些试管和玻璃管都放在罐子里（立着放或平放），按某些特征来对标本进行分类。这种保存方法能够大量节省酒精和高价的容器，少占地方，并且非常便于检查藏品（插图19）。

插图 19   在试管内保存的小件物品放在大瓶子里的情况

陈列用的浸制标本要放在筒状玻璃瓶内，某些标本要放在方形玻璃容器内（插图20～22）。

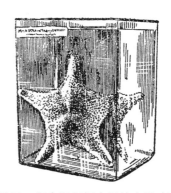

插图 20～21   在保存液中保存博物馆藏品时用的玻璃筒和方形玻璃瓶   插图 22   保存浸制标本用的方形玻璃瓶

筒状的玻璃瓶和罐的塞子是否盖紧，需要仔细留神，因为酒精是易于蒸发的。在磨砂玻璃瓶塞上需要涂上凡士林；软木塞上则需要涂上门得列也夫涂剂[①]或者灌上石蜡。

此外，陈列用标本的塞子用牛尿泡或猪尿泡蒙上，是很好的。如果容器不是用塞子，而是用玻璃板盖上的时候，那么便要把这玻璃板放在门得列也夫涂剂中浸过，盖好后一定再用尿泡蒙好。

---

① 门得列也夫涂剂：松脂—100，蜡—25，干燥的普鲁士红—30。把这一混合物在火上加热溶化后搅拌。可以长久保存而不失效，使用时要将冷却的涂料加热。又：请参阅吴琼译《博物馆藏品的管理》。——译者注

不可以把蚁醛浸制标本保存在不采暖的房间内，因为蚁醛（2～4%蚁醛精溶液）是能够冻结的，蚁醛能损害某些物品，它能使纺织品变硬，使骨骼和石灰质的甲壳的钙质分化和变软。因此，不可以把蚁醛用于长期保存那些应该进行某种装配加工的标本材料，特别是不可以用于长期保存拟装配骨骼架的小哺乳类动物的骨骼。

保存动物最好的保存液——是精溜酒精。通常使用70°浓度的酒精。当一批新搜集到的酒精浸制标本到达博物馆时应当检查这些容器中酒精的纯度；因为酒精从标本中能吸出水分而使自己浓度低于70°，浸制标本将来便能因腐败而损坏。稀薄的酒精要倾倒出来，换上新鲜的70°的酒精。酒精能逐渐蒸发，所以这些浸制标本一定要添注新的酒精。以新酒精注入酒精浸制标本时，可能出现混浊物；即使这种混浊物能逐渐沉淀下来，标本总不免看来要晦暗些。因此，不应把酒精一次都添满陈列用的浸制标本的容器内，而要从小量注入开始。如果形成了混浊物，那么便要换去全部酒精。变性酒精和原料酒精，一经与水化合，便形成混浊物，所以它们是不适用于陈列用的浸制标本的。

酒精往往时间一久便能变成褐色或变成黄色，这都是损害了标本的脂肪质或其它物质而形成的颜色。这样的酒精，特别是在陈列的浸制标本中的这样酒精，一定要换掉。旧浸制标本的变成了褐色的酒精，混浊了的酒精等，用蒸馏的办法是很容易使之变成无色透明的酒精的；蒸馏时只需要曲颈瓶和普通的玻璃冷却器即可。用蒸馏的方法还能提高稀薄酒精的浓度。用这种方法，就可以把使用过的浓度稀薄的酒精制成重新可用于陈列的浸制标本的酒精。

属于干燥材料和干制标本的，是充填标本、剥制标本、兽皮、头骨、骨骼、禽卵、软体动物的甲壳、干燥的棘皮动物、巨形的甲壳类动物、珊瑚、干燥昆虫、禽巢及其它等。

充填标本大多数都属于陈列性的藏品，就是说，这种标本都摆在陈列玻璃橱内；在这里，不仅需要保护它们不落上灰尘和受潮湿，并且还要保护它们不受过多的光线照射。非陈列的充填标本，都要保存在密闭的橱柜里。

禽类和哺乳类动物的剥制标本，要保存在特制的箱子或盒子里。可以存放在箱子里（在托盘上）的剥制标本，有尺码如寒鸦大小的禽类松鸡以及更大一些的禽类；有尺码如黄鼠狼以及更大一些的哺乳类动物。保存在纸板盒中的，有小飞禽以及小兽（主要是啮齿类的鼠、小的食虫兽）的剥制标本。箱和盒子最好使用标准尺码的。在盒子中把剥制标本摆成一列。装剥制标本的小盒（插图23），最方便的是下列尺码的：长54厘米，宽32厘米，底帮高7厘米，盖帮高6.5厘米。这样的比例，盖帮便能严密地盖住底帮，底边的外缘最好裱上棉绒。保存很小禽类（如麻雀）和哺乳类动物（鼠、鼬鼠）的盒子的高可以是4～5厘米。

大型野兽（狐狸、狼、鹿以及较大的野兽）的兽皮，以及毛皮（黄鼠狼、貂、黑貂、家鼠及其它），

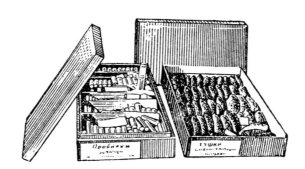

插图23　保存小型剥制标本和小型装标本的试管等的盒子

都要鞣制好以后再行保存。盐板的兽皮不应长久保存，因为盐能够把皮板"烧坏"，毛会开始脱落，这样的兽皮需要重新鞣制。兽皮和小兽皮都保存在箱子或盒子里（根据其尺码大小），要把它们放得平整不致皱皱。不应把毛皮塞得满满一箱，因为毛皮压得过紧则易黏连成块和腐坏。保存毛皮的最好方法，便是在有密闭门户以及有良好换气装置的专用仓库内挂着保存。如果毛皮的数量不大，那么可以利用保险柜型的橱。保存在箱子里的较大的毛皮，必须每年夏天通风，谨慎地敲打去它们的灰尘。

安装好了的骨骼，像剥制标本那样保存。巨型兽的骨骼往往是裸露保存（必须把灰尘拂拭得干净）。摆放在玻璃橱和柜中的小型骨骼，最好再复上涂了胶口的玻璃罩子。没装配好的骨骼，每件都要单独存放，根据骨骼的尺码大小分别放在盒子里或箱子里。不应当把若干骨骼放在一个共同的箱子或盒子里，因为这样便容易把各种骨骼的各部混淆在一起。

小型野兽的头骨，要保存在玻璃管（玻璃筒）里，底上放上棉花，要把标签贴在玻璃管内，使从玻璃外便可以看清。每一个小玻璃管内只能放一份头骨。较大型兽类（黄鼠狼、松鼠等）的头骨，要保存在标准尺码的纸板盒内，这种盒子要有能密密地和深深地盖上的盖子。这种标准尺码的小盒子，有长6.5厘米，宽4.5厘米，高3.5厘米；长7.5厘米，宽4.5厘米，高5厘米；长11厘米，宽6厘米，高7厘米等尺码。把标签贴在盒盖上，如果是头骨，那么还要再拴上一个标签（原本的标签），头骨上一定还要在下颚单独地填写上编目的号码（在标签上也要再写一遍这个号码）。小盒和小管都要摆成一行放在装剥制标本的盒里。

不带角的大型头骨（狐狸和更大些兽类的头骨），都要保存在箱子里的抽屉和托盘上（插图15）。带角的头骨都放在台架的搪板上，或悬挂起来保存（悬挂方法是把头骨的犄角根部卡在两个平行的板条中间）。

没经过刷洗的骨骼和头骨，作为准备制成标本的材料应当完全隔离开单独保存。保存这些材料的箱子或盒子中，一定要放进去对二氯代苯或六六六（至少限度也要多撒些石脑油精）。没经过刷洗的骨骼和头骨易于为飞蛾和食皮甲虫所寄生。

大型飞禽的窠，普通都是和那作为巢础的基体一块儿取下，保存在玻璃橱内或玻璃罩下。基本藏品中小型飞禽的巢，都保存在盒子里，然后将这些盒子放在橱柜的搪板上或箱子的抽屉里。每一个新鲜的巢，在它被纳入储藏库之前，一定要经过消毒，此外，最好用砒霜溶液涂过。

整巢的禽卵或者个别的禽卵，都要垫上棉花保存在盒子里（插图24）。把标签放在盒子里，而在盒盖上还要贴上载有种名和编目号码的标签。把这些盒子在箱子的托盘上或在橱柜的搪板上摆成一行。在强烈的光线下，禽卵能迅速地腐坏。

插图24　保存小禽卵的盒子

软体动物的贝壳，都保存在小盒子里，像保存小头骨一样；或者保存在玻璃管里（插图25）。一个玻璃管里（或一个小盒里）可以放进若干同类的贝壳，假如这些贝壳都有相同的产地条件的说明标签的话。小玻璃管都要放进小盒里，把材料按类分开，再分别摆放在板架上，或者放进大盒子里。

在小盒子中保管小型头骨、禽卵和贝壳时，不应当用分成许多"槽"的大盒代替个别保存的小盒。用大盒保存的方法是极不方便的，因为在拿取个别物品时不能连同它的"包装"一起取出，这就大大使材料的重新分类工作变为复杂。

保管昆虫，应当把昆虫用特制的插针插住，或压得扁平。未经装配起来的搜集品要保存在棉花垫

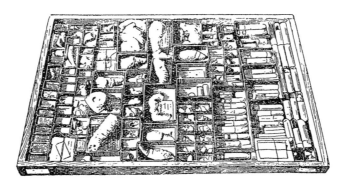

插图 25　在浅匣（托盘）上用玻璃保存小件物品的情况

上。为保存插住的昆虫，可以使用底部涂有泥炭，内部裱上白纸、并能严密地关盖的匣子或盒子（插图11）。需要垫棉花的材料，都保存在不大的匣子或盒子里（最大的尺码是长 20 厘米～25 厘米，宽 12～15 厘米，高 8～12 厘米；大型蝴蝶和蜻蜓用的，面积在 20×30 厘米以内）。二十五支装的香烟盒用来保存很小的昆虫是方便的。盖子一定要能关严。每层棉花上都放上纸，在这些纸上要记载上关于标本的一切材料。便于使用的是棉花垫（插图 5）。把比棉垫大两倍面积的一张纸叠成三折，中间作为棉层的底垫，左侧的一折和右侧的一折向上叠过来作为棉层的盖；在这盖上记载着与这一层材料内容有关的一切日期（或放进去一张同样目的的表格）。棉花层的厚度，根据棉层面积的大小和昆虫的尺码高矮，可以由 0.5 厘米到 1～2 厘米。在香烟盒里，棉花上只放上一张纸即可。可以把能够干燥保存的任何昆虫放在棉层上。不应当把蝶类和蜻蜓放在纸夹内，这是一种不好的保存方法。

装有昆虫的匣子和盒子都要平放保存，只是对于陈列的藏品可以例外。干燥昆虫很脆，所以要求谨慎处置；装有干燥昆虫的匣子需得保护使之不受冲撞。干燥昆虫能够因光线、灰尘、潮湿和虫害而受到剧烈的损害。不可以把陈列品放在直射的阳光之下（即不可对着窗户摆放），应当用黑色帷幕遮好，由参观者自己拉开或掩上。储藏库中的藏品要保存在黑暗中。盒盖和匣盖一定要盖得严密并且不能透灰（插图 5、12）。

除昆虫之外，干燥保存的往往还有其他无脊椎动物：巨型甲壳类、蝎子、蜈蚣、大型节足动物；其次还有棘皮动物、海绵类、珊瑚。小的标本保存在盒子里，大型的装配起来的标本保存在玻璃罩下。珊瑚的小块、海星和刺猬通常都在密闭的玻璃橱的架子上裸露陈列。一定要细心地使标本不落上灰尘。要清洗落满灰尘的标本，又要不使这些标本受到损伤，这往往几乎是不可能的。

干燥的生物学藏品都陈列在复上玻璃的盒子、匣子内，或陈列在玻璃罩下。少数生物类别（昆虫及其它无脊椎动物等等）在玻璃橱的架子上裸露存放；如果有脆而易碎的标本，便要在玻璃罩下保存。陈列品需要细心地保护不使落上灰尘。

（3）人类学材料标本。人类学藏品绝大多数是由骨骼所构成，其次是由头发模型、酒精浸制和蚁醛浸制的标本、石膏塑合的头骨、头像和胸像。

在地下埋藏了几百年、有时还可能是埋藏了几千年的骨头，平常都是极脆的、饱和着水分的，所以这些骨头都经不起温度的剧烈变化、空气湿度的变化。过度干燥和直射阳光的作用都是很危险的。因为这能使骨的表面开始裂开和剥离。管状长骨和脊椎骨的两端，是特别易于破坏的。过度干燥的空气会使牙齿裂开，逐渐剥落成为碎块。为了预防骨头的迅速破坏，便应当把它们保存在黑暗中，保存在具有对于储藏库说来是正常的温度和空气湿度的房间内。

头骨要保存在橱内的架子上，架子上要覆上布，以便使牙齿及头骨基础突出而易碎的部分能够避免因轻微撞在架上而折坏。最好把头骨保存在匣子里和深的托盘里，每份都单独保存。搬运时不可以抓住颊骨弧（因易裂坏）和眼窝（因其中的小骨易损坏）。

骨骼要保存在匣子里，每份骨骼都单独保存。盛全套骨骼的匣子内部尺码是：长 53 ~ 55 厘米，宽 30 厘米，高 25 厘米。不成套的骨骼在这样匣子里则盛两份。这时可将匣子用胶合板隔成两部。小趾骨和小指骨都要捆扎成束在个别盒中存放，同类的指骨和趾骨都要放在一个盒子里，因为如果把左右指骨和趾骨混在一起，如果再想正确地重挑出来，几乎是不可能的。应当尽一切力量避免各种骨骼的骨头混到一起。

经乙醚浸制过的头发，在玻璃管内保存，玻璃管要塞上棉花或软木塞。玻璃管都放在盒子或匣子里。应当仔细保护头发，不使受到飞蛾的侵袭。浸制标本是作为动物学藏品来保存的（参阅前段）。

石膏塑制的标本等，是作为石膏制品来保存的［参阅本章第九节（一）（9）］。

贵重的骨类材料，为了使它们有更大的完整性，都要受到特别的保存性加工。最普通的方法便是用石蜡浸制。在加热达 20° 时而熔化了的石蜡内，把骨头放进去十五分钟。然后拿出来再谨慎地用干布片拂拭，以拭去多余的石蜡。如果这骨头是准备陈列的，那么要用浸酒精的布片把蜡油层从骨的表面除去。骨头能够受到破坏的脆弱部分，可以用石蜡浸透，或者用别的方法：反复地用溶于酒精的石蜡涂抹骨的表面（用刷子）。用透明树胶的酒精溶液也能使骨的表面加固。溶液的浓度要根据骨的完整程度和孔隙的多少而定。如果必须保持骨类原来颜色，那么便要用溶于丙酮的赛璐珞溶液浸渍骨类（这种溶液易燃）。不可以使用木工用的胶糊来对骨类进行保存性加工。

脱落下来的牙齿，用特种塑料再嵌黏进去。骨类缺少的部分以及折碎了的骨头也都使用这种塑料补填和黏连。这种塑料的成分是石蜡四份、蜂蜡四份、松脂两份，熔化后搅拌在一起。

第九节　文物类的博物馆藏品在保管上的一些特点

文物类的博物馆藏品可以分为三大类别[①]：

1. 无机成分材料的制品；

2. 有机成分材料的制品；

3. 由无机成分材料和有机成分材料混合制成的制品。

（一）无机成分材料的制品

当保存这些材料时，应当主要注意那由于破坏了正确的保管条件而发生的化学变化，注意预防可以使物品变形、变成畸形以及可以使加工的痕迹消失的各种机械性损害。

根据物品制成的材料，可以把它们分成金属制品、石制品、粘土制品（陶器）。

贵重金属（白金、黄金、白银）是最能耐外界对它们的作用的。

1. 黄金和白金。这些材料是很少能因外界因素的作用而受到侵害的。但是，对于宝石制品和古币说来，一切机械性损害都是很危险的。往往最轻的冲击、用粗糙布片粗率的拂拭，都能引起扭曲、压皱、擦伤，这些都是会破坏表面的暗光和亮光的。

黄金通常遇到的不是纯金，而是含铜、含铁、含银的合金。这能使黄金更加坚硬，但是也使黄金对

---

① 在这一节内利用了苏联地志工作和博物馆工作科学研究所的工作参考指南《博物馆藏品的管理》一书，莫斯科，一九四八年版。——原文注 上述的中译本已于 1956 年由文化部出版，译者吴琼。——译者注

于化学因素更加敏感，例如，在有机酸（包含脂肪酸在内）的作用下，在含铜的黄金合金上便能出现蓝色的、绿色的斑点。黄金制品普通含有58%纯金，而金币含有90%。在苏维埃时期以前的金制品，规定纯金为96开，普通成色为56开金（即56/96；一俄斤＝96钱＝0.41公斤）。苏维埃时期的金制品规定纯金为216开[①]。

在保存黄金和白金物品时，要遵守以下的规则：

（1）在陈列中的黄金和白金制品，要保存在覆有玻璃的橱柜和陈列橱内；在基本藏品储藏库中的，要保存在托盘上、套子里、垫棉花的盒子里、单独的小袋里；单件的物品不应使彼此碰撞；

（2）不可以把黄金和白金制品与其它金属制品一起保存；

（3）要用软毛刷除去灰尘；用柔软的羚羊皮拂拭；

（4）如果必须清洗，那么要用乙醚、汽油（苯）、中性肥皂沫或阿莫尼亚水（10%浓度）来进行，然后再用蒸馏水洗净，最后将被清洗的物品烘干；

（5）不允许用任何涂剂、白垩、不十分柔软的羚羊皮进行擦拭；

（6）不可除去古器物上的一层均匀的薄膜（"珍贵的古铜绿"），这是由于氧化作用而形成的一层附加金属；

（7）金制的考古学物品上的翠绿和一层红色薄层，只能由化学家修复员来除去[②]。

2. 银。由于很柔软，所以不使用纯银。银都含有大量的或少量的铜。用这种含铜的合金来制造家庭用具、宝石制品、银币。合金中银的含量用成色表示。这种成色表示1000份合金中含有多少份纯银。苏联的银制品含有875份即87.5%的纯银，苏维埃时期以前的小银币——约含50%纯银。在苏联使用公制度量衡之前，银制品的成色规定为84，这就是表明：银合金一俄斤（等于96俄钱）中含有84俄钱的纯银即纯银含量为84/96。

银制物品的发暗，是由于形成了亚硫酸化合物的结果，即在空气中含有的硫化氢的作用下，以及在接触了若干含有酸类的食物的情况下形成了黑色硫化银的结果。在某些银制物品上常常为了艺术的目的而专门造成硫化银的暗色薄层（氧化处理、高加索式的黑色风化加工、北方各省份的分化加工等等）。

银制品要求很慎重的对待。因为甚至于空气中有亚硫酸气体和阿莫尼亚的微少含量、石脑油精、接触汗手和肮脏的手或与其它各类物品以及与食物在一起保存（如石盐、卵），都能剧烈地损害银制品。在含氯的空气污染物的作用下，以及与被氯漂白的织物在一起保存时（例如，保存在垫有这种织物的橱柜中的时候），银便能变为带一层褐色、灰色或紫色的氯化银。

如果接触了毛绒，还能形成硫化银。因此毛质服装上的银线刺绣和银钮，便应当仔细与织物隔离开，把银线刺绣和银钮包上黑色致密的照像材料包装纸，或包上干净的致密纸张，在上面再包上报纸。带有银质装饰物的衣服，不可以撒石脑油精。

在含铜的银合金中（银的含量少于90%时）受到潮湿空气（大于标准）作用时，在银制品上便能够出现绿色的薄层，以至褪色，这都是由于铜被氧化的结果。

如果用水洗银制物品时，绝对不可以使用化学药剂，特别是阿摩尼亚。王水能够使银溶解。

大件银制物品上的灰尘，最好用吸灰尘器或风箱吹去。小件的银制物品要用柔软的布片拂拭。难于除去的变黑部分的情况以及一切考古学的银制物品的情况的工作，应当委托修复员进行。

---

① 这里所译的"开金"和我们从前惯用的"开金"在意义上不同；这里是把100%纯金作为96或216的。——译者注

② 如同以前曾提出过的（本章第一节），修复员进行每项修复工作，都应当有专门的许可。——原文注

为了避免物品的互相触碰以及为了避免机械性的损害，银制物品要与其它博物馆藏品分别开，单独保存在覆有玻璃的橱柜内，小件的银制品则保存在套子里、小盒里、托盘上。在基本藏品库中，金银制品都要保存在窗上有栅栏的特别房间里，尽可能保存在保险柜里。

3. 锡。白锡——是银白色的金属，硬度很小，比重为 7.28。灰锡（含铅的锡）的比重为 5.7，它很脆。由于锡有光泽并能够抵抗许多反应，特别是能够抵抗植物酸，所以在古代曾认为锡是贵重金属。

长久存放在寒冷中的锡制物品上，能够出现灰色的斑点。这种现象名为"锡疫"，它的原因是当温度低于 +18° 时，锡的构造便发生了变化，因为白锡就变成了灰色，而灰色在体积上还逐渐扩大。在室内的温度下，这种转化过程进展得极慢，随着温度的下降而逐渐加强，当温度到达 −45° 时转化速度到达极大限度。在白锡上有一些灰色部分存在，便能加速这种过程。灰色斑点能变成灰色的块，这些块灰锡一剥落下来便形成一些坑凹，逐渐导致锡的分解。在平常的温度下（即不低于 +18°）白锡能够耐得住水和空气的作用。

因此，不可以把锡制品保存在不采暖的房间内。冬季一定要把锡制品搬到经常温度不低于 +18° 的温暖房间内。

锡疫能够从一件物品传染到另一件物品上，并且总是由人手做为媒介的。如果出现了锡疫的征兆，便要立刻把可疑的陈列品从室内拿出去，并且要在净水中煮沸一小时以上[①]。为了避免感染，也可以把与已感染的锡制物品在同一陈列橱或橱柜中的全部锡制物品加以煮沸。曾保存过感染物品的橱柜、玻璃橱和箱子，都一定要仔细刷洗。

锡制物品除了能染上锡疫之外，由于它本身柔软，还能受到机械性损害的剧烈破坏。因此，在储藏库中不可以把它堆放起来。锡制物品在博物馆中遇到的相当稀少，所以当保管时就需要特别注意。在基本藏品储藏库中，每一件锡制物品都要单独保存，保存在特殊的包装里、盒子里或套子里，如同保存金银制品那样。

4. 铅。铅是灰色、柔软、很重的金属，铅制品在博物馆中是以以下几种形式出现的：印鉴、子弹、钱币、装潢艺术品、雕塑等等。铅[②]包括在珐琅、釉药和某些种杂色玻璃（如铅丹）的成分中。

碳酸铅和氢氧化铅的化合物，作为白色油质颜料而被广泛地使用着。

在空气中氧的作用下，铅的表面便迅速地覆上一层白膜，即覆上能够防止铅进一步氧化的一氧化铅（PO）薄层。

如果在空气中二氧化碳气过多，特别是在潮湿空气中二氧化碳气过多的时候，铅受到二氧化碳的作用便复上白色的、灰色的或褐色的碳酸盐薄层。这种灰色的薄层形成一种保护膜，在物品表面上覆成均匀的一层。不应当把这种薄膜除去。相反地，除去白色和褐色的薄膜这一工作，却是必需的；不过这需要在专家修复员的协助下进行。

铅像锡一样，由于它本身柔软，所以对于机械性损害是极敏感的。铅制品受到有机酸的作用时，特别是受到醋酸、硝酸的作用时，以及受到含二氧化碳的水的作用时，都易于被破坏。脂肪和油类也能破坏铅。

油画的油色成分中含有铅，所以受到空气中硫化氢的作用便形成黑色的硫化铅，因而油画便逐渐变黑。

---

① 锡在加热时，如果没有水，在 160° 的温度下便剥落成为粉末。锡的煮沸要在磁器内或在金属盘内加水并用木条把容器的底部和侧壁与锡制物品隔离开。——原文注

② 铅的比重是 11.25 至 11.4，熔点温度 326°。——原文注

　　正确的空气条件对于铅制物品和油画的保持完整是必不可少的。还要保护油画使之避免受到过度潮湿和过多二氧化碳的作用，这是特别重要的。

　　铅制品还能受到丹宁酸的损害。因此，不可以把铅制品保存在橡木制的橱柜、匣子、玻璃橱中。铅制物品在保存起来以前要仔细的清洗，特别要洗刷去脂肪斑点，然后才能用软刷子涂上南洋树漆的保护层。

　　5. 锌。锌在空气中能够复上氧化物或炭酸的中性盐类（H_2CO_3）的薄层，这种薄层是能够防止锌受到进一步氧化的。水几乎对锌不起作用。因为水与锌的相互作用下，在锌的表面就形成了能够阻止化学作用进一步发展的不可溶性的氢氧化物。锌包括在许多合金的成分中，例如在黄铜中。

　　6. 铜①。纯铜在制品中通常几乎是遇不到的。属于社会发展早期阶级的物品中，常能遇到自然铜的制品，在更晚些的时期便是由矿石炼出来的铜的制品了。最常遇到的是含有各种金属（铁、铅、锌甚至于金和银）的自然合金状态的铜制物品。只有现代的工业用电熔的方法才能获得纯铜（99%）。最早期的制造方法是锻或者是铸和锻，在现代制品中的铜一般都是铸的，很少是以压延形式出现的。

　　除了铜的自然状态合金外，在博物馆藏品中还能广泛遇到铜的人工合金。铜和锡的合金叫做青铜。铜和锌的合金：锌少于18%时叫微红色的红铜②，锌的含量为32%以内的铜合金叫黄铜。铜和铅与锡的合金，这是黑色的（中国式）青铜。

　　7. 青铜。在博物馆中特别常见的是青铜制品。青铜制品是各种各样的：考古发掘出来的物品，属于封建时期和资本主义时期装潢艺术物品以及现代物品。

　　细工用的青铜成份中，除了铜以外，还有4%的锡和1%的铅。柔软的青铜含有8%到12%的锡；坚硬的青铜含有12~24%的锡。磷青铜的成分：铜82%，锡12.5%，铅4%，磷1.5%。含铝和锰的高硬度的铜合金，是铜的代用品，这种合金常在工业博物馆和军事博物馆中遇到。

　　铜制品和青铜制品都同样能受到过多的潮湿所损害，能受到各种气体污染了的空气所损害。在这些物品上能够形成黑色和蓝色的一氧化铜和二氧化铜的薄膜，能形成孔雀石色的浅绿薄层（铜的碳酸盐）。由于阿莫尼亚的作用则能形成蓝色和黑色的阿莫尼亚盐（铵盐）的薄层。铜的主要破坏物是氯。氯能在青铜的表面形成氯的金属盐和含氯的金属盐的褐绿色斑点——这就是粉状"粗锈"层。"粗锈"像锡疫一样，是能够从一些物品传到另一些物品上并能破坏青铜制品而在其表面形成带有许多气泡的硬皮；这种硬皮便能够把青铜变成逐渐剥落的粉末。还必须注意铜合金所能发生的各种变化。

　　各种脂肪酸和灰尘一经和过多的水分化合便能促使铜和青铜发生病变。

　　铜和青铜制品在空气中便复上一层薄薄而均匀的碳酸铜盐的单色薄层，这种薄层有各种颜色的：浅蓝色、绿色、褐色。这种薄层不仅不能损坏艺术作品，并且有时还能提高艺术效果。这就是所谓"古铜绿"。这种"古铜绿"在任何情况下也绝对不可以从青铜上除去，因为它不能改变物品的形状，也不能导使青铜的破坏。但是，应当密切注意不使表面的古铜绿锈下面再形成"粗锈"。

　　由于铜和青铜制品对于存在空气中的各种气体以及对于酸类的作用都有剧烈的反应，所以一定要注意铜与青铜制品存在的房间中空气的清洁。不可以把铜与青铜制品复上油脂涂剂和油类，也不可以用汗手和污手触摸。除去灰尘的工作，要用毛掸子、软毛刷和清洁的软布片。铜与青铜制品的清洗，绝大多数都是在热水中进行。肥皂只能使用中性的（即"儿童用肥皂"），并且在使用肥皂之后，物品一定要用

---

　　① 纯铜的比重是8.9，熔点温度是1083°。——原文注
　　② 红铜，又称荷兰黄铜，它是铜84%与锌16%的合金，当然锌的含量越大色就越黄，含量达32%时，便是黄铜。——译者注

净水清洗。

为了预防出现粗锈，保存得完整的古代物品应当受到碱化处理，即需要在温和的蒸馏水中放置若干天。每天都要换水，直到在水里不再存在氯盐为止（用试管盛这样的水，滴入硝酸银后再不生成混浊现象为止）。在清洗和碱化之后，为了使物品干燥，就需要把它们放在酒精内，然后再加热到80°。青铜的刷净除污工作，只能委托给专家进行①。

刷洗得很好的、表面加光了的铜与青铜制品，可以在热水中给覆上石蜡或蜡的保护层（这一定要经过与专家的磋商）。物品上已出现了损害时，这件物品必须立即隔离，而保存过这些物品的陈列橱以及其它储藏容器（或储藏库）也必须细致地清扫。物品有这样损害时，必须请专家修复员处理。

8. 生铁、钢。纯铁是银白色、光泽而强韧的金属，它的外貌很像白金。通常不使用纯铁，而使用铁的合金。含有铁93%、碳素5%以内、少量的矽②、少量的锰、少量的磷、少量的硫以及含有若干其它混合物的合金，叫做生铁。生铁坚硬、质脆、缺乏锻性。

含碳素较少（0.3%至2%）含其它混合物较多的铁的合金，叫做硬质钢。它较坚硬并富有锻性。

含碳素少于0.3%并含有微量的其它混合物的合金，叫做软质钢，即铁。铁较柔软、较富延性和展性。

铁制品以及铁合金制品的主要敌人就是锈。生锈现象（即铁的腐蚀）是在不同条件下、在不同程度上发生的复杂过程。如果对于氧化作用有良好的外界环境，那么首先便要在以前曾生过锈的地方或从别的物品上落到生过锈的地方形成锈（即生锈）。物品的潮湿和积尘垢，都能有助于锈的生长。因此，对于保持博物馆各房间内的正常湿度，以及对于及时除去灰尘的工作，一定要特别注意。加入阿莫尼亚的热水中洗涤，是彻底除去灰尘的办法。如果铁制物品带有颜色或者带有铜质或银质的装饰时，在水中不可以加入阿莫尼亚。物品在洗涤之后，要把它放在原料酒精、变性酒精或木醇酒精中经过半个小时，然后再使之干燥。在干燥后，为了避免继续感染病害，便要把物品覆上一层"枪油"、蜡质、石蜡或凡士林。每隔三、四月便要涂油一次，并且都一定要事先用汽油清洗，在清洗之后立刻便要使之干燥。用机械的方法除去铁锈，只能按修复员的指示进行。表面加光的、镶嵌有饰物镂纹的、烧蓝的物品不可以涂油，这些物品的洗刷一定要交付给修复员③。

9. 细工用石料——大理石、石膏及其它。细工石料制品，包括大理石、石膏及其它石料制品，都能受到外界因素的损害。细工用石料分为软料和硬料。

细工用的软石料，大部份是碳酸或硫酸与钾、镁、铜等的不同的化合物。属于这种软料的还有：石灰石和大理石、孔雀石、石膏、雪花石膏等等。

大理石和石灰石，如果过度潮湿、温度变化剧烈以及空气中有气体污染物时，便能受到很大损害。渗进裂隙的水，当冻结时便要膨胀而破坏它们，二氧化碳气遇水时即溶解，亚硫酸气体与蒸气即形成亚硫酸和硫酸，使大理石变为可溶于水的石膏。

对于户外雕塑说来，昆虫、飞鸟、植物都是危险的，因为它们能玷污雕塑物。因为藓苔能够分泌酸类，所以它们能够破坏大理石的表面。除掉藓苔的工作，一定要请专家修复员进行。

在大理石制品上已形成的暗锈，是不可以除去的。

细工用的硬石料，大部份是矽酸或矽酸盐类。某些石料可用于各种加工，如碧玉、玛瑙、角石等；

---

① 参阅本章第一节。——原文注
② 现多称"硅"，下同。
③ 参阅本章第一节。——原文注

另外一些石料则主要用于装饰。用于装饰的是宝石或贵重的宝石。如矽的氧化物（结晶的矽土）：石英、水晶、紫水晶、烟色石英和矽酸盐类：绿宝石、黄玉、绿玉等等。有些硬石料能因日光而褪色，而另一些石料又能受到酸类和其它化合物以及醋酸的作用。如果把蓝宝石长期放在日光的作用下，它就要变为苍白和晦暗。它失去自己的颜色，"死去了"，而恢复它原有颜色的方法，直到现在还没有找到。

有时会把"骨质蓝宝石"与真正的蓝宝石混淆不清，前者是灭种了的动物骨骼在地壳中被磷化铁染成蓝色的。它与真正蓝宝石的区别就是：在灯光下骨质蓝宝石有暗晦的蓝色，遇到盐酸即刻沸腾；并且在碱化处理时会散播出一种汽油的臭味；而真正的蓝宝石在夜间照明下是不变颜色的。

瓷器的保管（国立历史博物馆）

保管宝石和保管以宝石装饰的制品的方法与保管贵重金属的方法相同。

10. 玻璃和陶器。矽酸钠、矽酸钾与矽土化合而形成玻璃。

矽酸盐类与铅的自然化合物就是黏土，即一切陶制器物的主要组成部份。没有混合物的纯粹黏土——陶土，可用于制造贵重的陶器——瓷器。

玻璃和黏土被认为是对于外界因素作用最有抵抗性的。但是，玻璃如果受到水的长期作用便会失掉矽酸钠，因为水能把它从玻璃中吸出来。

没经过烧的黏土怕水。烧过的黏土则能够吸收水分，而这种水分一经冻结，或者在水分中的矿物盐（金属盐）一经结晶便能引起物品的裂坏。

用于制造陶器的原材料分为两大类：1）纯黏土2）掺和黏土。掺和黏土是为了提高或减低黏土的可塑性，以及为使黏土有一定的物理性能、化学性能和热化学性能而掺和某些材料的具黏土。

玻璃制品和陶土制品，由于它们所由制成的材料脆弱从而随时有受到机械性损害的可能性，所以要求特别小心谨慎地保存。在潮湿的房间里，会有玻璃发暗的现象，有时还能够有"分解"的现象。

这些物品摆在架子上的时候，应当注意使它们不致互相接触碰撞。在光滑的架子上（例如在玻璃架子上），为了避免陈列品的位置滑动，应当在这些物品下面垫上胶皮垫或绒垫。

在保存盘子时，应当把它们立着放在架子上的格子里，或者把同型的材料挑选出来叠放在一起，每叠不得多于 10~12 个。有玲珑眼的薄的物品，叠放时不得多于 5~6 个。此外，为了避免机械性损害，一定要避免不必要的移动、拂拭等等。

某些物品（枝形蜡台、枝形挂灯等等）用拂拭的方法不能达到目的时，可以把它们在含有 5~7% 苛性钠的温水内洗涤，然后再拂拭之，并使之干燥。一切可以拆开的物品都要拆开，而它们的金属部分应予个别刷洗。陶瓷制品和釉制的陶器上如有缺少的部分需要补充，应委托修复员进行[①]。

玻璃物品的黏连，要用精胶或加拿大白松脂溶于二甲苯或苯中的溶液来进行。

黏连（不十分复杂的修理）陶瓷制品时，也可以用精胶或酪素胶；使用精胶时，为了降低它的吸湿性和可溶（于水）性，要加添些醋。黏连带有多孔陶片的陶制品以及黏连烧制黏土和未烧制黏土制的器皿时，可以使用下列四种黏连物：

（1）将与被黏连的物品同型的陶片磨成细末，搅拌在蛋白和石灰的混合物中；

（2）含醋的精胶（三份精胶、十份醋）；

（3）液体淀粉精糊或含石膏的木工胶的混合物；

（4）酪素胶。

11. 瓷釉。或称珐琅，是一种复在金属物品表面的有色的玻璃合成物。瓷釉往往涂在铜或贵金属上。从十八世纪以来、主要是从十九世纪以来，瓷釉便开始用于覆在铁与生铁上。瓷釉分为两种：

（1）贵重金属细工用瓷釉（艺术用瓷釉）；

（2）工艺用瓷釉。

贵重金属细工用瓷釉是一种富有氧化铅，为各种非贵金属的氧化物染成各种颜色的玻璃。

工艺用瓷釉是一种铝盐、矽酸盐型的易融玻璃，它是由于融解长石、砂、硼砂、碳酸钠，并加添各种别的物质而获得的。

对待瓷釉需要十分谨慎，要预防它龟裂，因为在不好的保管条件下，特别是由于潮湿的作用，在裂罅下面便发生了的迅速生锈的现象。此外，应当注意，瓷釉是涂在金属表面上的，它与金属并没有足够坚固的结合，因此必须避免温度的剧烈变化。如果金属与瓷釉之间的膨胀系数差别过大，那么便会发生瓷釉与金属的脱层（剥离），或者会发生涂瓷釉的龟裂。

（二）有机成分材料的制品

1. 木料。各种木料的区别是按其物理的性质来分别的，即按其颜色、光泽、纹理，潮湿程度、干缩程度、膨胀性来分别的。

木料的颜色是根据其中存在的各种物质，主要是染色物质而转移的。

木料的发干便能引起木器尺码的缩小（干缩）。干缩分为体干缩和线干缩。线干缩又分为辐射的线干缩、垂直的线干缩以及水平的线干缩。辐射的线干缩可达 10%~3.6%，垂直的线干缩可达 5%~10~12%，而水平的线干缩仅可达 1%~0.1%。由于这种不均衡的性质，木料便能翘曲或裂罅。很重要的是使本料不受温度变动的影响，而使木料处于经常不变的温度条件和湿度条件之下。

在博物馆中遇到的木料，是以最多种多样的陈列品的形式出现的，如雕刻、木刻装潢、家常用品（器具、家具、生产工具等等）。

保存木料制品时，首先要注意的是：这件物品是由同一种木料制成的，或者是由各种木料制成的。

---

① 参阅本章第一节。——原文注

例如，松木制物品可能复上橡木的或别种木料制的胶合板。

木制品的表面可能是自然状态（即原样）的，也可能是经过加工了的，例如刻花、涂色、涂蜡、涂金、涂光或涂漆。

用较便宜的木料制成的物品，特别是在涂光或涂蜡之前，常常覆上各种着色剂，绝大多数是暗黑色的（这即称之为涂色）。涂蜡便是往木料表面上涂以溶于松节油中的蜡，然后拂拭它使之发光。

涂光乃是用自然原色的树脂或漂白树脂直接涂在木料上，或者预先用淀粉精糊或胶糊加工木料，然后再涂上树脂。

先涂上许多薄层树脂假漆，然后用浸油的棉絮胎擦光，用面粉除去油脂。涂金是把金叶或金粉（金箔）铺在底色上。

湿度的剧烈变化以及直接濡湿，对于木制物品说来都是最危险的。

阴暗再加上过度潮湿，便能促使涂上的漆变暗。灰尘主要是因为它含有霉和其它菌类的芽胞，所以能对木料有所损害。应当使木料上的雕刻、光泽的涂漆、研磨木器以及覆有带底色的涂金制品，避免受到机械性损害。

由于注意木质的物理性质，在温度和湿度增高或降低时便一定要缓缓地和逐渐地恢复正常的温度和湿度条件。物品搬进博物馆房间内时，要使这些物品对于房间内的温、湿度条件逐渐驯化（"服水土"）。在基本藏品储藏库中一定要有日光照明。

木制物品上的灰尘，须要用柔软的（一定要干燥的）布片除去，雕刻上的灰尘要用獾毛刷除去。

如果没有专家修复员的参与，对于加光或涂金部分的清洗以及试图进行修复，都是不允许的。

对待艺术品的家具要求特别谨慎和小心。雕刻家具，主要是沉重的物品在地板上的一切移动，将是非常有害的，因为这常常能够使物品的"腿"受到损害，以及能使物品的结构骨架支离。这样的物品，一定要把它们抬离地板再搬动。当有简单的破损时，个别部分的黏连工作需要委托给装饰器具木工。破坏了的各部分、镶嵌与加光的受到损害部分、胶合板的脱层和翘曲等的修复工作，只许专家修复员进行①，加光了的木器要用毛撢子打扫灰尘，用干燥绒片（或绒垫）或羚羊皮拂拭，以免擦伤涂光的木器。

有胶合板的家具以及有镶嵌物的家具，要求特别小心地保存。如果不遵守一定的温度和湿度标准时，胶合板和镶嵌物便易于离分，而在它们和木器中间积上灰尘；在湿度大的时候还要生霉。如果在木器家具的织物部分上出现了霉，便应当把木器在户外阳光下直接曝晒 15～20 分钟（夏季），冬天隔着玻璃在阳光下曝晒 30～40 分钟。

如果涂金部分分离和剥落时，便应当把受到损害的部分用香烟纸包好，不得在没有修复员在场之下着手加固涂金部分。

贵重物品的剥落部分要包起来，包皮上记载上内容，一直收藏到修复员到来为止。不太贵重的物品的剥落部分的重新黏好的工作，可以用掺有消毒剂（如硼酸）的木工胶糊来进行。

为了保护家具不受光线、灰尘和机械性损害的作用，应当复上套子，只有在陈列大厅里有群众参观博物馆的时间内才可以打开。

感染上霉或腐木菌的木制物品以及开始腐朽的木制物品，马上要与其它的物品隔开，使其受到阳光的照射（夏天在户外曝晒 15～20 分钟，冬天隔玻璃晒 30～40 分钟）。霉要降去，物品要消毒（为了使物品消毒，可以使用 3% 的蚁醛溶液）。

---

① 参阅本章第一节。——原文注

陈列品严重地感染了腐木菌时，一定要找通晓博物馆工作技术的消毒专家，如果价值不大的物品则最好焚毁。

曾与感染了的物品摆在一起的物品，要受到两三个月期间的隔离；存放这些曾感染了的物品的房间和一切容器（库房）都要经过消毒，为了进行消毒要邀请专家。在这种情况下的消毒，要使用四氯化碳或使用氯化苦味酸（苦氯）。

2. 纺织品（织物、服装、刺绣、花边）。在博物馆中能够遇到不同时代，不同国家，由最多种多样的材料制成的织物。

织物按其所由制成的材料分为棉织品、亚麻织品、大麻织品、毛织品（呢绒和毛绒）、丝织品、人造丝织品。其中有一些是由同一类的纤维制成的。因此还能遇到纯粹单一原料的织物（纯毛的等等）和混合纺织物（毛与丝等等）。用于制造织物的有各种成份的纤维：动物性纤维（毛、自然丝）、植物性纤维（亚麻、大麻、棉花及其它）以及合成纤维（人造丝等）。

为了使织物着色，使用各种不同的染料。染色剂大部份都是有机成份的。其中最耐久的便是可溶性的自然染料（例如，用茜草制的红色、用蓝靛制的蓝色），最不耐久的便是通称之为阿尼林染料的。

为了使织物更为美观而对织物所进行的加工处理，往往能影响它的耐久性，能影响织物制成的服装上并不罕见的铁制、宝石制、珍珠制、玻璃制的饰物。

毛纤维的坚固耐久程度是低于棉纤维和麻纤维的坚固耐久程度的。毛纤维由于具有复鳞、具有韧性和弹性，所以它也具有变成毡状的特性；毛纤维的自然颜色能够由纯白色转变为黑色。

毛是由角质构成的，即由与角和蹄壳同类的物质（角质）构成的。由于角质多孔隙，所以毛具有很大的吸水性（细致的毛比粗糙的毛吸水性要大些）。

毛纤维的成份中包括蛋白质。毛纤维中的蛋白质，像所有的蛋白质一样，也能够分解为不太复杂的化合物，就是说也能够受到腐蚀的作用。

丝纤维的机械性质是有牢固的抗折性（即耐折）和延性。

丝和毛一样，都能吸收大量的水分；并且吸收了30%的水，在触摸时甚至也感不到潮湿。如果不提高温度，它们平常甚至于在长时期的膨胀后也能恢复其原始状态。

动物成分的一切纤维，都较能耐得住稀薄的酸类的作用，但是它们却完全耐不住碱类的作用。

植物性纤维的区别性特点就是：植物性纤维中总是有一条管孔（即植物纤维总是管状的）。与动物性纤维相反，植物性纤维不能耐得酸的作用，但能十分经得起碱的作用。在水的作用下剧烈膨胀时，植物纤维便能发生变化，植物性纤维成分中所包含着的植物纤维质便转化成为一些新的物质——氢化植物纤维质和氧化植物纤维质，这些物质一经干燥便成为脆而易坏的了。

空气温度的增高和降低，对于织物说来并没有什么特殊的意义，只有过度烘烤是危险的。因此，应当把织物放在远离采暖器具（设备）的地方。

过高的空气湿度对于织物纤维和织物颜色都有着有害的作用，并且还能增大光、空气中氧和气体污染物等的有害作用，促进生霉、生菌等。

光对于一切织物起着破坏作用，不过在程度上各有不同。最能受到光的损害的是丝，特别是人造丝，受光的损害最少的是亚麻和大麻的制品。为了避免亚麻布变黄，最好在夏天使之受到太阳和空气的作用。

各种织物的颜色在光线下都有剧烈的变化，但主要是阿尼林染料的柔和色调褪色最甚。对于它们特别危险的是富有紫外线的直射阳光。为了保护陈列中织物不受阳光的照射，应当选择有向北开窗的房间，或者选择装有双重薄薄的淡色窗帘而每当太阳照射时便要放下来的房间。织物的陈列品要摆得离窗户远些，陈列橱要用帷帘遮上，能因阳光而受到剧烈损坏的织物，为了便于参观，只能在电光照明下打开帷幔。

空气的气体污染物能破坏纤维和织物的颜色。

灰尘对于织物也是很危险的，因为灰尘一进入纤维中间便使材料污秽，把有害的化学物质、霉的芽胞带到里边去。为了防止灰尘的侵入，一定要把织物放在能严密关闭的容器（仓库、箱、柜等）内，在室内要保持绝对清洁，要用吸尘器打扫地板。

对于织物以及织物的制品说来特别危险的是植物性病害——霉、蕈、细菌。

如果发现织物为霉或蕈所感染，那么一定要立刻把感染了的物品隔离，同时对于房间还要细致消毒，感染了的物品要受到阳光的照射（约 30~40 分钟；对光线敏感的物品不得超过 10~15 分钟）。

给毛织物能带来巨大损害的是昆虫。为了保护物品不受昆虫的侵蚀，特别是不受飞蛾的侵蚀，要使用一些驱虫的药剂——石脑油精、樟脑、烟草。所有这些药剂在使用上都要谨慎。例如，使用石脑油精时不可以把它直接装在物品上，因为石脑油精能够形成污点，而要把石脑油精装在小袋子里。必须记住，石脑油精能使白色毛皮变黄，能使银质饰物变成晦暗。应当注意，上述的药剂并不能保证物品不受到飞蛾的侵袭；能够完全保证物品不受侵袭的是对位二氯苯。如果害虫已经在织物中繁殖起来，那么，便要在专家的帮助下在特备的消毒室内或专用的箱子（如果物品不大）内进行彻底消毒。

需要使用不致破坏织物及其颜色的毒杀剂：氯化苦味酸（苦氯）、三氧甲烷、蚁醛蒸气、氧化乙稀、对位二氯苯等。

对于挂毯、地毯说来，能够避免飞蛾和其它害虫并起一些保护作用的，便是把它们完全盖起（严密地）或用纸张包好。

每年两次（春天和秋初），一切织物制品都要在荫暗处通风和刷洗，昆虫的卵和幼虫也将随同灰尘一同除掉。

当通风的时候，保存织物制品的橱柜、箱子和其它容器也要进行通风、刷洗、消毒、受阳光照射，并用石油、四氯化碳、蚁醛、松节油或其它消毒剂拂拭。

织物制品上的灰尘要谨慎地用软毛刷除掉，对于较为坚实些的物品则用软毛鬃刷除掉（只能在户外敲落刷上的灰尘）。吸尘器不可以用于刷扫织物；当然坚实的织物、家具的坚实镶边或蒙子以及新的地毯还是可以使用吸尘器的。

刷织花挂毯要顺着织物的纬丝横着移动刷子。

地毯和柔软的家具（蒙套）是不许用抖落和敲去的方法除灰尘的。颜色牢固不易脱落以及有矮短毛绒的毯子（地毯、挂毯）可以在严寒的日子里用清洁的雪擦刷。

在陈列大厅中，一切织物以及织物制品都要放在装有玻璃的橱柜里或陈列橱里。在基本藏品储藏库中，小的标本都保存在盒子里，较大的则保存在有抽屉和托盘的箱子或橱柜里。为了使箱子和橱柜通风，每月要打开两次以上，每次 2~3 小时，这时应当把织物翻动一遍并用手掀动掀动。

服装可以挂在橱柜里，这样的橱柜中带有板条，板条边缘缝有软棉垫或软布垫的衣挂，服装便挂在这衣挂上。带有装饰物的由脆弱而沉重，易折的衣料制成的服装一定要平放。

旗帜要保存在带有棋格形槽的旗架里。国立爱米塔什博物馆便这样保存，旗架形状（插图 26）。旗面要松缓地卷在旗杆上，然后套上棉布套子，并在其末端束好。旗杆要直立存放。

　　疏展状态的旗帜可以放在活动的框架上，框架的上部平行地装着木杆，旗面便自由地下垂在套子里[①]。

　　地毯和挂毯都要毛面向上卷在胶合板的轴上（插图 27），轴上蒙上防腐剂（煤油）浸过的布料（粗白布）；卷在轴上的地毯和挂毯要保存在橱柜里和箱子里。织物要仔细卷在轴上，织物面上垫上纸，把这样的轴两端放在箱子或橱柜中的特制架子上（插图 28）。在织物和轴之间，放一些装有石脑油精的小的扁平口袋。

插图 26　用于保存装在套子里的旗帜使用的立架

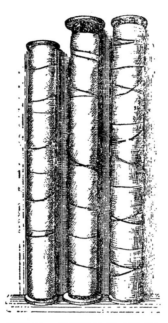

插图 27　用于卷地毯（挂毯）巨型画的胶合板木轴

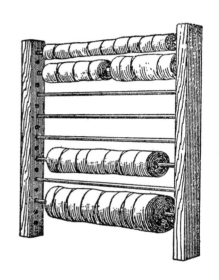

插图 28　用于保存卷起来的织物、挂毯和地毯等物的架子

　　当挂着织物时，要在悬挂的边缘上缝上与这件织物的耐久程度和厚度相适应的一条结实的布带条。如果是把织物绷在框子上，那么这样的布条便要从各方面缝好。

　　如果没有保护布条，绝对不可以用钉子把织物钉起来。

　　在陈旧朽坏的织物下面通常都用丝线补上结实布料的底衬。小片的很陈旧的织物（考古发掘出的）要夹在两片玻璃中间，并且要平放着保存。

　　陈旧而又对水敏感的织物，只能由专家修复员来进行清洗[②]。

　　坚实的白色织物（如亚麻布、大麻布、黄麻布以及棉布）要用温和的软水洗涤，水中要不含有别的化学混合物（蒸馏水或雨水）。这样的织物和花边要用中性肥皂（例如儿童用肥皂）泡沫洗涤，然后一定要在净水中摆净。花边要先套在带有小孔的特制胶合板圆柱，或卷在瓶子上，然后洗涤。

_____

　　① 在陈列中，旗帜要平放，并且要使旗面自由下垂，这是为了避免折叠成褶。这时旗面的全部重量都由作为基础的插旗杆的那一边来担负，这便能减少旗面裂断的可能性。——原文注

　　② 陈旧的片断织物用面粉糊黏上新的基础（轻纱）；这样便在纤维表层上造成一极薄的保护层，并且片断织物还由于吸收了胶糊溶液而被加固；为了恢复纤维的吸水性，要使织物受到甘油的浸渍（国立爱米塔什博物馆）。——原文注

洗涤织物和花边时，不可揉搓、拧绞，以便不使它们受到机械性损害。

洗涤之后，坚实的织物可以用熨斗熨平，花边要趁湿平贴在干净的玻璃上或枕头上；如果贴在枕头上，则需要用不锈钢制发卡（或别针）固定住，或缝在枕上。

有色的织物最好不用水洗，而用化学洗法（即使用汽油、四氯化碳等）；这要在专家修复员的协助下进行，并且由于这些液体危险易燃，还要在专设的房间内进行。变成黄色的（非考古发掘的）织物和花边，可以小心谨慎地在月光下漂白。

一切织物的修复工作，只能委托给专家修复员来进行。

在油脂的污点和杂质上放上纸，然后用热熨斗烙，这样便可以把它们除去。

在基本藏品储藏库中，织物以及织物制品是按材料（亚麻、棉织、丝、毛）来分类的，并且要保存在专用的密闭的不蒙玻璃的容器内。一切缝有金、银、金属丝、金丝、银丝等的织物，一定要细心保护不使受到光线、潮湿、气体和石脑油精的作用，因为缝制时使用的金属是易于氧化因而变黑的。因此，有金属刺绣和金属钮扣的一切物品，都要包在洁净而致密的纸内，然后在这层纸上再包上一层报纸的包皮。

有珍珠的织物①不可以撒上石脑油精。通常以面粉浆糊黏着纸板制和纸制衬垫的织物（妇女用头饰、袈裟及其它），要防备谷物砥磨甲虫的侵袭。

3. 皮革和毛皮。当保存皮革制品和毛皮制品时，为了避免过分干燥，应当非常注意保持室内的正常温度和正常湿度。为了使过分干燥的皮革和毛皮变为柔软，使用甘油、蓖麻油、羊毛脂及其它（根据专家的指示）来涂拭。为了矫正变黄了的白色毛皮，要把这样的物品在阳光下放置若干时间。保存毛皮时，防止飞蛾的药剂，除了石脑油精和对位二氯苯以外，还可以把毛皮用 ЗвлАен 浸渍。至于防止破坏毛皮和皮革的霉和昆虫的方法，那在这里所使用的办法与保存动物学藏品的方法相同，除了不用蚁醛浸渍以外〔参阅本章第八节（二）中的 2 〕。

在基本藏品储藏库中，毛皮和皮革通常都保存在箱子、抽屉柜或悬在橱中，有时在精细涮洗后也可能保存在致密而光泽的纸制的、糊好的纸夹子内。

4. 纸。纸是由磨碎了的布片或木质的纸浆制成的，这纸浆大部分是经过漂白、化学药剂处理和淀粉浆制过的。

纸，由于它成分复杂，易因外部因素的作用而受到损害。湿度的过大和不足，对于磨碎了的木质纸浆或布片纸浆以及对于黏连用的材料，都起着有害的影响，促使它们绉屈、加速它们的陈旧。湿度的不足可以导使纸张的过度干燥、损害它的弹性、使易破碎。

博物馆中所能遇见的纸张种类是非常多种多样的。最耐久的纸张原来是以手工方法用布片、亚麻或棉花为原料并以良好浆糊裱制而成的纸张。这是十五世纪至十八世纪的纸张，用于板画、水彩画的特殊纸张，以及多种中国纸张和日本纸张。

耐久程度较差的纸张，是由各种木质，特别是带有混合物、充填物（黏土、白垩、石膏等）的木质，并由氯化石灰漂白、由含有明矾的浆糊加工而制成的。

现代纸张（书写用的和印刷用的）是按其所由制成的材料的质量来区别的。高级品种的纸张是单单用布片或用掺有少量赛璐珞的布片制成的，其原料中没有机械制木质纸浆，只有漂白了的材料。低级品种的纸张是由没加漂白的材料，并带有大量机械制木质纸浆（达到50%）而制成的。

---

①　参阅本节中的（7）。——原文注

湿度过多能促使纤维破坏。对于纸张能起破坏作用的是直射的阳光，因为它能引起纸张的过度干燥和变色：变黄或褪掉颜色。对于纸张起化学作用的不仅是空气中的化学污染物，并且还有平常在制造纸张时使用的那些物质（硫酸、漂白粉），假如这些物质的多余部分没有被及时洗去的话。

煤烟和灰尘能使纸张污秽，此外，灰尘往往是感染霉的芽胞的泉源，还是形成能在潮湿条件下促使破坏纸张的各种化学混合物的泉源。

纸张的必不可少的组成部分——浆糊和胶水，都是出现寄生病害（其中最重要的害虫是 bacterium prodgiosum）的良好环境，这些害虫、病害能够形成红色斑点和繁殖各种霉菌；它们（霉菌）能形成红色、蓝色、白色、绿色斑点，并能促使纸张的腐朽。此外，还能出现若干种害虫：书蠹、甲虫——谷类砥磨甲虫。

纸张的害虫之一是苍蝇，因为它能在纸张上留下难以除去的肮脏斑点。

机械性的作用，对于纸张说来也是很危险的。

二十世纪 20～30 年代之间曾用来印刷过许多文件的、木质纸浆制的劣质纸张是最难于保存的。不仅是过大的湿度和灰尘会使它受到剧烈的损害，不良的制造过程本身也会使它受到剧烈的损害（胶糊过多）。

按 1932 年规格（国家规格 OCT4554）可含木质 70% 以上，含木质纤维素 30% 左右的报纸，是很难保存的。因为这种纸张中纤维的机械性接合软弱，以及由于它没有经过裱制，所以它的不耐久性便日益增大。

报纸纸张的不耐久性便引起纤维的剥落，纸张的分解，形成了所谓白色报纸的灰尘。

除了纸张的成份以外，对于纸张耐久程度起着有害作用的还有用于印刷报纸时所使用的劣质的印刷油色。如果保存的不好，那么在印字周围的纸上便能形成一圈浅浅的色泽，在这个部分上便能发生印字剥落的现象。

需要保存的纸张的橱柜和其它家具，不可以靠着潮温的墙壁存放。在房间内一定要有换气的装置（排气的和吸气的）。为了避免阳光和灰尘的作用，要把纸张材料放在夹子、盒子等容器内，再放在密闭的橱柜里。在玻璃橱中保存时，房间的窗户和玻璃橱都要用参观者参观时能够自动拉开的不透光帷幔遮上。为了避免弄脏纸张文件材料，不可以用脏手、湿手和油手去拿它们。一切纸张文件，特别是常要参观的纸张文件，最好裱在厚纸板上或裱上边缘。

在基本藏品储藏库中，一定要把不同性质的物品个别保存：水彩画、彩粉画、板画、地图、手稿、书籍、报纸。保存在纸夹或纸板中的纸张材料，一定要小于纸夹或纸板 2～3 厘米。纸张材料不允许折叠。只有在万不得已的情况下才可以把纸张材料卷在直径相当大的木轴或胶合板柱上。装有软纸的夹子要平放着保存。比较坚硬的，裱上边缘的或裱在纸板上的纸张材料，可以直立着保存。

在房间中一定要保持正常的温度和湿度（即相对温度在 40～60% 以内），并且还要按时换气。保存着纸张的橱柜，每周在干燥的晴天里进行一两次以上的通风，每次把橱柜敞开 3～5 小时。每年要进行一次逐件整理，这就是说把全部纸张文件材料都从橱柜里取出，使它们通风、除掉它们的灰尘，然后把抹布用 3% 的蚁醛溶液、3% 的麝香樟脑溶液或 3% 的来苏儿溶液浸湿，把这浸湿的抹布用力绞干，用它来拂拭所有家具，然后再使它们干燥。

沾有霉的纸张在户外干燥后，便要用棉花或排笔（刷子）谨慎地拂拭掉霉菌。用阳光照射时不得超过 10～15 分种，要从背面晒，并且还只能晒白纸上耐光的板画和耐光的铅笔画和炭画。然后把纸张材料放在事先用 30% 的蚁醛溶液或 30% 的麝香樟脑溶液浸渍后又干燥了的两页纸张中间。

报纸一定首先要消毒，如果纸边开始破坏的话，在消毒后还要用特备的纸条把这些纸边加固。

如果纸张上可以看得出陈旧和损坏的迹象，那么在纸张消毒之后一定要马上对纸张进行修复。

只有专家修复员才能用各种液体药剂进行消毒和除去斑点的工作①。

5. 琥珀。这是第三纪的树脂。按琥珀的结构和色泽，把它分为许多种类。琥珀的融点是350°～370°；在120°～130°的温度下，琥珀变软。因此，对于琥珀危险的是很高的温度。琥珀中总是有裂罅，而裂罅中的水一经冻结，琥珀也就破坏了。

琥珀制品应当在正常的博物馆温湿度条件下，并且在采暖的房间内予以保存。

琥珀制品的刷洗和修复工作，需要委托专家修复员进行②。

6. 蜡、胶泥。通常用于某些博物馆藏品的组成部分之一的蜂蜡，是易溶于氯仿、二硫化碳、乙醚和脂肪油中的物质。寒冷时，蜡是脆弱的，在手中由于手的温暖便可以变软而富有可塑性，太阳光线的作用可使蜡变成白色。

胶泥（模型用蜡或塑料用蜡）是由黏土和蜡掺以矿物色和某些能防止它迅速变干的物质而制成的可塑性软团（似和好了的面粉）。蜡和胶泥制品在博物馆中能常遇到的是小型雕塑、模型的底模、钱币的印模以及其它物品，对于它们最危险的是温度提高到25°以上的情况。因为它们在这种温度下便能变软，如果在更高的温度下便能溶化。这些制品还必须防止落上灰尘。

7. 珠母、珍珠、珊瑚。珠母是瓣腮类软体动物甲壳内层的物质。珍珠是圆形珠母层的沉积物，它带有乌光，它的沉积是有机物与碳酸石灰的交替沉积。

珠母、珍珠、珊瑚都要避免酸类的作用，因为它们在酸类中能够完全溶解。保存珍珠时一定要使空气与温度能自由接触到珍珠，不然的话它便会"死去"，就是说它会失去自己的功能（如果带在身上，它什么时候都是健全完整的）。在保管时，珍珠串上的线要悬吊起来，并且要经常检查线是否牢固。

8. 骨。博物馆中常见的骨，都是以骨骼形式，常常还是以个别的骨，甚至于是以古生物藏品中和考古学藏品中的部分骨头的形式出现的。骨的艺术制品过去和现在主要都是用所谓的"象牙"（即猛犸、象、海象的门齿）制作的。"象牙"的特点是具有很大的耐久性，但是薄片的象牙却是很脆弱的。浸水以后不均衡的干燥对于骨都能有有害的影响，都能使象牙龟裂、变干。干燥时，骨能收缩；这时用来作为艺术镶嵌饰的骨，便要脱落下来。

骨如果长期处在地下，便能破坏，剥裂；因此在考古发掘中所采集到的骨，通常都是脆弱的、糟朽的，并且常常要求在发掘现地进行加固。

要保护骨，使之避免濡湿，避免不均匀的干燥；而骨制品，除此之外，还要使之避免机械性损坏，应在覆有玻璃的橱柜中，在光亮处保存它们，但是应保护它们使之避免阳光的直接作用。加固干燥而剥落下来的骨的工作，只能由修复员进行③。

9. 角和玳瑁（即龟甲）。角和玳瑁制品在博物馆中常见的都是以小型细工物品（木梳及其它）和镶嵌物、饰物、镶边等形式在巨型博物馆藏品中出现的。角在古代是用于制造容器和乐器的。角和玳瑁制品主要能因为温度的剧烈变化和湿度的剧烈变化而受到损害。它们能干燥、剥离，然后便能够完全破坏。角制的薄的物品是很脆弱的。角和骨制的博物馆藏品应当在正常的温度条件和湿度条件下予以保存。

必须检查镶嵌物和饰物与基础连接的巩固程度。角和玳瑁制品如果翘曲了，不可以试图把它们弄直。

（三）复合成分材料的制品

在纸上、布上、木上制成的复合成份的博物馆纪念物，要求对待它们特别小心，因为它们是各种材料的复合体，并且对于外界条件也相互起着各不相同的反应。保管它们的方法是根据它们本身所包含的材料成份以及制成它们所使用的方法（即它们制成的工艺技术）为转移的。属于这样纪念物的有绘画和相片材料。

根据绘画材料（麻布、纸张、灰泥、木料、板纸、金属等）以及使用什么样的胶着剂把绘画固定在画面上。绘画可以分为三大类：

1. 巨幅纪念性的壁画；

2. 画在麻布、木料以及其它材料上的油画（在木料上主要使用蛋黄胶色、在麻布上则主要是使用油色）；

3. 使用含有溶于水的胶凝物的颜色（较常用）或用不合胶凝物的颜色（水彩、彩粉），以及使用油色（罕见）而主要是画在纸上的绘画。

（1）巨幅纪念性的壁画。这种绘画主要常见于建筑性纪念物博物馆（过去的教堂、宫廷等）中，画在墙壁与穹窿（拱顶）的石灰上面的。这种石灰面的成份是：很耐久的石灰、河砂、大理石或砖的磨粉以及有时为了使它们更好地凝合在一起而掺一些磨碎并加过工的纤维物质——麻刀、碎草及其它，作为绘画的底色的是用精细筛选过的材料抹成的、平整而又光滑的灰泥表层。

有最大耐久性的是用壁画技术作成的巨幅纪念性绘画，就是说在潮湿的灰泥上用石灰乳或只用稀释了的颜色画成的巨幅纪念性绘画。与颜色（只限矿物色）很好混合在一起的石灰，便和颜色在一起被吸进潮湿的灰泥中去；而当灰泥干燥时，石灰便在空气中二氧化碳的影响下变成碳酸石灰，而形成很牢固的几乎不溶于水的一层膜。

但是，在潮湿的灰泥上作画是要求迅速制成的，因此平常都在干燥的灰泥上用掺有某种胶凝物质（鸡卵、酪素胶、淀粉糊、植物油、液体玻璃等等）的颜色作画。有时一幅绘画虽然开始是用壁画技术，但是在这"草图"的上面却是掺有某种胶凝物质的颜色画的。以这样方法画成的绘画是不太耐久的，经常因霉菌而受到损害。这种情况之所以发生，是因为有机的胶凝物质在保管条件不正确时，原来是最适当的营养环境（培养基），胶凝物质成份中含有的油能堵塞灰泥上的孔隙。而妨碍灰泥正常地"呼吸"，这便能在潮湿的情况下引起灰泥的迅速剥落、引起灰泥发生其它损害。

壁画的各种损害之所以发生，是由于以下四种情况：

1）由于机械性的原因（墙壁由于震动和冲击而沉下和变形），这时灰泥便要受到剧烈损害，因而会出现一些裂缝和凹陷；

2）由于温度的剧烈变动，这时因墙壁和灰泥在膨胀程度上有着差别，所以便能形成裂罅或使旧的裂罅变大，便能发生壁画的剥落，便能使灰泥与墙壁的结合关系变成不牢；

3）由于物理性和化学性的原因，这时候就会发生壁画底色的剥离和脱层，会形成含有微白粉末的凸起小泡；物理性和化学性的原因不仅能引起底色的损坏，并且还能引起色彩层的损坏，这表现为颜料的变色，表现为石灰（碳酸钾）在硫酸的作用下变为易溶于水的石膏，表现为钾（硝石）被析出或成为疏松的薄层（像一层霜）或成为使壁画面皱紧的坚硬层；硝之所以形成，是因为在底色层深处没有变成碳酸石灰的石灰溶解的结果；

4）由于生物学上的原因，这时因潮湿和因墙壁中存在着有机物质便能繁殖白色、绿色、黑色的霉，有时甚至于还繁殖薛苔类植物。

防止巨幅纪念性绘画受到损害的方法便是遵守正确的保管条件。一定要采取一切可能的措施来防止纪念物的潮湿，因而要注意使屋顶不漏，使下水道畅通无阻，使墙壁当风的那面不受雨浇，而用屏壁和板栅隔上，要筑起从建筑物屋脚向外流水的下水道（排水设备），如果近处有地下水和泉水，那么还要使建筑物基础与它们隔离。

建筑物的正确而通畅的通风，对于保存壁画完整是有着巨大意义的。对于保证墙壁的自然通风必须给予特殊的注意。绝对不可以在建筑物的内部和外部用水泥和油色涂抹墙壁，不允许在建筑物的附近处有丛生的杂草。

为了预防壁画受到直接的阳光照射作用，要把可以进阳光的窗户涂上白垩。为了预防灰尘，必须保持建筑物周围和建筑物内部的清洁，并且还要把门窗都按上纱网。出现了霉的时候，如果可能的话，要使壁画受到阳光的照射，同时还要采取一切办法来使建筑物干燥。

巨幅纪念性壁画的修复工作，是很复杂的事情，这种工作不可以用自己的力量进行；只要是发现灰泥脱落或壁画有其它损害时，便要请有经验的修复员来。

（2）油画。这种绘画的基础是木料、麻布、纸张、纸板，有时还有铜、锌、丝、皮革（羊皮纸，羚羊皮）、象牙，很少的情况下还有片岩（版石）、瓷器、玻璃及其它。木料、麻布、金属，有时还有纸板，都要涂上底色才能用于绘画。

底色通常都是由最下的一层构成，这一层便是胶糊（通常用动物胶或酪素胶糊）；如果用于彩粉画便要涂上若干层含胶糊的白垩土，如果是用于油画便涂上一两层同样的底色，不过这时要掺些许油类。有时为了涂底色，还使用一种乳剂，这是用油和鸡蛋或胶糊制成的胶凝物质。在古俄罗斯绘画中，往往在涂底色之前把整个木板上黏上一层麻布，这种麻布当时称之为"Паволока"[①]。

彩色层是由着色剂和胶凝物质构成的。着色剂（颜色）分为矿物成分的和有机成分的。这两类中每一类又分为天然着色剂和人工着色剂。

作为油画中的胶凝物质的，是可干性的植物油：亚麻油、花生油、罂粟油，这些油里有时还掺有树脂；在小画像中、胶色中、树胶水彩中、普通水彩中，胶凝物质是动物蛋白和植物胶；在彩粉画中，胶凝物质是全卵、卵黄或含卵或胶糊的植物油制的乳剂。

油画和彩粉画平常都覆上漆。它能使色粉具有光泽，能加强它们的效果性和透明性，使那些"发皱"的地方恢复原状，同时还能起着保护作用。漆膜是由可溶于挥发油中的柔软树脂（乳香、树胶等）构成的，有的时候（在圣像画中）漆膜还能由具有漆的特性的油（平常都是麻油干油，常掺有树脂）构成。

对于油架上的绘画特别危险的是潮湿，因为潮湿能在涂有色粉层和漆的木基础的绘画面上引起绘画的膨胀凸起，能在麻布基础的绘画上引起麻布的紧缩、能加剧麻布在底框上绷紧——而这种绷紧常常也是不均衡的。因为在基础变化时，潮湿几乎不能引起底色和彩色层的变化，所以便要发生底色和色彩层脱离基础以及形成部分膨胀隆起的现象。木板的翘曲和裂开能使绘画受到特别剧烈的损害。过度的潮湿能使色素因光的作用而变色，能加强使油变黄，能引起漆的变白（分解），能促使腐朽、生霉和各种细菌的繁殖。

---

① 这是古代俄罗斯从国外输入的一种高贵的织物。——译者注

高温对于绘画的影响特别剧烈，因为绘画的色彩层中含有沥青色，它在约40°的温度下便要融化。靠近炉子和其它采暖器具，对于一切框架上的绘画都是危险的，因为这种靠近会引起强烈的排出原来含有的水分，引起漆变软和晦暗，油的变质，促使木板翘曲和裂开，促使麻布不均衡地绷紧。

强光，特别是在湿度很大的情况下，能够引起一切有机颜色（特别是洋红和阿尼林染料，即合成染料）的褪色，能够引起某些矿物色变化。玻璃能够隔阻若干作用力量最积极的紫外线，所以它能使褪色现象减弱。油和漆也能部分地保护颜色受光的作用，此外光还能够使变黄的油和漆恢复原状，所以光对于油画是必不可少的。还应当注意的是，黑暗能促使霉的发展。

空气中气体污染物——硫化氢、亚硫酸气体、阿莫尼亚以及其它气体，主要作用于铅的化合物和铜的化合物，但是其它色彩也能受到空气中气体污染物的损害。氯与水气化合（即遇到潮湿）便形成盐酸，所以几乎一切颜色受到氯气的侵袭便会被破坏。

灰尘，煤烟都不仅能使绘画肮脏。灰尘往往带有小砂粒，这种小砂粒在擦过画面时会擦伤绘画。灰尘中所含的各种物质，都能起化学作用。

害虫（特别是砥磨甲虫和书蠹）能够破坏木基础，底框和边框、纸和纸板、纸装制的框子。苍蝇能带来巨大的损害，因为它能污染绘画。

底色中所含有的，以及有时色彩层中也含有的发湿了的胶糊，如果它不含有消毒剂，那么便是繁殖细菌和霉的最好环境。

保存框架上的绘画时，应当既注意基础的材料（木料、麻布、纸张、金属及其它），又注意一切别的组成部分的材料。必须遵守博物馆材料的正确的一般保管条件，当搬运和运送时要严格遵守"对新的温湿度条件的适应"的规则。需要保护绘画不受过多的光线照射，特别是不受直射阳光的照射，而同时还要保证必不可少的最小限度的光线（柔和的散光）。为了防止灰尘的侵袭，一切绘画都要尽可能地镶上玻璃，并且背面用纸板或布料蒙上，这些都不可以把绘画压得过严。没有镶玻璃的绘画一定要微微向外倾斜地挂着。要把玻璃镶得这样，使玻璃不致接触绘画的表面，为此目的，可以使用软木垫或木板条。

从画上除去灰尘的工作，要谨慎地向同一方向用软绒垫子进行。如果在画上有脱皮、剥落的迹象时，不允许拂拭掸去。灰尘要用软毛掸子从四框掸去，或者用软长绒干布片把灰尘除去（天鹅绒、棉绒），或者用有软毛刷的微力（非强力）除尘器来除去灰尘。背面的灰尘可以用除尘器吹去，或用软毛鬃刷除去。木板则用软布片拂拭。如果发现在底框和绘画之间有尘芥、钉子等，那么马上便要把它们小心地除去。

发现砥磨甲虫、霉菌等病害和虫害时，应当把感染了的画立刻隔离，对于其余没有发现感染的绘画则要细致的观察。感染了霉的绘画需要使之干燥，从这些绘画上把霉除掉，并从背面使之受到阳光的照射：夏天在户外照射 15~30 分钟（但是阳光下温度不得超过 30°），冬天则隔着玻璃照射 1~2 小时；无论冬夏都是要把绘画逐渐从阴处移向太阳光照射之下的。

绘画的消毒工作一定要专家修复员来进行；只有在万不得已的情况下，取得修复员的同意后，才能够用在 3% 的蚁醛溶液中浸渍后绞干的棉絮拂拭其背面，或者才能由化学专家用氯化苦味酸（苦氯）的蒸气进行消毒。

机械性的作用对于绘画起有害的作用，因此，一定要使绘画避免受到触动、打击、震动等等。

为了避免绘画的损坏，科学编目的号码、标记、贴标签都要在一定的地方——在框子或框底的背面，木板上或纸板上的画——即在基础的背面。纸上的或布上的画，如果它们没有底框，则不可以贴标签，要在背面靠近边缘的地方作标记。作这种标记时绝对不许使用化学铅笔（即拷贝铅笔）和化学墨水。

画在柔软基础（麻布、纸张等）上的绘画要裱在坚牢的材料——纸板、木板上，还要绷在结实的底框上。巨幅绘画的底框应当在中间用十字形板条加固，板条的厚度和宽度要适合于绘画的尺码（厚度 2 厘米或 2 厘米以上，宽度从 6 厘米到 10 厘米或 10 厘米以上），榫槽应当确实而牢固地衔接住底框上十字形板条的接合部（卯），并且在底框四角的内缘上附有向高向宽延伸的楔子，斜棱和倾斜面一定要能够防止画面碰到底框的四角而破坏。用于制造底框的木料要使用干燥的、经久耐用的。

如果没有底框时，小尺码的绘画要用纸包好保存在纸夹子里，大尺码的绘画则要卷在轴上。镶框时要注意使绘画不受框的拘束，要使框子镶得在必要时可以用楔子把底框打开而无害于绘画。在框子与底框之间要放上弹性材料（软木、橡胶）制的垫子。应当使用木制的或金属制的卡子把绘画固定在框内。在框子背面的底边上，最好固定上富有弹性的（如橡胶的）软木或垫子，以减弱震动、以防护墙壁受到擦伤、以保证空气在绘画周围流通和预防绘画受到墙壁的潮湿。

沿着房间的顶棚把钩头钉（挂钩）固定在铁杆上，用卷绳、小绳、细铁丝、粗铁丝把绘画挂在这钩头钉上。卷绳、小绳等都拴在框上按着的、拧进去的小环或小钩上。在绘画与墙壁之间永远要有空气可以自然而均匀流通的空间。不可以把绘画悬挂得靠近采暖器具、靠近炉子和壁炉的正面、靠近放热孔，也不可以把绘画悬挂在潮湿而冻透的墙壁上和悬挂在能受到震动的地方。

为了保存绘画，基本藏品储藏库中应装备有由木框和木栅或钢铁组成的活动画架。如果地方不够用，也可以把绘画保存在有直隔板的架子上，但这时不可以使绘画的画面互相对着存放。平放着保存绘画时便要把绘画逐次叠放起来，这是不允许的。堆放着保存只能是临时性的，并且还不能把这些画直接放在地板上，而是在垫木上按其尺码分放，就是说要摆放得不致使这些绘画的框子、钩环、底框能够接触到另一些绘画的底布和色彩层。

搬运绘画时，要拿它们框子或底框的坚固部分，既不可以触碰着绘画的画面，也不可以触碰着绘画的底布。大型的绘画要用有曳索的担架搬运，或者用小车搬运。沿着地板移动绘画时，只能使用"滚座"——有毡垫的小型木制的爬橇。

在搬运时（在极端必要的情况下有时在基本藏品储藏库中保存时亦同），巨大的绘画要卷在轻便的干燥材料（胶合板）制的轴上；轴的骨架是木制的，它的直径尽可能要大些（由 0.4 米到 1 米），骨架的两端并附有滚动轮。卷绘画时，画面朝外，并要垫上柔软而洁净的纸；画面即将剥落的绘画，如果事先没有用浸以稀释卵黄（卵黄与水各半）或浸以很稠的酪素胶或鱼胶（一定要掺有软化剂——蜂蜜或甘油）的薄香烟纸把绘画做预防性裱糊的话，那么便不可以卷起来保存。

对于绘画的情况要进行经常性的观察，同时对于每一份绘画都要附有记述绘画完整程度的卡片。发现绘画上某些损坏时，要采取紧急措施在修复工厂内对它进行修复。

（3）主要画在纸上的绘画。这一类绘画大部分是用溶于水的胶凝色（水彩），或者用胶糊、牛乳（彩粉及其它）画成的，也有极少部分是用油色画的。

保存纸上的绘画时一方面应当注意到以前讲过的纸张保存规则，另一方面还要考虑到根据所使用胶凝物质的不同为转移的那些保管上的特点。

作为胶凝物质用的动物胶，要使用上等的，木工用的皮胶和动物胶。以胶和动物胶作为胶凝物质而画成的绘画，它的缺点就是脆弱易坏和能够很剧烈地翘曲。

用奶渣滓做的酪素原是耐久的胶凝物质，但是酪素缺乏弹性，所以使用酪素时是比较稀少的。

现在还使用现代人工制造的彩粉。

用于纸上的绘画（精细的小画像）的鸡卵，大多数不是使用全卵，而只使用卵白（蛋白质）。

用于绘画中的植物胶（如树脂），有透明的、溶于水的颜色（水彩）所画的绘画以及不透明的颜色（胶色）所画的绘画，这两种颜色都一定要有软化剂（蜂蜜或甘油）。在廉价的水彩中作为胶凝物质的往往用淀粉糊精，作为软化剂的往往用糖浆、白糖。

米淀粉在某些中国画和日本画中常常使用，小麦粉则常使用于装饰画中。

这些胶凝物质能保证使薄薄的液体色彩层微微渗进纸内，并与纸发生巩固的结合，但是这些胶凝物质对于光线作用和空气污染物的作用却仅有微乎其微的保护作用。阳光与潮湿气的相互作用对于这类绘画常常是很致命的。这些胶凝物质对于各种病害和虫害都是好的营养环境（培养基）。

对于这类绘画比对于其它各类绘画都更加危险的是一切形式的污染、肮脏。

"干色"画法所画的绘画，着色剂与纸的结合只不过是各个分子的机械性附着（如彩粉画、色铅笔画、软铅画、炭画、粉笔画等）。用压碎颜色、着色的白垩或粘土制成的彩粉，是最敏感的。色彩的分子与纸的结合微弱，在震动时便能剥落色层，在受到拂擦时便能受到损伤，并使除去灰尘和消灭各种污垢的工作发生困难。

保存纸上的绘画时，一定要保持严格的温度和湿度的条件，把绘画在黑暗中保存；最好在人工光源下陈列。这时必须遵守下面这些注意事项：1）在所有窗户上安上窗帘，2）只有把绘画用帷帘覆上的情况下才能够把它们陈列出来。

对于光最敏感的艺术作品（水彩画、彩粉画）只能展出 1～2 月以内，并且只能在秋冬两季，这时还要遵守所有应事先注意的事项。彩粉画、炭画不可以在翻转陈列架上陈列，因为在这类架子上这些画能够受到震动。

在基本藏品储藏库中保存时，首先按绘画的制成技术选别，然后再在这些类别中按尺码分类，保存在纸夹子里。纸夹是用上等纸板制成的。它们的尺码一定要比绘画的尺码大 2～3 厘米。制做纸夹时，胶糊中要加入消毒剂。注解性说明要写在封面上和封底上。纸夹子里放的画，不可以超过五十张。纸夹要平放着保存在架上，每叠 1～2 个。为了保护图画和板画不受损伤，要把它们的画面放在双重的画夹子里，这种画夹子是把上等白色纸板叠成上下对开的两面，把板画固定在下半面上，而在上半面上挖尺码比板画（石印画、普通画等）小些的一块①。画张要用纸角（贴相片用的像角之类）或纸条斜着固定在纸板上或画夹子上。粘贴纸角时使用小麦糊、米粉糊或白色糊精，这些都需要掺入消毒剂。不允许直接把画本身粘上。垫画用的纸张要使用 3% 蚁醛溶液或麝香樟脑溶液浸渍过又彻底干燥了的香烟纸。

彩粉画要先镶好玻璃以后才能保存和陈列，同时不可以使画面触及玻璃，为此，在各个边缘都要放衬垫或使用厚纸板制的厚的画夹子。画张的背面用白色纸板保护，这纸板要事先经过 3% 的蚁醛或麝香樟脑的彻底处理方可使用。

纤画也要镶上玻璃后保存，在基本藏品储藏库中，要用软纸包好，装在带分格的盒子或单独放在小盒里，然后把它们保存在抽屉里。

（4）相片材料。保存底版和照片时，应当考虑到玻璃与纸的保存规则，应当遵守正确的温度、湿度条件。相片材料上的乳剂对于过度的潮湿、对于湿度的变动、对于高温、对于光线，以及对于若干物理因素和机械性作用都是敏感的。底版乳剂的潮湿和濡水，都能造成底版乳剂与玻璃的脱离，造成沉淀、

---

　① 上半面等于一个用纸板制成的框子。——原文注

起泡等现象。温度和湿度的变化能使相片卷曲。玻璃胶版与玻璃底片是易于破碎的。

　　为了保存相片材料，最好有专用的家具。往往把冲晒的照片和底版保存在分格的盒子或橱柜里（插图29），或者保存在抽屉里。每一张胶片一定要单独装在一个纸袋里，在这袋上记载出底片的编目号码、照片的编目号码，并且还要作出简单的注解性说明（每一张底片最好都有一张冲洗出来的照片）。盛底片的盒子或匣子都要根据底片的尺码做成标准尺码的。照片底版要保存在有说明和编号的纸袋里，然后放在金属盒内或金属匣内，它们还必须有尺码相应的盒盖或匣盖（类似目录箱）。如果有大量的底版，则最好有带抽屉的橱柜。对底版进行登记时，绝对禁止把号码用钢笔水写在这些底版上（应当用墨汁写）。

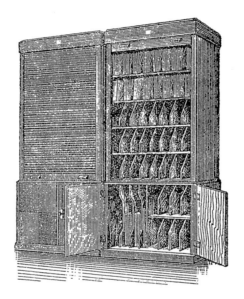

插图29　保存底片用的橱

　　冲晒出的照片要裱在像夹子内然后保存；在这种像夹子里，如同在像册子里一样，这些照片都是镶在（或嵌在）像角里的。尺码不大的照片都放在照片箱的抽屉里，而尺码大的都要放在纸夹里保存。必须注意使铅笔或钢笔水的记载事项（底版或照片上的）完整无缺。应当保存冲晒出来的照片上的旧编目号码，因为冲晒出的照片往往是珍贵的文件。对于装帧好了的照片（裱好了的照片）要做尺码与之适应的匣子。

　　装有相片材料的橱柜，要定期地通风。

第五章　博物馆的陈列工作

第一节　苏联博物馆中陈列工作的意义和地位

保存在苏联博物馆中的历史文化珍品和科学珍品都是人民的财产。苏联博物馆通过陈列与广大的人民群众联系着。在沙皇的俄国，博物馆也曾经建立过陈列，但它们只不过展示它们在博物馆基本藏品中所拥有的物品而已。这些博物馆中，有许多博物馆曾经是巨大的科学与文化的中心。但是它们的陈列照例只能是少数人所能看到和理解的。那时，人民不知道博物馆，也很少去参观它们。

只是苏维埃政权才把博物馆变成了科学教育机关，在博物馆面前除了提出专门性科学目的以外，还提出了群众性宣传目的。这样一来便把陈列工作的意义无比地提高了。因为苏联博物馆的陈列能够使苏联人民得到知识，扩展他们的眼界、提高他们的一般文化水平，因而也就能促进马克思列宁主义世界观的形成，也就能有助于对劳动者们进行共产主义教育，也就能对于共产主义建设的实践有所帮助。

陈列工作在相当大的程度上决定着博物馆科学工作和搜集工作的内容。

建立陈列——这是复杂的过程。为了建立陈列，则需要对有关陈列主题的一切问题作全面地分析探讨，并需要对准备在陈列厅中展出的那些博物馆藏品作全面地研究。建立符合马克思主义科学宣传的高度要求的陈列时，在大多数情况下不可以局限于现有的博物馆基本藏品，而需要补充地搜集一些必不可少的材料。正是陈列上的要求，才首先决定着为补充博物馆基本藏品而进行勘察和其它形式搜集工作的主题究竟是这样的或者是那样的。

由此可见，在建立陈列的过程中不仅是利用现有的博物馆基本藏品、不仅是利用那些与研究和加工这些藏品有关的科学考查的结果，陈列工作也刺激了和指导了材料的搜集，促使基本藏品变为丰富，同时为科学研究工作提出主题。

在苏联博物馆学中，主题性陈列所指的是什么呢？[①]

如同已经指出的，每一件博物馆藏品都在记明着自然生活或社会生活中的某一事实或某一现象。但是，如果没有一定系统，只是作为历史的零散遗物而展出的博物馆藏品，对于达到教育目的这一点上，是很少有效用的。为了使陈列能够在生活现象的直接联系与间接关系中，在生活现象的发展中来揭示生活现象，以便使这种揭示能够目的性明确而有效果，所以博物馆藏品一定要是按主题进行选择后而编排在一起的。

博物馆藏品的选择与分类的理论基础，是马克思列宁主义的方法学。

虽然存在着建立苏联博物馆陈列的一般原则，但这并不意味着苏联博物馆都是彼此类同，互相一致的。陈列的一般任务首先是根据各博物馆专业范围而来具体实现的。博物馆陈列是为了阐述一定范畴的

[①]　在本章中并不分析艺术博物馆建立陈列的那些原则，因为艺术博物馆有着其专业性的特点。——原文注

知识。在历史专业的陈列中，展示着能够揭示人类社会生活某方面的那些历史纪念物。它的陈列是根据历史分期（历史时代划分）而建立的，这种历史分期（即历史时代划分）的基础便是社会经济结构的学说。陈列的每一部分都反映着一定的、对于历史过程说来是本质的现象。

自然科学专业的陈列既展示着自然标本，便要通过这些标本来揭示自然的发展过程，并且要指出人类利用自然和改造自然的途径和方法。有时展出自然科学的某些部分（地质学、植物学、动物学及其它），在许多情况下，按照该地区的地理情况等等来综合地展出自然界。

同一专业的不同博物馆的陈列，自然要互不相同，独具特色。每一个博物馆都是根据它所搜集到的和保存在它基本藏品中的那些真实的，同类中唯一的材料来建立自己的陈列。

通过博物馆藏品来展示生活现象、揭示这些生活现象的本质、揭示它们的发展、揭示它们的相互关系和制约关系的陈列，在苏联博物馆学中便称之为主题陈列。用博物馆展出的手段能揭示的主题，称之为陈列的主题，而按科学原则安排的、许多陈列的主题之综合，便称之为陈列主题结构。根据马克思列宁主义关于自然发展规律与社会发展规律学说的原则，根据该项科学所固有的方法而建立的主题陈列，能够出色地完成共产党和苏联政府在博物馆面前所提出的广泛性教育和教养的任务。

苏联博物馆并不是没费周折便得以创立了主题陈列的。

为争取建立在科学基础上的陈列而进行的斗争，反映了思想战线上为争取纯洁马克思列宁主义理论，在科学的各个领域以及在社会主义建设的实践中为反对对这理论的曲解所曾经进行的那一斗争[①]。

例如，在二十世纪二十年代，在历史专业博物馆中曾经形成并普遍传播过一种趋向，这种趋向表现在建立所谓历史生活陈列之中。这些陈列在基本上是想用展示具体生活的"片断"来反映出某一历史时期的基本特征。据这类陈列的作者的意见说，属于社会不同阶级的人们的住宅设备情况——内部陈设，当时便曾是如此的。

在事实上，这些内部陈设只不过展示了生活的外在方面和不同阶级的人们的生活环境，但是它们不能指出关于生产方法的概念。它们不能揭示各基本历史时期的社会经济结构，阶级关系、阶级斗争的本质。

这种陈列的作者用按历史年代顺序排列的内部陈设的体系，掉换了复杂的多方面的历史过程的展示。

随着苏联历史科学的发展，也制定了陈列工作的一些新的原则，它们表现为按主题的原则来建立陈列的这一经验（二十世纪二十年代至三十年代初）。这一方向的创始者便是由于苏维埃政权的创立和奠定而创立的新的革命历史博物馆。

但是，这一时期的大多数陈列中，都曾反映过庸俗社会学的代表者们，首先是波克洛夫斯基及其"学派"的反科学主张。

庸俗社会学表现为力图在博物馆陈列中只给出一定图解中的直观描述。庸俗社会学所特有的那种对具体的历史事实的轻视态度，表现为对博物馆藏品作为真正的知识原始来源材料这一意义的估计不足，表现为拒绝把这些物品摆放到陈列中去。

通过博物馆藏品展示生活的问题，在这种情况下根本只字不提，陈列的实物性被消灭掉，只剩下对一定主题选择直观材料的工作了。在诸如此类的陈列中，他们企图把陈列主题的思想本质让观众通过纯粹外在的、形式主义的方法（色调和构图性的象征手法）达到理解。博物馆形式的宣传特点消失无遗

---

① 参阅 П. Г. 棱君斯基著《苏联历史博物馆陈列的基本方向》的手稿。博物馆学研究所档案 1947 年 1127 号。——原文注

了，因而这一类陈列也随着失去了意义。

对反马克思主义"学派"的批判，为建立以马克思列宁主义理论为基础的、有充分价值的博物馆主题陈列开辟了广阔的范围。

第二节 建立主题陈列的一些基本原则

为了建立质量高的陈列，便需要正确地组织陈列的准备工作，它大致上包括有下面三个阶段：

第一阶段——陈列的科学准备、编制陈列计划（草案）以及选择（或研究）所有的陈列材料。

第二阶段——陈列的艺术设计。在这一阶段上要制定陈列的艺术设计计划（草案）并对陈列场所和陈列材料进行准备和安排。

第三阶段——布置陈列，即陈列的实际实现。

究竟怎样来建设主题陈列呢？

博物馆对生活现象的揭示，应当使博物馆的参观者能够借助于感官来观察和理会那些能使参观者本人成为这些生活现象的见证人、目击者、观察者和研究者的具体材料（参阅第一章）。因此，博物馆对主题的揭示，便从本质上区别于口头的、书本上的揭示（解释说明）。

例如，关于伟大的俄罗斯革命民主主义者 Н·Г·车尔尼雪夫斯基，可以写出一部科学著作，在这著作中将有他的传记，将阐述和分析他的哲学观点和经济观点、他的美学理论、他的革命讲演言论等等。但是，除此之外，关于车尔尼雪夫斯基的活动还可以有博物馆的主题陈列。

在这种主题陈列中将展出他的书籍和手稿、他的肖像画、他曾居住过的地方的图片、对他世界观曾有影响的那些历史事件的材料等等，一句话，在这种主题陈列中将展示假如参观者是车尔尼雪夫斯基的同代人便能亲眼看到的那些具体材料。

再举一个例子，二十世纪初的工人运动可以作为科学著作的主题，也可以是博物馆展出的主题。根据原始资料的文件进行研究，便能确定历次罢工的原因，便能查明这些罢工都是在哪些企业中发生过的，便能确定工人要求的性质、斗争形式等等。

在陈列中将要给观众展出假如观众是二十世纪初罢工的见证人、目击者，他便会看到的那些具体材料：工人的红旗、叙述工人要求的传单、罢工领袖和参加者们的照片、发生罢工的企业的外貌、与革命事件有关的纪念地点的外貌等等。

在书中或讲义中，能够对于某门园艺发展的科学基础加以叙述，或对于培植重要经济植物经验加以说明；正像在书中或讲义中的情形一样，在博物馆中也要展出那些根据在一定地区（集体农庄、植物园、科学研究所）作一些科学勘察而得到的植物标本，展出对这些植物进行过研究的人们的肖像画，展出进行照料植物、搜集植物等工作的实验所的画片，一句话，要展出那参观者如果亲身在进行上述试验的地方便能看得到的东西。

由此可见，第一、博物馆陈列绝对不能简单地是对书本上所叙述的某一理论上定理所做的图解说明，而是有着自己独特的性质和展示的方法。第二、并不是可以作理论性研究的一切问题，都可以在博物馆中展示，就是说并不是可以作理论性研究的一切问题都能够是陈列的主题。因而，陈列的主题结构也就有自己的特征；甚至于陈列的主题与书的主题一致，陈列的主题结构也不能够重复书上的章次目录。

这样，博物馆的特征使博物馆的展示具有着一定的方向，但是这并不能使博物馆的任务变成狭窄，也不能使博物馆的陈列的可能范围变成狭窄。相反地，排得正确的陈列主题便能够开辟出最大限度利用博物馆基本藏品和大量丰富陈列的途径，并且还能提高陈列的教育意义和教养意义。

从上所举的这些例子可以看出，只要参观者观察到博物馆藏品，便能够熟悉那些在时间或空间上距离他遥远的事件或现象。但是陈列不仅要使观众能够观察到博物馆藏品，并且还要使观众能够对这些博物馆藏品的价值和意义给于正确的估计，不仅要使观众能了解每一件陈列品的意义，并且还要使观众能确定这些陈列品中间的关系，以便最终对这一组博物馆藏品所代表的生活现象有所体会。

为了达到这一目的，在陈列中还使用另一些材料。例如，为了弄清博物馆藏品所证明的现象和事实的关系、相互制约性和动向，在博物馆陈列中便使用直观的科学性辅助材料（地图、图表、图解等）。为了对所陈列的现象造成形象的概念，可以利用艺术作品或复制一些艺术作品（有历史意义绘画）。为了帮助观众用正确的观点观察陈列品并作出确切的结论，在陈列中还使用摘录性说明文和陈列者所编的整套说明词。

让我们继续用上面所举过的那些例子吧。展示车尔尼雪夫斯基的生活和活动时，非常具有本质意义的陈列品将是"传记性"地图。这样的地图便能够帮助我们明确描绘伟大的革命民主主义者车尔尼雪夫斯基所曾居住过的地方的各个图片之间的关系。这样的地图便能帮助我们理解被沙皇专制制度使之与文化中心和革命运动策源地隔离开了的车尔尼雪夫斯基的命运的悲剧。为了最鲜明地展示车尔尼雪夫斯基是青年一代的"思想的权威"可以专门创作一幅描写民主主义的青年们在阅读车尔尼雪夫斯基著的《做什么？》①的图画。陈列者如果把马克思主义经典著作中对车尔尼雪夫斯基所给下的论断安排在陈列中，那么这就能把对这伟大的革命民主主义者的活动所作的评价告诉给观众。每一个注解性说明也能够对参观者说明陈列品的内容，从而有助于弄清楚陈列主题的思想本质。

让我们继续用上面举过的第二个例子吧。如果展示二十世纪初工人运动时需要强调指出罢工斗争的不断增长，那么在陈列中便要用罢工运动的曲线图。关于罢工的那些材料已在陈列中都具备了的时候，那么以罢工为主题的艺术作品便会绘出工人阶级英勇斗争的鲜明形象。

最后，第三个例子。在展示改造植物界的时候，除了以上提到的那些陈列品以外，还可能在陈列中使用新品种植物的经济价值的数字材料，使用创造新品种的研究过程的图解，使用解释这一实验任务的说明文，使用解释实验工作过程的说明文等等。

材料的布置应当有助于阐明陈列的思想内容。在上述的三个例子中，布置标志车尔尼雪夫斯基在取消农奴制度前夜的活动的材料时，应当使登载有车尔尼雪夫斯基关于农民问题的那些论文、并由车尔尼雪夫斯基领导的杂志"同代人"成为参观者们注意的中心；展示罢工时，要使红旗成为注意的中心，因为红旗证明着罢工的组织性，证明着罢工的政治性质；展示园艺成就时，要使由于科学实验而产生的新品种标本成为注意的中心。

因此，对陈列材料进行主题选择的主要特点便是：

1. 选择与一定生活现象有关并能标志这生活现象的本质方面的博物馆藏品；博物馆藏品——这是陈列的基础；

2. 除了博物馆藏品以外，还要把能有助于最深刻而最正确地理解所展示现象的本质的陈列材料，能有助于最深刻而最正确地理解各个博物馆藏品之间以及这些博物馆藏品所反映的现象之间的联系和关系的陈列材料包括进来；

① 《做什么？》的另一译名是《怎么办？》。这两种译名中后者恰当些。——译者注

3. 根据所展示现象的内容来布置那些在主题上互相联系的陈列材料。

一组在一定的有限的陈列空间里布置着的、完整而目的明确地展示生活现象的、在主题上互相联系的陈列材料，在苏联博物馆学中称之为主题陈列单元。主题陈列单元乃是主题陈列的基本环节，在这时候陈列的主题可以由一个或若干个陈列单元构成。

如同以上曾指出的，群众性科学宣传是通过博物馆陈列来实现的。因此，在准备陈列的全部过程中一定要注意到陈列的"接受对象"——博物馆的参观者，即在年龄与专长上都各不相同，并对陈列能提出各种不同要求的那些人们。

如果陈列真的能够使参观者成为他在普通环境中不能看见或不能注意到的那些现象和事件的"见证人"的话，那么博物馆便能够吸引非常广泛的人们。每一位参观者一定要从这样的陈列中获得符合于他的兴趣和他的修养水平的东西。在实际上，每一件博物馆藏品都是能够从不同的方面、不同的角度来被人们观察的。例如，当地出产的鹿的剥制标本，既能引起动物学专家的注意，又能引起一年级小学生的注意。但是，他们每个人都要根据自己的兴趣以及自己对于鹿的知识来观察这个剥制标本的。

农业成就的标本是博物馆任何参观者都可以观察的。但是集体农庄庄员——生产的参加者——所注意与关心的标本上的那些细部，很可能是别的参观者所根本没有注意到的。非专家的参观者只是满怀兴趣地观察完这些标本再去观察别的标本。但是在农业的这一部分内工作着的集体农庄庄员便想要知道这些标本来源的细节：这些标本从哪儿来的、用什么方法获得的成功等等。

陈列材料一定要选择和说明得能使参观者对陈列所反映的现象获得符合于最新科学材料的、确切的概念。建立得正确的陈列单元应当使参观者似乎经历过短缩了的研究途程然后才得出相应的结论。为了这一目的，如同已经提到过的，在一个陈列单元里还要使用一些能使材料系统化的说明词，概括性的，直观的科学性辅助材料和艺术作品。博物馆的参观者根据这样的综合陈列便能够以更大的注意来观察每件个别的博物馆藏品，因为这每一件藏品都是建立这种综合陈列的一个组成部分。

博物馆陈列所固有的实物性和直观性，以及从感觉上接受陈列内容的情感性，都能促使观众去注意每一件博物馆藏品。但是，只是这些，对于实现那些摆在陈列面前的任务说来，还是远远不足的。陈列一定要建立得合乎方法学的要求，以便自然而然发生的注意能够成为目的明确的注意，以便使这种注意不是分散而是集中于连续观察和体会这些陈列单元上。陈列应当易于消化和便于记忆。这一目的可以用一系列的合乎方法学要求的办法达到。

例如，为了使一个陈列单元的含义以及它的内容能够被迅速地领会，便应当在这单元中划出那些基本的、有主导意义的物品，因为这些物品是认识陈列的过程中的重点。选择和安排陈列材料时，应当注意各种不同类别的陈列材料所具有的不同程度的引人注意的能力。例如，体积大的陈列品能引起人们最大的注意，多色的造型艺术比单调的造型艺术所能引起的注意要大些，文字说明性的文件是最没有吸引力的等等。也应当注意，如果陈列材料是千篇一律的话，那么注意力便能够迅速地疲塌下来。

为了使参观者明显地看出全部材料的逻辑性联系，以及使参观者遵守正确的观察顺序，一定要有清楚的观察路线，一定要有那些主题陈列单元的明显而简短的标题，一定要有这些单元的顺序编号。

在建立所有陈列单元的一切阶段上（在陈列品的选择、布置、解说时，在安装整个陈列、每一主题陈列单元、每一件陈列品时），对于博物馆参观者认识与接受这些单元的条件必须予以注意。这时，陈列才能吸引住参观者，才能够是可以被理解的。陈列的基本思想才是能够被接受的。

第三节 用于陈列的材料的选择

陈列单元的基础是博物馆藏品。所以，安排陈列的人不仅要掌握方法，不仅要研究陈列主题的内容，并且还要直接地研究这些原始资料——博物馆藏品。

这种具有科学研究性质的工作，首先就是要确定能够揭示陈列主题的，展出的博物馆藏品的范围（博物馆藏品选择提纲），其次就是要在批判地研究这些博物馆藏品的结果的基础上，对博物馆藏品进行选择和分类。在科学地准备陈列的过程里，也就确定了一切其它的陈列材料。

确定每一主题的陈列材料的范围，一定要根据马克思列宁主义理论的一般要求，根据该门科学所固有的方法，根据陈列主题的专门性特点。

假如，在博物馆中准备着关于资本主义时代的陈列。在这陈列中包括有展示十九世纪末至二十世纪初顿巴斯矿工的劳动和生活的一个部分。

大家都知道，矿工的劳动条件是由生产力状况、生产关系性质来决定的。所以，需要选择那些既能对矿工的劳动和生活给出具体概念，而又能揭示资本主义生产方法本质的物品。这样的物品首先便是在生产过程中占有最重要的和决定性的地位的生产工具，以及首先便是那些"机械的劳动手段"（"这种劳动手段的总和"——马克思指出——"便可以称之为生产的骨骼和筋肉系统"），就是说，首先便是那些直接作用于劳动对象的工具。

这样的物品，其次便是马克思称之为"血管系统"的生产工具和生产手段，即保存和运送生产品的附属设备、生产用的建筑物等等。

为了展示十九世纪末至二十世纪初矿工的劳动情况，在陈列中一定要包括：带有凿煤用尖齿的十字镐、矿井中凿坑道（巷）的木楔和锤子、拉煤的小爬橇、小推车、起重机（照片、模型）及其它。一句话，在陈列中一定要包括能展出关于采煤技术概念的那些物品。

展示生产力应当包括对物质财富生产者——工人的展示。为此，需要选择那些能使博物馆参观者看出在生产过程中的工人情况的材料（例如：采煤工人或推煤车工人进行工作时的照片及其它）。

上面指出的这些材料当然是能够说明生产关系的（所有生产手段都是属于资本家，而沉重的劳动条件这便是无产阶级在资本主义社会中的处境的直接反映）。但是，如果不去展示可以直接证明资本主义经济结构基本特征（生产工具和生产手段的私有、工人将劳动力作为商品出卖）的那些文件，那么生产关系的说明将是不完全的。属于这种文件的，例如：工人的工资折、资本主义企业的股票、有工场主盖印的文件等等。

关于工人日常生活的材料（服装、室内陈设、住所）也能帮助我们对生产关系、对资本主义剥削下工人生活条件等造成一个概念。可以作为博物馆真实物品的必不可少的补充和直观性说明的，有矿井剖面图或劳动过程中某些情况的图解说明等等。

每一个陈列主题都可以用各种材料来揭示。每一个陈列主题的思想本质可以始终不变，但是主题陈列单元却是能够用各种不同的和很大差别的形式来建立。

考虑拟定材料选择提纲时，不可以很早地便确切地确定主题陈列各单元的全部体系和全部内容，也不能得出陈列将需要的陈列品的精确清单。这种情况乃是因为：博物馆陈列在基本上是建立在形式与内容都绝对多种多样的真实纪念物、自然标本的基础上。由于各种原因，并不是一切实物都能够布置在陈列中。在许多场合下，新搜集到的材料便能使有必要来变更陈列结构，以及变更事先拟好的陈列单元的内容。

例如，农业集体化的陈列部分中，一定要展示农业机械化的开始。农业机械化中有最重要地位的便属拖拉机。所以，在陈列的这一部分中，拖拉机要成为注意的中心。但是，拖拉机是可以用各种方法来展示的。可以展示真的拖拉机（在别列亚斯拉夫省①地志博物馆的陈列中陈列着 1925 年在这一地区出现的第一台拖拉机）；也可以展示对于这一地区具有典型意义的拖拉机，最后，在陈列中也可以有拖拉机的照片。

把真正的拖拉机摆放在陈列中，便不可避免地反映在上述主题的结构上。如果在整个主题中事先拟好了一个占地方不太大的主题陈列单元时，那么把真正的拖拉机包括到陈列中来便要求开辟出一块特别的地方，从而也要求建立一个特别的陈列单元。有真正的拖拉机便能够不破坏博物馆展示的特点而布置一系列的科学辅助性材料：该拖拉机的结构蓝图，这台拖拉机与其它型的拖拉机在生产能力上的比较图或比较表。此外，还可以摆上开这台拖拉机的第一批拖拉机手的照片、专门说明这台机器历史的文字说明等等。如果准备将集体农庄庄员使用拖拉机进行工作的艺术作品安排在陈列中来，那么在陈列中有真正的拖拉机也就一定要反映在绘画的内容上。这幅图画的最合宜的题材该是画中所画的正是这台拖拉机，正是这台拖拉机所耕种的田地，画上的人物也正是与拖拉机的耕种有着不同程度关联的人们。

同样的一些博物馆物品能够被不同地利用于不同专业分科的陈列中。例如，自然物产、作物和动物可以选来用于展出在地志博物馆的自然之部里，也可以展出在（苏维埃时期之部的）社会主义经济部分里。但是，在自然之部里，农业植物学材料和其它农业材料是从生物学的角度来展出的，而在社会主义经济部分里，则是从经济的角度来展出的。

例如，当选择展示春化法的材料时，在自然之部便应当把注意集中于控制植物生长，集中于工作方法上。而说明将春化法利用于实际中的经济效果的材料，将在最小限度内利用——只要指出使用上的经济价值就够了。在社会主义经济部分，选择展示使用春化法的经济意义的材料，是把它们作为提高产量的一定的农艺方法来展示的，理论上深邃的发现，春化法的科学根据等，不作为目的提出来。同样，当展示自然界有用矿藏时，也应当这样来选择材料，就是要使这些矿藏产地和当地的地质结构的关系能被揭示出来，矿脉能被弄清等等。社会主义经济之部则应当把这些同样的有用矿藏作为工业资源（原料）来展示，应当指出开采和加工这些矿藏的生产过程等等。

展示同一株树木时，自然之部则将自己的注意力集中于植物的生活，而社会主义经济部分则把自己的精力集中于能说明对森林富源进行经营的那些材料上。

当确定陈列材料的范围和性质时，一定要注意每一个部分或这些陈列主题的特征性的任务。例如，当代社会主义建设或当地自然的陈列，几乎什么时候都是有指导性意义的，这些陈列的目的就是对博物馆的参观者给予实际的帮助。博物馆在陈列自己地方的药草时，不应当仅仅局限于把这些药草作为生物学上的标本来展示。博物馆的任务还有对药草的采集进行宣传以及对采集药草的人们给予实际的帮助。根据这些任务，所以除了展示植物标本以外，在陈列中还必须要包括一些其它的物品。为了使采集过程具体化以及帮助采集工作，还要展示：筐子的样式，或在药草干燥前能最好地保存药草的其它用具，干燥用具的照片（或模型），药草的制药部分的标本，既成的产品（制成的药草）——干草、浸剂、煎液及其它。

可以把卫生机关关于采集可用于保持苏联人民健康的药草的通告、一批批采集药草的少先队员和小

---

① 疑为"佩列斯拉夫尔"。

学生的照片、登载采集工作总结的当地的报刊等等都来用于陈列。

这些材料能够把关于进行这种有益工作的每一步骤给出具体的概念。

有时由于陈列地方的不足，陈列材料的范围便应当人工地予以压缩。例如，每一地志博物馆的自然之部中，一定要展示改造植物的工作。一切用于当地的米邱林方法，只要是陈列地方足够，就可以展示在陈列中。如果陈列地方狭小，那么这一主题也不可以简单地被删掉，而应当把它压缩、精简。在这种情况下，压缩和精简不应当用删除博物馆性质的展示，就是说不应当用直观的辅助性材料和说明文字来代替"原物"，而应当是选择远杂本嫁接方法和定向方法（使直接物定向变异的培育法）的那种最重要的米邱林方法。

确定建立主题陈列单元所必不可少的博物馆藏品和其它陈列材料的范围，乃是科学地准备陈列的最重要的阶段。只有有计划地搜集材料，才能够选择出不是支离分散和片断性的陈列单元，而是能以反映出陈列主题的基本内容和本质的有机联系的陈列单元。

为了选择用于陈列的博物馆藏品，便要细致地研究这些博物馆藏品，鉴定物品的真实性，以及确定物品的来源（制成或出产的时间和地点、物品的作者、曾属于何人等等）——这是与基本藏品的登记，细目和系统分类直接有关的初步工作（参阅第三章）。

用于陈列，照例是要选择已经过鉴定的真实博物馆藏品。但是，对于具体的陈列单元说来，在选择博物馆藏品过程中，单单有"真实性"的鉴定是不够的。对于每一个主题陈列单元只能选择是所陈列的历史现象或自然现象的"要素"（"基本成分"）的那些博物馆藏品。例如蜂鸟（学名是：Trochilus；俄文名是 Колибри）的剥制标本确是真正的博物馆藏品，但是这种剥制标本对于地志性展示陈列说来，是不能利用于苏联的任何一个博物馆里的，因为大家都知道：蜂鸟在苏联境内是不产的。如果在"我区鸟类"部分或在"我区森林"的绘画背景上安放上蜂鸟的剥制标本，那么这标本便将给人们对该区自然造成不正确的概念。

并不是十九世纪四十年代的一切实物的灯都能够展示在纪念这一时代的纪念馆（纪念室）里。在这纪念馆里可以陈列的，或者是这所纪念馆所纪念的历史人物在这里生活的时期曾在这所房子里摆过的灯，或者是在类型上是有纪念意义的灯。

在当地布尔什维党组织于1905年革命时期的主题中，二十世纪初的手摇印刷机是最珍贵的真实纪念性陈列品，假如能够确定俄罗斯社会主义工党（布）的当地组织的那些材料正是用这台机器印出的话。这样的印刷机也可以作为典型性真实陈列品被利用于同一个主题中，例如，有一些材料可以证明在当时该地区确有一些地下的布尔什维党的印刷所是由这样的手摇印刷机装备的话。但是，如果当地的党组织在这一时期没有自己的印刷所（当然也就不能有手摇印刷机），那么在这一主题中也就不能展出这一件陈列品。

在陈列造型艺术材料时如果它不是作为艺术纪念物，而是作为事件或现象的说明（形象说明）时，也要采取同样的处理办法。在这些场合下，要确定绘画内容的可靠程度，绘画符合于现实实际的程度，就是说，还要确定展示这幅画对于反映当时生活现象的适宜程度（相称程度）。例如，列宾的《伏尔加纤夫》（或简译为《纤夫》），卡萨特金的《拉煤车的矿工》以及巡回展出派①的许多其它作品，都是根据对现实生活的观察而作成的对被剥削人民沉重劳动的艺术刻画。上述画家们进步的和民主的世界观使

---

① 在1870~1923年之间，俄罗斯现实主义画家们曾组织了"巡回艺术展览协会"；他们之中最杰出的代表人物有：列宾、苏里可夫、瓦斯涅错夫等；这一派的思想领导和组织领导者是克拉母斯克衣。后来把这一协会中的画家称之为巡回展览派。——译者注

他们对于所刻画的现象具有了正确观点，并促使他们能够正确地反映真正的生活，同时使他们能够作出"现实的判决书"（车尔尼雪夫斯基语）。

在苏联绘画巨匠们的作品中，都正确地反映着苏联的生活。但是，在许多情况下，画家总要有意或无意地使事件的实际内容走了原样、对实际内容给予不正确的描述。因此，造型艺术材料要加以注意研究，以便确定它所反映的现实是否正确以及从这一观点说来它是否是十分可靠。

正是因为这样，当研究造型艺术材料时，首先要弄清绘画作者的世界观，其次要弄清创作这幅图画的条件（写生、回忆等），才是特别重要的。

绘画的内容还应当用其它资料来印证，比如说，用同一主题的书面证明材料，用实物等等来印证。

至于绘画的性质和绘画的风格，那么当选入陈列时所能根据的，只是能确定这种表现方法在当时代的进步程度也就可以了。例如，不可以要求十八世纪的艺术作品有巡回展览派的批判现实主义。古代精细小画像的条件性和图式主义是不能成为把它们纳入陈列的一种障碍，如果实际生活的要素在这些精细小画像中获得了反映的话。

书面资料——书信、回忆以及其它文件——中所反映的现实都是从写作这些资料的作者自己的角度来反映的，因此如果把书面资料用来证明某一件事实时，也要求对它们内容的可靠程度加以特别分析、肯定。

将某件博物馆藏品安排在该主题陈列单元中的可能性的问题，是与确定这件博物馆藏品的典型性紧密地联系着的，就是说，与确定它对该历史现象本质是否符合的问题紧密地相联系着的。

我们举几个例子，在博物馆基本藏品中，保存着旧时代的顿巴斯矿工的劳动工具——铁匠炉打制的小十字镐。当时每一个凿煤矿工都有这么一把小镐。好几十年之间，在顿巴斯矿井里，这就是最通行的劳动工具，它便能够说明：俄国资本主义所固有的、在矿井中机械化缓慢的发展，乃是由于有廉价劳动力的存在。这种小镐在旧时代顿巴斯的陈列中一定要作为反映资本主义煤矿工业典型特征的典型劳动工具而予以展出。

博物馆基本藏品中所收藏的十九世纪中叶的许多有装饰画的纺车中，只有一个纺车上画着冒着烟的火车头。这是稀有的物品。但是，在展示这一时期民间创作中，这件物品才正应当占有自己的一定地位，因为在这农民艺术的新的题材上反映出了新的技术、新的生产力，反映出了对于发展着的当时俄罗斯经济说来是典型的事物。

在博物馆基本藏品中保存着一块陶片，在这块陶片上是一个被法西斯匪徒劫走的乌克兰姑娘用什么刮划出的一封遗书。这是独特的、唯一无二的博物馆藏品。同时在这封遗书里非常尖锐地反映着法西斯主义的典型的卑鄙的战争方法。这一块陶片遗书，无疑地要在伟大的卫国战争的陈列中占有一定的地位。

农民的服装是革命前俄罗斯农民阶级历史的各个主题中珍贵的和必不可少的陈列品。在许多博物馆的基本藏品中有着大量的农民服装，这些服装在其刺绣的艺术上、在其色彩的绚丽上、在其布料的图案上都是非常优秀的。但是，如果把这些农民艺术的典型标本用来证明农民大众的日益贫穷和破产，那么便是不正确的了。这些优秀的博物馆藏品不仅不能有助于达到既定的目的，相反，还会妨碍对农民状况的正确理解。但是，为了展示民间创造、展示民族服装的典型特征，那么这些服装便是不可用别的取代的陈列品了。

当选择现代经济建设和文化建设的陈列材料时，注意它们的典型性是特别重要的，博物馆的这些部分，与阐明年代多少远一些的历史过去的陈列不同，对于现代部分说来，目前的一切生活都能够是"历史的资料"。如果不解决典型性的问题，那么可以纳入陈列的材料的数量将会是无限的。

因此，旨在展示国民经济各方面成就的陈列中，便应当展示可以证明由于使用最新技术而发生的新现象，可以证明变革生产过程的新方法的那些物品。

如果工人根据自己的实际工作写出一部科学著作，那么这本书便一定要安排在陈列中，至少也要安排在陈列的计划（意图）之内，因为这一事实是极稀有的。这本书因为能反映我国现实的发展倾向、趋势和日益生长着的新现象，所以它是典型的并且是值得在博物馆中展示的。

但应当把那些虽然罕见但具有典型性的博物馆藏品，和那些不能反映社会生活本质方面的个别的具有偶然性的物品，区别开来。

假如，在某一集体农庄里到今天为止仍然使用技术上落后的生产工具，那么这并不意味着在今日集体农庄建设的陈列中必须把这些生产工具展示出来。这些生产工具存在着，但是它们并不是典型性的，因而它们不仅不能帮助我们弄清主题的思想本质，并且还会把主题的思想本质歪曲了。

把典型性的问题作为政治问题予以确定，特别是在选择用来标志反动阶级和它们活动的各个主题的材料时候，便能有了选择的尺度和准则。博物馆材料应当而且能够揭露它们，但是为了展示它们则需要善于选择尖锐的而且具有揭露性的材料。口头说明、文字说明当然都能够帮助观众了解陈列中的材料。但是，应当时刻记住：博物馆藏品所能造成的形象、概念是最有说服力的，而博物馆观众所接受和记住的正是这些博物馆藏品。因此，如果所选择的材料没有应有的尖锐性、实物性，那么口头说明和文字说明都不能够克服选择工作上的缺陷。

正因为这样，才应当以很大的才能和策略（机智）在陈列中安排往往在绘制技术虽然优秀，但总是要加以修饰的那些反动阶级代表人物的画像和作为他们生活用品的实用艺术作品。因为这些物品能够将关于社会生活的反动的、否定的现象造成理想化了的、虚伪的概念；这些物品使陈列失去政治上的尖锐性。

选择生活日用物品，应当使这些物品能够揭露反动统治阶级代表人物所特具的内心空虚、寄生的生活方式、悭吝或挥霍、残酷以及其它特点，并应当使这些物品能够说明统治阶级对保持自己统治的密切关怀。使用文件、政治性的和日常生活的讽刺画，应当使它们能揭露反动阶级活动的结果、反动阶级对社会发展客观规律残酷的反抗、反动阶级灭亡的不可避免。

从这些角度看来，例如正义的、人民解放战争与掠夺性战争、反动战争的展示应当是迥然不同的。

例如，在博物馆基本藏品中可能有由于各种不同性质战争所遗留的同种类型的材料。正义性战争的旗帜、纪念性武器、军事奖章勋章、特别奖章以及其它遗物，在正义战争的陈列中一定要占有中心的地位。同样的材料在反动政府以反动目的而进行的战争的陈列中，则完全不同地被展示着。在某些场合下，例如不是在专门性军事博物馆中，这些材料便可以根本不予以陈列。

展示非正义战争时的主要任务，就是揭露非正义战争的罪犯们和鼓吹者们。对于这种展示说来，最好的材料便是反映着当代进步人物对这一战争的观点的文件和政治讽刺画。

典型性在其马克思列宁主义的理解上，也是选择纪念性陈列材料的关键（关于"纪念性材料"这一概念的定义请参阅第二章、第三章）。曾属于巨大历史人物的一切物品，在展示其生活经历时并非全都具有同等的意义。对于主题陈列说来，最珍贵的乃是那些与这个人活动的基本方面有关的物品。例如，对于空军英雄说来重要的是展示他的飞行服；作家——则是他的钢笔；画家——则是他的调色板，而不是他们家常日用的物品。因为这些物品对于这类活动并不是典型的，也不是能够反映其活动特征的。可是，如果展示这些物品不致破坏陈列的目的性，那么还是可以的；因为展示它们便能使我们对于伟人生活的概念更加具体。

对于与巨大历史事件相关联的纪念性物品，也要提出同样的这些要求。曾始终参与事件的物品，在选择其用于陈列时，应当和偶然与这一事件牵连上的物品区别开来。

典型选择的问题，同样也提出在自然历史专业的博物馆面前。例如，在地志博物馆的自然之部的陈列中，便提出选择该区典型的自然环境背景的问题。

照例在任何一个地区都有若干自然（物理的和地理上的）区域，并且在每一区域中都有些基本的自然环境（森林、河流、湖泊）是重复着的。显而易见，对于陈列说来，便应当选择对于该区最有特征意义的自然环境，即最常见的自然环境。

但是，有特征意义的自然环境也可能不仅限于在该区是最普遍的自然环境。例如，对于雅洛斯拉夫尔省①说来，这样的自然环境既有在省内最普遍的森林环境，又有唯一的雷滨海，但是由于这雷滨海对于雅洛斯拉夫尔省说来是具有特征意义的，所以在陈列中把它放过去是不可以的。库尔斯克省的草原保护区根本不是该省的普通自然环境，但是这些草原都是库尔斯克省最有典型性的自然特点。土拉省②的"土拉禁伐林区"对于土拉省说来也是如此。

这样，有两种完全不同范畴的现象可以成为典型特征意义的自然环境。在这一些情况下，现象之具有特征意义是由于它的普遍存在，在另一些情况下则是由于这种现象是代表造成该区独特自然面貌的、特别的自然环境的综合。

博物馆的特征对于选择博物馆藏品还提出另一个尺度，即注意物品的外在表现能力。在博物馆藏品，即陈列品中，除了那些纯属外在的材料（物品可以详细观察、画面足够清楚、字迹可以辨识、完整程度良好等等）以外，还要明显地表示出它作为认识该生活现象的可靠的原始资料的那些特征。例如，在历史专业的陈列中展示生产产品时，最有表现能力的将是带有生产日期和标记的物品，将是鲜明地表现着制造工艺以及当代风格的物品。展示纪念性材料时最有表现能力的将是带有历史事件痕迹的物品（如为子弹射穿的旗帜），上面带有亲笔签署的那些物品等等。

安排在陈列中时，所有这些资料都必须着重地予以指出，必须用不同的手段使观众了解。标印（烙印、戳印）可以摄影再加以放大，作者的签字要注明原字是什么，以及怎样解读③，对于文件上的重要部分则要用箭头指示出来。

第四节　博物馆藏品分类的原则

如同上面已经指出的，在主题陈列中，每一件博物馆藏品并不是孤立地陈列着，而是与其它物品联系着，互相呼应着。因此，博物馆藏品的选择就与将博物馆藏品联成各组的任务密切地、不可分离地联系着。

最普通的联合形式之一就是分类，在分类后的情况下便能够直接观察到现象之间的基本联系。

如果在陈列中展示着一种害虫，那么和害虫在一起展示的还要有被这害虫损害的植物标本。同时，一定要展出害虫危害植物的一个发展阶段。

---

① 现多称"雅罗斯拉夫省"，下同。
② 现多称"图拉省"，下同。
③ 俄文的签署，和其它外文（如英、德、法等）的签署一样，是除签署本人外都不易模仿的，同时也是不易辨识的。这里说的需要注明和加以解读，就是因为这种缘故。当然，中国人的签署也可能是不易模仿与辨读的。——译者注

展示印花板模时，也应当展示农民用的印花布的标本，最好展示用同样花纹的板模印制出来花布标本。

能提高陈列的说服性的最重要办法，便是对博物馆藏品进行分类的办法，这样就可将博物馆藏品加以对照和比较。

新品种的高产小麦的穗子，如果和相同自然条件下培植的普通麦穗摆在一起，那么将会对博物馆参观者有更大的说服力，因为高产麦穗和普通麦穗在这种比较的情况下便会表明新品种的突出优秀的品质。

1830 年的和 1850 年的同一个工厂的外貌的比较，便能使人得出巨型机器工业成长的结论。

发展过程的展示便使用对照的方法。如果有同一植物在其各个不同生长阶段上（幼苗、蓓蕾期、开花期、成熟期）的这些标本，那么便能够展示出植物发展的连续性的各个阶段及其发展过程。

同一市区在其存在历史的各个不同时期的一组照片，便能给出关于其连续性的各个发展阶段的概念。例如，选出苏维埃时期一个城市历史的照片，特别是选出战后年代的城市历史的照片，便将是有绝对表现力的，因为战后年代的特点是城市建设的性质和质量的有计划的改变和飞速的增长。

展示一套同一类型的物品就是建筑在对照的基础上的。例如，在达尔文理论的陈列中可以展示由于自然条件的影响而产生变异的例子。仅仅展示一个动物是不能造成这一现象规律性发展的概念的。但是，如果在陈列中展出由于不同的自然条件而发展地变化其外貌的一整套同种动物，那么便会达到既定的目的。

成套地展示苏联各族人民的服装，便能够对照服装的样式、材料、刺绣的图案，从而使人们能够对这些族人民之间相互关系和文化影响得出结论。

对比展示的方法是对照方法之一。这种方法当展示阶级矛盾和敌对时是最有效的。为了展示在资本主义剥削的重压下无产阶级的沉重而痛苦的生活条件，就要选择其服装、陈设、居住场所和其它日用物品来用于陈列。但是，如把这些物品和资本家的住宅陈设和日用物品加以对照，那么两组物品便会产生巨大的表现能力。

"相互印证性"物品之类的选择，也是以对照为基础的。这一类之中的物品都是一件物品证明另一件物品的可靠性。例如，当展示十九世纪七十年代实物的商人服装时，摆在陈列中属于相同年代的（穿着同样服装的）商人画像，便可以肯定与证实展出的服装年代的正确性和实物的可靠性。

第二个例子。为了陈列十九世纪前半期的农奴状况，选出了农民起义参加者曾经带过的脚镣。假如不仅仅局限于陈列脚镣而已，而再添上一幅描写带着脚镣的农民取材自实际的写生图画，那么便能提高对脚镣的兴趣。如果在这两份陈列品上再添上一份说明将起义的农民钉上脚镣的文件，那么对于前两份陈列品的兴趣就增长得更大。上述三份陈列品每一份都证明着其余两份属实，因而每一份都获得了巨大的价值，而生活现象在整体上将展示得更为完整。

如果有数量庞大的同一类型物品都说明着现象的同一特点，那么在这些情况下便可以使用大量展示这些物品的方法。造成新石器时代形成的概念，并不是展示那些新石器标本，而是大量展示在某一地区发掘出土的，这一时代所特有的那些同一类型的、加工过的石制工具。展示农民经济之转化为商品经济，就是说展示农民为消费市场制造产品，则需要用大量同类型的、农民生产的产品，而不是用一件这样的产品。展示大量的产品，便能够证明：这些物品之所以制成并不是为了个人需要，而是为了出卖给市场。在伟大卫国战争的陈列中摆着大量的军事战利品（法西斯旗、十字勋章），便能令人信服地说明在苏联军队的几次致命打击下法西斯军队的彻底粉碎情况。

在主题陈列中还利用按系统分类的原则来对材料进行分类。作为陈列方法之一的系统分类陈列，也是主题陈列的一个要素。例如，摆放在乌拉尔博物馆陈列中的、按系统分类的矿物学整套藏品，便能使人不仅获得关于乌拉尔矿石的价值的概念，并且还能帮助人们构成对矿物间同属关系的理解，对它们自然分类的理解等等。

在历史专业的陈列中，属于基本主题陈列的考古学整套藏品的系统分类陈列，能使人详尽地熟悉发掘出土的每一种类的考古学材料。

上述这些例子中，不同的物品都是按主题陈列所决定的逻辑顺序来连成为各种类别的。在某些情况下，也可能有分类物品的另一种原则，即把一些物品与其所生活的环境连起来。例如，可以陈列一系列的农民日常生活用品，但是也可以在陈列中再展示有全部设备的农民小房的内部情况。可以陈列一批植物、一批动物（该地区内松林的栖息者），但是也可以陈列一部分松林，在这松林中要既有这些植物，又有这些动物。

这样分类博物馆藏品的方法叫作"生活实况陈列单元"。"生活实况陈列单元"——这在本质上只是一件陈列品，是由多件实物构成的一件复杂的陈列品。同时，它还是特种的主题陈列单元，或者是作为它的组成部分而包括在它（主题陈列单元）之内。"生活实况陈列单元"在展示自然时特别广泛地被使用着。

在自然历史博物馆中，可以有各种类型的"生活实况陈列单元"：生物类的陈列单元、自然群落的陈列单元等等。

生物类"生活实况陈列单元"的目的就是要把动物或植物在它们于自然中所处的环境内展示出来。在生物类"生活实况陈列单元"里所陈列的动物并不是"静态的"剥制标本，而是反映它生活的某一瞬间的动的姿态下的标本。在任何情况下，注意的中心都是动物本身。但是这动物一定要与它的周围环境在一起陈列出来，并且陈列中的这种周围环境还要能正确地表达出动物所处的自然环境。当安排植物界生物"生活实况陈列单元"时，植物并不是作为平常的那种干腊标本，而是在那可以弄清楚这植物某些生物学特点的自然环境中来陈列它。像这样处理的，例如有：把野樱果安排在长满青苔的木块上、把寄生树安排在树枝上、把一些植物安排在可以表达一定植物群落的大块树枝上等等。

当陈列自然群落"生活实况陈列单元"时，要复制一小块具体的自然景物。陈列的最有效的形式就是透视画，因为这种画最能够表达该自然群落的特有的面貌。透视画是由实物标本构成，当然这不包括绘制的背景在内。这种透视画就在这一点上便区别于模型或尺码缩小了的透视画，因为在制作这些模型或透视画时所使用的是实物材料，而不是研究的实物对象。

选择透视画的材料时一定要非常严格。用许多种动物和植物使透视画臃肿，便能使它失去自然风貌，使之变为装得过满的动物园或变为一批搜集起来的植物藏品。用许多巨型动物把透视画塞满是特别不好的，因为它们能使透视画"拥挤"并能使观众的注意离开群落中其它更本质的要素。

在自然历史专业的陈列中所可以建立的基本"生活实况陈列单元"，就是这些。

在历史专业的陈列中，最典型的"生活实况陈列单元"就是内部轮廓——一定房屋的内部情况。这种"生活实况陈列单元"的展示，如同以上曾经指出的，乃是所谓历史生活实况派的基本的陈列方法。而在主题陈列中，这种方法是许多方法中的一个。

内部轮廓可以用真实的博物馆藏品用人工构成；在内部轮廓中可以利用在实际上曾存在过的室内陈设。如果一位杰出的历史人物的全部房间或陈设被保存下来，那么这种"生活实况陈列单元"便是纪念性的，并且它要保存该人生活当时所曾有的原样。

在上述的每一个"生活实况陈列单元"的例子中，每一个"生活实况陈列单元"都能对于一定的现象给出完整的概念。

"生活实况陈列单元"也可以作为主题陈列单元的要素之一被包括在主题陈列之内。例如，在陈列十六世纪战争时，可以展示由一系列物品（铠甲、盾牌）组成的俄国军人的军装。如果陈列的任务是要把每件物品的细部介绍给观众，那么便应当把它们摆成一行，分别摆放。为了造成关于俄国军人赴战时的装备的概念，那么就要把这些物品像实际情况一样穿戴在模型人身上。

在选择陈列品的过程中，应当确定陈列的哪些部份将作为"生活实况陈列单元"来予以展出。

应当注意，远非一切生活现象都是能用"生活实况陈列单元"来展示的。一个学者的工作当然最好是用"生活实况陈列单元"来展示。但是，一个学者的整个活动只能用普通按逻辑建立的主题陈列单元来揭示。草地作为自然群落，最好是用"生活实况陈列单元"来展示。但是，为了展示这草地在饲料上是最珍贵的植物，那么便需要个别地和专门地来展示这些植物。

如果所展示的现象是完全可以用"生活实况陈列单元"来陈列，那么这一方法也非任何时候都是可以使用的。问题在于"生活实况陈列单元"能对于具体事件造成完全的印象，因而便能吸引最大的注意。由于这种关系，只有对于特别重要的陈列主题才可以使用"生活实况陈列单元"。

例如，如果把贵族日常生活的材料用内部轮廓的形式陈列出来，而农民的材料也用这种规模——用各类物品展示出来，那么参观者们的注意首先便将集中于贵族阶级的日常生活。特别是根据这种理由，只有按博物馆陈列中重要的历史和革命题材（例如：工人出身革命家的房间、地下印刷所、游击队武器作坊工厂及其它），才应当建立"生活实况陈列单元"。根据同样的理由，应当预防把陈列变成全盘的"生活实况陈列单元"。这不能使人们把注意力集中于最主要的、基本的东西上，因而便妨害了正确地对陈列的理解。

在人文志学性质的陈列中有特别重要性的是人类学之类的陈列，所以在人文志学性质陈列中的"生活实况陈列单元"中陈列出有塑制面庞的人类形状。在历史陈列中，这样的陈列照例是没有意义的。因为它不能使陈列的内容深刻化，只能把观众吸引得离开"生活实况陈列单元"的那些本质的要素。

第五节　实物博物馆藏品的复制

在搜集任何专业陈列用的博物馆藏品的过程中，都不能不碰到一些与博物馆陈列特征相关联着的困难。

任何一个研究工作者，为了自己工作而搜集原始资料，并力图用实物（原物）来研究这些资料，因为对一些问题只有原物，作为活生生现实的片断，才能够给出确切的答案。如果这些原物在被使用之后仍然留在研究工作者对它们进行研究的地方，那么他的研究就一点也不会受到拘束和损失。

而博物馆工作者的任务，就是要在手头拥有那些能够揭示陈列主题内容的，搜集起来了的原始资料。他在陈列中应当展示的也正是这些。但是这些原始资料并非全部都能够摆放在博物馆陈列之中，所以这样，或者是因为它们的尺码过大（现代技术），或者是因为纪念物的性质（建筑物），最后或者是因为这些原始资料是别的机关所收藏。此外，原本的手稿、原本的水彩画及其它等原始资料，都是不能展出于陈列中的，因为它们必须处在特别的保管条件之下——即没有阳光作用、温度经常不变等等。

如果有的博物馆藏品是揭露陈列主题所必不可少的，但是由于某些原因又不能把它摆放在陈列中，这时候便可以把这份博物馆藏品复制（摹制）下来摆放在陈列中，以代替不能陈列的实物。

这样的复制品并不是博物馆藏品，但是它们能够代替那些博物馆藏品，而对博物馆观众给出关于因某些原因不可以陈列原物的概念。

许多实物（原物）是易于复制的，例如，可以用机械铸制的物品（钱币、奖章）。有些原物要求用与原物相同的技术复制（例如水彩画），另一些只用摄照相片的办法便能复制得非常好（板画）。在某些情况下必须从原物上艺术地采下坯模——模型（如易坏的物品）。

巨大物品的缩小尺码的模型和结构模型之类的复制品，有着很巨大的价值。如果没有这种复制品，便不能够展示大机器生产。

使用哪一种复制方法，是根据陈列主题的性质为转移的。例如，在工业博物馆中，为了展出某一机械的工艺特点，就必须有能够转动的模型。对于历史博物馆说来，主要的只要指出有这样的发明存在就可以了，这样用不能转动的模型或结构模型只要它能表达该机器的外貌也就可以达到目的了。

把艺术作品作为对事件的图解而利用时，这一艺术作品可以用质量高的复制品来代替。

用科学方法复原，即把部分失落了的或全部失落了的原物重新恢复其原来状况，这是特种的复制。例如，根据找到的一些个别骨头便能够不仅全部地恢复起全套骨骼，并且连久已死去绝迹的动物外貌也能恢复起来。只有古代器皿的碎片和残片，便能够根据一些资料把古代（或过去时代）的已失落了的纪念物面貌复原。在现时代不复存在的建筑纪念物，如果有它们的平面图和图样，那么便能够制成一个模型而对这一纪念物给出完整而确切的概念。

在历史专业的陈列中，如果陈列主题要用经过长期而不致变样的物品来揭示的那些场合下（如用农民许多日用物品来揭示陈列主题的这种情况下），陈列中没有这些原物可以在注解中详加说明后使用年代较晚的同样物品来代替（即所谓古代遗物法）。

第六节　科学性辅助材料

在主题陈列单元中包括着一些能够帮助博物馆观众概括与补充通过博物馆藏品所获得的知识，帮助他们看出它们之间的联系、彼此的关系，以及有时还能帮助他们看出物品本身各部分之间的相互关系。博物馆以这些目的而创造的直观的陈列品，便称之为科学性辅助材料。这一名称表示这一材料的属性，并强调指出这一材料作为通过博物馆陈列而宣传的科学知识的传导者的作用。属于科学性辅助材料的有：地图、曲线图、示意图、草图及其它图表[①]。

在陈列中使用地图材料，是为了展示客观现象在地理区域上的分布情况。

可以翻阅和浏览1905年革命时期关于多起农民起义的文件和农民暴动的清单，但是只有地图才能够直观地展示出这些起义和暴动的散在位置，从而也才能够把零碎的实物文件上的材料概括起来。

在展示军事历史的主题时，如果没有指明部队调动、打击目标等的地图，那么最好的博物馆藏品也将是不能被充分理解的。

甚至于最有趣的、标志着社会主义经济在头几个五年计划中的成就的博物馆藏品，如果没有地图，也是不能对于整个建设的规模绘出鲜明概念的。

地图能够对自然界财富（矿藏、森林、河流）在地理上的位置绘出一个概念。

---

① 关于这些材料，请参阅 А·И·米哈依洛夫斯卡娅著：《博物馆陈列中所使用的地图》。地志工作和博物馆工作科学研究所出版。——原文注

从一些例子可以看得出来，由于主题的不同，在陈列中可以使用种类最为多样的地图——物理地理图、经济地理图、政治地理图、历史地理图及其它。

但是，作为科学性辅助材料摆在陈列中的地图，是与那有大量注解说明的普通科学参考地图不同的。

在科学性辅助地图中，材料要能以概括地和清晰地（用线条或用色彩划出区域）把该陈列主题所要求的东西突出地呈现出来。这样的地图上一定要取消多余的地名、标志，就是说要一定是为陈列而特别制成的。尽管这样的地图在性质上是近于教学用的地图，但是把教学用地图用于陈列，只能在极少的场合下才可能是有效果的。

平面图能够最细致地介绍出地方的地形、某一设备与建筑的所在地点、房屋的所在地点等等。

数字材料的一些直观概括——表明着发展的动向或表明大小的比较与相互关系的曲线图，便能提供对彻底体会博物馆藏品以及对充分理解主题所必不可少的，如上面所述及的这种帮助。

在陈列中还利用一些示意图，这些示意图是用来展示现象间相互关系、展示结构（例如，支配的组织）的，有时还是展示现象的连续性的（例如，生产过程的示意图等等）。

为了说明某一复杂的博物馆藏品，有时还制出一些专门性的草图或图画，例如，复杂的劳动工具的示意性图画、动物血循环的示意图、表达某一物品细部的图画及其它。

制做这类用于陈列的材料乃是很重要的科学工作。

由于科学性辅助材料能有助于对事实的概括或对事实加以细部地分析，所以便能提高陈列主题的政治价值和科学价值。

第七节　陈列用的艺术作品的制作

在博物馆藏品中，占有显要位置的是艺术作品。如果上面所曾经指出的，在历史专业的陈列中，与陈列主题同属一个时代的、当代所创作的艺术作品，乃是特种的历史资料。这些艺术作品之所以被利用于陈列中，既是为了说明该时期的艺术特点，又是为了展示反映着某一阶级或社会团体之意识形态的画家笔下所描述的历史事件。但是，最重要的历史事件，特别是与阶级斗争相联系着的历史事件——农民起义、罢工、工人的武装起义以及其它一些革命发动，照例在封建社会与资本主义社会的造型艺术中从未得到过反映，或者即使反映过，那么也都是从统治阶级的观点予以刻画的。因此，在许多情况下，苏联画家现在都根据博物馆科学工作者所拟定的主题，按照博物馆所提出的要求，创造着历史性绘画、雕塑的作品，创造着巨幅的全景画和透视画。这样的艺术作品不仅在历史的陈列中是必不可少的，工业技术博物馆和自然历史博物馆也把这样的艺术作品用于要求艺术概括的各个主题中。描写革命前工业的原始工艺技术条件下工人劳动的图画，在陈列工业历史时是绝对重要的。能把该地区很远的过去成为为时不久的过去的外貌再现出来的绘画，能够有助于阐明自然历史方面的许多问题。

博物馆所创作的艺术作品，一定要详细地为文件所证实，并且要对事件和现象给出在科学上有根据的以及在政治上尖锐的描述。如果这一份艺术作品为现存于陈列中的博物馆藏品所证实，那么它将是特别有效果的。在这种情况下，它能够最成功地完成自己的任务——帮助观众体会陈列的主题。

摆放于陈列中的苏联历史绘画和雕塑的作品，一定要从先进的苏联艺术文化的观点看来是非常有价值的作品。这些作品是苏维埃时代真实的文化纪念物。而对于描述过去历史的主题说来，这些作品又是历史绘画（或雕塑）的作品，是有助于阐明主题的思想本质的陈列品。

第八节 陈列中文字说明的方式

为了对观众解释整个陈列的思想本质，以及对观众解释每一个主题陈列单元的内容和每一件陈列品的意义，以便帮助观众熟悉与辨识整个陈列，在任何专业的主题陈列中还都要包括有一类极其重要的材料——即文字说明。

关于文字说明的问题，一直到最近为止曾一直是陈列工作的争论问题之一。有些人认为：陈列中有文字说明就是"必不可少的一种不幸"，就是技巧上有缺陷的明证，就是不善于使观众明了"实物的语言"。另有一些人认为：文字说明材料能够"分散"观众注意力不集中于陈列品，并且阅读文字说明会代替了对博物馆藏品的观察。还曾有过这样一种意见，认为：陈列中的文字说明之所以需要，乃是为了代替所缺少的博物馆藏品。

不正确地使用文字说明，人工地从陈列中删除掉"文字"以及用文字说明替代博物馆陈列品或这些办法都是与博物馆陈列的特征相矛盾的，而这些办法还只能使人们难于理解陈列。相反，拟订得正确的文字说明方式则能大大地提高陈列的效果。

为了有助于揭示主题的思想内容，在陈列中包括有主导性文字说明。为了这一目的，可以利用马克思主义经典著作中，共产党和苏联政府的决议中，历史人物的论述中的摘录。在主导性文字说明中，对于陈列所表现的问题要给出结论和概括。主导性文字说明方式能促使人们对整个陈列有正确的理解。

为了帮助观众了解个别的陈列品（或各组的陈列品），在陈列中可以援引一些原始资料上的摘录。例如，陈列工人的发明时，可以同时陈列引自这位工人所著论文中的摘录。陈列一个考古学藏品单元（斯基辅部落出土文物）时，可以同时陈列引自希腊作家关于这些部落所写的著作中的摘录。

在文学的陈列中，引自一些作家和诗人作品的摘录，能起着特别重要的作用。这些摘录因为是根据主题选出来的，所以它们便能吸引观众去注意有关的文学作品，所以它们便能直接把这些作品介绍给参观者，因此它们也就是这一类陈列的本质的要素。

为了使博物馆观众在博物馆中能辨识参观路线，在博物馆的入口摆设一个陈列内容的目次——每个陈列厅的基本陈列主题的详细目录。在每一个陈列厅的入口要标明该陈列厅的名称和主题陈列单元的目录。为了使博物馆参观者熟悉陈列厅中的正确进行路线，这个目录便要包括在陈列厅的示意平面图内，同时在这平面图上也指出进行路线。

在陈列厅中，每一个主题陈列单元，都应当有自己的小标题和顺序号码。

对于正确理解陈列说来有着绝对重要意义的是标签——对每一件陈列品的注解说明。虽然标签完全由于陈列品的性质和陈列主题的内容而多种多样，但是也可以指出编制标签的基本原则。

这些基本原则乃是根据陈列的一般任务和博物馆观众对陈列品体会的特点（性质）出发的。

观察陈列品时，观众首先应当知道展出的物品是什么。因此，在标签上首先便应当指出陈列品的名称。但是，对于填写名称的工作是不可以形式地对待。让我们举一个最基本的例子，如果在陈列中摆着一张桌子，在名称里只写上"桌子"，那么这个名称并不能使观众在自己本来就可以看出的问题之外多添加一些什么。如果为了揭示主题需要使观众注意这桌子所由制成的材料，那么在标签上便应当写上"卡列里产白桦制桌子"；如果为了使观众注意制造桌子的地点，那么标签上的名称便具有这样的形式："莫斯科制桌子"。如果对于主题说来特别重要的是这张桌子曾属于一定的历史人物，那么这一点也要在标签中的名称里指出："某某作家写字间中的桌子"等等。

用上述办法制成的物品名称，只不过是每一标签的第一部分。其次，这标签还要包括确定陈列品"历史"、确定这件陈列品所以摆在陈列中的"权利"的那些资料。这些资料便是陈列品的来源历史、出产（或制成）的时间、地点，有时还要指出它的作者、指出它制成的工艺技术等等。

标签的第三部分便是要在观众注意研究陈列品之后，而想关于这件陈列品获得更完整的知识的时候，满足他们这种愿望。在这第三部分中要揭示出陈列品的内容，这种陈列品在该主题中的意义，有时对于这件陈列品的细部加以解释，指出物品各组成部分的名称，确定出画面上刻画的人物等等。

有助于正确地理解和很好地领会陈列的，是能够揭示复杂的陈列单元内容的那些简短的解释性文字说明。

一切可以包括在陈列中的文字说明材料，不是一些各种各样文字说明的总和，而是各种各样文字说明的这样一种体系（方式），这种体系既能保存每一类文字说明所固有的作用，又能对陈列的全部内容给出目的明确的、在政治上尖锐的以及在科学上分析得透彻的说明。

第九节　陈列材料的安排

关于陈列材料的安排问题，是与确定有哪些陈列主题的同时提出来的，就是说，是在编制陈列的主题结构的同时提出来的。

每一组在主题上完整的陈列材料，都按其在陈列中的意义而获得与其它各组陈列材料区划开的特定地点。在主题上必须完整的这种要求，不但对于各个主题陈列的单元说来是这样，并且对整个博物馆的各个陈列厅也是如此的。最重要的陈列主题，一定要获得较大的地盘，一定要提到首要地位，一定要在陈列厅中占有中心的地位等等。

在每一个主题单元内部安排材料时，也要确定基本的、主导的东西。在主题上最重要的材料要放在中心。这种中心陈列品，照例是博物馆藏品。正是这些博物馆藏品才能对陈列厅整体造成基本印象。在陈列着当地社会主义工业成就的大厅里，中心陈列品便将是该地区所最有特征性的产品标本。在军事题材的陈列厅中，在陈列正义的、解放战争的陈列厅中，造成基本印象的将是武器的标本、旗帜、军装。在展示思想性主题的陈列厅内（如革命思想意识的形成、文学的发展等），陈列的主要对象将是一些书籍和一些手稿。

让我们举一个在以社会主义农业成就的地志性陈列中安排陈列品的例子。

展示农业时，要按农业分类来区划地点，同时陈列的规模还要根据当地农业中这些分类的价值和意义为转移。有大多数地志博物馆中，陈列应当从那作为农业的主导部分的作物栽培开始。

例如，在雅洛斯拉夫尔省地志博物馆中，和在苏维埃俄罗斯社会主义联邦共和国内的大多数地志博物馆中相同，最大的陈列地盘都一定要拨归谷物作物。但是，在雅洛斯拉夫尔省中以工业作物（麻）为主导作物的那些地区的各博物馆中，最大的陈列地盘一定要划给这工业作物；而在雅洛斯拉夫尔省罗斯托夫区地志博物馆中，最大的陈列地盘一定要划给蔬菜作物，因为蔬菜作物在这区里是主导的作物。

能够对于陈列厅造成第一个一般印象的基本陈列品，将是农业产品的实物标本。参观者进入陈列厅以后，他必须一眼便可以对某类作物栽培的重要意义以及关于当地农业中所具有的其它作物获得一个印象。

在每一个主题陈列单元内部安排材料时，占有中心地位的应当是该类作物的标本。这时要选用高产作物的标本，因为这些标本能够直观地证明培植该类农业作物的先进方法，同时还能直观地证明这些先进方法之被用于农业科学和先进技术的生产中。

在这些标本的周围，根据本单元陈列的任务，再安排这单元内的其余材料。概括的主导性文字说明、描写生产过程的画面，通常都安放在这一陈列单元的上部，似乎用来把陈列单元统一成为一个整体。在陈列单元中包括培植出该标本作物的那些农业先进生产者的肖像画，还包括着揭示先进生产者劳动方法的一批陈列品和文字说明等等。

当制定陈列品安排平面图时，便要同时对陈列的艺术结构提出一些基本要求，使这艺术结构一定要以它所独特具有的手段（参阅下述的内容）来帮助观众体会陈列的内容。制定陈列品安排平面图时，科学工作者一定还要注意到对这一安排所提出的那些美学上的要求：主题陈列单元分配布置中的节奏性、各单元各部分陈列品的均称性（"均衡性"）、陈列地盘上正常的负荷。布置材料虽然要服从于主题、服从于揭示内容的任务，但是也不可以不符合于陈列的艺术结构的那些基本规则。应当注意，安排陈列材料的原始草图，在很大部分上都已经事先决定了陈列的美学形式。

以科学宣传为自己目的的苏联博物馆的建立陈列的基本原则便是如此。但是，各种不同专业的博物馆的陈列工作，都有其自己的特点。

由于博物馆藏品在基本上分为历史纪念物和自然历史纪念物，所以博物馆陈列也分为两个基本类别：

甲、历史专业的陈列（其中特别的一类便是纪念性博物馆的陈列）；

乙、自然历史专业的陈列。

第十节　历史专业类博物馆中陈列工作的一些特点

历史专业的博物馆陈列，其种类是极为多样的。属于这类陈列的，有通史类型博物馆（中央历史博物馆、各加盟共和国博物馆、各地志博物馆革命前之部和苏维埃时期之部）的陈列；各分科历史博物馆（革命历史的、军事历史的、科学技术历史的、文学历史的以及其它历史的博物馆）的陈列。人文志学的博物馆则建立特种类型的陈列。

历史专业的陈列特点究竟是那些呢？大家都知道，历史科学把社会发展过程看作是统一的整体，对于历史科学说来，其研究的对象乃是社会生活的一切方面。在通史类型的陈列中，要展示能够证明最纷繁的历史事件和能够证明历史过程各个方面的那些历史资料、历史纪念物、历史文件。

准备通史类型的陈列时，要按年代顺序的原则来选择博物馆藏品。展出的年代顺序是历史专业的任何陈列缺之不可的一种条件。遵守展出上的年代顺序的这种要求，还不能作为对博物馆藏品进行选择，进行按意义分类和进行摆列的基础。

建立陈列的方法学基础是历史唯物主义。历史学家根据关于社会经济结构的学说对于历史过程确定出基本的时代划分方法。这种时代划分方法也必须是历史陈列的主题结构的基础。根据马克斯列宁主义对于历史过程的本质以及对于历史过程发展规律等所下的定义，可以规定出陈列的基本内容，所展出的历史纪念物首先应当创造出关于多少世纪之间迭次变更了的生产方法的概念、应当创造出关于生产力和生产关系发展的概念。

由于生产过程的基本力量，实现社会生存以必不可少的物质财富生产的力量，乃是劳动群众，所以标志着他们的生活、他们的生产活动和日常生活、他们的斗争、他们的创造等特征的博物馆藏品，在历史部分的陈列中是绝对重要的。但是，历史博物馆虽然对于展示劳动群众的生活给予特别的注意，但是它在陈列历史纪念物时能够而且应当对于博物馆参观者对多样性的历史过程的各个方面提出一个具体概念。

由于在生产的发展中决定性因素是生产力，所以在陈列中一定要展示那些作为最重要的和决定性的生产手段的劳动工具，以及用一定的技能和知识来实现物质财富生产的人们。劳动工具、整个生产手段、劳动产品——这些东西本身还不能说明生产关系的类型和性质。在陈列中应当包括有一些能用以证明这些生产手段都是掌握在谁的手里的历史纪念物和文件（例如，赐封领地证书、工人工资折、工业国有化指令）。在陈列中必须展示不同的社会团体在生产中的地位和相互关系，因为他们的地位和相互关系都反映在日常用品、造型艺术材料、文件之中。

正确地选出的博物馆藏品将能提供关于生产方法的概念，并能反映出生产力与生产关系之间的矛盾。对于展示阶级对立社会的陈列说来，需要选择在其中可以看得清生产力与生产关系之间矛盾的成熟，因而必须用革命途径解决这种矛盾的那些材料。在展示社会主义社会的陈列中，必须展示能证明社会主义社会有可能及时地把落后的生产关系引导至与生产力相适应的那些材料。

生产力与生产关系之间的矛盾表现在阶级矛盾、阶级斗争之中。因此，历史的革命题材在陈列中必须得到鲜明的反映。如在陈列中展示出资本主义的最后阶段——帝国主义时期，那末这一题材的意义便能特别提高。在这里，历史的革命题材便是陈列的主导部分。

在展示无产阶级胜利，展示使生产手段公有化的苏维埃政策时，陈列便应当反映出生产关系一定要适应于生产力的经济法则（只有苏维埃政权才能够把它作为依据，并且也自觉地依据着的这种经济法则）的作用。

当建立展示社会主义生产方法、生产方法的发展和生产方法的改善的陈列时，应当根据社会主义基本经济法则的内容——在高度技术的基础上用不断提高和改善社会主义生产的方法来保证最大限度地满足全社会的日益增长的物质的和文化的要求，并且从这个角度来根据苏维埃时期各基本历史阶段来分析题材和选择陈列材料。

虽然，要特别注意用陈列材料弄清生产方法，虽然要注意到经济在整个历史过程中的决定性作用，但是在建立历史陈列时也不可以不足够地估计上层建筑的意义。俄罗斯国家的创立、成长和巩固，以及俄罗斯国家的内外政策，都可以用博物馆手段展示出来。应当特别注意那些正义的战争——总是具有全民性质的、为争取民族独立的那些战争。在强调指出历史发展的一定阶段上国家政权的进步作用时，还要明确地显示出，当新的生产力要求变革那统治阶级组织的国家所维护的生产关系的那些时期中这政权所起的反动作用。

如同大家所知道的，统治阶级为了保护它"自己的"基础而创造的上层建筑，并不能容纳和掩盖住该社会中所有的上层建筑的现象。在阶级矛盾的社会经济结构的内部孕育着新的经济制度时，在新的一些因素的基础上也成长着新的文化、新的思想意识、被压迫阶级的思想意识。这种思想意识的意义是非常巨大的，因为它能积极地促使新的社会经济制度的形成、成长和胜利。旧的上层建筑——它的政治机关、法律机关和其它机关——与基础同时被消灭掉。而先进文化的成就却保留下来，为新的社会经济制度所接受，并且永远不失去其珍贵价值。因此，这种先进的、进步的文化——祖国的科学、文学和艺术——正是应当在陈列中获得完整的反映的。

在社会主义的社会条件下，上层建筑的最伟大的积极力量表现得特别有力。因此，在展示苏维埃时期的陈列中，展出那些能说明在社会主义建设中共产党和苏维埃国家的作用的文件，展出其中反映着影响于苏联人民生活各个方面的，苏维埃时代思想意识的材料，是有巨大意义的。

选择和分类历史纪念物时，必须注意：历史部分的陈列必须能提供关于历史发展动向和关于历史过程的确切的、符合于现实的概念。这是最重要的任务，如果不解决这个任务，陈列就不能满足历史科学的要求。

如果把任何类别（范畴）的博物馆藏品——历史文物——都按年代顺序摆好并把它们加以对比，那么这些物品就已经能对于这一部分物质文化的变化、发展给予某些程度的概念。

在人类社会发展的早期阶段人的劳动工具便是显明的例子。旧石器时代的石制工具被新石器的工具所代替。然后出现了青铜器，最后出现了铁器。这些工具的连续性展示，便造成关于劳动工具的进步发展的概念。

历史部分陈列的目的，并不仅是要展示变化和发展，而且还要给予这一发展是具有规律性的概念。

对于解决博物馆陈列中这一任务，可以根据马克思列宁主义关于新的东西不可战胜的学说，即"……生活中总是有新的东西和旧的东西、生长着的东西和死亡着的东西、革命的东西和反革命的东西……生活中新产生的、一天天成长的东西是不可战胜的，要阻止它的前进是不可能的"①。

甚至于展示新的东西刚刚孕育着的那些历史时期，在陈列中也应当对一天天成长的新东西给予特别注意。

应当注意，新的东西在其开始存在的时候，无论在其数量上和其分布范围上总是赶不上旧的东西。但是，在陈列中不应当机械地反映一切发生过的事物。历史事件的陈列中党性应当保证展示新的、进步的、革命的、有前途的东西。

例如，在以上提到的陈列中，便应当特别强调铁制劳动工具的出现，尽管这种劳动工具当时还是很个别的。因为这种铁制工具的存在便说明着原始人类工艺技术发展的倾向，便说明着在社会生活中即将到来的、巨大的经济变化。

展示十九世纪七十年代的俄国历史时，应当特别注意第一批工人组织的活动。尽管当时在革命运动中占统治地位的是民粹派的组织，并且民粹主义思想对于正在形成着的无产阶级还给予着巨大的影响，但是未来是属于工人阶级的。这也就决定工人运动的材料在这一陈列中的特别重要的意义。

在苏维埃政权的最初年代，即在经济破坏时期，广大人民群众的情况是非常困难的。但是，展示这些现象时，不可以使它们成为展示这一时期经济和文化的陈列中心。俄罗斯电气化国家委员会的计划、它的实现的开始、工业企业的恢复、文化建设的广阔规模——这些才是开展陈列时应当集中注意的东西。

马克思列宁主义关于新生事物的学说，决定着对反动的、垂死的东西进行展示的性质。甚至于反动的、垂死的东西还能够压制着、阻碍着日益生长着的新的东西，甚至于在这时候也必须要展示出反动东西的死亡之合规律的必然性。例如，尼古拉一世君主改体的时期（1825～1855年）沙皇专制制度看来是牢固的并且是真够强大的，但为了给出关于这时期沙皇专制制度的正确概念，那么就必须揭露出这种政治制度之不适合于日益生长着的新的、社会经济关系，就必须展示证明农奴制度危机的尖锐化了的阶级斗争。正确的、科学的、根据马克思列宁主义关于历史发展客观规律学说来对历史的展示，什么时候都必须是有党性的、政治上尖锐的展示。

如果按年代顺序摆列陈列材料，在陈列中明确地表明出生产关系一定要适合于生产力的性质，并且证明新的东西之不可战胜，——如果能够这样，那么对每一历史时期范围内的动向、发展过程就已经给

---

① 《斯大林全集》中文版第一卷第341页。——原文注

出了一定的概念。

为了使陈列能对我们祖国从古代到现在的历史发展各个基本阶段给出一个概念，那么陈列的所有部分不仅仅是建立在单纯的方法学的基础上，并且它的这些部分还要互相联系着。

建立一个历史时期的陈列时，还要注意到整个的陈列。必须在展示一个时期历史过程的一定方面的同时，还要能注意到下一个时期相同部分的陈列。例如，展示不同历史时期的社会经济现象时就必须这样来考虑。在这种情况下，如通盘地观察展示社会经济现象的各陈列主题，那么便能够对这一个国家、这一边区、这一地方的社会经济发展的各基本阶段得出鲜明的概念。如果在展示一个社会经济结构的陈列中同时把文化历史的材料包括在内的话，那么在展示其它一些社会经济结构的陈列部分中也应当详细考虑展示文化历史的问题。这样"通盘的"展示文化历史，便能给出关于文化在多少世纪以来的发展途径的概念。

对于通史类型的陈列所提出的要求是要展示多种多样的历史现象，是要把社会生活的各种不同方面反映在陈列中，但是这种要求绝对不是意味着一定要"展示全部历史"，要对历史教科书上各章给出注解和插图。陈列的主题结构是独具特色的，而陈列所能给出的概念也仅限于通过历史文物便能够被揭示出来的那些历史现象。如果没有历史文物，那么便不可能建立博物馆陈列。

如同上面所指出过的，对于历史专业的一切陈列说来，都一定要按年代的顺序来展示。但是，这不应当使展示事实材料都去按日历的顺序，也不应当使陈列变成历史年代表的说明性插图。

社会经济现象要求较广的年代范围，因为生产力的发展过程以及生产力对生产关系的影响是不可能在暂短的和确切的限定出来的一段时间内显示清楚的。因此，社会经济现象的展示就似乎要比通史上具体事件的展示，在幅度上"匆忙一些"。

社会经济性质的陈列主题的内部划分是按着经济分科（"农业"、"工业"及其它）来进行的，而不是按着依年代顺序展示的那些事件来进行的。

展示文化的发展也不能够按一定的零碎年代顺序段落来划分。因此，第二类的、要求概括展示的陈列主题，便是展示文化的主题。文化的主题，照例也是按文化分科（"文学"、"科学"、"艺术"）来划分的，而在这些分科的内部或者是专题地展示学者、作家、画家们的活动，或者按科学的各个分枝、按文学派别、按艺术派别等等来划分材料。

如果需要展示事件的进程，那么主题性陈列单元就要按年代顺序互相衔接。关于战争历史的陈列便可以作为一个例子；在这些陈列中如果不按年代顺序展示军事行动，那么便不可能得到关于整个战争的概念。

例如，国立历史博物馆中，封建关系的解体和危机时期（十九世纪前半）的、俄罗斯历史之部的陈列，就是根据上述原则划分的。第一个陈列室是展示十九世纪前半俄罗斯社会经济的发展，最后一个陈列室即第六陈列室则展示同一时期的科学、文化、艺术。在其余几个陈列室里，年代的划分是很细致的。陈列的主题是按着这样的次序：第二陈列室——在 1812 年卫国战争前俄罗斯的内外政策（1801～1811 年），1812 年的卫国战争，1815～1825 年的反动；第三陈列室——十二月党人；第四陈列室——1825～1853 年间的群众运动，尼古拉君主制度的内外政策，1830～1840 年间的社会运动，斯拉夫派和西欧崇拜派；第五陈列室——1830～1840 年间的革命民主主义者。

在陈列主题的这样次序内也就能反映出社会发展的性质，先给出经济制度的陈列主题，然后再根据这些主题在其次的各陈列室中分别安排反映上层建筑现象的各陈列主题。

上面所谈到的一切也都完全可以用于地志博物馆的历史之部（革命前历史之部和苏维埃时期之部）。

但是地志博物馆这些历史之部的具体内容是完全不同于中央历史博物馆的。地志博物馆中通过历史文物所给出的是关于当地历史的概念。

对于地志博物馆的陈列说来，基本的问题乃是所谓"地方"历史的性质问题，因而也就是展示这一历史时所陈列的材料的性质和内容问题。地方历史必须作为我们伟大祖国历史的组成部分和不可分割部分来展示，同时还要在展示中清楚醒目地表现出本地区的那些历史特点。

例如，几乎在俄罗斯苏维埃联邦社会主义共和国内的所有博物馆都展示着十九世纪初的农奴制领地。在库尔斯克省地志博物馆中（农业的黑土区）应当把基本注意放在对农民进行剥削的劳役地租制上，在雅洛斯拉夫尔省的地志博物馆中（工业地区）则要把基本的注意放在货币地租制上。但是，在这两个博物馆中同时还都必须（用地图）展示出劳役地租制和货币地租制在俄罗斯的欧洲部分上所统治着的地区，以便用对比的方法使该地区的独特性以及全国社会经济过程的统一性都能更加清楚。

在所有的地志博物馆中也都展示着 1921～1926 年的国民经济恢复时期，并且每一个博物馆都一定陈列着俄罗斯电气化国家委员会的计划。但是，在诺沃哥罗得省地志博物馆应当最详细地展示伏尔霍夫水电站的修建历史，而在莫斯科省地志博物馆中则应当最详地展示沙图尔斯科火力（使用泥炭）发电站的历史和卡什尔斯科火力（使用莫斯科郊区产的煤）发电站的历史。

1812 年的卫国战争应当是斯摩棱斯克省地志博物馆革命前历史之部的中心主题之一，因为斯摩棱斯克鏖战地区是军事行动的决斗场，而当地居民也是曾经积极参加过与拿破仑军队的斗争。在这个博物馆中还要反映出战争的初期，特别是斯摩棱斯克的争夺战，还要反映出农民的游击战争以及粉碎拿破仑军队的各个阶段。在斯维尔德洛夫斯克省地志博物馆中，也一定要有 1812 年卫国战争的陈列。但是，在这里研究与陈列的主要对象将是为军队制造武器的当地工场的制品。高尔基省地志博物馆中，在这一主题里一定要展示为保证反攻的后备兵员的准备情况。

伟大的卫国战争的各基本阶段是一定要在所有地志博物馆中予以阐明的。但是，这些博物馆的展示性质要根据苏联军队的那些军事行动恰恰是直接与当地区范围有关联，当地劳动人民在支持前线上采取什么方式参加等等情况为转移。

在那些曾处于过去军事行动区域内的博物馆中，要根据战争的一般进程来展示出该地区内的防御战，当地被暂时占领期间内反对侵占者的人民游击斗争，英勇苏军解放这一地区以及恢复这一地区的最初步骤。

那些在战争时期都曾是后方的地方的博物馆中，自然要特别注意展示当地对前线在劳动上的支援，以及当地居民参加苏联军队之中参与军事行动的情况。

关于在地志博物馆中展示杰出的历史人物的生活和创造的问题，也要这样来解决。如果这些人物的生活是在这个城市或在这个地区度过的，那么他们的生活就应当要最全面、最完整地展示出来。

但是，地志博物馆的展示不应当把某一历史人物的实际意义加以歪曲。在展示着俄罗斯文学的主题中，占有中心地位的应当是俄罗斯文学的那些泰斗；毫无疑问，是他们影响了当地社会的先进的进步阶层，而不是二流作家们影响的，尽管这些二流作家是当地出生的或是住在当地的。

地志博物馆为了既不破坏历史的真实又能展示有名的当地人物，那么便要开辟一个特别的陈列主题："我区有名的同乡人物"，它是展示该区出生的或住在该区的杰出人物的生活和活动的。陈列的这个部分总是有成绩的，它能激起观众既为自己地方又为我们伟大祖国而自豪的情感。

在所有的历史专业博物馆面前，都摆着一个不仅展示人民群众、不仅展示各个阶级和各个社会集团，并且还要展示个别历史活动家、个别人物的问题。有一些博物馆不正确地解决了这个问题，它们不是从马克思列宁主义的立场对待这个问题的。

如果说在波克洛夫斯基的庸俗社会学派活动时期里"个人"根本从历史陈列中踪影不见了，并且在博物馆中甚至于展示最大的历史人物的陈列单元也看不到了，那么以后便发生了相反的错误——对于展示杰出的人物划出了太大的地位。特别是还容许了把诸如伊凡三世、伊凡四世、彼得一世（彼得大帝）之类的历史人物加以理想化。他们活动所受的历史制约性以及他们活动的阶级性质表现得完全不够。这样陈列之下，历史的创造者就不复是人民群众，而是一些沙皇和统帅了，因而造成了与马克思主义毫无共同之点的个人崇拜。

往往是在没有其它材料的时候才能陈列杰出人物们的肖像画，而这就更能加深上面所述及的缺陷，并使陈列变成"英雄们"的肖像画画廊了。

与个人崇拜相联系着的错误也严重的表现在展示苏维埃时期的陈列中。在这些陈列中，苏联人民为建成社会主义而进行的斗争以及共产党在这一斗争中的领导作用都表现得不够充分，而苏维埃时期历史的一切具体事实都被展示成与个别的杰出人物的生活和活动相联系着的了。

在展示苏维埃时期的陈列中，一定要展示共产党、苏维埃国家及其领导人在苏维埃社会历史的整个时期内与人民的不可分离的联系。

历史部分的陈列选题和陈列结构的基本问题就是如此。这些基本问题，现在仍然摆在历史专业的每一分科博物馆的面前。要想解决这些问题，那只有根据马克思列宁主义关于社会发展学说，根据该科知识的特点，根据该博物馆的特征性的任务出发。

历史专业的分科博物馆的陈列，是把自己的注意集中于符合在博物馆专业的、历史过程的各方面之中的一个方面。

例如，分科的技术博物馆，由于技术是与生产方法直接联系着，所以也就是历史性技术博物馆。工业博物馆的陈列介绍着劳动工具的发展、技术的历史；而技术，大家都知道，是生产力的一个要素。但是，在任何一个通史型的陈列中，生产力的这一方面都不能也不应当展示得如此细致。除了工业博物馆之外，还有一些专门的历史性技术博物馆（铁路运输博物馆、交通博物馆及其它）在这些博物馆中所建立的陈列都是展示技术的一个分科的。

民族学博物馆只限于展示苏联各族人民的劳动和生活，以及人民的创造，不把一般的历史反映于陈列中来作为自己的任务。但是，人民的物质文化，这文化的一些特征性民族色彩以及这文化的地方性特点，在这些博物馆中却非常广泛地被展示着。

革命历史题材，当然也在历史博物馆的陈列中占有非常重要的地位。但是，这并不与建立专门分科的博物馆相矛盾，因为在这些分科博物馆中的陈列是专门展示革命运动的历史的。可以作为这种例子的是在二十世纪二十年代创建的国立历史博物馆。像这样的博物馆还有：列宁博物馆、国立加里宁博物馆、"红色勃列斯尼亚"博物馆（这是展示1905年十二月莫斯科起义的博物馆）以及其它。

如同上面所指出的，在通史型陈列中，文化的发展要得到自己的反映。但是，文化上各种部门的、数量繁多的纪念物，也集中于分科的博物馆中——文学历史博物馆、戏剧博物馆以及其它一些博物馆中；这些博物馆，在事实上都超出历史专业博物馆的范围以外了。最普遍的是文学博物馆，这些博物馆的陈列是符合于上面指出的那些主题陈列的要求的。这些博物馆能够给出关于文学中该派别之被创造出来的历史条件的概念、关于文学上杰出活动家们的创作道路的概念。

在历史专业的分科博物馆中，应当指出一批军事历史博物馆：苏军博物馆、炮兵博物馆、海军博物馆及其它。这些博物馆的陈列展示着我们祖国英勇的军事历史，我们祖国先进的军事艺术，以及苏联陆海军的任务、组织原则、武器和装备。

在历史专业的陈列中所使用的是哪些博物馆藏品呢？这些博物馆藏品又怎样来使用呢？

作为陈列品可用于历史专业陈列中的博物馆藏品是极其多种多样的。这就是——从过去保存下来的各种类型的历史文物和那些取自目前生活实际的物品。

如同已经指出的，真正的历史文物能够被从不同的角度来研究。同一个博物馆藏品能够是生产的产品，能够是日用物品，又能够是艺术作品。它同时还能够证明工艺技术水平和该社会集团的思想意识。例如，雕制的彩画纺车既能说明低级的工艺技术水平（原始的劳动工具），又能说明高度的艺术技巧（最细致的雕刻、质量高的绘画）。书籍也是如此，它既是脑力劳动的产物，同时又是生产的产品、物质文化的物品，有时还是缮写者、画家、雕刻师、装订工匠们、饰器工匠们的优秀的艺术作品。

善于把这些文物展示得使博物馆观众能从它们与历史现实的多种多样的关系中来认识它们，使它们能对博物馆观众给予最大的情绪上的影响，使它们能给予博物馆观众以美学上的快感——这就是建立陈列的和博物馆工作人员的任务。

真正的历史文物可以按许多特征来分类，如：按创造的时间，按内容，按属于某阶级的特征，按材料的特征等等。在陈列工作的实践中，一切博物馆藏品（历史文物）都根据通用的历史资料的划分方法分为三个基本类别：书面类的博物馆藏品、实物的博物馆藏品以及造型艺术的博物馆藏品。

实物是社会物质生活条件的一个直接部分。在文件中（即书面资料中）记载着、反映着事件、现象、社会关系；在文件中，各种不同的社会集团的思想意识也得到了自己的反映。艺术作品所反映的现实是通过作者自己的认识，通过作者那无论什么时候都是带有阶级性的那种思想意识来反映的。对这三类中每一类进行研究时，都有其自己的特点。而这些特点都是不同地被博物馆参观者接受着。

上述的分类法在某种程度上是带有条件性的。

第一，这三类材料都是实物物品——物质文化物品、人类劳动产品。在大多数的情况下，真正的文件之所以吸引观众，并不是因为他们能够阅读它（而且在博物馆展示的条件下，这往往也是不可能的），而是因为这一文件也作为实物，能够使观众"直接地接触到"历史的过去。绘画也是如此，如果绘画被挂在表现日常生活的单元之内，那么它便作为单元中物品之一来被研究。

第二，在物品上常见有绘画和文字（钱币、奖章），而书稿和文件则常常带有插图。但是，在每一个模糊的情况下，都要确定物品要被展示的是哪一个"方面"。由于某一事件而制造的奖章乃是实物资料，但是，如果使我们感兴趣的是这奖章上所雕镂的绘画，那么处理它的办法也要像对待造型艺术材料一样。

划分为上述三大类别的方法尽管有一定的条件性，但这种划分方法总还是最方便的。

多种多样的博物馆藏品（历史资料）在历史专业的每一陈列中都有自己的地位。陈列品的成份和性质是取决于陈列中所反映的历史时期以及陈列主题的性质。例如，我们祖国历史的远古时代可以几乎完全用实物文物——考古学材料——来展示。但是，认为只有实物物品（即通常所理解的"物品"——有三度空间的物品）才是在历史专业的任何陈列中有充分价值的这种意见，是非常错误的。伴随着文字的出现，除了实物物品之外，手抄稿文件在陈列中获得了越来越大的意义；伴随着书籍即印刷术的出现，印刷的文件和书籍便逐渐成为本质的陈列要素了。

伴随着摄影术的出现（十九世纪后半），这一种文献性材料也包括在陈列中来了。由于这一时期的摄影术在很大的程度上"排挤"了艺术的板画和石印，以及常用的水彩画和素描画，所以它（摄影术）的文献性材料便成为陈列中最重要和最普遍的造型艺术材料了。

　　陈列中的书面资料，越离我们临近，它的作用也就越加提高。在无产阶级革命和社会主义建设时代创造出了一批具有最伟大的历史意义的文件，它们在陈列中自然是起着主导的作用。例如，展示伟大的十月社会主义革命的陈列中，在多种多样的陈列品里，占有中心地位的、基本的陈列品，将是证明世界历史中新阶段开始的、苏维埃政权的第一批法令。在这一部分陈列中占有主导性地位的是诸如苏联宪法之类的历史性文件。当然，这并不是意味着在这些陈列中博物馆展示的"特征"发生了变化。

　　陈列主题的内容决定着可以展示的博物馆藏品的性质。在展示社会经济现象的各陈列主题内，要陈列劳动工具、生产的技术设备、生产的产品。这些部分内的陈列品可以用于满足工艺学习的需要。这些陈列品中起着本质的作用的是社会上不同阶级日常生活用的最多种多样的物品。在这类主题中具有巨大意义的，是书面资料和标准造型艺术材料的陈列。而这一题材便要求把经济地图、曲线图、生产过程图解等形式的科学性辅助材料也包括进来。

　　同样的陈列品（劳动工具、生产的技术设备、生产的产品）在分科的历史性工艺技术博物馆中也是主导的。这一类博物馆中陈列品的基本成份是机床、工具、各种器材、机器及其模型，而其中最有效果的便是可以动转的真正实物陈列品和模型，因为它们能对每一机器的功用给予最鲜明的概念。辅助材料中最典型的是有助于理解机器构造的示意图和能比较机器劳动生产率以及其它功用指标的曲线图。

　　劳动工具和生活日用品，主要是农民阶级的劳动工具和生活日用品，以及包括在通史型博物馆各主题陈列单元中的民间装饰艺术和实用艺术的标本，也都是民族学博物馆的基本陈列品。

　　由于苏联民族学陈列的最重要任务，乃是展示苏联各族人民的日常生活（过去的和现在的），所以在这些陈列中标准的"生活实况陈列单元"——内部陈设、陈设的布置（例如，在高山上越冬时期乌兹别克家庭的住所、工作中的库梅克族女织毯工等等）——自然就具有特别的意义。

　　另方面，假如说在通史型陈列中通常服装都是以"生活实况陈列单元"的形式来展示的话（例如，把服装的各部都穿在假人身上），那么在民族学的陈列中，除了这一形式的展示外，还要补充个别陈列服装的一切部分，有时还要个别地陈列服装的细部。所以这样做，是因为要展示剪裁样式的特点、装饰花样的特点以及其它的特点，因为在这些细部中通常都反映着日常生活的民族的特点或地方的特点。

　　在军事历史性质的陈列主题中，展示着军事技术、军队的服装和装备。战略和战术都反映在文件中、特别是反映在地图材料中（例如，库图佐夫所拟定的波罗金战役略图——主力布署的"经纬图"——计划图），这些材料在这类主题中具有特别巨大的意义。

　　科学性辅助材料中，战争进程地图、战后的国境变更图、武装力量组织示意图等等，都是理解陈列内容所必不可少的材料。

　　上述的基本类别的材料对于军事历史博物馆也是具有特征意义的。

　　属于革命历史题材的博物馆藏品，则具有稍稍不同的性质。这些物品中实物材料照例是为数不多的，但这些材料却都具有极大的纪念性。这些实物材料中反映着革命斗争的本质的特点。这些材料，首先是起义人民的武器、革命的旗帜、与地下革命工作特点有关的那些物品（例如地下印刷所的设备）。在这一部分中也陈列着著名的革命活动家的肖像画和私人物品。在革命历史题材中起着特别巨大作用的是书面性资料，其中包括与革命组织的活动相联系着的手稿材料和印刷的出版物——传单、宣言、小册子等等。

　　除了实物文物之外，这些文件也是革命历史主题中的中心材料。

　　历史革命题材也要求把科学性辅助材料包括进来，例如：农民运动地图、罢工运动增长曲线图、革命组织的活动示意图等等。

博物馆对于革命斗争的那些最重要时刻一定要勾画出鲜明的、印象深刻难忘的画面。为此，可以使用造型艺术的作品。但是，革命历史题材在革命前造型艺术中被反映得非常稀少。因此，在展示群众性革命运动的部分中，苏联画家的作品才起着特别巨大的作用；因为在这些作品中，鲜明的艺术形象是与对历史事件和历史现象的正确解释相结合着的。

以上所述及的对于历史博物馆中用博物馆方式来展示革命运动说来是必不可少的材料范围，乃是革命历史博物馆陈列中基本的范围。在这些博物馆中制订出了整套能提高效果、能使难于了解的博物馆藏品变为浅显易懂的物品的办法（这些难于了解的博物馆藏品如：在革命运动历史中具有头等重要意义的难于辨识的文件、小号铅字印的传单、书籍和小册子）。革命历史博物馆陈列的最好范例，可以在中央列宁博物馆中找到。

在文学历史主题中，基本的陈列物品是书籍和手稿。

如果陈列的任务是揭示艺术家、作家原稿的推敲过程，那么这陈列中便要相应地（适当地）选择作者的一些手稿并予以展出，而印出的书（或写出的书）便似乎给这一单元的材料加以总结。这种展示方法的优秀范例，在列宁格勒全苏普希金博物馆的陈列中便可以看到。

为了揭示创造艺术形象的过程，必须援用造型艺术材料——用来作为作品中人物原型的人物肖像画、作品中所描述的地方图画。例如，在国立托尔斯泰博物馆（莫斯科）的陈列中就能看到安娜·卡列尼娜原型；在高尔基博物馆中就能看到安娜·吉利尔洛夫娜·扎洛莫娃的照片，这就是高尔基所著长篇小说《母亲》中的彼拉盖娅·尼洛芙娜的原型人物。

国立文学博物馆（莫斯科）展示果戈里的陈列中，就包括有果戈里作品中的地主、商人、农民以及其它人物标准画像。

在文艺学的陈列中，选择文艺作品的插图是具有重大意义的。这些插图既可以用来直观地揭示作品内容，又可以用来说明不同阶级、不同社会集团的代表人物对这一作品的不同态度。

但是，并不能从此得出结论说：文学历史的陈列中没有也不应当有实物物品。相反地，有这些实物物品还能使陈列更加完整、更加有趣、更加易于理解。这是属于该文学家的纪念性的物品。其次，这是用之可以再现出那一时代以及那些社会集团（他们的作品在陈列中展示着）所特有的日常生活情况的物品。

在文艺陈列中起着特殊作用的是文字说明，如果说，在历史专业的陈列中文字说明通常是概括陈列，强调指出陈列的目的要求，并说明陈列的话，那么在展示文学作品时除了这些文字说明以外，起着特别作用的，还有转述作家的原话从而能帮助观众获得关于他创作的概念的、引自文艺作品的摘录。

文字说明——引自文艺作品的摘录，也能以注解说明的形式用于上述的造型艺术材料上，以便"印证"这些材料，以便展示出绘画和文学作品之间的关系。

在多种多样的历史专业的陈列中，可以把展示当代的这类陈列划分出来。例如，在工业博物馆中往往展示着祖国科学和技术的最新成就，地志博物馆历史部的陈列便要以展示该区在当代发展阶段上的社会主义经济和文化来结束。

在这些陈列中以及与之相似的陈列中都反映着摆在苏维埃国家面前的、日常实际的任务。陈列不仅应当指出这些任务，并且还要给观众以实际的意见，把这些任务可能获得解决的一些方向提示给他们。由此可见，陈列要具有指导的性质。展示先进经验时，陈列应当成为宣传和普及这一经验的手段。这样一来，博物馆也将成为为争取完成国民经济计划的斗争中的积极的参加者。

为了使陈列能指导实际并能给予实际的援助，只展示工业新出产的制品标本、展示新的农业作物等等是不够的；只展示获得很高生产指标的人们也是不够的；必须要揭示出先进生产者的工作方法。

例如，为了宣传农业中的先进经验，那么除了先进生产者所培植出来的农业作物标本，除了获得很高的生产指标的先进生产革新者们的肖像画之外，陈列中还应当包括另外一些材料：促使获得很高产量的种子和肥料的标本，先进生产者所发明的并促使超额完成计划和提高工作质量的劳动工具，工作方法的照片在推行先进经验上有着重要的意义。如果在陈列中包括有解释工作方法或发明品构造的示意性草图、说明先进经验在提高劳动生产率上的意义的曲线图和其它科学性辅助材料——如果在陈列中包括有这些，那么陈列将会更加易于理解。

博物馆可以根据自己的意图记录下来（用照片、拍电影）它所需要的生产场面、劳动者日常生活的场面，可以根据自己的意图取得杰出人物的自传，从而便可以达到更加完整地揭露陈列主题的这一目的。

对于反映着现代的陈列说来，那些既能描述社会主义建设现阶段，又能介绍出它的"未来"的一类材料，是很重要的。可以作为这样材料的有：城市改建计划、集体农庄发展计划、新型住宅草图、新型文化公园草图等等。

所举的这些例子绝对不是已经把历史专业的历史博物馆和分科博物馆的题材中一切复杂的样式都叙述无遗。所举这些例子的目的是要对各陈列单元给予一个概念，并根据这一概念再得出关于最广泛普遍着的分科博物馆的陈列特点的概念。

第十一节　各种纪念性博物馆中陈列工作的一些特点

历史专业陈列的一个特殊类型便是纪念性博物馆的陈列。在博物馆建设的实践中，有两类纪念性博物馆：传记性纪念博物馆和实况的纪念博物馆（纪念性建筑的博物馆、历史文化保护区博物馆）。传记性纪念博物馆的陈列建立方法与历史专业的（文学史的、革命史的）普通主题陈列的建立方法相同。传记性的纪念博物馆陈列的思想本质（思想内容）能够相当确实地确定出来。这陈列应当展示：该杰出人物的活动对于社会的进展有多少贡献，他的活动如何表现了先进阶级的利益、人民的利益以及表现的程度如何。

在陈列中要提供历史人物在其中渡过生活并形成了他世界观的那一历史环境，要按年代顺序展示他传记上那些本质的事实。应当使观众们的注意集中于杰出人物的活动上。在陈列中要摆放反映着当代人对这杰出人物所持态度的材料，并且还要特别划出一个部分来展示苏联人民和国家对他的态度（授予勋章、奖金、出版著作、纪念大会、纪念碑及其它）。

根据陈列品的成分，这一类陈列与历史专业的通常陈列的区别，便是在前一陈列中纪念性物品（该人的私人物品）起着较大的作用。

纪念性实况博物馆、历史文化保护区博物馆的陈列有着很大的特点。进到这类博物馆中的参观者，不仅是能观察纪念性物品和纪念性地点，不仅是能回忆起伟大的人物和回忆起历史事件。他不仅是被带到把这纪念性实况单元所由之保存下来了的那一时代中去，他并且还如同是这位伟大人物的拜访者和"客人"。因此，参观者不仅要想而且要深刻地去体会与该纪念性地点相关联的事件。情绪上的高涨与激动便能促使对杰出人物活动的兴趣提高，便能使参观者对所看到的一切最易于感受。

正因为如此，这一类型的博物馆的教育作用才能够是特别大的。

由于这一类博物馆的最重要任务是保存纪念物（纪念性实况的综合陈列）使其各个细部都完整无

缺，所以看来似乎这一类型的博物馆中便没有必要进行什么特别的陈列工作，只要简单地把纪念物按其被保存下来的原样展示出来也就可以了。但是，这种意见乃是一个很大的错误。如果说纪念性实况的综合陈列是应当展示给广大参观者的，那么在博物馆工作者的面前便不可避免地要摆着这样一个问题：如何使这个综合陈列不仅被保存下来，而且还要能再现出原来面貌（再建立起来原状），如何能使这个综合陈列更加完整，如何提高它的教育和教养的作用。

甚至于当历史人物的居室（房间、住宅）在本人死后立刻直接变成了博物馆，而纪念性实况的综合陈列的物品也全套地保存下来——甚至于在这种情况下，博物馆工作者也应当解决展示这房间的方法问题。例如，当杰出人物病倒在床，当他事实上已停止了创作工作的临危前的室内陈设是否应当保存下来？或者，应当保持他患病以前的房间是什么样，便展示什么样？他生命上哪一阶段应当取来作为基本阶段？假如，这间房间在临终前五年是作卧室之用，而在以前作了三十年的写字间，那么这个问题又如何来解决？

所有这些问题，都必须在仔细研究和科学地论证理解伟大人物的生活和活动的基础上来解决。

完整的纪念性实况综合陈列品并不是常见的。有这样完整藏品的，例如，在"托尔斯泰庄园"博物馆中，在"契柯夫纪念室"内，在这些纪念性博物馆（纪念室）中保存着住宅、庭园、房间陈设以及大量与这些杰出人物的创作活动和性格有关的私人物品。但是，即使在这种情况下，有一些物品也失落了。例如，"托尔斯泰庄园"博物馆中，有2106件原物陈列材料和67件非原物陈列材料，即3.2%非原物陈列材料（在1926年）。

当陈列纪念性实况综合陈列的展品时，几乎任何情况下都要发生复制的问题。如果曾在室内放过的物品是博物馆工作者所丝毫不爽地熟悉的物品，那么是否可以把它复制出来和那些实物纪念物摆在一起呢？这个问题如同一般的主题陈列中的问题一样也应当予以解决。由于复制品能够使观众获得关于作为陈列主题的那一生活现象的完整概念，所以它是可以纳入陈列的。如果除了许许多多原物之外，再把某些复制物品放进纪念性实况的综合陈列内来陈列的话，那么这些复制品在弥补了空白的同时，无疑地会使陈列丰富起来。

例如，在"托尔斯泰庄园"博物馆内，其陈列中就有十八把椅子是按照保存下来的四把原物的椅子一丝不爽地仿制下来的，两个木制的小书架是仿制的，四张肖像画是复制的，以及其它一些复制品。由于曾属于托尔斯泰个人的一些书籍没有被保存下来，所以在陈列中便摆放着同样版本的另一些书籍（总计12本）。手稿照例都是用复制品展出，因为这些手稿按现行法律应当移交给档案机关，但是这些手稿又是每一历史人物的纪念性实况陈列单元中不可分割的部分。

在许多情况下，全套的实况纪念物只有一些断片被保存下来。如果对于这单元有着详尽的记述或绘画，便可以用根据现有的资料制成同型的物品把内部陈列补充起来。例如，在"普希金故居"博物馆①内（列宁格勒）几乎没有一件家具是这房间中的原物。

在"托尔斯泰庄园"博物馆中，在陈列里便包括着六把复制椅子、三张复制的床、两个床单等等。

最后，还可能有这些情况：实物纪念物在纪念馆中根本没有，而全部内部陈设都是根据可靠的资料用同型的物品人工地复制出来的。用这种方法复制实况陈列单元的例子如：高尔基市高尔基童年生活实况博物馆"卡什林家的住所"，这所博物馆是最受各种不同职业，不同身份的参观者爱戴的纪念性博物

---

① 普希金生前居所，在其逝世100年后的1937年对外开放，位于圣彼得堡。

馆之一。

由此可见，纪念性实况陈列单元的陈列也要求对于材料事先作巨大的调查研究和细致的选择工作。如果在行将展示的陈列单元物品中能够对杰出的人物从历史观点上正确地反映出他的特征，那么陈列便会达到自己的目的。例如，在"作家尼古拉·奥斯特洛夫斯基最后的住所"这一纪念馆中，他的私人房间便创造出一个虽然病卧在床，但一直至生命的最后瞬间都参加在社会主义社会建设的、具有不挠的意志的人——布尔什维克的令人难忘的形象。

对"托尔斯泰庄园"纪念馆的意义，列宁曾非常深刻地指出，说："……在住宅里一切都和从前一样被保存下来了。群众应该知道彷徨着的托尔斯泰是怎样生活的。他自己把这种彷徨着的情况也反映在自己的作品里了。"①

但是，博物馆工作者的职责并不是局限于把纪念性实况单元的物品陈列出去而已。如同上面曾经指出过的，这一类型陈列的质量如果特别好，那么便能唤起参观者对博物馆（纪念馆）所纪念的那个人物或事件的巨大关怀和兴趣。为了满足这种兴趣，以及为了提高陈列的教育意义，则必须对陈列进行大量的补充。正是由于纪念性博物馆应当使关于伟大人物的记忆永垂千古，正由于"伟大的"这一概念与对他活动的评价、对他所具有的历史意义的估量是分不开的，正由于这些，才在纪念性实况博物馆之外又出现了上面所提到过的纪念性传记博物馆。例如，除了托尔斯泰的庄园纪念馆之外，还组织了一个托尔斯泰博物馆；除了普希金故居纪念馆（列宁格勒）之外，还组织了一个普希金博物馆等等。

但是，即使在纪念性实况博物馆中，那所谓的补充性陈列也获得越来越大的意义了。这种补充性陈列的目的就是要给予关于整个纪念性实况单元所展示的那个人物的完整的资料，以便满足参观者们对这位人物的生活和活动自然产生的关怀和兴趣。补充性陈列是根据纪念性传记博物馆的陈列类型来建立的。但是补充性陈列一定要与纪念性实况单元联系着，纪念馆所纪念的人物在这里生活过的时期，应当展示得最为详尽。也可以有展示住宅和居室历史的部分。

上面所叙述的一切也完全可以用于历史文化保护区的博物馆。历史文化保护区博物馆是与巨大历史人物一生有关的一个地区。在这种博物馆里，自然纪念物同时又是历史纪念物。在这个地区内要细致地加意地保存和恢复这里的地势、这地区的布置，以及这地区的草木，至于纪念性和历史性纪念物就不言而喻了。

博物馆不仅要使参观者能在脑海中再现出历史过去的情景，并且还要使参观者能理解在这里曾发生过的那些事件的意义。

博物馆工作者在完全保存自然实况的单元的同时，在其中还要纳入科学性辅助材料、摘录性文字说明以及说明标注。例如，在普希金纪念区内，进门处摆着纪念区示意平面图，图上对一切纪念性地点都附有详细的标明在某种程度与伟大诗人的创作相联系着的那些地方，就把他作品中有关的一段摘录下来写在纪念牌上。个别的纪念性地点和物品都要附上卡片题注——标签；在某些地方树立着指示箭头——这是指示参观路线的。

通常，保护区其中也包括有纪念性实况单元的陈列品，在这一单元的补充性陈列中反映着保护区的内容。

---

① 崩奇—布鲁也维奇著：《列宁和托尔斯泰》。国立文学博物馆"编年史实"之部，1935 年 11 月 19 日，第十二卷，第 575 页的摘录。——原文注

展示杰出人物的博物馆陈列的建立原则，完全可以用于为纪念特别巨大历史事件而建立的博物馆。纪念性军事历史博物馆，是国立斯大林保卫察里津①—斯大林格勒纪念博物馆②。纪念性生活实况革命历史博物馆，是在莫斯科森林街上的"俄罗斯社会民主工党（布）中央委员会莫斯科地下印刷所"。

应当指出：革命前的博物馆中是没有补充性陈列的。在现代，绝大多数的纪念性实况博物馆中都有历史性传记类的或历史类的补充性陈列。另一方面，还应当指出，纪念性传记博物馆有着这么一种倾向，就是，它不仅要在自己的陈列中包括一些纪念性物品，并且还要包括有整套实物的（或复制的）纪念性实况单元。例如：在莫斯科中央列宁博物馆中，便复制了列宁在克林姆林宫的办公室；在高尔基市③高尔基文学博物馆中就展示着伟大作家的写作间（办公室）的内部陈设——实物的陈设；在莫斯科省季米特洛夫区地志博物馆中陈列着作家保吉亚切夫的房间的原物实物陈设。这种陈列方法，即把原物的"生活实况"单元包括到陈列中来的方法，便能大大地提高陈列的质量。

根据上面所叙述的便可以得出结论，即这两种纪念性博物馆在事实上有逐渐接近的倾向。可以作为非常具有说服力的例子，便是布拉格列宁博物馆的历史。

在苏军解放了捷克斯洛伐克之后，1912 年 1 月曾在这里开过第六次全俄罗斯党代表会议（普拉加党代表会议）的房间，就成为了博物馆。成千的参观者都到这儿来参观。但是，这间博物馆没能满足劳动者们的需要。他们希望更多地知道列宁的，知道共产党的一切。根据捷克斯洛伐克共产党中央委员会的决议，于 1935 年在上述博物馆所在的建筑物内创立了并开放了列宁博物馆。曾开过普拉加党代表会议的房间（历史性革命的、纪念性实况的陈列单元）就作为陈列的组成部分而包括在博物馆的陈列中来。

展示某一机关（机构）的历史的博物馆陈列，是一个特种类别的陈列。例如，工业企业、剧院、高等学校等附设的博物馆的陈列，就是如此。自然，上述博物馆中每一个博物馆都将用独具特色的材料并根据自己机构的专业任务来建立陈列。

关于苏联莫斯科高尔基戏剧艺术研究院所属博物馆所创立的陈列的意义，史坦尼斯拉夫斯基④在博物馆参观者感想簿中写道："以前所没能确定的我们的成绩和错误，现在博物馆的几间小小房间内得到了确定；在这些房间里我们可以一步接着一步地观察到我们是怎样成长起来，怎样建设的博物馆，怎样遭受到失败以及怎样取得良好成绩的。"这一博物馆似乎是莫斯科戏剧艺术研究院创作集体（组）的、是其它戏剧工作者们的、是所有研究苏联戏剧的人们的一所学校。史坦尼斯拉夫斯基所指出的这种类型的陈列与生产的联系，这种类型陈列的有效性，这种类型陈列对于实际工作的意义，都是这类博物馆陈列独具的特征。

由此可见，历史专业的陈列按陈列材料的内容、按其目的性、按其性质是极其多种多样的。这与历史专业的一切博物馆都有其陈列工作的一般方法是并不矛盾的。

第十二节　自然科学专业类博物馆中陈列工作的一些特点

自然科学博物馆陈列的任务，是展示实物的自然标本，是在自然发展基本规律的具体表现中来宣传

---

①　1925 年改称斯大林格勒，现称伏尔加格勒。
②　1937 年设立，位于伏尔加格勒。
③　1932 年前称"下诺夫哥罗德"，1990 年复称"下诺夫哥罗德"。
④　史坦尼斯拉夫斯基是苏联著名的戏剧理论家（1886～1938）。他和丹钦柯是上述戏剧艺术院的创始人。有名的戏剧理论书《史坦尼斯拉夫斯基体系》，便是记述他的理论的。——译者注

自然发展的基本规律。

建立在辩证唯物主义原则上的自然科学陈列，不仅能单纯地记录一些事实，而是能揭示自然现象，而是能辩证地阐明材料，因而这样的陈列对于普及苏维埃创造性达尔文主义思想、对于形成马克思主义世界观说来是非常重要的手段。

一切自然历史博物馆所共同的这些任务，是根据博物馆的专业而各有不同的解决方法。

专业化了的博物馆通常都是展示自然科学某一个部门的。科学院和大学的一些博物馆便是这种专业化的博物馆，如动物学博物馆、植物学博物馆、地质学博物馆、生物学博物馆、土壤学博物馆。

而中央的一些普通生物学博物馆都有着较广的专业范围。它们的目的便是要展示进化过程和改造自然的、改变某些个别种类动物的以及整套自然物品的人的创造性活动。

地志博物馆自然之部的专业范围是最广的。在它们的陈列中，展示着当地的地质、矿物、古生物、地球形态、水文、气候、土壤、植物界和动物界。当然，这种包罗万象的陈列性质在地志博物馆自然之部面前便展开了不用自然的个别因素（成分）来展示自然，而用自然所有因素（成分）的总和来展示自然，用它们辩证的统一展示自然的这种极其丰富的可能性。

自然科学的陈列，是用实物博物馆材料并以博物馆的方法来建立的。自然科学陈列的基本陈列品——这就是自然界本身的物品标本，而一切其它材料只不过是陈列的辅助性手段而已。

只有一般地充分熟悉自然科学（博物学）上的那些问题，而又足够充分地熟悉陈列的标本所属的自然科学（博物学）上的那一分科，才能够对自然界物品进行选择。不仅需要知道这些标本，而且（特别是在地志博物馆中）还要知道整个地区的自然界。因而便产生了科学研究工作的必要性，以及田野工作的必要性。只有不是从书本熟悉自然，而是"在实物上"熟悉自然的博物馆工作者，才能够在博物馆中很好地展示自然。

根据博物馆的专业范围以及陈列的目的，来选择、分类和布置陈列品。

建立自然科学陈列的方法，通用的有三种：

1. 分类学的（系统的）方法；

2. 生物学的（生态学的）方法；

3. 自然环境的方法（景观法）。

用系统分类的方法建立陈列时，陈列品是按自然科学所通用的分类程序来布置的。不折不扣地使用这种方法的，是在一些专门化的博物馆里（例如在大学的动物博物馆里），因为这些博物馆的目的是用为教学过程服务的方式，按一定程序，把丰富而多样的动物界展示出来。在矿物学博物馆里也使用这种系统分类的展示方法，在这些博物馆里照例是除了有一些分组的材料之外，还展示着系统分类的矿物学藏品。例如，苏联科学院卡尔宾斯基①地质学博物馆中，组成其陈列各部之一的最丰富的系统分类的地质学藏品，便是如此。

只有用系统分类的陈列方法，才能够通过陈列弄清矿物、植物、动物的种属关系、自然类别；因为建立该门科学所通用的分类系统的基础，乃是这门科学所研究的自然对象的种属关系、共同性。系统分类的展示方法，在大量标本被展示得与其分布地点或生活条件无关的那些场合下，也能对这些物品标本指出有科学根据的、详细的分类。

在地志博物馆中，系统分类的藏品仅仅是补充性材料，这些材料能对那些不以系统分类方法，而以

---

① 卡尔宾斯基（1847~1936），苏联地质学家、社会活动家、俄国地质学派创始人。

别种方法建立的基本陈列所提供的情况资料给以补充。

生物学的（或称生态学的）展示方法，其目的不仅是展示"标本"，而且还是阐明标本和它周围自然的某些关系，而且还是阐明它生活的某些特点。这种展示方法便要求在陈列品的摆放上和陈列方法上使用一些特别的原则。对于生物学的（生态学的）展示方法说来，典型的方法是建立生物群落来展示在自然情况下的动物或植物。

用生物学方法展示动物时，还广泛地使用着诸如鸟巢、昆虫窠巢（如蜂巢）、野兽洞穴之类的陈列品，以及能反映动物生活某些方面的其它陈列品。

建立生物群落的这些办法还不能完全决定建立陈列的方法。在陈列中具有一些生物群落，这还不足以使陈列能用生物学方法被建立得很好——为了使陈列能够用生物学方法建立起来，那么还必须对陈列品进行相应的分类。例如，分类动物时，并不是按系统分类的特征，而是按这些动物所栖息生活地点的那些特点。例如，博物馆所展示的不是按照动物学分类系统次序而摆放着的个别的野兽、飞禽、昆虫等等，而是展示着"森林的动物界"、"草原的动物界"等等。植物也是这样地被展示着。

也可能更细致地来展示。例如，可能有这样的一类，某一类型森林（松林、阔叶林等）的动物，而不只是"森林的动物"。也可能更进一步细致划分——"白松林动物"、"红松林动物"。植物也是如此。不管这种划分是怎样细致，这样的展示方法是不能够阐明全部关系的多样性，不能对同一个"红松林"的生活给予整个的概念的。

使用生物学（生态学）方法建立陈列时，不能把自然界现象的相互关系全部地阐明出来，而自然界仍是作为孤立的要素被展示着。但是，这种方法却比系统分类方法能更多地反映自然界的生活，因而它在现在便是最普遍的一种方法。在专业化的博物馆中以及在普通生物学博物馆中，也都使用这种方法。在很大程度上，这种方法也利用于地志博物馆中。

从上述中可以看出：生物学的（生态学的）展示动物（较少的情况下是展示植物）的方法，并不是要展示相当大量的剥制标本（野兽、飞禽）或者干腊叶（植物）标本，而是要展示包括在生物学（生态学）展示要素中的某些复杂陈列品和生物群落形成的标本。

基本自然环境应理解为：一定的（有限的）一块地面的范围内的一切自然因素——构成其地带的地形、水系、气候（地区气候）、土壤、植物界和动物界——构成一个统一的自然单元，并在该块地面发展和存在的特定条件的影响下，以及在改变自然和改造自然的人们的作用下，这些因素都处于最密切的相互联系与相互依存制约之中，这样的一定的（有限的）一块地面便是基本自然环境。这基本自然环境所特有的特征的综合体便使这一单元区别于与之相邻的其它自然单元。最常重复着的主要的基本自然环境，便是森林、山谷中的草地、池沼、草原、河流以及洼地等等①。

基本自然环境的单位，如果正确地来理解它，那么便不可能是抽象的、公式化的一个单位。没有也不可能有"落叶松林"这样一个生活环境单位。落叶松林是各种各样的，其中还分有黑色落叶松林、绿色落叶松林等等。其中每一种松林都完全是各种现象和因素的特定的综合单元，而这种综合单元使人们可以立刻把一种类型的落叶松区别于另一种类型的落叶松。松林、草原、湖泊等等，也是如此。同时，某一地方或某一地区的绿松林也是各不相同的，因而不具体的黑松林便或多或少是有些公式化的成分在内了。当建立生活环境的陈列时，必须记住：任何一个基本生活环境都不可能是重复的。

---

① 不可以把这些生活环境单位和地理学上的地带以及自然（地球物理学）的区域混到一起；因为地理学上的地带和自然区域是包括有许许多多基本生活环境的相当广范的综合单元。——原文注

如果用正确的景观法建立的自然之部的陈列，"白松林"的生活环境就不能单纯是生活在一起的植物和动物的堆积。"白松林"（不是凭空想象的白松林公式而是完全具体的松林）这种生活环境包括着一切自然因素：地形、土壤结构、区域气候、水系、植物和动物界，并且这些因素还不是分散的而是密切相关联着的。自然环境的陈列能阐明该植物和该动物所生活栖息的环境，以及生物界和非生物界各因素之间的相互关系。当然，博物馆陈列不能够也不应当反映出自然的全部多样性。但是，景观法比起任何别的方法能够在陈列中更多地反映出该自然界综合单元的、一切最本质的东西。建立陈列的基础，如果是使用景观法，那么在陈列的某些部分中也并不是不可以使用系统分类的和生物学（生态学）的展示方法。

景观法最适合于展示整套自然单元，而不是展示自然科学（博物学）个别部门的那些博物馆的自然专业之部。因此，在地志博物馆的自然之部里，这种方法应当有最广泛的普遍利用。

地志博物馆的自然之部是自然历史专业的最普遍的陈列部分。这些博物馆与专业范围狭窄的那些博物馆不同，前者服务的对象不是较少的参观者们，而是旨在为广大群众服务的。因此，上述基本课题的展示方法问题，以及建立自然环境的陈列方法问题，在地志博物馆的例子中便能具体地反映出来。

地志博物馆自然之部的陈列应当对当地自然以及当地自然富藏给出鲜明的概念。同时它应当阐明自然现象的统一和相互关系，并且它还应当是富有动态的。当地的自然并不是什么特别的东西。地方只是我国的一个部分，因而地方的自然不仅与相邻各省的自然，并且与较大的区域范围的自然的相互关系，一定要在陈列中得到反映。阐明旨在改造自然的人们的作用，展示苏维埃创造性达尔文主义以及米邱林学说的成就，这些就是自然之部的最重要的任务。自然之部的材料能为宣传辩证唯物主义的世界观、培养苏维埃爱国主义提供出最广泛的可能。

在自然之部的陈列中阐述着自然的历史途径和自然的发展过程。反映地质学的过去历史的、地方地质结构和地形的陈列，更提供了特别丰富的可能来阐明这些问题。展示当地的动物界和植物界，便能阐明生物的变异性现象，便能阐明可以保证这些有机体生命延续的构造上（和习性上）的那些特点，便能阐明进化论中的其它一些原理和因素。

自然之部的全部陈列，都应当根据唯物主义生物学的基本原理来建立。

地志博物馆自然之部的陈列的任何一个主题，都要能够阐明人的改造性活动。当地的植物、动物和土壤，对于阐明这一问题上提供着特别巨大的可能。

每一省（州）都有可能用当地的材料来展示改变着自然环境的人的改造性活动。

增大当地有益动物的繁殖率，使新品种有益动物适应当地气候，使许多种类南方植物北移，消灭有害动物，以及旨在改进当地动物和当地植物的人的其它活动，这些也都是改造自然的例子。

展示改造植物和动物本性时，阐明米邱林生物学的基本原理，是有着特别重要意义的。不可以把米邱林学说的展示引导成为工作方法和工作成就的展示。如果用这种方法进行展示时，普通生物学学说便变成了一系列的技术性建议和指示了。

自然之部陈列的基本方针之一，这就是把自然作为人类所利用的自然富藏的源泉来展示。在解决这一任务时，陈列不应仅仅局限于记述一些事实，哪怕是有经济意义的一些事实。只阐明"有益的"和"有害的"是不够的。博物馆应当致力于使当地居民能注意去广泛利用当地的自然资源，去揭露一些新的可能来把某些自然物利用于当地的社会主义建设中。例如，在陈列药用植物时，不可以仅仅局限于展示当地制药部门所收购的那些药用植物；还需要致力于引导观众去注意当地产量很大，但还未被制药部门利用的那些其它植物。形成峡谷的经过历史是很有教益的；但是，如果博物馆不举出防止峡谷形成的一些方法，那么展示便将是未完成的，因而陈列工作便不能完全无愧于自己的使命了。不可以仅仅局限于展示自然富源的利用，还必须对保护和扩大这些自然富源的办法进行宣传。例如，只展示有用飞禽的剥制标本是不够的，还需要列举保护和招引这种飞禽的办法。

不仅"利用现有的自然财富"，而且寻找新的自然资源，增大这些自然资源，保护一切有益的东西——这就是陈列所应当解决的任务。由于第十九次党代表大会的决议中要求全面利用当地自然资源，所以解决这个任务便特别重要。

与社会主义建设的任务直接关联着的自然之部的陈列，一定要成为有指导性的、动员性的陈列。在这一点上，这种陈列与展示当地社会主义经济之部的陈列相似，也与展示现代问题的一切陈列相似。

自然之部的陈列应当建立在辩证唯物主义方法的基础上，而辩证唯物主义的方法是要求动的展示的。如同上面所指出的，景观法对于动的展示是最好的有效办法。

建立陈列中的自然环境，并不是对特定自然地段的简单模仿，同时陈列中的自然环境也不应当是凭空想象的示意图。如上所述，陈列中自然环境的基础乃是具体的自然环境，即一定区段的河流、具体的森林地界、完全现实的湖泊（不是"某某"湖泊）等等。在陈列中，最好以透视画的形式来展示这种自然地段。

建立透视画并把它（透视画）作为中心陈列品，这绝对不是必须的。透视画可以用模型和图画来代替。但是，不言而喻，模型和图画对观众在纯粹情感上的作用，以及认识上的意义，则无比地低于用实际自然物品所建立的透视画。但是，因自然群落的展示是自然环境陈列的中心陈列品，所以怎样也不能以之代替整个自然环境的展示。整个自然环境的展示应当同时伴随着对该具体自然环境的、具有特征性的自然因素的展示。

这种材料不是以个别的、截然分开的一些主题（"土壤"、"气候"、"地形"等等）的形式出现，而是以能更好地和更完整地阐明自然环境的一切因素的相互关系的形式出现的。例如，土壤是与地形特点的联系中被展示着，植物的分类是与地形和土壤的联系中被展示着。自然环境区域气候的一些特点，是通过它们与地形、植物分布、水系等特点的关系来阐明的。

最后，在自然环境的陈列中还包括着另一些材料，它们是说明该自然环境"局部例子"的，它们用具体的，但又不包括自然环境的全部内容的典型例子建立陈列，补充了对自然环境典型资料的概念。例如，建立一个"池沼"的自然环境。建立这自然环境的基础是高地（苔草的）池沼，因为在当地这种池沼是在经济意义上最重要的一个典型。但是，在当地还有洼地（菁草的）池沼，也是需要展示的。后一种池沼的材料，作为对展示高地池沼的一种补充，而被包括在陈列中来。

另一个例子，建立一个"针叶树林"的自然环境陈列。它的基础是当地某一具体的针叶树林。但是这一具体的针叶树林并不包括分布在该地的一切类型的针叶树林。显然地，对于展示具体的针叶树林需要附加上能说明该地自然界存在着的其它一些类型针叶树林的补充性材料。补充也可以有更广泛的性质。例如，如果当地有松树林、枞树林以及阔叶林，那么博物馆便可以把一个森林的自然环境作为基础，而把其余的两个不作为基础的自然环境的材料非常简略地包括到陈列中来。

不可能把许多概括的东西都和某一自然环境的陈列拉在一起。例如，气候、土壤、水路、地形以及其它一些基本的自然因素的一般共通的叙述，是不能够通过景观法来展示的。关于当地自然的概括性情况资料也是必不可少的。但是这种情况资料要在展示当地地理概述的陈列的导言部分介绍出来。这种概括中包括关于地形、地质、土壤、气候等一切基本的一般共通的情况资料。这一主题虽然是"导言"，但从它的意义上来讲，它也是"结论"。它似乎把那些在展示个别自然环境时所提供的情况资料加以简略的总计。

由于地志博物馆是展示当地的自然，所以它的基本陈列也要用当地的材料来建立。但是，当地的土壤、当地的地质结构、当地的地形、当地的动物界和植物界——这些都不是什么孤立的东西。整个地方（边区）也不是孤立的，它只不过是国家的一部分。阐明当地自然和全国自然的关系，是必要的；这只有使用诸如土壤地带地图、地质地图、动物分布地图等地图才能够做到。尽管这些地图并没有包括当地的材料，但是不展示这些地图是不可以的。当建立"地方的地质"这一主题时，只有再把某些非当地的材料包括到陈列中来，自然发展的历史过程才能够被阐明得明确而有说服力。因为并不是一切地质时期在地方的疆域范围内都有，而在展示中如果缺少一个或几个地质时期，那么便不能造成这些地质时期连续变化的完整画面。由此可见，在若干情况下把非当地材料也包括到陈列中来是合宜而又必需的。但是，只有在不将非当地材料包括到陈列中来则当地材料就不能被充分理解的时候，才能够这样做。

不可以把外地的（非当地的）植物、动物、矿物包括到基本陈列中来。即使地志博物馆中有这样的陈列物，但这并不能是可以把它们与当地的地志学材料并列地展示出去的根据。这样的材料可以摆在个别的陈列厅里，但是不可以把它们摆在基本的地志学材料当中。

第十三节　　对陈列工作的组织

科学工作者在对陈列进行研究之前，在制订对陈列计划之前，要对于陈列所展示的那门科学知识有足够的素养。

例如，我们把准备自己地方历史的陈列作为例子。着手准备时，一定要知道苏联历史，特别是要知道陈列所将展示的那一时期的历史。应当以特别巨大的精力来研究与这一时期历史的一般问题有关的，以及特别是与地方历史有关的那些马克思主义、列宁主义经典著作。其次，还必须查明其中可以找到关于地方的一些资料的通史著作以及全部现有的地志学文献。为此，除了在地方图书馆中的著作以外，最好还要从中央的或省（州）的图书馆取得书报介绍的参考材料。

对于文献必须细心地和批判地研究。关于对陈列说来特别重要的一些问题，必须事先熟悉资料——既要事先熟悉书面文件，又要事先熟悉物质文化的物品，既要事先熟悉公布了的资料，又要事先熟悉存在国家档案库中或存在博物馆基本藏品库中的资料。

只有具备足够的科学基础，才能保证建立出在科学价值上充实的陈列。

制订陈列草案，制订主题陈列计划，需要经过一系列的准备阶段。在每一工作阶段上，工作的结果都要登记在一定的文件中，这些文件中也包括着反映各主题与各陈列品在博物馆陈列厅摆放位置的草图。博物馆所制订的这些文件便是：

1. 附有材料选择提纲的主题陈列计划，其中有：

（1）附有陈列地点事先分配图的决定陈列任务和陈列基本内容的主题结构；

（2）主题计划——详细的陈列内容和材料选择提纲。

2. 附有摆放一切陈列材料的表格，并附有对新建立陈列品提出的任务，以及附有全部文字说明（摘录、标签）的陈列计划。

只有具备博物馆整个的远景陈列计划，才能够着手制订这些文件。这个计划是原始的并且是极重要的文件，它决定着博物馆全部陈列的目的性以及陈列内容的那些关键问题。在这些计划中，要叙述出目的方针，要确定博物馆全部陈列以及博物馆各部陈列的任务，要提出每一部的基本主题的清单，以及陈列部分的博物馆任务的分项计划，并且在这分项计划上要指出陈列各部的安排和参观者在博物馆各陈列室的参观路线。

博物馆通常是不可能一下子对所有主题准备陈列的。但是，所有主题必须在远景计划中事先加以考虑，并且对这些主题还必须在博物馆陈列室中划出一定地方。总体计划还要附有研究每个部分（陈列部分）和每个陈列主题的日程计划。

在对陈列进行科学准备的过程中，首先要决定陈列的任务和基本内容。根据这些，再拟定主题结构，这主题结构便似乎是未来的陈列的简略计划、提纲。在主题结构中，要提出所有陈列主题的清单。这清单必须包括陈列的全部内容。在这清单中要决定陈列中将揭示的问题范围，各主题的相互依存与从属的性质、以及各主题的连续性。

同时要制订在陈列室分项计划上各陈列主题的布置草案，在这草案上要指出分配给每个陈列主题的陈列面积的尺码（米单位）。

在扩大主题计划中，要指出每一陈列主题的内容，标明组成这些主题的主题陈列单元和陈列材料。可以确切地指出本馆收藏的博物馆藏品。而准备搜集的材料，便要概略地指出搜集地点和搜集性质（勘察、查档案、查图书）。因为主导性文字说明，为能够阐明陈列的基本目的，所以它们全要确切注释清楚所援引的资料。还要指明新拟建立的陈列品的主题，以及编拟这些主题时所拟使用的资料。

根据主题计划来确定和细致划分各陈列室的分项计划。在这分项计划中，不仅要指明所有主题陈列的安排并且还要事先指明每一个主题陈列单元的安排。

按照拟订好的大纲来进行陈列材料的选择和分类。这个选择工作，如同以前曾指出的，只有在严肃的科学工作之后，才能够实现。

对于准备陈列的一切博物馆藏品，都要编制卡片，关于每一件准备陈列的陈列品都要大致上把下列材料记在卡片上：

1. 该陈列品所属陈列主题的简称；

2. 关于陈列品的基本情况资料：物品名称；对于历史纪念物——物品制成时间、作者、制作工艺技术；对于自然标本——标本发现地点、生存（埋藏）地点及其它；

3. 保存编号和保存地点；

4. 陈列品尺码，在某些情况下还要有陈列品的示意尺寸图；

5. 关于完整程度的标注。

在这张卡片上还要记载关于陈列品的其它一些补充性资料。记载在卡片上的这些资料，当编写标签以及编制摆放陈列品的位置图时，可以使用。

在选择和研究博物馆藏品的同时，要决定是否有必要把某些复制品包括到陈列中来，要确定准备新订制的陈列品的题材，并且要确定有哪些文字说明。这些材料也要记载在卡片上，在卡片上登记上这些材料的名称，并注明所引用的资料。

总结这一工作中，便现实地实现了以前所拟定的材料选择大纲。当所选择的材料完全可以保证对每一陈列单元内容都可以通过博物馆手段揭示出来的时候，便可以转入对陈列进行科学准备的最后阶段——转入编制陈列计划的阶段。

这个文件是根据已有的文件（主题结构和扩大主题计划）来制成的。在这文件中，要指出各部分清单，各陈列主题的清单以及主题陈列单元的清单，还要附有对这些单元内容的简单说明以及每一主题陈列单元中所包括的文字说明和陈列品的目录。在陈列计划内，要列出陈列品的确实名称，要给出关于这些陈列品类型和性质的材料，要指出它们的来源，注明引自何种参考资料等等，还要指明陈列品在陈列中的地点（第几个陈列橱等等）和陈列品的尺码。这个目录要极端正确，并且目录中还要包括所有的、无一例外的、全部陈列品的清单和主导性说明文以及解释性说明文的清单。自然，只有在对材料进行最后选择，并把这些材料记载在博物馆藏品卡片和其它陈列材料卡片之后，这个目录才能制成。而只有当一定陈列面积上陈列材料的布置设计完成之后，才能够着手编写陈列目录。

在陈列室内安排那些主题陈列单元，以及在每一主题陈列单元内安排那些由陈列者所编制的陈列材料位置比例图表，乃是陈列计划的一个有机部分。首先要编制陈列室中一切主题陈列单元的最后的摆放位置比例图表；它的预先布局，如同已经指出的，是当编制陈列的主题结构时拟定的。把陈列室内参观路线也要最后地予以确定。然后编制一切陈列材料在墙壁上的、在台架等上面的布置比例图表。应当强调指出，在图表内一定要把每一件物品和文字说明都安排进去，尽管这件物品和这个文字说明在事实上只占有最少的一部分陈列面积。

编制图表的技术是非常简单的。对于陈列室的图表说来，在陈列室缩小平面图上记载上台架、陈列橱、座架及其它，然后在平面图上指出一切陈列单元的名称，并用箭头标明参观路线。为了在陈列台、墙面、陈列橱等缩小平面图上建立主题陈列单元材料的布置图表；需要画出（或在平面图上贴好用厚纸刻出）一切陈列品和文字说明的示意轮廓图（侧面图），这示意图中的摆放顺序就是陈列品和文字说明所应当摆放的顺序。在图表上所刻画的每一个陈列品，都要有简略的名称和与陈列计划编号相符的号码。最好每一种陈列品用一种颜色来描绘。这时，这份图表便也能够反映出陈列品有多少种类。

在装饰各件陈列品的工作开始之前，最好对陈列图表进行实际的检查。为此，应当把陈列品还没有经过艺术装饰，还没有框子或衬板，没有罩子和底座之前，就摆放在相当的墙壁上、台架上、陈列台上或陈列橱里，并把一切必要的修正填写到陈列品布置图表上。进行这种检查就能在装饰陈列时大大地减低废品率，并且能提高陈列的质量。

在对材料进行选择的同时，还应当研究为建立陈列而用的那些陈列品的内容，还应当最后地拟定陈列各部和各主题陈列单元的名称，还应当编制标签和解释性文字说明。这些工作应当与结束主题陈列计划的研究同时，在基本上完成。

在准备陈列的过程中，所有上述的文件都要经过科学工作者的集体讨论，然后由博物馆长批准。陈列计划要转交给装饰艺术家。交给他的还有全部文字说明材料，以及附有关于对装饰性质的专门指示标记（色调、曲线图及其它）的对新陈列品的研究分析材料、新订制的绘画和图解（插图）的分析材料。

装饰艺术家在接到附有全部附件的主题陈列计划后，便根据它来编制陈列的艺术装饰草案：陈列室的建筑学上的装饰（对于墙壁、顶棚、门、窗所进行的建筑上的加工）、墙壁涂色、陈列室的照明和附属配电设备、陈列用家具、窗帘等的装备以及各陈列主题和主导性陈列品的安排地点。

除了一般的艺术装饰草案之外，艺术家还要根据科学工作者所编制的图表来研究拟定摆放着陈列品的各个陈列台和各段墙壁的略图（标明比例和色彩的略图）；略图上的陈列品要尺码比例准确。

装饰艺术家可以使科学工作者所制定的图表更加准确，他可以提出自己的布置方式，但是他必须保持各主题的相互关系、各主题的连续性、主导性陈列品的系统。

一切工作的草图都要经过科学工作者和博物馆行政的审查和采纳。在这以后，执行者的艺术家们才能根据草图或模型着手完成这些科学性辅助材料和文字说明。

装饰陈列的全部工作都要在装饰艺术家的经常不断的注视与监督下进行。但是，科学工作者应当注意使自己的创造意图得到正确的实现。

博物馆工作者应当争取使全部艺术工作质量很高。为此，他一定不仅要通晓对陈列工作进行科学分析研究的那些问题，并且还要通晓博物馆艺术装饰的那些问题。

所有艺术工作结束时，便对陈列品进行摆放和悬挂，即完成陈列工作的全部过程的对陈列品的布置工作。全部陈列的安装布置过程不应当占用很多时间，如果准备工作进行得正确、如果陈列品摆放草图和陈列各段的装饰都研究和拟定得详尽而正确的话。悬挂陈列品和摆放陈列橱，都要按精确的草图来进行。在安装布置以前，一定要细致地检查所有新制备的陈列品（地图、曲线图、示意图、文字说明）和标签，并把注意到的一些缺点和错误都予以删除。

当陈列安装完竣并完全准备妥善，即将开放时，博物馆要组织一次陈列的预展，这时要吸收陈列中各个部门的专家们参加。在预展后，由特别的委员会来接收全部陈列。

其次便组织社会人士观看陈列，最后陈列便为一切愿意参观的人们开放了。

陈列的开放并不是意味着对陈列应进行的工作的终结。完备了的并且公开了的陈列要求对于它本身不仅从保护方面时刻注意，不仅要为了更好的保存实物纪念物，为了系统地修复实物纪念物而采取一些办法；陈列还要求对它自己不断的进行科学工作。

第一，在准备陈列的过程中所进行的，建立陈列的科学档案工作，应当继续进行。这档案中的材料便是上面所指出的，附有一切附件的陈列草案计划的文件和准备陈列过程中以及公开陈列当时的一切讨论的记录。在陈列公开以后，要制成存放地点清册，并且清册上最好能附有材料摆放的图表（参阅第四章），清册中的一分便保留在这档案中。最好制备陈列的像册——即有各陈列室一般情况的照片，又有每陈列室各个主题或各段落的照片。对开放了的陈列仍然要进行科学研究，而与这一工作相联系的一切文件，也一定要包括在科学档案中。

与陈列相联系的、最重要的科学工作便是编制陈列说明书。陈列目录说明书能够最全面地熟悉陈列。它是按主题连续性排列的所有陈列品的清单，对于每一主题都要绘出简要的、导言式的解释性文字说明。每一件陈列品（有时是一组同类的陈列品）都要有简略的、但详尽的注解说明，尽可能在这注解说明上附上参考书籍资料的书目。

目录说明书的编制，要求对于每一件物品补充地进行巨大科学研究工作和较长的准备时期。因此，对于普及陈列说来必不可少的首要工作，便是编制另一种类型的说明书。

例如，可以编制一些简要的活页说明，其中指出陈列的一般内容、参观路线，并标明那些批（组）主导性陈列品。可能的、并且还是最合理想的，那就是编制逐（陈列）室说明书。在这一类说明书里以及在这类目录里，都要记载各部分和各陈列主题的简要的、导言式的叙述。叙述是以向导的形式出现。在叙述中要包括一切对揭示主题说来是本质的那些陈列品，同时要遵守材料的摆放地点的连续性。

在这种类型的说明书中，要指明摆放陈列品和观察陈列品的顺序。对于上述每一种说明书都一定要附有标明参观路线的各陈列室的平面画。作为插图，可以指出对于揭示内容说来最重要的、本质的陈列，指出博物馆藏品（实物纪念物），指出最主要的主题陈列单元和全部陈列厅的图片。

当建立陈列时，要使用该门知识的一切科学著作。但是苏维埃科学是迅速地前进着，因而每年都有一些新的发明、新的研究、新的发表材料。博物馆的基本藏品既不断地以勘察所得的材料补充着自己，又不断地以一些发明补充着自己。所有这些都应当在陈列的相应各部里得到反映。

陈列室中的工作，即使在这些陈列室都开放以后，也是不能间断的。这一点在规划博物馆的搜集工作和科学工作时便应当注意到。应当不仅规划新陈列的分析研究工作，并且还要规划已开放的那些陈列的充实和改善的工作。

第十四节　陈列的艺术装饰

（一）陈列的艺术装饰的任务[①]

博物馆陈列的艺术装饰的任务，便是使观众理解与接受陈列的思想意义。创造性地实现陈列的意图对于艺术家说来是最主要的一个问题。

艺术家不能机械地、手工方式地实现陈列计划的任务。他应当创造性地进行建立有充分价值的艺术装饰草案的工作，根据问题的本质并在政治上尖锐地、有党性地帮助展示陈列的内容。

艺术家应当估计到观众对陈列的理解与接受，以便以自己的专门性手段来帮助他们正确地理解陈列的内容。博物馆中的艺术家的任务就是帮助博物馆观众在陈列中看出最本质的东西，保证在应有的连续性中进行观察，加强陈列对观众在情绪上的作用，因而才使陈列具有美学的形式。这种艰巨而复杂的任务，要求巨大的创造性工作，并且只有能保证陈列内容与陈列形式统一的艺术家才能够成功地解决这项任务。

艺术装饰对于正确表达陈列主题有着巨大的意义。研究分析得透彻的陈列内容，能够被不好的装饰所断送。内容上主导的东西可能不被注意到，而观众的注意反而会被吸引到次要意义的主题和陈列品上。

艺术家应当充分掌握陈列计划和掌握编制陈列的作者的企图。属于严重错误的，比方说，可以有不符合于陈列品意义的、选择得不正确的背景布局，不正确的色调，文字说明中字体的尺码（铅字的号码）大小不正确及其它。例如，在政治上错误的是对于装饰中反动的现象却被赋与了鲜明的、喜气洋溢的色调等等。

不可以使装饰具有孤独自在的性质，不可以使装饰不服从于内容的要求；而在建筑上艺术地装饰陈列厅的工作中装饰过多以及特别是把博物馆藏品使用于装饰的目的，也都是不可以的。

单调的、内容贫乏的、乏味的陈列装饰，是证明着不善于把有意义的内容在适当的形式中表现出来，这种陈列装饰，也是不小的缺点。

反对艺术装饰中的形式主义的斗争，应当十分坚决地进行。博物馆陈列的艺术装饰应当在苏维埃艺术分科的部门中占有适当的地位。需要记住，苏维埃人的思想水平和文化水平是无比地成长着，苏联人们是不能容忍粗鄙和虚伪的，他们对我国作家们和艺术家们提出了很高的要求。

（二）陈列材料的布置和装饰

陈列品的布置，早在科学工作者所编制的陈列图表中已经作好了安排。在艺术家的草图计划中，陈列品的布置便获得了最后的形式，并且在安装陈列的过程中实现出来。

符合于陈列的主题区划的每一段陈列，都应当有划分得清楚的陈列场所，以便使参观者马上便能从观察中觉察到材料的区划。

主题统一的原则、每一陈列的完整性的原则以及每一陈列环节的完整性的原则，是艺术装饰所必不可少的原则。在各段陈列之间的自由空间，装饰成同一形式的、简略的主题名称，这些都能使陈列中材料的划分清楚明显。

[①] 详细请参阅米哈依洛夫斯卡娅著：《博物馆陈列的组织与技术》，莫斯科国立文化教育出版社，1951年版。——原文注

　　艺术家应当注意主题计划所规定的观察陈列的连续性。在一些个别的情况下，他虽然注意考虑摆放的一些特点，但他也能够提出自己的参观路线的方案。但是，这种方案不应当破坏对陈列进行观察中的严整性和主题的连续性。

　　主题的重要程度一定要用主题的装饰强调地表现出来。

　　内容上重要的陈列品构成陈列的"主要"材料。因此，这些材料必须摆放得使参观者首先就能看到它们。普通把"主要的"陈列品摆在垂直的或倾斜的平面上，或摆在直放的或倾斜的陈列橱里，并且要摆放得使人们马上注意到它们。

　　"主要"的陈列品不仅要能够被个体的参观者所清楚地看到，并且还要能够被团体的参观者们所清楚地看到。在平放的陈列橱内、在展示台上、在桌子上所摆放的，照例是陈列中"次要"的陈列品，这些"次要"陈列品是使"主要"陈列品更加细致、更加深刻、更加丰富的陈列品。这些陈列品，在向团体参观者展示时通常是不易看到的，个体参观者则较容易观察和研究它们。

　　为了更加深刻地揭露陈列的内容，还常使用"备查"陈列品——即把陈列品摆放在附属的、可以抽出或可以掀开的台板上，摆在巨型像册里。使用"备查"陈列品的，只是某一些部门（范畴）的参观者。全部基本内容一定要在陈列中前两种（即"主要"和"次要"）陈列品中被表现出来。

　　但是，在主要陈列品中也还有基本的、主导性的陈列品，所以在布置陈列时要把中心的地位划归给这些陈列品。除了把主导性的陈列品布置在中心以外。还使用一些把主导性陈列品划分开或分成组的方法。

　　所有这些方法的目的，都是吸引人对它们投以最大的注意，加强人们由它们所得的印象。

　　在中心陈列品周围要留出一定空间，以便把这些中心陈列品和其余那些陈列品隔离开来。把陈列品摆放在单独的陈列橱内或单独的台座上，也可以使中心陈列品和其余的陈列品隔开。

　　陈列品尺码大，也能吸引人们去注意这件陈列品，如果实物的尺码不大时，便要用框子、用衬板、用高的座架来使它的尺码"增大"。当建立新的陈列品时（绘画、模型、结构模型），要注意考虑它们在主题中的基本意义，要它们具有可以使自己从其余的陈列品中区别出来的、适当的尺码。从某一件陈列品中用放大的平面图突出某一细部（部件）或片断，便能使参观者去注意这件陈列品的全部。

　　使用与周围陈列品不同的特种"背景"（"底色"、"陪衬"），也能使陈列品突出出来。"背景"较鲜明的和充沛的色调便能引起对陈列品的注意，"背景"的材料较为贵重时也是如此（天鹅绒、绿绒、绢、涂光的木料等等）。

　　加强对某件陈列品或一组陈列品的照明，以及使陈列品本身电气化，都能吸引参观者对它们的注意。

　　如果体积高大或凸凹不平的陈列品被摆放在平面材料中间，那么便能使这陈列品相当突出。

　　最有效果的是使用机械化的陈列品——可以动转的机器和工具的模型或实物。它们一定能引起参观者们对陈列品的兴趣并易于去理解这样陈列品。

　　为了吸引观众们去注意陈列品，有时还使用把大量同类物品集中于较小面积上的办法。陈列品这种"饱和状态"便能吸引观众对于这一段陈列的注意。这种办法，都在有必要展示某一现象在幅度上的巨大和在数量上的规模宏伟等时使用，例如，工业产品或农业产品的丰富等等。

　　主导性主题不仅布置在墙壁的中心，并且要把它布置在特别的陈列品台上，以资特别强调；如果其余主题都直接安排在墙上时，便要把这个陈列品从一系列陈列台中移出来，或者把这个陈列台比其它陈列台扩大一些。

　　摆放陈列品时，不一定要注意整个陈列室所能给予的印象。立体的（特别是巨型的）物品能使人对陈列厅中摆有这些物品的那一部分得到"密度"和"重量"都大的印象。因此，不应当把所有的陈列橱，或所有的立体的陈列品都摆在陈列厅的这一部分，而在陈列厅的另一部分则仅仅摆放那些平面的陈列品。陈列厅中，如果摆放着的是一些高度不匀称的陈列品或陈列橱，或者中心陈列橱或巨型陈列品把陈列厅的全貌都给遮蔽住的话，那么陈列厅将是非常不好看的。把高的陈列橱和低的陈列橱，把宽平的陈列橱和直立陈列橱有节奏地间隔着摆放的办法，便可以把陈列品摆放得很成功。如果把放在直立陈列橱内的一批主导性的、立体的陈列品安排在墙隔的中心，那么便可以在这个中心的左右各面把陈列品摆放在平面的陈列橱内。在一个高大的陈列橱的两面可以安放较矮的直立陈列橱等等。

　　如果根据陈列内容并没有必要从陈列的各段中特别突出任何一段（例如，当展示价值相同的一些主题时、展示各个生产时、展示各种动物时等等），那么便可以成批地摆放陈列品，或把陈列品摆放在形式相同而彼此之间距离相等的陈列台上。

　　为了强调指出全部主题的内部的统一，那么有时在一段陈列（陈列系列）上面挂上巨幅横标题或横布额，以便直观地把各组材料统一起来。

　　为了展示互相比较的一些陈列品和一些组陈列品，则使用成列的直线摆放方法——这些陈列品都摆放在一条水平的或垂直的假想线上，它们之间通常都是有着不大的间隔或者甚至于没有间隔的。

　　各部分所摆放的陈列品要求匀称；这种要求，对于每一个陈列单元的结构也是如此提法。根据这些要求，在陈列台或每一段墙壁的结构中，都要严格地使其各个部分"匀称"。把一个陈列台（或一段墙壁）以假想的垂直线分为两半。左半和右半都一定要摆得均匀，在这左右两半面中也要遵守"匀称"的原则。

　　最好使用这样的结构，使其中陈列台左半面的陈列品在类型上和装饰上都要完全与右半面的陈列品相对称。在某些情况下，也可以使大小不同的一些陈列品相互匀称（用精巧的装框办法、用选择衬板的办法）。不可以在陈列台的一面只摆着镶边的陈列品，而在另一面只摆放镶在框里的绘画；不可以在陈列台的一部分摆着曲线图和文字说明，而在另一部分只摆放图画——因为这都是能够破坏匀称的原则的。

　　可以把巨型物品摆放在陈列台的中心，而周围摆放一些小型的、分析中心陈列品的细节的、说明中心陈列品的以及对中心陈列品加以补充的陈列品。也可以把一个陈列单元，在一个陈列台的范围内根据主题的区划而划分成若干部分。

　　陈列品摆放中的混乱、一个陈列单元主线与副线的层次不清、摆放位置的不整齐、把陈列品摆放在不规则的平面上，这些都能破坏陈列的美学的形式，并且妨碍人们去理解陈列。

　　把实物陈列品摆放在陈列橱内时，一定要考虑到每一个物品在实际中的普遍状态，并且要考虑到如何能使参观者便于观察它。例如，茶杯、酒杯、小型雕像，都不可以放在平面陈列橱内，因为在这样橱内只能从上面来看它们。如果把它们放在带有倾斜玻璃和阶段式垫座的陈列橱内，或放在带有玻璃搁板的立式陈列橱内，那么便能看得更清楚。照明器具、采光窗户都应当固定在它们平常应有的高度上，而不应当把它们固定在陈列带（陈列平面）的下部。至于鞋，那么照例要放在陈列橱的下部，而帽子之类（如头巾）则放在上部，不可有相反的摆放情形。

　　在立式陈列橱内摆放陈列品时，应当注意使这一类陈列品能全部被同时看到。在陈列橱的中心（最便于观察的、而又是感受中心的陈列地点）应当摆放那些具有基本意义的陈列品。

　　把陈列品摆放在立式的陈列橱内时，应当遵守左右两部在体积上匀称的原则（不管是从陈列橱整体说来，或者是从它的各层搁板说来，都要如此）。

在平面陈列橱内以及在陈列台上，最能看得清楚的部分是中央部分，而这里正是那些具有基本意义的陈列品所应当摆放的地方。

平面陈列橱中，平常都是摆放那些对"主要"陈列品加以补充的材料。在这一类陈列橱中也是不允许摆放得过多的。陈列品在这一类陈列橱中应当摆放得使其中每一件陈列品能被单独地观察清楚，使每件陈列品前都能有放下标签的地方，并且还要使标签不致把陈列品遮上。

在建立陈列和装饰陈列当中，无论什么时候都要想到参观者，因而要排除观察陈列材料时可能发生的一切困难，要为陈列品具有最好的可以观察的性质创造条件。

在确定陈列面积的尺码时，应当根据参观者的正常身长和他们的视平线。人的平均身长平常为160～165厘米、二目的视平线为自地面向上150～155厘米高。

此外，要考虑到最便于参观者观察各个物品和便于辨读文字说明的、物品距参观者的最大距离，并且还要考虑到两只眼睛所能看到的陈列单元的全部面积。

不可以使参观者为了观察摆得过低的物品而要把腰弯下得很厉害，或者相反，使参观者翘起脚跟、扬起脖颈等等。所有这些动作都能使参观者迅速疲劳，因为他在参观博物馆的全部过程中总是站着、总是观察着、总是读着或者听着。各陈列室中陈列品的摆放以及博物馆全部设备的布置地点，都应当追求这样的一个目的，即减少参观者的疲劳，使他参观的条件便利。

博物馆的实践已经确定出来正常的陈列带——即确定了便于观察的立体陈列面。通常认为最便于观察的、良好的陈列面，便是从地面向上0.8～1米的地方开始到从地面向上2.5米为止的一段空间（即全高为1.5米至1.7米的一段空间）。在0.8～1米的水平高度上，陈列橱要倾斜着摆放，桌子也倾斜着摆放，而在这个水平高度以下的地方只能摆放那些在座架上的、立体的巨型物品。在高于2.5米的地方可以布置巨型的主导性文字说明和巨型的造型艺术材料（绘画、肖像画、横额、巨幅地图、挂毯、花毯、有巨型镶边的织物等等）。根据上述的这些尺码，才能规定陈列室中墙壁前陈列台的高度和陈列橱的高度。

陈列品越大，眼睛所需要的平面距离就越长，因为在这种情况下参观者要走得离墙远些。陈列品越小，参观者便要走得离它们越近些，因而他所能看到的一段平面也越小。观众距陈列平面的距离是0.5米时，那么能看清的平面长度为1～1.2米；观众距陈列平面1米时，可以看清的平面长度为2～2.5米。

在观察时正常的视角（25°～30°）具有巨大的意义。在视平线以下的一切物品，特别是附有文字说明的平面陈列品，在倾斜状态下看得最清楚。摆在视平线以下的物品最好倾斜着摆放，并且为了这个目的还要创造相应构造的陈列橱。可放于视平线上的造型艺术材料，其上缘要向观众倾斜，以便能给予正确的视角。

所有这些条件都是在摆放陈列品和装备陈列室时所不能不加以考虑的。

为了扩大最便于观察的陈列平面，在各博物馆中广泛地使用着两面的陈列台，这种陈列台照例是垂直于窗与窗间墙壁而摆放着的。如果需要把各墙的基本陈列带突出地划出来，那么便要在离地2.1米至2.5米的高度上镶上饰檐。在这些饰檐下面照例要安置上悬挂陈列品的挂勾。有时还用另一种颜色使基本陈列带突出。

但是，即使在局部陈列平面上，也应当创造观察陈列品的最好条件。例如，在陈列带的上部只能摆放巨型的绘画和文字说明，而那些要求详细观察的小型物品、小型图画和文件则需要摆在视平线上。在立式的陈列橱内，巨大的物品要放在陈列橱的下部，而不大的物品在要放在参观者的视平线上。

不可以使各陈列厅过量的充斥着陈列品。在那些不遵守这一要求的陈列厅里，进行观察便是非常使人疲劳的事。陈列品单调乏味便妨碍参观者对每一件都去观察，妨碍参观者体会整个陈列，便减低感受的效果。但是每厅陈列品容量的标准是不可能形式地加以规定的。这标准是取决于房间的类型和大小、取决于陈列品的性质和陈列结构以及取决于博物馆参观者的平均数多少的。如果有巨型笨重的陈列橱和陈列品时，一定要把它们摆放得一眼便可以看到整个陈列橱或整个陈列品（机器、大型雕塑及其它），这就是说，在摆放这些笨重的巨型陈列橱或陈列品时，一定要把参观者们可能的、与物品高度相等的距离事先估计好。在墙上的巨幅平面的陈列品，比小幅的陈列品，要求在自己周围有更多的自由空间。根据经验，规定出：如果在一段墙的中央式陈列台的中央摆放着巨型陈列品时，那么在这件陈列品周围所摆放的小型陈列品便能被很好地接受在印象里，甚至于这些陈列品悬挂得彼此间隔很少的时候，也能如此。尺码与装饰相同而摆放得又匀称的陈列品，要求有能把它们彼此各个隔开的较大空间。各个陈列单元都要一定空间隔开，这是特别重要的。

在一切条件下，每件陈列品都必须能够看得清楚，都必须不被其它陈列品所遮蔽，都必须以一定的间隔与其它陈列品隔开。

对于给观看陈列品创造良好条件说来有着巨大意义的，是对材料和背景（底框、陈列橱的镶边、架子及其它）的选择。用来作为背景的，最好不使用闪光的表面（包括镜子在内）。最好使用乌光的表面、乌光的织物、三合板表面或用暗色涂刷过的木板表面等等。

背景的颜色要根据整个陈列室装饰中一般色调为转移。背景应当很好地与所有陈列品的大多数色调相协调。当有着色调鲜明的陈列品时，那么用于背景的色彩应当使用中和的、平淡的、弱的色彩（淡灰色、淡绿色、浅蓝色、浅黄色等等）。这样的背景能够很好地使陈列品突出。对于缺乏色彩的陈列品（例如，相片、银制品）则可以使用较强的色彩。巨大的平面上，无论什么情况下也绝不可以使用鲜红色。

如果主导性陈列品或一组陈列品是使用一种独特颜色的背景陪衬着的时候，那么这种颜色一定要与其余那些陈列品所具的颜色相调和。

艺术家在装饰每一件陈列品时，都不应当忘记整个陈列单元的完整性。每一件陈列品在装饰时，都应当符合于一般的艺术意图，都应当适合陈列品在这单元中的意义。

艺术家在装饰草图中以及在装好了的陈列品中应当用各种不同的艺术手段强调指出每一件陈列品的本质和基本内容，在结构处理和色调处理上都要着重地把这些本质的特点突出来。

为了展示机器工艺模型内的机械构造的功能，要作一些截面图和断面图，并把工作的部分用鲜明的颜色涂上。为了在生产装备结构模型中展示各车间的设备，便要把这结构模型的上部装上玻璃，同时再把结构模型的一个侧壁装上玻璃。

在透视画上和透视模型中非常重要的，是艺术家对远景点的选择、立体模型部分的透视比例尺码的选择，以及把揭示主题十分重要的物品突出到首要地位的工作。

艺术家根据科学工作者所拟订的科学的方法学任务，创造性地建立陈列品，这时他必须利用一切艺术表现的手段、结构、色彩、照明、电气化与机械化的一切动力学办法。博物馆所创造的那些具有一定科学内容的绘画和图片（根据实物写生或根据科学复制所创造出来的绘画和图片），要被博物馆的艺术家这样处理，即使绘画的主题能在陈列的安排中和色调中鲜明地被表现出来。在这时，绘画一定要是有充分价值的艺术作品，而不是单纯的直观材料。

图画的结构是由博物馆提出的主题来决定，图画结构的这种依存性从下面这个例子便可以明显地看出。描述硫的产地以及在中亚细亚沙漠中开采硫的情况时，可以用首要地位强调沙子、沙丘、金字塔形的硫矿矿床，以及光华的黄色矿块，之后在远些地方再展示有机器的采矿场。这样的结构适于展示硫矿矿床的物理的、地质的条件。这幅画在结构上还可以这样处理它，使沙子、沙漠的沙丘作为背景，而使采矿场上硫矿的机械开采以及硫矿工场摆置在首要地位的前景上，并且再用丰满的色彩把它们描绘出来，使它们构成绘画的基本内容。在这种情况下，这幅图画便能够用于展示从工业上使用硫矿产地的陈列单元之中。

当绘制地图和示意地图时，先要决定地图的底色、地图的比例、地图中要指明哪些要点——略画的海岸线、水系、居民点。如同上面曾指出的，地图上记载标志（表现为地图注解凡例中的便是使用特定的一些符号）要一定没有一件是不符合于地图主题的、多余的东西。艺术家用于地图的底色以及用于地图上标志的色彩，都要选择使地图主题能引起博物馆观众的注意的色彩。通常用于地图和示意地图基础上的色彩，都使用轻松的浅色，而地图上的那些标志则用鲜明的、浓厚的色调。此外，这些标志符号有时还有使用特殊手法（在木制基础或金属基础上使用玻璃）、使用电气化的方法，来予以突出的。

根据主题的不同，博物馆陈列中的地图不仅是线条地（即用不同的线）绘制在纸上。为了展示一定地区的地形还可以把这些地图作成模型的形式，浮雕在特种玻璃上，用油色画在普通玻璃上，在木板上铺上金属叶和镶嵌加工使之电气化等等。

装饰地质面貌时，艺术家便可以这样来制作，比方说，可以仿照矿层而使用分层描绘的手法来表现。根据主题的不同，艺术家可以用下面这些手法来突出主题，即以色彩、体积、分层和对基本矿层或有用矿藏施以照明等手法来突出主题。

当装饰曲线图和示意图时，可以用各种不同的艺术方法来突出它们的基本内容，尽力使这些概括性的陈列品具有最大的表现能力；其中最有效的办法之一，便是把造型艺术材料包括到曲线图和示意图的陈列中来。

装饰文字说明材料时，艺术家在字体大小（字是几号的）的选择、在确定文字说明材料的尺码、在色调的处理上，都应当根据陈列中该项文字说明或该组文字说明的意义出发。

摆在每一个陈列厅中的主导性文字说明，可能是说明本陈列室内一切材料或说明一些个别的主题的。这些主导性文字说明要摆放得使人们进入陈列室便能看到它们，并且这些主导性文字说明的字号码大小、它们的框子等等都要比其它文字说明突出，最好把这些主导性文字的说明摆在对着入口的正面墙上，以便使人们在细致观察全部陈列品以前便能读到它们。也可以把它们安排在陈列厅中心陈列品两旁的直立陈列板上。

所有主导性文字说明都要用简洁而足够大的、清楚而易于阅读的字写出。它们（这些主导性文字说明）也可以用摆放在墙上或陈列台上的剪刻下的字母来摆成。也可以把文字说明写在纸上、木板上、玻璃上。主导性文字说明有时还用图案镶上边缘（用塑造的花边）、有时装饰成纪念板（牌）、有时用饰边使它们突出（木质饰边、镀金的或金色的框子）等等。主导性文字说明应当在装饰上区别于陈列厅中所有的其它文字说明。

在历史专业的陈列中，装饰各个文字说明、摘录原文，以及装饰地图中文字说明时，可以使用相应时代的、某些风格上的成分。

各部的名称、各主题的名称、各组陈列品的名称以及注解说明的名称，都要使用大小不同而字体一样的字写成。在一个陈列厅内的、甚至于在一个部的一切陈列厅内的标签，所使用的字大小都要严格一致。各部的名称比各主题的名称在字型上要大些；而各组陈列品的名称比各主题的名称，字型要小些。

在标签中，名称要比注解的字型大。在确定字的高度时，除了要考虑到这些字的意义之外，还要考虑这些文字说明在陈列中的地位。文字说明挂得越高，它就应当越大。最好每个陈列单元的名称都安排在陈列台中心或整段陈列墙壁中心的那些陈列品的上面。

标签——陈列品的名称和陈列品的说明注解，或者放在平面陈列品（图画、照片）的框子或衬板边缘的里面，或者放在绘画的框子上。如果造型艺术作品、绘画、照片上都有玻璃面时，那么也可以把标签放在它们下面以及直接放在陈列台上。在这些情况下，这些标签都要镶上边，要用钻有孔的玻璃盖上、用洋铁卡子箍住的玻璃盖上。标签可以用铅字印出或写出。不可以用打字机打标签，因为打字机的铅字小，难于辨读，并且还会很快地褪色。

地图、曲线图、示意图上，名称和图例标志都要写在一张纸上，或写在有陈列品的平板上①。字体应当与整个陈列室所使用的一致。

附在立体的陈列品上的标签，尽可能都与陈列品同样摆放，最常摆放的地方是中央的陈列品的下面，但有时也可以摆在右面、左面或上面。

安排陈列者所编制的解释性文字说明用大号字来写，并且要放在陈列带的下面（墙上的或陈列台上的陈列带）。这些文字说明也要镶上玻璃。

对于装饰各个陈列品和文字说明所提出的要求，和对于装饰整个陈列所提出的要求是相同的，即要求形式和内容的统一，要求善于突出最本质的内容，要求以相应的艺术手段来表现内容。

装饰和摆放陈列品时，应当考虑好能够保证在陈列中的陈列品完全不受损伤的一切条件。艺术家应当解决对陈列中的陈列品所进行的镶框、安装和加固工作的一切细节问题。应当特别细心地保证陈列中那些实物博物馆藏品的完整无缺——这些物品上不可以黏贴任何东西、不可以用钉子钉、不可以用铁丝和曲别针加固或固定、不可以不带框子便摆出来、不可以在陈列橱外摆放（当然很少一部分耐得往外界作用的陈列品除外）。博物馆藏品，即实物，应当在它们没有进入陈列室以前，便进行清洗、复原工作、整平工作和熨平工作。考古学材料都要求进行特殊的处理（陶器的清洗和黏连、骨的加固、金属的清理等等）。自然标本也应当事先制作停当：植物的干制标本要装在纸上或厚纸板上，动物学标本都要经过制成标本（浸制的或剥制的）的加工等等。

所有纸上的造型艺术材料，通常都要裱在底衬上，这时要严格遵守各边空白和绘画的一定比例。底衬下部的空白通常宽于上部。底衬的色要根据绘画的色、根据陈列室中陈列品的一般色调、根据陈列台的底色（背景）和墙壁的颜色来决定。最好在色彩与底衬性质的处理上，每一陈列室中都要一致。

在历史专业的陈列中可以使用与绘画构成一个艺术上的统一整体的实物底衬。也可以创造具有相应时代的风格的底衬。

艺术家对于陈列品（特别是画的或写的陈列品）的装框工作应当给予特别的注意。框子的性质由总的装饰草案来决定。装框（木框、框上的刻饰以及边缘的复杂程度）都应当符合于该陈列品在该陈列单元中的地位和意义来进行。

新订制的那些用于陈列的图画，它们的框子，也要由装饰艺术家设计。最好保持艺术家（绘画原作者）所选定的绘画框子，不变其原样。肖像画的装框应当符合于该肖像画在陈列中所起的作用。如果展示革命前历史时，那么金色的、豪华的、塑造的框子，便将会使那些统治阶级的代表人物的肖像画具有过于多的庄严性、重要性了。相反，把杰出统帅的肖像画，把文化和科学上的人物的肖像画镶进这种框

---

① 详细请参阅 А·И·米哈依洛夫斯卡娅著：《各博物馆的陈列中的地图》一书。莫斯科 1946 年版。——原文注

子里，那么将是非常恰当的。还一定要注意所装的框子与绘画的内容以及与绘画的总的色调相协调、相符合。

在陈列中的绘画的框子，应当在色调上、大小上和材料上，全都与每一主题陈列单元以及与整个陈列厅的总的装饰性质相协调、相符合。

不是珍品的照片，新制成的概括性材料——地图、示意图、曲线图、草图等，都要放在玻璃框子里，或者不用玻璃直接裱在四边用纸糊好的衬板上。有时，这些材料还可以裱在玻璃上，使它们电气化等等。

一切实物陈列品照例都要盖上玻璃，或放在各种类型的陈列橱里（玻璃橱里）。广泛地使用悬垂的平面小型陈列橱，分类摆放小型的立体物品，以及分类摆放那些实物文件和实物绘画。

某些尺码巨大的陈列品可以放在墙上或不覆盖玻璃的陈列台上。属于这类陈列品的有：木制品、不易受到破坏的窗框、套窗、木建筑的部件（断片）和石制品（有着雕刻的建筑断片）、金属制品（大型艺术铸件）、陶器（花砖、瓷器、浮雕、碟子、盘子）、巨型雕塑等等。自然标本中不用复上玻璃的有：各种树木的截段和枝干、巨型卵石和石块等等。自然建筑材料、巨型金属制品、机器以及巨型工具，也都可以不覆上玻璃而陈列出去。

对于小型的陈列品，则广泛使用各种金属丝制，特殊玻璃制的夹箍器（如卡子），它们可以使物品具有人们所需要的那种状态和位置，并且还可以使物品与背景离开。为了把陈列品安置在陈列橱的架子上，常常使用各种不同的木垫。盘子和碟子用金属丝制的夹箍器（如卡子）悬挂起来，或者用固定的，两端弯曲过来的金属片子制的箍制盘子和碟子的卡子悬挂起来。

在固定立体的陈列品时，固定用的装置不要露出来，并且无论如何也不应当损害陈列品的完整。

（三）博物馆各陈列室的建筑学上的装饰

对于各陈列室进行的建筑学上的艺术装饰，一定要符合于它们的用途。各陈列室应当装饰得能够最明显地展示出摆放于各陈列室中的那些陈列品。博物馆的建筑只是陈列品的背景。陈列室的装饰不应使参观者的注意离开那些陈列品。应当进行不断的斗争来反对对博物馆各陈列室进行形式主义的建筑学上的"点缀"，来反对多余的塑造和图案，来反对把陈列品当作"装潢物"的这种不正确的使用方式等等。不可以使博物馆各陈列厅具有不符合于它们用途的面貌。不可以把商店、饭店等商业性的"广告式"装饰办法搬到博物馆来。

当然，这并不是意味着，博物馆各陈列室应当没有任何建筑学的艺术装饰因素。对于正面大门，对于门框所进行的建筑学的加工、挂环额檐（用于悬挂陈列品的）的图案、墙壁的色彩等等，都是对各陈列室进行建筑学艺术装饰的重要因素。

对于历史性陈列，可以使用该历史时代风格的建筑学因素和图案来装饰。

全苏农业展览会的经验指明了怎样能够成功地使用民族的建筑形式和图案来装饰陈列的问题。当建立展示苏联某一族人民的民族文化的博物馆陈列室时，全苏农业展览会所使用的这些办法都是完全可以使用的。

在任何情况下，都不应当因为使用建筑学上的结构（主题）而使参观者们的注意离开了陈列。

作为历史生活纪念物的各博物馆的各陈列厅，以及在风格上符合于其中陈列品所属的年代的那些建筑物中的历史陈列之各陈列厅，都要保护其不受侵犯损害。

纪念性博物馆的一些房间，也要保持原样不变。

对各陈列室进行着色处理时，应当严格根据下列实际规则。为了很好的反射光线，天花板刷成白色。在墙壁着色时，则使用浅的、中性的、能提高房间内光亮程度（照度）的颜色（浅黄色、浅蓝色、浅绿色及其它）。深蓝色、深褐色由于它们能吸收大量的光线，所以它们能使陈列室的照度降低①。墙壁着色时，要使用柔和的、不耀眼的色调。例如，不把墙壁涂成金黄色，而涂成羊毛的那种天然色——即淡黄色；绿色色调之中最好使用草绿色或菜绿色等等。红色是最能使视力疲乏的。因此，不可以把大面的墙壁和陈列台涂成这种颜色。

对于装饰博物馆陈列室有着巨大意义的是地板，因为它像天花板一样，也是能帮助房间创造均匀照度的。普通地板要刷成黄色（赭石色），而嵌木花纹地板则要用蜡制涂剂拂拭。白黑相间的，色调完全相反的板石铺的地面，以及浅色的板石地面，最好不使用于博物馆的建筑内。

陈列橱的着色，应当与装饰陈列室的总的色调相协调。不可以把陈列橱的框子涂成耀眼的颜色，也可以涂成纯白色。涂成黑色的框子，虽然比涂成耀眼的颜色能造成比较纤细的骨架的印象；但是涂成黑色的框子却会使装饰以及陈列橱中所展出的陈列品都带上一种暗淡的性质。最好把博物馆家具涂成恬静的中性颜色，并且要注意到陈列室所有陈列品的总的色调，陈列橱的木框，最好要磨光。

对于装饰陈列室有着巨大意义的是陈列室的照明。必须使照明能创造出适于观察博物馆藏品的良好条件，必须使照明足够强烈，但又不致使视力疲劳。但是耀眼的阳光，特别是直射的阳光，对于陈列品能起着有害的作用，所以要使展品能够避免受到这种直射阳光的作用。

陈列室的照明首先要保证陈列品的良好照度②。在自然照明下，窗户的玻璃面积应当构成房间面积的25%左右。房间的宽度不得超过窗高一倍。照度也取决于各种平面的反映性能。乌光的表面以及具有很大反映性能的颜色，能提高房间的照度，能使照明均匀。在一个陈列面上，各种不同物品照度的强烈对照，便会使视力疲倦，并会使眼睛在相当长的时间内丧失感应能力。因此，必须保证陈列室内均匀的照明。

为了达到均匀照明的目的，在对各个陈列室和陈列品进行较强照明时，可以使用散光，光源不要接触到参观者的眼睛，为此，把光源安上乌光玻璃罩或反射罩，然后安置在陈列橱的陈列板上缘处，或安置在墙壁的上缘上。窗上最好挂上淡色布料制成的窗帘。

如果陈列厅有足够的自然光线照明，那么最好在陈列橱内不使用人工照明，以防日光与电光照明混在一起。如果陈列厅的照度不足，那么只好补充以电光来照明陈列橱。陈列橱的内部照明——这是防止反射的手段之一，特别是对着窗户安放着的陈列橱内的内部照明，更是防止反射的有效手段之一。

要把陈列橱和陈列台摆放得向窗与窗间的墙壁垂直，以便保证用斜侧光对陈列品照明，并用这种照明办法来减少玻璃窗中的反射光芒。

为了同样的目的（即防止反光的目的），最好在窗户上安上与陈列橱高度相同的毛玻璃遮光板。这种玻璃遮光板可以消除板下的反射。

现代在许多博物馆中成功地使用着日光灯泡。平常的电灯光所给的是黄色的照明，在这种照明下，许多颜色都改变了自己的色调（蔚蓝和浅绿便难于分辨，黄色也发红了等等）。日光灯泡照明可以同时把人工照明与自然照明混和使用，这一点，对于光线不好的房间，以及对于消除玻璃中的反光，都是特

---

① 反映系数最大的（大于0.5）是：白色、浅黄色、浅蓝色；反映系数中等的（照度由0.2至0.5）是：红色、绿色、蔚蓝色。反映系数最小的是：蓝色、深绿色、深褐色、深紫色、黑色。——原文注

　照度是光的一个单位，它用留克思表示（ЛК）或用Φ表示。照度是单位平方米内光流多少的比。——译者注

② 在人工照明之下，一般认为正常的照度是等于60留克斯（ЛК），在画廊中要提高到130留克斯。博物馆内的平均照度，是从60到100留克斯。——原文注

别重要的。

（四）各陈列室的装备

各陈列室的博物馆家具装备，一定要造成观察陈列品的良好条件，同时还要保证所展出的博物馆藏品的完整。

博物馆既然是博物馆纪念物的储藏库，那么它在陈列厅内也要采取一切措施来保护陈列品使之不受到有害的大气影响，不受到耀眼的光线和灰尘的破坏性影响。一定要在陈列厅内维持正常的温度和湿度的标准，其细致谨慎的程度和在储藏库中相同。

博物馆家具，以及博物馆的全部装饰，都有着次要的、附属的用途。博物馆家具一定要简单朴素、美观、方便。此外，博物馆家具还要与陈列室的尺码相适应。在一间小房间内摆一些笨重的陈列橱，或者相反，在一间宽敞而高大的房间里摆着大量的小陈列橱和小陈列台，这无论什么时候都是会使由陈列厅所产生的印象受到损害。陈列橱上的华丽的图案、沉重的雕刻檐饰、宽边的木框——这些都会妨碍观察陈列品。博物馆家具不应当使观众注意离开陈列品，以及离开这些陈列品的内容。

陈列用的家具，有陈列橱、陈列台（立体陈列是用于悬挂陈列品的）以及用于裸露陈列或放在玻璃罩下的陈列中来展示博物馆藏品的各种用途的座垫、台座。

陈列橱和陈列台可以使陈列品统一成为主题性的各组，可以把陈列划分为各个段落。陈列橱是博物馆家具的基本一类。它们有立式的和悬垂式的，有直的和横的。中间类型的陈列橱便是倾斜陈列橱。根据用途和在陈列厅中的地位，陈列橱又可分为靠墙摆放的陈列橱和中央的陈列橱（即不靠墙的陈列橱）。陈列橱的装饰一定要符合于陈列品的性质。

陈列台有悬挂式（陈列品可以张贴悬挂）的和直立式（陈列品可以摆放）的；后者又称为横陈列台。使用它们的时候，或者一面向外（靠着墙，或在墙上），或者照例把它们垂直于墙壁摆放，而两面向外。

陈列台主要用于在其上摆放平面的造型艺术材料，一部分还用于悬挂陈列橱中或裸露陈列架上来摆放实物陈列品。

不用陈列橱而裸露着摆放着的一切立体陈列品，都要放在台座上。在不高的台座上（高度约为 10～30 厘米）所摆放的是巨型的陈列品——机器、家具等等。

台座通常用于陈列中，都是为了在它们上面安放雕塑、巨型陶器、金属的艺术制品等等。用于巨型的沉重塑像，其底座要作成低矮和宽大的。用于较小的陈列品，则要制备小型台座。

涂色和装饰加工木制底座（台座）或它们的各部时，要与陈列厅其余陈列家具的装饰相协调。用于塑像的底座往往使用大理石或花岗石，这时要在色调上与所展出的塑像相协调。

为了装备"备查"陈列，则需要创造能避免过多地堆积陈列品，同时又能扩大陈列面积的一些特殊构造（有时能扩大到两三倍）。

这些构造是由下列这些补充平面构成：

1、用可以从陈列台、陈列橱或桌子中抽出来的平面（板或匣子）构成；

2、用以一组折页式的板子固定于陈列台的或桌子的平面上，可以打开的或可以翻开的平面构成。

属于这种构造的还有：回转式的陈列架，这架上的每个板面，其一端都用折页固定在中心的支柱上。

参观者在博物馆各陈列室内经过的时间不少。所以应当保证他有休息的可能，以及保证他有对陈列品进行长时间的和安静的观察的可能。

为了这个目的，在每一个陈列室内都应当准备观众休息用的椅子。这些椅子一定要摆得使观众不仅能够在这里休息，并且还能很舒适地（坐着）观察陈列品。例如，在绘画陈列室里，陈列室的中央要放上椅子或沙发，以创造长时间观察的绘画条件。在某些博物馆中还设有观众用的工作地点——抽出式的写字板（图书馆类型的）、可以折叠的和可以移动的座位等等。博物馆各部中间所有的空隙地方（楼梯上的空闲地点、走廊），都可以用来作参观者们休息的地方。这些空闲地点都要设备上扶手椅子，点缀上盆花和盆景、绿色植物等。

参观者们休息用的家具、值班说明员用的桌椅、值班守卫员所用的椅子，在整个陈列中都要是同一样式的。

第六章　博物馆的群众工作

第一节　博物馆群众工作的意义和地位

苏联博物馆是群众性的科学教育机关。有数以百万计的苏联人来参观博物馆，博物馆使用多种多样的群众工作形式和方法为他们服务。

为了使搜集在博物馆内的，物质文化和精神文化的文物能够为人民群众所接受，并成为他们自己的东西，博物馆进行着巨大的群众工作。群众工作能够最合宜地把对博物馆陈列的参观组织起来，从而也就能更好地揭示这些陈列的内容，并使参观者了解它们。群众工作能够帮助扩大博物馆参观者的范围并且它还是使博物馆工作达到普及的积极形式。

目的明确的群众工作能够帮助博物馆成为先进的社会思想和科学思想的宣传者，能够帮助博物馆以共产主义建设的精神去教育苏联人民。

在苏联博物馆学中研究出了一整套方法和一整套辅助材料，这些方法和辅助材料的目的就是要对参观者进行有组织、有系统的宣传和帮助。

在苏联博物馆中，下面几种群众工作的形式获得了广泛的应用，如各种各样的参观、小组、研究会、疑难解答、流动展览会等形式。对于参观者起了巨大帮助作用的是博物馆所出版的参观指南、陈列布置示意图、参观提纲、讲稿等等。

群众工作的方法和形式，不断地发展着、改进着。博物馆工作者以创造性的首创劳动致力于研究参观者的需要和兴趣，以便使博物馆工作能接近参观者。博物馆群众工作的方法是苏联博物馆学中重要部分之一。对于这个问题进一步的深入的理论性分析研究，对于博物馆工作的实际和理论，无疑地都会有巨大意义的。

第二节　组织参观——博物馆群众工作的基本形式

在博物馆群众工作的所有形式中，有特殊地位的便属那些组织有充分价值的，在政治上目的明确的，在科学上论述详尽的参观。只有组织参观才能创造条件使能够最有计划地和最目的明确地熟悉博物馆陈列，以及熟悉历史文物和自然标本。

组织博物馆参观是特种的科学教育工作，在这工作中首先便是对陈列品（博物馆藏品、历史文物和辅助性材料）从视觉上的感受。说明员的鲜明而生动的讲解与参观者从视觉上对博物馆藏品的感受相结合，是有着巨大的认识意义和思想教育意义的。

组织参观是博物馆专业性的群众工作形式，因为组织参观是与博物馆的陈列密切地联系着。组织参观是以可以观察到的材料为基础，具有巨大的认识价值。博物馆参观的基本优点，就是它的实物性和直观性。

苏联博物馆内所组织的参观，在其内容上和方法上都是多种多样的。

苏联博物馆内所组织的参观，其固有的特点，照例是这些参观的主题性。参观的主题性是根据苏联博物馆学中基本的，按主题建立博物馆陈列的原则出发的。

参观的主题可能是较广泛的主题，也可能是只适用于博物馆不同各部的、专业的主题。博物馆的参观题材不应当是一成不变、始终如一的。博物馆必须对于国内所发生的最重要的事件反应得敏感而机动，并安排现实性主题的参观。参观的题材取决于博物馆陈列的内容、取决于参观者所提出的认识目的和教育目的，以及取决于其它一些条件。应当记住：博物馆陈列的多样性便要求对确定参观内容上也要细致处理。

例如，参观历史的和文学的主题，可以在各种专业的博物馆中进行。参观历史的主题，可以在地志博物馆中，可以在纪念性博物馆中，甚至于可以在绘画陈列馆中进行，例如，有名的艺术家在他们的组画中所描绘的历史事件经过，便是对历史的说明（如画家考采布的组画中的苏沃洛夫进军图——爱米达塔什博物馆）。

文学的参观也不仅能在文学博物馆中、纪念性博物馆中和地志博物馆中进行，并且也能在历史博物馆中进行。在这种情况下，博物馆的材料不仅能使人们熟悉历史年代，并且还能使人熟悉这一时期的文化和文学。

地志博物馆中的参观是特别多样的，因为在这里能够对历史学主题、地理学主题、植物学主题以及其它主题进行参观。例如，地志博物馆展出当地伟大作家的生活和活动的陈列，便可以作为按教学大纲进行文学参观的基础。对反映当地社会主义改造的各部进行参观，也能作为对自然之部进行参观的基础，特别是可以作为在学校内开展工艺技术活动的基础。对苏维埃时期进行参观，便能使参观者通过直观的具体材料来熟悉当地的工业、当地的地下矿藏、当地的农业发展。它们（这些参观）能丰富参观者的历史概念，使参观者更深刻地理解我国社会主义建设的巨大规模，更深刻地理解社会主义经济制度的无限优越性。

博物馆参观也可以按其它一些特征各有不同；即按参观的目的、按参观者的成员、按参观者年龄上的特点、按不同集体的参观者在感受上的心理特点、按进行参观所处的条件等的不同因而这些参观也有所不同。

例如，专题参观可以有教学大纲式的性质，如果这些参观的主题是与教学大纲密切联系着的话。

进行教学大纲式参观的，平常是有组织地来到博物馆最多一类的参观者——即中小学生。中小学生的参观是与学校内所进行的教学大纲的材料有联系。博物馆首先对自己陈列所能起的作用作充分的估计，然后便根据学校教学大纲和教科书的方针组织这类教学大纲式的参观。

儿童们所进行的教学大纲式的参观，并不总是由博物馆本身组织的。在组织这种参观中，起主要作用的往往是学校、少年宫、地方儿童参观站。

个体参观博物馆的中小学生也可以进行教学大纲式的参观。

苏联博物馆中，还使用这样一种的参观——参观课（全班进行）。

学生们在进行参观课的时间内，研究了博物馆的材料，便能帮助他们更深刻地掌握所研究的主题。

根据参观成员，参观也是多种多样的。在博物馆中，有学龄儿童和学龄少年来进行参观，有成年人，其中包括工人、集体农民、职员、知识界的代表人物（教师、医务工作者、工程师、技术人员、大专学生等等）来进行参观。

参观的对象，有博物馆的经常性陈列，还有博物馆所组织的展览会。

地志博物馆以及其它博物馆在其所辖范围外组织的馆外参观，是参观的特别的一类。

馆外参观的题材能够是非常多种多样的：对自然所进行的参观有植物学的参观、动物学的参观、地质学的参观；对历史文物所进行的参观有文化历史的参观、军事历史的参观、历史性革命事迹的参观（在革命战斗地点）；对于纪念的传记性的地点和建筑物所进行的参观有参观与杰出人物生活相联系的或纪念伟大历史事件的地点和建筑物；对于社会主义建设重点所进行的参观有参观工业企业、新的建筑、先进的集体农庄等等。

馆外的参观往往把展示和研究当地纪念地址的工作与使参观者参与为博物馆搜集材料的工作结合在一起，这样，便创造了组织博物馆积极分子的前提。

馆外的参观常常是对博物馆陈列参观的继续和补充。

例如，在地志博物馆其自然之部的陈列中，实物陈列品所给予的印象，便会因馆外参观时对这些物品所处的自然条件进行研究的结果而得到补充。

观察和研究建筑学纪念物、有纪念价值或艺术价值的建筑物以及与历史事件有关的纪念地址，都能使历史部的陈列所给予的印象得到补充；因为历史部的陈列中，这些纪念物都只是模型或结构模型等等。

第三节　对组织参观提出的一般性方法学的要求

不管是组织什么人来进行参观（不管是工人、集体农民、职员、军官、士兵、小学生或大学生），每组织一次参观，都应当在内容上是有深刻思想性的、真正科学性的，而在政治上又是锐敏的。如同组织讲座、展览会以及任何其它形式的博物馆群众工作一样，组织参观的使命不仅是以新的科学知识使参观者得以充实，并且还要帮助他们政治觉悟的提高。参观主题的明确性以及参观的目的性，是每次组织参观中必不可少的条件。

任何一次参观也不能毫无系统地进行。不能认为博物馆只是各种不同物质珍品的堆积、只是搜集一些看起来有趣的物品的机关。

有充分价值的博物馆参观，应当符合于一系列的要求。

组织参观应当首先建立在正确的科学基础上，就是说，在参观进行中对于政治问题、社会经济问题、文化历史问题等的叙述，以及对自然规律和自然现象的解释，都应当建立在马克思列宁主义的理论基础上。

参观的内容必须是现实的，与现代问题相呼应的。在所组织的参观中，关于苏联共产党和苏维埃政府对国家生活的一些最重要问题所作出的决定，必须得到反映。组织参观的说明员的任务，便是以苏联人们面临着的当前具体任务为中心来动员群众。说明员应当记住：博物馆是思想工作的一个方面。博物馆宣传不可能是空洞的，它的终极目的必须是培养苏维埃人们高尚的道德品质与精神品质。博物馆宣传的锋芒应当指向反对反动资产阶级思想意识以及这种思想意识之渗入我国科学、文学和艺术中来的斗争，应当指向克服群众意识中的资本主义思想残余的斗争。

博物馆所组织的参观也服务于博物馆陈列所展示的各门科学的一般教育任务。

在准备组织参观时，首先必须确定参观的目的要求和主题。

参观的目的要求——这是主导思想，反映着用参观的办法可以解决的那些教育任务。目的要求是组织参观的思想基础，因而在确定它的时候就必须深刻地和详细地周密考虑。不拟订有一定目的方针的参观计划，而代之以只能说明展出材料各基本阶段的简略计划这种做法是博物馆工作中最普遍流行的一种错误。如：以"18 世纪最初 25 年间的俄罗斯"为主题的简略参观计划（国立历史博物馆），能够被参观者认为：是展示十八世纪最初二十五年间俄国的发展，是展示经济方面、国家管理方面、文化方面、日常生活方面、军事方面的改革，是关于人民起义的材料的陈列，是阐明对外政策的一些问题。

但是，这种计划并不阐述该一主题的博物馆材料应当表现的、基本的思想理论原理，这种计划也不能指出由于正确地揭示出参观的基本思想，而可以解决教育任务的概念。

在拟定"十八世纪最初二十五年间的俄国"这一主题的目的的要求时，参观说明员应该指出以下各点。

1. 十八世纪最初二十五年间的改革，是十七世纪俄罗斯国家的历史发展所规定的；

2. 十八世纪最初二十五年间巩固了封建的土地所有制并继续加深农民农奴化的进程；

3. 工业和商业的发展促进一天天成长着的商人阶级的发展；

4. "地主阶级和商人阶级的民族国家"的巩固，是"损害农奴利益、残酷剥削农奴的结果"，因而它的巩固伴随着阶级斗争的加剧；

5. 十七世纪末和十八世纪初对外政策的基本问题是寻找出海门路的问题，特别是寻求波罗的海的门路问题为了进一步发展生产力，以及巩固俄国疆域，必须冲破俄罗斯几个西方邻国力图把俄国禁锢于其中的封锁。

至于参观的主题，那么，一方面，主题的拟定是取决于目的要求和组织的任务，另一方面还取决于现有的陈列材料。只有具有具体材料，才能够"以参观的方式"，而不是以讲课的方法，来揭示主题。

参观说明员既然已正确地拟好目的要求和主题之后，那么他对采用什么形式才能最好地把这个目的要求和主题使听解说的参观者正确的理解也是需要很好的考虑并予以解决的。

向参观者介绍一个主题的目的和要求时，一定要根据从视觉上和听觉上感受材料的心理特点。如果参观者通过通俗易懂的形式获得了理论性原理的概念，那么再用实物和文件来揭示这些原理，则认识过程便会成为目的更加明确和更加迅速完成的了。

例如，在参观"我国疆域内的原始公社制度"这一主题时（这种参观在许多地志博物馆中都是组织四、五年级学生进行的），目的要求一定要用通俗易懂的形式在启发式讲解中予以指出①。历史发展过程的规律性、历史发展过程对生产力水平的依存性，都要在整个参观过程中揭示出来，并予以强调。

使参观者认识到正确的目的要求，可以使他们注意力集中于陈列中具有主要意义的物品之上，可以使他们能够更完整地理解复杂的概念。

目的要求也是为组织参观而选择陈列材料和理论材料的基础。参观的目的要求规定得正确，能够帮助使陈列中的主导性陈列品突出，能够帮助阐明这些陈列品的相互关系、相互制约性，能够帮助得出必要的理论性概括和结论，能够帮助使说明员的讲述变成具体。

陈列的各章各板面的主导思想依照目的要求来决定，参观材料的选择也根据目的要求来进行。如果对于材料没有进行严格的选择和分类，那么不可避免地要脱离参观的主题。只能有这么两种情况：不是对陈列中已经安排的全部材料要重新进行选择，便是讲演的主题要与陈列无关。换句话说，作为博物馆

---

① 这里所说的"启发式讲解"是指进入每一主题陈列室前，说明员所作的概括的介绍，但它又不同于一般的概括，因为它是有指导意义的，故译为"启发式讲解"。——译者注

群众工作方法的组织参观，在这两种情况下，都会失去自己的特点。当进行组织参观时，首先应当注意到各陈列品的认识价值。

除了在外观上非常显眼的那些陈列品以及物质文化和精神文化的文物以外，为了组织参观，还应当选择在外观上虽然不够醒目，但却有巨大思想价值的材料（例如，文献性材料），以便在参观的过程中揭示它们的内容。

对于参观材料的选择，是由一系列因素来决定的，如主题的形式、各种不同集体的参观者工作特点和心理特点、参观成员年龄上的差别、文化与政治修养的程度等等。

准备组织参观以前，说明员应当知道有哪些参观者将会来参观。他一定要细致地注意研究那些组织来馆进行系统参观的教育机关的教学大纲和教学参考资料，他一定要通晓企业、集体农庄、俱乐部等的群众文化工作计划。这些资料都能帮助他拟订对不同参观者进行工作的正确方法。

每一参观主题，要拟制成几种不同的形式：组织群众参观时使用的、组织高等学校学生参观时使用的、组织高年级学生参观时使用的、组织低年级学生参观时使用的这些参观主题都是各有不同的。

在确定引导参观的方式方法中具有重要意义的，是说明员的文化教育修养水平，是对于博物馆参观者心理特点的理解程度。有时由于缺乏文化教育修养，虽然是好的说明员，虽然他也理解学校进行参观的目的和任务，但是他没有教育经验，因而他就不能以应有的方式引导参观。例如，引导四、五年级学生进行参观时，说明员便硬要指给学生们看那些重要的，但是孩子们难于理解的文件，便硬要在讲述中充满孩子们所不明白的术语，便不会使这种年龄的孩子们去注意他们感到兴趣的陈列品，便不能和孩子们进行谈话等等。这样进行的参观不仅不能帮助孩子们掌握和理解材料，并且甚至于还能带来毒害，因为孩子们会因而失去对博物馆的兴趣。

没有掌握对学校各年级学生进行工作的方法的说明员，最好到学校去，参观几堂课，与学生们进行几次谈话，和教师们建立起密切的联系。

参观说明员应当系统地熟悉教育学文献和方法学文献。并且每当组织参观之前，说明员都一定要向率领参观的领导人了解清楚他们参观博物馆的目的，他们的成员，他们单位的性质、人数、参观的预定计划等。只有在这种条件下，所组织的参观才能够正确地被组织起来。

在方法上组织得正确的参观，一般分为三个基本阶段：

1. 启发式讲解；
2. 参观的基本内容；
3. 结束语——总结式讲述。

对参观者进行的启发式讲解，应当帮助弄清参观者与说明员之间的正确关系。这讲解也能使参观者产生一定的目的要求，能使参观进行得井然有序，能使参观者精力集中和具有实事求是的精神准备。

在参观中，基本的东西，是根据博物馆材料对事件和现象所作的、在科学上有根据在政治上是正确的阐述。

说明员不应当把参观导向对物品的鉴赏而使分析性说明和概括受到损失。他也不应陷入另一种极端，使参观变成带有图解与实物的讲课。

某些博物馆工作者说：在揭示参观内容上一定只能使用一种方法，即先从展示后到叙述的方法。他们的这样意见，是片面的。说明员一定要掌握所有样式的各种方法。他一定也要善于利用归纳法，以便能从局部到全部，从展示具体材料到概括的结论。当需要的时候，他也应当使用演绎方法，在揭示一般原理后用文件性资料再来印证它们。

在总结式讲话中要对参观作一个总结，把参观中基本的、主导的思想和最重要的阶段巩固下来。

总结式讲话有两种形式。一种，是说明员使参观者们得出的，以及说明员自己拟订的一般结论。另一种，是概括性的谈话，在这谈话的过程中，参观者如能回答出说明员的一些问题，他们便能独立地作出必要的结论。后一类型的总结式讲话往往用于组织小学校学生进行的参观。

第四节　各种类型参观的组织方法

群众性主题参观是为了吸引广泛的博物馆参观者。从博物馆的全部题材中，对于群众性主题参观说来，必须要选择最鲜明和最有趣的部份，以便使这些部份能够在最大程度上来吸引参观者的注意，唤起他们在将来要认真研究陈列的这种希望。应当举办现实题材的群众性定期参观。观察性的主题参观的最普通的一种，是把博物馆作为人民历史文物的储藏库、当地历史文物的储藏库、社会主义建设历史文物的储藏库来观察的这种参观。

关于国家或地方的社会经济发展和政治发展的那些最重要的问题、关于与技术发展、艺术发展、军事发展有关的那些问题，也可以进行观察性参观。这样的参观、通常是组织专门人员来参观的。例如，组织俄罗斯文化史研究小组的人们，组织俄罗斯武器史研究小组的人们等来参观。

在观察性参观的过程中，参观者也可以来熟悉那些使他们感到兴趣的、博物馆的某个部分；例如，熟悉地志博物馆的苏维埃时期之部，熟悉地志博物馆和历史博物馆中的考古学之部，熟悉绘画陈列馆中某一时期的绘画等等。

令人遗憾的是，博物馆工作者并不深刻地考虑观察性参观的意义，只把这些参观的题材限于向参观者们作一般的介绍，因为他们忘记了：对博物馆某个部分作鲜明的，情绪饱满的观察性参观，往往能唤起参观者对博物馆发生巨大的兴趣，能为更加详细地熟悉博物馆打下基础。

说明员要根据参观者的水平，他们的兴趣，来改变观察的主题，展示的方法、讲述的性质。

观察性参观是专题性参观的一种，它们的不同是在于：观察性参观中所包括的材料繁多。但是，观察性参观只能走马观花地熟悉某个部分的陈列和部分材料（例如，对俄罗斯武器史所作的观察性参观等等）。而在专题参观中，材料则被研究得更加深刻和详细。

专题参观的重要类别之一，是列入教学大纲并为了达到教育目的而组织的参观。这种参观是组织高等学校学生、党校学员、中等技术学校学生、专业学校学生、中学学生、工人青年学校学生、职业学校学生进行的参观。最典型的和最普遍的一种参观，是按学校教学大纲组织的参观以及组织中等技术学校学生（八九年级教学大纲）、组织工农青年学校学生、组织职业学校学生（四年级教学大纲）和组织部分高等学校学生进行的参观。

进行按教学大纲的参观，乃是基于这样一条教育学的原则：只有在具体概念的基础上才能牢固地掌握理论性知识。

现代的教学任务，加强技术教育等的必要性，这些都要求特别注意在教学过程中补以直观材料。学校对直观教材的广泛使用，能帮助学生正确地理解材料。但是，甚至于直观教材最多的课堂教学，在其效果上也是不能与参观博物馆相比拟的。无论什么样的绘画也不能代替各个不同时代人们的实物劳动工具，服装，日常生活用品，也不能代替起义农民的武器，伟大十月社会主义革命事变的纪念物，伟大卫国战争的纪念物。

按教学大纲来组织的参观是使学生熟悉物质文化的真实物品和历史文物的基本形式。这些参观在最大程度上具有直观性和具体性的特点，具有情绪感染与生动活泼的特点。参观中的生动性，表现在实物文物的多种多样上，以及首先表现在对实物文物进行研究的形式本身上。空间位置上不断的变动（机动性），认识过程中使用视觉器官、使用听觉器官、有时还使用触觉器官（当博物馆使说明员能够使用复制的陈列品时），这些情况都能为满足学生们的积极要求创造条件，并且因而还能使他们的认识活动积极化。

例如：在历史博物馆和地志博物馆中揭示"十四世纪至十五世纪期间俄罗斯中央集权多民族国家的形成"这一主题时，说明员用物质文化的真实物并辅以文献资料来指出统一俄罗斯分散的领土的客观必要性，指出巩固中央政权的客观必要性，指出为了进一步向前发展古俄罗斯而形成封建国家的客观必要性。同时，他还要指出这一历史过程的另一方面——封建的土地所有制的巩固以及人民群众的进一步沦为农奴。

地志博物馆中，在自然之部，说明员将指出环境对引起植物界变化所起的巨大影响。

在文学博物馆中和纪念性博物馆中，说明员用展示列夫·托尔斯泰的生平和创作的陈列便能够指出托尔斯泰的创作在客观上的进步性以及托尔斯泰的观点所固有的主观上的矛盾性。

参观课，以及作为巩固和复习以前获得的知识的一种形式的参观，这两种类型的参观也应当被认为是按教学大纲组织的专题参观的两种基本类型。

第一种类型的参观，在博物馆中遇到的较少。这是因为：对小学课堂教学所提出的那些要求，在博物馆条件下是不易实现的；而在工业博物馆中或地志博物馆中，对于某一门科学（地理学、植物学、动物学、物理学）的陈列所进行的参观课，又是不能够允许进行必需的实验工作等等。在文学博物馆中组织参观课，并不是什么时候都合适；因为在四十五分钟的参观过程中，不可能研究作家的创作，不可能熟悉伟大艺术家所处的时代，生活和活动，不可能熟悉他的作品。在历史博物馆或地志博物馆中对包括有许许多多巨大历史事件的题材进行参观课，是不能得出肯定的结果的。在教学大纲上规定为十小时至十二小时的材料，是不能用一小时至一小时半的时间来研究完的。

组织小学参观的实践指出：如果对所研究的这部分课程在课堂里没有预先深刻的熟悉，那么按所研究这部分课程来参观博物馆，是不能带来实际效果，也不能完全使教学过程达到目的的。

参观课的题材通常是由教学大纲的内容来决定的。这样的参观所应当包括的材料，要在一两个学时便可以看完。最好要使参观课也能保持学校教学课结构的形式。在博物馆进行教课的目的，就是充分用另一种直观材料的教学形式来代替学校的课堂教学。但是，并不是学校中一切课堂教学都可以搬到博物馆来。而使整个教程有系统地充满着实物教材（直观材料）因为这样便会使学生们失掉对直观性的兴趣，会培养他们把这种课（参观课）看成消遣措施的有害观点，会使他们不愿花费太多的时间来对现象的本质进行深刻的研究，对事实材料加以分析和综合。

在小学的教学大纲中有许多主题，对这些主题进行研究便要求有大量的鲜明的直观材料。这些主题正是博物馆中应当研究的。在历史课中，这就是那些与文化发展史有关的主题；在文学课中，这就是那些与时代历史有关的主题。学校在这些主题上是不能够用直观方法来满足学生的。例如，很难于用绘画来代替民间精巧艺术家所创作的壮观的制品，很难于用绘画来表达民间艺术的某些作品的工艺技术等等。

正是因为如此，以"古俄罗斯文化"为主题的课堂教学，最好是在历史博物馆中或地志博物馆中进行。

组织文学课的参观课时，必须记住：对历史博物馆或地志博物馆（历史之部）进行这种参观，只有在文学课不在历史课之前，并且在学生们研究相应的历史时代，但还没到历史博物馆来参观过的这两个条件下才有可能。在这种场合下，在历史博物馆中或地志博物馆中进行的文学参观课，将完成两重任务：历史课的复习性参观和文学的参观课。在地志博物馆中也可以进行植物学的，动物学的，地理学的参观课。

参观的目的如果是为了巩固和学习以前获得的知识，那么这种参观也应当认为是教学大纲式的主题性参观的一种基本类型。这种参观能够使学生的知识巩固和深刻化，所以它也能帮助学生们更完整地弄清复杂的抽象概念，并给掌握新材料创造出牢固的基础。

上述这种类型的参观，从内容看来，包括着学校教学大纲中许多部分，在学校中研究这些部分要费去 6 小时到 12 小时。很显然，这样的参观不能代替学校的课堂教学，并且这样的参观也只有在课堂中研究材料之后才能进行。

在国立历史博物馆中，组织参观时，下面这些题材都是典型的："苏联领土上的原始公社制度"、"九世纪至十二世纪的古代（俄）罗斯国家"、"十四世纪至十五世纪间俄罗斯中央集权国家的形成"、"十八世纪最初二十五年间的俄国"、"十八世纪（1726～1750 年）中的社会经济关系"等等。

苏联革命博物馆中，组织参观的有下列主题："1905 年～1907 年间俄国第一次资产阶级民主革命"、"伟大十月社会主义革命的准备与实现（1917～1918 年间）"及其它。

在地志博物馆中这样的主题（以沃罗哥德①博物馆为例）可能有："沃罗哥德省境内的原始公社制度，新石器时代的部落遗址"、"当地在形成俄罗斯中央集权多民族国家的时期的情况（十四世纪至十五世纪）"、"当地在农奴制度崩溃危机时期的情况"、"1861 年改革前夜的农民处境"、"1905 年前夜俄国革命运动"等等。

组织学习"达尔文主义理论基础"课的九年级学生进行参观时，"米邱林学说是生物科学发展的最高阶段"这一节可以在博物馆的两个陈列部分中进行：自然之部和农业之部。在自然之部中，学生们能熟悉米邱林的生平和活动、能熟悉米邱林学说的基本原理、能熟悉伊万诺夫院士繁殖新品种家畜的方法。而在农业之部，用当地各集体农庄的实例，学生们便能对于米邱林方法深入到农业生产实际中的情况获得完整的概念。

在确定教学大纲式参观的题材时，应当注意到：每个班级每年只能到博物馆来三四次。因此最好能按各年级教学大纲来拟定定期的系统参观，在这定期的系统参观中也可以包括参观课。

用于按教学大纲所组织的参观中的陈列材料和理论材料，一定要严格符合于该课程的教学大纲来进行选择。组织八年级至十年级学生来参观时，根据陈列的性质和参观的主题，可以超越出教学大纲的范围。组织四年级至六年级学生进行参观时，不应当超越出教学大纲的范围。当拟组织低年级学生进行参观时，要根据四十五分钟到五十分钟之间的限度来选择少量最鲜明的陈列品。但是，精简材料以及使低年级学生易于了解的叙述，却不应当反映在组织参观的质量上，——所组织的参观无论什么时候都应当在科学上是有根据的、在思想上是深刻的。

在某些教学大纲式的参观中有些教学法上修养少的教师，为了最完整地利用博物馆材料，便给参观的各个小组分配下来这样的作业任务，使他们一部分人在参观之后作出关于经济问题的报告，另一部分在参观之后要把商业问题、对外政策问题、文化问题的材料记载下来等等。但是，往往学生们并没有在教师那里获得如何完成这些作业任务的明确指示。结果使参观中的每一个参观者都力图寻找自己的这一

---

① 现多称"沃罗格达"。

部分，注意听和注意记载的也仅仅是这一部分的材料。学生们匆匆地跑到前面去，离开了自己的一组，不能听到全部说明，而使所组织的参观变成涣散，使说明员的努力白费。因此，应当告诉全组参观者说：教师所交下的作业任务，说明员全部通晓，因此，为了完成作业任务，一定要在整个参观中听完说明员的解说，然后再多逗留半小时来记载自己所需要的材料。

为此，关于组织参观的一些问题需要与教师进行系统的磋商。在这个问题上，教师进修学院和区教学会议都应当给博物馆以巨大的援助；在区教学会议上每年最好由博物馆提出一两次关于组织和进行博物馆参观的问题的通讯报导或报告。

应当注意：同一个陈列，既可以被纳入教学计划之内，同时也可能是教学大纲以外的参观对象。例如，在参观"第一次资产阶级民主革命"这一主题时，高尔基省地志博物馆为十年级学生陈列了这样一些材料，如：因 1900 年至 1903 年的工业危机而引起的工业企业倒闭的曲线图，《巴土姆示威游行》的绘画、最初几期《火星报》、列宁所著《做什么?》和《进一步、退两步》的封面、日俄战争前线上使用的军事战役地图和传单、1905 年 1 月罢工运动普及开展的地图、10 月 17 日沙皇宣言的照片副本以及许多其它材料。

对同一部分所进行的不按教学大纲的参观，将具有另一种的目的要求，由于目的要求的不同参观路线也是另一种的、陈列材料的范围和内容也将是不同的。这种参观中没有必要来连续地叙述历史事件的整个过程，因为这些历史事件都是学生们所熟悉的。但是，应当根据这些历史事件来使学生们的注意更加着重于当地历史最鲜明的和英勇的事迹，如：沙尔莫夫城 1902 年的五一游行示威、1904 年 12 月 29 日在尼兹涅—诺夫哥罗得城人民大厦中警察的毒殴知识分子事件、在"流血的星期四"[①] 半年纪念日里黑帮分子在尼兹涅－诺夫哥罗得城所制造的残杀和蹂躏当地居民的暴行、沙尔莫夫城居民和卡纳文城居民在那些使专制制度感到威胁和严重的十二月的日子里准备武装起义和进行街垒战的情况。

下列一些主题也是教学大纲外参观的良好主题，如展示 1918～1922 年内战、展示伟大卫国战争、展示第一个五年计划时期工业建设、苏联人民在为争取完成战后几个五年计划的斗争中的劳动高潮、展示苏联人民高涨的热情和苏联人民普通的劳动日等主题。地志博物馆自然之部的教学大纲外参观题材是非常丰富的，如：当地的地质历史过去、自然富源及其利用情况、当地可以狩猎的野兽、益鸟及对它们的保护方法、当地米邱林工作者的工作情况等等。

地志博物馆自然之部的陈列材料，对于教学大纲外的参观也提供着巨大的可能。比方说，假如学生们在"当地动物界"这一主题中能够熟悉各种各样的动物，它们的习性、习惯、捕获和驯养的方法，那么十年级学生们在"有机体对于生存条件的适应性"这一主题中，便将在说明员的指导下弄清这些动物的保护色、拟态情况、与有机体适应于生活方式相关的外部构造特点。

在展示革命活动家和社会活动家、学者、作家——我们祖国这些光荣人物的生活道路和创造道路的纪念性博物馆中，也可以组织学生们进行教学大纲以外的参观。这种参观也可以在那些拥有革命前俄罗斯的、以及苏联的造型艺术中有名作品的艺术博物馆中组织进行。

博物馆工作人员应当致力于使教学大纲式的参观，在学生们课堂学过以后再来进行。学生们应当知道：他们自己什么时候、为了什么目的才到博物馆来，将对什么主题进行参观，在教科书上的问题有那些是应在参观中复习的，在参观以后有哪些材料是需要记载下来的，以及在博物馆中应当怎样进行参

---

① 1905 年 1 月 9 日清晨，工人们向着当时沙皇所在的冬宫前进……去见沙皇。……街道上总共聚集了 14 万多人。尼古拉第二下令枪杀这些手无寸铁的工人，死一千多人，伤两千多人，这一天以后称之为"流血星期四"。——译者注

观。所有这些情况，如果及时地向学生们讲解清楚，那么便能使他们对于博物馆中的严肃工作有所准备，并能使参观进行得更好。

除了上述各种类型的参观以外，博物馆还能组织所谓"校外的"，特殊的参观。

这些特殊的参观的目的，便是帮助组织课外工作和校外工作。这种参观往往是一些博物馆小组和学校小组的发起基础，往往是准备报告会、朝会、晚会的基础。组织这种参观的目的要求，便是要对博物馆各部进行观察性的，而不是主题性的了解。在这种情况下的观察可以使学生们了解参观的基本问题，并能向他们提示小组活动的有趣题目。

属于校外参观这一范畴的，还有博物馆外的参观：参观本市、本区。在各加盟共和国首府和巨大的工业中心，创造了特别的旅行观光站，这些站是城市观光类型的参观。但是，城市参观也应当由博物馆、特别是由地志博物馆来举办。

组织城市的参观，都是在于研究历史的和艺术的文物，例如，研究下列这些主题："十六、十七世纪的纪念物中的莫斯科"、"考洛母拿是十七世纪文化的纪念物"①、"列宁格勒的建筑纪念物"等等。应当特别注意去组织参观革命事件的遗迹，人民反对干涉者的英勇斗争故址、遗迹、战场等等。下面这些主题便是一个例子："1917年革命故地的参观巡礼"、"伟大卫国战争中英勇鏖战地点的参观巡礼"、"1812年卫国战争的纪念物"等等。

组织城市参观的特点，在于引导这种参观的方法。博物馆参观是在地点上局限于博物馆内，并且是按以前布置好的陈列来进行的。而城市参观则在区域上有时包括了整个区、包括散在各地并不总是便于展示的一些纪念物。

引导这种参观时，要求有特别的参观路线、大量的时间，并且要求考虑到在城市条件下参观工作的许多特点。

任何一种教学大纲以外的参观，都一定要使学生们具有足够的准备，要根据事先学过的课程来组织。只有在这种情况下，对所选的特定专门主题进行的参观工作，才能使孩子们感到兴趣和易于接受。

第五节　指导参观的方法

指导参观在方法上的特点，便能决定说明员在组织参观时所使用的手段。

这一方面是作为展示对象的博物馆陈列，另一方面是说明员的生动语言、以及说明员在各种不同的展示陈列品的方法运用上的技巧。

如果陈列是用有内容的和鲜明的实物博物馆材料建立的，并且建立得非常具有逻辑性，那么这种陈列便能使指导参观的工作变为容易的事。而说明员也应当深刻地掌握陈列的内容。他应当通晓每个个别的陈列品：估计到它们在陈列中的价值和外貌上的表现能力，他还应当善于用对材料的分析得出他自己所需要的概括。

只有说明员与陈列工作者最紧密的友谊合作，直到说明员能参与陈列的安排，而陈列工作者能参与指导参观——只有他们这样友谊合作，才能达到上述的那种地步。这样的友谊合作还能使他们每个人的工作获得显著的成果：说明员能够深刻体会陈列的实质，而说明员的工作经验也将被陈列工作者在解决陈列对参观者所起作用的问题时予以注意和考虑。

---

① 考洛母拿是莫斯科州的一个城市名，从十二世纪起便是莫斯科河上的有名的码头，有巨大的造船厂等工业。——译者注

准备组织参观与引导参观的方法，在多方面决定着参观的成功。说明员之善于团结参观者、善于引导他们的注意、善于使他们发生兴趣和使他们精神贯注的这种能力，不仅是取决于说明员知识的深度，并且也取决于这些知识是用什么形式表达出来，取决于引导参观的人使用的是什么样的方式方法。

指导参观的方法可以有条件地分为两类：

1. 使参观者被动地感受的方法；

2. 使参观者活跃的方法。

这样划分的条件性是可以理解的，因为进行参观的这种工作形式是属于概括知识的最积极的教育形式。在博物馆的条件下，即使是被动地使参观者来感受的方法，比起在教育机关内或在讲堂内所使用的方法，也能使参观者无比积极地钻研起来的。

在指导参观时最普遍的方法，是一个跟一个顺序地展示这些陈列品的方法，而说明员在展示陈列品的同时便加以简略的说明解释。但是，这种方法的效果很少，所以它应当属于次要的方法。在参观者被动的情况下迅速地更换陈列品，便使他们对材料只能从表面上感受、使他们记忆得不牢固。

另外一个有着巨大教育意义的方法——这就是所谓再现法，它的心理学基础就是可以再生的想象力，即可以根据对现象的描述、根据从各个细节上对现象的复原便可以使现象再生的这种能力。只有具有足够的实物材料，才能够形成历史过去的情景，自然的情景。

博物馆陈列是把陈列中所展示的历史事件和历史现象再现出来的最好材料。例如，在说明员的描述中，实物的劳动工具——石刀、石斧、石镞，残留下来的骨骸以及其它物品，都能展示出来原始人生活条件的、在历史上真实的画面。

在展示军事部分的陈列中有实物图画、服装、武器、军服、劳动工具，在博物馆的这些部分里，这种方法使用得特别广泛。但是，再现的方法并不是什么时候都可以使用的。远非任何一件博物馆材料都是适用于这种方法的。例如，充满文件材料的那些陈列部分，便不适于使用。

在博物馆参观中有效的方法是艺术的讲述。在组织参观中，一切都要能引起注意、能启发思想——不管是从视觉上也好、从语言上也好。艺术讲述的充满情绪富有感染能力、这种讲述的生动活泼、作用力的逐渐增长，都能激动听者的感情、对性格上优良品质的发展都能有所影响。当展示绘画、结构模型、巨幅油画、透视画时，则给艺术讲述创造出特别巨大的可能。

但是，滥用艺术讲述则会使参观时间拖长，使听者感到疲乏。

从马克思主义、列宁主义经典著作、从所研究时代的实物文件、从文学上巧妙的摘引，会使参观内容变为非常丰富。但是，使用这种方法，也要求巨大的经验。从文件上选择下来的几行摘录，必须能极度明确地表达出文件的内容，必须是最典型的几行。大段大段地摘引是不合适的，最好只限于若干行最明确、最有典型性的摘录。在这时候，最重要的是能善于把这摘录朗读出来，而当必要的时候，还要能背诵下来（如诗句）。

在引导学校团体（小学校）进行参观时，可以使用令学生们自己朗读和分析文件的方法。但是，这种方法只限于引导高年级学生参观时，并且还只限于参观那些不要求深刻研究的材料时才能使用。

引导参观中最积极的办法，便是谈话。谈话能够把全体参观者都吸引到工作中来，能够帮助说明员弄清参观者全体的情绪、知识的深度以及他们对所讲述材料的理解程度。谈话能使参观者易于掌握复杂的概念，能帮助他们牢固地记住材料，能培养他们分析与概括的习惯。

谈话的方法应当利用于对各种参观者所进行的参观活动当中。在引导成年参观者时，谈话的内容将局限于组织材料和巩固材料的那些问题上（如果参观者有一些问题的话）。在引导学生参观时，特别是引导低年级学生参观时，谈话的方法将是基本的。

在参观开始的启发部分，也应当以谈话的形式来组织。只有在友好融洽的谈话中，才能与全体参观者建立起接触与联系，才能使他们去注意参观中的那些基本问题。

谈话既然能够使参观者的注意力积极起来，因而也就能够涉及到陈列品，涉及到这些和那些现象的原因和结果，并且最后把从前获得的知识联系起来。用于引导低年级学生时，谈话是由要求简单几个字的肯定或否定的回答的问题构成。

但是，只有当提出的那些问题是经过周密考虑、组织得有条不紊的时候，谈话才能够得出肯定的结果。如果在相反的情况下，所提出的问题不是难以为参观者理解而使他们窘然不知所对，便是使参观者闭口不言而不能答出连续相关的问题。

在谈话够成功地使用比较法，能够帮助说明员弄清复杂的现象，帮助参观者很好地接受这些复杂的现象。使用比较法时，必须把所对比的现象中相同与不同的特点、所对比的现象中共有的和特有的东西都清楚地指出来，并且根据这些来选择相当的陈列材料。

例如，在地志博物馆"社会主义农业"之部中，说明员指出先进集体农庄的成就时，就要使人们去注意从两种不同地段上收获的谷物产量。说明员把同一种禾本种作物的实施标本加以比较（谢尔普霍夫域地志博物馆，"号召"集体农庄，使用追肥的地段上所产"胜利号"品种的燕麦，和没有追肥的地段所产的同一品种的燕麦加以对比）。

再举一个例子。说明员在讲述当地爱国者在内战时期和国内革命战争时期的游击斗争的时候，他一定要强调指出在这些时候游击斗争中共同的和特殊的东西、相同和不相同的特点。

使用触觉的办法，它的特点是具有使听众积极起来的特别能力，当参观者能够触摸到实物历史文物，能够详细地看到它，肯定地看到原始人类的某种劳动工具在加工制造上的复杂程度、看到陶器上绘画的细节、看到犸猛牙齿的大小和重量，——当参观者有这些可能的时候，他们注意便会敏锐起来，因而他们会长久地、也许会永远地记住这件物品以及与这件物品有关的一切。

当然，为共同观察而展出的陈列品，是不能允许触摸的。但是，几乎每个博物馆中都有一定数量的重分物品，是能够交付给群众工作部来用于组织参观的展示品。整套的重分藏品，在指导盲人"参观"时，则是非常重要的。

有一些术语和成语在现代语言中是常用的，但是大家都不太知道它们的起源，这时说明术语和成语的方法是可以使参观者活跃起来的。例如，在展示十五世纪十六世纪俄国铸币时，便需要讲解"戈比"（Копейка）一词的来源；在参观十六世纪服装样式时，便应当解释成语"Спуетя Рукава"① 的来源等等。

在个别的情况下，使用谚语和俚俗话是恰好中肯的。例如，在讲述劳役地租剥削的沉重劳动条件时，便可以提起这个谚语："穷困增加人的智慧，劳役地租叫人活受罪"；在描述低劣的工艺技术水平时，可以引证这个谚语："三天里磨的面，够吃一天半"（指农民的磨坊）等等。

参观——这是创造过程。不可以事先估计在实际工作中能够产生的各种多种多样的方法。上面所提到的这些，只是基本的方法。善于使用这些方法，便能使参观获得成功。

为了成功地指导参观，引导集体参观者的这种工作方法，是有着重要意义的。

---

① 这个成语从涵义上来讲是"马马虎虎"，而从构成成语的两个词的个个涵义是"放着袖子"——十六世纪俄国服装为长袖，放着袖子不挽起来，工作当然要马虎敷衍。——译者注

　　说明员在启发或谈话中就应当向参观者的集体暗示出这种思想，即：参观并不是娱乐，而是严肃有趣的工作，为了使这种工作获得成功，必须在参观者与说明员之间有相互的理解、向同一目的的共同努力。

　　如果这组参观者是第一次到博物馆来，那么说明员要向他们介绍那些供观览的陈列品的摆放规则。他必须建议他们离开陈列橱1.5米到2米，使身量矮的站在前面，身材高的站在后面。对于小学的参观团体（特别是低年级的），一定要事先告诉他们在参观中保持肃静，一定要事先告诉他们与说明员谈话的规矩（举手）。

　　在博物馆中往往有一些所谓"隘要之处"，在这里便难于容纳下集体的参观者们。说明员在组织参观的讲话中应当向他们说明：在这些"隘要之处"他们需要密密地靠拢起来，或者前面的蹲下（如果物品放得低，或者放在地板上的话），如果说明员不事先告诉集体参观者，那么将会发生忙乱、喧嚷、秩序紊乱的现象。

　　为了使这组参观者在从一个台架走向另一个台架时能遵守纪律，必须指明转移参观对象时的规则：全组参观者应使引导者走在前面，然后大家再跟在他的后面。必须安静，不在与主题无直接关系的陈列品前面或不包括在这次参观路线的陈列品面前停留。但是，这并不意味着：说明员可以对参观者发生的问题以沉默来回避开。他一定要简略地对这些和那些陈列品加以解释，但同时又要不致破坏参观的完整，不使参观者的注意被吸引得离开主要的东西。

　　在转移参观目标时，可允许参观者在台架前稍事停留，因为在参观者的一组人数很多（最大的数目——25人）以及物品摆在不够方便的位置上的情况下，若干参观者是不能够清楚地看到一切的。

　　一定要注意使所有参观者们都能看到物品。但是个别的参观者在台架前的停留时间不可以过长，因为这样会使参观时间拖长，而使参观者感到疲倦。

　　说明员如果善于找好安排参观者的地点并使他们能在这个地方看清所有的陈列品，那么说明员的这种能力是有不小的意义的。还有，知道在哪里需要站得靠近台架，在哪里需要站得远些，应当怎样安排参观者才能使绘画不致因反光而看不清楚，才能正确地感受，从哪方面来看物品才能完整地看到它的全貌——知道这些也是重要的。

　　说明员应当善于在指导参观时正确地给自己选择地点。例如，假令说明员面对着陈列，背向观众，那么说明员与观众之间的线索联系便被破坏了，参观者会丧失把说明员当作领导者的信心，他们开始谈起话来，开始离开小组等等。

　　如果说明员背向台架，而面向观众时，他便不能够确实地指点物品。说明员一定能看到观众，又能看到陈列品。他一分钟也不应当从自己视野中放过全体参观者，他要注意他们如何听着、如何看着、如何反应着。

　　说明员应当使自己站得能轮流地看到观众和陈列。这时应努力使自己不把光遮住，要面对窗户站着。

　　正确地使用指示棍，是重要的事。不允许用手指头、用手、用铅笔来指点陈列。绘画陈列室是例外的，因为在绘画陈列室内是用手势指点的。

　　说明员应当根据观众的反应来改变和重新安排指点陈列品和对陈列加以讲述的方法，在某些场合下还要给参观者一些时间休息（讲解一段令人愉快的插话、举一个鲜明的例子等等）。

　　那个不大的、雅致的指示棍，需要使用得巧妙、轻便和流利。这指示棍在地图上应当能够清楚地画出国境和疆域来，应当正确指出城市的位置、河流，这指示棍还要能在柜台外面勾画出物品的轮廓，还要能指出需要看哪件物品。

说明员的讲解，必须没有缺点（口吃、嘶哑）。说明员的讲解一定要正确，要没有多余的"渣滓性"口头语（如："那么"、"那么说"、"就是说"、"可以说"等等）。说明员应当有良好的、清晰的声调。不允许讲话非常迅速、"机枪发射式的"。由于讲话迅速，听众便能很快地感到疲劳，他们来不及既跟上说明员的思想线索，而同时又能看陈列品。但是也可以坠入另一极端——使讲解的速度过分地减慢。由于讲解过慢，参观便会因而延长，而参观者便会力图抢在说明员的前面，跑向前去。在进行参观的时间内，不应当使声音过于高吭。参观者（尤其是孩子们）在这种情况下便要提出一些问题，并且在他们中间也将以同样的高声交谈起来。说明员应当用自己平常说话的声调来讲解，如果在陈列室中有另一组观众时，那么说明员还要注意使自己的声音不致打搅他们另一组。

善于掌握声音、根据所讲的对象而压低和提高声音、改变语调——这都是很重要的。

枯燥乏味、漠不关心、毫无感情地指导参观，是完全不可以的。参观者应当相信：说明员所感兴趣的、所关心的，就是他所指点的、所讲述的东西。他应当每次都切身感受所讲述的事件。但是说明员应当保持有节制，而不使感情激动。讲演家所使用的办法，在指导参观时，是不需要的。对一切进行叙述时，都应当使用普通的、易于理解的、清楚的语言来讲解。

使小组参观者都遵守纪律，这是极端重要的。没有经验的说明员由于努力维持秩序，而往往一次又一次地来提醒大家。如果在参观开始时，小组参观者破坏了秩序，那么没有必要予以严厉地指出。只要用安静的语调警告他们要遵守行动规则，也就够了。当重复地破坏秩序时，不必重复指出，只要把讲解声音降低、甚至于把讲述间断几秒钟。如果这样也于事无补，那么便应当对那些破坏秩序防害工作的人们特别注意，向他们提出一些问题，在讲解时看着他们，在个别的情况下还可以稍微提高声音。

指导所谓博物馆外的——即市内参观的方法，有其自己的特点。

城市参观的质量与博物馆参观的质量一样，都是取决于对组织参观的内容事先周密考虑的程度，取决于善于处理所必需的材料、与富有逻辑地讲述所必需的材料的能力高低。

城市参观也象博物馆参观那样组织。简略的启发谈话要向参观者介绍参观的主题、参观的基本思想、参观路线的示意图。启发谈话可以在集合地点向大家讲出，也可以在拟参观的第一个地点（对象）向大家讲出。如果这些纪念物的所在地点允许这样做的话，那么便要把参观路线安排得先从一件不十分有趣的纪念物接着转到另一件较为有趣的纪念物，这样逐次进行参观，当然，这时必须保持逻辑上和年代上的连贯。

如果城市参观是与当地某个博物馆陈列中所反映的事件相联系着，那么在参观路线中便要把这个博物馆包括在内。但是参观博物馆时，只限于与参观主题有密切关系的那些基本问题而已。

在参观途中能够遇到、但与主题无关的那些纪念物，不应当使参观者的注意被吸引去。对这些纪念物所做的一般的概述，不应当使参观者的注意脱离参观的主要目的。

如果在城市的街道上总有许多可以吸引观众注意的缘由，那么城市参观就会复杂起来。要求说明员具有特别的策略和能力来利用能吸引参观者注意脱离主题的材料，因而能使参观者们了解这只是周围环境中的偶然性因素。

在参观城市时，对于展示方法，提出一些特殊的要求。说明员不得不介绍完整程度不同，大小不同的建筑纪念物和雕塑纪念物，介绍现在已一无所有的纪念地址，介绍现已建筑起许许多多现代建筑群的纪念地址等等。说明员不只要熟悉这些纪念物的历史，并且还要深入地研究这些纪念物的特点，还要鲜明地使听众想象出与某些纪念地址有关的历史事件进程，并且要善于把这历史事件进程在听众面前勾画出来。

指导城市参观的形式，善于正确地把参观者安排在参观对象前面的这种能力（使参观者成半圆形，而不是像一些说明员那样使参观者围着自己站成一圈），计算各停留地点的时间（都应当不太久）——这些也有着重要的意义。

城市参观对象的特点，责成说明员必须细致地对待寻找参观地点的问题。对于大的建筑物不可以在近距离地点观看。同时，如果参观的主题是这个对象（例如："克列姆林宫的历史"），那么在从远处看完之后，参观者还应当走到这件建筑物的跟前来以便更细致地研究。有的时候要使主要的参观对象能在整个街道的背景上、在与其它建筑的陪衬中看得清楚。

说明员还应当善于把纪念物的细部也都"提供"给参观者。细部在记忆参观对象上起着巨大的作用，因为这些细部能使乏味的或大家都熟悉的纪念物变成新鲜的重要的和大家不太熟悉的纪念物。因此，说明员应当仔细地研究纪念物、熟知它的全体以及它的一切最微小的细节，并且还要注意这纪念物所发生的一切变化。

城市参观中没有必要来不停地讲解，因为这能使听众疲倦。开始讲述时应当直接在参观对象的旁边，先进行很短的停顿，以便使参观者能对纪念物概略地看一眼，然后再直接观察它，再直接听说明员的讲述。

在某些参观中，最好利用一些能充实参观者们的概念、能创造出更真实的形象的图解材料。例如，在组织"我市的过去情况和现在情况"为主题的参观时，最好展示过去那时候的街道、建筑物等的照片，以便比较。更加有效的是利用意大利、西班牙、美国以及其它资本主义国家的工人住宅区、工人村、小棚子、贫民窟的照片。

第六节　组织参观的准备工作

参观工作要求充分的和多方面的准备。说明员必须系统地充实自己一般理论性的专门知识，以及系统地研究马克思列宁主义理论基础。如果没有深刻地掌握马克思主义，列宁主义理论基础，如果不善于创造性地把这理论用于自己的工作当中来，那么便不能成为一个好的宣传员和鼓动员。

研究马克思列宁主义理论，应当与研究所选科目的专门文件，与研究教育学文献结合起来。在培养说明员的工作中起着巨大作用的，是经验较丰富的同志们的帮助，特别是方法学者的帮助。方法学者必须给开始当说明员的同志们组织一次对博物馆陈列进行的一般观察，向他们介绍博物馆的基本藏品。然后应当指出某说明员将分担的部分，把准备组织参观的方法教给他，把安排与指导参观的方法也教给他。

说明员的准备工作包括：

1. 掌握材料的理论部分；

2. 对陈列进行的实际工作——对所选的主题陈列进行全面的熟悉、研究陈列品；

3. 为组织特定的参观者进行参观时选择材料；

4. 拟定参观路线；

5. 熟练地掌握参观说明词；

6. 对指导参观的方法进行方法学上的研究。

在准备的第一阶段上，说明员先熟悉所研究的时代，以便了解各个现象，掌握主要因果关系，找出历史事件的逻辑规律。在地志博物馆中，在工业博物馆中，他还要研究当地的自然；熟悉物理、化学等方面的问题。

理论上的准备以及首先对马克思主义、列宁主义经典著作的研究，便能帮助说明员转入对陈列进行直接工作，转入对陈列品的研究和选择。说明员一定要知道每一件物品、每一个文件、每一幅画都是说明着什么，为什么要选用这件或那件物品，物品的作者是谁，这件物品什么时候、以及怎样地进入了博物馆。熟悉物品的生产技术，是很重要的事。

所获得的一切材料，最好都清楚地记入专用的卡片上。

通晓主导性说明文和标签，是必不可少的工作。在研究陈列中，博物馆的科学工作者一定要帮助说明员。

只有在对理论性材料和陈列材料详细加以研究之后，说明员才能着手组织参观。陈列材料要根据主题和目的要求来选择、来分类、来确定陈列材料的年代上的顺序性和逻辑上的顺序性。接着便拟定参观的路线。说明员要划出一批批陈列的物品，在每一批中突出那些主导的、基本陈列品和次要意义的陈列品。这样划分的结果，便出现目的明确的参观单元，在这个单元里便能指出基本材料在逻辑上的相互关系，便能指出这些材料在揭示上的顺序性。拟定的进行路线有助于对参观内容的周密考虑。

在进行路线的示意图中，下列问题都要得到反映：

1. 参观的主题；

2. 参观的目的要求；

3. 副次的主题；

4. 材料；

5. 简略的内容。

第一次拟订的进行路线，是试行指导参观的基础。一两次试行参观的结果，便能对参观路线和说明词加以必不可少的修改，便能很好地形成概括性的结论，便能找出若干种从一个物品到另一个物品的、有逻辑性的、新的转移方式。在这一工作中，经验较为丰富的同志们和专门的方法学者（在有这种学者的地方必须帮助说明员，他们应当在说明员未和参观者见面之前，听一遍参观的内容解说，然后提出自己的意见。

准备完善的参观，其组织和说明，由群众工作部主任、方法学者和陈列科学工作者所组织的委员会听取解说。在没有这种委员会的博物馆里，组织参观要由博物馆长批准。委员会提出关于批准该说明员进行系统地指导参观的决定。但是该主题的工作并没有就此完成。这项工作还要由新材料和实际经验的积累而不断地进行。

参观准备工作的结束阶段，是说明员对指导参观的方法进行方法学上的研究阶段。当然，这种结束阶段并不是什么时候都必不可少的，因为大多数参观主题都已经附有指导参观的方法说明。在后一种情况下，对基本的指导参观的方法还可以有个别的修正。这些都是由于新的科学研究的结果，或者是由于指导参观实线所提示的。

研究指导参观的方法说明中，通常包括：

1. 参观的主题；

2. 目的要求；

3. 副次的主题；

4. 材料；

5. 详细的内容和结论；

6. 方法上的备注。

在每一个指导参观方法说明上，都要指出作者和批准这方法的日期。

指导参观的方法说明，一经博物馆委员会认可之后，便成为正式文件。

第七节　博物馆接待学校团体的群众工作

接待学校团体的群众工作在博物馆工作中占有重大的和特殊的地位。这个工作，一方面其接待对象是教师、辅导员、在小学里实习的大学生，另一方面是中、小学生。

我国很多博物馆对教师和学生进行着巨大的工作，帮助他们掌握课堂上学习的材料并组织孩子们合理的休息。

为了使这个工作有效果，必须与教师建立密切的联系，并通过他们再与学生们建立密切的联系。这种联系是通过人民教育部门、通过教师进修学院，以博物馆工作人员在中小学校长会议上，在教育家的教学委员会上和教法会议上发言的办法来实现的。必须与共青团和少先队的组织搞好密切的接触。

教育工作者应当在任何时候都通晓博物馆的陈列工作，并且还要熟悉博物馆有什么藏品，以便把博物馆的材料用于自己教学工作和课外工作中来。

博物馆工作者也应当在组织教师们对新建立的陈列进行参观活动以及研究活动方面表现自己的主动性，应当系统地进行解答问题的工作。

在苏联共产党第十九次代表大会的决议中提出了学校进行工艺技术教育的任务。博物馆应当最积极地参加到这一工作中来。

比方说，中、小学生们应当知道：某一仪器是用于何种目的、它的使用方法、怎样做气象观测、怎样研究气候、地方区域的气候、气象学者怎样预报天气、天气预报对于农业有着什么意义。同时这也是为科学无神论宣传的目的服务的。并且，学生们也能够获得自然规律的客观性和利用这些规律而使之服务于人类的概念。

对于工艺技术教育说来有着巨大意义的，是博物馆的实验园地，以便使中、小学生们能够在实际中使用自己的理论知识，能够获得栽培植物或照料动物的实际经验。

工艺技术教育的任务与博物馆任务在扩展青年学生的普通知识和文化技术知识方面是有机地联系着的。扩展学生们工艺技术知识领域，是密切依赖于对学生们进行的工作形式的多样性，以及工作内容如何而定。对于博物馆说来，最有专业性质的群众工作形式，便是依靠参观、主题性展示基本藏品材料、谈话、使用陈列品进行的讲座、展览会等工作而进行的群众工作形式。

例如：在地志博物馆中，当地自然富源的陈列品以及当地富源的利用情况、新品种果树园艺和新品种的动物的培植情况，都有着一定地位。在工业之部和农业之部中，展示着国民经济各部门的工业技术装备和社会主义劳动方法。具有这种材料，便能使博物馆参与在学生当中普及工艺技术知识的积极工作。

在按教学大纲所进行的参观以及在教学大纲以外进行的参观，都应当包括有工艺技术教育的成分。

例如，在组织五年级学生参观"气候"这一主题时，其目的是要巩固地理课中所学过的材料，在这一参观中应当对下列仪器加以特别注意：风标、晴雨计、雨量计、雨量自动记录器、湿度计及其它。

大部分地志博物馆的农业之部，都有巨大的可能来扩展中、小学生的工业技术的知识范围。培植和加工大麻（"衬衣是怎样在田地里长出来的"——这是小学语文课本上的一课标题）以及其它农业作物的过程、培育新品种牲畜的情况、农业劳动的各种不同过程的机械化和电气化、管理作物或照料动物的社会主义劳动的先进方法、先进集体农庄的组织结构、组织劳动的有效方法、劳动的合理化——所有这一切问题，都是可以作为参观内容的。

在工业之部中所组织的参观也必须充满着工艺技术教育的成分，在这些部分里要展出现代大工业生产的科学基础、电气化、机械化、社会主义生产的作物及其它。

例如，高尔基省地志博物馆工业之部的陈列，便能够在参观中向七年级学生们介绍（根据化学课的教学大纲）下列这些陈列品：熔铸精炼生铁、铁矿和一些稀有金属矿的马丁炉、熔矿炉、电熔炉的照片和示意图解。

十年级学生在参观"矽酸塩的概念"这一主题时，可以使用高尔基玻璃工厂的陈列品，这些陈列品介绍着制造玻璃的全部工艺技术过程。

博物馆中也有不少陈列品是能够使物理学知识得到扩展和深刻化的。例如：关于内燃发动机的概念，在对博物馆中陈列着的柴油机的功用加以分析后，便会更加具体。学生们确实地看到并相信内燃发动机是被广泛地利用着。由于柴油发动机的动转而使许多机器和机器结构都能以动转。许多不同职业的人（汽车司机、拖拉机手、飞行员）都必须对内燃发动机的构造和功用有明确的概念。这些职业都是当学生们学成之后可能选择为自己的职业的。

使用电来加工汽车部件的新方法，可以用涂油轿车车厢的烘烤干燥法的例子来说明（高尔基市莫洛托夫汽车工厂中所使用的方法）。这都能使学生们相信提高电工学知识的必要性，因为这些知识将会在他们未来的工作中为他们自己所需要。

在每一地志博物馆的苏维埃时期之部中，大概都可以有一些陈列品是能够帮助学校进行工艺技术教育的。在绝大多数的情况下，这些参观都不是按教学大纲来组织的，而是课外的，这些参观都是根据特别拟定的题材来进行的。如果说直到目前为止对于参观工业、技术和工艺过程还一直没有给予足够的注意，那么现在这些问题就必须提到首要的地位上来。

工艺技术教育的任务要求以新的形式对中、小学生进行工作，要求使已有的校外活动形式充满工艺技术的因素（已有的校外活动形式，即：讲演会、小组会、展览会等等）。在解决这些任务时，除了有博物馆工作者的参加以外，还必须有聘请来的一些专家（工程师、技术员、农艺师等）来参加。

陈列博物馆的基本藏品材料，对于学校也是有很大好处的。例如，在地志博物馆中，便能够有一些对于学校说来是珍贵，而没有地志性价值的材料。这些材料可以用于接待学校参观的工作中，来系统地进行主题性陈列。例如，对高尔基省地志博物馆的基本藏品材料加以选择，便能够向五、六、七年级的学生们展示古代埃及、古代希腊和罗马（朋贝耶①市——意大利古代首都）的艺术纪念物和文化纪念物、闪绿岩制品、古代陶器、花瓶上的饰纹、小雕塑、古代玻璃、希腊铸币和罗马铸币、波斯佛尔国②的铸币，对于八、九、十年级学生，则可以展示法兰西专制主义时期、法兰西资产阶级革命时期、法兰西帝国（第一帝国）时期的艺术作品：十七世纪至十八世纪，以及十九世纪初的法国青铜、家庭日用的小型器物，以及法兰西风格的家具。

在同一博物馆中，对于所有各年级学生都展示的材料，是描述古代神话中人物的陶器和小雕塑；反

---

①　现多称"庞贝"。

②　波斯佛尔（Боспор 或 Бодфор）是流过土尔其的、北通黑海和南部牟拉牟尔海相联的海峡名；纪元前 5 世纪，曾有希腊人成立了"波斯佛尔国"。——译者注

映俄罗斯人民在战争中忠勇精神的勋章奖章艺术作品，以及纪念历次北方战争①的十八世纪最初二十五年间的纪念章。

根据博物馆现有的材料，可以举办古币学藏品、武器藏品、织物藏品、以及其它藏品的、上述的展示陈列。对这些陈列应当同时有精炼而详细的解说。

课外活动的普通形式是博物馆与班级主任教师和辅导员所共同组织的少先队员队日集会。这种专题性队日集会通常是在博物馆中使用与题材相适应的陈列材料来进行的。除了参加队日活动的人们自己的积极发言以外，在少先队队日的集会上往往还有本市一些著名的人物（科学工作者、生产革新者们）的讲话。

高年级的学生们可以在博物馆中举办主题性的讨论大会、举办历史晚会、地理晚会、地志晚会、文学晚会。在这些大会和晚会的项目里包括有报告、文学节目和音乐节目、唱片鉴赏等。在准备大会前，组织一些专门的展览，配合课堂学习出刊杂志、墙报和活页通讯。

上述的这些活动，在学校假期里进行得特别广泛，特别是与人民教育机关、共青团组织和少先队组织共同来开展的时候。

研究自己当地情况的有效方法之一，是组织学生们参观和旅行。参观和旅行可以有综合性的，也可以有专门性的。综合性的旅行和参观，需要较长的时期，需要领导者有丰富的经验和多方面的知识，需要细心地教育全体参加者。

学生们专门性旅行和参观，应当有一定的目的，比方说，为了熟悉先进集体农庄，为了熟悉伟大卫国战争的纪念地点，为了熟悉本区域上古时代人类生活的遗址等等。

学生们对故乡的研究，不仅有认识意义和教育意义，并且还有经济的意义。

少年地志学者们能够找到有用矿产的新产地、保健性的矿泉，他们能够发现一些可以利用于国家国民经济中的新的小河和小型湖泊。

像对待有孩子们参加的一切活动一样，对待地志性的旅行，也需要细心地准备。准备工作的最初阶段——是拟订旅行路线，确切地规定出转换地点的方法，确切地规定出休息地点。准备工作的第二阶段——从文献资料上来熟悉所选定的地区，向通晓当地情况的人请求解答一些问题，拟订具体的旅行计划，在参加者之间分配任务等等。在第三阶段上，从组织上和经济上来准备旅行。

只有当所搜集到的材料被以适当的方法加工和整理之后，旅行才能算有了结果。这时候，学生们便会对课堂中所研究的教学材料很好地加以思考，便会学会把开始了的工作进行到底。正是因为如此，关于旅行的结果才必须写出文章、日记、报告，才必须搜集一些整套藏品、干腊标本、像册、剪接的资料，而有时还甚至于要组织一个学校的博物馆。

第八节　研究小组和习明纳尔（训练班）

博物馆群众工作的一个重要部分是研究小组的工作。研究小组通常是附设在博物馆或学校中，在少年宫、幼儿园，有时甚至于在住宅管理处（在夏季）中附设。研究小组的工作方向和工作内容，是由这些小组所研究的题材来决定的。有少年自然学家小组、历史小组、地理小组、文学小组、地志学

---

① 这是指 1700 年至 1721 年间由彼得大帝率领的，与瑞典人为争取波罗的海的出路而进行的战争。这个战争进行了 20 年，终于以瑞典人的失败，俄国取得了向波罗的海出航的海路而告结束。这历次的"北方战事"，在俄国史上是非常有名的。——译者注

小组、少年考古学家小组、少年古币学小组、少年集邮家小组、摄影小组、发明小组、实物教材制作小组等等——但是，这些还远非可能有的研究小组的全部名单。

某一个小组的研究工作成绩，取决于许许多多原因。

最好每个小组的成员们的年龄、知识能力都能相同，最好由通晓自己专业，并掌握教育学和心理学基础的有经验的工作人员来领导研究小组，最好研究小组的一切工作都能根据事先拟好的计划进行。

研究小组的工作形式，可能有各式各样的。理论性的研究应当与实际工作交错着进行。应当划出一定时间考察自然、进行参观、访问有关人物、组织展览会、编制相册或画册等——就是说，应当划出一定时间来进行能够使孩子们感到兴趣，使他们被吸引住，唤起他们创造性的一切活动。在研究小组内，每一个人都应当感到兴致勃然，每个人都应当有自己的工作。如果工作没有目的性，欠明确性，又没有纪律，那么便会使研究小组的工作受到巨大的损失，会使研究小组瓦解。研究小组的工作将会是有良好成绩的，假如在其成员面前提出了它的目的是要准备去参加勘察或旅行，要准备参加展览或总结晚会，要把自己的工作结果在报章或杂志上发表等等。

如果博物馆基本藏品中有丰富的图片材料，那么便能给博物馆研究小组的工作创造出良好的条件。

在博物馆中组织研究小组，便有可能来创造积极分子，便有可能由于这些积极分子的帮助而使博物馆的基本藏品充实。例如，高尔基市少年宫附设的地志学研究小组的成员们——中小学生们，在研究当地印刷事业的历史时，他们建立了有趣的联系，搜集到了斯维尔德洛夫童年时代的照片原版和新鲜的传记材料。高尔基省季维也夫区克列绵卡村，总结地志研究小组的工作时，在许多学校中有一个学校产生了地志博物馆，在建立这个博物馆中一些成年人也曾积极地参加。

地志学研究小组给学生表现自己的兴趣提供巨大的活动天地。自然的爱好者可以在少年博物学家小组里来研究故乡地方的地下富源、植物界和动物界、农业先进生产者的经验和米邱林式工作者的经验。这样的研究小组应当附设于博物馆的自然之部内。在通史之部和苏维埃时期之部附设的地志学研究小组，必须能使孩子们关于当地历史方面的知识。关于当地社会主义改造的知识。关于进一步发展的远景计划的知识，都得到扩展和加深。

必须在任何博物馆中都组织研究小组的工作——这是对各种不同类型参观者进行工作的最重要的形式之一。中小学生研究小组的工作，其使命是使他们的空闲时间充满有趣而有益的工作，是扩展他们的眼界，唤起他们的积极性，培养他们集体主义的品质。

苏联的中小学生们对于祖国的以及当地的过去历史，对于伟大革命家们的丰功伟绩，对于作家的创作活动，对于绘画和雕刻等等，都表现着巨大的关心和兴趣。博物馆的任务——就是要帮助学校和家庭指导这些兴趣，使这些兴趣得以发展。

在博物馆范围内，以及在学校内，都可以有研究小组的工作。如果博物馆拥有足够的房间，那么给研究小组进行工作拨出一个房间是很合宜的。研究小组工作室的工作人员应当负责组织研究小组，对它们的工作进行监督，保证各研究小组有必不可少的材料，安排展览会、讨论大会、朝会等工作。

博物馆能够建立哪些研究小组呢？

在任何博物馆中，都可以组织给学校制作实物教材的研究小组。在历史博物馆和地志博物馆中，可建立考古学研究小组、古币学研究小组、文化历史研究小组、当地历史研究小组、阶级斗争历史的研究小组、革命运动历史方面的研究小组、社会经济关系的研究小组、物质文化的研究小组等。在纪念性博物馆中，可以建立一些向学生们介绍历史人物的生平和活动的小组，向学生们介绍某一时期的革命斗争的小组等等。

研究小组的工作题材，可能是各种各样的。它将要取决于学生们的兴趣趋向，取决于博物馆的专业范围，取决于学校教学大纲。各研究小组的题材必须是有趣的、引人入胜的、能唤起学生们思考的，以便使他们所担负的创作性的努力方向得以表现出来。

这当然并不是说同一个研究小组的参加者应当研究非常繁杂的各种主题。各小组的主题必须是统一的，而又要是多方面的。企图建立一个研究小组，使其中每个参加者都能研究他所喜爱的主题，而这主题与研究小组内成员们所研究的主题又相距甚远，这种企图是注定要失败的。因为在这种研究小组里，不能开展生动活泼的集体工作，小组的参加者也将难于讨论本来是熟悉的问题，于是这个小组也将要在两三次研究之后便不起任何作用了。具有统一的主题，而在这一主题下又分为一些个别的副主题的研究小组里，便能够生动活泼地交换思想，积极地创造了共同工作的条件。

领导小组的人必须记住：孩子们往往是没有足够的目的性，因而他们是能够着手来从事任何一种工作的。但是，如果不对这种易被吸引到任何工作中去的注意力加以控制，不善于去引导它，那么孩子们便会开始寻找另一些工作，于是小组便不再存在了。对于工作结果以朝会、讨论会、展览会、演出的形式进行总结，是对系统地进行工作的良好刺激和鼓励。使大家遵守纪律的重要手段，还有小组的正确的组织结构，定期地召开集会，明确而切实地执行计划，对小组成员的工作进行检查和监督等等。

研究小组的工作方法中可以包括：领导者关于小组工作目的的讲话，领导者向各个成员提出问题的答案，小组成员们的报告，对某些调查研究纪念物的方法进行研究。小组成员们的实践工作是有着巨大意义的，例如，在考古学研究小组中——这种实践工作便是学习发掘的原则，鉴定物品的原则，考察并注明物品年代的原则；在少年自然学家的研究小组里——这种实践工作便是在菜园上、在田里的工作；在人民生活环境研究小组里——这种实践工作便是学习测量建筑物的规则等等。

研究小组成员也可以筹划独立的参观。

小组的领导者不应当只限于使用一种方法，而必须不断地寻求一些新的、能够提高研究小组成员积极性的、能够提高他们独立活动能力的、能够提高他们对深刻地掌握知识发生兴趣的方法。

当组织中小学生研究小组时，需要注意到他们在年龄上的特点。低年级的孩子们最易感到兴趣的，是使用纸、颜色、浆糊、木板等来进行工作；他们喜欢塑造和制作模型等等。对于低年级的孩子们，组织一些仿照博物馆材料制造实物教材的小组，是很合宜的。如果这样小组的领导者又是艺术家、教育家、博物馆工作者或教师那就更好了。

更能吸引高年级学生注意的，是对历史、文学、地理、植物等科目的某些问题进行深入的研究。他们对于考古学、古币学、军事历史、文化发展问题，都表现着特别的关心和兴趣。

为了研究当地，可以使用当地的物质文化纪念物，当地历史的文件，工业方面和农业方面社会主义改造的材料。

博物馆群众工作的重要形式是习明纳尔（训练班）。博物馆用这种工作形式不仅可以把中小学生包括进来，并且也可以把各种不同职业范畴的成年参观者包括进来。

在许多博物馆中都建立了教师的研究会、大学生的研究会，以及对博物馆和博物馆的基本藏品进行深刻研究的其它专门职业的工作者的研究会。一些专门的小组还研究建立陈列的原则和博物馆学的某些其它问题。

习明纳尔研究的主题，要根据习明纳尔参加者的兴趣为转移，因而这主题便可能是十分具有专门性的。但是，在许多博物馆的实践中，已经规定了这类研究习明纳尔的基本主题。这主要是对博物馆基本主题进行深刻研究的那些主题。这种习明纳尔的研究工作，或者是列入博物馆的研究部分计划之内（特列洽可夫画廊、国立爱米塔什博物馆、俄罗斯博物馆）或者是全博物馆进行研究，假如博物馆的陈列范围和容量允许这样作的话。

例如，特列洽可夫画廊在 1952～1953 年内组织参观和讲座的大纲中，提出了由下列五部分组成的定期参观和讲座：

1. 古代俄罗斯艺术和十八世纪俄罗斯艺术；

2. 十九世纪前半期的俄罗斯艺术；

3. 十九世纪后半期的俄罗斯艺术；

4. 廿世纪初期的俄罗斯艺术；

5. 苏维埃时期艺术。

在大纲中也对其它一些有关俄罗斯艺术史以及有关艺术作品创造过程的主题提出（根据预先约定的内容）定期的参观和讲座。

在国立历史博物馆中，教师与大学生的研究会的参加者，在两年的过程中，便能熟悉博物馆的全部主题，以及博物馆基本藏品中若干类基本藏品。

组织研究会是任何一个博物馆都能够做的事。这种群众工作形式是极其有趣和有益的。它能提高参加者的文化水平，能丰富他们的视野，使他们能够更深刻地熟悉博物馆，从而也能培养博物馆的积极分子骨干。

每一个教师研究了陈列并获得了必要的方法之后，便能够使用实物文物来独立地向学生们展示并说明所学习的课程的材料。可以向学生们展示课外学习的材料。

小组工作以及研究会的工作形式，是多种多样的；这些形式是可以适用于任何博物馆的。

第九节　博物馆举办讲座的工作

几乎在每个博物馆的实践中都常举办分量不同的讲座形式的群众工作。博物馆举办讲座形式的宣传，范围是很大的。但是博物馆不应当代替进行讲座形式宣传的那些专门组织，博物馆不能举办与博物馆专业范围不符的那些主题的讲座。尽管讲座的主题也可能是多种多样的，但是这主题却不能超越博物馆陈列中能够阐明的那些问题的范围之外。

讲座形式的宣传——这是要求具有深刻的专门知识的思想工作中一个责任十分重大的部分。与博物馆专业范围无关的讲座，便会使其索然乏味，便会失掉实物性，因为博物馆讲座的特点是能够广泛使用解说性（图解性）方法。博物馆工作者在其讲座中不仅能够利用辅助性材料，并且还能够利用有博物馆价值的实物。

博物馆的讲座可以分为临时性的和定期的，它既可以在博物馆内举办，又可以在博物馆外举办：在工厂车间里、在集体农庄里、在俱乐部里、在职工或学生的公共宿舍里。许多博物馆有自己的讲演厅，在这种讲演厅中居民能够系统地听到一些有趣的问题的讲演（鞑靼苏维埃社会主义自治共和国国立博物馆、高尔基市博物馆及其它）。

讲座形式的宣传在不同的博物馆中占有各种不同的地位。在绘画陈列馆中、地志博物馆中、文学博物馆中、纪念性博物馆中，都特别广泛地使用着。这种形式的宣传这些博物馆中的若干博物馆还有自己的讲演厅。

一些博物馆（爱米塔什博物馆、俄罗斯博物馆、特列洽可夫画廊）的实践证明了建立吸引各种不同听众参加的定期讲座的合宜性。在某些博物馆中为工人和农民、为高等学校和中小学校学生们都拟订了专门的定期讲座。

博物馆除了在讲演厅内组织讲座之外，还可以在企业中、在集体农庄中、在苏维埃机关中、在学校中组织讲座，来反映现代一切振奋人心的问题，来宣传争取最迅速地实现共产党和苏联政府的一些最重要决议。因此，博物馆举办讲座的题材是那么丰富多彩，这些题材所包括的问题范围又是那么广阔。

许多参考材料都是阐述准备讲座和举办讲座的问题的。下面涉及的仅仅是博物馆举办讲座形式的宣传方法的一些个别的问题。

每一个讲座都应当目的明确、浅易和通俗。要求讲演者使讲座的思想核心合于逻辑的原理，能以通顺而鲜明的形式为听众所接受和领会。

准备一个好的讲座，要求有充分的准备工作。必须拟订主题，而这主题往往是由广大听众的要求和需要所提示出来的。主题必须能吸引听众的注意，唤起他们的兴趣。应当把讲座的主题拟得鲜明、明确、简洁（如："人的起源"、"1812 年的卫国战争"、"在绘画形象中的俄罗斯自然界"、"在争取和平斗争中的苏联艺术家们"等等）。

讲座根据主题便能确定出演讲的范围，选择材料，和通盘考虑基本思想、目的和要求。

作为讲座的基础材料是马克思列宁主义的著作，苏共中央和苏联政府关于经济工作、政治工作和思想工作等问题的决议，党的报刊上的材料是科学文献和科学普及文献。讲座形式的宣传的最好资料源泉，是生活本身以及生活的丰富内容，鲜明而令人信服的实际的例证。

为了不使讲座为次要性的细节所充斥，为了不使讲座过长，为了不使讲座枯燥乏味，必须对于搜集到的，可以符合于讲座的思想、符合于讲座的目的要求的材料加以正确的选择。所选择出的材料一定要丰富多彩、有趣、易于领会。必须选择那些能给人以关于事件的显明而正确的概念，并能给人以有血有肉而又生动的形象的事实。

所选择的材料要根据主题的基本关键问题加以分类、整理。

为此，要拟好讲座的初稿计划、它的基本段落、所讲主题的个别问题。在研究的过程中对材料要加以分析，要批判地加以考虑。讲座进行准备时，要求对材料加以周密的组织，要求使材料的各个部分都和谐地结合起来。

必须尽力使讲座能以直观材料补充——地图、示意图、幻灯片、照片等等。

讲座编好，甚至于把讲座都写成书面形式，还不是准备的最终阶段。必须把讲座上的内容能通畅地用生动的口语叙述出来。讲演者必须用生动的语言向听众讲述，同时还要创造性地领会他们的反应，并根据听众的成员情况来使用不同的办法使讲词活泼有趣。讲稿只是当读那些从文学作品上摘引下来的篇章、摘录时才使用。

前面对于引导参观的说明员所提到的那些注意事项（即：关于声调、口音、语气的变化、把自己声音与听众协调的能力、面部表情和手势的使用等的注意事项），是完全适用于讲演者的。

讲座的成败，在很大程度上取决于讲演者是否善于与听众建立联系，是否能吸引他们的注意以及能否唤起他们对讲座的兴趣。为了建立联系，必须熟悉听众，熟悉他们的年龄情况、文化水平、兴趣和情绪。在整个讲座的进行时间内，必须注意观众，并且根据他们的反映来调整和变更叙述材料的内容、形式和方法。

讲座的结束部分，一定不仅要对所讲的一切加以总结和作出一些最重要的结论，并且还要巩固讲座的材料。为了这个目的，最好使用和听众谈话、互相问答的办法。

第十节　展览会

展览会是博物馆群众政治教育工作的重要形式之一。

展览会分为固定的和流动的两种。固定的展览会既可以在博物馆内举办，也可以在博物馆外举办。尽管有时固定展览会是在博物馆内举办的，但是这些展览会都是从根本上与博物馆陈列不相同的。"展览会"的这一概念，首先是与临时的、性质不定的这一概念相联系的。固定的展览会在一个较长或不太长的时期后，不是要完全收藏起来不再展览，便是在改组之后纳入基本陈列。

在展览会上可以只限于展示个别的现象，但是在博物馆陈列中却要有机地与另一个主题相联系着的，并且每个主题都是根据它在历史过程中的意义和比重被包括在陈列中来的。例如，如果说博物馆在基本陈列中为了不致破坏陈列的均衡只利用了一部分瓷器藏品，那么为了展示博物馆所搜集到的所有瓷器藏品便可以举办瓷器展览会（在博物馆中给这一展览会另辟出专门房间）。

再举一个例子。地志博物馆主要是用自己当地的材料来建立自己的陈列的。如果博物馆拥有一些非地志性的有趣材料，那么便可以在展览会上陈列它们。

博物馆之利用展览会，也可能是为了机动地反映那些最重要的政治事件、当代的现实问题。举办展览会，特别是举办流动展览会，作为一个群众工作的形式，是每一个博物馆都能够办到的。通过展览会的手段，博物馆可以宣传政治知识和科学知识。流动展览会是直观宣传的有力工具。

固定展览会通常都是用实物材料建立的。这些展览会的题材通常是与纪念日、与现代实际问题、与博物馆基本藏品材料等相联系着的。

这一类型的展览会也能像参观陈列那样，以同样的形式组织相同的观察性参观。它们相互之间的区别，在于所阐明的材料多少，以及主要在于这些材料被阐明的深度。基本藏品的展览，通常只限于陈列一个主题（例如：十九世纪纺织品展览会）。

纪念类型的展览会，在其内容上是较为广泛的，因为这些展览会能够涉及不同情况下的生活的各个不同方面。这种展览会的范围有时能够如此之大，主题的各个部分能够如此多种多样，以致可以拟出若干次参观的主题。

应当像展示博物馆陈列时接待参观者那样来接待博物馆展览会的参观者，就是说，参观者一定要能够看到材料摆置地点的示意图，要能够看到说明书，疑难问题要能够得到解答，要能够参观。

各种不同类型流动展览会的工作，有着另一个性质。除了为博物馆普及的目的而组织的展览会之外，还能够建立定期的流动展览会，来揭示这一个或那一个陈列主题。这些展览会往往不包括实物材料，而是用以前搜集到的这一主题的照片、文件、复制照片等。这种类型的展览会执行着双重的任务：它们是帮助阐述这一个或那一个主题的直观材料，同时它们又是在讲述着博物馆，从而起着宣传它的作用。博物馆可以在企业、集体农庄、学校、文化公园中举办定期的流动展览会。这些展览会上的座谈和解答问题的工作应当由博物馆科学工作者主持。定期展览会中包括有可以用来组织讲座的丰富的直观材料。

不管是固定的展览会和流动的展览会，要求于它们的一般方法原则，与要求于博物馆陈列的总的方法原则一样，即它们要有党性、主题性、目的性、科学的可靠性。

对展览会所提出的这些要求，便表明：举办展览会——这是一件责任重大和严肃的事情。

无论什么时候都应当知道：将举办的展览会是为了哪些参观者来参观的。这个问题便决定着陈列材料的选择和对陈列材料的解说和叙述。

为了使展览会在其内容上具有思想性、目的性，并使它与苏联人民正在解决着的当前非常重要的任务能有机地联系起来，就必须细致地对待陈列材料的选择工作，选择那些最重要的和最典型的东西。

展览会的布置应当决定于展览会的目的。如果展览会是给俱乐部、机关等举办的，那么展览会便可以布置在现成的墙面上。如果展览会将要频繁地流动，那么便需要把它装置得轻便而易于携带。

展览会在其外貌上一定要能够吸引人，要易于观看。每一个副主题都必须标出，每一件陈列品、每一幅画、每一张照片和图画都必须附有标签。文字说明和摘录都要用易于辨识和清晰的字迹写出。在每一个陈列台上都应当包括有一件主导性的基本材料，这种材料最好用装饰的办法把它突出地表现出来。

为了使展览会在其外貌上也能吸引人们的注意，那么在展览材料中还必须包括一些水彩画、彩色照片，尽可能还要包括一些立体材料。

流动展览会不仅可以在博物馆中陈列，并且还可以送到文化宫、俱乐部去，送到各区的中心去等等。尽管这些展览会的基本目的是向劳动者介绍文化纪念物、历史文物、人民革命斗争的纪念物，但是这些展览会也顺便地宣传着博物馆的基本藏品。流动展览会不仅是巨型博物馆可以举办，地志博物馆、纪念性博物馆也都可以举办的。

专为宣传博物馆而举办的流动展览会，只限于用两三个陈列台来摆置各个陈列品的照片、内部陈设的实况照片、复制的绘画、陈列品的成组（套）照片。在陈列台上要指出参观、讲座的每个主题，要指出博物馆的工作时间和开馆的日子。

流动展览会的装饰必须是鲜明的和有色彩的。流动展览会平常是经由一个机关转送到另一个机关、从一个集体农庄转送到另一个集体农庄、从一个学校转送到另一个学校的。

例如，高尔基省地志博物馆的流动展览会——在"提高谷物作物、工业原料作物和油料作物的产量——是农业的主要任务"这一主题中"在新的农业高潮的道路上的高尔基省农业"的副主题内，除了陈列一些平面材料之外，还陈列着高产品种的小麦、燕麦、豌豆的标本（捆成束），陈列着油料作物的种籽等等（装在试管里）。在"争取蔬菜和马铃薯生产的急剧提高"这一主题内，陈列着腐殖土的小钵标本[①]。

流动展览会应当备有参观方法说明和参考文献的目录。这所以必须是要使展览会在没有博物馆说明员在场的情况下也能够"被参观者了解"。

第十一节　如何接待没有组织的参观者

为了帮助参观者，在博物馆中编制一些各部分、各时期、各国的材料摆放的位置示意图。博物馆说明书、以及博物馆各部分的说明书，都能使参观易于进行。简略的参考资料、参观提要、讲座的提纲，都能对参观者提供重要的帮助。

在编制博物馆材料摆放地点示意图时，要注意博物馆的专业范围和博物馆的计划意图。这些示意图必须是极度确实和鲜明的。

在具有社会主义建设之部、历史之部、自然之部的地志博物馆中，各部位置的示意图，或者绘制在

---

① 这是一种用机器压制成六面体或三棱体形的小钵，这些小钵是用泥炭腐植土和掺和一些矿物性肥料制成的。它们被广泛地用于蔬菜园中培育幼苗的。移植在小钵的土壤内的幼苗，既可以不妨害其根系的发展，又能迅速生长。使用小钵分苗的方法能够使蔬菜提高成熟和获得高产量，而使蔬菜园艺的收益大大增加。它的俄文名是：Topфoперегойые　горшочки，上面的译名是译者拟的。——译者注

一块大的陈列板面上，或者分别地绘制在一些陈列板面上；但无论怎样绘制，都一定要指出每一部分的位置。

在专门性博物馆中（历史博物馆、文学博物馆、纪念性博物馆），只编制一个示意图，同时要注意在陈列中揭示出主题上历史年代的次序。

在绘画陈列馆中，由于若干材料属于同一年代而必须连续展示，所以陈列品布置情况示意图便稍复杂些。在这种情况下，示意图中要指明各个主题和各陈列厅的顺序号码。

摆在各陈列厅入口处的小型示意图往往执行这种标识的作用。

说明引导应当把建立博物馆的目的明确地叙述出来，要叙述成立博物馆的原因和博物馆历史的一般情况，以及与建立博物馆有关的一些事件。向参观者介绍博物馆的内容、陈列的基本原则和指出最合适的参观博物馆的路线。说明书通常包括有参观、讲座、研究小组、疑难解答以及其他形式的博物馆群众工作的情况。

博物馆各个部分的说明书应当对于各该部分陈列的内容给以完整的说明，并且还要附有详细注解的文物清单。说明书中的资料都应当按逻辑上的关系、按年代顺序排列。各部分的说明书应当向参观者说明该一主题内最有趣的文物。说明书上要附有最鲜明和最有趣的陈列品的图片。

对于参观者有巨大帮助的，是组织得正确的疑难问题解答工作。参观者并不是总能够了解陈列中的那些材料的，甚至于有说明书和辅助性文字说明的时候也是如此。在参观博物馆的过程中通常都能发生许多问题，这些问题是辅助性文字说明和最详尽的说明书都不能给予答案的。在这种情况下博物馆科学工作者便应来帮助参观者。

疑难问题解答的工作要求考虑得周密而有组织，而主要的是要求有系统性。

疑难问题解答工作由博物馆各陈列室中值班的工作人员担任，以及由博物馆文化教育部门和其它各部的工作人员担任。

在文化教育部门的那些博物馆中，文化教育部门便应成为疑难问题解答工作的中心。博物馆的方法学者和工作人员在必要的时候应当指引参观者到其它各部分去、到问事处去、到科学机关等地方去。凡是涉及陈列材料、基本藏品等方面，对参观者提出来的任何一个问题，都不应置而不答。

在陈列的各部和基本藏品的各部中，都进行着巨大的组织观众的任务。对于各门科学的专家（历史学家、考古学家、古币学家、艺术学家、动物学家、植物学家等），对于研究生和大学生，组织专门的疑难问题解答工作。要给这些解答工作辟出特别的接待日期和接待时间，并且还要创造出研究博物馆材料必须的条件。

对参观者所进行的工作，远不限于上面提到的这些形式。

为了接待个体的参观者，科学工作者们要进行各个的疑难问题解答工作，或群众性的疑难问题解答工作。

因为有一些疑难问题到博物馆来寻求解答的，是一些不同社会身份和不同职业的人们：教师、大学生、中小学生、导演、演员、作家。这些人们都把博物馆看作是原始资料的总汇。

组织个体参观者的积极形式，还有把他们编成参观组而引导他们参观。参观的主题由全组决定，或者根据参观组的成员选出参观组长。应当把组织个体参观者的工作拟成一定的体系和制度。应当让个体参观者知道参观服务的日期、时间以及将进行参观的那些主题。

第十二节　博物馆的普及工作、研究参观者兴趣的工作 以及登记群众工作情况的工作

我们的博物馆都受着人民的爱戴。国家的那些巨大的博物馆，诸如：列宁博物馆、革命博物馆、国立爱米塔什博物馆、特列洽可夫画廊以及其它一些巨大的博物馆，每年来参观的客人要由六十万人到一百万人以上。当地的地志博物馆、纪念性博物馆也拥有几万和几十万的劳动者——参观者。但是，这些是不够的。

把各种不同范畴的参观者吸引到博物馆中来——这应当是博物馆经常关心的事。来馆参观的人数很多，便能促使博物馆的全部活动发展，便能提高它在居民当中的威信。来馆参观人数的多少，取决于博物馆工作的安排以及首先取决于陈列的质量。参观者对陈列的兴趣——这是陈列质量的最好的"气压表"。

对于提高文化教育工作水平以及吸引劳动者来博物馆参观有着重要意义的，是对参观者的兴趣、需要和要求进行研究的问题。

对参观者进行的研究必须细致地组织好。必须和群众有经常的接近往来，必须和群众之间有互相交谈的经常联系，必须经常和群众交换意见，必须举行听取参观者关于陈列问题以及关于博物馆工作内容问题提出意见的会议。

应当组织不同范畴的参观者举行不同主题的讨论会。在组织教师们的讨论会上，便可以涉及组织按教学大纲的参观以及安排参观内容的问题，利用课外参观活动和利用研究小组活动的问题。在组织专家们的讨论会上，可以拟定陈列计划；在组织企业、集体农庄的文化工作者的讨论会上，可以讨论参观工作的组织问题。组织广大劳动者的讨论会上则可以提出下列这些问题："您在博物馆中看到了什么新鲜的和有趣的事物？"、"博物馆的陈列品都说明着什么问题？"、"博物馆应怎样帮助您来研究我国历史和当地历史？"及其它。

讨论会的准备工作，要求组织观众参观博物馆，要求对一定的题目进行深刻的研究，要求熟悉陈列计划等等。讨论会的主题要在开会以前很久便宣布出来。对博物馆工作问题进行广泛的讨论，便能使观众对博物馆工作的兴趣加深，并能吸引一批新的积极分子。

对意见簿中记载的意见进行研究，有着积极的意义。散发一些有关博物馆群众工作各种不同方面问题的空白表格，也有助于熟悉参观者的要求。

研究博物馆参观者的方法是很多的。这种工作要求系统性、要求有充分的准备。对参观者进行研究，最方便是在放假的日子，这时候所有科学工作者一定不要在办公室里，而要在陈列的地方；在这里他们来回答参观者的疑难问题，同时也对他们进行观察研究。不管这是有博物馆说明员引领的一批有组织的参观者，还是个体参观者，对于他们进行观察、研究，都是有巨大意义的事。"观察员"的"装备"是极其平凡的：这就是手表、铅笔和记事本。使每一个博物馆工作者关心的问题，首先是这些问题，如：参观者所选择的进行路线、博物馆各部分的通俗程度、哪些陈列台以及哪些陈列品能吸引不同范畴的参观者、参观者是以什么方式来观察陈列并且观察了多长时间。同时还要记载不同时间内各陈列室的参观人数——这对于编制博物馆工作时间表是很重要的。关于研究参观者的问题在苏联博物馆学中占有特殊的地位，并且还迫切需要对这问题进一步研究。

博物馆不应当忘记：如果不在居民当中开展对博物馆陈列的广泛而全面的普及宣传，那么即使是好

的陈列，也不能得到合乎希望的结果的。

普及与宣传博物馆的基本手段，有：

1. 通过刊物、广告、广播来阐述博物馆的工作；

2. 广告性的流动展览会；

3. 在企业、机关、集体农庄和学校中组织座谈和讲座；

4. 散发关于博物馆的文献（说明书、博物馆指南、参观提要、讲座提纲以及博物馆的科学著作）；

5. 和学校、苏维埃机关等的专门性的联系；

6. 参观者讨论会。

刊印的广告有着巨大的普及能力。博物馆所印发的广告画（招贴画）有各种不同类型的。某些博物馆（特列洽可夫画廊、俄罗斯博物馆、鞑靼苏维埃社会主义自治共和国国立博物馆及其它）所出版的大型招贴画中，详细地列举着博物馆的主题、定期参观的主题、讲座的主题、研究小组的主题，并且对博物馆的工作给予了一般的介绍。某些博物馆在自己的广告中只简单地介绍工作的时间和工作的日子（哪天休息）以及陈列内容的一般材料。当开设新的陈列时，举办新的定期讲座和定期参观的时候，便印发招贴画。除了印发大型的招贴画以外，还印发尺码小的招贴画，在这些小型招贴画中介绍博物馆的基本情况和材料。

大多数博物馆都刊印一些专门的主题提纲，在这些提纲里列举以各种不同范畴的参观者为对象的参观活动、讲座活动、研究小组活动、定期讨论会活动的主题。这些提纲（内容简介）便被散发到各工场、各集体农庄、各高等学校、各中等技术学校以及各中学、各小学去。

许多博物馆为了向群众公告博物馆的工作，利用着当地的报刊和广播，在广播上每天有一定的时间播送着关于博物馆的消息。

博物馆普及工作的最普遍的方法是招贴传单、广告板、挂在人们来往频繁地方的传单牌、广告橱窗（展示博物馆最鲜明的陈列）、招待券等等。传单是博物馆普及工作的有效手段。根据与有关组织的协议，可以把传单大量地普及开来，在电影院开演前放在各个椅子上，放在旅馆每个房间的桌子上，在码头上和火车站上向刚刚来到的旅客们散发，向各种不同大会的代表们散发等等。

为了普及博物馆，必须与集体农庄、企业、学校、生产合作社（劳动组合）以及与其它机关、组织和厂矿等建立起紧密的联系。

为了达到这种目的，可以使用个人访问的办法，举行关于博物馆的座谈会的办法，也可以使用分送关于博物馆陈列的通知、招待券、照片集等等。

下面一些群众工作方法也适合于普及的目的，如：展览会、讲座、在广播上、报纸上和杂志上发表通告和讲演。使参观人数增涨的重要条件，是编制得正确和合理的博物馆工作时间分配表，而这个时间表一定要便于大部分居民的来馆参观。只有在总结了对博物馆观众所进行的研究结果之后，才能够拟订这种时间表。关于博物馆的说明书和参考资料也能有助于博物馆的普及工作，因而这些材料就必须公开发卖以及向有关的各机关、各组织散发。

上面仅仅列举了在广大群众的参观者中间普及博物馆的基本方法。每一个博物馆在其日常工作中都能找到宣传博物馆的新的手段。摆在博物馆面前的巨大任务，就是要不断地提出扩大参观博物馆的人数的那些可能的方法。

所有各种招贴画都能吸引新的参观者群众，因而它们便创造出开展文化教育工作的可能。

但是，招贴画并不是吸引参观者的唯一的和最好的方法。招贴画不能够把博物馆工作的全部多样性都详尽地叙述出来。它只能对于博物馆作一般的介绍。

博物馆宣传的更有效的形式，是在博物馆与企业之间、集体农庄之间、学校之间建立密切的联系，是组织座谈会、讲座，组织劳动人民去参加文化旅行。博物馆工作人员要经常到各地去与文化工作者举行座谈会，与他们商讨组织文化旅行的问题、群众工作的其它形式（讲座、展览会、研究小组等等）的问题，在墙报上登载一些关于博物馆的文章。

经验证明：如果所举办的参观和讲座是为了区的居民，为了企业，为了集体农庄，那么与它们的文化工作者事先接触与研究这些工作，是非常合宜的。博物馆科学工作者与文化工作者可以在红角（俱乐部、文化室），在车间里利用午间休息和换班的时候举行座谈会。在座谈中要简略而生动有趣地讲述博物馆，讲述陈列的基本问题，讲述博物馆的基本藏品，讲述最有趣的陈列品和各种工作形式。在座谈当中，往往还展示一些最有趣的文物和文件的照片。使用图片材料，便能使座谈非常生动活泼和吸引听众。

为了使博物馆普及，可以举办任何一种在馆外由博物馆工作者所主持的讲座、报告和座谈。如果讲座的主题牵涉到博物馆题材，那么一定要用几句话提到该一主题的陈列内容，列举在博物馆中可以看到的那些实物，展示博物馆文物的照片，讲述博物馆工作的任务和内容。但是，讲座的主题如果是别的（如：关于目前的事件，关于纪念日等），在这种情况下，在讲座完了之后用几句话向听众介绍一下博物馆，并请他们到博物馆来参观的这种做法是合宜的。

严格地登记群众工作以及正确地安排这种登记，是博物馆发展，博物馆向前进步的关键。登记工作能够帮助克服工作中的不均衡现象，能够消除"悠闲度日"的现象和"突击"现象。不管博物馆的群众工作安排得多么好，但是如果群众工作情况没有很好的登记下来，那么博物馆工作人员就不能够迅速地消除自己工作中的缺点和发扬工作中的优点。

对群众工作情况的登记应当从参观者来到博物馆的那个时候开始。有组织的参观者要由博物馆记录员（售票员）记载在特备的参观登记簿上，记载的方式大致是这样：年月日；参观组织的名称；社会成分；人数；通信地址；参观费；组织者的签署；参观引导者（说明员）的签署；参观的主题。

登记簿应当编上号码，以绳系好予以妥善保存。

进行群众工作的馆内值班人员的工作，必须登记在特别的记事本内，在这个本子里也应当把接待个体参观者进行参观和解答问题的工作登记上。每一个博物馆都进行着大量问题解答的工作，但是这一重要的群众工作形式，在登记工作中总是很不明显，这就是因为登记工作的薄弱。为了登记问题解答的工作，可以使用问题质疑卡片的办法；值班人员把这种卡片交给有问题而希望得到解答的参观者，让他填写。卡片的形式大致包括下面这些项目：

1. 姓氏和略名；

2. 职别和工作地点；

3. 通信地址；

4. 希望得到解答的问题和主题；

5. 什么使您产生这种问题；

6. 解答日期；

7. 解答者。

在填写完这张卡片之后，值班人员便把参观者介绍给有关部门。各部主任根据质疑卡片，每月向群众工作部提出关于解答问题情况的报告。而这些卡片则保存在各部中，并可以作为建立博物馆积极分子卡片箱的根据。

展览会参观人数的登记，应当根据关于展览会所接待观众的数目和书面报告进行。常设展览会应当拍摄成照片，因为任何一个展览会，迟早总要改陈的。展览会的照片能对博物馆许多年来的展览工作提供出一个系统的、清楚的概念。

为了登记博物馆对学校进行的工作，除了参观登记簿外，还要使用博物馆对学校进行服务工作的登记簿，在这个簿子里记载着：

1. 日期；

2. 组织名称（进修学院、中小学、幼儿园等等）；

3. 参观中使用的办法；

4. 参观引导者（说明员）姓名；

5. 多长时间；

6. 反映，意见；

7. 组织者签署。

参观者在参观结束之后所填写的参观表，是有助于参观工作质量的登记工作，这参观表大致上是包括这些内容：

1. 博物馆名称；

2. 组织名称；

3. 参观者成员；

4. 参观的主题；

5. 参观引导者（说明员）的姓名；

6. 对所组织的参观，以及对博物馆的意见、反映；

7. 日期。

参观表能够提高说明员的责任感。参观表使登记参观主题的工作成为可能，并使博物馆可以获得宝贵的建议和意见。

个体参观者的意见和反映，由个体参观者在各部中填写空白表格，然后博物馆便根据这种表格和意见簿来进行登记工作和研究工作。个体参观者在口头上提出的建议也应予以注意。

编译后记

　　我国的博物馆事业，在解放后才有新的发展，但成熟的经验不多，亟须学习国外的先进工作方法和经验作为参考。为了适应目前的迫切需要，特选译此书。但因编校仓促，在译文及专业术语方面颇有一些晦涩及不够确切之处。希望读者提出宝贵意见，以便再版时更正。

　　本书最初是由外国专家局程治中等十几位同志合译的，校译者是戴黄戎同志，我们只作了最后的编校。书中的插页和图版，曾略作删节。

博物馆科学工作研究所筹备处

中央列宁博物馆

苏联革命博物馆

国立历史博物馆

国立特列洽可夫画廊

高尔基省立地志博物馆

中央列宁博物馆　伟大十月社会主义革命的陈列　**1954** 年

国立苏联革命博物馆　伟大社会主义革命的陈列　1954 年

中央苏军博物馆　旗室　1954 年

加里宁博物馆 陈列室 1955 年

莫斯科 Н·А·奥斯特罗夫斯基博物馆 Н·А·奥斯特罗夫斯基纪念室 1954 年

国立文学博物馆 普希金展览室 1949 年

国立历史博物馆 十八世纪的文化 1950 年

国立俄罗斯博物馆　苏维埃艺术陈列室　1954 年

国立季米梁捷夫生物博物馆　遗传学陈列室　1954 年

苏联科学院动物馆　脊椎动物室　1954 年

"1830 年~1840 年农民运动"主题的综合陈列（国立历史博物馆　1951 年）

苏军建军室　主题的综合陈列（中央苏军博物馆　1954 年）

俄国电话历史　主题的综合陈列（中央电讯博物馆　1954 年）

"雅罗斯拉夫省战后的畜牧业"主题的综合陈列（雅罗斯拉夫省立地志博物馆　1954 年）

"萨尔托瓦尔斯基国营农场"主题的综合陈列　卡列里·芬兰
苏维埃社会主义共和国（全苏农业展览会　1954 年）

"里山鸡"布景箱（生态）（国立鞑靼自治共和国博物馆　1954 年）

"苔原之夏"透视画（"北极地方"博物馆　1954 年）

"1905～1906 年俄国社会民主工党（布）中央委员会莫斯科地下印刷所"博物馆
莫斯科森林街（国立苏联革命博物馆分馆 1954 年）

伴随画像的服装陈列法（国立历史博物馆织物展览会 1947 年）

博物馆译丛

一九五八年　第一辑

博物馆科学工作研究所筹备处编译

文物出版社

目　录

根据苏联共产党第二十次代表大会决议论地志博物馆苏维埃时期陈列部分的结构和任务

俄罗斯苏维埃联邦社会主义共
和国文化部博物馆管理局局长　　А·哈鲁可夫

博物馆学科学研究所所长　　　　Г·诺维茨基

苏联共产党第二十次代表大会在思想工作方面提出的最重要的任务之一，就是克服宣传脱离实际生活、脱离共产主义建设的弊病，铲除违背马克思列宁主义的个人崇拜后果。

我们宣传工作的这些一般缺点，在博物馆的陈列中，特别是在地志博物馆苏维埃时期部分的陈列中也反映出来了；因为在这些陈列中还没有彻底克服个人崇拜，还有抽象和脱离实际的弊病，对党在共产主义建设中的作用还没有作充分的说明。陈列往往是用众所周知的、大量印刷的苏联历史图表建立起来的，其中充满了数字表格、图表、图解和临时拍摄的内容贫乏的照片；而附在为数极少的真正博物馆藏品，即苏维埃社会历史文物下面的是长篇大论的文字说明。

俄罗斯苏维埃联邦社会主义共和国文化部博物馆管理局和博物馆学科学研究所根据苏共党第二十次代表大会的决议，建议各地志博物馆注意改进苏维埃时期之部的陈列，注意通过陈列开展群众工作。在博物馆的一切活动中，一定要估计到博物馆工作的特点，这种特点在于陈列中要利用真正的实物——物质文化和精神文化的纪念物，因此它具有直观性、确实性、易懂性。这一切都使博物馆能够在对群众进行思想工作时、在解决劳动者共产主义教育的任务时居于独特的地位。

以地方在苏维埃时期的历史为主题的陈列任务，就是陈列真正的博物馆藏品——苏维埃社会的历史文物，它们的出现是由某一时期的特点造成的，陈列文物能够反映在各相应的历史时期中占一定地位的社会生活的事实和现象的纪念物。

苏维埃时期历史陈列的任务是：用历史文物来宣传我国社会主义建设的实际经验，帮助人们正确地了解今天的任务。

博物馆藏品——文物的陈列工作，应当根据马克思列宁主义历史科学的方法论来进行。实际上，这对博物馆说来，就是按照历史年代和主题原则来选择陈列品和进行分类的工作。在每一个陈列组内部陈列品的安排以及各个陈列组之间的安排，都要符合历史的顺序，以说明历史的制约性——所反映的事件、事实和现象的相互联系。后者可以用科学辅助材料和说明文字来达到。同时，应当估计到各类陈列资料的作用根本差别，并且不能用科学辅助材料：图表、地图、图解及文字说明来代替真正的博物馆藏品——文物。科学辅助材料只能作为解释真正的博物馆藏品之用。

在制定苏维埃时期历史的主题陈列计划和建设陈列时，必须从现有的藏品以及搜集藏品的可能性出发。

如果缺少藏品，宁可空出一个陈列主题，也比使用科学辅助材料去补充陈列来得恰当，因为用辅助材料来充作陈列品，那就会违反博物馆的特殊要求，就不能达到博物馆的宣传目的。

在建立地方在苏维埃时期历史的陈列时，应当竭力把历史的下限期陈列到我们这个时代。

关于战前和战后时期的地方历史的陈列内容，不应当仅仅陈列发展国民经济的几个五年计划所完成的生产经济指标，虽然用陈列品表现五年计划完成的结果，是陈列中极重要的一环。五年计划不包括、而且也不能预料在相应时期内所发生的、有时是极其重要的社会历史事件和现象，而在该历史时期各种文物中却反映了事件和现象，因此这也应该列为陈列的内容。在这些陈列中，除了陈列各个五年计划完成的主要生产经济指标之外，还应当陈列其他的历史文物，来反映国内社会政治生活和文化生活中极重要的事件和现象，尤其是共产党领导下的人民群众的政治积极性。

建立地方在苏维埃时期历史的陈列时，不仅要了解苏维埃社会极重要的历史事件和研究档案资料，而且还要懂得物质文化的纪念物。

党的第二十次代表大会认为，探讨和研究苏维埃社会史及我国建设社会主义的历史经验具有重大的意义。同时又指出，在苏维埃社会发展中现在已经到了这样的一个阶段，即：在为更进一步提高劳动生产率的斗争中，根据共产主义建设的实际情况，来宣传具体经济工作，宣传工农业的经济工作，具有极重要的意义。

代表大会要求宣传工作帮助提高劳动者实现党和政府的决议的积极性，要求宣传工作切合实际并具有战斗性。

在地志博物馆中，举办当地社会主义经济和文化现状的陈列，举办用实物来宣传地方国民经济现代成就的陈列，是最符合这个任务的。这种陈列的任务就是：表现社会主义现实的实物，说明地方的现代经济状况的特征，使人了解工农业的专门化、现代成就和技术进步，了解现代地方生活中最突出的新现象，说明国内共产主义建设的成就。

上面提到的陈列任务，还包括用实物来宣传先进的劳动方法；但是绝不能把这种宣传同这种劳动方法的训练混为一谈，这在工业企业、集体农庄、国营农场和农业机器站中更能直接来做的。但是，要推广先进经验，并把这种经验贯彻到生产中去，首先就要广泛传播这种经验。因此，引起广大公众注意先进的劳动方法，宣传和传播这种方法，使人了解它的实质及实际学习的可能性，是把这种方法推行到生产中去的不可缺少的条件。博物馆必须用它固有的方法，来宣传工业和农业的先进经验。

由此可见，在博物馆陈列中应当反映出所陈列的技术革新，减轻人的劳动到何种程度，这种技术革新的设施需要怎样的熟练技术，它在技术进步中有什么新贡献，怎样提高劳动生产率和物质资料的生产。如果陈列有了这样的内容，那就一定会引起广大群众——博物馆观众的兴趣。

因此，当地社会主义国民经济和文化现状的陈列，不仅是为了推广科学知识，而且是为了宣传在国民经济中取得成就的斗争，因为这种陈列会用最新鲜的（而不是已成为历史的）有实际益处的知识武装观众头脑。陈列应当帮助人们更深刻地了解共产主义建设中当前最重要的国民经济问题，从而动员苏联人去解决这些问题，并完成苏联发展国民经济的第六个五年计划。

在有专门的工业和农业展览会的城市中，博物馆不必另外再搞一套，可以参加上述展览会的布置工作。

除了基本的陈列之外，还可以在博物馆内或馆外组织有关当前的政治问题和国民经济问题的展览会，但是不要用这些展览来代替地志博物馆苏维埃时期部分的基本陈列。

为了更好地补充博物馆的藏品和建立苏维埃时期部分有价值的陈列，必须加强博物馆在研究当地过去和现在的生活方面，在研究收集真正的实物——科学知识的第一手材料方面的科学研究工作。因此，博物馆应当进行系统的征集工作，到企业、国营农场、集体农庄和农业机器站去进行专门调查，研究档案资料和与事件的直接参加者建立联系。

在制定苏维埃时期部分的任何一个陈列方案时，它的内容应该达到现代科学所要求的水平，达到苏联共产党第二十次代表大会提出的当前的政治任务和国民经济任务所要求的水平，这样就会保证博物馆和共产主义建设的实际联系。

本文是根据苏共第二十次党代表大会的决议，仅对于地志博物馆苏维埃时期部分建立陈列的几个原则问题的方针加以阐述。

博物馆工作方法的问题将在 1956 年拟定的两个补充材料中予以说明。这两个材料是："地志博物馆苏维埃时期历史的陈列方法"和"为纪念伟大十月社会主义革命四十周年，在地志博物馆举办地方经济建设和文化建设成就的陈列"。

（妮娜译）

博物馆或展览会宣传农业的任务与特点

苏联　И·П·伊凡尼茨基、Ф·И·普连金

　　根据俄罗斯部长会议文教事务委员会所批准的《地志博物馆的科学研究、征集、陈列和群众文化教育工作基本条例》，在博物馆的陈列中表现社会主义农业，宣传农业科学的成就与先进生产者的经验是每个地志博物馆的最重要的任务。

　　博物馆宣传农业科学的成就与农业生产中的先进经验必须与总的社会主义经济的成就和集体农庄制度的巨大优越性的宣传密切联系。即：

　　1. 观众应当在全部成就中看到党和苏维埃政府的指导和领导作用——党和政府以先进的机器技术武装了农业，建立了广泛的科学机构网，根据地方的自然条件和经济特点研究农业生产中的问题；同时又建立了大专学校和其他农业学校网，为农业培养干部。

　　2. 观众必须清晰地了解社会主义大经济的优越性——集体农庄、国营农场和拖拉机站可以在高度的技术水平上进行农业生产。

　　3. 应当使观众清楚地了解本省农业生产的特点和专门训练，了解农业的主要部门和有代表性的部门。

　　4. 观众应当对于最新技术的利用和农业技术与畜牧技术措施的使用方面得到具体知识，并且清晰地了解先进生产者保证高产的最新劳动方法的效率。

　　地志工作与博物馆工作研究所于 1950 和 1951 年研究了一系列地志博物馆的农业陈列，计有：雅罗斯拉夫尔①博物馆、库尔斯克博物馆、克拉斯诺雅尔斯克博物馆、柯斯特罗姆②博物馆、高尔基博物馆、沃洛格达博物馆、图拉省立博物馆、鞑靼共和国博物馆、楚瓦什共和国博物馆，德米特洛夫③博物馆、基涅舍姆④博物馆、穆罗姆博物馆、耶夫帕托里亚⑤区博物馆等。在研究这些博物馆的陈列的同时，并实地去参观了几个博物馆陈列的对象——先进的集体农庄、国营农场和实验站。访问了雅罗斯拉夫尔博物馆陈列的著名的雅罗斯拉夫尔省"红色集体主义者"集体农庄、先进的基洛夫集体农庄和高尔基省"火花"集体农庄，还有高尔基博物馆陈列出来的高尔基国立农业综合试验站以及柯斯特罗姆省博物馆介绍的"卡拉伐耶沃"国营农场。

　　研究了几个在 1949 年到 1950 年进行过农业的改陈工作的地志博物馆的年度报告以及阿尔泰、诺沃西比利亚⑥和彼斯基等博物馆互相观摩调查的材料。此外在研究过程中并利用了许多地志博物馆的主题

---

① 现多称"雅罗斯拉夫"，下同。
② 现多称"克斯特罗马"，下同。
③ 现多称"德米特罗夫"。
④ 现多称"基涅什马"。
⑤ 现多称"叶夫帕托里亚"。
⑥ 现多称"新西伯利亚"。

陈列计划。

研究的结果说明，各博物馆根据委员会的报告，并参照了研究所的方法参考材料改换了陈列，并在这方面获得重大成绩，即：

1. 陈列一般都具有地志性质，并且是根据本地区的集体农庄、国营农场和拖拉机站的具体例子制定的。

2. 陈列中展出了颇大数量的具有博物馆价值的展品：农作物的实物标本、动物的剥制标本、文件性的照片、机器、农业劳动工具、土壤的巨块标本、牧草的干腊标本、文献等等。

3. 许多博物馆对于个别主题的陈列问题都解决得很恰当，即选择了意味深长的展品组（无论是对于真实的博物馆展品或对于辅助展品），这些主题都从多方面充分的展示出来。具体例子可在后面谈到。

4. 有些博物馆相当鲜明地表现出本地区农业的特点，此外，对于党和政府对农业的措施，形成一个完整的体系。

5. 几乎所有的博物馆都宣传了农业的先进生产者，许多博物馆宣传了先进生产者的劳动方法和成就，配合展出了农业主要部门的相应材料。

除了以上的好例子，博物馆对于农业的陈列还暴露了一些严重的、对许多博物馆说来是典型的缺点。这些缺点可以分为二类：主题内容方面的不足与陈列方法方面的不足。这仅是为了检查便利起见而划分的。主题的不完备以及内容上的其他缺陷，把陈列变成一堆偶然凑起来的、没有说服力的、支离破碎的展品，而陈列方法上的缺点也往往妨碍内容的完整感。

在陈列内容方面的最重要的缺点是：

1. 陈列思想与陈列内容的贫乏。博物馆陈列的思想与内容最感贫乏的是农业部分，陈列只限于表现本地区栽培的农作物和本地区所有的动物这些表面的概念，有些只表现了集体农庄生活的外貌。有些陈列，其陈列思想与上面所说的同样贫乏，所不同的就是利用一些表格、图解和个别农业生产成份在数量上增长的指标等去丰富陈列内容①。

观众看了这样的陈列之后，并不能体会到集体农庄制度的优越性，以及党和政府在提高农业、提高集体农民福利方面所给予的关怀。观众也不能对摆在农业面前的任务以及本地区在国家经济中这一部门的成就形成一个概念。关于这些问题在陈列中表现的仅仅是一些孤立的语录，有时是一些孤立的数字指标。完全没有使用博物馆的手段来表现这些主题。

---

① 这里援引一个陈列思想与陈列内容贫乏的典型例子。一个物质条件丰富，拥有大量观众的大型区博物馆所布置的陈列是以专题陈列的方式去表现一个集体农庄的，它采用了下列展品：一个巨大的、制作完善的高尔基集体农庄的电动模型。模型前面摆着剥制的公鸡、母鸡、鹅，一束大麦，一簇禾本科牧草，六个满装粮食的布袋，西葫芦、南瓜（实物），三玻璃缸经过防腐加工的蔬菜，甜菜模型，一串马铃薯。全部展品都显出一副可怜相。大部分没有标签。在集体农庄模型对面的墙上布置着两块大屏风，屏风上写着同样的题词："马克西姆·高尔基集体农庄的事业与人们"。头一块屏风上有 11 张照片，其中三张是青年休息时拍摄的（舞蹈、歌唱、在旷野嬉乐），第四张是个合影"教师和学生们"；下面一张是集体农庄的马车夫（注明名字、父名和姓）。在一张照片上摄出一个集体农庄庄员赶着一对驮着水桶的马。然后是一张题为"修理农具"的照片，照片上照着一架播种机和三个工人，其中有一个在作工。接着是照片"伊里琴柯集体农庄的模范马厩"，照片上是伊里琴站在小车旁边，小车套着两条牛，他一手拿着干草叉，一只手拉着辔绳。然后又是一张照片，题着"拖拉机队的燃料车"：是一辆套着两匹马的大板车，车上除去赶车的另外还有二个人，二只装液体燃料的金属圆筒，最后一个人站在一旁。紧接着二张照片，一张上是养马场主任，牵着两匹外貌并不美观的马；另一张是一个女饲养员，双手抱在胸前，她背后是一个石头棚，一群鸡围在石棚四周。最后是一张题为"建造新牛棚"的照片，上面照的是高一公尺的砖墙的一部分。在另一块屏风上展出了七张照片，其中六张都是团体照，一张是小队长果连科的照片。没有任何解释展出这几张照片的文字。这块屏风上还有集体农庄栽植护田林的略图，屏风的上面和上方装饰着六束小麦、高粱、大麦和黍粟。在两块屏风的上方悬挂两幅没有说明的图画，一幅画着一个挤奶妇女在挤奶，另一幅是正在转动着的联合收割机。沿着一堵墙通到农业陈列的第二室，这里都是实物（用架子托着），有：西瓜、甜瓜、燕麦和用 400 克瓶子装着的保护蔬菜；还有雄鸡和雌鸡的剥制标本，七束不同种类的牧草。另外在一个橱里陈列着卡拉库尔羔羊的剥制标本和羔羊皮标本。壁上是一幅图解"斯大林改造自然计划"。这就是所谓农业的全部陈列。　　——原文注

2. 地志博物馆在陈列中的最普遍和最典型的缺点是陈列的材料只是偶然的堆积，证明陈列的思想缺乏明确的目的性，对于先进的集体农庄和国营农场的生产水平和文化生活的面貌缺乏足够的表现，陈列中表现的往往不是主要的、有代表性的东西，而是一些微不足道的、偶然的东西。展品零散，没有清晰的逻辑联系，对于表现或说明某个提纲缺乏任何的系统。

3. 主题不完整，结构不清楚，因而不能抓住农业生产中的关键问题。

例如，一个陈列面积占了两间大厅的边区博物馆的农业陈列结构是：

在头一个陈列室中展出了：1）机械化；2）农业技术；3）与农业害虫的斗争；4）"乌克兰人"集体农庄（企图作为专题展出）；5）社会主义劳动英雄照片陈列馆；6）三个集体农庄的专题陈列。

在这些错综的陈列主题之间，随便地布置着个别粮食作物的实物标本，还有各种模型，而其中许多是没有标签的。

在第二陈列室展出：7）还是农业技术（草田轮作）；8）灌溉农作站和新的灌溉系统；9）粮食作物与技术作物试验田的工作；10）畜牧业；11）园艺；12）养蜂业；13）少年自然科学家的工作；14）又是粮食作物与技术作物试验田的工作；15）电气化。

显然，这样的结构是不能被认为具有连贯性，能够对本地的农业提供一个完整的概念的；例如，机械化脱离了电气化，农业技术的表现支离破碎，同样一个主题一再重复。作为了解陈列的关键的参观路线在这个博物馆里是很难确定的。

但是应该指出，这个博物馆的陈列结构缺点虽然很多，但其主题的完整性却很突出。

由于以上指出的缺点，陈列的思想理论水平和政治水平很低，这种陈列的实际效用因而也是有限的。它们不能满足苏维埃博物馆的观众对于社会主义农业的成就和对农业科学技术的成就的兴趣。它们对于苏联科学家的发现以及农业生产革新者的成就和胜利没有提出具体的知识。这种陈列很少能帮助劳动人民提高农业技术水平，促进群众的创造性以及在争取农业新成就的斗争中继续开展社会主义竞赛。

如果来看一下具体的陈列主题，可以断定有以下一些典型缺陷：

1. 没有表现出斯大林改造自然计划在提高农业事业中的作用，没有表现出科学、科学机构与试验机构在这个事业中的作用，而科学、科学机构和试验机构对以科学为基础的农业生产的变革是起着杠杆作用的。陈列中没有表现出来地方的科学研究机关、试验站和其他科学组织系统及其成就，也没有表现出为农业培养专门干部的农业专门学校网。

2. 没有积极宣传农业中先进经验的成就和在实践中被肯定下来的在农业生产中使用的具体方法，也没有表现这些成就和方法广泛推行到集体农庄和国营农场实践工作中去的途径。

在农业宣传中具有头等意义的，对于先进生产者——社会主义劳动英雄的表现在所有的博物馆里都采取了照片陈列馆的形式，在数目众多的照片下面标出先进生产者的姓、名字和父名，很少指出他受奖的原因，有时，也非常难得的叙述一些这个先进生产者的劳动方法（如雅罗斯拉夫尔博物馆、高尔基博物馆等）。

用博物馆的材料去表现某先进生产者的事迹，如：他的成就表现在哪里？他怎样，用什么方法获得这样成就等等，在博物馆的陈列中往往是遇不到的。但是，如果不表现一个人所做成功的事，以及他是如何做的，显然是无法表现他的英雄气概的。

3. 没有表现农业机械化与农业电气化的意义，两者都是保证运用一切现代农业科学成果与提高农业和畜牧业的必要条件。Ｂ·Ｐ·维廉士院士写道："应该坚决记住，不管草田轮作制的农业技术是如何完成的，如果它具体实现时不以现代的机械技术为基础，那么它就会成为空洞的理想，而丧失了任何实际意义，因为只有在现代的机械技术的基础上，我们才会保持农业机器和农业工具的严格系统①。

常常孤立地摆出几张农业机器和农业工具的照片，就算是表现了机械化，不按照反映生产过程的联系性的系统，也不去说明这些机器的用途和工作效率。例如，克拉斯诺雅尔斯克②地志博物馆只用了十张照片就表现了农业的机械化，十张照片中有六张都是联合收割机，而其中两张只表现出一个联合收割机手站在舵轮后面而已。联合收割机的意义是很大的，除了拖拉机，它也可以作为农业机械化的标志。但是仅仅用几架联合收割机去表现农业生产的连续过程的机械化，显然是不够的。此外，博物馆陈列出联合收割机的同时一般不叙述它在农忙季节对收割的意义以及损失很少的情况。对于农业的电气化也是采取同样态度。博物馆一般只限于展出农村电力站的模型，而不去反映电力给农业生产带来的改变，特别是电力带给畜牧业以及农庄在文化生活条件方面的改变。

在绝大多数博物馆里都设有"集体农庄专题陈列"这一主题，但是它往往并不是有系统地表现农庄的公共生产和文化生活的主要的典型的方面，而是用零散的对宣传农业没有任何意义的、偶然拼凑起来的展品，这种展品的总合根本不能对集体农庄或对农庄任何一方面的生活提供一个完整的概念。例如，在一个很大的博物馆里布置了一个"乌克兰人"集体农庄的专题陈列，是用八张照片和报纸的片断杂凑起来的。其中三张照片是拍的生产队长和他的小队。一张照片上是一个女庄员正在送午饭给一个拖拉机手和捆木工人。第五张照片描写午休时一群集体农庄庄员在舞蹈，第六和第七张描写集体农庄主席在田间和庄员们交谈。最末一张照片是正在翻耕冬黑麦。

所有上述缺点都会降低陈列的思想水平和科学水平，以及陈列的实际效果。

博物馆在陈列的修养方面，最典型的缺点有：

1. 对陈列主题的表现缺乏博物馆的处理办法。

有的陈列，主题是令人满意的，严重的缺点在于陈列方法。这些陈列的主要缺点一般在于滥用概括性指标，而忽略个别的具体事实。陈列人员竭力用表格和说明文字对农业的个别问题摆出了现成的结论，却不去陈列使观众自己能够得出结论的材料。在这种情况下，陈列所表现的题目主要是用的辅助材料，实物标本和文献性照片在陈列中却只作为装饰材料之用，而不是把它们作为农业成就最具说服力的证明及观众直接研究的材料。

可以用匈牙利农业劳动者代表团在 1950 年参观高尔基省地志博物馆的情况作为例子。应当指出，这个博物馆的农业陈列是农业专家所制定的，其内容包括大量的多种多样足以说明高尔基省农业特点的珍贵材料，主要采用表格和说明文字的形式。在这个陈列里也展出了一些农作物的实物标本。但是它们多是作为装饰品布置在大厅中不便安排图表和文字说明的角落上。在这些展品中有一束特别高大的（有一人多高）"维雅特卡"种黑麦，长着巨大的麦穗，每亩产量为 42 公担。这样一件珍奇的展品显然被陈列人员估计得过低——被放到角落里，几乎被门遮住了。

参观的时候，当参观导引员越过一个接着一个的图表解释的时候，外国代表团的一个成员发现了这束麦子，把其他代表的注意都转移到这麦束上……不到一分钟，麦束已经被放在大厅中央，成为全体代表注意的中心了。参观的原计划被破坏了。参观者拿出笔记本和铅笔，问题像雹子般落在参观导引员身上："什么品种的？"、"这束麦子在什么土壤上培植的？"、"施的什么肥？多少份量？"、"培植这种黑麦的农业技术怎样？"、"可否得到一些这样品种的种子？"等等。

---

① 《草田轮作制》论文集，莫斯科 1949 年版，322～323 页。——原文注
② 现多称"克拉斯诺亚尔斯克"。

真实的博物馆展品比参观导引员要有力得多，参观导引员不得不破坏预先计划好的参观次序，而来解释这件展品。

2. 展品（特别是照片）的叙述性不强，陈列主题乏味，没有内容，展品是偶然凑合的。陈列常常是一些在形式上与陈列主题有联系的材料拼凑的，而没有任何宣传力量：它们什么也证明不了，什么具体的、有益的知识也不会给观众的。

例如，展出一张照片，带着的文字说明是"联合收割机手与拖拉机手交谈"。这里展出的并不是什么杰出的联合收割机手与拖拉机手，陈列里没有他们的任何成就，表现的是"一般的"联合机手和拖拉机手。还有另外一张照片："伊凡诺夫和女儿在自己花园里"。所有地志博物馆的陈列里都过多地展出农庄主席与小队长交谈的照片；还有与拖拉机手交谈的生产队长，与小队长交谈的拖拉机手等等的照片。照片上的人物谈些什么，照片不曾回答，也无法回答，观众至多从这种照片上得到一些美感罢了。

3. 个别展品的科学工作准备不足，损坏了博物馆的科学声望。

博物馆常常展出大量玩具式的村庄模型，并没有介绍文字，这样的模型只能引起观众对其真实性的怀疑。博物馆工作者对观众提出的模型的精确程度的问题，一般回答说："这是艺术家做的，当然接近"。雅罗斯拉夫尔省博物馆展出了（1950年）一个电动的集体农庄布景箱，表现出新的公共建筑与住宅区，还有绿化地带。参观导引员这样向观众解释这件展品："我们不能肯定说，我们省里有这样的集体农庄，但是在苏联的什么地方一定有这样的集体农庄"。

这里需要指出，博物馆在用科学辅助展品如地图、略图、图表等布置陈列时的粗枝大叶。陈列出来的几幅地图把省、区和大水池的疆界都画错了，居民点的位置不正确，上下题字都有错误。有时陈列的图表缺乏常识，注出的是错误的数字资料和不正确的题字。引用语录、图表和其他科学辅助材料时没有指明出处等等。

4. 展品的选择和表现不中肯。

有时，陈列人员布置的某些展品，目的并不在于表现一定思想与一定内容，其所以把这些材料放到陈列中去，只不过由于他们与农业的某一节有些关系。遇到这种情况，观众就往往自己去找寻思想，而在寻找过程中，可能会得出意外的不良结论，例如，观众从下面一些展品里会得出什么结论呢？

（1）在两个并排的屏风上分别陈列着"拖拉机"和"走向共产主义的道路"二个集体农庄的粮食收获量和每一劳动日应得的产品；"拖拉机"集体农庄每亩产量为27公担，每一劳动日分配到粮食2公斤，"走向共产主义的道路"集体农庄每亩产量为12公担，每一劳动日分配到粮食4.5公斤。观众不了解，何以后一个集体农庄每一劳动日分配到的粮食比头一个集体农庄多一倍多，虽然它的收成不及头一个集体农庄的一半；陈列中没有解释，"走向共产主义的道路"集体农庄的主要商品作物是大麻，该集体农庄在培植大麻方面获得优良成就，在将大麻交纳给国家时，得到政府的优惠——巨量粮食作为大麻的售价，这就是每一劳动日分配高额粮食的原因。

（2）在开始解释禾豆科牧草在草田轮作中对于恢复和提高土壤肥沃力的意义时，往往在陈列中展出缺少根系的这些牧草的实物标本。而从恢复土壤肥沃力的观点出发，重要的正是这种牧草的根系，而不是植物的地上部分；这种陈列其实是不起作用的，因为观众根据这样的展品并不能对这一措施的本质形成任何概念。

造成以上缺点的主要原因是：

1. 博物馆工作者对本地方农业不熟悉，为筹备陈列所作的科学研究不够；博物馆与地方管理农业机关，特别是与农业宣传机关，缺乏必要的联系。

2. 没有直接去现场研究陈列中选定的表现对象，因而使表现公式化，呆板，使展出的材料乏味而缺乏内容。

3. 博物馆工作者缺乏必需的陈列技能，特别是对陈列材料在各类陈列中所起的不同作用和意义缺乏明确的理解，此外，还不理解博物馆物品，即实物与其他展品不同之处。

由于陈列设计人员与所陈列的经济部门缺乏直接联系，以致使个别陈列对象枯燥乏味，在雅罗斯拉夫尔、柯斯特罗姆及高尔基地志博物馆的实际工作中都可以找出鲜明的例子。

雅罗斯拉夫尔博物馆展出了著名的"红色集体主义者"集体农庄。为了要根据实际情况确定该集体农庄的实际经济情况，负责设计该项陈列的人员出发到位于伏尔加河畔的"红色集体主义者"集体农庄去，这是在雅罗斯拉夫尔省涅克拉索夫斯克区，从雅罗斯拉夫尔乘轮船六小时可达。该农庄拥有大群雅罗斯拉夫尔品种的牛。所有的牛仿佛经过挑选一般，都生得一样大小，油亮光滑的黑色的毛和白色的脸，外形优美肥满，以产乳量高著名。

"红色集体主义者"集体农庄的发展方向是畜牧业。农庄设有五个农场：除去养牛场外，还有养羊场、养猪场、养马场和养禽场。农庄里还有油脂制造厂。农庄的田间操作组织良好，达到现代农业技术水平，因而保证了粮食作物、马铃薯和饲料作物的丰收。

雅罗斯拉夫尔博物馆用四块屏风表现这个集体农庄——其中三块表现畜牧业，一块表现田间操作，去过农庄参观之后，了解到陈列对于农庄的生产和文化生活并未能创造出完整的形象。畜牧业表现得平淡无味，例如，陈列中的建造于十五年以前的畜舍表现得不够深刻。其实，这个畜舍重新装修过不久。现在，这个清洁宽敞的地方已经有了电气设备，装置着自动喂水器和电气挤乳机组，有许多机械师管理的机械化的制造饲料部分，以及电动的洗根机、块根切碎机、碎粕机、切藁机等设备。在畜舍中央，顺着木质地板铺设着排除厩肥的轨道。

如果博物馆的陈列中不展出畜舍的外观照片，而代之以几张畜舍内部按照最新畜牧技术要求的内景照片，那么观众对于农庄的生产和文化就会得到与实际相符得多的概念。

在集体农庄的机械化陈列中只展出了一张描写修理马拉耙的照片，此外，任何说明农庄机械化的材料都没有。况且，陈列中有一张照片是肩上背着耙子的九个女庄员，造成的气氛是手工劳动在集体农庄的田间操作和牧场操作中还起着极大作用。

到现场去调查到"红色集体主义者"集体农庄除了上述的畜牧业的机械化以外，在田间操作和牧场操作中也利用了大批农业机器。陈列中展出的一件有关机械化的展品——照片《修理中的马拉耙》，完全没有反映出机械化劳动在"红色集体主义者"集体农庄的高度水平。观众在看了修理中的马拉耙和背着耙子的九个女庄员的照片之后，很可能对"红色集体主义者"集体农庄的生产技术水平造成曲解的印象。

该集体农庄还有一个有电影场的俱乐部、七年制学校的美丽校舍，学校并附有米邱林试验地、幼稚园等，这一切在博物馆的陈列中都没有反映。

柯斯特罗姆省地志博物馆又是如何反映该地著名的"卡拉瓦耶沃"国营农场的畜牧业呢？他们展出了该农场的模型、先进生产者的照片、动物和个别生产过程的优秀雕刻品和照片，此外，又展出了反映该国营农场发展过程和农场职工生活条件获得改善的图表。这个陈列给人的最初印象是令人满意的。但是直接去国营农场参观以后，就显出在陈列中缺少该农场的最富有陈列意义和最有代表性的特点。

在与柯斯特罗姆省地志博物馆工作人员一起去参观这个国营农场时，我们被牧场上的卡拉瓦耶沃牧群的不平常景色所震惊。集体农庄培养出来的柯斯特罗姆品种的牛身体高大，一色浅灰的毛，外形极为美丽。"卡拉瓦耶沃"国营农场的柯斯特罗姆品种的牛一般重量为700～900公斤，即比杂种牛重1～2倍。而该种公牛的重量超过1000公斤。

博物馆里陈列了"卡拉瓦耶沃"国营农场的个别种公牛，即创造产奶量记录者的照片，但是，如果不与当地品种相比较，就无法显出农场畜养的牛的硕大，也不能使观众像直接看到牧群一样的感到惊讶。要做出对比就应该将良种与杂种牛并排陈列出来。畜牧业的建筑在陈列中是用照片和模型表现的，陈列了一个很美丽的特制的笼舍，是冷饲小牛用的。但是，直接参观了农场之后，就感觉到这些并没有完整地表现出这个企业在生产方面的高度水平。

农场的养畜场所使人惊异的是其基本建筑，尤其是畜舍的内部：柏油地、水泥斜槽、宽敞的牛栏、全部生产过程的机械化装备——供输送饲料用的高线铁路、排除厩肥用的轨道和小车、自动饮水器、机械化制造的饲料、电力挤乳等等。各处都是清洁异常，畜舍的全体工作人员都穿着清洁的蓝色罩衣，挤奶妇穿着雪白的罩衣。这一切仿佛是一个科学实验室，而不是一般所理解的畜舍。所有动物仿佛经过挑选，漂亮已极（强壮的骨骼，身体高大，形状异常美丽）。

农场里建立了严密的生产制度，全部过程（饲料、挤奶、放牧、休息等）都遵守一定时间，饲养动物是按照动物的体量和产乳量单独分成一份，分别喂养的。

所有这一切都没有在柯斯特罗姆地志博物馆的陈列中表现出来。尽管用了很大一片面积和许多展品去陈列这个国营农场，但是观众却不能对于"卡拉瓦耶沃"国营农场，对于这个以科学为基础进行工作的机构的生产文化水平和革命的意义获得一个正确的概念。

作者与高尔基地志博物馆的工作人员一起参观了该馆陈列中展示的国立综合农业试验站和基洛夫集体农庄、克斯托夫区的集体农庄和博戈罗达区的"火花"集体农庄。

在高尔基博物馆的陈列中只用了一排意义不大的说明文字和图表就表现了高尔基国立综合农业试验站。参观了试验站以后就看出了博物馆的陈列（1950年）没有提供任何材料，无论在主题方面也好，工作范围也好，以及这个既是科学机构又是巨大农业机构的试验站的成就也好，在陈列中都没有形成任何概念。高尔基国立综合农业试验站拥有土地1500亩，拖拉机14台，联合收割机4台，还有其他机器，所有这一切保证了生产过程的机械化。拥有近200头牛及一个马场。试验站的主要任务是制订先进的科学农业方法，并将其推行到生产中去。试验站为了执行这个任务从二方面进行工作——在自己的土地上，以及自己负责的田地里进行试验，研究提高农作物收成的各种方法。

试验站为了进行试验工作把自己的土地分成三个主要地段：田间操作、种菜、园艺。粮食作物是试验站的主要经济部门。试验站有40名科学工作者和200名职工。试验站运用米邱林—李森科的理论和方法培植划分为各区的谷类作物品种，负责供应本省各集体农庄的种子。试验站还有自己的工作网——六个支站。高尔基试验站除了进行谷类作物和豆类作物的试验工作外，并且对于油类作物（芥子、亚麻荠、洋油菜等）也进行试验，对于李森科院士培植护田林带的方法也进行了试验（柞树的有覆盖作物的穴播）。

主题里注意到分枝小麦的稳定品种的培植和育成情况，在试验站的小试验区里，几年以前在最高的农业条件下（集中所有农业技术措施）小麦穗分叉的占10%，科学工作者选出了这种穗子，第二年将其种子播在具备同样高的农业条件的小试验区里，获得30%的分枝穗子。在同样条件下经过第三次试础，分枝的麦穗已经达到70%。

高尔基省地志博物馆的工作者（农学家）在试验站田地上当场被质问，博物馆为什么对这个试验站的工作反映得这么不够？特别是，何以不表现上面提到的这个有趣的科学工作。这位博物馆工作者并没有回答这个问题，反而向试验站的主任抱怨说，试验站副主任不理会博物馆过去一再来信的要求，未曾把有关试验站的任何材料寄给博物馆。主任说道："根据博物馆寄来的方案，试验站无法提供任何材料。请您指出，您现在所看到的材料中哪些是陈列需要的，我们就会自己选出展品，专程送到博物馆。"这样总算消除了一个博物馆对于企业拒绝供给陈列需要材料的没有根据的控诉。在博物馆的陈列中充分地反映试验站或类似机构的工作是有很大意义的。它反映了党和政府对提高农业的关系——以科学成就用于农业实践，使农业建筑在高度的生产技术水平上。

高尔基省地志博物馆在表现基洛夫集体农庄时主要的注意力放在农庄的蔬菜栽培上，这样就足以了解，集体农庄的发展前途是蔬菜栽培业。1949年集体农庄完成义务交售后，分配给庄员们每一劳动日为马铃薯11.5公斤，蔬菜5.2公斤，此外还有干草、麦秆和现款。但是粮食经济也在集体农庄的经济中起重要的作用。集体农庄在同年分配给每一劳动日的粮食为2公斤。虽然如此，博物馆的陈列中几乎没有注意粮食经济，只展出了一张1947～1949年间粮食作物收成的图表。

陈列里没有展出集体农庄的畜牧业、正在发展着的园艺和浆果经济（20亩），没有表现农庄的辅助机构（电动研碎机等等）；也没有说明生产场所的建设情况（如新造的二层楼的美丽粮食仓库等等）。

位于农庄中心的文化宫的二层楼房，里面装备着舞台和可容纳250个座位的大厅，是很引人注意的。文化宫里设有图书馆、阅览室、小组活动室、棋室、跳舞厅等等。这一切在博物馆的陈列里都没有表现出来。

为了分析地志博物馆在农业陈列中的缺点（最典型的如上述），为了分析产生这些缺点的原因以及总结博物馆的好经验，有必要首先对于陈列的主题结构、陈列材料的分类以及在以科学为基础筹建陈列以前所必须研究的文献指令等等方面的方法做一个总的阐述。

下面的农业陈列方法是以总结了各地博物馆的好经验和专门的农业博物馆、农业展览会的工作经验为基础的。

地志博物馆宣传农业科学成就和先进生产者经验的任务中所必须解决的最重要前提是制定正确的地方农业陈列部分的主题结构。下面的形式可作为例子：

1. 斯大林改造自然的计划对于提高农业的意义。

2. 农业的机械化和电气化。

3. 植物栽培：

（1）展出在植物栽培方面的农业科学成就。

（2）展出个别植物栽培部门，如：粮食作物、技术作物、马铃薯和蔬菜、瓜类作物、果树浆果作物。

4. 畜牧业：

（1）展出畜牧业中的农业科学成就。

（2）展出个别畜牧业部门，如：牛、养羊业、养猪业、养马业、养禽业、蜜蜂业、其他畜牧业部门；畜牧业的饲料基地。

5. 先进集体农庄的专题陈列。

如果博物馆的陈列面积不够，就可以只陈列先进的集体农庄。这特别适用于规模不大的区地志博物馆。

上述陈列结构是根据俄罗斯部长会议文教机关事务委员会批准的地志博物馆陈列《基本条例》所制定的。上述结构当然并不是一定不可移的东西，它的目的只不过是为了帮助博物馆在实际工作中避免出现特别重大的缺点，如：

1. 陈列的主题不完备；

2. 把宣传农业科学成就和先进生产者经验和宣传本地区农业的一般成就分割开来；

3. 陈列中的各个部分不能前后相连贯；

4. 对主要的和重大的事物注意不够，却把意义不大的问题提列首位；

5. 博物馆陈列中完全不能允许的主题重复。

上面举例的结构是试图对陈列的主要部分和主题做一个一般的划分，这时必须注意到，由于各地自然条件和经济专业化的不同，陈列可以有所改变，这样才会保证陈列的真实形象，才能符合本地方农业的特点。在某些博物馆里由于本地经济的特点，上述结构中的个别主题就应该除去，代之以其他主题。例如，有许多地区，根据其生活条件，养猪业没有发展前途。在这样的博物馆里，这个主题当然就该去掉，或把它放在次要的地位。在没有粮食作物的地区也应该谈一谈养禽业。在许多博物馆的畜牧业部分中，占重要地位的有这些主题：养鹿业、骆驼业、养兽业以及养蚕业等等。例如在戈尔诺阿尔泰省博物馆里，除了"牛"、"养羊业"和"养马业"这几个主题，还有"角鹿"和"养兽业"二个主题。在达格斯坦共和国①博物馆里，植物栽培的主要主题之一就将是葡萄栽培。

各个博物馆的主题结构和各部分结构内容，可以根据其农业生产的性质展出完全不同的作物。如，在有些博物馆的技术作物部分，亚麻占据主导地位，在另一些博物馆，占主导地位的是糖萝卜，在第三类博物馆里，则是棉花、大麻，向日葵、烟草等等。畜牧业也是如此，在不同的博物馆里，个别畜牧业部门可以展出各种不同品种的动物。即便在同一个博物馆里，在经过比较长的一段时期以后，无论是畜牧业或其他部分的陈列材料，都要根据当地农业中所发生的变化而改变。

为了使农业宣传有一定目的、具体和有效，宣传必须符合目前大众所注意的问题，同时又要照顾到本地方农业发展较远的远景计划。宣传必须服从于实现党和政府在提高农业、完成国家计划的规定和指示，这就是农业宣传的主要目的，也是它力所能及的。

在收集陈列材料、筹备陈列和制订主题陈列计划的时候，必须以下列文件为基础：

1. 《第十九次党代表大会对于 1951~1955 年发展苏联的第五个五年计划的指示》；

2. 苏共中央 1947 年 2 月全会《关于战后时期提高农业的措施》的决议；

3. 部长会议和苏共中央 1948 年 10 月 20 日《关于种植护田林、推行草田轮作制、建设池塘以保证苏联欧洲部分草原区的稳固的丰收》的决议；

4. 苏联部长会议和苏共中央 1949 年 4 月 19 日颁布《关于发展公共集体农庄和国营农场的产品牲畜业的三年计划》的决议；

5. 苏联部长会议 1950 年 8 月 18 日颁布《关于过渡到更充分地利用被灌溉的土地和改进农业工作机械化的新的灌溉系统》的决议；

6. 从发展农业观点具有意义的党和政府关于伟大共产主义建设的各项决议；

7. 本地方发展农业计划。

上述文件是每个地志博物馆根据具体条件筹划和布置博物馆的农业陈列方法的基础。即是说，上述指示性文件为博物馆工作者指出了农业正在解决的主要任务，提出了发展地方国民经济各个部门的最重要和迫切的问题。这些文件同时还给博物馆工作者指出了必须研究的事物和现象，以及为即将建立的陈

---

① 现多称"达吉斯坦共和国"。

列所必须收集的材料。

在着手收集材料以前，博物馆必须与省的或区的农业宣传机关建立最密切的联系，博物馆工作者将从他们那里得到经常的帮助，或对某些问题得到参考意见。例如应该首先研究的最适当的是那些经济：先进集体农庄、农业机器站、国营农场、试验站、试验田、选种区、良种场和试验部门、科学研究机关等等。

农业宣传机构和农业宣传组织经常从中央领导机关得到有关这类问题的指示。例如，俄罗斯农业部在 1952 年 9 月 17 日通告建议所属地方组织全力帮助地志博物馆布置农业的陈列。各地方的农业宣传机构也同样得到指示信，要他们经常帮助地志博物馆组织农业科学研究机关和地方的农业机关工作者有系统地收集陈列品以补充博物馆的藏品。同时，农业部又建议在农业展览会闭幕以后，将展出的好的陈列品转拨给地志博物馆。此外，农业部还指示有关机关将参加全苏农业展览会的实物展品的副份送给博物馆。

只有在陈列人员直接去参观了博物馆选定的经济部门之后，只有当他们亲眼看到这个部门的情况和成就之后，才能够在博物馆的农业陈列中充分地反映社会主义农业的真实情况。

正确的主题结构是保证陈列内容具有高度水平的主要条件之一，此外，保证陈列在表现方法上的高度水平也具有重要意义。

按照上述宣传农业的博物馆形式的特点，只有在用实物建立的情况下这种宣传才会深入人心，并且具有说服力；只有用具体的事例，根据这样的原则：可以用实物表现的就应该陈列实物，无法用实物展出的，就要陈列与要表现的事物的真实情况最接近的展品。

除了作为农业成就的物证的实物标本或其复制品外，在陈列中还应该有说明这些成就在政治上和国民经济上的意义的展品，以及说明获得这些成就的方法的材料。所有这些材料都保证农业的宣传有可能建筑在高度的思想理论水平上。它们在陈列中，无论就形式，或在陈列中的作用和意义说来，都应该是多种多样的，这也是特别重要的。因为各种类型的陈列材料（例如，实物标本、图表、说明文字），根据其内容和意义，在陈列中所起的作用是不一样的。这些种类的材料不可能彼此代替，每一种展品都应该被用来发挥自己的直接作用。有些展品若用别种来代替就会贬低陈列的表现力和陈列效果。但是，研究了许多地志博物馆陈列的结果，发现这种以别种展品代替的情况是在博物馆实践中经常一再发生的缺陷。这证明博物馆工作者，如上所述，对个别种类的陈列材料在陈列中的作用和意义，特别是对于博物馆实物与其他展品不同之处缺乏明确的理解。

下面试将陈列材料根据其机能，即根据其在陈列中的作用做一个分类。

所有用于表现农业的陈列材料，根据其在陈列中的作用可以分为七大类：

1. 实物；

2. 精确的实物复制品；

3. 再现真实的艺术品；

4. 科学辅助材料；

5. 指示性语录；

6. 各部、各段、各主题、分题的名称；

7. 标签及说明文字。

以下让我们来看一看这几类展品的成分和它们的作用。

实物

上面曾经说过，博物馆展览会宣传形式的特点在于：它在陈列中使用特种范畴的展品——实物，创造一种条件，使观众直接感受到农业生产中的成就。其中包括：

1. 属于植物栽培方面的：

（1）农作物实物标本——谷类、豆类、技术作物、蔬菜、瓜类、浆果、饲草等等；土壤标本、矿物质肥料、有机肥料、化学药品等等。

（2）本地的稀有品种或新品种的活的植物——含油量多的落花生、柑橘类、茶树丛等等。

（3）浸制标本：多年生草的根系统、水果、浆果、蔬菜、技术作物等等。

2. 属于畜牧业方面的：动物的剥制标本以及畜牧业产品标本——毛、鬃等等。

3. 农业原料的原始产品和工业加工品：亚麻纤维、大麻和棉花纤维、纱、毛织品、亚麻织品、棉织品、大麻与黄麻织品等等，皮革、羊皮、毡靴、植物油、米、淀粉、肉类罐头、蔬菜果实罐头、牛奶罐头、油类浸出液等。

4. 农业机器、工具、器械、装备品。

5. 农业先进生产者和其他知名人士的照像。

6. 生产建设的文件性照片，建筑的装配、机器和良种牲畜、良种植物的照片，以及生产过程的照片，如：起麻、脱粒、电动挤乳等等。

7. 各类真实文件：农业建设的真实地图和计划，集体农庄庄员的账簿，集体农庄庄员讨论重要问题的大会记录，集体农庄庄员在社会主义建设中所负担的义务等等。正是这些实物才造成了博物馆宣传形式的特点，因为他们使观众能够直接接触农业生产，因为他们本身就是这些农业实际的文件，他们是知识的原始材料，是这个经济部门的成就的确凿的物证。

展品能否用来作为农业成就或为宣传某些事实做物证，以及展品能否用来作为解释农业中重要现象的原始材科，是在选择展品过程中评价展品的准绳，在这里应该注意，断送博物馆的最有效的方法莫过于把过多的物品塞满了陈列。布置陈列时切忌轻易展出物品——只陈列重要的、必需的东西，绝不要把博物馆过多地塞满不需要的物品。

精确的实物复制品

如果某些实物由于体积过大，或属于易腐物品，或者博物馆内没有实物，或由于其它原因在陈列中不能展出真实物品时，博物馆就可在陈列中采用这些物品的精确复制品。

属于这类的有：

1. 各种技术作物、果实、浆果、蔬菜和瓜类作物等的精确模型；

2. 各种机器、工具、装备、器械、建筑、生产建设和文化活动建筑模型。

这些精确的复制品可以充分表明被反映的物品。它们可以使观众直接感受到要反映的物品的形状、体积、颜色和比例等等。这种复制品在认识上的巨大意义是不可否认的；但是它们在陈列中的作用与第一类展品相较是要相对地小一些，因为它们不具有原始材料和目睹物证的性质。

再现真实的艺术品

绘画、黑白画和雕刻作品都属于这一类。这类展品对博物馆陈列来说也是非常珍贵的。但是艺术品只有真实的再现，而不是真实本身，它不能、也不应该被看作研究真实的原始材料和描写事物真实现象的物证。

因此，这类展品与第一类展品——实物，有根本上的区别。同时，这类展品又与第二类精确的实物复制品不同；因为任何艺术作品，按其本身的艺术创作性质来说，都不能以绝对精确的真实再现自居。

艺术家在再现真实的时候，利用了自由创作结构，概括地表现所描写的真实现象的典型特征，并将自己对所描写的现象的态度表现在作品中，Н·Г·车尔尼雪夫斯基写道："一切艺术作品的普遍的头等意义……在于为人类再现了真实生活的某些有趣方面和现象……除去再现生活，艺术还有其他意义——那就是解释生活。"[①] 车尔尼雪夫斯基接着说道："……艺术家既然也是一般的人，而不是抽象的艺术家，他往往不自觉地表现出自己对于所描写的生活现象的断语；这种断语往往在他的作品中表现出来……"

因此，艺术作品既不能作为认识真实的原始材料，也不是相应的事件或现象的物证。

但是，艺术作品是陈列中一个无可代替的珍贵成分，它们之所以如此，正是由于它们表现了艺术家对所描写现象的"断语"（车尔尼雪夫斯基语），在艺术品里面生动而逼真地"解释"了真实。

艺术作品不是原始资料，而是认识真实的最逼真的材料；它们特别能够表现现象的富有感受性的一面。在陈列中表现革命前农民对于繁重体力劳动的厌恶，表现弯着腰竭尽全力拖曳着木犁的人们，除了艺术作品（例如油画），还有什么更能胜任呢？又如表现耕种着集体农庄的无垠的田地的拖拉机手的创造性劳动热潮，或表现足以代替数百人和数十匹马力工作的联合收割机手的创造性劳动，除了用油画还能用什么更适合呢？由于用这类图画对比着陈列，博物馆对观众的感染力就会大大提高。

科学辅助材料

地图、统计图解、图表、略图、图案、表格以及诸如此类的作为解释陈列中实物所介绍的某种现象的一切材料都属于科学辅助材料。例如，陈列收成量增长或动物的生产率提高的图解，某一种牲畜的分布图或农作物品种区分图等等。借助这些材料就可以比较地表现这种或那种现象在地理上的扩展情况，因而确定事实与事实之间和现象与现象之间的联系（用略图）等等。

属于这一类的展品不是取自被表现的现实的物品，而只是对这一现实的综合知识（情况报导），因而使这一现实具有明显的形式。这类展品如果做成立体的形状，通上电流或按上机关（自动展品）对观众的吸引力可能是很强的。有时，把这类展品的体积扩大，也可以达到这一目的。

这类展品由于较易引起深刻的印象，致使某些博物馆工作者利用它们代替第一类展品。但是尽管这类展品有时对观众的吸引力很强，但是按其在陈列中的本身意义说来，是不能代替真正的实物的。

科学辅助陈列材料是主题陈列中不可缺少的一部分，对陈列作用很大，但是他们不能够、也不应该代替实物标本、文件和其他真实物品。

指示性语录

博物馆属于这一类的陈列材料是摘自马克思列宁主义经典著作的语录，摘自苏维埃和党机关的决议的语录以及科学权威的语录。这些语录从思想上来解释陈列中的各个主题。

各部、各段、各主题和各分题等的名称

藉助一组组展品的名称，就可以使陈列的感受性系统化。

---

① 车尔尼雪夫斯基：《美学论文集》，莫斯科，苏联科学院出版社，1938 年版 130～131 页。——原文注

标签和说明文字

一切实物和其精确复制品，以及艺术作品都一定伴随着陈列标签或较详尽的说明文字，二者在形式上都应极为简单，仅仅提供一个研究展品的科学总结，或提供关于这件展品的必需情况的介绍。

有时说明文字是针对一组展品而写的。

有些标签的形式是不能允许的，遗憾的是在博物馆的实践中却往往遇到这种情况，如：在一个大的共和国国立博物馆的陈列中，陈列着一大束小麦，麦茎高达一人以上，生长着巨大的浆汁饱满的麦穗。观众一走进陈列室，就蜂拥到这束小麦的前面，要想知道，这是什么品种，在哪里种植的，用什么农业技术方法才培植出这样优良的小麦，它每亩的产量又是多少等等。但是在这束麦子上面悬挂的却是一块装潢得非常美丽的木制标签牌，上面只写着清清楚楚的两个字"小麦"。

（季方译）

杰出的集体农庄科学家 Т·С·马尔采夫 制定的土壤耕作的新方法

（苏联库尔干省地志博物馆主题陈列计划）

绪 言

导 文	"共产党……认为，和以前一样，党的主要任务就是使整个国民经济的坚固基础的重工业进一步高涨……在重工业不断增长的基础上发展轻工业、食品工业和工业的其他部门……发展我们巨大的社会主义农业。" （摘自苏联共产党中央委员会一月全会决议）
导 文	"提高收获量将是在今后争取农业高涨的斗争中的主要任务。必须为高产作物顽强地斗争……广泛采用先进经验和科学成果，因此应该注意马尔采夫同志所建议的土壤耕作法，应该加以研究，并且适当地估计到国家各个地带的特点去运用。" （Н·С·赫鲁晓夫在苏联共产党中央委员会 1955 年 1 月 25 日全体会议上的报告）
照 片	Т·С·马尔采夫
照像上的文字说明	库尔干省沙德林斯克区"列宁遗训"集体农庄的杰出田野农作家、革新者、苏联第一个集体农庄试验所所长捷林奇·谢曼诺维奇·马尔采夫

第一分题 土壤耕作新方法的农业技术

导 文	Т·С·马尔采夫根据在生产情况下多年试验的经验得出结论：按一年生植物性质，在一定条件下可以用有机物和腐植质丰富土壤，创造土壤结构，从而提高土壤的有效肥沃力。降低土壤的肥沃力，破坏土壤结构并不是一年生植物，而是每年秋耕时，将土壤的可耕层翻转的缘故。
照 片	沙德林斯克试验所全景
沙德林斯克试验所照片上的文字说明	沙德林斯克试验所的基地是"列宁遗训"集体农庄。它的播种面积为 5,250 公顷。
照 片	试验所的化验室
照 片	试验所的科学工作人员在田野上进行科学观测

续表

导　　文	按照 T·C·马尔采夫的方法，土壤耕作主要是用无壁犁，以 40～50 糎①以上的深度翻耕休闲地，然后三、四年内在经过粗耕的留槎地上播种谷物或其他一年生作物（即非每年耕犁）。
照　　片	T·C·马尔采夫设计的无壁犁在耕种
文　　字	采用土壤耕作新方法，只需要将农业机器的个别部份及另件加以改变。

犁

模　　型	T·C·马尔采夫设计的犁有一个流线型的专门支柱，犁铧的上部装置一个宽 50 糎的薄板代替犁壁，以便使拨片略微隆起。使用这种犁不翻耕土层，亦能进行深达 50 糎以上的松土工作。 也可以将普通犁上的犁板取下，进行无犁壁耕作。
照　　片	用圆盘粗耕机在进行土壤的粗耕
照　　片	播种后用环状镇压器镇压土壤

用无壁犁耕种的优点

1. 土壤的各层不致搀混移动，包含有主要根群和有机的作物槎的土壤上层，仍留在原地，继续供给一年生植物根的营养。

2. 消灭杂草。

3. 显著扩大熟化的耕作层，引起从未耕过的耕作层的生物作用。

4. 土壤结构的破坏较少。

5. 可以蓄积大量的水份。

休闲地的耕作

略图，说明文 （每一点用本耕作 过程的照片说明）	"我们将不惜力量，不惜金钱，注意休闲地的耕作，因为善于照料休闲地，可以保证轮作在整个轮种制中的丰收"。 <div align="right">T·C·马尔采夫</div>

1. 秋季用圆盘粗耕机粗耕留槎地。

2. 早春耙地保墒。

3. 在杂草种子生长以后，用圆盘粗耕机进行粗耕。

4. 随着苦菜属和其他多年生杂草的出现，在单独耙地之外，同时用无壁犁做 40～50 糎以上的深耕。

5. 当杂草的幼苗再度出现的时候，用圆盘粗耕机进行粗耕，夏季的大雨以后，轻耙保墒。

6. 八月间用无壁犁以同样深度横耕第一次的耕地，重耙一遍，这样保证了较深的耕作。休闲地的重耕只能在轮作的头一个轮种制中进行。

7. 秋季，杂草幼苗出现以后进行粗耕。

8. 第二年春季在休闲地上耙地，而在杂草的幼苗出现以后用掌状耙，进行播种前的耕作。

---

① 现多称"厘米"，下同。

掌状耙

模型和照片	Т・С・马尔采夫设计的掌状耙非常适合土壤不平的表面，大大提高了生产率，保证了工作的及时完成。

刀状耙

模型和照片	Т・С・马尔采夫设计的刀状耙，在开动时有二十个带锋利刀的齿。这样便于破裂土表的硬结，减少土壤的分散。

环状镇压器

模型和照片	环状镇压器对于平面镇压器的优点，在于它可以整平土壤的表面，使之紧密，同时使其上层松软。

前部有双轮的"斯大林第六号"联合收割机

照　片	Т・С・马尔采夫改造了"斯大林第 6 号"联合收割机的活动部份，用前部有双轮代替原来联合收割机上前面的一个轮，便于机器在潮湿的天气中也能通行。

留槎地上春麦的播种

略图，说明（每一点用图解说明）	播种前的土壤耕作： 1. 收割之后，用环形镇压器镇压，接着用圆盘粗耕机粗耕留槎地。 2. 秋末、冬季杂草发芽的时候，将前耕之地重做垂直粗耕。 3. 积雪。 4. 春季耙地保墒。 5. 一年生杂草发芽之后，用宽幅圆盘粗耕机在播种前的耕作。 6. 用窄条播种机或交叉播种法播种小麦。 7. 播种之后用环形镇压器压平土壤。

与杂草的斗争

说明（用每种杂草的腊叶标本说明）	新的土壤耕作制目的在与杂草做斗争。粗耕和春季的耙地刺激一年生杂草（特别是野燕麦）的种子发芽，杂草的幼苗必须跟着立即用圆盘耙耙地将其消灭。多年生杂草在六月初，由于表面生出无数旁枝，形成叶簇，使其根系削弱，这时在休闲地上深耕一次，就可以把杂草消灭，因此每年一度的休闲地的耕作，可将多年生杂草彻底肃清。 　　用 Т・С・马尔采夫的方法和普通方法耕种的整段土壤标本。 　　装有一年生野草的土壤标本。 　　从休闲地下深处挖出的和粗耕以后的洗净的小麦根系。
略图说明	沙德林斯克试验所农业技术化验室分析了土壤在各种耕作方法中的团粒结构、有机物质的积蓄、水份和硝酸盐的动态，肯定了按照 Т・С・马尔采夫新的土壤耕作法的优点。（用插图说明团粒结构、有机物和其他的概念；不必注明数字以免使表复杂。）

第二分题　按 T·C·马尔采夫法在土壤耕作中的施肥

施肥的图画或 照片和文字	有机肥料最好充分腐化或待成为有机磷酸肥料的状态时施用。施用有机肥料的时候最好在春季。在春季用圆盘耙耙地或夏季用无壁犁耕种休闲地时将肥料盖入土中。
表　格	根据沙德林斯克试验所的论据，肥料对于所播种的米尔突鲁姆 553 号春麦收成的影响（每公顷公担数）。 　　1. 不施肥　　　　　　　　　　　　　　　　　　　　——12.2 　　2. 春季即将用圆盘耙耙地之前施过磷酸盐三公担　　——15.0 　　3. 同时施过磷酸盐一公担和硝酸铵半公担　　　　　——16.2

第三分题　品种的选择

实物的说明文	晚熟的改良种米尔突鲁姆 553 号和早熟的留捷斯采恩斯 758 号是"列宁遗训"集体农庄的全省麦子的主要品种。 　　农庄的春麦由于有了晚熟和早熟两种品种，在播种的时候就可以根据春天的性质调配：早春多种晚熟的品种，晚春多播种早熟品种。
实　物	米尔突鲁姆 553 号和留捷斯采恩斯 758 号麦
文　字	T·C·马尔采夫认为：播种期得根据春季的性质和土壤的情况，在试验的基础上为每一组田地具体确定。

第四分题　"列宁遗训"集体农庄的作物轮作

图　解　"列宁遗训"集体农庄实行两区轮作。

四区轮作

第 1 号田地——休闲地

第 2 号田地——春麦

第 3 号田地——一年生干草和谷类

第 4 号田地——春麦

五区轮作

图　解　第 1 号田地——休闲地

第 2 号田地——春麦

第 3 号田地——燕麦

第 4 号田地——一年生干草和谷类

第 5 号田地——春麦

谷类和豆类作物在这两种轮作中占耕种面积的 65.8％，技术作物占 1.6％，草占 10.4％，休闲地 22.2％。这种轮作完全保证了集体农庄计划任务的完成，也保证了劳动日的高额报酬。

第五分题　Ｔ·Ｃ·马尔采夫农业措施的经济效果

导　文	保证丰收新的土壤耕作和播种方法具有显著的经济效果。库尔干农业研究所的统计表示，"列宁遗训"集体农庄生产一公担粮食的资料费用比其他集体农庄少44%，而劳动生产率高43%。
图　解	"列宁遗训"集体农庄里金钱收入的增长（千卢布）： 　　1950 年　　　　470 　　1953 年　　　　1520

图　解	"列宁遗训"集体农庄里谷类作物的收成（每公顷公担数）：				

"列宁遗训"集体农庄里谷类作物的收成（每公顷公担数）：

集体农庄	1950～1953 年普通收成		1953 年普通收成	
	一切谷类作物	春麦	一切谷类作物	春麦
列宁遗训邻庄：	16.3	18.0	18.02	20.6
加里宁	12.4	13.0	13.01	14.2
赫鲁晓夫	10.1	10.6	10.5	11.3

四年间谷类作物的普通收成在"列宁遗训"集体农庄比"加里宁"集体农庄高32%，而比"赫鲁晓夫"集体农庄高62%。

"列宁遗训"集体农庄向国家缴纳及发放劳动日的粮食：

集体农庄	以实物支付的缴粮（每公顷公担计）		每一劳动日计发（公斤）
	1952	1953	1953
列宁遗训邻庄：	4.5	4.8	5.05
加里宁	2.5	3.8	3.0
赫鲁晓夫	2.3	3.8	2.5

第六分题　研究和推广 Ｔ·Ｃ·马尔采夫工作法的全苏会议及 工作法在库尔干省和苏联其他各省的采用

导　文	1954 年八月和十月根据苏联共产党中央委员会的决议在马尔采夫村和沙德林斯克城举行研究和推广集体农庄科学家 Ｔ·Ｃ·马尔采夫土壤耕作方法的全苏会议。
照片数幅	会议的参加者——农业科学及实践中的活动家，党和苏维埃组织领导人在参观"列宁遗训"集体农庄和沙德林斯克试验所的成就和工作。
照　片	Ｔ·Ｃ·马尔采夫在第一次全苏会议上演说
照　片	会议大厅全景。 全苏农业展览会上，"乌拉尔"陈列馆的 Ｔ·Ｃ·马尔采夫陈列板旁。

图　　表	在生产条件下进行试验或将 T·C·马尔采夫的方法用于生产的各省、地方及加盟共和国。
结　　论	会上建议广泛推广 T·C·马尔采夫的经验以便阐明其在各种土壤气候地区的效果。

库尔干省地图

说明文	库尔干省的所有集体农庄和国营农场从 1954 年全部采用了 T·C·马尔采夫的土壤耕作法。 由于新的土壤耕作和播种系统，广泛地在各集体农庄和国营农场采用，1950～1953 年三年间库尔干省的谷类总产量增长一倍。

宛　义译　许维枢校

苏联国立民族学博物馆

苏联　Т·克留柯娃

在苏联的几个大型博物馆中，苏联国立民族学博物馆，这个真正的人民文化宝库，也占着显著的地位。从博物馆的创立，从开始收集藏品，到 1952 年已经有了五十年。许多俄罗斯的大科学家都参加了博物馆的创立工作，博物馆的建立，从最初起就是以收集可以从各方面说明苏联多民族国家各民族的文化和日常生活的材料为目的的。

为了这一目的，由建筑家 В·Ф·斯温尼因建造了一座专门的房屋，这座房屋把现在的艺术广场的整个建筑群补充得更为美观了。

博物馆建立以来，收集了数十万件足以反映苏联各民族的生活习惯，以及他们的物质和精神文化的陈列品，搜集品中有颇大一部分是民间造型艺术和民间音乐作品。博物馆内保存的这些资料里有许多是极有研究和陈列价值的独一无二的陈列品。

博物馆的科学工作人员、民族学的研究者每年到苏联的各个角落，有的到极偏远的地区进行考察。博物馆搜集品逐年充实。藏品扩大了，相应地也为补充博物馆的陈列打开了新的可能性。

但是博物馆的陈列活动只是在革命以后时期才开始。保存在博物馆的许多珍品只是在伟大的十月社会主义革命之后才对广大群众公开，陈列在 1923 年首次为观众开放。

现在博物馆的陈列占据了十四个修缮一新的大厅，此外，还有一些新的展览会正在准备开放。博物馆陈列的主要骨干是那些比较完整地反映了苏联各民族生活的综合的民族文物陈列。现在已开放的陈列有："北部各民族"（通古斯族和涅涅茨族）、"北高加索各民族"（卡巴尔达人和奥塞丁人）、"伏尔加河流域各民族"（马利人和楚瓦什人）和土库曼人。从色彩鲜丽的装置场面和日常生活的陈列组合中，从那些真实的物品、有插图的说明和文件资料中，表现了各民族发展的历史过程，表现出他们从帝俄时代的不自由的艰苦生活，到经济上、文化上繁荣兴盛成为苏联多民族国家的成员之一的道路。博物馆的观众参观了任何陈列之后就能够对各区和各民族的人类学的特征和民族的特点得到一个具体的材料和鲜明的印象。除了综合陈列之外，专题展览在博物馆也占有重要地位。华美多彩的俄罗斯民间创作展览就是目前馆内最大展览之一。

观众在这里可以看到丰富多样的俄罗斯民间艺术：刺绣、饰绦、用金线的刺绣、木雕、漆和金属上的精细的绘画，精细的骨制品和石刻像。

乌克兰和白俄罗斯的民间艺术分别陈列在两个大厅中，由于庆祝俄罗斯乌克兰合并三百周年，博物馆大大充实了乌克兰艺术之部陈列。

陈列中的人民日常生活的艺术品经常是很吸引人的，不仅从事研究的专家们，各阶层的广大市民也感觉得到极大的兴趣。民间匠师的作品明显而令人信服地说明永无止境的创作力的源泉，说明无名匠师的手往往创造出无双的艺术陈列品。

陈列在展览会上的苏联匠师的作品显示出人民的艺术一旦具备了发展的条件，它的创造性就会不断地增长、高涨。俄罗斯乌克兰合并三百周年纪念展览会有着独特的场面和气概，它是博物馆在迎接两个兄弟民族的友好的全民节日时送给列宁格勒观众的礼物。展览会独具与其他民族学陈列不同的特点，展览的主题是以历史人类学和文献艺术的材料展出的。苏联的三十多个博物馆都把自己的展品选来支援民族学博物馆所举办的这个展览会。

现在一个以明丽的乌兹别克斯坦的民间艺术为主题的展览会正在准备开放。这里有鲜艳夺目的人民造型艺术标准：木雕、刺绣、金属加工品和陶瓷器等；此外，列宁格勒的观众们还能看到十分珍贵的关于民间戏剧的资料，乌兹别克民族建筑艺术的有趣标本和介绍独特的民族音乐的展品——现代乌兹别克民族乐具的丰富搜集品。

国立民族学博物馆陈列的多样性使得有可能利用这些材料提出许多参观的题目。这些题目就展开在观众眼前，它们宣扬了苏联各共和国和各省的民间能手，展示了多民族的苏联的各民族的文化和生活习惯，提供了关于社会主义民族形成的历史过程的概念。

该馆全体从事科学研究的人员与从事民间艺术创作的人们建立了紧密的联系，这是博物馆调查征集工作的有机联系。博物馆的藏品和陈列被许多职业艺术工作者——电影导演、戏剧活动家、画家等仔细地研究着。

无疑这对于优秀艺术传统的保存与利用的巨大事业以及进一步发展苏联各民族创作事业是有利的。

（罗莓译）

苏联国立民族学博物馆的新陈列

苏联　耶·奥尔洛娃

在苏联国立民族学博物馆，最近有一个新的陈列开放——"北方涅涅茨族和埃文基族"陈列，这个陈列是由该馆西伯利亚和远东部分筹备展出的。

序幕材料占了三个屏风和一个橱柜。在一号屏风中央，挂有一张标示苔原和密林地带的地图。地图下面，对西伯利亚的地理位置、界线、面积、气候、植物、动物以及地下宝藏有一个概括的说明。此外，还有三张大照片表明了夏季苔原、冬季森林苔原和密林的景色。

在二号玻璃橱柜中，陈列了许多考古学家在萨列哈尔德和贝加尔湖沿岸一带发掘出土的古物，说明西伯利亚各族人民的历史可以溯源到荒远的古代。

陈列的序幕部分还介绍了勇敢的俄罗斯旅行家和极地航海家发现、研究和开拓西伯利亚的经过，说明他们在六十年内走遍了从乌拉尔直到太平洋岸边的整个西伯利亚。在一张带有图解的地图上，标示出了俄罗斯旅行家探索到西伯利亚东部的路线，他们完成了许多具有世界意义的地理发现。安托科里斯基的雕刻"耶尔马克"在这里表明开拓西伯利亚的第一人。

在三号屏风上，挂着我们第一次得到的 1667 年西伯利亚地图，这张地图是在托博尔斯克根据旅行家们所获得的图样绘制的。

在四号屏风上，写着列宁关于落后民族非资本主义发展道路的一段话。同时，还张挂着北方各族人民在苏联领土上的分布图。

以下便是陈列的主要部分，介绍两个北方民族州——涅涅茨民族和埃文基民族州土著居民的情况。

介绍涅涅茨人情况的部分（五——二十三号），是从十九世纪末和二十世纪初萨摩耶人（或涅涅茨人）游牧部族冬季分布图（五号屏风）开始的。分布图下面附有历史说明。涅涅茨人居住在从白海到叶尼塞河下游的北冰洋沿岸苔原地带。在涅涅茨民族州，大约住有三分之一的涅涅茨人，其余的散居在雅马尔涅涅茨民族州和泰麦尔民族州。

六号屏风在于说明涅涅茨人的主要经济部门——养鹿业。同时，这里也展出了关于从前涅涅茨人阶级不平等的材料。

涅涅茨人的阶级区分，早在十九世纪就已表现得很明显：五千头至一万头鹿的大鹿群，都为富有的上层所掌握，他们雇用雇工，采用各种以亲属关系为掩护的剥削形式。

涅涅茨人的养鹿用具虽不太复杂，但却显示了他们在掌握养鹿业经济方面的巨大智慧。

在七号台座上，站立着一个十九世纪涅涅茨养鹿者的代表模型，手中拿着套竿，身上穿着带风帽的又长又大的男式服装，准备套捉从鹿群里跑出来的鹿。

八号屏风介绍打猎的情况，九号介绍捕鱼的情况。往下陈列的是涅涅茨人的服装。

涅涅茨人为了适应于严酷气候的生活条件而制作了自己特殊的皮衣形式——带风帽的鹿皮上衣，不仅能够很好地御寒，而且能够很好地挡风，到冬天的时候，外面还要穿上一件皮毛外套。涅涅茨人的男式服装当中不开岔，女式服装当中开岔。帽子的形式是长毛皮镶边的风帽。靴鞋是用驯鹿腿部的皮缝制的，袜子是用带长毛的鹿皮缝制的。

在一个专门的台座上（十一号），陈放着一个帐幕——这是涅涅茨人的旧式住宅，主要部分就是柱杆和幕套，幕套冬季用驯鹿皮缝成，夏季用白桦树皮缝成。帐幕内的地上铺着树枝，树枝上覆盖驯鹿皮。帐幕中央有一块铁板，火就生在那里。

在十二号屏风上，写着斯大林的一段话："……十月革命打破了旧的枷锁，把许多被遗忘了的民族和部族推上舞台，给予了它们以新的生活和新的发展。"①

在十三号屏风上，反映着苏维埃政府旨在复兴极北地区各族的各项措施。

早在 1917 年就通过了《俄罗斯各族人民权利宣言》，宣布俄罗斯各族人民，不分民族、宗教信仰和人口多少，权利一律平等。1918 年通过了宪法，把这些权利以法律的形式固定了下来，并组织了以斯大林为首的民族事务人民委员部。1924 年，在全俄中央执行委员会主席团下面建立了一个帮助北部边区各族人民的专门委员会——北方委员会，它的责任就在于根据对北方各族人民生活特点的研究帮助他们在短时期内尽快地赶上苏联各先进民族的文化水平。

由于共产党的经常关怀和注意，由于俄罗斯人民的经常帮助，涅涅茨劳动人民的生活发生了根本的变化。

旧的技术简陋的捕鱼方法，在涅涅茨人那里已经成为过去了。这里出现了强大的机械化的捕鱼船队，大曳网代替了小渔网（十四号玻璃橱柜）。在这里还建立了鱼类罐头工厂，腌鱼站和熏鱼站。渔业给涅涅茨人的集体农庄提供巨大的补充收入。

极北地区的养鹿业也日益发展和巩固起来，建立起了稠密的养鹿集体农庄和国营养鹿场的分布网（十五号屏风和十六号模型）。过去的养鹿方法又加上了牲畜饲养学所制定出的科学方法。从涅涅茨人中间培养出了许多集体农庄的领导干部。

对牧场的利用也作了合理的改进（十六号屏风）。

涅涅茨人广泛地把驯鹿应用于交通运输（十七号台座）。这里的雪橇，有各种类型——轻便的、载重的、男用的、女用的，还有其他等等。有一种长竿是作管理驯鹿用的。

在十八号玻璃橱柜里，陈列着养鹿业的出产品：各种年龄的驯鹿的毛皮可以用来制作各种衣服；驯鹿腿部的毛皮可以用来缝制靴鞋；驯鹿的"头额"和"距毛"可以用来制作靴底；筋头可以用来做成线；骨头和角可以用来做成驾具的小零件、钮扣、带扣等等杂物。

苏联生物学家证明在高纬度的地方完全能够经营农作业。在涅涅茨民族州的空地上已生长出来了大麦（十九号屏风）。马铃薯和其他块根作物已跨出了纬线 70 度。先进的米丘林科学帮助苏联人们甚至能够战胜北极地区的永久冻土地带。

在苏维埃政权活动的年代里，涅涅茨人民的文化也蓬勃地发展起来（二十号玻璃橱柜）。1929 年，北方委员会文化部在霍谢达哈尔德开办了第一所涅涅茨学校。现在，在涅涅茨民族州，已有了七年制的学校、师范学院、集体农庄国营农场学校和文化启蒙学校。创制了涅涅茨文字。1931 年出版了第一本涅涅茨文的识字课本。

苏维埃制度的巨大成就也表现在北方各族人民自己民族干部的诞生和成长（二十一号屏风）。现在，

---

① 斯大林：《东方大学的政治任务》，载《马克思主义与民族、殖民地问题》，人民出版社版，第 289 页。——原文注

涅涅茨人已有了巨大的知识分子阶层在各个劳动部门工作：教师、医生、气象学家、集体农庄领导者、党的和苏维埃机关的工作人员。

涅涅茨妇女素来是以装饰衣服的艺术而称著的。她们有精巧的技术，可以用白色和棕色的鹿皮剪成各种花样，把它们缝在一起就可以得到富有特色的民族装饰——"角"和"耳"，可以用来装饰衣服、靴鞋、帽子、提包等等（二十二号玻璃橱柜）。此外，毛呢也可以用作装饰。涅涅茨人所喜爱的是红、绿和黄三种颜色。

在苏维埃时期，涅涅茨人参加了许多新的艺术部门——绘画、雕刻、音乐，并表明自己是出色的艺术家。

每年秋天，在涅涅茨民族州都要庆祝"鹿节"，这天，每个养鹿集体农庄都要对一年来的工作进行总结。

一些现代的节日，在涅涅茨人那里也都带有特殊的风味（二十三号图画）。通常在节日的时候都要组织赛鹿，每个集体农庄都有自己的选手参加。

埃文基人，是北方人口最多的一个部族，他们分布在从叶尼塞河到鄂霍茨克海的广大地域上。他们居住在密林地带，有些地方也有住在森林苔原地区的。在二十四号屏风上张挂着一张十九世纪埃文基人（通古斯人）的分布图（根据巴特卡诺夫的材料绘制）。

十七世纪埃文基之并入俄罗斯，是埃文基人生活中一个巨大的进步表现，他们由于跟俄罗斯人民的交往而接触到了先进的文化。然而，专制制度的民族政策是以压迫和奴役弱小民族为基础的，没有给予他们以克服自己落后性的可能。

从前埃文基人的主要经济是狩猎，在二十七号屏风上陈列着许多说明狩猎情形的展览品。

在俄罗斯人到来之前，埃文基人打猎用的武器只是弓箭、投枪、长矛，以及捕兽网和陷阱等等（二十八号台座）。在十八世纪，通过俄罗斯人，埃文基人获得了火枪，从而改善了他们打猎的条件。

养鹿业在埃文基人那里具有重大的意义（二十九号屏风），因为有了驯鹿，他们就可以奔跑于辽阔的行猎地区。这里有一个专门屏风的材料来说明养鹿业的情形，其中也包含着关于埃文基人社会分化的材料。在三十号台座上陈列着埃文基人的住宅。

埃文基人从事经济活动所需要的一切，都是自己制造的（三十一号台座）。他们有对木料、骨头、毛皮、皮革、金属进行加工的工具。每个埃文基人差不多都会做满足自己需要的铁活。

埃文基人的服装陈列在三十二号玻璃橱柜里，萨满教祭祀用的东西陈列在三十三号玻璃橱柜里。

三十四号屏风则对埃文基民族州的情况作了一个简单介绍。埃文基民族州是于1930年12月10日成立的。民族州的中心，是位于下通古斯卡河上的图拉镇。屏风上张贴着一张图拉镇的风景照片，这张照片是从飞机上拍摄的。

由于伟大的十月社会主义革命，埃文基人越过了资本主义发展阶段，径直走上了社会主义道路，他们在最短期间内，在社会、经济和文化生活各个领域中取得了空前未有的成就。通过无线电、电报、飞机，埃文基民族州与整个苏联保持着密切的联系。定期航行的轮船，每年都给埃文基民族州运来一切必需的商品和产品。

打猎的收入不断增加；同时，地方工业和集体养鹿业也顺利地发展起来。埃文基劳动人民的物质福利和文化水平也日益提高。

由于集体经济的建设、打猎场的正确利用和技术的改进，皮毛业的生产率大大地提高了（三十六号玻璃橱柜）。埃文基民族州每年向国家提供价值数百万卢布的贵重皮毛。优秀的猎人，每年仅皮毛一项就能得到一万卢布以上的收入。

在埃文基民族州每一个集体农庄里都有黑狐和银狐的猎场，这也是一项巨大的成就，这能保证集体农庄的稳定的收入。

驯鹿——这是埃文基集体农庄的财富（三十七号屏风）。集体农庄的养鹿业是建立在先进的苏维埃生物科学的基础上的。二十年内，埃文基民族州驯鹿的总头数已增加了许多倍。

除鹿而外，在埃文基集体农庄里还饲养着牛。现在，在埃文基所有集体农庄里，都有了商品牛奶场。

以先进的米邱林生物学为基础的社会主义农作业，已大大地向北推进了（三十九号屏风）。

农作业、果木业和园艺业，在埃文基民族州有着很大的前途。

埃文基人的艺术也是很富有特色的（四十号玻璃橱柜）。埃文基妇女在用鹿皮装饰衣服上表现出了非凡的艺术才能和兴趣，她们用一块块的白毛皮缝成各种花样的图案，用蓝色、白色和黑色的珠子穿成各种各样的垂饰，用彩色的毛呢做成镶边，用驯鹿颈下的白毛和羊毛做成花饰。

在苏维埃时代，埃文基人发展了新的艺术部门。他们表现出自己是非常熟练的绘画家和雕刻家。他们的画和雕刻曾参加了许多次的国际展览。在四十一号和四十二号台座上陈列着埃文基人的雕刻品——牝鹿、牡鹿、驯鹿骑手。

在苏维埃政权以前，埃文基人是没有文字的。从1931年起，用埃文基人的文字出版了教科书、文艺作品和政治书籍（四十三号屏风）。现在，在莫斯科、列宁格勒、克拉斯诺雅尔斯克和苏维埃祖国其他大城市里，有许多埃文基人在各种中等学校和高等学校里学习。埃文基人有了自己的知识分子——诗人、作家、艺术家、教师、医生、苏维埃机关工作人员等等。例如，阿·普拉托诺夫就是享有盛名的一位埃文基诗人。

在伟大十月社会主义革命以前，在现代埃文基民族州的地域内，是没有任何一个学校的。现在，在这里已建立了广大的初等学校和中等学校网；差不多埃文基人的所有儿童都能受到教育。他们在学校里住读，一切费用都由国家负担。

在这里，在苏维埃政权以前，人们是不知道有医药的，有了病就去找萨满。可是现在，这里已有了设备很好的医院、保健站和接生站。医药全是免费。而且对儿童是特别关怀的。

在伟大卫国战争的年代里，埃文基人表现了很大的忍耐、坚定、勇敢精神和英雄主义（四十四号屏风）。许多埃文基战士由于战斗的功绩而获得了奖章和勋章。自动枪手英·乌瓦昌获得了苏联英雄的称号。

在苏维埃政权的年代里，在埃文基民族州建立了数十个新的定居村镇，这里有很好的木造住宅、学校、医院、邮局、电信局、无线电站，以及其他等等。这样一些新村镇中的一个村镇——瓦纳瓦尔的景色，由四十五号的模型介绍了出来。模型的幻灯设备，清楚地介绍了苏维埃时期埃文基民族州内埃文基居民生活中所发生的变化。

由于党和政府的关怀，埃文基民族州在自己存在的短时期内，特别是在文化建设方面取得了决定性的成就（四十六号屏风）。埃文基民族州的劳动人民在他们庆祝二十周年纪念日的时候曾写信给斯大林说："苏维埃新生活给我们带来了幸福和欢乐，在空前短促的时间内，埃文基人民从原始公社制度走向了社会主义。这样跨过许多世纪的一大步，是在布尔什维克党的领导下和您的帮助下迈过的，敬爱的约瑟夫·维萨里昂诺维奇！"

（李毅夫译　原载《苏联民族学》杂志1952年第4期，转载《民族问题译丛》民族学专辑）

涅涅茨人的国民教育　陈列的一角（格列奇金摄）

涅涅茨人的艺术 陈列的一角（格列奇金摄）

埃文基人的艺术 陈列的一角（格列奇金摄）

出猎　陈列的一角（格列奇金摄）

"苏联是各权利平等的民族的兄弟联盟"陈列室设计

苏联国立民族学博物馆

导　言

主　题	表现方法	内　容
1. 伟大十月社会主义革命是被压迫民族的解放者	1. 大理石大厅第 1 号字幕 2. 带座雕像 （大理石大厅） 3. 前厅第 1 号屏风板 4. 参观导引提纲	语录："我们的十月革命开辟了人类的新时代"。 《列宁全集》33 卷 33 页 弗·伊·列宁 题为：《进攻冬宫》的浮雕、1917 年 10 月 25 日在彼得格勒夺取政权计划平面图 工人和农民在共产党领导下的武装斗争；以马、恩、列、斯思想鼓舞着的无产阶级专政的确立；苏联人民胜利的组织者——共产党。
2. 苏联各民族为确立苏维埃政权而斗争	1. 前厅第二号屏风板	地图："苏维埃政权在苏联的形成"。地图上表现苏维埃政权在俄罗斯各城市凯旋行进的情况，并注出苏维埃政权在加盟共和国和各自治共和国确立的日期。 语录："苏维埃社会主义共和国联盟是工农社会主义国家。" 《苏联宪法》第一条 浮雕：《苏联是各民族的兄弟联盟》

苏联政治上的一致

主　题	表现方法	内　容
1、苏联作为一个联盟国的形成	1、标准地图 2、屏风板与参观导引词	"自由的不可摧毁的共和国联盟" 地图上必须标出各省和各共和国的疆界，注明地方的地势和主要地理资料（江河、海等等）。 语录："我看见一面写着五个神圣的字母РСФСР 的红旗在我们头上迎风招展，于是我们，这些第十次苏维埃代表大会的代表们，全俄罗斯苏维埃联邦的全权代表们降下了这面宝贵的、

主　题	表现方法	内　容
		散发着胜利的光芒的旗帜，我们看见一面新的苏维埃共和国联盟的红旗升起来了。同志们，我看见这面旗帜的旗杆握在列宁的手中。同志们，前进吧，高举着这面旗帜，让世界上所有的劳动人民和受压迫者都看见它。"
		加里宁《论文演讲集》，党文献出版社 1936 年版，94 页。
		图画：列宁在第一次全苏维埃代表大会上演说
	3、参观导引提纲	俄罗斯各民族权力宣言；这个宣言的本质；苏联这个能够保证国土完整、经济发展的国家联盟的形成；参加联盟的个别共和国或整个联邦都能够在生活、文化和经济各方面保持民族各自的多样性，建成各种民族的和平相处与兄弟合作关系，使本民族的命运与联邦的命运永远相连。
	4、地图	"苏联按人类学划分的民族成员分布图"。地图上注出各加盟共和国与自治共和国的疆界以及各民族按人类学划分的人口分布的对比。
	5、参观导引提纲	沙皇政府忽视各民族按人类学划分的人口分布情况，人为的将属于一个族的聚居的人民用行政的疆界（省）强行分开。
	6、地图	沙皇俄国的行政地图、按人类学划分的人口分布情况与现在的自治共和国疆界对比图
	7、屏风板	约·维·斯大林在第八次苏维埃代表大会上演说（照片）
		略图："苏联作为一个联盟国的形成与发展"（紧接着语录）：
		"苏维埃社会主义共和国联盟为一联盟国家，由各权利平等的苏维埃社会主义共和国按自愿联合原则组成。"
		《苏联宪法》第 13 条
2、苏联宪法是社会主义国家的根本法	1、地图	地图上绘制各苏维埃共和国国徽、国旗，并在获得勋章的加盟共和国和自治共和国的地方绘出勋章。
	2、屏风板	有图例说明的材料： 1）各加盟共和国和自治共和国首都，政府所在地。 以克里姆林宫表示莫斯科。 2）各加盟共和国最高苏维埃会议，各族的区最高苏维埃选举。
	3、导引提纲	苏联宪法；全民参加国家的管理工作；各社会主义民族的组织与作为推动苏维埃社会的力量，作为力量的源泉与象征苏联威力的民族友谊。

苏联经济上的一致——工业化

主　题	表现方法	内　容
1、苏联人民在共产党领导之下为工业化、这个根除国家长期落后的道路而斗争	1、地图 2、屏风板	"1913 年俄罗斯工业分布图" 语录："沃洛格达以北、顿河上的罗斯托夫与萨拉托夫以南、以东、奥连堡和鄂木斯克以南、托姆斯克以北，这一整片无垠的土地上就要出现数十个文明巨国。而目前这整块土地上还笼罩着家长制、野蛮和真正的荒芜不化，而在俄罗斯其余一切穷乡僻壤呢，到处是延绵数十里的村道，说得更正确些，是把村庄与铁路隔开的长达数十里的泥泞小路，也就是把与文明、与资本主义、与大工业和大城市的物资联系隔开，难道这些地方不都是家长制、野蛮和不化占着优势吗？"
	3、参观导引提纲	《列宁选集》12 卷 328～329 页 俄罗斯的工业，工业的性质及其他地区的分布情况；边区民族在工业方面的落后；从边区汲取原料供给中央地带；沙皇制度的殖民地政策。
	4、屏风板与导引提纲	语录："首要的任务在于逐步肃清存在于社会生活与经济生活各方面的一切民族不平等的残余，方法是首先把工厂迁往原料产地（土尔其斯坦、巴什基里亚、吉尔吉斯坦、高加索），有计划地在边区建立纺织、制毛和制革等工业。" 节自《俄共（布）第十次代表大会决议》，《代表大会、全会决议录》，第一卷 559～560 页。
2、作为建立社会主义国家的经济基础并以国家统一的国民经济计划为依据的苏联工业化	1、地图	"1955 年苏联工业分布图"。必须反映工业中各主要部门，标出新建的以及各民族共和国的工业。
	2、导引解说提纲	国家工业化，重工业的主导作用；全国经济地区的划分，以及落后民族地区先行工业比的措施；在各落后民族地区建立新的工业中心的措施。
	3、屏风板	介绍苏联边区以及各民族地区工业的带有图例说明的材料。如："巴什基里亚的石油工业"、"乌克兰和哈萨克斯坦的冶金企业"、"库塔伊锡的汽车制造厂"、"乌兹别克苏维埃共和国、楚瓦什苏维埃自治共和国的纺织联合工厂"、"卡斯皮的水底石油采掘"等等。
	4、地图	"苏联的电气化"（1955 年）
	5、屏风板	介绍国家电气化的带有图例说明的材料，要列入建设的初期与各民族地区电气化情况。如："列宁在讨论全俄电气化委员会计划"、"涅涅茨人村庄里的第一盏电灯"、"哈萨克山村里的集体农庄电站"、"卡霍夫卡水电站的建设"等等。
	6、导引解说提纲	统一的国民经济计划及其实现；全国与全民族创造性地参加社会主义建设。
	7、地图、屏风板和导引解说提纲（各方法交替使用）	"全国参加社会主义建设"；以古比雪夫水电站为具体例子——运送材料、装备和机器、训练干

续表

主 题	表现方法	内 容
3、各加盟共和国与自治共和国民族干部的成长	1、地图	部和工人并保证其供应电力用于工业中与日常生活中的情况。 　　"各加盟共和国与自治共和国民族干部成员数字图" 　　图内要报导各共和国民族干部增长情况。 　　（引用 1913 与 1955 年的数字）
	2、导引解说提纲	民族无产阶级的建立，俄罗斯工人阶级给予的帮助以及民族干部的训练培养工作。
	3、屏风板	带有图例的材料，说明： 　　①各民族的工作干部； 　　②各民族地区过去落后的妇女现在都参加了社会主义工业； 　　③俄罗斯工人阶级支援各民族干部的建立工作。例如："格鲁吉亚的钢铁工人在学习乌拉尔工人的经验"、"格罗兹内依的石油工人在教导土库曼人采掘石油"、"机车旁的乌兹别克妇女"等等。
4、社会主义工业中的劳动条件与对工人的关怀；新劳动法	1、导引解说提纲	与苏联各地区各种自然条件有关的劳动条件；社会主义企业中对工人的关怀与劳动条件的改善（与革命前工业作比较）。
	2、屏风板	带有图例说明的材料，说明：社会主义社会的劳动条件与对工人的关怀（在生产中减轻笨重劳动与提高劳动生产率的措施，在有害生产中的预防措施与卫生标准等等）。
	3、导引解说提纲	苏联工业中的新社会主义劳动法。新型的工人、生产先进工作者与生产革新者。
	4、屏风板	带图例说明的材料，说明： 　　①社会主义工业中的生产革新者及其劳动方法（用各加盟共和国与自治共和国的材料）； 　　②共产党员与共青团员在生产中的带头作用，如："各工业生产中的生产革新者与先进工作者（引用各民族的人）"、"各共和国企业之间开展竞赛——签订公约"、"工厂中的共青团生产队"等等。
5、苏联工业在世界经济中的比重	1、地图	"苏联各个工业部门在世界经济中的比重图"（用数字表示）
	2、屏风板	用图例说明苏联对各人民民主国家的帮助。

苏联在农业经济上的一致

主　题	表现方法	内　容
1、共产党在农业的社会主义改造事业中的政策	1、地图	沙皇俄国的土地所有制图（以 1913 年为例），图中必须明显表示出各个社会阶层的居住面积——表明作为主要群众的农民是无地或少地的。
	2、导引解说提纲	革命前农业的情况，各民族地区的农业技术的落后与农业的特殊条件。
	3、屏风板	图解："沙皇俄国用作耕耘的农业工具"（包括各民族边区使用的） 图例说明：沙皇俄国各社会阶层居民和各民族区域的农业技术，如："农民用犁耕地"、"中亚细亚用月锄锄地"、"给大地主耕地"、"地主经济田野上的农业机器"、"北高加索山区的收割"等等。
	4、屏风板和导引解说提纲	文献语录："土地法令"和"土地国有使无产阶级国家有最大可能在农业中过渡到社会主义"。 《列宁全集》第 28 卷 291 页
	5、导引解说提纲	集体化以前时期的农业情况，苏联各民族由社会发展与经济发展的不同条件所导致的复杂性；游牧民族定居的问题以及其解决的方法。 在照顾各族本身特点的情况下，农业集体化在苏联各民族共和国的实行，富农的肃清与俄罗斯工人阶级参加这一工作。 共产党对农业社会主义改造事业的政策。
	6、屏风板	带有图例说明苏联各共和国集体农庄生活的材料，如："楚瓦什苏维埃自治共和国'发电机'集体农庄正在领取土地使用证"、"马利苏维埃自治共和国集体农庄的收获狂欢"、"农村里的第一架拖拉机"等等。
2、各加盟共和国与各自治共和国在社会主义农业高潮中的成就	1、地图	"苏联农业图"（采用 1955 年资料）。图中指明各加盟共和国和自治共和国和各经济区在农业的各个部门中布置计划情况。
	2、导引解说提纲	国家的国民经济计划；科学在争取农业成就斗争中的作用；个别共和国对总的国家经济的贡献和党的二十次代表大会在农业方面的指示，特别是联共中央关于发展畜牧业的决议及其实现过程。
	3、地图	各加盟共和国的灌溉区与排水区。主要的荒地和撩荒地。
	4、屏风板	语录："灌溉是最需要的，是最能够改造地方，使地方复活，埋葬它的过去，巩固它向社会主义过渡的事业。" 弗·伊·列宁

主　　题	表现方法	内　　容
	5、导引解说提纲	由于灌溉和排水措施土地面积因而增加，灌溉和排水在白俄罗斯、中亚细亚、外高加索各民族共和国在经济上的社会主义改建意义；新的灌溉系统；苏共中央对开垦荒地事业的决议中提出的任务；苏联人民，特别是青年的劳绩；苏联各民族的友谊。
	6、屏风板	带有图例说明的材料： 　　说明灌溉工作和改良土壤工作以及垦荒工作的施行情况。例如："乌兹别克斯坦人民建设大费尔干纳运河"、"白俄罗斯的改良土壤工作"、"荒地上的新村落"、"新地上的第一条犁沟"等等。
	7、地图	"各加盟共和国与自治共和国的机器拖拉机站网、畜牧机器站网和渔业机器站网"（根据1955年资料）
	8、导引解说提纲	机器拖拉机站；畜牧机器站和渔业机器站的领导作用；农业的机械化；减轻劳动、扩大劳动生产率的新机器在集体农庄与国营农场的应用；技术在垦荒工作中的意义。
	9、屏风板	有图例说明的材料，介绍： 　　①农业机械化； 　　②苏联各区与各种作物的整地和收割的多样技术方法； 　　③苏联各区经营畜牧业的特点。 　　例如： 　　"克拉斯诺达尔边区采用联合机收割谷物"、"乌克兰糖用甜菜的收割"、"塔吉克斯坦的棉花收割机械化"、"波罗的海沿岸的马铃薯收割"、"白俄罗斯用拔麻机割麻"、"拖拉机群在出发工作前"、"北部边区的养鹿业"、"土库曼的卡拉库尔绵羊养殖业"等。
	10、地图 11、导引解说提纲	"苏联各区之间的农产品与原料经济交换图" 　　各加盟共和国与自治共和国在农业高潮中的成就、农业生产革新者及其经验的使用、农业发展的水平（根据党的第二十次代表大会材料）。
3、社会主义农业的劳动条件	1、导引解说提纲	在农业中创造了新的、关心人类生产生活的条件。
	2、屏风板	带图例说明的材料，介绍： 　　①各加盟共和国与自治共和国的集体农庄和国营农场中的劳动条件与生产生活条件（照顾其各自特点）； 　　②农忙期间对集体农民的卫生服务与文化服务。 　　例如："山地牧场上的放牧营"、"适合土库曼草原地带条件的田间休息站"、"北高加索的田间休息站"、"斯塔夫罗波尔边区黑土地带的放牧村"、"莫斯科艺术戏院演员小组在荒地上的国营农场田间作业区演出"。

续表

主　题	表现方法	内　容
4、各加盟共和国和自治共和国的社会主义竞赛是基于相互帮助与友好的各民族间新关系的范例	1、地图 2、导引解说提纲 3、屏风板 4、导引解说提纲 5、屏风板	"各加盟共和国和自治共和国社会主义竞赛图" 工农业社会主义竞赛的意义，各共和国间的竞赛。 带图例说明的材料，介绍工农业中的社会主义竞赛（根据各加盟共和国的材料）。如："工厂的优秀车间得红旗"，"两个集体农庄签定公约"、"生产队互相检查工作"、"两个共和国在总结竞赛结果"等等。 各加盟共和国与自治共和国工农业的先进工作者与生产革新者交流经验情况。 表格："工农业先进工作者"（根据各加盟共和国的数字材料） 反映工农业中先进工作者工作的带图例说明的材料。

苏联经济的一致

通信与交通

主　题	表现方法	内　容
1、发展通信和交通事业对于将被隔离的地区与过去落后的民族纳入国家共同生活中的意义	1、地图 2、导引解说提纲 3、屏风板 4、导引解说提纲 5、地图 6、屏风板	"革命前俄罗斯交通与道路图"（采用1913年材料）。图上表示出革命前的铁路和水路，指出过去只能通行马、鹿、狗和骆驼的地方，并注明河间的连水旱路。 革命前俄罗斯交通的闭塞，各区的隔离与经济联系的困难。 介绍帝俄时期被隔离的民族区域的交通闭塞及其与文化和工业中心区域隔绝的情况。 例如："北部边区的荒凉墓地"、"带狗具或鹿具的窄长雪橇"、"山路上驮包的乘骑用的马"、"沙漠中的骆驼队"、"池沼上用树干搭成的小路"、"池沼地带的雪耙"、"伏尔加河上的纤夫"、"连水旱路"等等。 发展交通和通信，作为实现党的民族政策的形式之一的意义。 "苏联交通发展图"。图上绘出道路线、航线和水路线。指出新建路线以及北部海路及运河。注明：运输中一切种类（从鹿车到喷气式飞机，各种类型运输工具的利用）。根据1955年资料。 带图例说明的材料，介绍： ①与新交通建设有关的工作与建筑； ②发展交通与通讯事业对于过去落后的区域在经济上和文化上的意义。如："开建运河工程"、"敷设新铁路线"、"开拓新线路"、"苔原地带运来货物"、"转运技术装备"、"北高加索牧场上的无线电通讯"、"给民族边区供应书籍"等等。

苏联各民族在生活上的改变

主　题	表现方法	内　容
1、各民族共和国的城市居民生活条件的改变	1、地图	"苏联城市与工人村"（1955 年） 图上标明革命前后的苏联城市与工人村，注出革命前以及现阶段的城乡居民的比较数字。
	2、导引解说提纲	新的城市、新的工人中心的兴起与建设，城市居民的增长，着重述说城市福利设施工作。
	3、屏风板	介绍各种地理区域和各共和国城市的带图例说明材料。
	4、导引解说提纲	各加盟共和国与自治共和国的城市住宅，各城市住宅对于各自的民族特点的保存。
	5、屏风板	带图的说明材料，介绍： ①社会主义的新型城市福利设施； ②各民族的城市住宅（不论住宅的内部或外部均保存其各自的民族特点）。
2、集体农民生活的改变	1、导引解说提纲	集体农民的生活条件；集体农庄的农村及其面貌与革命前乡村的不同。
	2、屏风板	介绍各加盟共和国与自治共和国农村有图例的说明材料。
	3、导引解说提纲	集体农庄的住屋，这种房屋的新的特点以及同时保存着的民族特点（如设计、建筑、家具和装饰等等方面）。
	4、屏风板	介绍苏联各民族集体农庄住屋的图片材料，同时表现配合住屋中保存的民族特点的新的生活习惯。
3、社会主义生活改变的原则是提高劳动人民的物质生活	1、导引解说提纲	劳动人民的物质文化水平的提高；以改变成社会主义生活为基础的社会主义基本经济法。
	2、屏风板	介绍劳动人民的物质文化水平有所提高的图片材料。

苏联各民族文化的一致

主　题	表现方法	内　容
1、苏联建立了以民族语言与提高民族干部为基础的国民教育系统	1、地图	革命前没有文字，或其文字是以外族字体为基础的各民族区域图。
	2、导引解说提纲	沙皇政府对待一般国民教育以及少数民族教育的态度。
	3、屏风板与导引解说提纲	语录："俄国政府是俄罗斯教育的最狠毒、最不可协调的敌人。" 《列宁全集》19 卷 120 页

续表

主　题	表现方法	内　容
	4、导引解说提纲	帝俄时代的居民，尤其是各民族边区的农村居民文化的落后。
	5、屏风板	介绍革命前俄国居民的落后与不识字的图片材料。 　　例如："雕刻在木上的图画"、"没有文字以前的号牌"、"文件下面的十字画押"、"指印"、"在录事家里"、"在教士家里"等等。
	6、地图	革命前自己有文字的民族区域图，同时注出识字的人数。
	7、屏风板	介绍沙皇俄国初等教育的图片材料。 　　如："乡村小学"、"神父在教区所属小学充当教师"、"校门前"、"在回教高等学校课堂上"。
	8、地图	"高等学校网"（革命前的材料）
	9、导引解说提纲	劳动人民在沙皇俄国享受不到教育，革命前大学生的社会与民族成份，大学集中在俄国几个中心大城市。
	10、地图	"苏维埃政权年代在苏联创造了文字的民族区域图"。图中绘出在苏维埃时期有了文字的各民族居民分布区域以及各民族识字的人数。
	11、导引解说提纲	少数民族创造了文字，俄罗斯学者创造字母的工作，苏联国民教育的发展与苏联文化革命。
	12、屏风板	介绍苏联各民族国民教育的组织与创造文字的各种图片材料。 　　如："头一批用民族文字写成的书"、"北部边区学校里的学生"（流动学校、学生宿舍等）、"山区学校"等等。
	13、屏风板	语录："苏联公民享有教育权" 　　　　　　　　　　　　　《苏联宪法》第121条
	14、地图	"苏联高等学校与专科网"
	15、屏风板	带图例说明的材料，介绍： 　　①各民族共和国的高等学校工作； 　　②大学的民族干部（教师、教授、大学生）； 　　③大学生的日常生活。
	16、地图、字幕、导引解说（各种表现方法交替使用）	莫斯科大学在训练年青的专家干部，莫斯科大学的学生及其社会成份与民族成份，莫斯科大学的教室，对学生的文化服务。 　　　　　　　　　　　　　（根据1955年报道）
	17、导引解说提纲	苏联的民族教育干部与科学干部日渐增加，高等学校对于训练干部的作用。
2、服务祖国的苏联科学	1、略图	苏联科学院及其分院，各加盟共和国的科学院及其创立日期，各专门学院（社会科学、医药学及教育学等），各种科学研究所。
	2、导引解说提纲	先进的苏联科学及其意义，各共和国建立科学院，各民族科学家相互利用并相互丰富彼此的经验，科学技术计划配合着科学工作。
	3、屏风板	表格："各共和国民族科学干部增长表"

续表

主　题	表现方法	内　容
		（1917～1955 年）。介绍各加盟共和国与自治共和国的研究机构工作与各种专门科学工作的材料。
		如："诺夫戈罗德与霍列兹姆等地的考古发掘品"、"北极圈第 1 号停泊站"、"南极地带的科学站"、"吉尔基亚地理资源勘查队" 等。
	4、导引解说提纲	科学在争取技术过程，在为发展苏联国民经济与实现各加盟共和国与自治共和国的经济任务斗争中的作用；科学与生产的相辅关系；国内科学机构对实际生产革新者经验的利用。
	5、屏风板	图片材料，介绍： ①科学与生产的相辅关系； ②生产革新者的工作及其与科学机构的联系（用各共和国的材料）。
3、文化工作是苏联各民族互相丰富其民族文化的方法之一	1、地图	"苏维埃政权最初十年苏联各民族区域的文化机构"。图上注出设有红幕（译者按：系游牧民族进行文娱活动的场所）、妇女俱乐部、阅览室等区域。
	2、导引解说提纲	文教机构在各地方文化高潮中的作用，文化工作的初级形式、俄罗斯人民在各民族边区文化革命中的作用，党在各民族地区的文化工作机构的民族政策（照顾各地方特点）。
	3、屏风板	介绍各民族边区文教机构的工作条件、方法及工作种类的图片材料。
		如："头一次听无线电"、"达盖斯坦山区的巡回电影放映队"、"北部边区在扫除文盲"、"红幕"、"森林中文化基地的工作" 等等。
	4、屏风板上的图画	目前的 （1955 年） 图书馆网、民间创作室、文化宫、博物馆等等以及过去的落后情况（用一个共和国为例对比陈列）。
	5、导引解说提纲	文教工作的各种类型与形式。
	6、屏风板	表现各种类型文教工作的图片材料。
		如："莫斯科的文化宫"、"克里姆林宫兵器陈列馆"、"里加的俄罗斯艺术与拉脱维亚艺术博物馆"、"哈萨克山村图书馆"、"北部的书挑" 等等。
	7、屏风板	图解 （与图片材料交替陈列），表现群众工作活动形式多样化的文化馆工作。
	8、导引解说提纲	业余艺术活动及目前的繁荣情况。
	9、屏风板	表现苏联业余艺术活动发展情况的图片材料（业余艺术种类、全苏及各民族共和国的观摩演出）。
	10、地图	"苏联业余艺术发展图"。图中注出业余艺术团体头一次演出的地点以及 1955 年业余艺术团体的数字。
4、苏维埃政权对劳动人民进行体育教育的斗争是国家关心人民全面发展的表现	1、地图	革命前的俄罗斯 　　图中标示出生产率低于死亡率的民族。标出如颗粒性结膜炎、甲状腺肿等社会疾病，以及局部传染病蔓延地区。

主　题	表现方法	内　容
	2、导引解说提纲	沙皇俄国时代，特别是在各民族边区的卫生水平，巫师与教士的有害作用，先进的优秀人物争取人民的生命与健康的斗争。
	3、屏风板	说明沙皇俄国卫生水平的图片材料。 如："巫师在神帐内医治病人"、"乡村女巫"、"乡村医生在乡村医院里诊病"。
	4、导引解说提纲	目前的卫生水平，预防社会疾病的措施，苏联政府关心劳动人民的健康，疾病防预工作与创造条件以锻炼成为全面发展的苏联人。
	5、屏风板	图片材料，表现： ①苏联的医疗机构（各民族落后地区）； ②预防社会疾病的斗争； ③对年青人、正在成长的一代的关怀，儿童保健所、儿童公园、疗养所、恢复营等（用各民族材料）。 如："楚瓦什苏维埃自治共和国农村医院的X光室"、"约什卡尔奥拉城的颗粒性结膜炎研究所"、"阿塞拜疆的疟疾病站"、"楚瓦什自治共和国布尔那雷村的儿童疗养院"、"阿尔捷克少年营"等。
	6、导引解说提纲	疗养地网的发展，苏联为劳动人民的医疗与休息创造了条件。
	7、地图	"苏联的疗养地"分布图，图中注出各民族落后地区在苏维埃时期建立的以及其原有的疗养地。
	8、屏风板	表现苏联的疗养地与休养所的图片材料。
	9、导引解说提纲	对青年进行体育锻炼作为培养全面发展的苏联人的工作组成部分之一的意义，苏联体育与运动的发展，苏联运动的群众性及运动对祖国国防的意义，苏联运动员在国际比赛中的成就。
	10、地图	"1950～1955年的运动比赛与运动大会" 图中注出参加运动比赛的区名及举行比赛的地点。
	11、屏风板	表现全国性的运动以及各民族形式的运动的图片材料。 如："莫斯科的体育大队"、"参加国际比赛的苏联运动员"、"苔原地带的鹿车赛跑"、"哥萨克运动员的马术"、"鞑靼人的节日跳马比赛"等等。
	12、导引解说提纲	苏联的旅行运动，旅行运动对于祖国的认识以及发展青年的刚毅性与坚韧精神的意义，苏联登山运动员的记录。
	13、屏风板	表现旅行运动与登山运动的图片材料，介绍旅行运动在各种地理条件与各民族的不同类型。 例如："登艾里布鲁斯山"、"在西伯利亚河上乘皮船"、"阿累利的滑雪"等等。

主　题	表现方法	内　容
5、党在民族艺术方面的政策	1、地图	"剧院、电影院、艺术博物馆、音乐院及创作家协会（画家、建筑师、作曲家等）分布网"
	2、导引解说提纲	党在民族艺术方面的政策，发展苏联各民族的民族文化使其相互丰富以及苏联艺术对形成新的思想体系的影响。
	3、屏风板	图片材料，表现苏联各民族的苏维埃艺术发展情况，各民族艺术匠师共同工作情况以及民族形式用于现代艺术（建筑、装饰等）的情况。 例如："剧院和电影院里由各民族戏剧家创造的陈设"、"莫斯科苏联艺术展览会"、"各民族剧院的家具"、"扮演各民族角色的苏联戏剧演员"、"埃里温的建筑"、"塔什干纳沃依剧院"。
	4、导引解说提纲 5、屏风板	艺术干部的培养与艺术的科学研究工作。 表现艺术院与研究所的工作以及培养民族艺术干部工作的图片材料。 如："列宁格勒舞蹈学校的巴什基里亚小组"、"列宁格勒音乐院的卡巴尔达学生小组"等。
	6、地图	"各加盟共和国（或自治共和国）举办的艺术周" （逐次指出其日期）
	7、导引解说提纲	各共和国文艺周对于艺术的发展与高涨的意义；表现苏联各民族成就，全苏联举行的文艺周。
	8、屏风板	表现在莫斯科举行的民族艺术周的图片材料，介绍俄罗斯艺术大师在各加盟共和国演出情况。
6、苏联文学对于向劳动人民进行共产主义教育的意义	1、地图	"各加盟共和国与自治共和国作家协会分布图" 图中注出各民族共和国作家成员的数字。
	2、导引解说提纲	党在发展苏联文学中的领导作用；社会主义写实主义方法与先进的苏联文学的政治方针，关于民族文学的创造与繁荣。
	3、屏风板与导引提纲	照片，"苏联第二次作家代表大会"——当宣读苏共中央给大会贺信的时刻。 语录：苏联共产党中央委员会热烈祝贺苏联第二次作家代表大会。它代表着胜利了的伟大共产主义国家的文学，党对苏联文学在教育新人、巩固苏联社会在政治上和精神上的统一以及在为建成共产主义的斗争中所起作用给予极高评价。苏联各共和国在经济上、政治上以及文化上的蓬勃高涨导致了苏联各民族文学的繁荣，在各兄弟共和国的全体作家的亲密互相关系下，民族文学发展了，互相丰富了。在苏联建成了具有伟大历史意义、体现着最高的先进思想的多民族文艺。 （摘自《苏联共产党致苏联第二次作家代表大会的贺信》）

主　题	表现方法	内　容
	4、屏风板	表格："苏联第一次和第二次作家代表大会的民族成员"（作为表现民族文艺发展的比较资料）。
	5、导引解说提纲	苏维埃俄罗斯作家，特别是高尔基，对各共和国与各民族作家的大力帮助。
	6、屏风板	表现各共和国作家与各民族作家的联系与共同工作的图片资料。 例如："俄罗斯翻译家与民族作者在一起工作"、"高尔基在民族作家间"、"各共和国作家的会见"等等。
	7、导引解说提纲	苏维埃文学与生活的及社会主义建设任务的联系。它对苏联人精神上的影响与道德上的感化作用。
	8、屏风板	介绍苏联文学对苏联人在道德面貌上所起作用的图片材料（图画和照片）。例如："卓娅·柯斯玛杰米扬斯卡娅在阅读"、奥斯特洛夫斯基的"钢铁是怎样炼成的"、"马雅柯夫斯基在前线朗诵诗"、"列宁格勒的人们在被封锁的日子里读诗"、"扎姆布拉"、"被实现的书"、"作家柯日夫尼果夫与灌溉系统"、"荒地新村的人们与中央来的作家会见"、"读者代表会在讨论一本书"、"作家与读者会见"（与成年、儿童、在工厂、在集体农庄等等）、"作家在阅读读者来信"、"莫斯科的诗日"等等。
	9、导引解说提纲	俄罗斯语言与俄罗斯文学，俄罗斯文学对民族文化的意义以及苏联文学在现代世界进步文学中的领导作用。

结束语　苏维埃爱国主义

主　题	表现方法	内　容
1、生气勃勃的苏维埃爱国主义表现在和平条件中	1、字幕	语录："保卫祖国为每一苏联公民的神圣天职。" 《苏联宪法》第133条
	2、导引解说提纲	苏维埃爱国主义者表现在保卫祖国事业中；苏联公民在和平条件下的劳绩，在共产党领导之下的共产主义建设。
	3、地图	"各加盟共和国与自治共和国的社会主义劳动英雄与苏联英雄的数字"
	4、屏风板	苏联人在和平环境中表现的爱国主义的图片材料。 例如："过去的苏联英雄在和平工作岗位上"、"国境警备员在放哨"等等。

续表

主　　题	表现方法	内　　容
2、苏联领导的争取世界和平的斗争	1、导引解说提纲	世界劳动人民争取和平的斗争；苏联在争取和平斗争中的领导作用；世界拥护和平代表大会的召开；在为和平而斗争的口号下的世界青年联欢节。
	2、屏风板	表现争取和平，巩固国际联系的图片材料。 　如："在莫斯科召开的全苏拥护和平代表大会"、"莫斯科拥护和平签名"、"在世界拥护和平代表会上"、"世界青年联欢节"、"人民民主国家为研究苏联经验的访苏代表团"、"各国国家活动家访问苏联"等等，
3、结束语 　苏联解决民族问题的国际主义	1、导引解说提纲	苏联民族政策的国际主义，各人民民主国家研究苏联解决民族问题的经验。

（罗莓译）

苏联博物馆中民族文物陈列的基本问题

苏联　勒·普·坡塔坡夫

对于居住在我们多民族祖国的各族进行民族学的研究，如所周知，这在科学与实践上具有重大的意义。在这种研究工作中，特别是在研究结果的宣传工作中，我们的博物馆应占突出的地位。除了各个共和国的和全苏的专门的民族学博物馆以外，民族文物陈列在地方志博物馆中也应占一个适当的地位。同时，必须认识到，关于民族文物陈列的基本原则、性质和方法的研究远远落后于科学和实际的要求。在目前，这种情况阻碍了我们广泛地应用民族学这门重要的历史科学在共产主义建设事业中为人民服务。

这样概括的评论，并不等于说这种工作是完全缺如的。相反地，应该提出一系列的民族学博物馆，首先是苏联科学院人类学和民族学博物馆，苏联国立民族学博物馆等；那里，多年以来致力于民族学文物陈列问题的解决，那里创办过，并实现过各种不同的民族文物的陈列。但是这个工作还是带着实验性质，所获得的经验还没有总结过，也还没有作为议题广泛地讨论过一次，没有在出版物中出现过一次。同时，启发大家活泼地创造性地讨论民族学博物馆陈列的重要问题，就有可能初步制定这种陈列的基本原则；经过讨论并为大家所公认以后，这些原则可以作为出发点，我们可以依据它，根据各博物馆的具体工作条件，以及各博物馆的特点和收藏品来创造性地举办各种类型的民族文物陈列。

我们有什么可能把这个问题提出来，把它作为我们面临的十分重要的任务提出来呢？我想，在我们这里把它提出来是有十分充足的可能性的。我们应该提出我们马克思列宁主义经典作家丰富的科学与理论资源，作为解决这个问题的基础，其中首先须提到斯大林的著述，特别是他的天才著作《马克思主义与语言学问题》；这部著作对于我们民族学家来讲有奠定基础的意义。应该把斯大林的一些思想与科学观点作为确定整个民族文物陈列或其各部分的基础，并且应该把它作为苏联进步的历史科学的珍贵财富包括在陈列的语录里面。

在建立民族文物陈列原则时，我们应该依靠苏联民族学的成绩。和革命前的民族学来比较，苏联民族学这门科学，已把自己的研究范围扩展开了。它研究的对象包括着（而且这是它的主要任务）有关现代、有关苏联各族社会主义现实的民族学问题的专题研究。忽视苏联民族学这样一些和其他一些成绩，就意味着落后于科学，使民族文物陈列坠入无效和可怜的境地。这种陈列仅能在参观者的心里引起对于某些古老物品的局部的兴趣，但不能让他得到关于陈列对象的科学知识。苏联民族学进行着关于各民族文化与生活中所表现的全部民族特点的研究；苏联民族学的成绩也在于它不像旧的资产阶级民族学把注意力集中在农民的研究上，并没有把某一个社会主义民族的工人阶级排斥于研究对象之外。

一句话，博物馆的民族文物陈列虽然和民族学专著、论文和书籍有所区别，但它不可能离开苏联民族科学而在单独的理论道路上发展。相反地，民族文物陈列只能在它依据着苏联民族学的重要理论的时候，才能成为科学的东西。

最后，在解决民族文物陈列的问题时，我们应该依靠多年以来苏联许多博物馆工作者，关于各种各样的民族文物陈列中所积累的经验。毫无问题，在讨论的过程中，这种经验必然会充分地表现出来。所以，我们已有了基本的材料，使我们不仅能开始研究这个问题，而且可以着手解决这个问题。

为了确定民族文物陈列的基本原则，首先需要从我们苏联博物馆这个科学普及机关所面临的任务出发。我们苏联博物馆和旧的、革命前的博物馆有根本上的区别；这首先表现在旧日的博物馆中的收藏是偶然搜集的陈列品。陈列的说明价值低，因为没有把它作为历史资料来研究。苏联博物馆，在辩证唯物论方法的基础上，根据确定的科学计划，进行着搜集和研究。这样，我们的博物馆有可能用不同的方式进行关于陈列的说明工作，例如，在它自己的科学出版物中发表所搜集的和研究过的资料。因此，我们的博物馆体现为有力的科学和政治普及宣传的群众教育机构。这一方面是指专门的民族博物馆，另一方面是指地志博物馆中民族文物陈列应该是整个陈列的组成部分。我们博物馆的中心任务就是进行教育工作，促进科学共产主义世界观的建立，克服苏联人意识中的资本主义残余，巩固和发展苏维埃爱国主义，对人民和政府的敬爱和忠诚，动员苏联公民进一步为共产主义建设而斗争。所以，民族文物陈列首要的、基本原则就是严格的科学性；它应该贯穿着布尔什维克的思想性，须具有敏锐的政治性和教育性，并容易为人所了解。正是思想内容，才是确定一个陈列的质量的主要标准。任何一个陈列品，不论它如何清晰和有价值，如果不联系着深刻的思想内容，就不能保证我们的陈列达到一定的质量。陈列的艺术形式应该服从于内容。在科学内容一方面，民族文物陈列应该依靠马列主义经典著作中奠基的科学理论和原则，这就是苏共（布）党中央关于思想问题的历史性决议作为基础的理论与原则。

在苏联博物馆中不应使用旧式的、偶然性的陈列提纲；在那种陈列的内容中所反映的往往是反科学的、资产阶级的观点（例如，种族主义理论、文化圈理论、文化起源理论）。在苏联博物馆中不应该容忍脱离某一民族的总的历史和历史文化，不顾反映在文物和民族生活中的社会经济情况的纯文物学的陈列；为了文物而爱惜文物，不揭示它反映民族发展一定阶段的民族文化遗物的本质，不说明这种发展的特征，这种情况在苏联博物馆学家中间是不能容忍的。对于陈列采取这样的态度是反科学的、形式主义的。

不言而喻，民族文物陈列应该具有它的科学特征，例如，它应该和某一民族历史问题的历史性陈列法有所区别。民族文物陈列应该表现并解释那些作为民族科学对象的社会现象的特殊性。斯大林在他的著作《马克思主义与语言学问题》中指出了社会现象"有着自己专门的特点，这些专门的特点使社会现象互相区别，而且这些专门特点对于科学最为重要"[1]。谈到语言的特点，斯大林强调指出："这些特点仅仅是语言所特有，而且因为它仅仅是语言所特有的，所以语言才是独立科学（语言学）的对象。如果没有语言的这些特点，语言学就丧失独立存在的权利。"[2] 大家知道，民族学是关于民族的科学，研究民族文化与生活的科学。历史科学也在研究民族；民族学和历史科学的不同在于民族学研究每个民族生活中的特点；这些特点作为文化与生活的标志使一个民族区别于其他民族。这样确定民族学特点，对于苏联民族科学提出了很现实的任务，这句话在斯大林1948年4月7日在宴请芬兰代表团的宴会上所作的演说中找到了证明。在那里他说道："苏维埃人认为：每一个民族，不论其大小，都有它自己的、只属于它而为其他民族所没有的本质上的特点、特殊性。这些特点便是每一个民族在世界文化共同宝库中所增添的贡献，补充了它，丰富了它。"[3]

如是，民族文物陈列应该通过区别某一民族和其他民族的民族特点来说明这个民族的文化生活，说

① 斯大林：《马克思主义与语言学问题》，人民出版社1953年版，第35页。——原文注
② 斯大林：《马克思主义与语言学问题》，人民出版社1953年版，第35页。——原文注
③ 斯大林：《马克思主义与民族、殖民地问题》，人民出版社版，第381页。——原文注

明它的民族文化与生活的特殊性。自然，通过民族特点表现一个民族的文化与生活应该是历史性的，因为民族学对于社会现象的研究基本是从各种科学所必具的历史观点出发的。

苏联民族文物博物馆学家早已认识到民族志陈列的唯一科学方法就是历史性的表现方法，就是以历史唯物主义的观点来解释民族学事实和现象的方法。苏联的研究者知道，每种民族学现象有它的历史，而且不是孤立的历史，相反，它是和周围的现象有联系的。每种民族学现象的产生、存在和消亡是在这样的条件之下发生的，即由历史所确定的一定的时代，始终在一定的历史环境以内，在一定的历史情况之下。从这里当然可以推断，我们不只可能表现区别各民族的东西，而且也能够表现不同民族之间，在文化与生活方面所存在的许多共同的特点。这种共同的特点，一方面是由共同的来源和历史生活以及部落与民族之间的密切的文化联系所产生的，另一方面，是由苏联民族在共产主义建设中的共同任务和苏维埃国家制度条件下的共同生活所产生的。

历史主义（在它严格的科学意义之下）这就是苏联民族学家对博物馆陈列所提出的基本要求。在这里我们接触到了民族文物陈列的时代范围问题；那就是说陈列应该包括民族生活的那一个历史时代。一般来讲，应该在每次陈列中具体地解决这个问题。问题的解决取决于所存在的材料，搜集的内容，陈列的性质或类别。从原则来讲，必须按照该民族历史从古代到现代的几个时代来表现这个民族的文化与生活特点。特别希望中央和各共和国的民族博物馆做到这一点。不过这里也必须估计到革命前的博物馆给我们所留下的收藏和各种类别的物品以及其他科学资料的存在；必须估计到使我们有可能实现我们在上面所讲的，在方法上比较理想的那种民族文物陈列的材料的存在。

在我们各博物馆中，表现民族文化与生活的一般性民族文物陈列必然得表现两个历史时期，两个原则上完全不同的时代，革命前时代和现在的社会主义时代。在民族文物陈列中表现社会主义现代的必要性是由苏联民族学的科学本质所确定的。

民族文物陈列必须表现苏联各民族社会主义文化与生活的民族特殊性，它的民族形式。这对于民族文物陈列提出了重大的任务。依靠这个任务的胜利完成我们各博物馆所负的具有重大教育意义的政治理论方面和科学方面的任务才能获得完成。

在民族文物陈列中，如何表现一个民族文化与生活的现代状态有着头等重要的意义。在这方面，不能不强调下列的原则问题。为了表现苏联某一民族文化与生活的民族特点，不应该把民族文物陈列局限于以集体农庄农民的材料来表现这些特点。民族文物陈列应该表现这些特点在城市居民中，以及首要地，在工人中所起的作用，假如这些民族特点在这两种居民的生活中是存在着的。

不言而喻，表现我们苏联各民族高度的社会主义文化的特点具有很大的困难，特别是因为这些问题很少为人所研究。在表现工人生活情况的一方面这种困难最清楚；在这个问题的研究上，不论是从科学方法方面，或是从具体材料的搜集和了解方面，苏联民族学家刚刚作过初步的工作。很明显地，民族学家和地方志专家得尽快地和认真地决定进行这些问题的研究。

也不能默默地躲避物质和技术方面所存在的困难。问题在于我们民族高度发展的社会主义文化与生活早已超越博物馆的规模和范围以外；没有任何可能把它全部挤进去，而在很多情况下也不需要这样做。假如，为了表现革命前时代的任何一个落后民族的文化和生活的特点，一个博物馆工作者，可以随便地在一个普通的博物馆陈列柜中用人物模型来布置一个背着锄头的索尔族农夫，或者一个在覆盖着的原始窝棚中冰冻弯腰站着的埃文基渔夫，那么我们完全能够了解，不只是不可能，而且也没有必要以模型来表现一个现代索尔人，正如在现实生活中一样，坐在康拜因机上操纵着驾驶盘。或者，如果把革命前的俄罗斯农民的家——厨灶无烟囱的农家——内部陈设随便地排列入博物馆的大陈列柜中，那么你们在普通的博物馆中（我说的不是露天博物馆）就很难同样现实地表现俄罗斯集体农庄农民家庭的生活陈设——这是由许多房间组成的，布置着丰富家具的住所。但是，如果我们拿一个大工业中心的工人家庭生活作为例子——不论是俄罗斯人、阿捷尔拜疆人、乌克兰人、乌兹别克人、格鲁吉亚人、哈卡斯人——那么有什么可能只是用一个陈列柜，有时甚至用博物馆的整个陈列室来把这些全部布置进去呢？

不过，这些困难都不能作为理由，使我们拒绝表现某一苏联民族的集体农庄农民或工人现代文化与生活中的民族特点。这些困难仅仅要求每个博物馆根据实物和其他可用的资料实际地和具体地解决这个问题。在某些情况之下可以借助于照片；在他种情况之下可以借助于图画。将这种的陈列品与生活资料原物和适当的说明文字互相配合，这样反映民族特点的方法给我们创造了条件，来正确地表现陈列的内容。

一个民族的文化与生活特点的表现必须不是抽象的，不是作为纯粹陈列技术的对象，不是脱离真实生活的多样性，不是脱离人民的生活，而是以这一切为背景的。应该强调指出，要在一个民族文物陈列里表现民族文化与生活的特点，就不只是通过民族文物陈列的实物，而也是通过补充的、辅助的资料——说明文字、图片等——介绍民族文化与生活的一般水准，介绍它的历史生活中直接影响到文化与生活及其特点的重要事件，例如，在布置关于任何一个过去落后的西伯利亚民族的民族文物陈列时，难道能够在现阶段的部分躲避列宁和斯大林民族政策的问题，或在革命前阶段的部分躲避沙皇制度的殖民政策么？当然不可能。但是，必须记着，在民族文物陈列中这些是应该作为背景的，而不是具有独立的目的的。

换一句话说，陈列的主题是表现一个民族文化与生活的民族特性的，但不是可以抽象地，而得联系具体的历史条件表现这些独特性；那就是说，或是在列宁和斯大林民族政策的条件下，或是在沙皇制度的殖民政策下。因此，在这里苏联民族政策和沙皇制度的民族政策的问题不是在于阐明什么独立的主题，而是在于按陈列计划范围内，表现对民族文化与生活的形式发生着最大的影响的那些具体历史条件。

在民族文物陈列中布置革命前的阶段，首先要掌握列宁和斯大林关于阶级社会中每个民族具有两种文化的学说：真正人民的民主内容的文化和剥削阶级的文化；后者在任何情况之下也不可和真正的人民文化混淆起来。相应的说明和陈列中实物的布置须能明显地区别和反映这个文化，并着重指出民族的阶级区分。

同样，在布置一个阶段的民族文物陈列时有很重要的一点，就是要避免对民族文化有意的古代化，而我们可以说，直到最近，有很多民族学家还表现了这种倾向。醉心于奇异的古老资料，用它来布置陈列，并不费力而可以做得很精彩；这样很容易犯科学上和政治上的错误，并在表现某一民族的文化与生活时夸大其落后性，这样便歪曲了事实。同时，也不可以将某一民族革命前的文化与生活的特点加以理想化，而减少它的落后性。

必须牢记，并不是民族文化与生活的任何一个现象对陈列都有重大的价值。民族生活中有许多从外表来看华丽和鲜艳的现象，是由于沙皇制度下民族经济和文化的落后性产生的，而今天已完全绝迹了。我们记得阿尔泰族的"切格德克"——已婚妇女的服装——华丽而鲜艳夺目，豪华而笨重。在过去，这就是已婚妇女不论冬夏都必须穿的服装，虽然这衣服妨碍她的活动，阻碍她的行路和工作，使她感到极端的疲惫。她没有权利把它脱下来，也不可能改变传统的剪裁法，把它改得舒适一些。我们需要陈列这种服装；它对陈列有益，一方面因为它是吸引观众带装潢性的物品；另一方面因为它是用来表现阿尔泰族妇女在过去所处的困难地位的资料。这里应该强调指出，"切格德克"虽然是非常精彩的，阿尔泰妇女却并不喜爱它，不只是由于它的样式的不方便，而也是因为它象征着妇女从属于男子和他的亲属，象征着她无权的地位。一个博物馆可否在现代生活的情况下为这种服装作宣传，说这种服装是民族传统所创造的，从它的起源来看是具有人民性的呢？当然不可以，相反的，是必须解释这种民族服装的不良意义。

反之，如果文化与生活的民族形式能反映一定的民族经验，足以揭示一个民族的创造才能，这是与单纯的实用性质有区别的，并且关系着民族生活的现代情况；这种民族形式应该被强调为确实的文化遗产，应该妥为保存，并加以发扬（例如：住所的各种形式和其构成部分，工作服和最适宜于当地自然环境的日常服装，民族造型艺术的许多种类等）。

对于文物的展出采取这样积极的，而不是空想的、冷漠的态度，这应该是布置民族文物的各部分陈列的重要规则。最后，陈列序幕部分的内容与结构有其重大的意义；序幕部分应该使观众对于一个民族的聚居区、地理环境、起源和历史发展的主要阶段得到一个概念。这一部分应该是建立在不同材料上的。这里可以应用考古学和人类学的资料，文献材料和科学研究的摘录，地图、版画、照片等。在这里，阐明民族起源所不可缺少的民族文物资料可以用实物、用民族志地图和图表及有关的语录等。布置这样完全必要的一部分陈列，不是一个简单的任务；它的充分与否要取决于对某一民族各种问题的科学研究达到了什么程度，取决于有关资料的存在与否。

为了民族文物陈列的布置，有必要研究这些基本问题。同时还必须注意到，民族文物陈列的基本资料应该是表示民族特点的原物。通常，说明文、照片、地图、模型等，应该占辅助的地位，虽然这是很重要而不可缺少的一部分资料。

我们各博物馆所收藏的各民族文化与生活的遗物是有价值的民族财产，是国家的财产，有必要谨慎地保管，细心地研究，并以新的搜集丰富这个财产，特别是要搜集反映苏联民族文化与生活的民族特点的文物。但是首要的是：这个财产必须为人民服务，那就是说，使它与群众见面，利用它作科学概说，为了科学普及的目的而利用它。

我们必须学到掌握博物馆的富源，并努力使陈列里包括更多的文物，不可以畏惧文物，把有关革命前民族生活的资料深藏在仓库里，似乎它比现代苏联社会主义生活的文物更鲜艳，害怕陈列出来效果更大。对于陈列品的这种形式主义比较的观点与现代科学毫无共同之点。科学不怕任何事实，它知道如何解释这些事实。我们必须指出，旧生活的个别文物的鲜艳外表掩盖着劳动人民的贫困，掩盖着劳动群众对剥削者的依存关系和文化上极严重的落后性。相反地，在现代部分陈列材料中应该强调，只有现在，在社会主义文化与生活的基础上，人民群众才开始过着现代文化的与富裕的生活，社会主义的这种特点显示着物质与精神财产的富裕，各种财产的生产与创造是为了人民，为了人民的利益而进行的。

在专门的民族学博物馆里，不论是加盟共和国的（那里收藏着表现该共和国各民族文化与生活的文物），还是中央的（那里的藏品关系着苏联全部或大部分民族）陈列可以具有各种不同的主题。陈列的基本类型应该是从民族学观点来布置某一民族的文物。共和国的博物馆可以、也应该布置较详细的和较有系统的、广泛的民族文物陈列，在这样的陈列中，就是民族文化与生活的地方性的特点或其变体也可以强调指出。在中央博物馆里要尽量陈列较多的不同民族的文物，陈列应该较为扼要和紧密，有时把几个民族统一起来也是可以的（如伏尔加河流域的民族，北高加索民族等）。不过，当然在这样一个陈列中关于民族文物独特性的主导布置原则应该是分别叙述各民族。同时，在这些博物馆里可以、也希望布置主题较为窄狭的陈列，期限不必很长。这样的陈列可以深刻地和详细地表现某一民族集团或个别民族的主题。这样的陈列，在我们各中央民族学博物馆中早已举办过，并引起了观众的注意。属于这一类的有：现在在列宁格勒国立民族学博物馆所展出的"斯拉夫各民族的民间艺术与民族服装展览"和"中亚各民族的地毯织物展览"。这两个展览引起了观众的浓厚的兴趣，可以说是很需要的和很现实的。

地志博物馆中的民族文物陈列的性质应该适合于这个博物馆的特点。在不久以前，登载于《当前地志博物馆改造的任务》论文集中的专题论文所讨论的就是这类陈列；这个论文集是文化教育机关事务委员会的地志工作与博物馆工作科学研究所出版的。这篇有意思的论文对于如何在地志博物馆中用各种各样方式利用民族学资料的问题给了一些指示，并强调了实现民族文物陈列的首要原则：彻底的历史主义的必要性。不过这篇论文忽略了对于地志博物馆陈列非常重要的问题，即如何表现工人生活中的民族特点的问题，如果把这点补充上去，列文关于地志博物馆中民族文物陈列的这篇叙述就正确地确定了解决这个问题的方向。

有一种新型的民族学博物馆所采取的陈列方式很是特殊。这种博物馆陈列的大部分是体积很大的陈列品，它在户外陈列原状的住所和经营用的建筑，以及室内的生活陈设。这样一个博物馆已建立于拉脱维亚加盟共和国里加附近。现在考虑在莫斯科近郊科罗门斯克村组织一个类似的博物馆以表现俄罗斯民族文化与生活。在这类博物馆中各种民族学题材的陈列的机会很多，不过，很难设想，这种博物馆能得到广泛的推广。

与苏联民族学加紧发展的同时，在苏维埃各共和国、边区和省的地方性文化中心中组织民族志工作一事获得了极重大的意义。在这种情况下，在我们的博物馆中正确地布置民族文物陈列的工作应该起很大的作用。

（胡先晋译　原载《苏联民族学》杂志 1951 年第 2 期，
转载《民族问题译丛》民族学专辑）

莱比锡民族学博物馆八十五周年

德意志民主共和国　A·赖门

在我们这个世纪的最初几年，当时还在童年的本文作者，就时常怀着一种难以描写的好奇、敬畏和无限崇敬的心情走进当时叫作莱比锡国王广场上的华丽建筑，在这建筑的正面写着："格拉西博物馆"，它是民族学、地理学和工艺美术三个博物馆紧密结成的统一体。我所以说敬畏，是因为走进里面去的人在穿堂前室就看到了对面立着的两个巨大的日本式木刻——兽面看门人，然后是高耸到屋顶的舞蹈时用的巨型脸谱，仿阿芝特克族人的石刻和非洲东部的木刻，使人预感到屋子里有种种宝藏在等待着参观者。一件件新奇的经历，使半世纪后叙述和这座建筑有关史实的作者，不像一个没有经历八十五年中那些节日场面的人那样，仅仅使用一些枯燥的统计、单调的日期和数目字，而是用生动的文字，充满着喜爱和崇敬的心情，来对待在这建筑中保管过的文物，进行过的工作，多年来共事的人们以及他们的思想意识，他们中的前辈和他们的继承者。F·克劳斯教授在大战后期和战后最初几年中，细致而审慎地搜集到的报导、年报、文卷、讲演稿和各方面的资料补充了作者本人的经历和观察，也是这篇在德国仅居第二位的民族学博物馆编年史的主要资料来源。

近代博物馆的基础奠定在文艺复兴时代，那时，麦第加人的古人像是历史和审美观点上最珍贵的文物。但在十六世纪后半期，幼稚病还没有得到克服，幼稚病是收藏狂的出发点，也是博物馆的推动力量。这种狂热可能有健康的核心，我们要感谢纯粹属于收藏方面的努力，由于这种努力，很多仅有的珍品和很多关于自然和神鬼故事方面的稀有证据得以保存下来，我们同样感谢它保留下来的许多有关世界发展的理论和实践方面的凭据。自然，欧洲的公侯所创设的那些"艺术和珍品收藏室"只是建筑在平民身上的财富，而且，被收集到博物馆来的东西不完全都是以合法的方式取得的。其次，这些珍品收藏室对人民是不开放的；当研究这方面的学者不能被列为主人的座上客时，要想发展成为一门科学是不容易的。

珍藏在这些收藏室内的宝物并不总是因为它们在美术、历史、教育或文化方面有价值，而是因为它们稀有和不常见，这些组织的管理人很少想到要提供历史背景、证据、研究资料和文件，而只是多方面去征集珍奇的、难以解释和不可理解的声西①。人们开始试行分类，但当时仅仅按照C·F·尼基列斯在1727年所著的《博物学——博物储藏室或珍品收藏室的正确概念和实用布置方法入门》一书中所进行的那样，把物品分为"天然品，即自然界天生的产物，和人造品，即通过人工制成的产品"。当时还谈不到能为观察、教育或深入的科学研究服务的、具有广泛而重大意义的分类基础。

但这种情况没有继续很久，由于审美观点的进一步受到强调，更由于美术博物馆和画廊在公开开放和科学论证方面加强了责任感，对艺术收藏起了推动作用。意大利和法兰西人早在十七世纪就开始了收

---

① J·希洛赛：《文艺复兴时代后期的艺术和珍品收藏室》（工艺美术论文11卷）莱比锡1908，第5页。——原文注

集工作。1663 年法国艺术学院的成员讨论了卢佛宫①展出的艺术品。1753 年曾经漫游西印度群岛并描述了该地的植物界和动物界的英国旅行家和自然科学家 H·斯龙爵士在英国去世。他收藏的自然标本和图书成为四年后建成的英国博物馆的基础。法国革命使博物馆和画廊向人民开放。这样，博物馆才第一次有了它真正的目的，向着扩大影响的方向发展。

虽然 K·勃盖史密斯曾在他的名作《文化史》（瑞士苏黎世 1948 年第二版，第 5 页）中这样写道："在早期的石器时代，在火堆边含笑呼唤着本族人，讲述邻近游荡民族的荒诞可笑风俗的人们，在一定意义上是民族学，也就是种族描写的祖先"；但，作为一个科学概念，民族学在十八世纪转入十九世纪的时候，还是完全不存在的。民族学作为一门科学，研究各民族的物质文化和精神文化，还是在十九世纪才开始的。当时的缺点是，很多民族学的珍奇收藏只引起了惊奇和感叹，却没有唤起求知的欲望。

民族学由于它在历史和心理观点上的价值，我们可以把它认作一门人文科学；另外，由于民族学的文献不仅是思想的产物，也是从整个世界得来的自然产物，因而它也是一门自然科学。这个见解和 O·李希德的恰巧相反②。但可以举出这样一个强有力的例证：椰子壳做成的喝水杯终究是不会在北极区发现的。周围世界总是，如果不建设文化，就破坏文化，从来不会对文化毫无影响。李希德的提法大部分是在殖民地时代发展起来的，因此有很多方面已很陈旧。他还谈到遭到 K·浮勒反对，又为 G·罗洛夫希尔在他所作《博物院工作辅助资料》中驳倒的排除收集欧洲物品的主张。但应当肯定，李希德提出的有关博物馆的组织和技术方面的东西今天还是有效的。

1839 年 8 月 23 日在哲学家和自然科学家 W·F·爱德华（1777～1842）的主持下召开了巴黎民族学学会的第一次会议，1842 年英国和美国也接着建立了相当的组织。我们在这里没有提到叙述人类从野兽到现在必须经过的发展阶段的 A·康德的实证主义哲学（1830～1842），也没有提到达尔文的进化论（1859），二者帮助 H·史宾塞在 1867 年得出人类群居的理论和结论，为民族学博物馆准备了基础。从事调查工作的旅行家热情地收集着最初的民族学博物馆的物品，这第一批收集品和珍品收藏室内同类的东西一起被保存下来，它们具有重要的和无可比拟的价值。在此之后，真实的民族学的科学物证随着时间空间逐渐愈来愈多地受到陈旧的"文化"给与它们的变型、折磨、伪造、浊化和消灭。这个过程在世界的某些部分比其他部分要来得快，但总的看来，民族学博物馆的物品仍然在为考古学提供不断的论证。不论它们的作用已否为人所熟知，或经过评价，我将把它们收集在一起。

还在上一世纪的二十年代，法兰西的地理学家 E·F·约玛，为了说明不同的文化发展阶段，就开始收集标本。1841 年丹麦人 C·J·汤姆生（1788～1865）在哥本哈根建立了世界上第一所民族学博物馆，它是以考古观点作为前提的③。该博物馆现已并入丹麦国立博物院④，作为它的一个专门部门。在那些伟大的从事调查工作的旅行家和收藏家中突出的有 P·F·冯西博（1843 年和约玛建立通讯关系），G·克雷姆（1845），尤其是布勒门市的医生 A·培斯兴（1826～1925，后来成为柏林民族学博物馆⑤的创办人和馆长），他们都是努力于博物馆的创办的。培斯兴是一个有远大目光的人。他在遍及世界的大规模旅行中，通过亲身的观察得到了广泛的知识，把成批的民族学文物携回欧洲。由于当时的混乱，他的后期作品很难读到，有些已经失传了。

---

① 现多称"卢浮宫"。
② 《民族学博物馆的理论和实际任务》，博物馆学第 Ⅱ 卷柏林 1906 年版第 191 页。——原文注
③ 3·O·洪堡：《博物馆学》，布雷斯劳 1924 年版第 30 页将成立年份指为 1849 年。——原文注
④ 原建筑是 18 世纪丹麦王子的住所，始建于 1807 年，是丹麦最大的博物馆。
⑤ 建于 1873 年，收藏了全球各民族的生活物品，记录了各民族的历史与现状。

当时从事调查工作的旅行家和收藏家主要是一些科学家和医务工作者，而史学家（其中值得注意的有 M·海列区）则居于次要地位。但上面提到的 G·克雷姆是个例外，他是一个德累斯登①的图书馆工作者，如果没有他的收藏，莱比锡就不可能建立起这富有传统的民族学博物馆。"在成批的收藏品中，有条有理地组合成反映各个民族从上古到现代的各种自然和文化史的物品"，为了实现这个目的，他并且征募了必需的经费。

G·克雷姆 1802 年生于萨克森的刻姆尼斯城，1821～1825 年在莱比锡学习中古史和文化史，1825 年在耶拿城毕业，论文的题目是《建立图书馆最适宜的方法》，论文本身就标志出他是一个从少年起就从事于收集、分类和整理的人，② 他先是致力于收集国内古代的和历史文物，不久扩展到收集各个不同民族的文物。他的收藏工作在同时代中很为突出，他的收集范围很广，在他所作的《科学和文化收集工作的故事》一书中描写了这一发展的经过。在八十年代他就收藏了：图书 323 册、手稿 82 种、地图 87 张、铜版雕刻 452 张、地球仪一个、自然标本和手工艺品一批。收藏装满了作者的小房间。全部珍藏都编了目录，整理得井井有条。例如，收藏中有一个早先在莱比锡宝琳教堂的圣安娜像和一座来自十三世纪萨克森乡村教堂的十字架。1833 年克雷姆担任王宫磁器收藏和德累斯登日本王宫图书馆的领导工作，五年之后，曾经去意大利旅行。

这位狂热的收藏家于 1840 年建立了他私人的博物馆，收藏总共有 1257 种，因为限于经济力量，无法经营，只得要求萨克森当局收购，国王并不反对取得这批收藏，但国王的名誉参议哈斯和冯罗默只把它估价为 530 银币，因而使交易失败③。克雷姆没有因此而动摇他的收藏兴趣。他开始搜罗各民族的珍奇，在这以前他的少数北美洲和南海的物品只是用来作比较的。他在哥尼斯堡街为这些珍品找到一座房子。在一本题为《一个种族文化博物馆的幻想》的小册子中（德累斯登 1843 年版），他写出了《他对一座文化历史博物馆的陈列和内容的见解》。在这本小册子里，他不仅把考古和民族学部分放到特殊重要的地位，更主要的是警告那种认为研究博物馆藏品是为了"保存过时的和死去的宝藏"的看法，并提出要把它看成"一种有机的学识"。他也提出了全面布置陈列的意见，但那些今天已不重要了。他的收藏是多方面的，从四面布制的鼓（1675 年曾由希弗④谈到过）开始，有新西兰的棒槌，东加群岛举行仪式时用的斧子，"一个新西兰人头，有黑色长发，发光的牙齿，面上刻有极为丰富多彩的花纹"，秘鲁的木乃伊，直到来自萨拉拓和苏立南的物品。莫斯科大学曾对克雷姆的收藏发生很大的兴趣，但他"为了保证德累斯登城的所有权"，拒绝了对方提出的 20000 银币的条件，在他看来"经过许多周密、繁重而细致的工作收集起来的物品，对于一个皇家历史博物馆的价值，是它所达到的价格所不可比拟的"。海列区接着列举出克雷姆从西班牙、埃及和日本收集的贵重物品。特别重要的是克雷姆 1857 年从俄国亲王那里作为赠予求来的一批俄罗斯藏品，其中包括哥萨克、土库曼、摩尔达维亚、乌兹别克、楚瓦什、塔塔尔等民族的东西。

克雷姆在 1861 年双目几乎完全失明，其后，在 1867 年 8 月 25 日逝世。他在最后的几年里也收集了一些"遗物"：玛利亚德利撒女皇的鞋子、拿破仑的钢笔杆、库赛尔伯爵的一幅床帷和很多别的东西，这么一来，中止了他的收藏的科学价值。文章在叙述克雷姆和他的收藏时可能有些过火，但正因为这一

---

① 现多称"德累斯顿"。

② M·海列区：《G·克雷姆和他的历史文物》——"文化和种族"，慕尼黑，1939 年版，第 305 页。下面的有关克雷姆的资料即取于此。1896 年 9 月 2 日《莱比锡日报》登载过一篇几乎不为人所知的克雷姆传记。——原文注

③ 海列区：同文第 310 页。——原文注

④ 海列区：同文第 312 页。——原文注

私人博物馆是我们莱比锡博物馆的胚芽，这种做法是易于了解的。

克雷姆去世后，他的儿子 J·G·克雷姆打算出售这批收藏。伦敦的英国博物院在 1868 年购去德国古物部分，莱比锡大学由于对收藏的科学价值未能取得一致意见，未能收购它的其余部分。在专家意见报告中乌脱克教授大为赞扬，他认为这个新的博物馆会比大学的其他博物馆更受欢迎，从教学观点出发，这批藏品对于民族学、古物学和文化史方面的讲授也是极为重要的；荷佛贝克教授却贬低它的重要性，认为它的缺点：一方面是收藏很不全面，另一方面是，收藏中有一部分本身的价格很高，但对于大学却没有价值或用不到。

这批收藏最后终于来到莱比锡是由于以下几个人的努力。他们是赛特尔教授、乌脱克教授，特别是莱比锡的医生，医学博士 H·渥勃司脱。渥勃司脱深深认识到这一门新兴的人种学的科学性质和民族学及古代史的发展意义。他就是后来的莱比锡民族学博物馆的创办人和第一任馆长。这个研究组织后来也成为世界上一个享有崇高科学声誉的单位。民族学博物馆的创设和莱比锡的其它许多公开组织一样。要归功于莱比锡市民的牺牲精神和莱比锡市当局的远见。经过一个较短时期的酝酿，由 H·渥勃司脱组成一个委员会，委员会的任务是，通过自由捐款，扩大克雷姆的收集范围，然后并入大学，把它发展成为一所民族学博物馆。参加委员会的成员有 38 个莱比锡的知名人士。1869 年 11 月 24 日委员会在莱比锡日报上发表了这样一则启事："为取得已故名誉参议克雷姆博士的文化历史收藏，并创设一座综合性人种学博物馆筹募资金"。启事立即得到其他德国日报的响应。募款的目的一方面固然是为了能使收藏用于科学研究，同时也为了防止这个收藏流失到国外去。劝募工作进行得很顺利，最后并向英国博物馆[①]交涉买回原来的德国古物部分的藏品。这一批德国古物终于在 1870 年战争爆发后不久运到莱比锡。

对于任何一个博物馆或动物园来说，藏品的科学保存比陈列要重要得多。从收藏本身看来，这好像是很奇怪的提法，并且不为人们所注意。但从对一个研究机构影响的深度和广度来看，物品的陈列和保存是同样重要的。对不同性质的博物馆应该有不同的看法；对工艺美术博物馆，应当从个别陈列品的美观、手工精细和它的吸引力方面评价，但是一个地方历史性质的博物馆，就要展出一些不一定十分美观，但富有民族性，并能反映一种民族的文化的物品，也许是一条原始的围裙，一把平常的汤勺，一根褪了色的长戟，因为一个民族的文化是以它的全部产品和有交换价值的物品作为一个整体来观察的。首先应该使莱比锡民族学博物馆成立起来；但当时还没有作为馆址的建筑，最初的基金小得不能满足这样的要求。莱比锡博物馆八十五年来经历的发展过程很顺利，是从小规模开始，逐步发展成一个规模极大的收藏，虽然经过了第二次世界大战中的巨大轰炸，到今天仍然存在着。现在博物馆的第五幢房子马上就要建成了。回顾开始时如何因为地方不够而一层层陈列在一起，后来又如何改成密连着的玻璃柜，装着几乎无法看完的展品，以及到这个世纪开始，为了能提供全面概念又如何在数目众多的藏品中进行精明的选择，所有这一切都是饶有兴趣的。莱比锡的民族学博物馆在欧洲大陆上是一个创举（1868 年柏林的"新博物馆"的艺术陈列室里有很多民族文物，但这只是在后来才组织成功一所独立的民族学博物馆），自然在很多方面会犯幼稚病的。

劝募资金启事中提到的是一所"人种学博物馆"。"民族学"和"人种学"二个概念在科学上的混淆是因为 1856 年出版[②]和为人们所谈论的 A·雷齐所写的人种方面的《世界民族概念》那篇文章，在译成英文时译成"民族学"而来的。T·惠滋所著：《自然民族的人种学》（1～6 卷，莱比锡 1859～1871

---

① 现多称"大英博物馆"或"不列颠博物馆"，成立于 1753 年。
② 载于《瑞典自然研究》7 卷，68～108 页，1856 年版。——原文注

年出版，后两卷与 G·盖兰合著）叙述了到那时为止在文学上已肯定下来的民族学方面的观点。惠滋在他的引言中写道："人种学的第四个任务是民族学，它研究各个民族之间的关系和民族本身"。我们今天所指的民族学是"自然人种学"。因此，"人种学博物馆"所表达的概念是不限制在人种学的物质方面的。

　　H·渥勃司脱博士 1837 年生于莱比锡，1863 年得到医学博士学位，他是一位戏院的医生，天赋爱好音乐、艺术、文学以及国家各个方面的文化活动。当他 1867 年要求参加北极研究旅行，1868 年要求参加奥地利到亚洲东部的研究旅行遭到拒绝之后，他以为自己的一生就此完了。1869 年年底，他得知德累斯登名誉参议 G·克雷姆收藏的事，11 月 1 日在他的日记上写道："取得克雷姆的收藏，用来创设一所综合性的国际人种学博物馆占据了我的全部时间，把我的思路从原来的事物引开了，使我能以自由地呼吸。"三天之后，他又写道："实现一所综合性人种学博物馆的计划占去了我的一切时间，全部思想和思路，使我抛弃一切其它事物。"12 月 4 日又写："现在我要为工作而生活。是它使我复原了；我一定要为它工作。"他为莱比锡民族学博物馆工作了 36 年，为它打下了一个进一步建设的基础。这自然不仅是为了一时的快意。

　　人们从渥勃司脱所写的为数不多的科学论文中找到他对各方面的主张。应当感谢他的多方面的不倦的创造力，他奠定了设计委员会的基础，1871 年他作为博物馆的支持者创设了"德国中央民族学博物馆协会"，1873 年改名为"莱比锡民族学博物馆协会"。渥勃司脱的艺术和天赋使他作出了巨大的成绩。他领导博物馆进取心很强，他不仅保管着藏品，并且通过个人交往或函件不断地加以补充和扩大。渥勃司脱的同代人描写他，坚毅、有耐性，不倦于创造，不怕困难。他虽没有巨大的专门著作——他一生中有 40 年沾染疾病，但他在一生工作中的经验和管理方法，以及他的博物馆工作，使他获得教授头衔，他被提名为巴黎印度支那研究院通讯院士、法兰西研究院成员、莫斯科皇家科学人种学民族学之友学会名誉会员、佛罗稜萨城意大利人种学和民族学学会通讯会员。他担任博物馆董事会主席团书记长职务直至 1874 年。1875～1883 年任协会的第一副主席（主席是教授柳加博士）。1883 年之后，就任馆长。1906 年 5 月 16 日在长期卧病之后逝世。

　　克雷姆的收藏运到莱比锡时，产生了不易解决的保管问题。开始把它存放在作化学实验用的那座楼房里，但那里不能久存，并且也无法陈列出来。莱比锡市参议会起先并未看到博物馆的价值，否则会对这批收藏给予更多的支持的。参议会和约翰医院的关系很快解决了这个问题。用很少租金租下了德累斯登街约翰医院二楼（几乎就在今天博物馆址的同一地点）作陈列室。但这几乎就是市参议会所作的一切了。必须说明，在八十五年的过程中，博物馆和市当局的关系并不是一直很好的，市政当局的官员，包括市长在内，虽不全一样，但有很多在过去的年代里很少来博物馆。很多博物馆领导人向市政当局提出的要求和申请都没有得到重视，直到博物馆转为国有后，这种现象才有所改变。

　　1873 年收藏品终于在装配和谐的展览室中陈列起来，陈列从最初起就是以争取最多的观众、为最多的人服务为宗旨的。1871 年 8 月 3 日上面提到过的协会成立，1874 年 6 月 7 日最后确定将博物馆定名为"莱比锡民族学博物馆"，没有另外举行庆祝仪式，就正式对外开放。值得一提的是，当时的博物馆只在星期日和假日 10～14 时，以及星期二、四 11～14 时开放，非会员收门票五角，这在很大程度上限制了扩大影响的作用。开放时间以外的参观费当时规定为银币一元。

　　可惜的是藏品的头一次陈列情况没有图式，至少至今尚未得知有图式记载，因而我们无从知道这些物品是以怎样的形式展出的，不知道对防止污损和虫害是否有足够的保护措拖。但不论怎样，它们是按照克雷姆的基本原则陈列的，也就是按照物品的分类和历史发展的先后次序进行排列。此后在 1878 年进行过一次根本的改陈，按民族分类展出；这种排列法以后一直被保存下来，没有重大变化，同时这也为博物馆的新建筑作好准备。民族学作为一门科学之能有今天的进展，首先是因为当时那样的一个陈列有了正确的方针，另外还准备设立一个目的在于比较的陈列室。在民族学的陈列中所展出的从来不应该是隔绝的或有界限的文化，也不应像商业上所显示的那种进化过程。这样一个民族学的或综合性的陈列室一直在筹备，但可惜没能建立起来。它的长期筹备而一直未能实现是由于这样一种情况，民族学博物馆从最初为自己建筑馆舍起，一直是和工艺美术博物馆合用的。晚四年成立的工艺美术博物馆按其内容和我们的博物馆并非不相关联，但工艺美术博物馆在初期是和莱比锡模范市场在一起的，它和市场虽然在宗旨上各不相关，但却一直占用建筑中较多的房间，这些曾经受到 K·浮勒注意的陈列室，由于世纪之初市政管理当局决定完全用于交易而停止使用。因此综合陈列室之未能实现完全不是由于馆长对它的忽视。莱比锡博物馆对此从未放松过，一直不断争取计划的实现，它在各个阶段举办过很多的专门展览，说明了许多有关民族学的问题。

渥勃司脱出发到维也纳去收集世界博览会的展品，以充实克雷姆的收藏。他从那里带回很多国外的珍奇和贵重礼品，并且没有付出原来准备付的代价。此后继续对博物馆进行捐助的有柏林王家博物馆总管理处、莫斯科人种学和民族学协会、来丁（荷兰）民族学博物馆、华盛顿斯密苏宁学院和许多外国的外交人员，这对以后的工作很是有利。这个新成立的研究机构也特别得到萨克森国王约翰在物质上和精神上的支持。礼品中有很多原始时代的物品，还有木乃伊、秘鲁的物品、精彩的日本物品，有一辆日本妇女乘坐的华丽车子，中国的乐器、罗马尼亚民间艺术品和很多其他东西。作为珍品和特殊的当代文件中有"莱茵河的守望"的夏威夷文译本。民族学的界限当时还没有确定，否则在礼品中不会有席勒的假面具和一片"按照巴黎被围时那样方法烘制的面包"。1874 年的礼品清单中，和磁器在一起的也有棍棒，还有"1849 年和飞船'克立斯兴八世'号一起飞上天空，并在爱根湾沙中被发现"的一把荷兰船长用的海上指挥刀，和一支"希拉印第安人的箭，这是由希拉印第安人的妻子所作，箭头上还带着血"。

渥勃司脱是一个有计谋的人。他想出一个好办法，在世界各地聘请一批"全权代表"。全权代表虽只是一种私人组织，一个协会，但它的支持人名单中有萨克森国王约翰，和他的继承者国王亚尔培，这些全权代表在收集竞赛中的热忱是令人惊讶的。全权代表中有外交家、科学家、资本家、从事调查工作的旅行家、技术人员和工程师，分布在欧洲各国和海外，他们都是经过审慎挑选的，这些人都愿意负责为博物馆采购物品或赠送礼品。莱比锡博物馆从这些代表处取得的文物是馆藏的基础。

按照当时的习惯，1875 年 5 月 29 日萨克森国王亚尔培的来访，是一件特别重要的事件，国王赠给博物馆巨额资金。但从后来作为一个研究机构来看，更重要的是博物馆那时已和大学建立了关系。有关人种学和上古史的讲课都在博物馆里进行，"为此并建造了一间大讲堂"（1875），那时还在冬季开办科学讲演。和已经成立的工艺美术博物馆也建立了一定的关系，并且分了工，规定工艺美术博物馆收集"动机在于审美和表现技巧"方面的物品，而我们博物馆的收集工作则从历史和民族学观点出发。用一切现代的科学原则来观察事物的发展，并采用了比较研究的方法①。分工的同时还提出，莱比锡博物馆应当是第一批"比较民族学"藏品的收藏所。这样安排是合适的，追溯到克雷姆的收藏，也是建立在这个观点上的。前面已经提到，用这种陈列方法展览藏品的局面，没有继续很久。后来改按地理区域分类，一直保留到今天。这个按地理分类的方法，有时在档案、目录和索引工作中也会发生问题——这在后文中还要谈到，譬如，非洲的幻灯片从四个方向来区别，而物品中也有中非洲一类。旧德国殖民地喀

---

① 《莱比锡民族学博物馆第三次报告》，1875 年，第 4 页。——原文注

麦隆在幻灯片和底片上写在 Afw（非洲西）下面，在藏品卡中列在 Maf（中非洲）内。而在图书馆，Afw
又变为 Waf，但喀麦隆也有 κa 这符号，此外符号 Ba 在非洲部分也用得很乱。这些分类法虽因后来分得
过细而失去原来的概念，但仍然是早期工作开展的成绩，在短时期后就取得了一致，进行了妥善的
整理。

博物馆发展的速度很惊人。它又收到另一批赠品，这些赠品可以进一步利用，也可出售。例如，
1875 年的一批从拿破仑一世起到 1848 年的漫画。博物馆在日本的特命全权代表 H·冯西博向日本的名
学者、贵族和手工艺者征集，得到很不寻常的成绩。R·希密特的收藏（萨克森国王的一批赠品）对非
洲西部的文化提供了内容极为丰富的概念。著名的汉堡动物商人 K·海京伯赠送多次东西给博物馆，其
中最为突出的是汉堡 J·E·G·恩劳夫的数在 1000 种以上的南海和非洲收藏，赠送者"一个不愿题名的
人"①。1877 年国王送给博物馆一批 J·A·狄德曼的珍贵的爪哇收藏，包括武器、傀儡和容器。此外古
代的、罗马的和高原的收藏品也大大增加。无怪展览场所在各方面都感到不足。这样在 1876 年召集的董
事会上提出每年以现金结存的 10% 作为建筑基金。10% 的意义虽然只像滴在热石头上的一滴水，但造房
子的信念却不再动摇了。"现在我们最迫切的需要是建造一座博物馆的馆舍，以便适应我们的藏品，适
应我们的市容，适应科学，我们当为此工作"。

来自赠予和采购的物品中最值得注意的有：来自上海的稀有的中国铜器、古代的瓷器和景泰蓝、F·来
喜的收藏（中国乐器）和上面提到过的汉堡的 J·F·G·恩劳夫的收藏。1877 年用上述收集品举办了一次
专门性的展览，并在那年第一次将展品试作了根本性的改陈。人们走进一个"民族学展览"时，已能看
到陈列品全部放在宽敞而光线充足的展览室里，并且能够表现完整的概念，1878 年东京的"德国东亚自
然和民族学学会"将它的庞大收藏转拨给博物馆；从在巴黎举行的世界博览会中收集到很多澳洲物品，
研究非洲的专家 G·希温浮斯的赠品丰富了非洲部分的收藏，波恩范尔登博士的秘鲁古文物（1881）、
汉会的巴太克收藏（1883 的符号是 AaTTa），H·曼易的菲列宾②收藏、P·冯马伦道夫的朝鲜收藏、苏
尧在加蓬的收藏和许多来自其他方面的赠品。

1876 年以后讲演会开始对广大听众公开，演讲中医学博士普乐士的"不同民族的吸烟和闻鼻烟的习
惯"是在辅以展示不同民族的烟袋下进行的。当时讲演的报导方式和今天不同，是在莱比锡日报上刊载
百余行报导文章——这是报纸进行文化宣传的一种方式，报纸本身也因而得到声誉。

1879 年博物馆有意识地暂时停止收集工作，"以便整理内部"。董事 K·K·诺脱霍夫和编辑 R·奥
勃兰德（二人都是秘书）编成一本财产目录，这里要特别指出的是，这目录不是什么科学地编目成果，
而是纯商业性质的陈述，好像一个展览会的年终结算。1879 年 10 月 31 日的目录内有 9945 个编号，这
个数字只表示物品的种类，论件数比这数字要多得多。收藏中有一部分还不能进行编目，它们有的还压
在箱子里，有的因受展览面积限制未能陈列出来。在这以前，即使是渥勃司脱本人也没有对自己的收集
工作作过科学的研究。在当时，收藏的价值已在以"几乎是几何速度"不断增加③。1881 年陈列品的估
值是 300000 马克。

高价的珍贵物品接连不断的到馆，几乎使原来不感兴趣的市参议会引起轩然大波，纠纷甚至越出国
境。例如，国外的访问者，佛罗稜萨城的 E·H·吉格列奥教授，在一篇论文中提出他的看法，1882 年
6 月 17 日的《莱比锡日报》将它译载出来："在科学中心和一个最重要大学的所在地，在出书最多的莱

---

① 《莱比锡民族学博物馆第四次报告》，第 5 页，1876 年。——原文注
② "菲律宾"。
③ 《第 7 次报告》，1879 年版，第 4 页。——原文注

比锡城，有着一批几乎被遗忘的极有价值的收藏，可耻地被存放在沾满尘土的破旧顶楼上——民族学博物馆"。

1881 年是博物馆历史上幸运的一年，市参议会决定从格拉西的遗产中拨出一百万马克，"建造一座堂皇的公共建筑，主要用来存放我们的藏品"。但当时的参议会工作效率极差，因而为博物馆建筑馆址还需要一段相当长的时间。博物馆在 1880 年的观众并不多；1882 年的数字（4～11 月为 1195 人）已被认为相当高了（1888 年只有 1021 人），因此博物馆的收入不能自给。当时博物馆规定的开放时间不包括星期日，因而也未曾照顾到广大劳动者的空余时间。

协会在 1883 年遭遇到一个重大危机。1883 年 5 月 27 日《莱比锡日报》的第 42 期副刊发表了一篇纪念博物馆成立十周年的文章，题目是：《论民族学博物馆的重要意义及十年来已经在莱比锡有成效地建成功这样一所博物馆》。可是博物馆的主席团和董事会却感觉自己无力继续负担博物馆不断增大的经费和名义上领导在大量增加着的工作。有人提出："如果市政当局不能解决经费问题，是否可以建议将协会解散，而为这些藏品另行找寻相当的关系？"这时常为报界叫做"冲突"的事件越来越严重，当时柏林的讽刺刊物《丑角》在 1883 年 6 月 10 日的一期中说道，"冲突"一直延续了 15 个月。因为使用格拉西遗产的先决条件是市政当局必须无偿地供给建筑基地。幽默的《丑角》提到这一点时说：一座这样的博物馆只需要"厕所"那样大的房子，旁边有些空地就行了，还附上一幅有趣的插图作为说明。但市参议会，尤其是大学当局，终于考虑到失去这些和莱比锡有着密切关连的有科学价值的收藏，会给自己的名声带来多大损失，因而决定给博物馆以经济上的支持。建筑设计并没有立即进行，（1884 年打算将新建筑造在音乐堂区域）新的管理方式还在研究中。1884 年 2 月 19 日会员特别会议解散董事会，同时把主席扩充到四人。渥勃司脱博士第一次以博物馆"馆长"身份参加了进去。这时博物馆仍旧没有合适的陈列室，而 1885 年到馆的藏品却超过已往任何一年：买到了汉堡高德弗劳博物馆的人种学和民族学部分藏品，这是一批无可比拟的南海收藏，包装成一百只箱子和包裹运至莱比锡。此外，得到李贝——苛恩的阿鲁巴岛和西新畿内亚①的收藏。从 A·和 P·杰可勃逊兄弟那里得到美国西北部印第安人的物品。但由于博物馆建筑基地问题没有解决，所有上述收藏，连同 1886 和 1887 年到馆的更多的物品（雷斯—史都勃的南美洲哥伦布前后各民族的文物、莱比锡动物园②创办人 E·品格脱的一批苏市城的小件收藏），只得仍旧留在箱子里。

1889 年博物馆终于租用了后来归大学所有（作为学生宿舍）的当时的骑士街书店市场。但是在那里仍不能设想把一切藏品全部陈列出来，仅仅举办了一些有巨大效果的专门展览。当回顾博物馆的 85 年历史时，人们必须肯定这些专门性质的展览，曾在各方面起到极为有效的作用，而且在当时的社会活动中占着重要的地位。

1891 年博物馆的馆址问题最后得到解决。根据市建设局长 H·李希特的计划选定了国王广场（现在的威廉—劳喜纳场）的南面。"格拉西博物馆"的名称也是当时确定的，同一时期，改建中的大学需要收回租出的房屋，因而博物馆又再次遭遇到迁移问题。这一次市当局立即作出占用大学的旧音乐学院的决定。在这里举办的展览只能展出一些新获得的藏品，因此迁移后又只有一条出路——把大部分藏品按原箱存放在市仓库和音乐学院的边室里。这一段时期的收集品有：德累斯登城 A·史笃勃博士的有价值的地理学油画、随笔画、水彩画、照片和图片。博物馆因为这些藏品而发展成为一所"比较地理学和民

---

① "几内亚"，下同。

② 始建于 1878 年，是德国最好的动物园之一，如今是全球最古老的动物园之一。

族学博物馆"，反映出民族学和地理学二者不可分割的相互关系。人类是土地的产物，是在它上面发展起来，并且和动植物一样在适应周围的文化和物体环境；莱比锡于是有了一个前所未有的科学研究机构。专家们在这里（博物馆）花费一定时间后，就会取得他在工作上需要而不易得的资料；这里不仅帮助进行科学研究的旅行家们作好行前准备，并且对地理学和民族学图书出版者随时提供有价值的参考资料。这里更应当使广大学术界能够对地面的各个方面以及和它有密切联系的居民各方面的特点进行深入有效的研究。

地理学这门课一直就是一个极有成就的部门，莱比锡又是一个世界性的商业城市，德国出版事业的中心，在地理学和民族学地图出版方面居于特殊的领导地位，这一切使上述计划的实现特别有了可能，并在这方面作出贡献。"民族学博物馆希望市当局肯定 A·史笃勃博士所作的值得感谢的努力。地理学和民族学结合在一个博物馆里必将形成大规模有效的活动"。1892 年这一报导年中出现一位最突出的博物馆赞助者 H·梅厄博士。非洲的德国殖民地送给博物馆一批内容极为丰富的非洲收藏。这是一次有效的尝试，使莱比锡的非洲收藏极具吸引力。后来 K·浮勒、罗尔富和梅格林堡城的亚道尔夫弗莱德列克公爵以及很多其他人士又对这批收藏作了补充，更进一步巩固了民族学的研究。赞助人和全权代表的人数在继续上升，但协会会员没有增加。1892 年只有 28 个终身会员和 225 个一般会员，但观众数字（1407）提高了。

1894 年在正在建筑而尚未完全布置就绪的格拉西博物馆①的一个大厅里举办了一次试验性的日本文物展览。市参议员和市长乔其博士特此为展览选购一家德勒斯登②企业制造的铁橱，经市参议会一致通过"同意这种铁橱的优点，决定为博物馆的展览定作"。博物馆的观众后来都知道，这种大铁橱中，有些经住了 1943 年 12 月 4 日的轰炸。它们保护陈列品没有受到尘埃和虫害，并能妥善保存放进去的保护剂和毒剂。铁橱的简单式样也不会像当时流行的那种刻花橱那样，引开观众对展品的注意。但，作为陈列柜的统一式样，对很多展品显得太大。今天人们不会选择这种式样了，黑色的铁柜和近代的陈列方式很不一致，现在的陈列柜上也不准许刻花。今天很多博物馆趋向于把陈列品分散地放在外面，从宣传的角度看，这样作有好处，但不适用于有文化价值的展品。这种看法当然也不是硬性的，相反我们博物馆最近的陈列证明，陈列在柜子里并不完全排除教育的生动性。过去的错误在于橱柜装得太满，这一点不应重犯。

馆舍建成了，1894 年的报告中，提到这建筑的外观时说，可和欣赏莫扎特的交响乐曲比美，人们着重谈到它那活泼的情调，各个部分的和谐和线条美。当人们想找一个作曲家和他的创作来和新馆舍相较时，必然会想到罕得尔。至于室内的陈列品，在这一年中也有了有价值的发展：比利时国王李奥波二世的比属刚果收藏、罗马尼亚国王卡洛尔一世的仿"雅典那利区的珍品"（原属于罗马尼亚 G·冯彼得罗萨），此外购得 H·史吉雷培的最吸引人的墨西哥古物（约 4000 种）和其他。迁入新址开始于 1895 年，需要整理的文物将近一千箱。最先在底层左翼陈列了来自澳洲和南海的物品，在二楼左翼展出了"蒙古族各族文化"，包括：泰国人、缅甸人、西藏人、汉人、日本人和朝鲜人的文化。第二年，也就是馆址正式落成的一年又布置了非洲和美洲部分。1895 年民族学博物馆主席团在新址召开第一次会议。H·梅厄博士的名字又一次以资助者的身份出现。

新建筑从最初起就是指定和史屈拉逊教授所领导的工艺美术博物馆（1897 年 10 月开幕）和地理学

---

① 旧格拉西博物馆建于 1892~1895 年，原包含莱比锡人类学博物馆和莱比锡手工艺术博物馆两座博物馆，1943 年被轰炸，于 1947 年重建，1954 年重新开放，现包含大学乐器博物馆、手工艺品博物馆和民族学博物馆。

② 现多称"德累斯顿"。

协会三方面共同使用的。设想中的分配是：民族学博物馆 3611 平方公尺，工艺美术博物馆 1924 平方公尺（包括礼堂 194 平方公尺），地理学协会 124 平方公尺和一个包括附属房屋的讲堂 227 平方公尺。即使在博物馆公开开放之前，民族学博物馆就认为可供陈列的面积太小了。

1896 年 2 月 5 日格拉西博物馆在特邀包括有萨克森国王亚尔培和皇后卡洛娜来宾参加之下，举行了开幕庆祝典礼。当时的陈列还未对公众开放，这是因为要使观众看到新建筑内的陈列全貌，即同时看到非洲和美洲部分。这个日子一直延到同年的 9 月 18 日，在新馆的讲演厅再一次举行庆祝仪式。

博物馆作为一门科学事业来发展，不断要求更多的专家来馆工作。1896 年 H·梅厄博士从巴西中部（兴故区域）旅行回来，他的赠予又丰富了博物馆的内容，他还担任博物馆的编目工作。

1898 年 6 月 11 日 H·梅厄博士担任主席助理。几星期后他又出发到巴西中部去。已掌握得较宽的市参议会同意再支出一笔工资，增加一位以"编目为任务"的主席助理。当时理想的对象是柏林王家民族学博物馆的助理工作者哲学博士 K·浮勒。

K·浮勒不但对大学的民族学专科教程，同时对民族学的一般工作都有无限贡献，这是从他对莱比锡博物馆以外的意义来说的。这里应当再次指出，他的一生是研究员、组织者、大学教授以及有意义的人的综合。这位举世闻名的学者 1864 年 2 月 29 日生于哈庇的老伐尔莫登村，1926 年他过早的逝世时，很多科学杂志和日报都为他写了悼词。

浮勒 1891 年毕业于莱比锡大学地理系，论文的题目是：《论地平形态》。之后他到柏林找到冯列斯霍芬，成为东方语言研究院的一员。冯列斯霍芬接纳了他，让他跟随当时的柏林民族学博物馆①馆长 A·裴斯兴和负责非洲和海洋洲两部分的 F·冯罗欣工作，使他切实学到博物馆的业务，尤其是编目知识。今天人们毫不踌躇地肯定浮勒的就职日期（1899 年 4 月 11 日）是博物馆历史上最值得庆祝的日子。这样第一个受过科学的民族学教育的人参加了这机构的工作，博物馆自那时起观众骤增，浮勒的巨大的经验丰富的组织才能立即起了作用。1899 年的第 27 次报告中记录着："编目工作是按照纯粹科学观点进行的。目录本身分为收件日记账、卡片目录和总目录"。这是浮勒的第一次工作。他的论文《非洲的箭》使他成为莱比锡大学的讲师，到了 1901 年他已升为民族学和古代史副教授。浮勒将民族学、考古学和古代史连贯成为紧密相连的科学。

一般说来，今天博物馆还在使用上面提到的编目方法。人们对于浮勒所创造的目录卡给予很高的评价。卡片具体描述物品的形状和尺寸，尽可能附上插画或照片。这种卡片在当时一切科学机构范围内还很少见，浮勒走在时代的前面。上面曾约略提到的分类法在当时还未取得人们的完全赞同。批评过去年代的建树是容易的，人们在当时还不能设想一门年轻的科学正在成长。没有人能预见到博物馆中保存的宝藏的数字能有这样巨大的增长，而当时莱比锡德国丛书还没有出版。博物馆、协会和出版界的期刊不断增加，也使博物馆处于相当为难的状态。图书馆中成立了一个特殊的工作部门，其工作的复杂程度，如果不是数学家就只有摇头的份。上面提到过，地图经过多次修改，用今天的眼光来表示怀疑是容易的。错误还在于藏品的编号和图书馆的分类，在分类法上不完全一致。仅举出一个例子，幻灯片目录和底片目录的分类就动摇于"综合民族学"的概念（部分属于地理方面的，部分是抽象的）和它们与考古学的关系两者之间，在图书的分类中没有考虑到中亚细亚，而将一切有关西藏的图书放在有关中国的下面。今天博物馆已采用其他分类法，在后来几年博物馆和图书馆扩大时，简单使用号码，按德文字母排

---

① 建于 1873 年，是世界上最大的民族学博物馆之一，馆内有一个巨大的宝藏，叫"柏林录音档案"，是通过田野工作实地采集的录音、照片和电影或录像。

列，但不受学者的欢迎。

1904 年 1 月 1 日博物馆改为市立，F·克劳斯博士的任用是这一年仅有的人事变化，他后来在 1905 年 8 月 28 日成为博物馆的第三馆长、助理科学工作。观众看到的有兴趣的新展品中有盛怒的西藏战神培殊和日本太庙中披挂全付胄甲的骑士。观众津津乐道着这些人物，称赞展品的生动有致。这样栩栩如生的人像只在用作展览的收集中找到，用作研究的藏品中是没有的——我愿为它们接受批评，并且仍要说："大量地来吧！"G·罗道尔夫希尔对陈列这样的人像批评道："它们一直使人想起古玩店来"[①]。但他提不出更多的理由，于是引出这样的问题：目的不在于刺激和唬人的蜡像陈列室是否就完全没有教育意义呢？根据他的说法，其他类似展品的观摩价值也就不存在了。当时"衣着是陈列在玻璃柜里的"——现在的看法是，民族服装和装饰品陈列在玻璃柜里容易使观众发生很多疑问，或有很多部分看不清楚。当然，博物馆必须保护展品，不使受灰尘和虫害。但要作到这一点，用玻璃罩子罩起来也是可以的，悬挂在向阳的窗子上面的透像图一直很受观众欢迎。但在另一方面，观众对那些殖民地的图片却忽视了，莱比锡民族学博物馆没有用地理学博物馆那样的模型。我一直提倡它们，今后还要继续提倡，这是从观察了其他博物馆的参观者和固定观众的兴趣中确定的。在迁入新址以后的二十年内博物馆设置了能跳动更换图片的实体镜。"节目的更换"消息逐日在报纸上发表。这种后来为画报和影片所代替的图片曾经吸引了大量观众，在报纸上可以看到一些观众的请求：希望将图片设备增加一倍，"以便人人都能进去一看"。另外，当时对博物馆已出现了一些批评意见，1904 年 12 月 2 日莱比锡消息报上发表的一封读者来信指出博物馆几乎为所有能提得出来的种族准备了陈列，但对于德意志民族本身却还没有一间陈列室。博物馆在答复中说："在搬入新址的时候，我们就已发现这座房子完全太小"，并且说明博物馆的工作首先在于收集和保管反映文化进展过程的异国文物。此外 1907 年 "一个博物馆的经常参观者"提出，柜内陈列的东西太多，有些项目看不到，最后，他坚决表示"应当把全部建筑腾出来给民族学博物馆"。这封信自然得到博物馆全体人员的喝彩。另外，古代史和史前部分没有展出也引起多方面的不满。莱比锡近郊和周围也都有新藏品送来，1909 年特别得到砖瓦匠法尔在波纳以北的一个坟墓中掘获的猛犸，后来它的展出吸引力很大。当时不准许十岁以下的孩子参观（原因不明），十岁以下的孩子即使有成人陪着也是不准入内的。这种提法也引起报纸的注意，这方面的意见没有提到浮勒的办公室，他在这条禁律中看到的只是一种不必要的过分审慎。

在提到西藏的培殊的同时，也应当指出，博物馆和市当局的消极因素所带来的损失：1902 年获得的海格的规模巨大的中国收集品分散到工作和纺织业长期展览中去，很多稀有和贵重的中国文物应该是动人心魄的物品。

浮勒在 1906 年渥勃司脱去世后，也要努力筹划图书馆的经费。1920～1938 年间用于图书馆的款子骤减，二次世界大战后的一段时间更是下降。直至年报重新出版之后，由于交换所得才又有了进展。

1901～1905 年间共得到 359 起新藏品，24241 种，值得注意的是在浮勒就任副馆长之后，藏品数字有飞速增加。

国王的几次正式和非正式的参观、讲演、大学中的课程和大量的参观者占用了博物馆工作人员此后几年的时间；编目和整理（由于面积的限制，必须将很多展品从陈列中撤出），不断在扩大的藏品、藏书，以及浮勒向博物馆提出的一项新任务——参加国外的研究旅行和组织自己主持的旅行，使博物馆工作发展到无可比拟的规模。首先筹备的是 F·克劳斯到巴西中部去的旅行，其次是和 L·佛乐比尼在经

---

① G·罗道尔夫希尔：《博物馆工作辅导》，德勒斯登，1953 年版，第 110 页。——原文注

济上合作，一起到黑人地区作为期数年的旅行。实地研究（这个概念是后来才提出的）逐渐显得必要，每一个博物馆必须在它的预算中列进一笔适当数额的款项，用于实地研究。年报详尽地记载了新到馆的藏品，南达科地奥格拉秀克丝的"石熊"、族酋长的帐篷、一个巴宁的舞蹈像（新几内亚的哈尔博士）和 H·梅厄的 13 批数量巨大的收集品受到同样的注意，梅厄到那时候送给博物馆的收集品已达 30 批。此外还有一批丰富的摩里收集。浮勒对外的活动取得了巨大效果，他使 1904 年以来很不活跃的民族学博物馆协会以"民族学协会"的形式进行了很多活动，它通过举办通俗科学讲座和报告晚会使第一流的研究者和旅行家间接讲述博物馆的任务，为博物馆开辟了更广阔的世界性远景。浮勒的又一做法是开始在发行上万册的世界小丛书中，以通俗易懂的方式提出人种学科学和人种学问题，做得很成功。他这个做法可以适用于一切科学部门的生动的叙述方法指出一个新方向，从而为其他科学的通俗化打开一条道路。他扫清了当时流行在学者圈子中认为一个人学问愈渊博，写出来的东西愈令人难以理解的说法。

1908 年 4 月 14 日浮勒在一篇题为《莱比锡民族学博物馆今后的任务》[①]的报告中提出了他的计划和论点。浮勒首先要和德累斯登一样，将博物馆的方向转向将动物和民族文物一起陈列，然后，面对原来已使莱比锡感到压力很大而使人眼花的巨量藏品，再把民族学博物馆的目标放在"取得一切原始文化，并尽可能按照我们自己的发展方式进行改造"。他责备那些只把这些藏品看作奇珍异宝的人，但指出这是由于博物馆方面的责任和陈列没有经过通盘考虑的缘故。G·罗道尔夫希尔说过："来我们这民族学博物馆的观众一般都有这样的希望：看一些异国的、一般不常看到的、或许是令人惊异的东西，并且总抱着一种没有说出来的目的，想把每一民族的不同点和欧洲文化相比较"。对莱比锡说来，已不能这样下去了。浮勒进一步强调，除了对古民族文化进行具体解释和说明它们和周围环境的关系外，必须另外作一些工作，以便研究者研究比较时，免去对每个单一的陈列柜进行费力的工作。博物馆应当备有单独的目录供观众查阅，如，对原始民族的钱币和计价物品已那样处理。浮勒要求继续这一工作。"如果不是限于时间和地方，博物馆早就该建立这样目录了"。他提倡从地理和比较观点出发的双重性质的陈列。为了分出面积，他要援柏林之例将研究用藏品和陈列用藏品分开。他还说："格拉西博物馆是座极美丽的建筑，也能给人以堂皇的印象，但从最初起，它就不是为三所完整的博物馆建筑的，在奠基的当时还看不到民族学博物馆的巨大发展。解决拥挤的方法，是将工艺美术博物馆迁出，最好是为它另建新馆址。这样也将比我们这里的阴森而空旷的大厅更适合于工艺美术博物馆的要求。如果工艺美术博物馆迁走，我们就会得到很多地方"。最后他提出："建立这样一个比较民族学部分将是我们莱比锡博物馆的主要目标，但不是惟一的"。他还倡议为广大群众设置有关博物馆的课程，并曾将建议提交市参议会。他说："由于我不愿说明的原因，我的建议没有被采纳"。于是浮勒决定采用冬学方式来代替它，他和克劳斯博士主讲，当时的 17～19% 工作人员和 20～22% 男女教师都来听课。浮勒又着重提出博物馆对地理学教育的意义，最后还谈到博物馆的定期出版物以及年报和专论的发表等问题。

1909 年到馆藏品 111 批、5783 种，是收集的最高纪录的年份。参加其他博物馆主办的研究旅行在这些年头都是出于私人的赠予和友谊。例如哈庇山上的墓葬就是这样被发掘的。

物品继续像潮水一样来到。博物馆通过购买、赠送和交换得到很多贵重宝藏，其中有些是极为稀有的物品。

1913 年和 1914 年民族学博物馆完全按照浮勒的路线参与了莱比锡的两大展览会——国际土木工程展览会和国际书法和雕刻展览会，使博物馆的名声更加扩展到整个世界。另一方面，也说明民族学博物

---

① 《年鉴第三期》，1908～1909 年度，莱比锡 1910 年版。——原文注

馆在介绍日常生活和一般知识方面能起的作用，这里充分体现了浮勒对民族学发展方向的愿望。1913 年的国际土木工程展览会陈列出德国自己的史前时期的典型建筑，其它原始民族的建筑和一所来自日本的建筑；1914 年的国际书法和雕刻展览会陈列了整个世界各个时期各个阶段文字的发展和使用过的代替文字的符号标志。由于世界大战而终止的这个展览取得了对观众不寻常的作用，在那些光辉的展品中，有一个仿阿尔太密拉窑洞的顶盖。大战妨害了博物馆工作的开展，但从 1913 年秋到 1914 年夏还是到南阿尔及利亚和东摩洛哥作了一次研究旅行。

1914 年 11 月 1 日民族学研究院宣告成立，同时多年来经常赠送给博物馆大量礼品的教授菲列克博士又送来一部南印度宗教游行用的巨型车辆——这辆车子和帕劳群岛的房子可能是受到美国轰炸中最痛心的损失。现在我仿佛还看到在磷火中的大车子（因为高热只能站在很远的地方），经过很长时间，几乎是好几天才倒塌下来。

到 1915 年，博物馆民族学部分的藏品已达 100000 号；民族学博物馆已居于德国第二位，1908 年以前一直躲在搁楼箱子里面的考古部分藏品也勉强在一个楼上的大厅里陈列了出来。从开始时起，它就好像是一个非亲生子女，更坏的是，当时几乎一切新到藏品，都只能放在地下室的箱子里。战争在很大程度上阻碍了博物馆业务的开展；它使得煤和纸张缺乏，人员减少，和国外的关系也受到阻碍。这一时期得到的藏品有：帕劳群岛的房子和 L·佛乐比尼的收集品。J·柯尼兹哥在马其顿也为博物馆收集到部分藏品。

战争的年代已使博物馆困难重重，战后的通货膨胀年头处境更坏。使浮勒满意的是：在他建议下，民族学已正式成为萨克森高等学校的一门专业。这一时期得到的藏品数目较少，但都是些较名贵的物品，因为通货膨胀迫使收藏者纷纷割爱，如：威脱洛克在西北克的收集品，柯尼兹哥在马其顿的收集品，罗马锡克的笛子，赛尔启的旧石器时代碎片，史贝适在新赫布里底群岛的收集品，威廉从南非洲葡雪人那里收集到的物品，柯尔勃在凯尼亚的收集品，美丽的西藏和日本的收集品和其他许多贵重物品。这一时期出版的博物馆导游在同业圈内被视为一本民族学的可靠的参考提纲。在战争年代里，新增加了美洲部分的陈列。1918 年夏展出西比克展览，受到很多人的注意。战争刚一结束，又有很多人来博物馆听课。

博物馆可以回顾的是它的极有成效的活动，它不但可以作为一个公民教育场所，同时也可作为一个进行辛勤科学研究的场所。博物馆使文化发展的过程再现于全体人民的面前。那时星期日的参观人数极多，以致陈列柜的玻璃门都受到压力。照片用作辅助材料，有时演讲者也携带着照片到各地布置展览。170000 件可供参观和研究的藏品把莱比锡民族学博物馆放在同类型科学机构的顶峰。1924 年 2 月 29 日当浮勒庆祝 60 岁生日时，他已受到人们极大尊敬而闻名于世界。

适应博物馆事业发展需要的浮勒的详细计划提到建筑师的桌面上，那是浮勒和他的同事合作设计的，1924 年初博物馆决定了设计的初稿，同年 11 月 29 日完成了进一步的设计。除按照地理划分陈列外，还准备布置一个世界范围的历史发展的展览。经过二次评比，1925 年开始新馆址的修建。

1923 年 1 月 K·浮勒得了严重的黄疸病，1926 年 3 月再次卧病，同年 4 月 29 日与世长辞。

知道他的人对这位"德意志民族学的最杰出带路人"[①] 的去世，深感沉痛。

随着币制的稳定收集品又成套地或一件件地来到。经过严重削减的预算也逐渐恢复了。从年报中可以具体看到，新藏品中有李勃勒在阿兰达的收集品，W·李斯的印第安画像，R·莫希考的史前发现，

---

① F·克劳斯在《年报》第 9 期 21 页这样写着。——原文注

米旭列兹在印度尼西亚的收集品，日本的瓷器和漆器。H·梅厄在兴格的收集品，柯尼兹哥的意大利文物，古铜佛像，浮勒夫人的提罗尔的民族文物，萨尔堡的模型等等。民族学协会又活跃起来，博物馆又开始组织和派人参加研究旅行。

作为博物馆历史资料源泉的年报整整停顿了25个年头，主要原因是没有条件，直到1952年才在当局的支持和馆长S·休曼尔博士的努力活动下重新出版——第10期《年报》，1952年出版，包括1926～1951年的报导，它使世界科学界重新了解到这里过去进行过和正在进行着的工作。

新建筑经过五年的设计和施工终于落成。作为一项市政建设，它在约翰教堂后面显得和整个建筑图案很调和，教堂的墓地还葬着J·S·巴哈和被称为"萨克森天鹅"的C·F·盖勒脱的遗骸。在中轴两面设计两座华丽的建筑，在客观上给这座新建筑形成新奇之感。洛瑟尔岩石的建筑造成一种庄严的气氛。

浮勒去世之后，工作时期最长的主任教授克劳斯博士负责领导博物馆，他在1924年就已经是地理学博物馆的负责人，后来在1927年7月正式被提名为民族学博物馆馆长。现已退休的F·克劳斯继承和发展了浮勒的事业；他熟识博物馆藏品，并且进行过坚苦的管理工作，他在早年也很热爱数学。摆在他面前的任务——迁往新址，是复杂而兴奋的。他还同时任教于大学和领导大学民族学系以及国家民族学研究院的工作。

F·克劳斯在新出的《年报》第10期中生动地描写了新馆址，同时也描写了迁入时划出的第四个博物馆——乐器博物馆，并提到未能按照浮勒设计的、在底层建立一个作为一般性综合介绍的大厅。1927年10月1日R·雷恩哈德教授就任馆长。地理学博物馆也占用了新建筑，直至1940年在德意志书店对面建成一座大型的"环球之座"才腾出那部分房屋。

新陈列是经过周密计划的。在展览会上看到的是经过有目的选择出来的东西，使观众能够了解到各个民族以至邻近民族的文化特点，并肯定他们之间的联系。出现了尺寸较小的陈列柜，在此之前，只有一望无边的大型陈列柜。另一个创造性的办法是将陈列柜涂上一定的颜色，使它和柜内陈列品色调和谐。偶尔还在柜内装上小的反光镜，这样使宗教文物更加具有诱惑力。人们可能反对这类"效果"，但今天正是要通过技巧和机械所起的效果，通过颜色对眼睛的作用和感觉的重复来使观众获得持久印象的。由于这个原因，并且由于有些展品的效果仅仅在一定的强烈气氛和背景下才能显得出来，因此在任何情况下都不应忽视对展品的有效陈列。人们鉴于过去陈列的杂乱和不能令人满意，尽力利用布置柜内展品的手法和台脚、壁龛、壁柜等合理安排来寻求美化的效果。这使陈列从多方面吸引着人们，到博物馆去参观一次（虽然欧洲部分和美洲部分还未展出）成为一种难忘的经历。

1931年夏天开始使用展览大厅——厅内陈列着巨大的印度游行用车，它是在它所属的团体转奉基督教后才由印度运来的，整整花了一年时间才把它从污泥和油腻中清洗出来。这里还有欧洲仅有的一个帕劳群岛房屋的屋顶（1914年国际书法和雕刻展览会建筑起来的整座房屋已没有地方陈列），日本的住屋也是大厅里使很多人感到新奇的东西。展览大厅的一切在1943年骤雨般的轰炸中被焚毁了。在这里顺便提一下，在留下来的珍品中有一个唯一的从中国来的佛教庙宇屋顶的琉璃兽吻。

这里对欧洲部分还应作一个专门介绍。莱比锡公安部门的医生教授A·柯尔门博士在四十年代讲授博物馆课时着重讲到过木偶戏和魔术。博物馆在这方面的确没有系统地积累资料，也没有用科学的观点进行深入钻研，但柯尔门使博物馆获得他的有趣的木偶戏道具和木偶戏有关的著述和剧场说明。他在赠送这些礼品时提出的条件是博物馆也要排练木偶戏。柯尔门无疑对木偶戏作了很多贡献，但由于他对艺术的价值缺乏判断力，也损害了它。木偶戏是民间艺术，但民间艺术也不能停止不前。应当有勇气面对事物的落后于潮流。值得尊重的木偶戏家格洛勃，凭记忆就能表演出三百个剧本中的各个角色，是一个值得注意的民族学家，但我们这一代的孩子要求演出的不是旧的民族学，而是另一些剧本，前者仅仅对一些成年人作为文学史上的珍品才显得有价值。因为柯尔门的收集只是旧的木偶和旧的布景，在柯尔门去世后，博物馆的木偶戏就显得无需继续演出了。

今天，博物馆的首要责任是将科学和公民教育提高到新的高度。博物馆的年报停止了25年后，又于1949年由开始领导这个博物馆的S·休曼尔博士给它带来新的生命。年报除了补述没有记录的年代的活动外，更着重于报导战后的最初几年（1946～1951年）。直至1947年，博物馆的领导是由享有高度威信和知识极为渊博的教授安克斯博士代行的。由于他对科学所作的新的有价值的贡献，使这里进行的工作再次显得有价值，全世界的研究机构和图书馆都来联系讯问。在莱比锡博物馆，民族学是作为一门科学努力进行研究的，它为今后的工作打下一个良好的基础。

现在博物馆正处在一个新的世界中生长和发展，这里保存的东西，也就是对科学上有用的东西，不再被看作仅仅是新奇的物品，这些在它们（这些藏品）产生和成长的所在地还不能被了解，甚至在它们的家乡还受到嘲笑。不能否认，一切有用的、值得注意的、不管无意识的或有意识的、甚或难解的东西，都一度在人类文化发展的道路上生长过。如同没有一个可以肯定的开始，它将不会有一个终止。懂得存在，才知道终点只是在永无止境之点。

博物馆的任务是否已完成？或只是由于技术进步，由于充分机构化，或者思想有了变化而将传统消失了呢？正相反，民族学博物馆将一直有新的、尚待解答的问题，像其他知识部门一样，有几千个课题要去深入，人类文化的发展过程要通过博物馆的知识和了解来进行研究。也正因为如此，莱比锡民族学博物馆经过了战争造成的严重损失，尽管其中有些损失了的藏品已无法复得，又能重新开始。博物馆的技术也不是静止的，不断有新的方法出现，新方法的应用，加强了对世界各民族的了解。

本篇的每行文字都是以怀着对这机构每一时期的发展的热爱来叙述的。它和作者自己的一生结合在一起，但愿这个博物馆面对着新的任务，进入新的幸运的历史阶段！这里保管的虽然很多是为"生存而战斗的肯定的物证"，但我们都知道，这样一所博物馆的最大和真心的愿望，是能有和平和自然发展的条件，使所有民族都能这样发展。因为，在民族学面前，每一民族都有同等的价值，不管这个民族在收集食粮上如何困难，不管他们在如何追逐和发展生活，或是保存着金属弹片，或是发展毒箭，或是制造原子弹——历史在道义上的评价将永远把爱好和平的人民放在最高的地位。因而但愿博物馆的展览厅和一切博物馆的宗旨一样，不作为消遣的场所，而让数以千计的观众抱着这样的愿望来参观这里的藏品：从展览室里能够浏览一遍人类几千年来的发展。

（宋梁译）

有关现代博物馆事业的几个问题

捷克国家博物馆　　V·肖尔茨博士

1. 科学研究工作

博物馆的科学原则必须渗透到博物馆的各项工作及其专门的部门中去。要科学的掌握博物馆藏品的各种来源；以科学的观点来决定文物的购买和交换；而研究工作则直接意味着有系统的科学活动了。同样保管和修复工作，它们在基本上是技术性问题，但也是从属于科学的方针的。简单的登记工作也是以科学工作的需要为转移的；与分类相近的较高级的形式已经就是科学研究工作了。其它的如技术和行政工作多少也应依附于科学工作的需要，并应根据其原则来进行。因为使各专业部门的行政及技术人员至少在基本原则上要掌握本专业的内容，并在其中工作，也是必要的。

博物馆的科学工作者们必须是自己专业部门中所有行政、技术工作的主管者。他们自己的科学研究工作就是进行科学研究、整理材料、建立基本藏品（供学习用的和库房储存的）以及展览工作，还有藏品的分类和出版工作。博物馆的研究工作绝大多数是为博物馆的需要而进行的。

一当藏品经过肯定，这就是已被保管或登记，就要进入它的科学鉴定和整理阶段了。这是每个博物馆的基本的科学研究工作；不论是有什么科学方面的或者人民教育方面的用途，藏品只有经过这步基本的工作之后才能使用。

我们要把经过科学鉴定和整理过的藏品在基本藏品中即库房中放在一定的地方，或者至少要把它与至今还未整理与科学鉴定的藏品分开（在地方不够的时候）。基本的藏品为博物馆今后的工作，科学的爱好者们服务，但必须按着本专业的要求安排。

科学工作者们肯定展览品的内容与性质。

藏品的肯定工作是登记，科学的整理则是分类。关于科学的分类暂时还没有统一的意见。有时把经过科学整理的登记也算做分类，但最正确的还是应有分类卡片。

如果每件藏品都有自己的分类卡片，在上面有登记号码，经科学加工的描写，科学鉴定，有关资料的记述及其图形，这就是最理想的了。

这样的分类工作是一件巨大的科学研究任务，因为只有在各专业专家的编制之下，分类才有真正的科学价值。各科学部门根据分类标准要求不同的整理方法，这样就要把分类卡片根据不同角度的需要多写几份。还未被公认的藏品的专有名词、文化时期和年代的确定经常发生困难。只有一定的科学部门的专家才能决定藏品的名称。

如在民族学方面，分类卡片可以根据发现地、文化时期、地理区域和藏品种类来做。例如在非洲，最好是这里有两套卡片，其中的一套把藏品按地理区域来划分，例如：西非，在这里又根据部族来分；例如：伯戴族（Bété）象牙，海岸族（PobrezíSlonoviny）。第二种安排是从藏品本身的角度出发，例如雕塑，或者武器，在这个标签里面再按地理区域来分，比如说雕塑，里面有非洲的标签，我们就把非洲的雕塑卡片插到这里。也可以把第二套卡片做得简单一些，在小的卡片上只写上必要的几个字，并加上详细卡片存放部位的备注。

分类是一个长时期的工作，因此有必要在开始的时候借助于初步登记，这是很简单的，在登记簿上写的只是专业的要求，这里指的是具体的地理区域名称。

博物馆科学工作的结晶是它的出版工作。这不仅是科学研究机关的声誉问题，而且直接是它的义务。因此每一个博物馆的科学工作者都应把科学的出版工作当作自己的义务。进行此项工作时必须有选择自己出版物题材的自由，但必须是与博物馆的藏品有关的问题，这样，才会使得这件工作①对博物馆来说是有用的。博物馆的科学研究工作必须根据馆内的藏品进行，必须向它们的科学估价方面发展。由于这种原因，博物馆应把出版的优先权给予本馆藏品有关的刊物。

资料的出版工作是博物馆的科学研究工作发展的重要有利因素。这是一件必须做的工作，因为不是所有的科学工作者都能去参观一切博物馆，在其中研究科学问题所必需的材料。因此有必要利用博物馆之外的所有出版物。

地志博物馆的征集工作必须按着一定的计划系统地进行。例如在民族学方面，征集工作必须在因社会变化或工业化的进行使征集工作受到最大威胁的地区内开始。地区的性质在改变着，例如人们将不再穿自己做的民族服装，而开始去穿工厂生产的更便宜的衣服。生产也是同样的情况，特别是手工业的和农业的生产。当然，工业化的发展使人们不再使用古老的、简陋的和原始的生产工具，有时甚至连有些手工业也消失了，取而代之的是更便宜效率更快的工厂的机器生产。农民们将放下现有的落后的生产工具，而去使用更完整的机器，因此，从民族学的角度看来，在较短的时期内生产和地区的特征就会完全改变。在这种情况下就必须很好地注视着这一发展，并在这些地区开始征集工作，不仅要收集人类劳动的所有的有代表性部门的典型的东西，而且要利用照片、绘画和电影使得收集的藏品更为完整。这就要一个地区接着一个地区的有系统的科学加工，最好是用制定题材的方法，一个题目接着另一个题目。最好的方法是在有具代表性的人类各个劳动部门及有民俗学特点的地方进行集体的工作。录音机、电影摄制机和能干的绘图员会卓越地完成这件任务。

当收集品被拿到博物馆以后，首先要经过保管人员的工作间，在那里可能还会从中找出些不适于修复的东西，我们只是用照像或绘画把它们记载下来。在初步修整后，就要从博物馆的角度来整理收集品，并记入登记簿中，像我们前面所说过的，博物馆的存在是从此开始的。

2. 教育群众的任务

与科学研究工作同时，博物馆还有教育群众的任务。每一个博物馆的藏品都是为了公开参观的，并且它也是一个教育群众的场所。对于专家来说，陈列品整理的好坏是没有关系的。可是每年有成千成万的无专业知识的群众来参观博物馆，因此必须为他们做些工作。我们不能够让他们在塞满了东西的博物馆中逛荡而得不到任何收益。因此博物馆工作者们就得出了结论，要使博物馆陈列能够完成自己教育群众的任务。他们理解到博物馆有巨大的教育群众的可能性，并且可以很好地利用它们。苏联及其它有些国家的博物馆在这方面已经远远地走在前面了。那里的博物馆完全正确地创造了文化生活的基本部分，科学研究工作与群众教育工作融和在一起，而群众教育工作是在藏品

---

① 在捷克斯洛伐克，因博物馆与科学研究机关有同等地位，因此常常把博物馆称作"研究所"，此处可酌情直接改为"博物馆"。——原文注

的科学研究基础上进行的。博物馆特别应该面向青年，并对他们进行更好的关心。根据博物馆的各个专业部门的情况，分别建立业余爱好者的团体，由有经验的工作者去照顾他们，这样不仅可以培养出来一些未来的合作者，而且还可以在广大的范围中培养出博物馆的爱好者和朋友。必须消除那种一辈子只需到博物馆去一次的原则，这种论调至今还不算少，我们必须与它斗争。

要用各种适当的方法去宣传博物馆的工作，如使用印刷品，通过无线电、电视等等。好的博物馆工作和音乐会与戏院的演出一样，同样地获得群众的注意。这就需要克服宣传中开始的困难，并要寻找更平坦的道路，使群众关心博物馆的工作及其在目前文化领域中的意义。

如果观众在十年之后还看不到一点新的东西，陈列品不是以适合的易于理解的方法来安排，而且老是看不到定期的新的有趣的展览，那么，任何宣传也是无益的。博物馆的群众教育工作的基础是而且永远是陈列品，对于它们应给予特别的注意。

除此而外还应当满足群众的要求。例如应当安排这样的开放时间，使它能满足大部分观众的要求，这就是要在大部分劳动群众有空的时候。博物馆也可以在夜间开放，但至少应有一定的开放时间，当然应当在星期日和休假日中开放。到一定时期以后应当试验各种不同的开放时间，然后再进行有规律的、经过试验最能满足群众要求的参观时间。

与此同时还要预计到天气对参观人数的影响。大家都知道，最低的参观率是在气候最坏的时候：在严冬和盛夏。在我国，可惜只有少数博物馆的暖气设备冬天可以供给适当的温度。这是很遗憾的事，因为在国外从观众人数的观点出发，他们把冬季当作最好的季节。

更彻底的群众教育工作的改善是举办在博物馆所在地以外的流动展览。在捷克斯洛伐克，正好是我们博物馆①开始了这一项新的工作。我们是从这样一个观点出发的：不是所有的人都能到布拉格来参观博物馆，因此有必要使博物馆去找他们。一开始事情总不是很容易的，需要克服很多困难。但是后来事情就顺利了，并在全国获得了广大群众的欢迎。这样的流动展览需要很好地准备，并使它尽量少占地方而又能合乎目的与要求。必须要这样解决，使得陈列起来又简单又快，特别是要满足建筑学方面的要求。我们的展览的这种形式已经很完善，它是由很结实的但又很适当的几个画片栏组成的，它可以根据需要拼凑，并且还有几个合适的陈列柜。陈列品装在运输大汽车②中。展览的流动必须要这样安排，使得它的流动和前进的路线尽可能地是在最短的距离之间环行。至于展览期限，我们的经验证明，最好是三个星期。在第四周中展览品总是拆好，包好，送向下一个地方并且从新摆好。这些工作常常要不了一个星期。整个的展览工作只要一个博物馆工作人员来做，如果在展览会举行的地方还有两个当地的工作人员帮忙的话。用这种方法可以到根本没有博物馆的地方去展览，只要有合适的地方就行了。

与这些展览的同时，还进行了所谓"博物馆车"的试验，应当指出，结果是成功的。这是些带蓬的大汽车，里面直接陈列着展品。这有很大的长处，可以把这些车开到小的城镇和乡村去，因为在那里需要进行一定的思想或其它方面的宣传，可是那里又没有适当的、可供展览的地方。

教育群众的工作不仅仅是表现在展览品中，例如在博物馆内必须要有经验的导引员，他们领着数量较多的观众参观并给他们讲解。博物馆工作者与观众之间的个人接触也是有很大意义的。人们在参观时往往会有很多问题，但又无人给他们答复。博物馆工作者们的讲解应当是所有博物馆的教育群众工作的

---

① 指国家博物馆内的拿不勒斯特克馆。——原文注
② 高大的汽车，有很大的空间，平时用来搬家的。——原文注

组成部分之一。

从群众教育工作的观点出发，还有一件很重要的事，就是要使观众不致在参观中感到疲劳、乏味而提前离馆。我认为这里集中的时间最多只能两小时。由于这种原因必须注意有系统的选择陈列品。并且不仅要以目前的展览，而且要以基本藏品的公开部分来满足观众的特殊兴趣。

可以用各种方法来补充博物馆藏品的不足。例如各种电动设备。在我们馆内中国皮影戏的陈列柜就是这样做的。一按动电钮皮影就开始活动；并做出了一些简单的动作。专题展览也可以用电影来补充，使得不动的部分以活动的部分来补充，这样观众可以带回一个较完整的印象。在有关西藏的展览中我们做了以下的工作：在参观完以后我们把观众们引导到一个小小的讲演厅中，那里我们给他们放了我国两位摄影师的谈话录音，这两个人到过西藏，他们的照像资料丰富了展览的图片部分；与此同时我们还为观众放了幻灯。

在群众教育工作中，讲座也有很大的作用，我想应把它们分成两个部分，这就是在馆内和馆外的，即在首都以外的地方。它们必须是有趣的，这是很自然的事，因为观众不会第二次到他第一次已经上过当的地方去的。讲座总是以与观众的讨论来结束的。

出版有关群众教育方面的刊物不论是大的或是小的也不是不重要的。

直接研究观众的意见对博物馆工作者来说是最好的博物馆群众教育工作的方针。博物馆工作者们应当经常深入到群众中去，听取他们的意见。并且也可以借助于大多数人都愿意填的附有问题的一些小条子，直接询问观众的意见。我们必须倾听各种不同的观众对我们工作的意见，我们努力尽可能地满足他们所提出的愿望。可以用这种方法来了解一些我们平日在自己的专业中所想不到的东西。

3. 保管工作

博物馆是可移动的文物的集中地，因此其基本任务就是保管。收集的藏品必须为将来负责，并要保存着为科学研究和群众教育工作的需要长久应用。不进行自己藏品保管的博物馆，就完全违背了自己的使命和利益，犯下了很大的错误。

博物馆内藏品保管工作的现状是不能令人满意的。有些种类的藏品完全处于未经好好保管的状态之下，博物馆仅仅满足于藏品的存在，但它却不能代替保管工作。文物修复工作的研究大大落后于博物馆藏品数量的巨大增长。仅仅只有大的博物馆才有富有经验的修复人员，很少积极改进工作的人以及进行系统修复的设施。一般说来，在博物馆藏品的修复工作中基本上很少有新的东西，恐怕至今修复工作利用我们最近几十年来所见到的物理学和化学上的成就还不够。显然还没有得到那些懂得博物馆藏品的化学家的帮助，他们会直接在博物馆中进行研究，找出新的、更完整的保护藏品的东西和方法。每个大博物馆内部应该有化学工作者来作修复工作，还可以帮助小型的博物馆。博物馆工作者和化学工作者即便是在藏品进行了修复以后也还应该继续注意它们，这样就可以用最完整、最持久的方法来保证藏品的安全。

不只是说要赶快对将要损坏的文物进行修复，而且也需要事先想到它们的保护。应当注意不要使藏品堆得过紧互相损坏。所有的博物馆应当保护文物不受潮湿。不结实的东西（纸、纺织品）不可以长久陈列在日光之下，直接的太阳光就更不用提了。这些很简单的设施，博物馆都是可以马上做到的。藏品的修复本身是化学方面的问题，因此必须要严格地按着化学方法的说明进行，而且应该有一定的经验。只有这样，我们才能得到更持久的成就。当然，这里还要不断地与化学家商量研究，因为常常有些昨天生效的东西，今天已经就不生效了[①]。

---

① 如虫胶，从前用它作粘剂，但它不能持久，所以现在已不使用了。——原文注

保管工作，它应当保护藏品不受损伤，它在有些博物馆中是很紧密的与修复工作相关的。保管工作同样是保证文物的安全，但为了科学研究和群众教育工作的需要，它更多地注意到它的整理。保管与修复工作在修复古陶器时已完全结合在一起，修复古家具等藏品时也是同样情形。在保护国画时，保管与修复工作已经是共同进行的了。修复工作还是有自己的界限的，但必须与保管工作密切联系。不允许进行改变藏品原状的修复，并且只有在有一定的原因时，为了保护或科学研究及群众教育工作的需要，才能进行修复。比如说我们用石膏补上陶器的缺少部分这是为了科学研究工作或教育群众工作的方便给它以应有的外观。如果有一些碎片，它们已不能再修复而只能放在库房中，绝不要拿出来作公开的展览。如果是特别重要的东西，在库房中绝对不要使它受到损伤，我们可以做出它的复原图，这是它原来形状的复原，我们可以把它与损伤的原物一起陈列，或者只陈列复原的东西。

4. 分类登记

修复好的东西我们要进行登记。在我们博物馆中，藏品先经过入藏登记，登记簿里有两个号码：本年度来件的登记号和日期（如 167/56）。这个初步登记号码我们把它固定在藏品上面，最好是拴在上面或者写在贴在藏品上的标签上。在我们进行正式登记以后，只用永久性的顺序号（如：11075）时，就把此标签去掉了。我们把这个最终的号码写在或者牢固的贴在物品上，有时我们还在上面涂一层漆，使它能保持得长久。最理想的就是直接在藏品上写上最终的登记号码，这在新建立的博物馆中进行是很容易的。

登记的原则是要把每件藏品作肯定的描写——使它不致与相似的藏品混淆，并使它能在其它藏品之中可以辨认。因此每一件藏品都有单独的号码，很仔细清楚地描写和量出其尺寸。接着再写上藏品的来源以及为提供博物馆参考之用的其它重要资料。最好在卡片上附有很好的图形，或者更好一些是藏品的照片。登记簿是博物馆管理的基本册子，同时也是博物馆中一切程序的基础。

5. 藏品的保存

库房的管理人进行保管工作，他的义务是与科学工作者一起注意藏品应有的保管，进行藏品的安放并应该在分类登记簿中记下它的位置和移动情况，如因馆外展览或研究工作的需要而被调动。在博物馆中藏品未经登记分类，根本不可以随便去动。藏品的整理工作是科学工作者及专家的工作，把它们入库也同样如此。从前有过这样的规矩，到库房里只能两个人同去。我想，在社会主义社会中，总是给人们以极大的信任的，因而就可以取消这种不信任人的制度了。

存放藏品的陈列橱和库房的柜子都必须关好，上面的钥匙直接由库房的管理人员负责。放在陈列柜外面的东西应当有防止观众直接接触的设施，应当保证其安全不致受损伤，即便是无意的损伤也好。在所有的展览厅中必须要有保管员，根据我个人的意见，一个保管员可以负责三至四个陈列室。一般的保管员是不进行讲解的，因为否则会打乱自己看管的任务。但如果一个陈列室有一个保管员，那么在讲解的同时也完全可以注意到全室的情况。

6. 陈列品的分配

我们原则是根据博物馆的特点来分配陈列品的。在各个重要的区域和县中，区域和县的博物馆应当是地志性的，它应当在各方面收集、保护和研究自己区域或县内的东西。一般是分成两个部分：历史部分和自然部分，其中还根据各专业继续划分。总之，这是小型的博物馆，但是需要供给他们以最必需的有关县的历史、人类劳动及自然方面材料及有关的工作人员。这些博物馆构成全国博物馆分布网的基础。在一些地区的民族委员会的所在地，或者是在某些具有特殊有利条件的城市中设立。中央管理的根据专业部门区分的博物馆，如：历史博物馆、史前部分博物馆、民族学博物馆、艺术博物馆、戏剧音乐博物馆、自然博物馆、技术博物馆、军事博物馆等等。应当把陈列品很好地区分开，不使各馆的陈列品互相重复；使收集计划互相矛盾、重复。有时候有些专业之间的距离很近，甚至互相错综，以至于很难把它们互相分开。在这种情况下，两个馆应当商量好定出界限，有时也可用互相协商来分配陈列品，使得大家都得到相当的藏品，满足两方面的需要。

藏品原则上只是属于博物馆的。如有的高等学校也经常收集自己学习的文物，从工作重复的观点来看，这是不允许存在的。每一个博物馆一定是很欢迎高等学校来的观众的，而且一定会尽力满足他们需要的。博物馆与高等学校的合作是很自然的事，因为大学或者其它任何科学机关的藏品都不能达到博物馆藏品的广度和质量。

7. 有关博物馆事业本身的问题

博物馆事业本身是比较古老的。博物馆虽然是在十八世纪就出现了，但是直到十九世纪才进行了它们的更有目的有系统的建设以至于发展。在开初人们很少关心博物馆学，因为博物馆只是忙于收集藏品。但材料的收集工作又不是有计划进行的，因此长期以来只是由于很偶然的机会才收集到一些文物，保管工作很简单或者根本没有，做登记和分类工作的只有极少数的馆；陈列只是为科学研究服务的，博物馆还根本没认识到群众教育工作的意义。

在十九世纪，藏品增加了，一个个科学部门也接触到了用博物馆陈列的方法来表现自己的工作。并且开始考虑博物馆的工作了，这样出现了第一次关于确立博物馆纲领的努力。甚至此时也考虑到了关于博物馆中各专业部门的任务。慢慢地在科学研究的基础上还出现了群众教育工作的努力，并且我们还可以见到关于博物馆技术工作的尝试。这完全已经是对博物馆学在思想认识上努力的明显标志了。虽然此时还没有集体的合作，但大部分新出现的博物馆却在仿效已有的科学研究机关了。这种情况为博物馆学创造了可靠的前提。博物馆的集体合作还只是较进步的十九世纪的果实。在各地博物馆已经多起来了，国际上的交往也频繁了，这样就有必要为博物馆事业订出更清楚的共同的纲领和制定至少是他们工作的主要的原则和范围。

很有趣的情况是我们的第一次为建立博物馆工作方针的努力不是出自于我国最大的捷克皇家博物馆，而是出自乡村的博物馆。远在一八九三年在亨林斯克召开了第一次博物馆团体会议，第二次是在一九一八年在古特那尔举行的。这种会议虽然首先只是号召建立我们博物馆的组织，但在其中也培植了博物馆学的巨大意义，在这方面我们并未落后于欧洲其它的国家。很快在捷克博物馆的杂志中就出现了关于保管工作，关于古物的利用物理学和化学的研究，关于藏品陈列的文章，甚至也不缺少反对建立多余的博物馆的文章。在此时已经提出要求陈列品的群众教育工作的方向，陈列品不要选择的过多，要有实用的说明牌。此外还介绍了有条理的藏品登记工作，并要求博物馆应当成为人民的大学。在历史部分的展览中，必须要有展览的补充资料，如像地图、复制的资料、历史资料等等。已经在此时就很准确地规划出了博物馆的地志性的纲领；大自然的概况，本地区过去的情况及特殊的自然的和历史的本国重要事件的突出。并提出反对在地志博物馆中陈列外乡的东西（特别是在自然部分），要求收集和陈列本地区的材料。甚至当时还考虑到了关于博物馆应面向青年及关于博物馆的图书馆的问题，并要求博物馆工作者们要在布拉格大的博物馆中学习等等。

对波希米亚博物馆学工作，特别是以后在一九〇八年举行的文物保护会议的响应，甚至在摩拉维亚也出现了提高博物馆工作水平的努力。这些努力的有趣的结果是在摩拉维亚博物馆①的组织的成长远远早于波希米亚。

在一九一八年革命后，捷克斯洛伐克教育和民族教育部②组织了协商性的博物馆团体，到一九一九年时就改为捷克斯洛伐克地志博物馆协会了。我们的博物馆事业和博物馆学在新兴的国家中是自己管自己的。博物馆协会在进行巨大的组织工作同时，还给予博物馆学问题以很大的关心。它贯彻了登记工作中的统一方法，督促博物馆进行藏品的保管工作，努力争取组织博物馆的征集地区，考虑到地志博物馆的内容，并且实行了临时的对博物馆工作者的训练等等。当然，博物馆协会任何时候也没有行政权力，因此他的博物馆学的工作只在志愿接受的地方获得了成就。

我们在普通的博物馆学方面知道的很清楚，博物馆应当是什么样子，但是还不能指出可以遵循的典型来。捷克斯洛伐克的努力的最大的障碍就是在一九一八年以后没有与世界各国博物馆学的发展建立联系。我们的博物馆学是处在孤独、缓慢的状态中，当然一定会落后于世界其它国家的发展的。

如果我们看一看捷克在最近三十年来的努力的话，我们是可以说，我们在这两个世纪之交倒是继承了很好的博物馆学的遗产。在很多方面我们加深和加广了它的内容。我们在博物馆事业的组织方面获得了很大的成就，虽然它的实现只是通过自觉和自愿工作的道路。我们在一般的博物馆当中做了一定的工作，虽然有很多时候这些工作显得太广了一些。为博物馆学工作也专门做过一件好事，可能是因为这里是博物馆学的重心和基地；这工作必须建立在实际的博物馆问题的基础上，如像解决博物馆内专业的应用。更进一步发展的障碍是我们没有足够的专家，他们会真正在博物馆的领域中做出一番事业来，而对博物馆学来说，它会为今后理论上的工作提供基础，结果是，在我国很好的了解了，博物馆应当是什么样子，关于这个问题的解决进行了很多的争论，举办了讲座并且也发表了很多文章；但只有很少数的博物馆，我们可以把它们作为所提出的意见和理论的根据。如果没有典型的话，就完全没有可能在别的地方要求进行改建。

在我们面前还有很明确的任务。首先需要解决和指出博物馆学方面的问题。只有有了典型的例子才能促使其它博物馆有所遵循，才能使他们有可能照着真正的典范去做。特别是配备有专门人材的大博物馆必须努力并且必须走在我们博物馆事业、符合现代化要求的新的建设的前面。对那些将要进入我们博物馆工作的人们的专门训练，也会对将来的工作大有好处。我们觉得有些领导者的工作做的很不够，他们只是维持自己博物馆的现状，让博物馆老停留在若干年前他们接收时的状态之中。在博物馆中我们需要有创造性的工作人员，不论是普通的或者是专业性的工作人员。我们博物馆的丰富的藏品给我们提供了一切良好的前提，我们的组织基本上是健全的，但我们还要将它更加改善一步。博物馆事业的复兴只能出于博物馆本身。

在博物馆出现的时候，在很多方面我们就很清楚了：这种新型的研究机关不仅要收集达到科学研究目的的材料，而且应该以这些材料来为人民的教育服务。博物馆的第一种目的引导了并且正引导着特别是大的博物馆走向这个方面，使自己的工作人员之中也有科学工作者，他们已经掌握了藏品的科学工作的方法，这就是：他们会以科学的方法来获得、保管、鉴定和整理这些藏品，并把它们应用到有利于科学进步的事业中。从有科学工作者所在的博物馆中不断涌现科学著作，但是我们不能说，博物馆的藏品能为各方面的科学工作，特别是群众教育工作提供一切前提。博物馆的科学工作者不仅要掌握自己的专

---

① 建于 1817 年 7 月，是捷克第二大博物馆。

② 相当现在的文化部。——原文注

业，而且必须要很好地了解它在博物馆工作中的应用，要完全了解博物馆的目的和使命，了解关于它的工作的原则和形式。

除了在法国以外，博物馆工作者们没有长期的可能性来获得博物馆学的教育。由于不能吸取自己前辈的经验，因此造成每人有自己的一套经验。接受的常常只是一些博物馆工作中停滞不前的经验，这样就促使了它的前进缓慢。如果要以个人的力量来获得博物馆工作的知识的话，这就要花去许多时间。因此并不奇怪，许多博物馆的工作者把陈列完全停留在老一套的情况之上，满意于它们的现状，或者科学的应用；甚至如今在某些博物馆中，我们还能碰到这种不懂得博物馆工作类型的人。对将要来博物馆工作的人事先进行博物馆学的教育，我们就可以防止这种现象。

各个地方性博物馆事业都有自己特殊的任务、需要和可能，而博物馆工作者的学习也与它们相适应。这种学习至少要培养两种类型的干部。首先是为专门性的博物馆部门培养科学工作者，其次是为一般性质的小型博物馆（地志性的）培养干部。以后就剩下一个技术人员教育的问题了，对于他们的关心至今还非常少。

科学工作者在为这方面举办的学习场所完成自己的科学教育。但他们还不能完全胜任在博物馆中的任务。有必要让他们先了解一下自己专业在博物馆方面应用的基础，这种应用能使他们熟识博物馆学的目前情况、理论和技术。以后他们就可以在大博物馆里的专业部门中很好的工作了，并且还能管理整个的博物馆。我们不能要求那些科学工作者们强读几个或者是全部博物馆中所有的专业。要使他们的工作做好，不论他们是什么职位，只要是一个专业的专家，掌握它在博物馆方面的应用，并且受过一般的博物馆学的教育就行了。博物馆学包括一般的理论和技术，它们对所有的博物馆来说也许都是相同的。

有些博物馆的在职人员没有受过专门的科学教育，有些博物馆的专业太广而且没有一个突出的能作代表性的专业，因此那里的领导人也不是科学工作者。对这些没有受过专门训练的人来说完全需要另一种学习。就是博物馆的领导人，也完全需要有关博物馆学的教育。这个教育不仅要安排普通博物馆学中的基本部分，而且还要安排各个科学部门的概况以及他们在博物馆学方面的应用。只有在此时才能谈得上所有博物馆足够的水平。至今对博物馆的技术力量、保管人员、剥制人员和消毒人员等等的关心仍是最不够的。他们的工作也需要有博物馆学的知识和认识。这类工作人员的学习最好是举办短期训练班，只有具有一定技术实践的人才能来学习。

从前虽然把某些博物馆的专业并入学习管理文献档案的学校中，学校就在形式上被分为档案文献和博物馆两部分，但是学校关于博物馆方面的讲授都是些理论和形式上的东西，大多数是完全没有各个专业的实际应用的。学校只给了人们一个关于博物馆各专业情况的不清晰的概念。档案、文献工作和博物馆工作的基础，性质和任务是很不相同的，因此没有必要把这两个专业硬放在一起。

布拉格民族博物馆有过定期的有关博物馆学方面的考试，只有经过考试合格的人才有权利被接受为博物馆的正式科学工作人员。所考的都是各人自己所获得的知识。

光是这种博物馆学的教育还是不够的。还需要一方面为小型博物馆的领导人开办训练班，另外还要关心大博物馆中科学工作人员的博物馆学的教育，这些大的博物馆应当带头为博物馆事业的进步而努力。上面所提的后一个问题可以通过三年制的学校很好的解决；学习可以从大学二年级到四年级，在此阶段中，博物馆学作为大学的一门课程。在大学中作为一个独立的专业讲授普通博物馆学，它对于所有的博物馆专业来说都是共同的。在进行单个专业的教学时，可以到博物馆去请有关方面的专家来讲课。除此而外，大学应当与博物馆保持密切的联系，特别是在实践问题上。

将来要进入博物馆工作的科学工作者的教育问题被安排到大学工作的计划中。但又出现了问题：如何培养一般（地志性）小型博物馆的干部呢？这些人基本上应受到普通博物馆学的教育，这种教育可以在特别的三个月的训练班中完成。

　至于谈到技术工作的专门力量，这就是修复工作者和剥制工作者，我们的博物馆，更正确地说是我们的工会组织做了很有趣的尝试。他们举行了一个五十小时的学习班。在这个学习班中主要是要对所有的修复工作人员和剥制工作者们说明他们的工作在博物馆中的地位，给他们说明应如何帮助博物馆工作，教给他们工作的理论，并且告诉他们博物馆各个其它部门的工作概况——从文物的收集到它们的登记和出版物的出版。这种学习班办的很成功，因此还可以再这样做，特别是为其它的博物馆的修复工作人员开设。

（唐湛清译）

世界博物馆动态

·国民教育博物馆·

一个国民教育博物馆在巴库开幕，观众为大中学校的教师、大学生和首都来客。特别引人注意的是该馆的长期展览"阿塞拜疆学校里的俄罗斯语"。展览会上展出的材料表现了阿塞拜疆人民对于学习俄语的浓厚兴趣，反映了各共和国的学校设置俄语课的情况，并且总结了教师与科学研究人员的经验。现在，阿塞拜疆的所有学校普遍学习俄语。

观众往往长久地停留在写着列宁语录的字幕旁边："我们主张每一个俄罗斯居民都有可能学会伟大的俄语"。

阿塞拜疆的诗人兼教育家萨比尔激动地写道："不懂俄语，无异于遗失了开启最丰富的精神宝库的钥匙。"

参观展览会的还有来自乌兹别克、哈萨克斯坦、塔吉克斯坦、列宁格勒以及英国的客人。

（原文载 1957.2.24《真理报》）

·苏联的民族友谊博物馆·

在赫尔松省根尼契斯克城中心的一条大街上建立了一个"民族友谊博物馆"。

陈列以图表的形式开始，反映着乌克兰根尼契斯克区的劳动者与格鲁吉亚马哈拉则区的劳动者开展社会主义竞赛的过程。

最吸引观众的是一面阿塞拜疆农业人民委员会的红旗和几份"共产主义者"报。红旗是为了酬谢乌克兰的机械师在伟大卫国战争年代在阿塞拜疆阿格达姆区土地上的忘我劳动而授予诺沃格里戈利耶夫斯基拖拉机站的全体工作人员的。旁边的小台座上陈列着相册，壁上挂着美丽的壁毯，是波兰人民共和国"胜利"农业合作社社员为了表示与斯大林集体农庄劳动者的友好所赠。这里还有捷克斯洛伐克、罗马尼亚、保加利亚和中华人民共和国的劳动人民赠送的礼品和来信。根尼契斯克的集体农庄庄员们至今还与他们保持着经常不变的通信联系。

（原文载 1957 年 3 月 14 日《真理报》）

·波兰的技术博物馆·

1、华沙工业技术博物馆：

该馆正在进行组织，将包括 13 个部分。

2、维利赤卡盐矿博物馆①：

克拉科夫附近的维利赤卡盐矿博物馆成立于 1951 年，该馆设有历史、技术和地质三个部分。

起初曾建议设立三个其他技术性博物馆：1）挈尔策（十九世纪的重工业中心）煤田历史博物馆；2）旧塔诺夫斯基哥里矿博物馆分为两个部分，其一陈列在一个历史意义建筑物里，另一部分直接设在矿场上，用图片说明矿工的各种技术工作；3）夫罗克劳②邮电博物馆；4）西里西亚采矿工业博物馆。

·波兹南考古学博物馆的调查表·

为了更好地了解观众的态度，波兹南考古学博物馆散发了一种调查表。

调查表的第一组问题意在调查观众的个人情况，如：年龄、文化程度、职业、爱好等。第二组问题直接涉及博物馆：什么东西吸引观众来馆参观，哪一个陈列使观众最为迷恋，观众将如何利用展出的文件，观众对导引员的解释有何意见，观众愿意集体参观抑或个人参观等等。

最后要求观众对组织参观工作、藏品的陈列工作以及观众所感觉兴趣的任何其他问题写出自己的意见。

·叙利亚地质学博物馆·

大马士革叙利亚大学附设地质学博物馆即将成立，负责人 T·拉威博士，一位荷兰籍地质学家，这是联合国教、科、文组织派到叙利亚的技术援助工作团中他的工作的一部分。

·埃及田园博物馆·

通过陈列进行教育是 1953 年在阿拉伯国家主要教育中心设建一个田园博物馆的主要思想。

由于藏品的增加，博物馆不得不在 1954 年迁至较为合适的现在的馆址。一部分面积陈列手工艺品，其余地方用于农业的田野活动、住宅和卫生等等。实物模型与精细小画像和各种图表、照片、宣传画等陈列在一处展示了 ASFEC 工作者所使用的教学方法。

手工艺品部分展出的目的在于改进家庭用具和金属使用的质量。有些乡村开设了工艺品商店以后也将他们的出品陈列在博物馆里，有时并且售给观众。

该馆除了永久性陈列和定期展览以外，还为国家、省或地方举办的研究班安排专门的展览。教学上对直观教材的要求已经得到特别的重视，现在正拟制一个扩大利用博物馆实物于直观教学的计划。已经

---

① 现多称"维利奇卡盐矿博物馆"，欧洲最古老的盐矿之一，1976 年被列为波兰国家级古迹，1978 年被联合国定位世界文化遗产之一。

② 现多称"弗洛克劳"，波兰城市，位于波兰西南部的奥德河畔。

选择了一些与阿拉伯国家有关的问题。

·意大利国立博物馆[①]的参观人数·

1956 年意大利国立博物馆的观众总计八百万人次，而战前每年的观众数字平均为二百三十万。

·荷兰博物馆 1955 年的参观人数·

荷兰是建立全国博物馆参观人数年度精确统计的少数几个国家之一。

据荷兰中央统计局报导，1955 年统计的数字说明全国 321 个博物馆的参观人数比 1949 年增加了 40%。

·丹麦国立博物院·

丹麦国立博物院将在 1957 年 5 月 15 日庆祝成立 150 周年。这个考古学博物馆建于 1807 年，其收集范围逐步扩大，现包括历史遗物，古钱币，民族学的、埃及、希腊、罗马的古物以及一个在林格贝的露天博物馆。科学实验室是后来增设的。该馆设立在一个十八世纪的建筑物里，1930 年代又扩建了一些。出版了许多有关科学工作和通俗的出版物。作过一系列的演讲。每年的观众约为 35 万人次。

---

① 疑为"意大利国立罗马博物馆"，1911 年为庆祝意大利统一 50 周年，在戴克里先大浴场遗址处正式开馆。

博物馆译丛

一九五八年　第二辑

博物馆科学工作研究所筹备处编译

文物出版社

目　录

地志博物馆的专业范围及其举办陈列的原则

苏联 Ф·Н·彼得罗夫教授

研究地志博物馆的问题，不可与整个博物馆事业和全国思想工作的总任务分割开来。我国博物馆事业的组织和博物馆事业的发展，与资本主义国家博物馆活动的方向有着根本的区别。我们的博物馆究竟有那些典型特点不同于资本主义国家呢？

主要的特点在于，我们的博物馆，按其思想内容和政治任务来说，是人民的博物馆，是以对苏联人民——共产主义的建设者进行广泛的共产主义教育，形成他们的马克思列宁主义世界观为目的的。

从伟大的十月社会主义革命胜利以后最初的日子起，苏联博物馆就是以"科学、知识——为人民群众"这样的原则来建立的。符·伊·列宁曾经给教育人民委员部指示，必须建立新的和改造旧的博物馆，使它们为建设社会主义的任务服务，为向人民群众广泛进行马克思列宁主义世界观的教育任务服务。

苏联博物馆的特征不仅在于它的共产主义思想内容，不仅在于它以爱国主义和共产主义的政治任务教育苏联劳动者。苏联的博物馆，按其活动的性质来说，也是我国经济建设和文化生活的积极、有效的参加者。它的陈列必须符合我们正在前进着的生活要求，必须是一个能够积极地、有效地响应我国每地、每区的一切要求的机构。

因此，当我们谈到我们博物馆事业发展史的时候，我们有必要全面分析它的发展道路，仔细研究我们的成就和缺点。

十八年前第一次博物馆会议曾经通过我们博物馆的组织，确定博物馆的性质和它活动方向的一系列决议。必须坦率地说，第一次博物馆会议并没有提出符合党和政府摆在我们博物馆面前的任务的思想方针和科学方针。

这一次会议过多地注意了一些抽象的、空洞的问题。在几个主要的报告和一些讨论里，对于辩证唯物论仿佛给予过足够的注意。但是贯穿在两个主要报告和决议中的却是被歪曲了的路线，非真正的辩证唯物主义，是伪装了的纯唯心主义和资产阶级的世界主义。

报告者从哲学的观点提出"实物主义"问题，因而研究的是"物品本身"问题，无形中以康德哲学代替了辩证唯物主义。因此给我们整个博物馆事业的发展方向提出了不正确的思想方针。

在这次会议的速记记录中可以看到以下的一些提法："必须承认，陈列工作中的一个新的要素并不是实物——纪念物品，而是一个地区社会发展的辩证发展规律。博物馆应该是社会形式发展的博物馆"。

"我们完全同意，博物馆表现的不是实物，而是过程"。

这些论点也曾经介绍给地志博物馆。

在博物馆代表会议记录中还有：

"反映社会结构的历史是地志博物馆的中心任务"。

曾经向地志博物馆建议"以合乎逻辑的形式"举办陈列（《第一次博物馆工作者代表会议汇编》87页）。大会的全部决议都浸透了反动的唯心主义。

第一次博物馆会议使博物馆工作者迷失了方向，加上他们的庸俗社会学的宣传，致使将具有博物馆意义的真实物品排除于陈列之外。

第一次博物馆会议决议中的另一个政治性错误，就是曲解了地志博物馆的实质。代替研究和表现本边区、本省、本区的博物馆的是组织这样的博物馆：无论在历史之部、自然之部和其他各部，表现的不是当地的地志性材料，而是一般的材料。这样一来，地志博物馆不去用地方性的地志材料布置陈列，因而降低了地志博物馆陈列的科学水平，使地志博物馆失去了在本地生活中的有效作用。

许多博物馆在自己的陈列中布置了大量的印刷和复制的通史材料，甚至有些区博物馆搞起古代俄罗斯史和苏联通史来，完全忽略了用地方性材料举办陈列的具体的地志任务。于是中断了有关本地方的历史、经济和文化的征集工作。

给地志博物馆的发展带来很大害处的还有，由于以上情况，征集工作和科学研究工作事实上几乎等于没有，一切都限制在一般的、图解式的办法上。科学研究工作中排除了全面研究本地方的历史、自然、地方的经济、地方的工业和文化、地方生活的变化等等地志博物馆工作中的主要部分。所有这一切都代之以一般的、能通用于各地的计划，搜集的不是真正的博物馆材料，而是现成的、复份的出版物、宣传画、图解以及图画等等。地志博物馆至今存在的一系列缺点都起因于此。

如果谈到这些缺点，可以综合为以下几个主要方面。

许多博物馆的陈列政治思想水平低，思想教育效果不强。博物馆没有利用广泛宣传的可能性，即没有使用具体的地方性材料，没有用最接近人民的、通俗易懂的因而也具有特别的说服力和教育力的材料。

许多博物馆的陈列，按其内容来说，仍然不能算作是地志性的陈列，因而不能说明地方的社会主义改造和地方对祖国社会主义建设的贡献；没有表现地方的面貌，地方的主要特点，特别是它在自然、经济和它的独特的历史发展；不能反映本地与全国的关系，以及它在全国国民经济系统中和在国家总的历史发展过程中的地位与作用，不能揭示对于本地方的发展和它的社会经济面貌的形成，地方的文化、风俗等有影响的事实。

地志博物馆如果不在陈列中反映上述种种方面，它就不能帮助观众正确地理解本地方在完成祖国共产主义建设道路中过去、现在和远景的有计划的发展。

地志博物馆的陈列至今多是一般化的，很难表现本地方的特点。在历史之部和社会主义建设之部的陈列中，揭示主题的主要不是地方的地志性材料，而是用一般的、往往引自教科书上的材料。如上所述，地志博物馆陈列中占绝大多数的往往是复份的、内容千篇一律的照片、绘画复制品、图表以及诸如此类的非文物材料。

因此，博物馆的表现形式无形中为展览会的形式或直观教材的形式所代替，陈列的感染力和教育效果因而降低了。

许多博物馆以客观主义和不问政治的态度陈列历史事件和肖像材料，片面地解释事件，不从阶级分析观点出发因而歪曲了历史事实，这是把党性原则置诸脑后的直接后果。

地志博物馆的藏品，特别是苏维埃时期之部和社会主义建设之部，没有保证博物馆的陈列，这是陈列中几个带有根本性缺点的主要原因：布置陈列的主要是辅助性的非文物，往往缺乏真正的科学内容。

自然之部的陈列与其他部门不同，倒是主要采用真正博物馆的地志性材料布置的，但是，它却没有确切而科学地展示地方的自然和自然现象的相互关系，没有表现人类对自然的改造作用，没有解释苏联达尔文主义、米丘林、李森科和苏联其他科学革新家的伟大创造性意义，也没有表现当地米丘林工作者的成就。

由于这些缺点，自然之部的陈列既不能帮助认识地方的自然环境，也不能促进辩证唯物主义世界观的形成。

自然之部的主要表现方法——景观法——利用得极为不够。大多数博物馆的景观都不知不觉地用尺寸不大、没有经过周密研究、制作粗糙的布景箱代替了。

地方的自然富源一般是以陈列个别的标本表现的，也不曾解释那些标本的经济用途。这样的陈列不能鼓动博物馆的观众，不能动员他们去找寻地方富源和将资源广泛用于社会主义建设。

产生这些缺点的原因，除了主要与上面分析的第一次博物馆代表大会的决议有关外，还有那些原因呢？

应该坦白地说，这些缺点的一个最重要的原因是博物馆工作与地志工作研究所许多年来的工作不能令人满意。这个苏联唯一的研究所的使命是了解我国博物馆建设三十一年来所积累的丰富资料。了解以后，就要对科学研究工作、征集工作、陈列表现方法以及揭示陈列材料的思想内容方面作出正确的结论，提供正确的指导。

很遗憾，博物馆工作与地志工作研究所过去出版的一切方法论和工作方法上、思想上的指导，都不符合党和政府对于改造我们的思想战线问题所提出的要求和作出的重要决定。苏联共产党（布）中央委员会对于有关文化的各个部门，如：文学、音乐、历史、经济、生物学以及我们文化建设中一系列其他学科的最重要的决定，原是众所周知的。这些决定对于我们是最丰富的思想上和理论上的指导，帮助我们改造文化的各个部门，无论是在向共产主义迈进方面，或是在完成摆在我们面前的文化战线上的巨大任务方面，如对群众进行共产主义教育，发扬苏联的爱国主义精神，锻炼正确的唯物主义世界观；解决我们在科学领域中领先，解决我们的科学、历史和文化的整个的优点和受尊重的地位，以及苏联科学在过去和现在世界科学文化中所起的作用等等一系列的重大政治问题。

忘记党性原则，忘记用马克思列宁主义的态度去解决一系列的博物馆问题，致使研究所过去提供的文献，没有一件是按照党和苏联政府要求我们的那样，广泛地包括各方面的问题。

如果检查一下研究所在 1941～1947 年间出版的全部有关建立地志博物馆历史之部的方法论和工作方法的指示，以及关于建立社会主义建设之部的材料，就可以看出，它们没有反映出在我们博物馆建设中所应执行的思想路线。尽管第一次博物馆会议的一系列不正确提法和不正确决定起过一些阻挠作用，但是在这段时期我国博物馆的思想和博物馆的理论还是在前进发展着的，上述文献也未曾反映出来。

许多博物馆工作者早就意识到，不能走十八年前所提出的老路，需要找寻一个思想上更正确、更现实的建立博物馆特别是地志博物馆的方式。博物馆的改造工作在理论上的共同的问题，学术委员会将要进行专门讨论。这里只谈地志博物馆的问题。如果从这一观点来谈，我们就应该确认，过去出版的一系列指示性的博物馆文献，是不符合当前的思想上和科学上的要求的，它们把所有地志博物馆的陈列活动，缩减成一个极为死板公式的主题结构。最大的错误是，不估计到每省、每区的特点，而提出每个地志博物馆必须按照定型，千篇一律地建立的问题。因此，地方的博物馆在举办陈列时离开了本身的地志专业范围，普遍地轻视自己的地志业务，甚至在许多地方博物馆中，忘记了科学工作和文化教育工作的博物馆形式的特点。

在不正确地建立我们的地志博物馆中起重大作用的第二个因素，是征集工作和以具有地志性博物馆意义的材料补充藏品的工作太弱。在这里要特别指出，不仅是地志博物馆，几个中央的博物馆，对于藏品的补充工作也是做得不正确的，他们忘记搜集现代材料的重要性。下面将要指出，征集工作和科学研究工作对于这类材料的保管以及陈列的布置具有何等的意义。由于忘记了苏维埃的现代，对于有关苏维埃时期的历史、经济、文化、生活的材料的征集工作缺乏应有的注意，使得我们的地方博物馆和许多中央的博物馆尽管有很多藏品，却无力开展苏维埃时期的陈列，在历史部分是如此，在民族部分、日常生活部分、文化部分以及一系列其他有关我们的社会主义建设的部分莫不如此。如果把对于现代的和我们的社会主义建设方面的征集工作和陈列工作置诸脑后，请问，这还是什么苏联的地志博物馆呢？这将导致不问政治的倾向，降低了个别博物馆工作者的爱国热情，为他们接受非苏联人民的世界主义，魏斯曼主义、摩尔根主义等反动的资产阶级的理论创造了前提。

我们严正地要求把问题摆在我们博物馆的面前，要排除这些缺点，给博物馆工作中一切有害的资产阶级理论以致命的打击。

导致我们地志博物馆不能令人满意的状况的另一个原因是，博物馆的物质基础薄弱和专业干部不足。这里将不涉及经济和财政问题（这属于专门部门），它们应该直接按照委员会的领导系统去解决，学术委员会要提出干部问题。关于培养博物馆干部的问题，是一个非常尖锐的问题，特别是在地志博物馆。如果我们现在，在本届会议上，根据提出的新的基础，通过了改造我们地志博物馆的决议，很显然，这些决议只有在科学上和政治思想上都受过训练的博物馆干部才能去完成。如果我们地方上没有这样的干部，那么，许多的决议，不管它们如何正确，不管他们如何现实，当然仍旧得不到应有的、及时的解决。

我认为，我们的研究所在最近期间有必要制订一些训练干部的方法大纲和教学计划，把干部问题作为改造我们博物馆工作的最重要问题之一提出来。

使博物馆的建设难于发展的缺点之一，是博物馆与地方的党的和苏维埃的机关和经济部门缺乏适当的连系，而地方的领导机关对于博物馆作为地方的一个文化教育和地志机构的意义和作用估价过低。

我们的博物馆是群众性的教育机构，为我国千百万人民服务。还在 1930 年，就有 1 千 8 百万人参观过我们的博物馆，在 1948 年，博物馆的观众数字达到 5 千万。对于这样一个每年与数千万人接触的机构，一个与科学普及书籍和政治性大众文学一样地宣传马克思列宁主义世界观，宣传政治、历史、自然科学知识，其全部活动是以爱国主义和忠实于祖国的精神教育苏联人民，同时又为给予地方的社会主义建设以实际帮助和解决一系列经济问题的任务服务的机构，怎能估价过低呢？博物馆的自然之部和社会主义建设之部都应该是地方上经济部门的咨询机关（在许多情况下它们正在这样做）。因此，一方面要坚决克服博物馆与我们的研究部门，教育部门，党的和经济部门脱节的现象；一方面我们要坚决地提出，把博物馆作为一个具有科学研究、文化教育和经济咨询的共和国的、省的或区的苏联机构。

我们博物馆地志工作的薄弱对于上述缺点的形成起过很大的作用；地志博物馆一般都不是地方上地志界活动的中心。不吸收社会力量，不吸收地志学家，博物馆以本身的不大的编制和不多的干部，是很难完成我们向地志博物馆提出的科学上、教育上和经济上的巨大任务的。只有以广泛地吸收地志界的力量为基础，才能保证对自己的地方进行全面的研究。

20 年代到 30 年代初期的特点，是地志活动的蓬勃发展，数百个省规模和区规模的地志协会把祖国的各个方面：经济、文化史、自然科学、革命史等等都列入自己的研究范围。

地志学家是地志博物馆所依靠的大军，一系列问题可以从这支大军那里从科学上得到必要的解决，还可以得到地志学家在调查工作中搜集的宝贵的地志材料。

　　经验证明，凡是能够把地志界团结在自己周围的地志博物馆，凡是与不久前组成的地志协会建立了密切连系，进行了共同工作的博物馆，它们的工作就得到积极的、创造性的开展。地志界的积极分子经常帮助博物馆解决摆在每个地志博物馆面前的巨大任务——研究自己的地方和创造真正的地志性陈列。

　　地志博物馆与地志学和地志界活动脱节的不良现象在地志博物馆的工作中。即在征集和研究工作，举办陈列和群众教育工作等全部制度的一系列最重要问题的布置与执行中都反映出来。

　　造成地志博物馆不能令人满意的工作的重大因素之一是博物馆工作和地志工作的经验交流的中断。

　　我们很久没有开过任何博物馆的会议，甚至也没有机关刊物。过去，我们有过两种刊物《苏联博物馆》和《苏联地志学》，在上面交流经验，提出博物馆事业和地志事业中的问题，讨论博物馆学的争论问题。目前我们没有这样的刊物，因而大大地增加了省、区和中央各馆间，研究所和其他机构间交流经验的困难。

　　我再指出我们博物馆工作中的一个重大缺陷——中央的馆和地志馆之间缺少连系。应该说明，我们博物馆建设的系统至今未曾经过充分的有计划的研究。非但我们中央的馆没有连系，位于同一个城市的共和国系统的各馆往往也没有任何连系。另方面，许多博物馆进行的工作与其他机构（如科学院、大专学校、图书馆等）科学研究的总的计划和总任务也缺少适当的连系。

　　我认为，为了解决总的博物馆问题，必须有计划地研究全国博物馆网的建立情况，以便帮助我们确定，我们的博物馆对于我们多方面的社会主义建设的要求和任务所包括的广度，以及在目前，在从社会主义过渡到共产主义时期对于摆在全国面前的科学研究、教育和经济任务所表现的深度究竟如何。

　　要知道博物馆网是随着历史的发展，带着不同的特点，按照各种计划建立起来的，个别的博物馆常常是自发地出现的。因此，对博物馆进行细致的研究和分类，在目前，正如在科学方面进行马克思列宁主义的正确分类同样的必须。

　　在结束我对于博物馆情况的分析的时候，我认为，必须再一次强调地志博物馆的主要缺点在于，博物馆工作者对于研究和表现苏维埃时期重视不足；把消灭这个缺点作为根本的转折点是地志博物馆所迫切需要的。但是，为了实现这个转变，对缺点进行分析，找出它的原因都还是不够的，还需要找出消灭这些缺点的办法。

　　现在谈谈积极的一面。

　　符合于我们的科学、文化发展的要求，符合于我国社会主义建设任务的现代地志博物馆应该是什么样的呢？

　　首先，地志博物馆的专业范围应该是什么样的呢？我觉得，这个专业范围在新的省地志博物馆的典型条例中已经作了正确的说明，但还不够完整。在第一条里说到，地志博物馆是科学研究机关和文化教育机关，它研究自己的地方，并将有关本地方的知识用陈列来表现本地方的历史、自然、社会主义建设和文化的方法进行传播。这是正确的，但是博物馆还有一个最重要的使命：收集和保管具有地志性质的博物馆珍品和博物馆材料。

　　博物馆陈列的特点在于，通过真实的物品，即通过这一时代或那一时代的物质文化和精神文化的纪念物反映事实（自然和社会）的各个方面。那些纪念物是时代特点的表达者和历史文件的无言的证人。某时、某地的典型物品，纪念物和遗物，文字的文献原件，有价值的艺术作品，自然的实物标本以及诸如此类的生动的陈列资料都是有说服力、有思想教育意义和感染力的材料。陈列中具有真正博物馆意义的展品越多，陈列就显得更具体，说服力更强，更有效。

　　因此，我提出的头一个主要论点是：博物馆是科学研究和文化教育机关，它是以苏联社会主义科学中的马克思列宁主义原则为基础，研究博物馆材料，历史文物和其他实物以进行工作。

在这里，我和第一次博物馆会议的观点是有分歧的，第一次博物馆会议规定，举办陈列主要不用博物馆材料，而且对于所有的馆都是共同的，不考虑地方的特点。我抱的乃是正相反的观点，即，表格、标语、摘自书籍中的文字材料等等都属于补充性辅助材料，它只不过帮助把我们认为是博物馆材料的实物、文献原件和造型艺术材料的内容和思想实质揭示出来。

我还要提请注意的一个情况——即用于陈列的补充性辅助材料，也不应是一般的、千篇一律的材料。它一般应具有本省或本区的特点和真实性，也应该以博物馆的独立的科学工作为根据。

地志博物馆的任务是：征集、保管、研究和陈列可以从多方面说明本地方主要特征的博物馆材料。博物馆的藏品越丰富，馆藏的研究地方的科学总结的科学档案材料越富丰，博物馆就越有价值。科学档案材料和研究这些材料的意义在有些博物馆里往往没有受到重视，而这都是举办博物馆陈列的最为主要的资料。

博物馆活动的目的在于，以陈列的手段传播科学知识，文化和政治教育，促进马克思列宁主义世界观的形成，加强对人民群众的共产主义教育，提高苏联的爱国主义热情和对故乡、对社会主义祖国的自豪感以及以表现自然富源，社会主义建设先进工作者的经验和普及苏联科学成就的方法给国民经济以实际的帮助。

地志博物馆的陈列，根据其本身的任务，应该从多方面表现作为祖国的一个组成部分的地方，它的社会主义发展与成就，它的革命前期的历史和它的自然界。

在这里应该以特别生动有力的实物表现地方的社会主义发展过程和它的社会主义改造的结果。

现在的地志博物馆的结构是不能保证这一任务的完成的。

为了克服在苏维埃时期的陈列中存在的缺点，必须把陈列中表现地方的历史发展和人民在苏维埃时期的历史一方面，和表现地方的国民经济各部门的成就和它的经济、文化另一方面划分开来。

摆在地志博物馆面前的这些任务，就决定了它的结构。我以为，关于结构的问题，关于改造结构的问题是最重要的问题之一。博物馆的旧结构里，没有表现地方史的地方，而多半是表现我国的通史，而且是片断地、七零八碎地，有着许多的漏洞，是应该推翻的。地志博物馆和任何博物馆一样，首先要把作为祖国的一个组成部分的地方的历史发展过程表现出来。

根据以上所述，现在的地志博物馆应有三个基本组成部分：

第一个部分　　自然之部，

第二个部分　　地方的革命前期历史之部，

第三个部分　　苏维埃时期之部，它包括两个单元：地方的历史和地方的社会主义经济和文化。

我觉得，地志博物馆的这样划分，一方面可以连系着全国通史的发展过程，表现本地区的发展史；另方面又可以表现苏维埃时期的地方史，引起博物馆工作者集中对这一最重要时期的注意，从而补救我们地志博物馆目前存在的巨大漏洞。

"地方的社会主义经济和文化"陈列单元既要表现本地区的国民经济各部门社会主义发展成就的结果，又要表现地方的工业、农业、它的文化生活和劳动人民的新生活习惯。这一陈列单元的基本内容应是表现地方的现实生活、成就和任务，但是这种材料宜于与革命前期的材料对照着展出，以便更鲜明地揭示出地方的社会主义改造的深度和意义。

谈到自然之部举办陈列的原则。

我提请学术委员会注意和讨论下面的自然之部的结构。

该部的第一个部分——"地方的自然和自然富源"。

表现地方的自然地理特性的一个单元的内容由下列各项所组成：地方（或省）在苏联地图上的地理位置（提供地方为苏联的一个组成部分的概念），地方的自然地图，地方的自然历史区域，地方（省）的行政地图。

下面一个单元——"地方的地质"。

它的内容有：一般的地质报导，地方的地质构造特征。在地方境内发现的各地层的时期，以简略说明各代、各期的历史连续性的背景去表现，并把它作为表现地方的有用矿物、地势等等的前提。有一个时期存在着这样的概念：自然之部的任务就是为地方的自然清点财产。这种方法是不符合经济建设的任务的，也不符合正确地发展世界观的任务。我们要在这个部表现自然界的历史发展过程，表现自然发展的动态和人类在利用自然富源中所起的改造作用。因此，建立自然之部的整个计划就应是理解人民的改造活动的基础。这个部的目的在于，把地方的自然作为人类进行改造活动的环境和作为自然富源的资料来叙述。

在地方的有用矿物之后，即表现了有用矿物的矿床、起源和它的经济意义之后，接着就是地方的地形，地方的水系（包括地上水和地下水），地方的气候和生物气候学，地方的土壤，最后是地方的野生植物界和栽培植物界和地方的动物界。

在上述的所有陈列单元中都包括有米丘林学说的因素，这是很明显的。现在，由于党和政府对于改造自然和以马克思主义的辩证法正确地理解自然现象和自然发展诸问题极为重视，自然之部的陈列应以米丘林—李森科关于改造动植物的学说为基础。

在"地球形态学"单元内，重点应放在地滑和冲沟的现象以及借助于沿沟和分水界种植防止这种现象的水土保持林。

在"气候"单元内要表现森林带和防护林的种植改变与气候的情况。

在"地方的水系"单元内要特别注意地方径流的水系及其利用和水池、水库的建设。

道库恰也夫—柯斯特切夫—威廉斯复合体，草田农作制（多年生草创造土壤的小粒结构的作用，地方的轮作，地方的护田林种植计划）以及其他实现这组学说的措施都包括在"地方的土壤"单元内。

这一陈列组表现的各种措施计划的执行情况要援引本地方的集体农庄和国营农场的例子来表现。本单元以表现斯大林的创造护田林带的计划和根据党和政府的决议实行这一计划的一切措施部分作为结束。

位于森林草原和草原地带的地区和省要特别注意这个主题，要用地方的材料表现地方如何解决防止旱灾的问题。自然之部陈列中的所有这些材料都要吸引观众注意这个问题，把它当作理论和经济实践的最重要任务之一。

紧接着上面的陈列组就是"地方的植物界"单元，它还附有一个根据米丘林和李森科的学说改造植物本性的陈列组。在这里要表现各种米丘林品种，地方采用李森科院士的改变植物本性以提高产量的方法；地方的米丘林工作者、科学家和试验员的工作，以及他们的营养接近法和营养杂交法。

在建立以伊凡诺夫——李森科学说为基础的改造动物本性问题的陈列时必须广泛地表现各国营农场和集体农场采用的育种畜牧业以及旨在改变家畜品种的方法等等。

"防止农业、林业和畜牧业病害的生物学方法"主题要向观众介绍地方上为保护收成而利用的有益食肉动物和食虫鸟类和采用的细菌学方法。

在建立陈列的时候，无疑会产生一个问题——如何用地方的材料，用最多的实物表现道库恰也夫——威廉斯复合体和我们的创造性达尔文主义的成就？我认为，应以综合的景观陈列作为基础，伴随着同一景观在未经人类改造以前的陈列。例如，未开垦的草原和已开垦的草原。需有一幅图画表现由于采用了农业生物科学的最新成就和实行护田林带和水利措施计划的结果，在不久将来的改变情况。

陈列应揭示自然历史的发展过程，表现自然物以及其相互作用的现象。一定要选择相应的陈列品布置陈列，通过这样的陈列表现达尔文主义的因素。要使陈列的各个单元的材料都充满着米丘林生物学的因素。以图片的形式，用取自野生自然的例子来说明米丘林学说，可以表现这个学说的生物学常识。

这样建立起来的自然之部可以使我们表现，如何将威廉斯——米丘林——李森科的学说用于实际；可以用地方的材料揭示这一学说的科学思想内容，以我们苏联的达尔文主义的先进立场来解释自然界发生的普遍过程。这样的布置就可实现理论与实际的紧密连系，这是我们苏联科学的基础。

自然之部陈列的第二个部分是，地方各自然历史区的典型景观。在这里也需要表现农作物的景观：田野、菜园、瓜园等等。当然在这些景观里，只有在本地区有代表性的才去表现，不可能全部表现，而且也没有必要。

地球的形成诸问题往往列入以世界观为主题的专题长期展览，这些问题是：为科学的世界观进行的斗争，俄罗斯和苏联学者关于宇宙的起源和地球的构造的最新理论，以及地球的历史，地球上生物的发展，人类的起源和创造性的苏联达尔文主义。

"达尔文主义原理"的主题包括在创造性的苏联达尔文主义里。这里也要包括一般的材料，特别是历史上对于达尔文学说、拉马克学说的正确部分和错误部分如何理解的各种问题。在这里应该表现，什么是达尔文学说里的先进的和进步的东西，什么是不正确的，在达尔文主义历史中有过那些曲解的地方。这个主题，在我看来，应以表现在我国为达尔文主义进行的斗争作为结束。特别重要的是表现苏维埃时期的这段斗争和米丘林学说、创造性的苏联达尔文主义在我国的胜利。

当然，全部单元的陈列主题可以有所更动，不一定要包括上述的全部材料，但是原则性的基础——表现创造性的苏联达尔文主义（道库恰也夫—柯斯特切夫—威廉斯复合体；米丘林—李森科学说）对于每一个博物馆来说都是必需的。

现在谈下面一个部，革命前期历史之部。

地志博物馆历史之部应该向观众介绍地方的历史，并且用这些材料进行以马克思列宁主义去理解历史过程的科学的宣传。

要表现，社会的发展史首先就是生产力与生产关系的发展史。斯大林同志对于历史发展过程的内容是这样规定的，我们在建立历史之部的陈列时应该遵循这一定义。

本部应对于地方从古代到二月资产阶级民主主义革命为止的历史提出一个完整的、连贯的概念。地方史要作为我们伟大祖国历史的一个组成部分来表现，而不是孤立地表现；并且主要应该首先用地方的材料去表现。因此，每个地志博物馆历史之部的结构和它的主题陈列计划的确定和编制都要根据具体情况，适应本地区的条件，适应本地区历史过程的特点，但又一定要注意到和在陈列中反映我国历史发展中共同的主导路线，使地方史的陈列不仅揭示出地方历史过程的特点，并且揭示出全国历史发展的共同规律。这在主题陈列计划中首先要明确地揭示以马克思列宁主义的方法对苏联历史时代的划分，而地方史实的叙述是从属于苏联通史的。

地志博物馆的陈列中往往没有表现地方在改良资本主义时期的历史。这是一个极为重要的时期，是包括着既有帝国主义，又有无产阶级革命的时期，是正当世界革命运动的中心转到作为列宁主义的祖国——我国的时期。正是在这个时期，在布尔什维克党和它的伟大领袖列宁和斯大林的领导之下准备着伟大的十月社会主义革命的胜利。因此，在展开革命前期历史之部的陈列时，必须对这一时期予以特别的注意。

在筹备陈列的时候必须遵循以下几条规则。

在将苏联历史的共同主题划一的同时，应用本地历史的具体材料作为历史之部陈列的基础。要从通史事件和事实中选择主要的、当时总的历史过程所由决定的东西列入陈列。

表现地方与俄罗斯帝国合并前期的历史时，应特别注意在陈列中反映本地区与俄罗斯帝国在政治、经济和文化上建立的连系，以及这种连系的逐步发展。

地方的疆界在每个历史时期都要根据它实际形成的情况来确定，不可按照现在的行政划分。

必须以马克思列宁主义的观点，在陈列中揭示主要历史时期，深刻地叙述当时的社会经济制度、它的阶级结构，并应特别注意劳动群众的历史与他们反对剥削者和压迫者的革命解放斗争。表现的不应是抽象的社会学图解，而是包括着地方的经济、文化和习俗的人民历史的具体发展过程。

陈列的主题不应过于分散，要用几个主要的事件集中地表现人民的地方史，这时，要竭力在陈列中使用各种实物和文献表现时代的面貌和时代的特色，这些实物和文献足以使陈列具有直观性和说服力，可以加深陈列的思想性和对观众的感受作用。

在表现地方史时要特别注意文化史、科学史、文学史和艺术史，着重指出祖国活动家的优先地位和他们在世界文化中所起的作用。当然，地志博物馆历史之部的陈列中只应包括与本地区有关系的活动家，同时又不要重复地方纪念性博物馆的工作。

现在谈苏维埃时期地方史之部建立的原则。

伟大十月社会主义革命标志着人类社会发展中新纪元的开始。因此，苏维埃时期历史之部在地志博物馆中应占主导的中心位置。这个部所担负的最重要的任务首先是协助向群众进行共产主义教育和协助解决地方社会主义建设的实际任务。

苏维埃时期的地方史以表现伟大十月社会主义革命的准备开始，从列宁的四月提纲到伟大的卫国战争。

应该指出，把历史的下限期陈列到我们今日的问题，不仅对于地志博物馆必须，对于在这方面存在着重大问题的中央的馆也是必需的。

对于苏维埃时期地方史的陈列，建议根据以下的历史时代划分：

1. 地方参加伟大的十月社会主义革命的准备与实现和在外国武装干涉时期和国内战争时期保卫革命果实（1917~1920 年）。

2. 地方在战前的和平建设社会主义时期（1921~1940 年）。

3. 地方参加伟大的卫国战争（1941~1945 年）。

在"苏维埃时期地方史"陈列中，首先要表现地方的劳动人民为十月社会主义革命的胜利，为苏维埃政权的确立和在国内战争年代为保卫和巩固十月革命成果所进行的斗争以及为恢复地方的国民经济所作的斗争；在这一单元里也要表现地方的社会主义工业化政策，"大转变的一年"，地方农业集体化史，地方社会主义竞赛和斯达汉诺夫运动发展史；表现地方的劳动人民在斯大林宪法的旗帜下的富裕、文明的生活。

在伟大卫国战争的单元里，要反映地方参加苏联人民反抗德国和日本侵略者的伟大胜利。陈列要用鲜明的博物馆材料表现地方人民在伟大卫国战争年代的英勇的战斗和英勇的劳动，红军地方部队在旧敌占区的战斗路线，反抗法西斯侵略者的人民游击队，英勇红军解放地方。

我再一次强调说，苏维埃时期历史之部是地志博物馆各部的中心，必须予以特别的注意，由于它的巨大的政治教育意义，也因为它在大多数博物馆中，与其他各部相较之下，博物馆材料最少。在这里需要特别巨大的征集工作。地志博物馆中苏维埃时期历史的材料一般都很少，或几乎完全没有。

地方的社会主义经济和文化部分要表现战后五年计划的主要任务和执行计划的结果，以及表现战后时期最重大的政治事件在地方生活中的反映。这个部分的主要内容应该是，完全而详尽地展示地方的社会主义经济和文化的当前状况，它的工业和农业（各个部门），运输文化建设，以及地方居民生活的根本改变。这一部分应揭示地方的社会主义改造成就的伟大和重要性。为此，应把地方的现代社会主义成就与革命前期的地方经济、文化和生活的状况作一个对比。特别是在这个陈列里要鲜明地反映出社会主义工业和农业的先进技术，与革命前的原始的工业和农业相对照。

在表现地方个别经济部门的时候，绝对不可反映这一部门或那一部门形形色色的全部生产内容，因为如果把地方上生产的所有各类产品都塞进陈列，那将不成其为博物馆，至多是一个工业性展览会或者简直成为一个商店的橱窗，而地方国民经济的这一部门或那一部门发展中的重要的和具有代表性的东西，反而被淹没在数量众多的展品里了。

重要的是在陈列中反映对于地方的经济和生产部门最具有代表性的方面。不仅要反映地方上具有共和国意义和全苏意义的工业发展，而且一定要反映地方工业和地方工艺合作社的发展。

对于个别的生产部门，要尽可能具体地反映在陈列中，主要仍然要找出最重要的、最典型的东西，特别是表现：

1）最典型、最优良的产品样品；

2）最重要的技术成就和技术改革；

3）先进生产者、斯达汉诺夫工作者、社会主义劳动英雄，以及他们掌握的生产技术的优良产品；

4）用于生产的自然资源（在工业部门中如：本地的和外地的原料、燃料等）。

对于地方的社会主义农业，博物馆要在陈列中反映地方的农业社会主义改造的结果和地方在战后为农业的恢复和发展所进行的斗争；表现地方如何实现苏联共产党中央委员会1947年2月全会"关于战后时期提高农业的措施"决议的重大任务——实行农业技术措施，从组织上巩固集体农庄，发展地方农业的主要部门等等。

要特别注意宣传优秀集体农庄和国营农场，农业的先进工作者，社会主义劳动英雄的经验和在地方农业中利用苏联科学和米丘林工作者的经验，宣传在本地实现斯大林的营造护田林、轮作和灌溉计划。

在表现地方的文化生活的时候，不可只限于反映个别部门的社会文化建设，而必须在陈列中表现地方人民文化增长的情况，表现科学和艺术、民间创作的发展情况。特别是，要广泛地在陈列中展示叙述地方的民族生活和民间创作的民族学材料。在社会主义建设的陈列中，对于民族文物一般都利用得很不够，有时完全没有利用，这是一个非常严重的缺点，因为这使陈列大为减色。

对于地方个别的经济部门和文化部门，建议采用专题陈列的办法，详尽地表现个别的先进企业、国营农场、集体农庄和地方的文化机构。

也可以在社会主义建设陈列中列入一些展示地方今后发展远景的主题。

整个陈列要有助于表现社会主义经济制度，苏联的社会制度和苏联的社会主义文化对资本主义制度和资产阶级文化的优越性。

以上就是研究所准备提出讨论的，如何在我们的地志博物馆正确地进行工作的主要问题。

现在我简单地谈谈在地志博物馆举办陈列的几个共同的原则，尽管地志博物馆的每个部都有其固有的特点，这几个原则却是必须遵循的。

首先，地志性陈列不可按照一定的规格，脱离了地方历史的具体发展过程去建立。举办陈列的一定的理论上和方法上的原则对于所有的博物馆都应该是一致的，但不能详尽地制定一个典型的主题方案。

要用博物馆材料，以博物馆的手法去布置陈列，不要把陈列的内容比作书本，教课书或参考书的内容。任何辅助材料、书籍插图和文字，不管它制作得多么艺术，都不能代替存在于社会或取自自然的实物材料，只有实物材料才能保证引起真实的感觉，才能激发思想和感情，才能有助于了解过去和现实的形形色色的连系。

辅助性陈列材料——各种图表、地图和文字——要能在陈列中起直接作用的才展出，如，解释某些连系和从属关系，表现这种现象或那种现象分布的广阔，评述或概括这些现象。但是，即便这种具有从属意义的陈列材料，一般也要带有真实性质，每个博物馆要根据自己征集来的和研究的材料来制作，而不要为所有的馆复制。

我们极为重视的是，陈列主题不可过于琐碎，在陈列中追溯细小事件和事实的细节，这样会分散观众的注意，分裂完整的印象，因而减低陈列的效果和说服力。

要特别注意在陈列中使用民族文物，过去，如我曾说，这些民族文物被毫无根据地从地志博物馆中排挤出去。正是这些民族文物可以表现人民生活方式的改变，人民的创作和艺术——刺绣、绘画、木雕、牙雕、金属印模、织物等等。

举办地志性陈列，必须要对地方进行系统的、全面的研究。不进行地志性的科学研究工作，是不能建成正确的地志性陈列的。博物馆是研究地志学的中心和集中确定地方面貌的主要材料的场所。

布置陈列必须遵循马克思列宁主义科学的一个最重要的原则——党性的原则。"……唯物主义包括着党性，对于任何事件，一定要坦白地以一定的社会阶层的观点加以评价"——列宁这样教导我们。

对于我们来说，这种观点就是劳动人民的利益，列宁——斯大林的党所领导的苏联人民的利益。党性原则可以扩大视野，增加事业的深度、鲜明性、目的性和政治锐敏性。

建立得正确的地志博物馆的陈列可以提供有关地方的全面知识，在执行党和政府旨在在我国建成共产主义社会的决议时保证明确地理解本地方所担负的任务。

地志博物馆陈列的思想内容在于，它能够使观众明确地理解自己在共产主义建设中的任务，动员广大群众积极参加这一个全民性的伟大事业。

这就是改造我们地志博物馆的主要原则，地志博物馆陈列的思想内容和以博物馆的方法表现这一内容的主要原则。

我深信，由于博物馆界广泛地参加研究所的工作（本届会议的筹备工作和我们的学术委员会工作），可以保证我们正确地按照我们的需要，解决目前摆在我国博物馆面前的巨大任务，也就是要在博物馆的领域中体现出苏联共产党和政府向各共和国、各省和思想战线上的全体工作者提出的共同的巨大任务。

我相信，我们的共同事业，我们在博物馆建设中体现出来的党的布尔什维克的正确的路线，一定会获得党期待于我们的结果，而我们一定在自己的工作中光荣地执行我们伟大英明的领袖、我们的目的在于为伟大社会主义祖国谋幸福的所有创造性工作的领导者、斯大林同志的一切指示。

（宛义译自《改造地志博物馆工作的当前任务》，俄罗斯文化部地志工作与博物馆工作科学研究所编，1950 年出版）

地志博物馆的科学研究工作

苏联艺术学博士　索罗沃耶夫

在本篇文章中我不准备详细叙述地志博物馆科学研究工作及群众性地志工作发展方面的一些基本问题，只打算谈几个我认为较重要的问题。

以唯物辩证法为基础的科学研究工作是苏联地志博物馆全部工作的基础；科学研究工作必须是理论结合实际的，必须在苏联科学文化的高度水平上进行，同时必须根据党和政府关于思想工作的指示，以及全苏列宁农业科学院的决定来进行，全苏农业科学院的决定所包括的实际原则不仅是生物学方面所必须遵循的，而且也是苏联其他各种科学所必须遵循的。

以上这些情况都是由于博物馆本身的性质而决定的，地志博物馆是一种科学研究机关，它是在科学研究工作的基础上，通过博物馆藏品（实物、文献、艺术品）的生动的陈列方法进行文化教育和政治教育工作，这些博物馆的藏品是充分反映某省真实情况的，而它的主题又是适合博物馆本身的专业的，当然，这些主题必须反映本地区的社会主义改革，通过它们去动员人民群众积极参加共产主义建设。

因此，博物馆有三项主要任务，第一项任务：对本地区进行全面研究，第二项任务：通过实物、文献、艺术品进行博物馆藏的陈列，第三项任务是与第一、二项密切相连系的，就是博物馆不仅要对本地区进行研究，而且要积极参加共产主义建设。

当然，在博物馆科学工作者面前应首先提出研究本地区的一些问题。

各个历史时期的地方范围是不同的，如：12、15世纪的地方范围就包括着沙俄时代的公国的市、省和区的全部领土。那个时期的一些大公国的首都和大的中心城市都属于大公国领土范围之内的。但在19世纪地方领土的范围是由旧的县和省的区域来决定，而现在的地方是由现在的区和省的行政范围来划分。因此，对各个历史时期的本地区的情况进行研究时，必须查清它同国内其他各地区在经济、文化上的关系以及同全国的关系，因为这对每一个地区不管是省和区都具有现实意义，特别是了解在这个地区划分为俄罗斯国家范围之内，或从政治、经济、文化上已划为俄罗斯国家势力范围的时期更为有意义。

至于研究我们现在的时代，每个地区同整个国家的这种关系就更为密切了，地方上所发生的每一个事件，每一个生活现象都是与我国的整个生活有着不可分割的关系。因此，地志博物馆在对本区进行科学研究工作时（不管是根据现在的观点或历史观点去进行研究），研究最早的历史时期时必须根据当时古代文化的散布情况进行考古研究。

在研究员对那些不能计算在研究范围之内的个别现象进行考查与研究时，对地方进行研究的界限不能只限在行政区的地方范围之内。比如：不应当只研究某个行政区内偶然出现的自然现象或这些地区内的人文现象，应当进行全面的研究，但是，对方言的研究应当是在地方上，地志博物馆只有清楚地了解本地区的历史以及地区范围的变化，才能正确地进行科学研究工作。

对不同历史时期的地方境界进行研究这是地志博物馆的重大而首要的科学研究工作之一，因为只有在这种观点之下博物馆才能在了解地方的初步阶段上进行正确的科学研究工作，同时也能进行深入一步的研究。

博物馆学者和博物馆工作者应当首先对本地区有具体的了解；要亲自游历各地，熟悉本地的集体农庄和国营农场，要同地方上的工厂建立联系，熟悉本地区的优秀人物，熟悉和保护地方上的文化艺术古迹。要想熟悉自己的地区，首先要求进行深入的，而且是正确组织起来的田野上的研究工作，因为这种对本地进行研究的工作是全面发展地志博物馆事业的先决条件。

1947 年我们的省博物馆进行了调查工作，但这次调查工作不是有计划的，当时 46 个省博物馆当中，只有 13 个馆对我们认为是最重要、而且是占首要地位的苏联地方经济、工业、资源财富和文化进行了研究工作。这些博物馆进行了关于下列问题的调查工作：如图拉省①博物馆为了研究本地的成就和了解先进人物，在"胜利"集体农庄进行了调查工作。亚库梯省博物馆为了研究集体农庄的劳动组织曾在几个先进集体农庄里进行了三次调查工作。斯摩棱斯克省博物馆同省档案局共同进行过一次研究某个游击队活动的调查工作，普斯可夫省②博物馆为了研究游击队运动和"建设"集体农庄曾进行过调查工作，新弗罗波尔斯克博物馆为了研究在向克里木撤退时的新弗罗波尔斯克的组织也进行了调查工作，鄂木斯克博物馆对"红色英雄"集体农庄进行了研究，同时，1947 年鄂木斯克③博物馆进行了以《对新旧农村的研究》为题的科学工作。

这些情况都说明了我们先进的博物馆所走的道路是正确的，他们把研究本地历史的主题看做是头等重要的任务。但是，也有许多博物馆还没有广泛而有计划地对我们这个时代进行研究，研究苏维埃时期的地方历史，社会主义工业以及我们这个时代的人民的生活与文化等问题还没有被他们重视，在他们的研究专题中反映伟大卫国战争和战后时期人民的英雄气概的还很不够。在 1947 年曾经有过充分反映研究和阐述米丘林学说改造自然的地方米丘林实践家的经验的自然历史专题，但也仅仅是几个专题而已。其中我们可以指出的有弗拉基米尔④博物馆几部调查性的著作：《如何为制作湖泊海洋的景观而征集材料》，又如在苏联科学院某科学家领导的达格斯坦博物馆对达格斯坦的土壤进行了研究。

在省博物馆调查研究工作的历史专题中考古发掘工作很鲜明地占着主要地位。1947 年 46 个省博物馆当中的 16 个馆大部分是进行的田野考古工作。

对普通历史专题进行研究的博物馆我们可以指出的有图拉博物馆，它同苏联科学院物质文化研究所的工作同志们对 17 世纪的防御工事问题进行了研究，此外还有普斯可夫博物馆，它对于楚德湖的历史位置进行了研究。

至于文化艺术古迹的研究与保护问题也像其他一些艺术问题一样在博物馆的工作中简直就没有提到。但是，我们的地志博物馆却收藏了许多值得研究的俄罗斯工艺和美术品。

在陈列中正确地利用这些文物可以表现出我们人民的天才，以及他们的创造的独特性，同时还可以表现出我们在世界文化艺术的发展上曾经带来的和正在带来的巨大贡献，因为我国是文化艺术最先进的国家。

不管目前我们的博物馆所进行的科学研究的题目是多少少，但是，我们可以从这些刚刚开始的工作中看到将来广泛开展科学研究工作的可能性。因为没有这些开始的工作就根本谈不上进行正确的陈列工

---

① 俄罗斯帝国和苏联早期的一个州，1796 年建省，1929 年被并入中央工业区。
② 现多称"普斯科夫省"，是俄罗斯帝国和苏联早期的一个州，1976 年建省，1927 年被并入列尼格勒州。
③ 属于西伯利亚联邦管区，首府为鄂木斯克。
④ 990 年建城，位于俄罗斯欧洲部分的中心。

作，我们可以说他们所计划的研究题目是不平衡的，甚至于有的是偶然凑合起来的，但是，无论怎样，应该说这些博物馆所走的道路是正确的。

省地志博物馆不只是应当独立进行广泛的科学研究工作，而且应当在科学研究工作中根据研究的专题和特点吸收一些主要的科学研究机关参加，像我们的一些省博物馆：沃洛戈德斯克博物馆，图拉博物馆，达格斯坦博物馆，普斯可夫博物馆，新弗罗波尔斯克博物馆以及其他许多博物馆所做的那样。

除此之外，每个地志博物馆进行科学研究工作的必要条件之一就是要求将根据博物馆本身事业拟定的专题在地方进行的所有研究资料尽可能地集中在自己的科学档案室和图书馆里。

综合性调查是我们博物馆科学研究工作的一大优点，如：斯达维罗宝里博物馆在研究一个区的情况时，同时调查了当地的自然资源和历史文物。

从事任何科学与技术研究工作的博物馆工作者都非常了解：没有我们的前辈们在过去所积累的丰富经验，我们是无法进行科学研究工作的，因为工作中的传统性对任何一种科学研究工作来说都是必要的条件。因此，研究与方志书目有关的一些问题也象研究地方经济、历史和文化的档案材料一样重要，而且是不可缺少的。但是，据了解，大概只有木尔孟斯克省博物馆进行了这项非常重要的方志书目的研究工作。

博物馆科学研究工作的题目应当是研究本地情况的一些问题。但是，博物馆的同志们和个别工作者都集中力量在本地区范围内进行地方的研究工作。我们应当记住，在整理征集来的资料时，和最后通过书籍的证实加以整理时，如果没有一般性的可以比较的材料，想对征集来的这些资料做出正确的结论和总结来是不可能的。

同时，也应该指出：在这些地方材料的基础上也可以研究出一些重大的问题；并可做出范围较广的总结来，这些问题和总结可以列入我们苏联国家的科学方面的总的问题中。

每一个博物馆同其他博物馆或同其他科学研究机关进行工作上的协作对科学研究工作来说是具有重大意义的。在20～30年代里，省地志工作者协会在这方面起到了某种程度的作用，这些省一级的地志工作者协会联合了其他许多科学机关对本地区进行了许多研究工作，如：莫斯科地志工作者协会在地志博物馆的协助之下就研究了农民建筑术、民间纺织、工厂发展史和其他等问题。现在，我们的省博物馆已具备了大批的各种科学、艺术方面的专业干部，就应当在这方面起到科学组织的作用。

但是，还有极少数的省博物馆在进行本地区的科学研究工作上还没有实行协作，也没有召开过关于全省的所有研究著作的统计与组织区地志博物馆会议。而这种共同合作可以大大提高我们博物馆科学研究工作的水平与质量，特别是可以提高区地志博物馆科学研究工作的水平与质量。同时，省地志博物馆由于在科学工作上给予区地志博物馆以指导，因而也就使自己的工作更加丰富和深入。

区博物馆特别需要这方面的帮助，不只是因为他们的科学干部比省地志博物馆薄弱，而且他们所担负的任务也非常复杂和艰巨。在小地区内对某个问题进行研究不但不是件容易事，而且有时比在较大的地区内进行研究工作还要困难，因为在小地区内研究员常常是要从头开始做起，而在大地区内对某项问题进行研究时，可以请教一些老前辈们，可以找到他们积累的许多材料和对某些问题的解答。但是，在区内进行工作的地志研究员就没有这些条件。

专业化是有成效地进行科学研究工作的条件，也是培养科学工作者的条件。在我们这个时代里，一个人同时研究几门科学是不可能使自己的科学知识更加渊博和深入的。因此，具备一定文化水平的研究员，如果对他所研究的问题更加专门、深入和全面，这只能收到更好的效果。一般地说每一个进行正常工作的地志博物馆在自己的编制内最低限度应当有三、四个专家。

最重要的是每一个博物馆，一方面不要分散人力，不要把不是他们本行业务的工作交给他们，同时另一方面要具备一些进行工作的基本条件，如：给科学工作者进行科学研究的地方，建立科学档案材料和藏书，做为收藏资料和对这些资料进行科学研究的地方，最低限度要有一个收藏基本专业书籍的小图书馆，要具备参考卡和图片，一句话，就是做为一个科学研究机关的博物馆所必须具备的一切条件。

制定计划是博物馆进行科学研究工作最重要的一个问题。它可以避免进行与博物馆方针毫无关系的一些专题的研究工作。同时，进行科学研究工作时，应当使每一个工作同志的著作都经过登记，并有人负责。如果博物馆临时由于某种原因而不能出版这些著作，那么无论如何也应当使每一位工作同志的著作经过登记。如果博物馆里有正确建立起来的科学档案制度，这件事是很容易做到的。

当然，最重要的是博物馆出版这些科学著作，但是，这项工作我们做的还不能令人满意，1947年仅有极个别的几个博物馆出版了科学著作，如新弗罗波尔斯克博物馆出版了《斯基台人的那不勒斯》，戈罗茨宁博物馆曾发表过：《热量最大的燃料——褐煤的使用问题》的材料，并正准备出版一本《戈罗兹内依市的发展史》和已出版了《戈罗兹内依的物理地理学概论》一书。此外，诺沃格罗德省博物馆准备出版一本《诺沃格罗德历史文集》，此外还可以举出一两个曾出版过著作的博物馆来，以上这些就是我们省地志博物馆的出版活动。

在本文里我还没有谈到地志博物馆应做为社会地志工作的中心问题。社会地志工作有着巨大的文化教育意义，特别是在战后为提前完成斯大林五年计划而进行斗争的条件下更为有意义。但是，我不能不指出，只有在博物馆周围组织一支庞大的进行地志工作的社会积极分子，博物馆才能完成摆在他们面前的全面研究本地区的重大任务。

对本地区进行研究是地志博物馆进行科学研究工作的形式之一。这项工作的重要意义不仅在于：它能加强对本地的了解，同时还可以为地志工作建立起科学的基础，并为博物馆制订主题陈列计划提供了具体的内容。

科学研究工作的另一些方式是征集、研究、陈列和保管实物、文献、手稿和图书，也就是我们通常所叫的博物馆藏品。这也是一项非常复杂的科学研究工作。

在这里我不想叙述博物馆藏品的征集问题，我们还是来简单地谈谈博物馆文物的研究问题。对博物馆藏品的研究在科学研究工作中应占主要地位之一。

博物馆所收藏的实物、文献和手稿只有经过研究之后才能成为"传达博物馆语言"的工具，因为博物馆藏品不仅包括有各种专题的插图，而且还有内容多样而复杂的、并具有重大意义的文物。对博物馆藏品研究的越深入透彻，这些藏品在博物馆进行地志问题的科学研究工作上，以及陈列上所发挥的作用也就更好，更大。

列宁在《再论工会》这篇论文中曾说："在学校里仅能学到一些形式逻辑学，学到一些形式主义的定义，就拿这点东西炫耀于人，也仅仅是这样而已……其实辩证的逻辑学是要求不断地前进，要求我们真正的了解物体本身，应当全面地研究和掌握它的各个方面，一切直接关系和'间接关系'，当然！我们永远不可能完全达到这种地步，但是，这种全面性的要求可以使我们避免发生错误和产生停滞不前的思想"（《列宁文选》，第二十六卷，第133页）。

博物馆的科学研究工作和陈列工作的特点在于：它通过自己特有的方法，即通过实物、文献、手稿、图书、博物馆藏品以及它们相互之间的关系来研究和反映事实的各个方面。列宁同志所提出的这种要求可以使我们对物体本身，对地志博物馆来说就是对自己的地方进行深入而全面的研究。同时对那些首先通过它们来进行研究和介绍本地区的博物馆文物，以及其相互之间的关系也应当进行深入的研究，首先应当从表现本地区特点的方面去进行研究。

已掌握了马列主义方法并成为本行专业的专家、研究员、科学工作者们应当对本行专业方面的博物馆藏品进行不断的研究，以便在陈列中充分利用。

博物馆的每一件藏品都必须经过三个研究阶段：一般登记、科学登记和科学鉴定三个阶段。最后的一项工作就是编制出版科学目录。如果想使这几个研究的阶段合并起来，这必然会影响到研究工作的质量。在博物馆藏品没有经过这三个研究阶段之前，根本不应当着手编制科学目录。

一般登记、科学登记是对博物馆实物进行科学研究的两个不同阶段。较大的科学研究工作需要对实物进行科学鉴定，这种科学鉴定各方面都要求对实物进行复杂而细致的工作和对实物的鉴定（即对实物的考证），正是在这个阶段上需要对实物进行深入而全面的研究，首先研究实物对了解本地区有现实意义的几个方面。这一点在上面我已经说过了。

我们博物馆这个研究机关之所以对实物的考证问题越来越重视的原因也就在这里。这点也说明了最近所办的博物馆人员训练班的教学大纲的性质问题，这个教学大纲是根据博物馆研究所的建议而编制的，它的内容有较大一部分是偏重对博物馆实物的研究这个方面。当然我们还不能在所规定的时间内把对博物馆实物所进行的研究工作做的很彻底。但是，根据学员们的反映，认为我们的教学大纲编制的还是正确的。

通过博物馆的藏品有时可以解决用任何其他方面的东西，不管是书面材料或口头方面的材料，都不能解决的问题。物质文化的实物有时可以阐明、揭示和解决一些较复杂的问题，比书面或口头材料更好，更为详尽。

为了对实物进行考证，首先应当具备丰富的知识，如：考古家和人文学家必须知道冶炼、织布和制造木器方面的技术同操作方法。为了能自如地确定考古文物，他们还必须很好地了解物质文化。同时为了对装潢美术品进行考证，每一位博物馆工作者必须自如地掌握鉴定材料的技巧和技术。对某个实物进行同期登录时，还必须了解技术发展史。

博物馆藏品的研究工作应当经常进行，而且对某些实物要进行反复多次的研究，主要根据掌握的材料和对实物进行的研究工作来决定。对某件实物进行科学鉴定时甚至可以写成专题论文。应当指出，对实物进行研究同充实博物馆的藏品有着密切的联系，也就是对实物进行研究的同时可以正确地组织藏品，建立研究室。

深入而全面地研究博物馆藏品和进行地志问题的科学研究工作是博物馆科学陈列工作上获得成功的重要条件。

组织和实现全面的主题陈列是一项巨大的并具有研究性的创造工作，它的意义不次于任何一项写专题论文的研究工作。博物馆的文化教育工作和政治教育工作必须建筑在科学研究工作的基础上，因为文化教育和政治教育工作的特点也正表现在：只有在博物馆全体工作人员所独立进行的科学工作基础上才能使文化教育和政治教育工作进行的更有成效和更有意义。特别是在建成社会主义，正向共产主义过渡的时代里，文化教育工作的高度水平更具有重大意义。

科学工作的第三方面，正如上面所说的，博物馆应当通过直接与本地建设有关的专门的科学研究工作来促进国民经济的发展。因此，就向所有的苏联地志博物馆提出进行对发展国民经济和苏联科学具有一定现实意义的专题研究的要求。这一点在根据经济、科学部门的委托而编写的专门的科学著作中应当表现得更为鲜明和直接。事实证明，我们许多进行科学研究工作的省地志博物馆，甚至有些区博物馆都在不同程度上进行着这项责任重大的工作，这一点是令人满意的。如：巴什基里亚博物馆对许多集体农庄和国营农场的水库进行了研究，契利亚宾斯克博物馆对花岗石矿的放射性能进行了研究，格罗兹内依博物馆对本地出产的建筑材料，矿物质以及其他等矿物进行了许多研究工作，鄂木斯克博物馆同省的卫生局共同对在乌里德赛湖建立矿泉治疗地的问题进行了调查研究工作。此外，该博物馆还编制了鄂木斯克省所产的褐炭简目。所有这些研究工作的目的都在于：促进本地一些重要经济问题的解决。

上述所举这些的例子都说明了地志博物馆进行了许多工作。但是，遗憾的是：我们的博物馆忽略了一项对共产主义建设起着重大作用的工作，也就是忽略了对我们的文化遗产的研究，关于这个问题，莫洛托夫同志在联共（布）党第十八次代表大会的发言中曾说道："我们应当不遗余力地研究我们的文化遗产，要认真，深入地去了解它，并对资本主义社会和人类过去历史上所留下的文化遗产加以利用，我们应当用过去许多世纪内人类用劳动创造的砖石盖起新的、宽敞而充满了阳光的、使人民舒适的高楼大厦"，我们应当了解我们这具有民族形式和社会主义内容的各民族的文化，我们要想深入了解我们的民族文化就必须进行人文学方面的研究。因此，我们民族的文化艺术古迹对我们来说是非常珍贵的。因为这些文化古迹不只是表现出了我们人民的天才，而且它是过去历史的实物文献，同时它们可以被用来建立我们的新生活。

苏维埃政权一向是非常重视我国艺术、革命文物的统计和保护的。在1918年10月就已经颁布了《为统计和保护古代艺术文物向私人、团体和机关所收藏的文物进行登记和征收》的法令。

弗拉基米尔·伊里奇·列宁曾非常重视莫斯科克里姆林宫的墙壁和高塔，过去的养老院，现在的索里潘斯基医院，以及其他等等建筑古迹的修复工作。

1948年10月斯大林同志亲自签署了关于加强保护文化艺术古迹的措施的决议，这项决议在整顿文物统计、保护和修复方面应当起到重大的作用，而且，应当将这一全民性的事业提到应有的高度水平。

根据这项决议每一个省和区地志博物馆应当查清本地所有的文化艺术古迹，并同其他机关共同负责保护、研究和科学修复工作。因此，我们说，地志博物馆的科学研究工作是全部工作的基础，没有这项工作，就不可能有博物馆的存在，因为没有这项工作博物馆就无法进行科学陈列工作，同时也不可能在科学陈列的基础上进行文化教育和政治教育工作。不进行科学研究工作，博物馆就不可能完成直接参加共产主义社会建设的这项艰巨而责任重大的任务。

在目前，正当苏联同西方国家和美国的战争挑拨者进行斗争的时候，党中央向苏联文艺工作者所提出的要求也完全适合博物馆工作者。党中央指出："帝国主义者以及他们文学界、新闻、政治外交界的思想奴仆们想尽方法在诽谤我们的国家，进行反宣传，对社会主义进行诽谤。因此在这种条件下，我们的任务不仅是要给以迎头痛击，揭穿他们的恶意诽谤，以及对我国的文化和社会主义进行的攻击，而且要对日益衰退和腐朽的资本主义文化进行揭露和抨击。"

博物馆工作者在日常的科学工作中应当进行反对崇拜西方资本主义文化的斗争，为鲜明而令人信服的表现俄罗斯的文化和科学而斗争，为科学中的高度党性以及为向观众进行苏联爱国主义教育而斗争。

博物馆工作者应当牢牢地记住日丹诺夫同志所说过的几句具有启发性的话："现在，我们所有的思想工作者应当站在火线的最前面，因为在和平发展时期，思想工作方面的任务不但不能减少，相反地需要加强。"

（韩维译自《改造地志博物馆工作的当前任务》，俄罗斯文
化部地志工作与博物馆工作科学研究所编，1950年版）

地志博物馆陈列中的民族学材料

苏联科学院民族学研究所副所长
历史学硕士　　　　　М·Г·列纹

关于民族学在地志博物馆的情况和任务这一问题的提出是比较适时的。有机会看到不大的区博物馆，或大型的边区和省地志博物馆的工作的人都可以了解绝大多数的馆都把民族学材料缩减了，在陈列中几乎不利用民族学材料，民族学材料的征集工作几乎没有进行；民族学材料的意义如果说并没有被否定的话，那也没有为地志博物馆工作者所认识。

这样情况的主要责任在于民族学的领导机构和方法研究中心，地方工作者有权等待他们的方法指导和对于地志性民族学实际工作的理论研究的。

为了正确地评论上述的缺点和确定克服的措施，应该首先检查一下我国地志博物馆的民族学工作在过去年代中所走过的道路。

让我们回忆一下苏联博物馆建设的头一个时期到 30 年代初期地志博物馆的民族之部的情况。这个时期的特点是民族学材料的大量积累、广泛的征集工作，设有民族之部或民族组的地志博物馆网的扩大。

在苏维埃政权的头几年，我国地志博物馆的活动就已经获得了前所未有的规模，说明当时已经吸收广大的居民群众参加苏联的文化建设和科学活动。

列宁斯大林民族政策的实行也在各民族区域、各加盟共和国和自治共和国、各自治省的科学中心——研究所和博物馆——的组织上反映出来。有些地方创建了专门性的民族博物馆，综合性的地志博物馆一般都设立了民族之部，这些博物馆都成为各地方民族学工作的策源地。我们不仅可以举出许多这样的大型博物馆，例如各加盟共和国首都的博物馆，喀山的鞑靼自治共和国博物馆[①]，克拉斯诺雅尔斯克托姆斯克、萨拉托夫、高尔基、里亚赞的几个边区博物馆和省博物馆，还可举出，如德米特罗夫、卡西莫夫、彼列雅斯拉甫列查列斯克、铃城、基姆雷和一系列的区博物馆。

但是博物馆在那个时期的民族学工作虽然包括了这么广泛的范围却苦于在方法论上有严重的毛病。

《苏联民族学》杂志 1947 年第 4 期刊载的托尔斯托夫教授的一篇论文《苏联的民族学校》中，指出了二十年代民族学工作中所犯过的主要错误。那时正是国外的反动的倾向突出地影响着民族科学的时候。普列奥勃拉任斯基教授在 1929 年编著的《人类学教材》表现的所谓"文坛"派的影响特别显著，因为大学里正是采用这个教材作为民族学的课本，我国其他民族学家对于反动的外国民族学派别也出过很大的力量。

"文坛学说"的反历史实质和反马克思主义的方法论的特点在于，它在形式上是以类型学的方法分析民族学材料，形式脱离了内容，完全忽视了物质文化和精神文化现象的历史发展。

这种倾向的有害影响也波及地志博物馆的民族学工作，特别是博物馆的民族学陈列。博物馆表现民

[①] 原为一座百货商店，建于 19 世纪末，于 1896 年改造成为鞑靼共和国博物馆，下同。

族文物的主要方法在那时候是形式主义的类型学方法，在民族现象的陈列中完全没有历史唯物主义。关于表现现代，表现我国人民在苏维埃政权年代，在文化和日常生活中发生的变化的问题完全没有被提上日程。

在各民族的民族学博物馆的工作中，表现了资产阶级的民族主义倾向，地方的民族主义者企图利用民族之部的陈列宣传自己的观点。这种情况必然使得民族学博物馆的全部系统遭受根本性的破坏，使民族学工作变成为并不符合国家在经济和文化领域中向社会主义进军的要求。三十年代初期开始有了转变，这时候，在苏联民族学著作中展开了对于旧的理论原则的尖锐的批评，出现了一系列试以马克思主义的方法论应用于民族学研究的作品。

三十年代初期，这是从理论上重新武装苏联民族学家的时期。

民族学家在这一时期的兴趣集中在社会组织问题和社会形式的研究上并不是偶然的。第一，这是由于，那些年代在民族地区的社会主义建设中，我国个别民族存在的资本主义残余的作用表现得非常尖锐，针对这种情况的政治任务推动着民族学家；第二，科学界的兴趣集中于社会组织问题是反对了长期统治着的以形式主义的类型学方法进行物质文化研究的必然反应。

马尔院士的语言学派的作品对于苏联民族学家的再武装起过巨大作用，在那些作品中指示出迁徙概念对解释历史过程的软弱无力和在方法论上的反动性。

如果说在民族学领域中的理论思想，在这一时期走上了马克思主义科学的宽阔道路，踏上了以历史唯物主义的方法分析民族现象的连续的历史主义道路，那么应该说，这个新的方向在博物馆的民族学工作中，并没有立刻找到适当的表现形式。在民族学博物馆的工作中，特别沉重地表现出波克罗夫斯基的有害影响——庸俗社会学的公式主义。这使得许多博物馆缩减了民族之部的陈列，把民族学的博物馆材料的作用贬低为抽象的社会学公式的插图。

我们已经指出，在 30 年代的苏联民族学作品中，研究主题几乎仅仅与社会组织的研究有关，一部分与宗教的研究有关，而对于物质文化的分析工作则几乎完全没有。在博物馆陈列中反映社会形式是一个非常困难的任务，需要从头研究一些特殊的方法。这一任务非但地方的博物馆做不到，即使中央的民族学博物馆也不行。这个主题在中央各博物馆的陈列中表现得也是很狭隘的。这一般表现在用平淡无趣的图片、各种图表、照片，在最好的情况下也不过应用了图画和模型，而把民族文物排挤出去。

过去曾经向地志博物馆提出过一些正确的要求——表现现代，表现社会主义建设成就，宣传本区域、本省、本地的当前任务。由于不能把民族学材料的陈列与完成这些要求结合起来，致使民族之部事实上等于关闭，许多博物馆的民族学工作也结束了。一般地说，博物馆的实际工作大大地落后于民族学科学的发展。博物馆内老的民族学工作者日益减少，没有能以新的专家去补充，因为民族学在地志博物馆中的地位已经不足以吸引有才能的积极工作者了。

我所以谈到这个问题的历史，是因为这种情况的后果也影响到目前。地志博物馆民族学目前情况的特点，在很大程度上可以从这段历史中找到解释。

关于许多地志博物馆民族学工作的材料和我有机会看到的材料，以及发表于《苏联民族学》刊物上的报导（这些报导是远不够充分的）——所有这些材料都证明，即使在大型博物馆中，例如，莫洛托夫博物馆，几乎都没有民族学的工作，民族学材料仅占次要的地位，事实上只是历史之部的一个没有定名的补充而已。

地志博物馆中民族学工作的缺点，主要一个原因是对于民族学材料作为史料的意义估价不足。这种情况有一系列的例子可以说明。

地志博物馆陈列的，一般都是定居区域的历史材料，这种史料一般摘自历史文献，有时径直摘录这种或那种历史教科书。在这种情况下民族材料怎么也利用不上，而在分析这种现象和事物，例如住房的种类、庭院、村落、服装时，往往满可以用实物表现该定居区的历史和开拓该区的历史的。

在多种民族聚居的区域，用这种民族材料可以令人信服地表现各民族间文化的相互影响，每个民族对共同的文化的贡献。

在研究和陈列民族发生的过程（这一民族或那一民族，这一民族群或那一民族群的起源）时，民族学材料也具有独特的意义。我想援引 A·П·斯米尔诺夫，Т·А·特罗菲莫娃，Н·И·沃罗比耶夫和Л·查莱的关于伏尔加流域地方鞑靼人的起源问题的著作为例，说明综合解决复杂的人类起源的问题。对这些问题有兴趣的人可以读一下《苏联民族学》刊物 1946 年第 3 期的几篇论文。我们对这些材料很感兴趣，因为在这里利用民族文物颇具说服力地表现了喀山鞑靼人的组织过程。这些材料可以揭示本地区较早的林间定居文化的典型形式和稍晚的从南方和东南方迁入的游牧民族的外来形式。这一个历史过程在住屋的结构、陈设、服装和其他一系列能够用民族文物表现的物质文化的组成部分中展示出来。

这里援引几个利用民族材料解决民族起源问题的例子——这些都是适宜于陈列的材料。我引用 B·H·别利采尔关于乌德穆尔特人的民族服装的研究作为例子。这里女子服装分成两组——北方的和南方的。北方的一组可以追溯到古代居民的文化，它的剪裁法和装饰与马利人和莫尔多瓦人相近，稍后又和北部的大俄罗斯人的文化有联系。南方的一组可以看到古代（斯基台萨尔马特人）文化层、保加利亚人的成分和稍晚的鞑靼文化层。

这些综合品和文化层按剪裁的种类、装饰的性质、头冠和鞋的形状等分类。所有这些材料都可以鲜明地在博物馆的陈列中展出。

我十分了解，这样的陈列需要对民族材料进行巨大的研究工作，还可能需要再搜集补充一些作为比较之用的相应的民族材料，但是，只有这样的陈列才会把一堆不成形的材料变成能够认识人民历史的鲜明的资料。

这样的陈列还需要专家方面的帮助，需要在地志博物馆间交换藏品，但是终究是一些能够解决，而且应当解决的组织工作的问题。

在表现民族发生的过程、地方定居的历史和各民族文化的互相影响的时候，应该用本馆的民族材料和考古材料互相补充。

在参观了几个在历史之部利用了民族材料的地志博物馆陈列之后，你就会看到，在这里，民族材料只作为说明过去在经济上和生活上的落后形象，农民的困苦状况和沙皇制度对少数民族的压迫之用。

民间创作的民族文化反映在经济和生活的各个部门，在民族建筑、技术和艺术中，在这里却都没有获得表现。民族文化历史深远的根源在这种陈列中都被遗忘了。人民不是作为文化的创造者出现，而只是被剥削的对象。

表现民间创作和民族文化的任务，只有在广泛地采用民族材料的时候才可以完成。

引用我们伟大的作家高尔基的话是很适宜的："我们要坚信，劳动群众的艺术创作力决不会消失，决不会被几世纪的苦役所损伤"。

地志博物馆应该陈列人民的创作，人民的建筑、服装和人民的工艺品。

我还记得，高尔基在 1896 年提到工艺时写道："应该把这个工业部门作为国家文化的忠实命名者加以认真的研究和深刻的注意。它应该是民族对于美术的趣味的表达者，是俄国人民对美的理解程度和他的精神文化水平的标志。"当然，这对于我们多民族祖国的一切的民族工艺来说都是正确的。

充分而全面地表现民间工艺的任务，表现木制品、石制品、骨制品、金属制品、纺织品、刺绣、陶器以及其他各种艺术生产的形式，只有当地志博物馆对于民族学工作给予应有的注意时才能完成。

陈列民族材料的基本原则应该是始终如一地实行历史主义，所谓始终如一的历史主义就是研究和表现它的发生、发展，它的过去、现在和未来远景中的每一个现象。

这条原则也为解决地志博物馆最重要和最复杂的任务——表现现代指出了道路。

对于民族学材料问题须要加以较为仔细的研究。必须说明，在民族学的理论研究方面，以及在民族学材料的征集方面，很遗憾，对于研究现代的问题未曾给以应有的注意。民族学家遵循着旧的不正确的传统，把自己的研究范围主要限制在古代残余形式的研究上，人为地把那些对于研究者应该是最典型、最突出、最本质的成分排除于人民的文化之外。这种古代残余歪曲了日常生活的真实画面，把民族学材料变成猎奇的收集品。这种对于新的形式采取轻视态度反映了研究工作中的反历史主义和形式主义，忘记了每种现象都不可与别种现象分割开来，而应与之联贯，放在其他现象之间来研究的最重要原理。只有全面地研究人民现代的文化和日常生活习惯才能够揭示个别现象的发展过程的辩证关系，解释它的起源，正确地理解所谓民族遗迹的实质。

在苏联的民族学家面前摆着一个重大的任务——研究和表现我国文化和生活方式的巨大变革，这种变革是与经济的社会主义改造相关联的；用具体的民族学材料表现苏联各民族的民族形式、社会主义内容的新文化的创造。这样的陈列需要对于民族学加以深入的、认真的研究，而决不能仅限于引用一些居民物质福利的增长或文化机关的发展等数字指标而已。很遗憾，在许多民族学工作中，对于现代的表现，至今还仅限于此。

民族学家应该用研究民族学的成果表现集体农庄生活中的新事物：人口分布的新形式、新的设计、新的民族建筑、新型的家庭生活、新型的艺术创作等等。要在这些新的形式中表现民族的特征，揭示那些改变了自己的社会内容，带进新的生活的民族传统，以及那些新事物正在与之斗争，应该消灭过去的残余。在进行这样的研究的时候，民族学家不能仅仅作为一个不偏不倚的旁观者，不能只作为一个事实的单纯的记录员，而要作为一个积极的战士，与生活中和人民意识中阻碍我们前进的残余斗争，要作一个新型的文化和生活建设的积极参加者。

这里试举几个例子。

在民族区域进行大规模的标准式的住房建设在许多场合下，对于地方生活习惯的特点，地方的传统照顾得不够，机械地搬用在其他历史条件下形成的中央俄罗斯区域的标准形式，这就导致了不良的后果。

例如，在北部各区，炉灶不仅作为取暖、煮饭之用，并且作为日常烘干衣服之用，而在标准式的建筑里没有暖炉，必然会引起责难。满足这些要求是并不困难的，但必须照顾到地方生活的特点。

标准式住屋的建设对于建筑装饰的地方传统也未给以应有的注意。民族学家就应提醒建筑师注意地方的传统，把最好的雕刻装饰和房屋的壁画介绍给他们，积极地参加自己研究的地区的住屋设计和建筑装饰工作。在这方面我们有几个苏联民族学家的工作经验，这些经验无疑是很好的。

在服装方面也是如此，地方的缝纫工业应该，并且也能够照顾到居民的趣味，注意当地所习惯的裁剪法和装饰的特点等等。民族学家的帮助在这里也是很大的，我们可以举出许多例子，民族学家的意见对于地方工业进行正确的工作是如何必需。这对于手工艺工业尤其迫切。

在革命前的俄罗斯，当"资本主义窒息、压抑、破坏工人和劳动农民的广大天才"（列宁语）的时候，民间工艺处于衰落的状况，而在我们苏维埃祖国则获得了发展的一切条件。只要回忆一下著名的巴列赫艺术匠师，穆斯乔拉的彩饰画、费道斯金互助组的出品、霍赫洛姆壁画、霍尔莫戈尔斯克的牙雕、查戈尔斯克的玩具、沃洛格达的花边和许多其他著名的俄罗斯民间艺术就够了。各民族共和国和各省的民间工艺也得到巨大的成就。

在莫斯科举办的手工艺工业展览会是民间天才的辉煌的检阅，展示了我国民间艺术的繁荣昌盛。但是在这方面还有许多事需要作。

必须进一步扩大工艺互助组网，恢复目前尚属空白点的地区的工艺，需要经常给民间男女匠师以帮助。对于民间艺术最亲密，最宝贵的民族学家，在这必须的工作里应起巨大的作用。

上文所述的一切确定了地志博物馆民族学工作的任务。

地志博物馆在研究与表现现代的工作中应该成为争取文化和生活的社会主义新形式的斗争的积极参加者；应该广泛表现民间创作的丰富多彩；应该保存和发展那些具有新的内容和成为社会主义生活习惯的民族传统，揭露那些存在于文化和生活中阻碍我们建设的残余并且与之斗争。

为了完成这些任务，需要首先引起博物馆对民族学工作的注意，很遗憾，在目前，这个工作是重视得很不够的。

需要开展广泛的民族学材料的征集工作。最近几年，大多数地志博物馆根本中断了这项工作。征集工作是不能延迟了，许多东西即将离开生活而消逝。目前还能搜集到的东西，再过几年就会成为博物馆的永久的损失。许多具有重大历史意义的材料将会成为科学上的损失。

一系列现实问题的研究需要拥有省的和区的民族学材料。这项工作如果没有地志博物馆的参加是无法完成的。

在概括民族工作的时候，在进行民族学研究的时候经常会碰到缺乏个别的，甚至是大省的材料，区的材料更不待言。

民族学材料的征集工作对于博物馆表现现代是迫切需要的。地志博物馆组织民族学材料的征集工作需要科学上的指导，中央的民族学研究机关和博物馆应担任科学上的指导工作。

立即编制和出版经过周密研究的博物馆民族学材料征集工作的指示大纲是非常必要的了。旧的，以残余为目标，和我们背道而驰的大纲已经不合时，许多博物馆拥有相当数目的民族学材料，但是这些材料一般都是收藏着不去用。这些藏品非但应该登记，并且应加以科学地整理。应该吸收相应的专家进行这项整理工作，地方博物馆的力量不是经常做得到的。

我还要指出一个组织上必需的细节，在陈列地方史的时候常常需要有作比较用的民族学材料。当然，为了用民族学材料表现民族起源的基本过程，也需要有供比较用的民族学材料。

我以为，即便是大型的地志馆也可以，并且应该交换民族文物。

最复杂的问题是关于民族学工作在地志博物馆内从组织上固定下来的问题。这个问题应如何解决呢？

我觉得，应该根据每个馆的材料的条件和陈列的可能分别解决。但是，无论如何，民族学材料应按历史顺序陈列，并且应作为表现过去或表现现代的一个不可分割的部分。博物馆历史之部应该充分利用民族学材料，在表现民族的起源，地方的定居，经济、生活和民间创作的时候，这些材料都应是陈列的对象。我们要反对那些把民族学材料只用作说明过去被压迫群众的地位的不正确做法。

民族学材料在社会主义建设之部的意义也是非常大的。不仅对于工艺的表现是如此，在现代的住屋、服装和在举行民间的祝宴之时都反映出地方的生活特点，民族传统和民间的创作。这些应该征集、研究，并且能够以新的色彩装饰着和丰富着社会主义建设之部的民族学材料也是我们极为重视的。

　　地志博物馆专设民族之部的问题如何去解决呢？我们觉得，在博物馆拥有足够的民族学藏品，在它有条件的时候，最好组织专门的民族之部。应在这个部布置补充历史之部陈列的材料，可以较为详细地表现民族主题；如果说的是省博物馆，那末在这个民族之部可以较深入地，用大量实物展出各个区的各种类型的服装、装饰等等。

　　我要强调，现在谈的是用民族学材料补充历史的陈列的问题，并且还要提醒一句，切不可把民族学材料与社会主义建设之部分开。

　　另一个非常重要的问题是关于博物馆学民族学家。需要采取最坚决的措施，补充这个民族学专家不足的尖锐的缺陷。这种不足我们目前已经感觉到，而当民族学工作以应有的形式在地志博物馆中恢复的时候，这种不足将益形尖锐。

　　关于干部的问题需要专门加以研究。

　　最后，对于只对我们的大型的共和国性和省地志博物馆值得注意的一个问题谈几句话。

　　我所指的是，有条件建立露天博物馆。

　　在立陶宛共和国的里加附近已有这种类型的博物馆。这个博物馆设在一个相当大的广场上，从国内各地区运来建筑物，在建筑物里收集着家具、陈设，保存着相应区的服装材料。这样一个综合的民族陈列为表现民族的文化开辟了巨大的可能性。

　　我很清楚，只有在大型的地志博物馆才能这样作。但是这个问题我觉得是值得注意的。对于这些问题有兴趣的人请参阅库什涅尔教授的论文（《苏联民族学》1948 年第 3 期）。

　　对于摆在民族学面前的，特别是摆在地志博物馆民族之部面前的基本理论问题，我谈的非常简单。地志博物馆在民族学方面的任务是非常巨大的。完成这些任务并不是容易的。但是我们一定要记得，博物馆工作是思想战线上一个重要的部分。党和政府对于思想的问题经常给予极大的注意，而博物馆工作者和民族学家的职责就是，成功地担负起摆在他们面前的任务。

（宛义译自《改造地志博物馆工作的当前任务》
俄罗斯文化部地志工作与博物馆工作科学研究所编，1950 年版）

地志博物馆自然之部的搜集工作

苏联生物学博士　　H·H·普拉维尔希科夫

地志博物馆自然之部陈列的任务不是单纯地展示地方的矿物、植物、动物及其他等等，而是把自然界作为在我国经济中正在利用和可能利用的自然资源的史料来展示。

自然资源的利用和人类的改造活动有着紧密的联系；在苏维埃国家里人们不单是从自然界取得它所有的那一些，他们还向自然界提出了一定的要求并力求实现这些要求。我们不仅在改变个别植物和动物的品种，而是在改造整个自然的复合体。党和政府关于营造护田林带、实施草田轮作制和建造水库计划的决议是实现道库恰也夫——柯斯特切夫——威廉斯复合体的决议，也是改造辽阔的疆域和改变一系列景观方面巨大工程的计划。

展示自然资源和人类的改造活动是自然之部最重要的一个任务。

自然之部陈列的第二个任务是宣传唯物主义世界观。在解决这一个任务上起有重大作用的是展示自然界的历史发展过程，以阐明达尔文主义和米丘林生物学的基础（有机体与其生活条件的统一，遗传及其变异性，生存选择等等）。

最后，自然之部的陈列应该使博物馆观众认识到地方自然界是一个环境，在这个环境中开展着人类的改造活动。展示地方自然界的基本方式是综合的景观法，就是要展示地方自然地区的典型景观。只有用这种方式才能够说明自然界各种现象之间是有密切的相互关系的。

博物馆只有在目的明确的科学研究工作和正确组织搜集工作的条件下，才有可能成功地解决自然之部陈列中所有的这些任务。

自然对象的数量是庞大的，博物馆不能把地方自然界所有的对象都展出，同时亦不应当这样做。当然，展出本地植物所有的种类是不可能的，更不必说这一地区动物所有的种类了。只消举一个例子来说，在我国中部地带几乎任何一个省中部可以发现蝇属在二千种以上，当然更不必提那较南方的地带了。把这二千种蝇都在陈列中展出显然是不可能的，同时这样做也毫无意义；因为由这么多外形相似的微小对象所组成的陈列品，任何人都不会站在那儿仔细看一遍的。其次，陈列上材料的展出要求有一定的装置和加工。如果没有考虑到为什么要搜集以及需要搜集那一种，而就进行搜集那些随手可得的东西时，那么就很难说这样的搜集是恰当的了。自然科学方面的材料是具有特殊性的材料。通常我们从自然界采得的那些材料需要作这样或那样的加工，并且还得马上加工。矿物可以简单地放置在匣子中，而采得的植物就需要进行干燥，采得的动物也必须进行不同的防腐处理。这些工作要有较多的力量和时间，因而也就有了一定程度的局限，即在搜集的数量上受着材料制作上可能性的限制。

我们应该慎重地选择陈列品。这种选择只有在一个情况下才能够进行，那就是要拥有详细编订的主题陈列计划。博物馆在建立陈列的过程中应该先有陈列计划，而后才为实现这个计划来搜集材料，却不能倒过来做，但是也常常有这样情况，即根据现有的材料来编制陈列计划。能否妥善而准确地解决博物馆的任务，是向陈列提出的一个基本要求。要达到这个要求，显然是不可以先根据现有的材料来订立计划而后按计划来进行陈列，因为这样就使陈列工作者处于现有材料的从属地位，实际上受拘束，他所展出的并不是他所想要的东西和他所想采取的方式。换句话说，即不是陈列工作者以自己的意图来支配材料和陈列，而是材料变成了陈列工作者的"主人"。当然，在这样的条件下，只有在很例外的场合才能搞好陈列。

陈列的目的性决定陈列计划的拟订方式，因此陈列计划的拟订必须事先进行过科学研究工作。只有作出了有关的科学研究的结果后，才能够编出与实现一个优越的陈列计划。

事先的研究工作和有计划的搜集工作是建立陈列所不可缺少的条件。

现在让我们举几个例子来谈谈。

在展示道库恰也夫—柯斯特切夫—威廉斯复合体时，植林在陈列中是占着显著地位的。护田林、水土保持林等等都是各种现象和各个对象复杂的复合体。

譬如说这里需要展出的是有益和有害的动物区系：在已经成林的地区则完整地展出各种肯定的事例，而在尚未成林的地区则当作一种预测来展出。展示预测也要说明具体动物区系的那一些种类，在生物学特性上能够显示出它们移入这个树林中以后，直接地对于林木或对于林木与耕地混合带是成为一些有害或有益的作用。要根据研究地方动物区系所得到的结果来采集材料以准备陈列品。

展示地方米丘林工作者的工作与成就时：也要求有目的的搜集工作。博物馆首先应该查明有谁在做这种工作以及做的是怎样的工作，又有哪一些结果，也就是说要从事预先的调查。反映这些工作与成就方面的自然陈列品，在许多情况下需要有准备工作，如布置有关的实验等等。米丘林果实品种的腊制模型虽然可以买得到现成的，但与地方米丘林工作者工作有关的陈列品总是由博物馆自己来制造的。只有在及时具备了详细编订的陈列品搜集计划时，才能创造这些陈列品，因为在大多数情况下这些品种的自然陈列品要事先"订购"。在每一个省中都有这方面的机关，向它们订购或向米丘林工作爱好者们订购都没有什么大困难，只要能及时地考虑到这个问题，因为错过一季就是一年的损失。

展示有用矿物要求对某些问题作好事先的了解。这里的问题不在于需要查明本省有那些有用矿物，而是必须按照一定的方式来准备那些要展出的材料。有用矿物通常以标本的形式来展出，并且附带展出绘有其中若干产地的分布图。往往有这样的情况，标本并不是按照图表中所指出的那个矿物产地采集来的。例如在省内产有制砖粘土，但它的产地离博物馆有 30 公里。在地图中标出了这个产地，但由于远了一些，博物馆就在城郊采集了粘土的标本。要知道这种粘土和应当展出的那种比较时，很容易显出一些不同的地方。结果这个标本和它并排挂着的地图上所指出的产地就不相符了。在每一个省中都可以发现一些在工业上还未利用的有用矿物，但在日常生活中已被这样或那样地应用着。这个材料亦应当展出——但是应该如何展出呢？仍然是，这些矿产标本应当到人们采来用于日常生活的那个产地去采集。简而言之，每一件展出的标本都应该是极其具体的，应该是有"真实性"的，而不是简单的"物品示范"。显然，只有在严格计划下的搜集工作才能够解决这个问题。

展示农作物的病虫害时，不仅要求搜集害虫本身（各个发育阶段）的标本，而且还要搜集被害作物的标本。在展示农作物的任何一种害虫时还需要展出某些野生植物，由于这些野生植物的存在而使这种害虫在自然界能够发展起来。例如，甘蓝的害虫（菜白蝶等等）在自然界的发展是依靠杂生在菜园和路旁的各种十字花科杂草。黄地老虎是一种危害多种作物的害虫，它也是依靠各种杂草来发展的。把害虫与被害作物和杂草——害虫在自然界生存的储备力量——一起展出不仅对这种害虫的生活提供了全面的概念，并且还顺便指出了防除害虫的重要措施之一（消灭杂草）。自中央起的各级博物馆都照例地犯着一个毛病，在展示害虫时采用了那些现成出售的搜集品，即由教学模型工厂出产的东西。这样的搜集品作为研究这种害虫的材料是可以使用的，但其中被害作物的标本则完全不适宜于博物馆中展出，因为它们是太小了。一小块被菜白蝶幼虫咬过的甘蓝叶片比之于几张被嚼得只剩下一些叶脉的大型的叶子，它们对于受害严重性所造成的印象是完全不同的。显然，部分的陈列品应该由博物馆自己来制作。还必须和害虫一起展出它们的天敌：食虫动物，特别是依靠这种害虫发展的而迫使其在数量上逐渐减少的寄生蜂。利用害虫的天敌〔食虫动物、食虫鸟类、姬蜂科、黑卵蜂科，例如赤眼卵蜂（Трихограмма）是许多鳞翅目害虫卵的歼灭者〕就是所谓防治害虫的生物学方法，它可以当作很好的例子来说明利用自然力量来改造自然界。

不言而喻，这样的展示方法只能在已有事先的研究工作的条件下才可以实现，因为只有以这样的方式才能够了解应该从自然界采用那一些材料。

创造陈列品的准备工作有时候也带有特殊的性质。例如搜集工作可以利用实验式陈列工作的结果。我们仅仅来援引一种情况。

动物体的形态和保护色，或者是有机体的其他主动或被动的防御敌人的手段都是一些很好的例子来阐明自然选择的结果，以及有机体的相关的合理性与它们对生活环境的紧密联系。任何一个省的动物界中都能举出许多关于保护色的例子。选择这些对象似乎是不困难的，但这些选择必须取决于陈列品布置上的可能性，而主要又是在博物馆陈列上的可能性。山鹬、麻鸭或欧夜鹰要装置在相应的背景上去是不难做到的，但是为了要使陈列品能够有效地达到一个目的，就是要使这几种鸟的任何一种都很难和它所在的周围背景中区别开来，这样就必须要保持两个条件：背景应该占有相当的面积，而观众应该保持一定的距离来参观陈列品。如果标本装置在小型的背景中，并且还能看出是"装在支架上"，那么目的就达不到了，因为观众一眼就见到这个动物。显然，为有关的陈列品来选定对象时必须首先了解陈列上的可能性，即所谓"视觉的范围"。否则，纵使是制作得很好的陈列品也难以表现出它的目的来，而观众则只能"在文字上"来相信博物馆，凭自己的推想来补充那些博物馆没有向他介绍过的情况。

在许多情况下，有计划的搜集工作附带要有预先的勘查工作，其目的是调查所需要的那些标本，这些标本在经过一定的准备工作后，才可能采集到博物馆中来。在采集土壤剖面、巨型的矿物、矿石、岩层标本时必须要有这样的准备工作，因为这些标本巨大而笨重，在一般的野外观察情况下是不可能采集这些标本的。对采集某些动物学与植物学的材料也必须有预先的勘查工作。例如，有些树干的大型截段、大型鸟巢、各种的土洞及其他所谓"生物学的对象"。

景观是自然之部展出的基本方式，建立景观要求有充分的事先科学研究工作和有严密计划的搜集工作。省博物馆很少有可能展出本省所有的景观复合体，而绝大多数的博物馆只能竭尽其力地组织几个景观的展出。为景观展出而搜集材料时，首先应该确定在陈列中将要包括的是怎样的景观复合体。设计工作的第二个阶段是查明这些景观的基本陈列品。假定说，博物馆打算展出只有一种可能办到的森林景观复合体。显然应当表现和运用的是对本省具有最大特征的林型。但是博物馆也不可能展出和这个林型有关的全部材料，因为植物种的数目是太多了，更不必说动物种的数目了。显然，最重要的是应该采用最典型的种类，就是指和这个林型有密切关系的并且是十分普遍的种类，也就是说由于这些种类组成了这个林型的外貌，我们根据这些只要一看就能认出，例如松树林，我们就能说出这是"真藓松林"，而不是其他的林型。但这也不是指那些和这个林型有关而数量较少的种类就不必展出了，而它们正应该展出，不过是在次要的地位而已。这样选择陈列品的工作要求对所采用的林型进行充分的事先研究，并且不仅是在文字资料方面研究，而必须在自然界中观察，因为根据文字资料所进行的"布置"，很容易成为不具体的展示，仅是一些"图表"而已。对有关布景箱的材料进行综合性的采集可以促使这种展出更加具体化起来，但布景箱的材料应该在一个地区采集。

不仅是在创作布景箱选择材料时需要有准备工作，在创作生态布景中也是必须有准备工作的。生态布景中的植物学材料（当然对布景箱来说更应该了）决不能把它看作是"点缀"，如在实际制作生态布景时常有的随便找一些来都可以使用的。正如创作布景箱一样，生态布景中的植物学材料应当是真正"自然的"，就是说应当创造一个自然的形象，而不是一种点缀的背景。为生态布景采集植物学的材料是一种科学的搜集工作，决不是为标本制造厂采办"背景"。

还可以再举出许多例子来，但是从上面所讲的已经可以很清楚；第一、为了建立陈列而进行的搜集工作是应该按照拟订得很精确的计划来进行的，第二、这项工作应当预先进行过研究工作。只有在遵守这一些条件时陈列才能有明显的目的性，同时每一件陈列品才能证明自己是正确的。以随手得来的现成材料来建立陈列时，照例说来是一些陈列品的偶然凑合，因而也不可能恰当的来编制这一个或那一个题材。

自然之部搜集工作还不仅限于为建立陈列而作些采集材料的工作。地志博物馆既要展出和考察地方自然界，它就不能不研究地方自然界的各个方面。

博物馆搜集工作的第二个任务是为了编写较全面的动物区系目录，植物区系目录和其他方面目录而积累材料。

地方自然界的许多关于植物界、动物界和其他对象的精确记载是迫切需要的。地方自然界各个方面的知识能够阐明种种有害和有益的类型，能够阐明利用地方植物区系、动物区系、矿产富源的这种或那种可能性。决不应当忘记这一点，我们的时代是全国进行大规模改造的时代。这个改造给各地区的景观带来的激烈的变化，该地区"今天"的自然界和我们在"昨天"所见到过的或是将在"明天"要见到的自然界有着显著的不同。追溯和记录这一切的变化是一项重要的任务。地方自然历史的知识正能以说明一系列自然现象的相互关系，能以改进地方自然资源的合理利用，能以促进有目的地改造自然。

博物馆如果没有或者几乎没有地方自然方面丰富而充实的科学搜集品，将不可能在研究地方自然界的各个方面进行工作，博物馆如果不了解这一些，在研究地方自然现象，也不可能进行有效的工作。因为要研究自然现象，就必须很好地了解它所经过的和被观察到的环境。

无论是动物学的、植物学的、矿物学的或是其他方面的材料的搜集愈是有意识地去进行，搜集到的材料的科学价值愈高。但实际上远非所有的所谓"搜集品"都符合于搜集工作所应有的科学价值，所以博物馆在进行这种搜集工作时应该记住它的目的——不是简单的"收藏主义"，而是要搜集科学的材料。

为建立库藏搜集品而进行的搜集工作也应该是有计划的，就是说博物馆应该了解什么是恰当的搜集品以及为什么而搜集。这种计划性只有在对所搜集的材料进行及时的科学整理的情况下可以实现。尤其是对于植物学和动物学方面有关的材料更是重要，正因为我们在这方面常会遇到大量形形色色的和数量众多的搜集对象。任何一种都要尽可能从许多产地采集多份，因为库藏的科学搜集品不仅应该包括分类学上的材料，还应当有可能提供一些关于该种在地方区域上分布的精确概念。假使库藏搜集品不去进行详细地整理（就是说不按照有关的卡片来清理、记录和登记，不查出所搜集的材料的科学名称）而只是存放在仓库中当作搞不清楚的"收集品"，那么工作的计划性也只是表面的形式而已。博物馆如果不知道自己原来有些什么，当然也就不能妥善地计划下一步的收集。只有对于所搜集到的材料及时地按照博物馆的要求进行科学整理，哪怕只是作出"草片"，搜集工作的计划性才有了可能；而这时，这项工作才具备了明确的目的性，有了科学的考证，并且即便是数量更多的材料也不致于变成偶然对象的"搜集"工作。

自然之部的搜集工作中不应当局限于搜集对象，即材料的收集而已，而还要搜集事实。气象学的和生物气候学的记录与日志、档案与文献资料，此外，所有的这种或那种和地方自然界有关的资料都应该列入博物馆搜集工作的范围内。这方面的许多材料对建立陈列也有用处。例如，气象学和生物气候学的记录是编制气象情报、物候历及其他的材料。

从上面所谈的可以知道，自然之部的这三种工作形式——陈列、搜集和科学研究——相互之间是不可分离的，同时陈列又是科学研究工作和搜集工作的成果。

博物馆的科学研究工作可以有三个基本的方向：建立陈列、全面研究地方自然界的各个方面以及研究有关地方自然界的个别问题。搜集工作也同样地是为了完成：①陈列；②库藏的科学搜集品；③个别专题的搜集品。正像博物馆全部的科学研究工作都应该反映在这种或那种陈列中一样，任何的搜集工作也正是为了这个目的而采集材料。例如，研究当地的杂草并搜集这方面的材料是个别专题的工作，那末这些杂草的搜集品就是专题搜集品了。然而这个工作同时也补充了库藏搜集品并提供我们关于一定类别的地方植物的记载，当然，它也就为陈列提供了材料。

没有科学研究工作就不可能有思想性的搜集工作，同时也不可能真正建立一个有高度质量的陈列。

没有进行科学研究工作的博物馆，即便是有很好的陈列品也只能成为长期的展览。博物馆如果不进行搜集工作便不可能在研究自己乡土方面进行科学研究工作，因为这种科学研究工作的基本材料是物品，为了拥有这种材料，就应当搜集这些物品。博物馆的科学搜集品愈丰富，它们为研究工作提供的可能性也愈大。

搜集工作是十分艰巨的。仅仅依靠本身的力量世界上无论那一个博物馆也不可能实行与完成它，地志博物馆如果只是依靠本身的编制人员要这样做也是力不胜任的。当地的地志学者、所有地志工作方面的积极分子、自然科学爱好者、少年自然科学家们都能够给博物馆以巨大的帮助。从猎人、农学家、林学家和守林人那里和通过苏联毛皮公司的收购站及其他制作毛皮的机构会得到许多有趣的材料。博物馆在争取周围广大的居民群众来参加博物馆的搜集工作上所表现的积极性愈大，那末它能得到的材料也愈多。但是为了搜集必要的材料，仅仅创造一些博物馆的"积极分子"还是不够的。还应当组织这些积极分子有计划的进行工作。否则由于这些"非常积极的积极分子"会很容易地使博物馆充塞了它无法对付，同时又是大部分用不着的材料。积极分子的工作应该和博物馆本身的搜集工作一样要有意识地和有计划地来进行。

有组织的搜集工作愈能够正确的扩大，那末博物馆在研究地方自然界方面的材料将收获愈多，愈能成为真实的"地志性的"机关并且愈能很好地建立陈列。

（韦植译自《改造地志博物馆工作的当前任务》，
俄罗斯地志工作与博物馆工作科学研究所编，1950年版）

地志博物馆苏维埃时期征集工作的原则与方式

苏联经济学硕士　Г·Н·谢列布连尼科夫

I

地志博物馆社会主义建设之部的现有陈列完全不能保证通过博物馆的陈列鲜明而生动地表现地方在苏维埃时期的情况和地方的社会主义发展成就，社会主义建设的陈列除内容贫乏，思想水平低，气味呆板之外，到处是非文物性质的展品。

由于这些严重的缺点，社会主义建设的陈列还不能胜任地完成作为我们思想战线上重要一环的崇高任务。我们的博物馆还不是培养苏联爱国主义与对社会主义祖国的伟大成就的自豪感，以及宣传苏维埃社会主义制度和苏维埃社会主义文化对资本主义制度和资产阶级文化的无比优越性的有效工具。在一小撮反爱国主义叛徒——已遭到全苏联人民一致的愤怒的反击、数典忘祖的世界主义者企图用资产阶级的观点曲解和洋化我们苏联文化、科学和艺术部门的时候，我们的博物馆也还不是与他们展开无情斗争的武器。

地志博物馆社会主义建设之部的这种不能令人满意的状况最重要的一个原因是：苏维埃时期的藏品极为缺乏，地志博物馆在这方面的征集工作极为薄弱。由于缺乏真实的博物馆材料，社会主义建设的陈列往往变成各种类型的公式化的大量制作的直观教材式的展览，因此在很大程度上丧失了它的宣传鼓动的意义。

社会主义建设之部藏品的不足也招致了博物馆工作中的其他不良后果。

博物馆不仅应该陈列自己的藏品，而且应该根据它们研究一定的科学问题，以促进认识地方以及地方在祖国历史中和苏联人民为在我国建成共产主义社会斗争中的地位。苏维埃时期藏品的极度缺乏妨碍了这个任务的实现。博物馆对于苏维埃时期的区域研究工作非常薄弱。1946 年省地志博物馆中，对于这一主题进行系统的科学研究工作的仅占全部省博物馆的 10～20%，而在 1947 年，只接近 20%。

在博物馆的征集工作面前还有一个重要任务，就是博物馆应该建立一定专题的搜集品，它能够比陈列充分得多和深刻得多地叙述地方生活的各个方面，叙述地方在苏维埃时期的历史和地方的社会主义经济的各个主要部门。这种搜集品对于地方苏维埃机构，经济部门社会团体和企业的工作者以及对于一切热爱自己的乡土，研究自己乡土的爱国者有着重大的帮助，对于研究地方历史来说，这种地志性的搜集品将是无可估价的和不可缺少的贡献。但是博物馆在社会主义建设方面的藏品的目前情况是完全不能保证这种搜集品的组成的。

II

征集工作在苏维埃时期藏品补充方面的具体缺点何在？

第一、这种藏品一般为数极少。

苏维埃时期是在我国建成社会主义社会的时期，苏维埃时期的纪念物是一切苏联人引以自豪的，照理每一个地志博物馆都应该把自己的注意力放在搜集这类纪念物上。然而在绝大多数地志博物馆中，有关苏维埃时期的库藏藏品，只占全部藏品的微不足道的一部分。

1948年上半年，苏维埃时期的藏品在里亚赞省博物馆只占藏品总数的4.2%，在唐波夫①博物馆占5.8%，在斯摩棱斯克博物馆为11%，格罗兹内依博物馆为16%。可作为典型的，在几个先进的区博物馆（契列波维茨博物馆和托特马博物馆）中，社会主义建设之部藏品的比重为26~27%，高尔基博物馆有20%，但是这种比例也是不能令人满意的。

社会主义建设之部藏品的另一严重缺点在于，主题的不充分和不完备。许多博物馆对于地方在苏维埃时期的几个阶段，例如，在苏维埃政权建成的初期（1917~1918年），以及在恢复时期都没有材料。在卫国战争时期蒙受损害的博物馆，以及许多馆址虽不在战斗地带，但曾将藏品转移的博物馆（如格罗兹内依博物馆），其有关卫国战争时期的全部材料都损毁了，在战争结束以后才着手恢复。大多数博物馆没有正规收集战后的现代时期的材料，结果是，这一时期的陈列虽然具有特别重要的意义，虽然它应该担负起动员本地方劳动者完成和超额完成战后的建设任务的作用，但是在许多博物馆，这一时期的陈列是不能使人满意的。

但是，有些库藏战后时期的材料占社会主义建设时期藏品22%的博物馆，如库尔斯克省博物馆，高尔基博物馆，就创造了内容丰富的反映地方现代社会主义经济的陈列。

社会主义建设之部藏品的第三个严重缺点在于，藏品的成分从博物馆价值来说，不能使人满意。最珍贵的博物馆材料是实物和文献，它们是时代的真实纪念物，但是库藏极为不足，例如在里亚赞省博物馆只占战前时期藏品总数的9.3%，在库尔斯克博物馆只有13%。

伟大卫国战争藏品的成分比较好一些，1946年位于后方地区的博物馆库藏的实物材料占25%，而在解放地区的博物馆馆藏文献原件占11~12%。在高尔基博物馆有关现代的实物材料很丰富，占全部藏品的60%，但这是极为个别的。

社会主义建设之部藏品的这种不良情况的原因何在？

除去总的原因是征集工作的情况不能令人满意外，应当指出，对于这一工作的估价不足，也给社会主义建设之部的征集工作带来了不良的影响。博物馆工作者中极为普遍的看法是，只有过去的材料才是珍贵的博物馆展品，材料越古老，它的博物馆价值就越高。他们说，为什么要把众所周知的，经常在报刊中谈到，经常在日常生活中遇到的物品，文献和现代艺术作品收集到博物馆来呢？在这里，他们忽略了，这些平凡的，常常遇到的东西，过一些时候社会离开我们的生活而一去不复返了，就会成为我们的损失。

社会主义建设之部工作人员的业务水平不高对于许多博物馆工作起了极为不良的影响。为了正确地收集苏维埃时期的博物馆材料，必须了解，要收集什么。为此首先需要具备苏维埃时期总的历史经济知识以及本地方在苏维埃时期的历史经济知识。否则，在征集过程中，或征集的结果就会不可避免地漏掉一些具有头等意义的问题，而另一方面，又充斥了各种次要的和三流的材料。正因为如此，我们许多博物馆里真正能够鲜明地表现地方的社会主义新面貌，表现地方在苏维埃时期的历史发展道路和我国社会主义伟大成就的材料就显得为数太少了。

---

① 现多称"坦波夫"。

过去，对于这样的工作状况实际上未曾进行过严重的斗争，对于提高博物馆科学工作者的业务水平也未作过系统的工作。也没有出版过有关这类问题的任何参考材料和方法指导。

过去，地志工作与博物馆工作科学研究所也不曾帮助博物馆工作者去正确理解征集工作的问题。苏联共产党中央委员会宣传鼓动部的机关刊物《文化与生活》中，在Д·毕兹博罗朵夫的一篇论文《论地方博物馆的工作》（1949年3月31日第101号）中完全正确地指出，在研究所的方法指导中"忽视了地方地志性材料和纪念文物在博物馆陈列中的意义"。

社会主义建设之部的博物馆工作者大部分是年纪轻缺乏经验的，自然不能正确地组织苏维埃时期的征集工作。

这些消极因素对于博物馆的实际工作起过多么重大的影响，可以援引几个克服了这种影响的博物馆，作为例子。例如，库尔斯克博物馆、高尔基博物馆、契列波维茨博物馆、穆罗姆区博物馆，它们都组织了苏维埃时期的系统的征集工作，把这一工作作为本馆科学活动的不可分割的一部分，并在这个基础上建立了较为有价值的社会主义建设之部的陈列，有的馆已经开始了这方面的严肃的科学研究工作。

我觉得，主要的任务还在于：只有以这一任务的具有决定性的政治重要性为出发点，和利用先进馆的经验，才能保证苏维埃时期藏品的系统补充。

Ⅲ

每一件博物馆藏品应该符合一定的思想内容的要求——反映现实的这一方面或那一方面。另方面，它还应该把这个内容以博物馆的形式表现出来。内容和形式的统一和互相配合应该是不可分离的。然而应该预先提出几个具有共同性的意见，一些是有关这个统一体的各个方面，即征集工作的主题，另一些是征集品的范畴问题。

苏维埃时期征集工作的主题基本上是与这一时期的主题陈列相一致的，它并且应该从两方面进行，即根据地方在苏维埃时期的历史和地方社会主义建设的现阶段。

有个会议上谈得很对：社会主义建设的现阶段在我们的许多馆里都表现得很不够，这是因为我们没有有计划地征集反映现代的材料，没有认识到这个工作的重要性。

现代材料的征集提纲应该是特别广泛的。为了保证社会主义建设现阶段陈列的内容和鲜明性，为了趁着材料还存在我们生活中的时候，按着事件的新鲜痕迹尽量收集材料，这都是必须的。

另方面，社会主义建设的历史材料和现代藏品是以各种资料为依据的。征集历史材料，在档案馆、图书馆、博物馆进行研究和外出调查，与过去事件的参加者建立连系等等具有重要的意义；征集现代的材料必须首先请教苏维埃的经济部门、社会团体、各种企业、集体农庄，与地方当代的活动家建立连系，广泛利用地方的报纸，刊物等等，同时还要到地方的集体农庄、国营农场和工业等地区进行广泛的实地调查。

前一种工作史学家可以有效地承担起来，后者就必须是经济学家才行。由于苏维埃时期的陈列分为这样两个部分，藏品的补充方面就应该与之相适应：根据苏维埃时期和现阶段的地方历史，并根据地方的社会主义建设成就。

这几部分材料的征集主题基本上也应该决定于陈列的主题计划。同时，我们已经提到过，要比陈列的材料广泛和详尽得多。

这个提纲应该反映地方在政治、经济和文化生活中的形形色色，以保证不仅能够建立有内容的陈列，而且能够多方面深入地进行研究工作。

征集苏维埃时期地方历史材料的主题提纲，自然应该根据历史学所规定的我国历史的各个阶段制定。应该在每一个阶段系统地征集反映地方这个苏维埃祖国的一个组成部分走向社会主义和共产主义道路的历史发展的各个方面：党和苏维埃政权的活动；本地区的阶级斗争；地方工农业、运输业的发展和社会主义建设；社会主义文化建设的成就；城乡劳动者生活的根本变化；他们的文化的成长和民间创作。

如我们已经谈到，在地方国民经济的各个部门征集战后时期现代社会主义建设材料的主题提纲应该是最为广泛和最为详尽的。

对地志博物馆特别珍贵的应该是那些地方性的材料，如：反映本地区社会主义发展的主要过程，在地方的具体成就中表现出党的伟大的政治改造力量的材料，即那些具有全国性意义的，和教育认识价值特别大的地方性材料。

还应该指出，在制定藏品补充提纲时没有必要规定小分题，在设计陈列时，这种小分题是需要的，而且是陈列的通俗易懂和认识效果所要求的先决条件。相反，征集工作应该有相当广泛而详尽的主题提纲。例如，国立鞑靼自治共和国博物馆所制定的卫国战争时期材料的征集方案，就是这样一个详尽的征集工作提纲的范例，方案里包括了 17 个主题单元（关于党组织在战争时期的活动，战争时期的共青团和青年，火线上的鞑靼人，地方部队的作战路线、红军后备队的训练，战时共和国工业、农业、运输、鞑靼社会人士的支持前线，鞑靼战时的文化、日常生活等等）。

谈到按照博物馆基本范畴所应系统补充的藏品类型，首先应该着重说明，苏维埃时期的各种文献原件及这一时期的纪念品都属于系统补充之列，因为它们直接表现了或是确切地反映了苏维埃的现实。博物馆的文献材料，公认可分为以下四个主要类别：1）实物，2）书面文献，3）照片文献，4）黑白面和造型艺术品。

属于苏维埃时期纪念文物的物品极为多样：历史文物——重要历史事件的纪念物，具有纪念意义的当地杰出人物的物品，生产工具，产品品种，原料等等；军备品，战利品，劳动人民送给各种代表大会、苏维埃政权机关和活动家的礼品，文化用品与日常生活用品，这一时期的艺术或文化珍品，各机关、企业赠给博物馆的模型、标本。

现在存在着这样的观点：具有最高的藏品价值的是与地方的一定事件和杰出活动家有关系的纪念性物品，以及从另方面说，对于本地区具有广泛的典型意义和最有代表性的物品（例如，对于地方各阶段发展有特征的地方工业产品品种），无可争辩，首先应该注意这一类的博物馆藏品，但是，如果认为一切其他不符合这种纪念性、典型性要求的东西都没有很大的藏品价值，这是不正确的。

在我们的生活中，和在一切发展着的事物中一样，最重要的是那些正在发生、发展着的东西，虽然它们还不稳固。我们的地志博物馆一定要不仅在自己藏品中反映典型的和流传最广的东西，而且应该首先反映那些暂时没有广泛发展但却有前途的新现象，例如：农作物的米丘林新品种，社会主义改造的新形式，新的社会主义生活方式等等。此外，博物馆还应该收集一切即将离开生活的，已经不再是典型的而明天即将消失的东西，以便把这些材料保存起来作为时代的纪念品。

苏维埃时期的文献材料——手稿和出版物也具有不少的价值。要充分地收集苏维埃时期的材料，一定要在档案馆进行工作。一切有关苏维埃、国家社会组织、企业等活动的材料都集中在那里。

我觉得，对于与地方的历史发展和当代情况有关的极重要的文献档案资料，博物馆应该摄制副本保存起来。此外，博物馆还应系统地征集如宣传画、札记、回忆录、书信、奖状、地址、墙报、剪报等等能够生动地反映本时代的文献材料。

在苏维埃时期藏品中也应占重要地位的还有第三类材料——照片、纪实性的造型艺术品，它们精确地录下了地方发生的一切，因而在博物馆的征集工作和科学研究的总体系中具有很重要的意义。照片文献材料在社会主义建设之部藏品中所占地位很重要，但是它们的补充工作却往往是不经常的，而且被很不平衡地分在各个主题里。我们认为，博物馆如果认识到地志性照片材料的重要性，就应该建立一种足以反映地方的全部历史发展道路和它在社会主义时代的成就的苏维埃时期照片目录。

至于造型艺术材料（各种写生、油画和其他造型艺术作品，宣传画、漫画等等），我们仅仅提出以下一些意见。首先需要收集在本时期所创作，又是这一时期或那一时期纪实性的艺术造型品。同时也应该收集与本时期有关，但并不是本时期纪念物的造型材料。在选择艺术品供陈列使用或收藏的时候，最重要的准绳除了作品的艺术性而外，还应该考虑到作品反映苏维埃现实和地方社会主义新面貌以及当地人民的精确性和真实性。

也要指出，博物馆的征集提纲里必须列入搜集事实的项目，包括地方的经济统计报导。鞑靼自治共和国博物馆的经验无疑是应该注意的，它在藏品补充计划里也列入了搜集共和国的统计材料和事实一项；还有斯摩棱斯克省博物馆的经验，该馆在着手创作斯摩棱斯克的伟大卫国战争画之前，收集了大量的回忆录和目睹者的叙述，组织了一系列有科学工作者和画家参加的调查队，收集与绘画题材有关的材料。

IV

现在，在总结各地经验的基础上分别谈一谈各主题单元的藏品补充问题。

地方在准备与实现伟大十月社会主义革命时期和外国武装干涉和国内战争时期的历史的征集工作中，几个主要主题的任务在于，反映地方的劳动人民参加社会主义革命斗争，在地方建立苏维埃政权以及巩固这政权的最初一些措施，反映地方及其人民在国内战争时期参加巩固十月革命成果的斗争，表现地方在这个光荣的英雄时期的经济、日常生活以及人民的英勇劳动。

有许多博物馆征集到这一时期的珍贵实物材料。有的博物馆收集到叙述地方布尔什维克组织的活动的材料——小册子、传单、地下印刷所的设备、委员证等等（穆罗姆等博物馆），有的收集到革命家的私人物品、地方赤卫队和地方红军部队的旗帜、勋章、武器和装备等（里亚赞·科洛姆纳）。高尔基博物馆收藏有几挺参加国内战争的机枪和伏尔加河舰队的炮弹。为了说明苏维埃共和国在这些年代中的经济困难状况，博物馆收集了当时的面包食物购买证，证明当时生产低落的粮食代用品和工业商品（打火机、木鞋、小铁炉子等等），当时通用的钱币——财政严重混乱的无言证明者，收集了反映国内战争时期，国家的零散的邮票等等。穆罗姆博物馆收集到关于穆罗姆县贫农会的活动和国内战争年代穆罗姆各企业的工作等有趣的经济统计材料。

几个博物馆向当地的老布尔什维克收集了与这个英雄时期有关的回忆录，这个经验是极为有益的。这个工作一般是这样组织的：先是召开革命事件参加者座谈会，后来再转为书面形式。博物馆在得到回忆录的同时，往往还收到许多文献和指示，从而进一步得到补充性文件。最有趣的是，这种工作进行的结果，在一些回忆录中，以及在一些已经公布的资料中间，对某些问题会出现分歧。遇有这种情况往往召集地方史学家和回忆录作者开会，以便确定历史真相。在这方面的例子是很有趣的，博物馆在征集工作的基础上也可以解决个别的科学问题，推进苏联科学。

但是，远非所有博物馆都运用了这个宝贵的经验，保证了这一时期材料的收集的应有的完备性和博物馆专业的特点。

对于战前和平社会主义建设时期，许多博物馆收集了大量的材料，但是这里也存在一些须要排除的空白和严重的不足之处。第一，恢复时期的材料在博物馆一般表现得很弱。例如，根本没有征集个体农业的生产工具而它正是说明个体农业的效率低，是当时的典型实物。更重要的是，博物馆的陈列和库藏方面对于本时期的主要问题都表现得不突出，如：地方如何解决"谁战胜谁"的问题，在地方上社会主义因素如何与资本主义因素进行斗争、资本主义因素如何被排除，如何恢复地方的工业，如何执行列宁的为农业高涨打开道路实现农业的社会主义改造的伟大合作化计划。诺沃西比尔斯克博物馆收集了叙述地方的头一批合作社活动的有趣文献材料：定购合同、信贷和田地农作公司的章程等等，博物馆在这方面也有很大功绩。

博物馆藏品中叙述地方上阶级斗争的材料很少，特别是与富农的斗争，这个阶级是在全盘集体化的基础上被消灭的。鞑靼自治共和国博物馆除了这一问题照片材料外，并收集了实物展品，如：富农的半截枪和富农藏火器的福音书等等。但是一般有关这一时期的实物材料，博物馆收藏的还很不够。

斯大林五年计划在地方的主要成就的材料——社会主义工业化，农业的集体化，社会主义制度的胜利和斯大林宪法在地方的实行——地志博物馆至今还收集得不够系统；在这方面收集的主要是照片材料和部分文献材料。而博物馆的藏品中还应该有地方在这一时期新辟的产品标本、新装备的模型，有关当时先进人物的材料，如：斯大林五年计划的英雄，生产突击队员和生产能手，地方的头一批斯达汉诺夫工作者等等。

要系统地、不断地收集叙述地方实行集体化的材料：发给各集体农庄的土地永久使用的文件的照片复制品，各集体农庄的章规，地方上进行"把集体农庄变成真正布尔什维克的集体农庄"（斯大林语录）斗争的文献、图片、经济统计材料，各集体农庄的生产计划，集体农庄组织劳动的材料，关于从农民中产生出来的第一批集体农庄事业的组织者和鼓动者的材料，关于地方各集体农庄的头一批突击生产队员和斯达汉诺夫工作者的材料。

特别重要的是在博物馆集中有关地方通过斯大林宪法和实行宪法的材料——记录、全民讨论宪法草案的建议以及斯大林同志在地方的企业和集体农庄做过的关于宪法草案的报告；劳动人民为庆祝新宪法所担负的特别的社会主义建设义务；关于苏联和俄罗斯联邦头一次选举最高苏维埃的材料——群众大会和选举准备大会的决议，竞选宣传画、标语、选举委员会决议。特别重要的是收集表现地方的繁荣，地方的社会主义经济，地方的社会政治、文化生活，以及在斯大林宪法的旗帜下如何大大提高城乡劳动人民的物质文化水平。

伟大卫国战争时期藏品补充的道路是极为明确的。博物馆在这里的任务很清楚，就是研究地方及其人民在战争时期所走过的道路，表现地方对于胜利的获得所作的贡献。为了完成这个任务，许多博物馆收集了表现红军和游击队员在地方境内的英勇斗争的丰富的实物材料，红军的武器和装备，苏联英雄和游击队员的私人用品，红军地方部队的战利品。萨拉托夫博物馆保藏着中Φ·Π·果洛瓦特赠给红军的头一架飞机。高尔基博物馆有一架在高尔基城制造的战斗机，飞行员查连金（高尔基人）曾经架驶这架飞机击落法西斯飞机达20架。博物馆还收集了丰富的卫国战争中的文献藏品：日记、书信、回忆录、战线上的报纸等等。在达格斯坦自治共和国、哈巴罗夫斯克等博物馆保藏着约·维·斯大林给当地为红军集募资金发起者的谢电。

但是应该指出，我们的博物馆对于叙述后方工作的材料一般收集得很少，如地方在战时的工业、运输、农业、文化生活、地方的工人、集体农民和知识分子的英勇劳动，如众所周知，这都是我们获得胜利的最重要源泉之一。因此，在卫国战争的陈列中，对于后方的工作和生活的表现往往总是最弱的，必须特别注意消除这类缺点。

现在谈一谈地志博物馆征集工作的最重要任务之一——地方在战后和社会主义建设现实藏品的补充。我们已经说过，在这方面博物馆的任务特别大，条件也特别好，遗憾的是，可以利用的可能性博物馆至今还利用得很不够。博物馆应该用战后现阶段的藏品记录下那些新的，对于地方和全国共同向共产主义迈进的发展中具有代表性的东西。

例如，地方工业产品的征集工作中，对于地方产品的丰富多样，反映产品品种比战前和战时有所改变，新品种的开辟、质量的提高等等典型的，有代表性的藏品，在馆藏中却显得不那么重要。

高尔基博物馆陈列了 11 部精致的汽车模型，是莫洛托夫汽车厂陆续制造的，鲜明地表现了该厂的发展道路。

众所周知，在战后五年计划中极为重视把新技术用于一切生产部门，因此，需要收集叙述地方国民经济各部门的技术革新过程的材料，如：新装备（莫斯科盆地博物馆、都拉博物馆和雅罗斯拉夫尔博物馆），地方企业的个别车间的模型（如糖果点心车间、榨油车间等等），农具等等。

具有特别重要意义的是关于先进人物的材料，如掌握新技术、完成和超额完成生产计划的战后五年计划的英雄们，新生活的真正创造者。战后时期广泛传播了一系列前所未有的社会主义竞赛和斯达汉诺夫运动的新形式：提前完成五年计划的社会主义建设义务劳动，斯达汉诺夫工作法在整个队、整个车间的实行，争取超计划积累，加速流动资金周转过程的斗争等等。至于相应的文献和图片——斯达汉诺夫工作者的义务劳动及其工作方法的介绍和图解，技术的组织工作计划，以及个别发明的第一批产品，斯达汉诺夫工作设备或其模型——博物馆应该到地方各企业部门系统地搜集。

对于地方农业的征集工作也提出同样的任务。这一工作应该全面地反映战后地方农业高涨的道路，表现地方执行苏联共产党中央二月全会（1947 年）关于战后提高农业的措施具有历史意义的决议，苏联部长会议和苏联共产党中央关于营造护田林带的决议，关于发展畜牧业的三年计划的情况。与省农业管理局建立了密切连系的高尔基博物馆和该局的工作人员在 1948 年组织调查队，到 28 个集体农庄，3 个苗圃和一个拖拉机站去。工作的结果征集到叙述高尔基省在战后时期农业高涨的照片和其他材料，还有大批实物（禾束、粮食标本、蔬菜、浆果园的树苗、果树等等）。

但是在这里，主要的也是不要落后于生活，敏锐地、生动地发现一切新的和增长着的事物。许多博物馆必须搜集地方新农作物的标本（小麦的向北推进，柑橘类植物在克里米亚的繁殖，糖萝卜在远东的培育等等）。博物馆藏品中还必须有农作物的新品种，如：北部各区的耐寒小麦，西伯利亚冬麦、按照李森科院士方法繁殖的分枝小麦标本。特别要注意收集地方米丘林工作者培育的作物和品种标本（实物或能够精确反映一定实物的蜡制模型），以及在当地实现政府和党关于种植护田林带决议的材料。

系统地收集本地区实行保证丰产的农业技术措施的材料具有重大的意义。例如，克拉斯诺雅尔斯克博物馆用轮作图解，集体农庄的草田周转计划，由于实行轮作而恢复肥力的土壤标本，饲草的干腊标本、饲草的种子等等，来反映土地的草田轮作制。许多博物馆收集了叙述土壤施肥的材料（施过肥的土壤剖面、肥料效率资料）和本地区组织护田林带建筑水库等改良土壤工作的材料。

要竭力使地方的集体农庄和国营农场实行的全套基本农业技术措施以及农业的机械化、电气化和从组织上巩固集体农庄的措施也在博物馆的征集工作中反映出来。

同时，在补充地方的社会主义农业藏品的时候要特别注意总结本地区的农业先进工作者，特别是各集体农庄、国营农场、拖拉机站的工作者——社会主义劳动英雄、地方米丘林工作者等的经验。

社会主义建设之部藏品补充的薄弱的地方是对于居民的文化和日常生活材料的收集。一般只限于收集叙述个别的文化建设部门增长的照片，如学校、文化宣传机关、剧院公共住房建设等。但是，为了深入而全面地反映国内在文化和生活方面的进展，还需要收集说明人民群众文化的增长，城乡劳动人民福利的提高和人民生活的根本变化的材料。

博物馆为什么不收集集体农民在几年间的账本呢？账本里会清楚地表现农民在这段时期劳动收入显著增加的情况。要系统地收集苏联人民的文化生活用品：书籍、杂志、演讲会和晚会的广告，没有这些我们将无法想象我们的生活。此外还有地方色彩最浓的服装、织物、家具、装饰品等。

收集对于这一问题的历史材料也很重要，它们可以非常鲜明地衬托出我们社会主义生活的成就，例如，收藏着马克思列宁主义经典著作和俄罗斯伟大作家作品的集体农民和工人的小型图书馆，和沙皇时代劳动人民碰到这些书象碰到占梦书和圣诗的情况对照起来，将会向博物馆的观众说明许多问题。

对于收集叙述民间创作的苏维埃时期的民族材料也要予以很大的注意。如，工艺美术、业余艺术活动、民间创作和我们人民的现实生活等等。

莫洛托夫同志在苏共第十八次党代表大会上曾举出一些有趣的资料，叙述库尔斯克省的新的人民群众的知识界的形成，与革命前的历史相对照。博物馆的地志性征集工作对于揭示本地知识分子大量增长的景象和在研究地方的现在与过去的基础上研究知识界的社会成分和职业成分、政治面貌的改变。曾经起过很大作用。

同时每个博物馆都应该收集关于本地知识界的优秀代表的材料，如本地的优秀教师、医生、农艺师和工程师、科学家，本地的作家、艺术家、作曲家，地方在科学、技术和艺术界的活动家——斯大林奖金获得者等等。

在苏维埃政权的年代里，全国和每一个地方都有了根本的改变。我国现在的人民完全不是过去的那样的人民了；他们在新生活的建设过程中起了根本的变化，在文化方面和政治方面都提高了，他们已经成为苏维埃社会主义社会的新人。地志博物馆应该用本地的材料和成就研究苏联人的这个根本改造的过程，并把它在自己的陈列和自己的征集工作里反映出来。

V

补充和收集苏维埃时期藏品的资料具有极为重要的意义。在很大程度上这就是征集和研究地志材料的一般资料，如：本地的地志学家、地志小组、参观调查本地区的各种著作；在本地档案馆、图书馆、博物馆以及在藏有与本地有关材料的其他省份进行研究的成果。对于苏维埃时期的征集工作关系很大的还有一系列其他要求：必须研究和了解本馆的藏品，作为进一步征集和补充的前提，必须研究和了解本地区在苏维埃时期的历史和经济，必须把征集工作和本馆的科学研究工作紧密地有机地连系起来，征集工作还必须有精确的计划。

博物馆还要与本地的活动家和革命运动的参加者，本地的个别工人、集体农庄庄员、知识界的代表、战后五年计划的先进工作者建立直接的连系，以便从他们那里不断得到关于他们的创造性活动和成就的材料。

应该更广泛地实行去集体农庄和国营农场调查研究的方法，同时利用调查，与集体农庄和国营农场建立经常的连系，在它们中间组织通讯员网，如拉克斯诺雅尔斯克边区博物馆就是如此。其他博物馆（高尔基、契列波维茨）也系统地去集体农庄进行调查研究，但是这个对于征集和科学研究工作极为重要的方法博物馆还利用得不够。

对于积累社会主义建设材料具有极重要意义的是组织现实问题的展览会。这种展览会往往是由地方的党和苏维埃领导机构发起的，因而保证了广泛地从地方的各企业部门得到展出材料。同时这种展览通常是在博物馆的基础上举办的，博物馆举办了展览，展出的材料就可以入藏作为博物馆藏品。

地志博物馆苏维埃时期征集工作的主要支柱，和其他部分的征集工作一样，也是地志学界——本地区的地志学家。在这方面，我们的先进博物馆之一，契列波维茨区地志博物馆有好的经验。该馆社会主义建设的藏品有三分之一是地志学家所搜集的，他们在组织这些藏品中起着主导的作用。广泛组织社会上进行地志工作的积极分子，保证他们积极参加社会主义建设时期的征集工作，这是每一地志博物馆的最重要任务。

最后，简单地谈一谈苏维埃时期藏品的利用情况。藏品的主要用处是陈列。博物馆藏品必须是博物馆研究工作的基础。但是还有一个利用藏品的重要形式。这就是科学性辅导，博物馆应该用本馆的库藏藏品，对每一个来馆要求帮助的苏维埃、党、科学、艺术机关或个人给予帮助。有些馆已经相当广泛地开展了这项工作（克拉斯诺达尔卡卢加、诺沃西比尔斯克等），但是另一些馆对于这项工作还作要很不够，需要发展起来，一个博物馆不能缺少系统的科学辅导工作，正如一个图书馆不能缺少参考书目工作一样。

举办社会主义建设的陈列，宣传社会主义的伟大成就，协助培养人民的爱国主义和对祖国、对故乡的爱国自豪感，帮助苏联人民继续斗争，继续向共产主义前进，这是具有巨大社会政治意义的事业。博物馆的科学研究和科学辅导工作也有很大意义。如果把作为这一切任务的基础的征集工作视为具有社会意义和全国意义的事业，依靠整个苏联社会，博物馆就会以应有的成功和必须的政治思想水平，完成这些任务。

（微夷译自《改造地志博物馆工作中的当前任务》，
俄罗斯地志工作与博物馆工作科学研究所编，1950 年版）

博物馆群众文化教育工作的形式与方法

苏联国立历史博物馆一级科学工作者　О·Т·柯兹洛娃

以根据马克思列宁的学说征集来并进行科学加工的藏品为基础的陈列建成之后，博物馆就应把这个陈列变为广大劳动群众的财富，丰富他们的知识，培养他们的爱国热情，动员他们完成全国性的任务。如果不开展广泛的文化教育工作我们就难以想象苏联的博物馆。

博物馆进行群众工作的主要形式是组织参观。

认识过程本身——"从活的直观到抽象思维，从抽象思维到实际"（《列宁哲学笔记》，166页）——已为说明组织参观的巨大效果和把它用于对陈列的研究提供了可靠而令人信服的基础。我们的观众到博物馆来常常是为了获得各门学科的知识：自然科学、历史、文学等等，这时候参观就成为这门或那门课程的教学大纲，它适用于小学、中学，也适用于各种专科学校。

但是参观的价值不仅限于它的教育意义，即它们是有力的教育工具。以我们伟大祖国的英雄的过去和现在为主题的参观，有关地方自然富源的研究和地方在农业、工业方面的成就的参观也可以培养观众的真正的苏联爱国主义。以马克思列宁关于自然和人类社会的学说为基础组成的这些参观不仅有助于博物馆观众文化水平的提高和扩大他们的眼界，并且可以用当代的现实材料形成一致的、正确的、科学的马克思列宁主义世界观。

这种与现实的连系必须直接贯穿于全部参观过程中，使参观具有政治上的尖锐性。有些陈列，特别是社会主义建设之部，由于某些原因有一些落后于生活的地方，参观导引员可以从口头上加以补充。但是与现实的连系需要非常小心慎重，不可流于庸俗化，只有在能够很自然地与现实连系起来的时候，才能用上。

但是，为了使参观成为真正有效果的参观，必须使参观建筑在高度的科学方法水平上。我们要求于参观导引员的是很高的：导引员不仅要切实了解与自己导引的参观题目有关的那门学科，并且还要掌握导引的方法。

参观工作是一种教育工作，参观导引员要懂得和在自己工作中遵守心理学、教育学的一切基本定律和要求。心理学和教育学都指出，在认识过程中，具体性和直观性起着巨大作用。直观性和具体性是参观的极为重要的不可分离的特性（列宁："活的直观"）。但是参观不仅与视觉的印象有关，导引者的话也会产生一系列与听觉有关的印象。参观导引员一定要经常作到使参观者同时得到视觉的和听觉的印象。因此，绝对不允许把参观者引入大厅，把他们放在展品面前，就开始了参观。因为这时放在参观者面前的展品与观众的理解力是毫无相通之处的；导引员这样也可以吸引到一部分观众的注意，但这是由于他们看到陈列的东西，而另一部分观众在对陈列发生兴趣之后，就不会再听导引员的解释；这样显然对于教育的过程是有害的。参观效果的必要条件是对观众的视觉和听觉器官同时起作用。

提供材料的感受性也是教育学的一般要求（感受性的大小以观众的年龄和教育程度为转移）。

与课堂上一般教授有显著不同的参观的特点是它的运动性，即在移动的过程中授与知识。参观的这种特性在革命前被旧的参观者认为是主要的，起主导作用的东西，但是，经过合理的评价之后，就不能认为它是如此了。不错，在野外或在城内进行参观的时候，这种特性起着一定的作用，但是在博物馆里参观，这种运动性往往只能带来不必要的疲劳（过久地站立着）。不管怎样，对于参观的这种特性必须加以注意：在一般的参观中不要在一件展品前面停留过久，而随着观众的意愿很自然地往前移动，转到旁边的橱柜；在导引教师或大学生参观的时候，如果要获得较为深刻的和较为广泛的内容，就要在地方允许的条件下，设法设置椅子。

我们对参观提出的最重要的要求，应该是主题性。"一般的陈列"给观众留下的个别、零散的印象不会给参观者以真实的知识；也不能有助于对观众的教育，因为只有在系统的理解和得出结论的基础上才能得到知识或产生教育影响。因此，即使一般全馆性浏览参观，这是为旅客身份的观众组织的，也必须有它一定的中心题目，如："我地区的自然、过去历史和英勇的现在"，"历史博物馆——苏联各族人民的文物宝库"，"祖国英勇的过去"（适用于历史博物馆），教学性参观更不待言，不按主题进行是不能想象的，即使是泛泛的主题（在温课的时候）也不能例外。

现在狭义地谈谈参观方法的问题。首先必须指出，这些问题可以纳为二类：一是组织参观、布置参观路线的方法，二是导引参观的方法。不消说，负责布置某一个主题的路线的博物馆工作者必须认真地研究相应的材料和详尽地了解陈列。如果他准备的是教学性参观，他还得了解教学大纲和课本（中学的或大学的，根据准备参观的团体而定）。在这以后定出参观题目，并尽量充分和尽量确切地说出主题的基本内容。此外，还必须说明本次参观在认识方面和教育方面的目标。此后才能订出分题，在每一分题内选定展品。接着要作出小结（每个分题后面，或每几个相近的分题后面）和结论。每一个这样的路线都要根据参观团体的年龄、文化程度和要求来布置。同样一些题目，例如：历史课程，可以给历史系大学生组织，也可以给中学生和初级学校学生组织，但是同一个主题的参观路线却彼此有很大区别，参观前后的预备座谈会和结论座谈会的性质和内容也要以该参观团体的性质而定。为成年人举行的预备座谈会上一定要列入可以调查参观者的一般文化程度、兴趣、疲劳程度（由于旅行所致，如果参观者是一群旅客的话）等可以帮助导引员了解一般情况的问题，以便定出导引的工作方法。对于学校团体（大、中学校）的学生观众就不需要这类问题了。但是对于任何种团体的预备座谈会上都必须确切地定出参观主题和明确基本目标；这是教育学上的基本要求，认识过程中富有目的性与否的依据。在导引由教师带领来馆，并且已在事先切实作好准备（这方面将在以后讲）的学生参观时，在预备座谈会上导引员要向儿童们指出在参观时应特别注意的问题（问题事先由教师准备好），这样可以减少日后的书面回答。

结论座谈会也是每一次参观必不可少的部分。有时，它变成小结各单元的总结会；有时，以即景的"尾声"代替纯粹理论材料的座谈会，这主要看观众的情绪而定，以加强教育效果。

必须注意，预备座谈会和结论座谈会的内容和形式可以是多种多样的，一方面根据参观的主题和目标，另方面看参观团体的性质而定。

组织好的路线应该写成书面材料——方法研究，以便在训练地方学校教师为导引员时使用，因为在大规模的群众工作中博物馆不能满足于本馆科学工作者的力量。在这种材料里完全不必要连贯地叙述参观的全部内容，它只是一个参观的简略方案。国立历史博物馆群众工作部根据多年的工作经验订出下面一个方案：主题、目标（完全而详尽的具体说明主要方法和政治要点的提纲）、预备座谈会（扼要的提纲）。用以下小标题托出参观主题：1）参观路线的点——分题，2）要看的材料——展品，3）领导者解释的简单内容（以大纲的形式，使可以充分了解导引员的解说揭示什么，他如何对待一定的历史事件和人物），4）参观过程中的几个主要小结，5）注解——补充材料或引用文，导引这一组的方法等等。结论座谈会以简单提纲的方式提出。

现在来谈导引参观的方法问题。这问题可以分为二类。我们把那些与内容无关的但是缺少它又不能使参观达到必须高度的一些导引方法列为第一类，如果可能，我们把它称为"表面的"导引方法。我们知道，首先应该保证观众能够好好地观看陈列品，因此必须正确地安排每一类观众（不仅仅是学生）。要随时注意，不要让身材高的离柜子太近的观众遮住陈列。安排一群观众的时候最好较为照顾一下身材，站在距陈列 1.5～2 公尺的地方，最好围个半圆圈。同样，为了便于观看，一组观众最好不超过 25 人（中学生只能 20 人，必要时把一班学生分为二个参观组）。参观时间对于初级学校学生 50 分到一点钟，对于高年级学生和成年人以 1 小时半为宜，特殊情况（如，全馆参观）可以用 2 小时。导引员站立的地方，不要使自己的身体和手臂遮住陈列。因此，导引员一定要使用说明棍，说明棍要握在靠近陈列的那支手里。他站立的方式要既能照顾到观众，又能照顾到陈列品，用说明棍指点陈列品，引起观众的注意。

每一个教育学家都懂得，掌握住会场、课堂和观众的注意力，对于顺利地进行演讲，教课和参观是如何的重要。在这方面，一切与补充和解释视觉和听觉有关的东西，也就是一切与导引参观者的语句有关的东西都是具有很大意义的。这里所指的不仅是词句的结构，并且还有在参观过程中应用的语音清晰程度和声调等。

参观导引员的词句结构要正确，没有口头语（"这就是"，"就等于"，"就是说"等等）。我们要求导引员的并不是雄辩术，因为他的主要任务不在于让人家欣赏他的话语，而是尽可能地启发观众去研究展品。他的话一般要平易、有内容，实事求是；只在有些情况下，才说得较低、较热烈、较生动和较优美些。

清晰明确的音调是导引参观不可缺少的条件。必须使每个字，每句话完整地传到全体观众的耳朵里。说得快就完全破坏了组织得很好的很有内容的参观效果。但是也不能说得太缓慢，因为这需要许多时间，可能观众会等不及导引员而独自看到下面去了。

清晰、明确的语音在很大程度上可以补充导引员的声域，因为音调清晰可以代替宏大的语声。一般说来，应该注意，形同喊叫的紧张的声调永远也不会激发观众的注意，而且反而会引起说者和听者的疲倦。导引时要用自己平常的声音说话，不可强制发音，即使在陈列室内同时有二个组在参观时亦然。相反地，这时两个负责导引的人都应该把自己的声音放低，不要妨碍彼此的工作。

一方面要用自己平常的声调导引参观，同时还要竭力使声音听上去不那么单调。要培养自己具有调制声调的能力，根据所讲的内容把声音提高、放低、做出不同的声调。这使我们认识到导引参观的总声调是一个很为重要的问题。

首先不可使声调显出冷淡的感觉，参观导引员本身对于指给观众看的和讲给观众听的东西要发生兴趣。这种兴趣必定会在自己富有感染力的声调里反映出来。他应该和自己的观众一起对于红军和游击队，对于在与不共戴天的法西斯军队的搏斗中和在解放自己热爱的祖国和全人类的事业中贡献出自己生命的英勇行为：在战后五年计划的英雄和五年计划的鼓舞者——伟大的斯大林面前肃然起敬。导引参观的人应该与观众一起享受伟大十月社会主义革命胜利的快乐，和观众一起热爱和无限忠诚于革命的领袖们。他还应该和观众一起仇视叛变祖国和出卖祖国的本民族敌人，把他们视为企图破坏祖国疆土的完整的外国侵略者一样。导引员在解说中既不滥用热情，又要很沉着地把所有这些感情表现出来。在特别重要的部分导引参观的声调就是要如此。

现在分析一下表现陈列的各种方法和狭义地谈谈参观工作的方法。

这些方式方法基本上可以归为二类：第一类是，参观者仅仅作为一个听众和观众消极地接受材料；第二类是，参观者本身也积极地参加工作。前者是在参观导引员中最普遍应用的方法，即简单地展示陈列品。陈列品一件接着一件地罗列出来，伴随着简短的说明，解释这件或那件物品的意义，或叙述与陈列有关的事件。这种方法是最迅速最简单，对于参观导引员来说，也是最容易的方法。它被广泛用于参观实践中的原因也许就在于此。

但是根据不同的表现方法观察中、小学生的感受（历史博物馆 1934～1935 年）证明，这种方法对于中小学生的参观效果最低，因为对于陈列品的印象改变得快，观众完全陷于被动。这种导引方式对于文化水平低的成年人也不很有利，只对于具有专业知识的观众才行得通。

对于中、小学生（尤其是年龄小的）和无专门知识的成年人观众效果大得多的是另一种方法，这时参观者仍然只作为观众，但它结合着鲜明的感染力——艺术的叙述。但是对于有专门技能的成年人，甚至对于班次高的学生说来，这种方法又是完全不必要的。

在个别情况下，对陈列有利时，可以用艺术生动的叙述把陈列中一个个单独的成分连成整体，完整地描绘出某一历史形象或自然的画面。当然，这种方式只有在陈列中确有适当的展品时才能采用，而且主要仅对于小学生和中学低年级的学生才有好处。

在历史性参观中引用马克思列宁主义经典著作的语录或参观内容的时代有关的文献可以使得参观更为生动，引用文艺作品的片段也是很好的。

效果最好，表面看去也是消极的方法之一的是用参观导引员自己的话来分析陈列品。这种方法看去近似罗列的方法，实际与那种表面的方法相距甚远，因为在分析展品的时候就可以详细地分清展品所特有的特点、特性，使这些特性和特点"说出"陈列中要揭示的东西。这种方法我们称之为，"叫"展品自己说话。如果简化一些，对于人数少的四年级学生也可应用。

分析展品的办法如果辅以座谈，使观众自己也成为参观导引的积极参加者，那么它的印象更深。这种方法在国立历史博物馆的上述经验中已经得到证明，对于导引学生参观的效果是很好的，有些积极的成年观众也很乐意参加座谈会，这使得参观大为生色。

如果学生来馆的目的在于进行教学性参观，那么我极力建议你们提出与课程有关的问题和在陈列中没有反映的某些重要主题，因为用这样的方法，参观导引员就可以不必吸引观众去注意陈列中的纯文本部分，而代之以积极的方法——座谈。

结合陈列座谈的另一种方式是，对比相同之点和相反之处的方法。这种方法之所以有效在于，它是以知觉的基于相似联想和相对联想的法则为基础的。陈列往往为运用比较的方法创造了良好的条件。

与触觉和运动性有关的方法特别容易使参观者，特别是中、小学生和知识水平低的观众活跃。如果观众可以摸一摸猛犸的牙，拿在手上掂掂它的重量，或试一试石刀的锋利的刃，他们的注意就会提得很高，当然不便允许观众动陈列品，但如果博物馆能特备一些复份的"没有护照的"展品交给群工组负责保管，那将是非常好的。

掌握上述的各种各样方法，并且善于及时的，在适当的场所，灵活运用，就保证了最成功的导引参观。

如果参观中的重要部分的陈列显得贫弱，必须用生动的叙述、座谈，对比来加强陈列的印象。如果陈列本身已能产生强烈印象，那么即便是导引知识水平低的群众，也只有简单地罗列一下展品就行了，特别是在参观中意义不大，而陈列却很鲜明的时候。例如，以"17 世纪的农民战争和城市暴动"为题的参观，对于当时的皇帝、贵族、僧侣的服装以及当时统治阶层的上层人物的贵重银器，只要简单指点一下已经够了（即便是对于全无文化的观众），因为这些陈列品由于本身的不寻常早已产生了足够的深刻印象，但是对于说明农民困苦的境遇的展品，就必须较明确、较生动地指点出来，因为它们本身是没有这种鲜明性的，在这样的地方对于没有文化的组就要运用生动的艺术叙述，对于有知识的观众就组织以分析展品为基础的座谈，请他们注意一些有趣味的文献，相当生动地把语录念出来。

组织和导引参观的方法问题占据了这许多篇幅并不是偶然的，上面已经谈到，它是博物馆向观众进行工作的主要形式。但是还应该简单地谈一下另一种形式，其实它就是参观的另一种变型；这就是可以个别进行，也可以许多人一起进行的辅导解答。前者是回答个别观众提出的问题，或者是来馆前已准备好的与某部分陈列的某些题目有关的问题，或者是观众在参观当中对于某些展品的意义和内容不够明确的问题。每一个当时在陈列室的博物馆工作者，都有责任热情地解答这些提问。分组辅导一般是在节日观众来得很多，不能充分细致地导引参观的时候实行。把观众组织成为小组，然后进行辅导的情况，往往是就陈列室中某些占主要地位同时又最有教育意义的展品进行简单的解释，尽可能从政治方面着眼，作出尖锐的结论。

对学校的工作也是博物馆一部分颇为重要的工作，并且有它自己的特点，它也是值得注意的群众工作问题。

博物馆对学校的工作分为两大类，为学生服务和为教师服务，对学生的工作又分为两部分，1）根据学生所学的教材进行帮助，一般称之为教学性参观，2）帮助儿童合理地安排空闲时间，主要以教育为目的。

当然，为了尽可能用实物具体地帮助儿童学习这种或那种学校课程，博物馆应该有理论水平相当高的相应的陈列，至少也应有临时性的专题展览，但这还不够，负责为我们年青一代服务的博物馆工作者必须确切地了解，为了达到教育和培养的目的究竟应该给学生什么，应该如何照顾到学生的年龄特点进行讲解。为此他们必须同地方的国民教育机构，教师进修学院和与本馆陈列有关学科的教学方法研究室取得紧密的连系。这些学科一般是：自然科学、地理、历史、文学。要与本馆附近的学校教师取得连系，组织他们积极来馆参观全部陈列，请他们认真观摩与本身专业有关的陈列单元。这样，负责学校工作的博物馆工作者（如果不妨碍编制，分出专人负责这项工作是完全必要的）依靠了教师的积极支持，参照一定班级的这门或那门课程的教学大纲和教科书，配合着本馆的专业范围就可订出中小学各班的教学性参观主题。陈列中没有，而对于学校教程又很重要的问题，就要准备一些地图，图解，历史人物的照像等材料作为补充，这种补充材料称之为"参观导引员的皮包"。导引员在全部参观过程中不时利用一下这种补充材料是非常便利的。

每一个教学参观主题必须规定一个专门路线已如上述，但是还应吸收教师中的积极分子参加这种路线的制定。博物馆如果想把对学校的工作做好，参观工作中没有教师的帮助是不行的。教师们不仅可以按照本门课程经常地组织复习性质的参观，而且还可利用博物馆的陈列上参观课。

为了把学生的教学参观变为整个教育过程中的组成部分之一，并以此达到参观的最大效果，必须与教师们商妥，请他们以一定的方式帮助学生做好准备，如来馆时叫学生们带着笔记本，铅笔，低年级的还带着一块小板子以代替学校用的课桌，而最主要的是预先向学生提出在参观过程中要特别注意的问题。当然，这些问题应事先经过和参观导引员的协商。这种准备工作保证提高学生的注意。但是，这还不是全部，为了达到充分的效果，如国立历史博物馆特别提出的经验（1945～1948年）所证明，还必须把参观中的全部所得加以认真地研究。研究的方式可以是多种多样的：可以是整个参观的报告（虽然这种方式过于笨重，会占去学生很多时间，并且不得不带有相当的表面性），根据参观时向全班（不是个别学生）提出的个别问题布置家庭作业或课堂作业予以配合，而最主要的是在课堂，或温课，或甚至准备考试的时候，口头上询问参观的材料，这样，学生在博物馆得到的知识才会成为他们的巩固的财产。

帮助个别学科的教学工作，只在拥有内容充实，主题广泛的陈列和足够数目的专家工作者的博物馆里才显得真正的丰富、深刻。但是帮助学校合理地安排儿童的空闲时间和教育儿童也是很需要的，每个博物馆都要在这方面开展工作。

为了使这种帮助具有充分的价值，博物馆必须与有关的"校外"组织建立充分的连系，如：校外国民教育局、共青团、少年之家、儿童俱乐部、公园、图书馆，最后，还有主要负责教育工作和安排儿童空闲时间的学校各班级主任。

博物馆对学校的非教学性工作的头一种形式就是非教学性参观。这种参观的主题要与上面提到的"校外工作者"一起制订。非教学性参观主题要充满教育因素和引人入胜的兴趣，使得第一次参观就引起儿童继续来博物馆进行各种方式的工作的兴趣。要达到这个目的最好组织有关伟大卫国战争和它的英雄事业、有关社会主义建设成就和它的英雄们（用当地的材料）以及与研究本地区有关的主题（博物馆如与当地地志学家取得连系，对这些主题的工作很有好处）。

以小组的形式对学生进行较深入、较长期的工作可以为非教学性参观的兴趣作好准备。小组在负责管理某段陈列的科学工作者指导下活动。

小组可以由儿童自己发起，也可由愿意加强某种课程的深度和幅度的教师们发起。在这种情况下，小组就可由同一个学校的几个平行班次的学生建立起来，而由教师自己领导，只不过请博物馆工作者给以广泛的辅导而已。

博物馆对儿童进行的校外工作的第三种形式是学生与伟大卫国战争的英雄、革命事件（特别是十月革命）的参加者、劳动英雄、科学工作者（考古学家、生物学家、史学家、物理学家、化学家等等）、艺术家、文学家的所谓"见面会"。这些见面会可以放在有关主题的非教学性参观的最后作为特别鲜明的结束。

如果博物馆设有所谓"办公室"或"学生室"，即专门负责对学校的工作的处所，是十分便利于对儿童进行上述各种形式的"校外"工作的，在那里可以很恰当地按非教学性参观的有关主题安排最后的见面会或按组员的任何建议进行活动，在那里也可以很好地组织各小组的活动，组织儿童自己制作图画、模型等直观教学材料，这个办公室对于教学工作也有帮助，在那里可以以专题展览的形式布置补充性陈列，或伴随着幻灯讲演。办公室还可协助对学生在参观过程中的理解程度组织研究工作，从而发现个别表现方法的效果问题以及统计引起最深刻印象的展品数量（依据参观路线中所利用的数字）等等。进行这些工作当然都需要工作的地方学生办公室就可以为之安排。

博物馆对学校工作不仅限于对学生作的各种活动，与教师及师范学校和师范学院学生——未来的教师进行的活动也是博物馆对学校工作的极为重要而又完全不可分割的一个部分。对教师进行工作的形式有：对于与陈列有关的各种学科的个别主题进行辅导、解答疑问，在教师进修学院演讲之后再组织补充性的实际参观。当然这项工作必须经过组织筹备才能进行，即博物馆须与本地区的进修学院和教学方法研究中心取得密切联系。特别重要的是吸收初级学校的教师来博物馆，在四年级里既有自然科学，又有地理，又有历史，在进行实物课中教师们往往会遇到很大困难，帮助他们根据实物备课，以具体材料的知识武装他们，这是博物馆的光荣事业，因为它借此扩大了正在成长中的一代的影响范围。

特别重要的是预先培养在工作中习惯于与博物馆密切联系的老师。为此，在设有师范学校和师范学院的城市，就应根据师范学生的专业范围向他们作工作。博物馆进行这种活动的结果，第一是扩大了未来的学生观众数字，其次是从学生中，特别是从教师中训练博物馆的参观导引员。

毫无疑问，就博物馆内部而言，陈列工作应该是博物馆工作者注意的中心和领导的中心。不过博物馆作为一个巨大的文化中心，特别是在地方，也必定要关心在馆外开展群众工作。

以博物馆各部陈列为主题作演讲是这项工作的形式之一，不过，博物馆所举办的演讲不仅要与本馆的陈列主题相符合，而且要在演讲中尽力利用博物馆的实物和博物馆的直观表现方法。如果博物馆能够制造幻灯片，如果演讲能够配合着巡回展览将是有好处的。这种展览可布置在特制的、易于搬动的、可折折的厚纸板上，照片和模型（石膏的、蜡的）都适宜于作展览品。展览的内容最好以陈列中相当吸引人的，而且具有教育意义的材料极为丰富的那些主题作为基础。把这类展览布置在文化宫和文化公园、工人俱乐部、电影院休息室，还可利用为博物馆的有力宣传工具。

巡回展览也可以很成功地用于学校，特别是远离博物馆的学校。如果有物质条件，博物馆可以建立直观教材，对学校将有很大帮助。有关自然科学和自然地理课程的直观教材往往得到很大成功。

以上简单叙述的博物馆的群众文化教育工作的形式与方法，说明博物馆的群众工作是如何复杂，以及应加以如何的重视。没有群众工作苏联的博物馆就不可能存在，也不应该存在，因为那样它就不值得称为苏联的博物馆了。不可把博物馆的工作缩小为仅仅是举办陈列。

博物馆只有在正确地组织了对观众的工作的条件下，才能胜任地完成摆在它面前的崇高的思想教育任务。

（陈万译自《改造地志博物馆工作的当前任务》，
俄罗斯地志工作与博物馆工作科学研究所编，1950 年版。）

博物馆对学校的帮助

B·M·贾克诺夫

参观我们博物馆的学生人数一年年地增加着。这可由下列材料得到证明：1950 年有三万三千名学生参观了博物馆，1951 年为四万六千人，1952 年为五万九千人，1953 年为六万一千人。这即是学校开始在对孩子们的教学和训育工作中广泛利用博物馆的陈列，已显著积极化了的结果。在博物馆中所进行的教学和课外参观，毫无疑问将帮助加深和巩固学校教给孩子们的知识。因为博物馆的陈列品都是最易了解的，有图例说明的直观材料。学生参观博物馆人数的增加，同时也由于博物馆进行了巨大的组织工作。

我们帮助学校的工作是如何组织的呢？博物馆的全体工作人员由于认识到对青年学生进行共产主义教育是极为重要和光荣的事，因而渴望将自己的事业与国民教育机关和学校有机地联系起来，以便一面消除自己工作中所产生的缺点，一面根本地改进工作。为此目的，我们和喀山市教育局，区教育科和各学校保持着紧密的联系。在一年一度的喀山市各区一月教师代表会议上，我们的负责工作人员须在讨论时把博物馆所进行的帮助学校的工作情况作一简略介绍，并具体地指出已有那些学校利用了这种帮助。同时还须声明，博物馆在学年的第一学期末，应向苏联共产党市委员会和市教育局提交有关市区学校在教学和课外工作中如何利用博物馆的相应材料。

本年三月市教育局在博物馆内举办了喀山各学校校长的"一日的习明纳尔"（训练班）。参加者在训练班中了解博物馆进行的帮助学校的工作，然后参观博物馆各部门。本城的历史学、文学、生物学的联合教学小组也利用博物馆陈列进行了有关类似的活动。博物馆科学工作人员在这些场合所作的报告中，有关个别地方志的题材，也列入上一个教学年度内某些联合教学研究小组的提纲中了。例如在 1953 ~ 1954 年教学年度内提交历史学联合教学研究小组的曾有下列诸报告：《在 X—X III 世纪时的保加利亚》，《1552 年的围攻和占领喀山》，《布加乔夫在喀山》，《喀山的革命民主主义者和社会运动》。我们广泛地利用各种研究课和鞑靼教师进修学院所开办的各种讲习班后，人们对于在这些课堂上作出的，有关《学校所在的地方志》报告往往听得非常入神，参加研究课和各种讲习班的人员照例可以享受有组织的城区游览和博物馆参观。根据特殊的规定我们要在每学年第一个月举行"博物馆中的教师日"，给广大教师介绍博物馆的各个部门，各种展览和藏品，下面即是这样一个"教师日"的节目：

11 点——参观项目（供选用）——《喀山的历史》、《喀山的革命的过去》、《鞑靼的自然环境》、《俄罗斯的绘画艺术》。

13 点——和博物馆的科学工作人员会见，讨论在教学和课外工作中利用博物馆的陈列。

14 点——建筑学家屋·格·阿罗巴洛娃演讲，《未来的嘉桑》。

放映新的教育和科学普及影片。

教学参观、电影课

博物馆内的展览就其范围来说是有地方性的。这自然会使得利用它来达到教学目的的可能，受到某种程度上的限制。

但是在我们馆中仍能举办一系列的专题教学参观。我们会同市教育局的联合教学小组制订了这种专题提纲（见附录），并根据这些专题来举办生物学、动物学、历史学、地理学、化学及其他各门课程的参观，每学年开始时向各城区和市郊农村的学校散发博物馆教学参观的专题提纲，博物馆利用馆内藏品定期举办教学专题展览会（如"古埃及的文化"、"供 6~7 年级用的动物学材料"等等）。在与教育家约定的其他情况下，有时可在参观时拿出库藏材料来补充有限的常设的陈列材料。博物馆欢迎学校组织参观，常常在自己的演讲厅里放映适合于参观项目的科学，教育和文艺片以丰富这种参观。（放映过的影片有：《普希金在玻利金》、《普希金在米海依洛夫斯基》，《普希金在南方》、《彼得第一》、《检查员》、《瓦良格号巡洋舰》、《马雅可夫斯基》、《植物界的形形色色》等等）

但是，应当指出，很多学生不是有组织地，按参观次序地，而是单独来馆参观的。某些个别的学校善于利用博物馆进行教学参观，其他则利用得较差。博物馆已要求国民教育机关和学校注意这种情况。对于那些较多或极少受到参观的主题，也经常地登记下来，例如 5~7 年级对"原始社会制度"，"古埃及的文化"、"鞑靼苏维埃社会主义自治共印国的植物界"、"鞑靼苏维埃社会主义自治共和国的动物界"等等，经历年来的观察认为这类主题是能够满足学校最大要求的。八年级的教师对于"喀山合并于俄罗斯多民族国家"和"鞑靼苏维埃社会主义自治共和国的经济地理"等主题则利用得较差。9~10 年级对博物馆的利用也是不够的，如 1953 年在喀山有 143 个九年级班，而以石油为主题的展览受到 22 次参观，以"俄罗斯贵族帝国"为主题的仅受到 3 次参观，以"资本主义在俄国的发展"为主题的，仅受到 28 次参观。同年 10 年级的班级在喀山有 113 个，而以"第一次资产阶级民主主义革命"为主题的陈列共总才有过 5 次参观，以"外国武装干涉和内战"为主题的才有过 9 次参观，以"伟大的卫国战争"为主题的才有过 18 次参观。

我们分析这类材料一方面说明某些学校的个别专业教师缺乏积极性，轻视博物馆参观在教学过程中所起的作用；另一方面也可以说明我们陈列的个别部分还不能满足教育家的要求。博物馆的工作人员因而作出必要的结论——或者是在某种程度上补充或改善这些部分的陈列，或者是在进行教学参观时给参观指导员以补充材料。在 1952 年一月教师代表会上我们要求教育界人士注意这种情况，即在 1953 年全年城区学校对于罗列着俄罗斯杰出画家头等作品的博物馆画廊总共才参观过 22 次。可惜的是根据过去的材料我们还不能作出 1954 年内画廊的参观次数能够增加的结论。看来，在喀山的学校中美学教育还灌输得不够好，根据我们在画廊内观察学生们的参观情况，得出这样一个可悲的结论；即是孩子们还不会欣赏绘画，几乎常常是冷淡地站在列平、蔡斯金和其他艺术家作品的旁边。

博物馆力图改善对学校参观的服务工作，对愿意掌握我们的陈列材料，以便单独进行参观的教育家们，都要给以全力的帮助，如：解答疑问、介绍参观方法等等。我们认为国民教育机关，特别是教学法研究所和教师进修学院，也应接近博物馆，以便更深入地研究进行教学参观（即所谓校外参观）时所积累的经验及其教学方针和效果等。不能以参观博物馆的学校团体数目，一年年地增加为满足，不能以学生们从各种表现上都显出对博物馆的参观发生了更大的兴趣为满足。必须确切了解学生们对于博物馆所给予他们的究竟吸收了多少，以及他们在博物馆中所得到的对他们在学校所研究的课目实际上有多少帮助。

巡回教学展览会

博物馆拥有大量的藏品。每年配合各种纪念日在馆内举办各式各样的展览会。而这些展览会中的材料又可以丰富博物馆的库藏。所有这一切就使我们有可能为学校备置一批供教学使用的流动展览品。如在最近几年内，喀山的各学校在课堂和各种不同主题的晚会上广泛地利用了博物馆的流动展览，如："十二月党人"，"阿·尼·拉第舍夫""尼·阿·涅克拉索夫"，"尼·华·果戈里"，"维·格·别林斯基"，"尼·迦·车尔尼雪夫斯基"，"列·尼·托尔斯泰"，"弗·弗·马雅可夫斯基"以及其他。此外，有时博物馆视可能情况并将馆内藏品，主要是复制品供给学校课堂之用，其中有关于古生物学的藏品及古钱币等等，甚至还有俄罗斯苏维埃共和国外的艺术家的绘画复制品。但必须指出，在博物馆里还有很多的不能出借的，但却大有助于学校课堂之用的藏品，如：关于古埃及古罗马的历史方面的藏品。我们拥有最好的植物标本，最丰富的矿物、动物、昆虫和其他搜集品。如果博物馆和联合教学小组建立了更为紧密的相互联系，这将促进部份特别珍贵的参考材料的"出借"工作。

给学生演讲

博物馆讲演厅里所作的一部分讲演是专为学生们举办的。这类讲演有一些是属于课外教学计划的（见下），另一些是订在教学计划内借以补充和扩大孩子们的知识的。由最著名的地方科学工作者——高等学校的教师，专门为十年级学生而作的苏联文学讲座，即属于这类讲演。在《博物馆的讲演厅》这本册子中给我们提供了这类讲座的讲题一览表。除定期的文学讲座外，有时并插入其他的讲演，如："俄罗斯的地理学及其在世界科学中的意义"，"鞑靼的石油"，"鞑靼的自然富源"，"喀山的过去，现在和将来"，"喀山—五海的港口"及其他。

在 1953～1954 年学年中，我们给学生们举办了以"科学和工农业革新者的成就"为题的讲演见面会。斯大林奖金获得者赫·拜楚洛娃以"我如何培育新麦种"和佛·符·尼基丁以"我在家兔繁殖方面的选种工作"为题对学生讲述了关于自己工作的故事。学生与科学家和工农业革新者的这种见面会，以及科学技术的讲演也将在新学年中继续举行。

"做一个什么样的人？"的晚会

鞑靼国立博物馆在帮助十年级学生解决他们"作一个什么样的人？"的问题时，组织他们与科学技术家、生产工作者、农业专家等等会见。这类晚会照例是满座的。往往当被邀请的科学家们发言以后，即有很多问题向他们提出，座谈就这样地开始。在 1949～1953 年内举行了和医学院通讯员 А·Д·阿陀，А·И·舒路特柯教授，Т·Д·埃普什京教授，Н·Н·雅斯尼茨基教授，教育学院通讯员 В·А·康达柯伏依教授，斯大林奖金获得者 Г·Х·卡迈教授，А·П·诺尔金教授，候补院士 Г·Н·乌里夫松，Б·М·柯兹列伏依，Б·П·罗日杰斯特文斯基及其他医学家、化学家、农学家、教育家、物理学家、建筑师、天文学家、数学家等等的见面会。

　　　　　　　＊　　　　　　　　　＊　　　　　　　　　＊

　　博物馆在校外计划方面所进行的工作按其内容来说是多种多样的。博物馆多年来有系统地，连续地给学生们举办着所谓"地方志星期日"，这一天博物馆里举办关于鞑靼的自然环境和自然资源，喀山的历史和喀山的未来等等讲演和报告。当学校放假时，在"博物馆中的学生日"里，博物馆极成功地举办了"你是否知道喀山？"的问答游戏。特别应当指出的是博物馆领导孩子们进行的小组工作。

　　青年地方老专家小组：青年考古学家，历史学家，地理学家，自然科学家等小组过去和现在均在博物馆中工作着。他们大半是由博物馆的科学工作人员领导的。小组组员们一面研究陈列品和馆藏材料，一面在老同志的帮助下准备论文、报告和报导，他们获得了初步的、虽然还只是基本的科学研究技能。博物馆并为他们布置了"在故乡"的参观和旅行。一些青年考古学家（在1949、1952、1953、1954年）编入了苏联科学院的古比雪夫考古发掘队并参加了该队的工作，同时青年集邮小组也在我们这里不无成绩地工作过。

　　参观和旅行：每年夏天博物馆为学生们组织在故乡各地的参观和旅行，如：比留林斯基国营养兽场、斯维雅日斯克、奥布谢尔瓦托利雅、拉伊法、修凯叶沃，乌里扬诺夫斯克等处。1954年夏天我们组织了所谓"斯维雅日斯克的周游"（从喀山—列比雅日湖—尤金诺—奥布谢尔瓦托里雅—泽列诺多尔—斯维雅日斯克—彼契希—再回到喀山），以及沿喀山—卡马洞口—修凯叶沃—博尔加雷—古比雪夫—喀山的徒步旅行。

　　几年前学生小组曾到鞑靼石油区去作过参观。当时，博物馆极成功地实行了新的措施——举办了在"界宾淑诺夫的六天露营"。

　　为学生们的假期服务：每年博物馆为适应假期中学校青年的需要，均提供一些有趣的节目。我们在附录中提出的假期里的措施的两个节目即可以做为实际的例证。

　　每年在一月份的假日里，博物馆的讲演厅中都要举办青年地方志学家的新年晚会，这已是传统的习惯了。我们过去的组员——现在的高等学校学生，也常常来参加这种晚会。当枞树上点起了灯火，经过几次简短发言之后，大厅里即开始各种娱乐和舞蹈、各种答题游戏和精彩杂技、文艺节目——业余表演。近傍晚时，小组贴出墙报，报导自己的工作。博物馆竭力和自己从前的组员保持联系，他们中间的某些人过去是在考古学家或地理学家小组中开始自己的工作的，后来中学结业后即按照自己的专业进了大学。

　　　　　　　＊　　　　　　　　　＊　　　　　　　　　＊

　　我们在帮助学校的工作上，不断地寻找着新的方式方法，如：近年来在博物馆里已开始实行各种题材的少先队员集会。博物馆的"学校事务室"对于各个学校举办的专题学术讨论会，如文学、历史和其他学科讨论会也尽量更好地给予帮助。今年春季，博物馆广泛地开展了故乡旅行服务处的工作。由此，博物馆与学校间的连系，将随着我们在公益事务上所取得的成就而达到进一步的巩固。

附 录

鞑靼苏维埃社会主义自治共和国国立博物馆为喀山城
中学学生组织的教学参观提纲

号次	课程	年级	教学提纲	参观博物馆的内容
1	历史	V	原始人的生活。	原始社会制度。
2	历史	V	埃及（宗教和文化）。	古埃及的文化。
3	历史	VIII	我国的原始社会制度。	原始社会制度。
4	历史	VIII	斯拉夫人及其邻居。	10～14 世纪的保加利亚国家。
5	历史	VIII	俄国在十六世纪的扩张及其转变为多民族国家。	1552 年伊王诺夫第四之征服喀山可汗。
6	历史	IX	18 世纪时的俄罗斯贵族帝国。	彼得第一在喀山省的改革。 布加乔夫所领导的农民战争。 18 世纪的文化。捷尔沙文在喀山。
7	历史	IV	农奴制度的瓦解和资本主义的萌芽。	1812 年的国内战争。 12 月党人。尼古拉第一的专制制度。 30～50 年代思想派别的形成和社会运动。 向沙皇制度的压迫作斗争的科学、文学和艺术。 沙皇制度在教育方面的反动政策。 进步学者尼·伊·洛巴切夫斯基，尼·尼·济宁的作用。 克里米亚战争。
8	历史	IX	沙皇俄国时资本主义的发展。	农村改革的准备。 农奴制度的废除。 别兹屯农民起义。 改革后在工农业方面的资本主义。 19 世纪后半期的俄罗斯文学。 弗·伊·列宁在喀山开始革命活动。 尼·叶费陀谢耶夫马克思主义小组。
9	历史	X	俄罗斯艺术的成就。	俄罗斯的绘画（参观画廊）。
10	历史	IX	1905～1907 年的俄国第一资产阶级民主主义革命。	喀山最初的社会民主主义组织，尼·艾·巴乌曼和谢·米·基洛夫在喀山。 1905～1907 年在俄国和在喀山的革命事件基本阶段。 维·米·莫洛托夫在喀山的革命活动。
11	历史	X	伟大的十月社会主义革命，外国武装干涉，国内战争。	介绍伟大十月社会主义革命在喀山的情况。 在鞑靼领域上的国内战争。 1918 年争夺喀山的斗争。歼灭高尔察克。

号次	课程	年级	教学提纲	参观博物馆的内容
12	历史	X	苏联人民反法西斯侵略者的伟大卫国战争。	介绍反法西斯侵略者的伟大卫国战争的主要阶段。鞑靼劳动人民参加战争和鞑靼对前线的帮助。
13	地理	VII		鞑靼苏维埃社会主义自治共和国的自然地理。
14	地理	VIII		鞑靼苏维埃社会主义自治共和国的经济地理。
15	生物学	VI		鞑靼苏维埃社会主义自治共和国的植物。
16	生物学	VII		鞑靼苏维埃社会主义自治共和国的动物界。
17	生物学	IX		米丘林生物学基础。
18	文学	IX		喀山俄罗斯古典文学家（阿·谢·普希金，列·尼·托尔斯泰，阿·马·高尔基和其他作家）。
19			校外参观	喀山的历史。
20	文学			沙·卡马尔的作品和生平。

"古 埃 及 的 文 化"

展 览 会

现已在鞑靼苏维埃

社 会 主 义 共 和 国 博 物 馆 开 幕

市教育局建议在讲授

"古 埃 及"

这一章时，组织到博物馆进行教学参观

博物馆免费供给

展 览 会 讲 解 员

博物馆学生入门券每张 50 戈比

博物馆学校事务室办理申请观考和询问事宜

（车尔尼雪夫斯基街 2 号，电话 2—02—97）

博 物 馆 除 星 期 一 以 外，

每 天 10——17 点 开 放

售票处 16 点停止办公

此 致

第_____学校校长

喀山市教育局局长

　　鞑靼苏维埃社会主义自治共和国国立博物馆管理处

通知博物馆为帮助文学和绘画教员已作出参观计划：

1、18 和 19 世纪的俄罗斯艺术

2、流动展览画像

3、俄罗斯绘画艺术中的风景画

4、18 和 19 世纪的人像画

5、革命民主派的思想对发展俄罗斯造型艺术的影响

博物馆还将举办有关下列题材的座谈：

"列平"、"舒里科夫"、"蔡斯金"、"为争取和平而奋斗的苏维埃艺术家"、造型艺术中列宁和斯大林的肖像等。

解答有关造型艺术问题。

请将组织参观列入学校工作计划。

博物馆免费供给讲解员。

博物馆学生入门参观券每张 50 戈比，参观申请书于参观前二、三日送交学校事务室。

除星期一外，博物馆每日 10 至 17 时开放。

　　　此　致

第_____学校校长，文学和绘画教员们。

　　　　　　　　　　　　　　　　　　　　　　博物馆管理处

　　鞑靼农村学校校长和主任们：

　　敬爱的同志们！

　　学年快结束了，暑假中每天有很多的学校小组来喀山参观；鞑靼首都的主要参观对象之一就是国立博物馆——俄罗斯苏维埃联邦共和国最大的博物馆之一。为了更好地和更有计划地招待学校小组于 1954 年春夏季节参观博物馆各部门和喀山城，鞑靼博物馆管理处请你们将你们学校到喀山来的预定时间、参观的学生人数和他们的组织预先通知我们。

　　馆内开放的有下列各部门：

　　地方的自然环境

　　历史部门

　　鞑靼的社会主义经济和文化建设

　　绘画馆

博物馆开放时间：

平日 10—17 时（售票 16 时截止）

每星期三、五 13—20 时（售票 19 时截止），星期六休息。

票价：学生 50 戈比。

　　　　　　　　团　体　免　费　参　观

讲解员——每小时 15 卢布（每组以不超过 30 人为限）

地址：车尔尼雪夫斯基街 2 号，电话：2—21—84

　　　　　　　　　　　　　　　　　　　　　　博物馆管理处

学校校长们，

苏联共青团委员会书记们，

少先队指导员们！

我国历史上有重大意义的日子

伟大的十月社会主义革命 35 周年纪念来临了。

因此，鞑靼国立博物馆将于今年九——十月间在苏维埃时期门内组织学生们的集体参观，参观题材为"鞑靼革命的过去"和"喀山十月武装起义"。博物馆的陈列系由丰富的正本文献和实物材料布置起来的，而专题参观又是以易于了解的，特别是以有图例说明的直观材料来巩固学生们的知识的，因而毫无疑问将会给他们带来很大的帮助。

博物馆管理处请你们在计划工作时考虑组织来博物馆参观上列的专题陈列，并及时将参观报名单送到博物馆群众工作部（可用电话联系，电话号码为 2—02—97）。博物馆将根据预先申请免费供给熟练的讲解员。

博物馆管理处

鞑靼苏维埃社会主义自治共和国国立博物馆

车尔尼雪夫斯基街 2 号　电话：2-21-84 或 2-05-96

少先队员们！同学们！

博物馆将在学校假期中，每天在博物馆的讲演厅里为你们举办座谈会、见面会、音乐会和放映科学普及影片！

一日	10 时	本城各街道的命令。
二日	12 时	音乐会——业余文艺团体演奏。
	14 时	参观内城。
三日	10 时	本地的冬季鸟类。
	12 时	俄罗斯的艺师（参观稀有物品）。
	14 时	著名人物的生命。
四日		博物馆青年游览者日
五日	10 时	动物和鸟类。
	12 时	俄罗斯的巨大河流——伏尔加河。
	14 时	世界地图上的俄罗斯学者和旅行家的名字。
六日	10 时	与儿童诗人和作家会见。
	12 时	未来的喀山。
	14 时	和艺术家会见。
七日	10 时	童话世界。
	12 时	俄罗斯的巧匠（参观稀有物品）。
	14 时	波格丹·赫密耳尼茨基（乌克兰合并于俄罗斯 300 周年纪念）。
八日	10 时	动物和鸟类。
	12 时	俄罗斯的巧匠（参观稀有物品）。
	14 时	音乐会——业余艺术团体演奏。
九日	10 时	童话世界。
	12 时	波格丹·赫密耳尼茨基（乌克兰合并于俄罗斯 300 周年纪念）。
	14 时	与演员会见。

活动办法：

10 时为 5—6 年级同学活动时间。

12 时为 7—8 年级同学活动时间。

14 时为 8—10 年级时学活动时间。

博物馆开放下列各部门：

自然部，历史部，鞑靼社会主义经济和文化建设部及画廊等。

每天 12 时在博物馆举办问答游戏。

"你知道喀山吗"（备有奖品）

根据预先申请在博物馆讲演厅发售入场券　票价——一卢布。

博物馆开放时间为 10——16 点

孩 子 们!

鞑靼国立博物馆在春假期间
举   办
同学们在博物馆的群众大会

| 1954 年 3 月 26 至 30 日 | 每日 10，12，14 点在讲演厅 放映影片 **在各苏维埃共和国** 11，13，15 点在博物馆礼堂 举行有趣的参观 |

"地球上五百年"

（关于苏维埃考古学家的考古发掘）
"奖章和钱币说明什么"
"从石刻文至现代书籍"
"你知道我们本地的鸟类吗"
"怎样欣赏绘画"
"本城街道的命名"

14 点问答游戏
"你知道喀山吗？"
15 点参观内城
（为 7—10 年级学生举办）
高年级同学晚会
（在博物馆讲演厅）
1954 年 3 月 26 日
"100 年稀有物品"
（博物馆库藏珍品展览晚会）
1954 年 3 月 29 日
"我们的剧院"
（卡特洛夫大剧院 150 周年纪念）
和剧院演员会见

晚 6 时 开 始

入　场　券

第_____学校_____年级学生

凭券进入鞑靼苏维埃社会主义共和国国立博物馆讲演厅

1954 年 3 月 26 日

博 物 馆 库 藏 精 品

展 览 晚 会

晚 6 点 开 始

地址：车尔尼雪夫斯基街 2 号（自广场入内）

入　场　券

第_____学校第_____年级学生
凭券进入鞑靼苏维埃社会主义自治共和国国立博物馆讲演厅。

| 1954 年 3 月 29 日 | **我 们 的 剧 院** （以苏联人民演员华·伊·卡恰洛夫 为名的喀山大剧院 150 周年纪念） **华·伊·卡恰洛夫在喀山** 讲演者：Е·Г·布什卡聂茨 **与 剧 院 演 员 会 见** 晚 6 点 开 始 地 点：车尔尼雪夫斯基街 2 号（自广场入内） |

（冯秀潘译，颜明宜校）

争取博物馆的高额观众数字

鞑靼苏维埃社会主义自治共和国博物馆馆长 B·贾克诺夫

劳动人民来我们博物馆的参观数字逐年增加，下表即可以明显看出：

1948 年博物馆的观众为 105000 人。

1949 年为 117500 人。

1950 年为 143600 人。

1951 年为 145000 人。

1952 年为 155000 人。

1953 年为 160000 人。

1954 年为 177000 人。

1954 年一年中平日的参观人数是 390 人，星期天是 1420 人。

这是由于苏联人民的文化水平普遍高涨劳动人民对文化的要求提高对祖国过去和现在的历史愈感兴趣的结果。博物馆参观人数的激增，同样也说明博物馆的全体工作人员在建立以真正的博物馆藏品——各民族的物质与精神的纪念物充实的新的陈列方面，作了不少工作。但同时，博物馆全体在吸引观众方面作的组织工作也是博物馆在观众数字激增的成就上一个显明次要的因素。

我们是怎样地为着争取参观大众人数的增加而奋斗呢？

广　　告

在喀山最繁华的地段和街道矗立着高大的博物馆的广告。到喀山来的过客在车站与码头上也可以遇见这样的广告牌。在城内所有的旅馆、联合旅社、飞机场、集体农庄庄员工作室，也都用整齐的玻璃框悬挂博物馆的广告。在旅客登记处博物馆派有值日的管理人散发传单："告来喀山的旅客"（见附件）。

在城市中心区的商店和药房的橱窗中都陈列着博物馆的照片，定期在城市服务处的广告橱内悬挂博物馆的布告，介绍博物馆已展出的各部，开放的日期和时间。此外并宣传博物馆新开放的展览，博物馆所举办的演讲，以及群众活动等等。

博物馆每年有一次到二次在电影院和戏院入口散发数万张传单，同样的传单又随着报张经邮局散发出去。每逢最高苏维埃会议和共和国性的代表会议或教师医生农业先进工作者的集会时印发特别的招待券。此外，博物馆定期，特别是在秋冬季节用无线电播送开馆时间以及有关新的展览会演讲会等消息。

在本地无线电的"最近消息"节目里或在当地报纸上登载关于博物馆的文章和评论它的新展览，新的发现以及演讲厅内举办的演讲工作等等。博物馆新举办的展览和陈列以及个别的群众措施曾不止一次收入电影新闻栏同时这些镜头又刊载在电影杂志《一日新闻》和《伏尔加河流域》内。

电台的"最近消息"编辑部定期举办博物馆及其展览会的广播参观。例如，不久以前"少先队信号"曾经广播别林斯基中学学生以"喀山的 1905 年革命"为题的参观记录。在这以后该城以这一题目组织参观的学校显著增加。所有这一切经过多年试验的经验与宣传方法无疑对博物馆吸引观众的工作起着重大作用。

博物馆设在喀山港码头上的参观站

鞑靼自治共和国国立博物馆在喀山的港埠码头上进行活动始于 1952 年。用一间光线充足的大房间，布置着各种图片展览"喀山——鞑靼的首都"，"喀山的历史古迹""鞑靼国立博物馆""喀山的博物馆"。参观站值班人员由博物馆工作人员担任，他们的工作是解答旅客提出的有关城内的博物馆及参观等问题发售有关城内历史古迹的传单或小册子以及喀山风景照片等等。

博物馆在 1954 年出版了一种小册子《喀山巡礼，旅客指南》。小册子迅速发售一空。

参观站值班人驾着小汽船在码头上往往一停就是 5～6 小时。就在小汽船上组织旅客去博物馆参观。每日定时在港埠码头的无线电分站上播送博物馆的广告。

我们供给小汽船广播词（见附件）博物馆并和在伏尔加河上航驶的游览参观船订立合同，办理乘客在喀山与博物馆的参观工作（已订立合同的有"克里姆、伏罗希洛夫号"，"安娜托里、谢罗夫号"，"波林纳，奥西槟科号"，"拉契柯夫船长号"，"高尔基公社号"等）。五六年前博物馆在夏季的观众数字经常下降，现已有所提高，博物馆在这季节里每月的观众为 15000～17000 人次。

吸引有组织的观众的工作

群众部的人员在市内各工厂企业也进行一些工作。但是必须承认，这项工作作得很不够，而且主要局限在与工厂的工会委员会订立组织工人与技术人员来博物馆参观的约定。我们对某些博物馆所赞许的，如科学人员到工厂或地方电台演说，在刊物上写文章，在车间举办展览等方式方法都利用得很不好。我们的工作主要限于举办"特别服务日"，如"毛皮联合厂工人日"、"斯巴达克联合工厂工人日"、"喀山防水堤建筑者日"等等。群众部订立的上述参观博物馆的约定是在一些星期日执行。门票和参观博物馆的请帖一起被送到工厂的工会去，此外出专门广告，在"XX 日"的节目中除去参观博物馆的各部分外，还有放映电影等活动。

博物馆每年都要举办"技术学校学生日"、"大学生日"、"教师日"、"中学生日"等等。遇有选举运动时则举办"宣传员日"、"青年选民日"、"女选民——家庭主妇日"、"区选民日"为了提高这类集会的水平，集会中的每一节目都要求经过周密考虑，作好调度服务工作，使其干净利落，不发生任何小问题。某些特别服务日的节目，我们将在附件中介绍。

从鞑靼的各区吸引观众

较广泛地从共和国各区吸引观众到博物馆来也是我们考虑到的。为此我们如同上面的作法一样，在集体农民的活动场所，旅馆以及各种共和国性的代表会上进行工作。最近几年每逢举办共和国性的农业展览会时，我们也在展览会上建立参观站，组织集体农民去博物馆参观或游览喀山的历史古迹。

我们在每年春季向各乡村学校及幼儿园发寄宣传信件，介绍喀山的博物馆进城的参观路线，以及组织来喀山参观的方法，博物馆定期在郊区的有许多来自边远地区的劳动人民休养的疗养所张贴广告。经常在大区的中心城市用无线电播送博物馆消息。此外，我们又制订了另一个工作计划，即以喀山为终点站的通往各区的火车线，如哈尔科夫——喀山线，基洛夫——喀山线，乌发——喀山线等。进行这一项工作的结果，无疑将使来自共和国各区的旅客观众增加。

馆内改进对观众的服务工作

仅仅把观众招揽到博物馆来，这还是不够的，应该在馆内好好接待他们，为他们服务。我们竭力使我们的观众从进馆起，自始至终保持着关切博物馆的态度。观众在买门票时就会同时得到一张传单，向观众建议如何进行参观。

指示参观路线的工作每年都有所改进。每逢星期日或节日，我们照例由科学工作者在陈列室充当值日顾问，他们不等观众找上来提出问题，而主动去组织临时的参观座谈。诸如此类的参观在1945年举行过900次，1946年举行过了1664次；1947年为1894次，1948为1600次，1949年达到2000次。虽然近年来这项工作减弱了一些，也没有作统计，那是由于我们从1950～1953年主要的注意力集中在扩大参观的次数上，甚至取消了参观所需的特别费用。这方面可用以下资料说明：

1946年进行参观　643次　　　　　1949年进行参观　1145次
1947年进行参观　1186次　　　　　1950年进行参观　635次
1948年进行参观　795次　　　　　1951年进行参观　1865次
1952年进行参观　1725次　　　　　1953年进行参观　1559次

近年来对于改进参观的质量问题很为重视。为此，参观导引员常常参加参观以后的讨论会；个别有关组织参观问题曾不止一次的提出，作为全体人员的"学习日"题目。

为了进一步改进对观众的服务工作，我们很注意观众在特备的簿子或表格里留下的对于博物馆的陈列和安排参观的反映。可惜近年来我们中断了过去曾在1946～1947年实行的对观众成分的研究，并且至今也未曾将观众对陈列的兴趣加以深入的探讨。

我们所进行的一切群众政治措施在博物馆招引观众的工作方面起着巨大作用。首先就是陈列室里的展览会，演讲厅里的演讲以及各式各样帮助学校的工作。

我们争取到的可观的观众数字，当然并不是到了最大限度。鞑靼国立博物馆的全体工作人员一致满怀信心，争取更高的观众数字。

附 件
喀 山
（沿伏尔加河与卡马河航运的船只以及喀山铁路的火车上的广播词）

同志们：
咱们的轮船（或火车）驶近鞑靼苏维埃社会主义自治共和国的首都——喀山城了。

喀山是我们最大的城市之一，建于13世纪，它的过去与祖国许多世纪的历史密切相连，在俄罗斯与鞑靼人民共同反抗外国侵略者、反抗沙皇的专制制度，资本家和地主以及鞑靼的大畜牧主、大商人的斗争中，两族人民的友谊愈益发展，愈益巩固。

列宁就是在喀山开始他的革命活动，他在1887年入喀山大学读书，但不久就由于参加学生的革命运动被捕并被学校开除。列宁在喀山加入费道谢耶夫所组织的马克思小组。

喀山的革命运动史紧密地连系着布尔什维克党与苏维埃国家一系列卓越的活动家们——C·M·基洛夫、Я·M·斯维尔德洛夫、B·M·莫洛托夫。基洛夫以喀山工艺学校学生的身分，在第一次俄国革命的前夕走上了革命的道路。1905 年革命时期 Я·М·斯维尔德洛夫是俄国社会主义工党喀山委员会的领袖。当时的实科中学学生 В·М·莫洛托夫也开始了革命活动。莫洛托夫同志在 1916 年参加了我们光荣的党的队伍。

1917 年鞑靼的劳动人民在列宁—斯大林党的领导之下在喀山省建立了苏维埃政权。1918 ~ 1919 年粉碎了英美帝国主义的走狗——萨马尔白卫匪帮、高尔察克匪帮以及鞑靼的资产阶级民族主义派的阴谋。

1920 年 3 月 27 日列宁与加里宁签署了建立鞑靼苏维埃社会主义自治共和国的法令。

在苏维埃政权的年代中，鞑靼从帝俄时的落后边区一变而为繁荣的工业化的农业共和国，建成了强大的工业。荣获列宁勋章的毛皮联合工厂，伐希托夫油脂联合工厂，电影制片厂以及其他工业企业都是共和国值得骄傲的。以斯达汗诺夫劳动方法训练工人群众的倡导者，亚麻联合工厂的职工 Н·И·拉芙莲季耶娃荣获了最高奖赏——斯大林奖金。

共和国资源丰富、新的石油矿床又被发现并且正在进行采掘。

鞑靼的集体庄员获得丰收，许多先进生产者受到最高的表扬，获得社会主义劳动英雄的称号。

喀山是一个有着伟大科学传统的城市，我国许多著名科学家；数学家鲁巴捷夫斯基，化学家济宁与布特列罗夫，天文学家西蒙诺夫，医学家维什涅夫斯基等都在喀山大学工作过。鞑靼今日的科学家们仍保持着这些光荣的传统。喀山有科学院分院，12 个大学，近 30 个科学研究机构。荣获两次斯大林奖金的阿尔布佐夫院士以及斯大林奖金获得者科学院通讯院士博里斯·阿尔布佐夫，卡迈教授和许多鞑靼的其他学者对发展苏联科学的专业都有所贡献。

在喀山度过"大学"生活的 А·М·高尔基在作品里叙述了喀山的艰苦的历史，喀山又和捷尔沙文、阿克萨科夫、列夫·托尔斯泰、科洛连柯、安列巴·乌斯潘斯基等人的生活与活动有关系。鞑靼的古典文学作家阿布杜拉·突恺、加利阿斯卡·卡马尔、沙里夫·卡马尔都曾在此居住和工作。优秀的俄罗斯舞台巨师沙里亚宾与卡察洛夫，画家蔡斯金都是在喀山开始他们各自的道路。

鞑靼的文学与艺术在今日也是非常繁荣，荣获斯大林奖金的作家卡维·纳治米与古梅尔巴什罗夫，作曲家纳齐巴·日冈诺夫，画家哈里斯·雅库波夫等人的作品享有全国声誉，受全国人民的爱戴。

喀山在日益繁荣，城市设施在日益完备，住宅的建设事业大规模地展开，新的歌剧院就要完工，敷设了新的电车与无轨电车的路线。修筑了新的柏油马路，进行了巨大的城市绿化工作。

随着伟大的共产主义建设工程之一——古比雪夫水上枢纽的完成，城市的面貌就要大大改变，将来伏尔加河水紧紧地流入城市，美丽的堤岸装扮着城市。喀山港埠将成为伏尔加河上最大的港口之一。

当我们的船停靠在喀山的时候（　时至　时）您可以到俄罗斯联邦最大的地志博物馆——鞑靼国立博物馆去看一看这个城市的过去和现在，博物馆已开放的陈列有地方的自然，革命前历史，苏维埃时期的历史，社会主义经济和文化各部以及一个艺术陈列室。参加博物馆的同时也可以参观一下喀山内城的历史古迹。

本馆开放的时间为上午十时至下午五时，（下午四时停止售票），逢星期一休息。可从码头乘一路电车至"内城"站直达。

本馆根据预定手续负责为过往船只的旅客办理参观游览工作。参观者将看到许多与列宁、基洛夫、高尔基、普希金、托尔斯泰、马雅柯夫斯基、卡恰洛夫、鲁巴捷夫斯基、布特列罗夫、突恺、卡马尔、莫洛托夫等人的活动有关的历史古迹，此外还将看到内城，大学，以及伟大的十月社会主义革命事件的纪念地。

国立博物馆在码头上的参观站办理一切有关旅客参观事宜，或拨电话 20576 本馆群众工作部亦可。

（季方译）

博物馆的流动展览

俄罗斯文化部博物馆管理局视导员　B·瓦皮洛夫

在古老的俄罗斯城市苏斯达里的中心广场上，靠着街头公园的围墙，有一列宣传牌。每一个人走到广场，不由地停留在地志博物馆特制的流动展览牌旁边。展览牌由七块大型三合板的木牌组成。在中央的木牌上，写着巨大的字："在第六个五年计划中，发展苏斯达里集体农庄的远景规划"，展览明显地揭示了集体农庄发展的卓越远景。这样的展览在苏斯达里有许多个。而且不仅限于苏斯达里。

假如到了弗拉基米尔，你的注意力就被城市街头公园的流动展览牌吸引住了。这是由地志博物馆工作人员建立的"弗拉基米尔劳动人民物质福利的增长和文化水平的提高"的流动展览，这里陈列了十幅带有文字说明的大照片。在这以前这个展览曾在本城市里的剧院、俱乐部、文化之家、技术学校都有展出。由于建立了这样的流动展览，博物馆及时地评论当前现实中的生活事件，帮助更广泛地宣传苏共第二十次党代表大会和第六个五年计划的决议，显示在集体农庄和工业中心地区出现的一切新事物。

看一看"弗拉基米尔拖拉机站——1956年全苏农业展览会的参加者"的流动展览。在展览的开始处写着："改进拖拉机站和国营农场技术的使用。在五年计划中，为了提高拖拉机和谷物收割机每日工作额30～35%以上而奋斗"。（苏共第二十次代表大会关于第六个五年计划的指示）

其次，用装饰精致的照片和图表，表现了弗拉基米尔拖拉机站的园地的外貌，拖拉机连续交叉修理一瞥，畜牧业中繁重工作实行机械化的过程。这里也说明了拖拉机站站员们的成绩，关于拖拉机站所服务的集体农庄如何运用先进的农业技术，减低了谷物和牛乳的成本。在展览的结尾处，表现了摆在拖拉机站面前的基本任务。

弗拉基米尔省地志博物馆，在1955年～1956年期间，完成了各种不同题目的流动展览：如，按照党和政府决议的"迎接苏共第二十次代表大会！"；"二十次代表大会及其指示"；"为了进一步促进畜牧业高涨，需要做些什么"。（省的成就和它的进一步任务；田野上新的农作物）党史的题目有："B·И·列宁的生平和活动"；"本地区参加1905～1907年第一次俄国革命"。在文化建设的问题上有"迎接苏联人民运动大会"，"作曲家С·И·丹涅夫——我们的同乡"；"弗拉基米尔省的完善设备"。在科学无神论问题上有："地球上生命怎样发生"；"宇宙起源的科学和宗教"。农业的题目有："学者马尔采夫关于集体农庄改良土壤和播种的新耕作法"；"马铃薯的方形丛播法"；"全苏农业展览会的参加者弗拉基米尔省的先进农业"；"弗拉基米尔省先进挤奶妇А·И·阿克谢诺夫的经验"；"把亚麻种满集体农庄的田野！""社会主义田地上的农业机械"；"玉蜀黍——高产作物"等等。

从1954年开始，弗拉基米尔省地志博物馆经常在市"艺术"影院举行展览。弗拉基米尔省地志博物馆工作人员带着流动展览，参加文化管理局宣传车的旅行。已经出去了十次，曾在十个农村地区工作。文化管理局宣传队的工作，经常由弗拉基米尔省地志博物馆科学工作人员来完成。如博物馆工作人员Л·И·克洛萨科夫与宣传队一起，带着流动展览到尤里耶夫—勃里斯基，苏斯达里，佛明，斯塔伏洛夫，苏格德和其他地区的集体农庄。流动展览丰富了宣传队的工作。

宣传车停在田野或村庄聚集的人群围绕着展览或讲演员（博物馆的工作人员）。他们带着很大兴趣参观说明先进农庄的成就的照片。"高产作物——玉蜀黍"的流动展览，特别引起集体农庄庄员们的注意。在展览中还展出了关于弗拉基米尔集体农庄耕种和栽培玉蜀黍的农业技术和经验的照片。

许多集体农庄庄员们参观了流动展览，听了演讲，信服地感到古斯—赫鲁斯塔里，尤里耶夫—勃里斯基地区的集体农庄玉蜀黍获得了高产。怀疑玉蜀黍价值的人，渐渐成为这个作物的积极支持者了。弗拉基米尔博物馆工作人员正搜集材料，伟大的十月社会主义革命四十周年的长期展览。在筹备长期展览的同时，筹办了"苏维埃政权四十年来的成就"流动展览这个展览将广泛地利用当地材料，一部分地方在介绍工业、农业和文化的陈列单元里，很大一部分将是先进生产者和本省著名人士的陈列材料。这个展览将运往弗拉基米尔城的企业、机关、学校，也到文化之家、拖拉机站和集体农庄。将出版大量有关本省革命史迹的宣传画。

高尔基省地志博物馆利用流动展览进行了大量的工作。最近两年来，这个博物馆组织了二十二个展览，走遍了城市中的企业、集体农庄、国营农场和拖拉机站。参观者达一百万人次。编订年度的工作计划时，博物馆准备举办题目极为现实的展览，说明省、州、国家的生活。例如高尔基省提出在短时期内急速发展畜牧业的任务。为了这个任务，必须建立稳固可靠的饲料基地。博物馆计划准备几套有关玉蜀黍的展览。展览由轻便、可以携带的，并且数量不多的大型、鲜明而容易记忆的展品做成。在1957年高尔基地志博物馆将筹备几个关于高尔基城四十年历史的流动展览。高尔基艺术博物馆，在纪念有关艺术家时，经常用40～50块的复制品组成展览。这些流动展览首先在博物馆演讲厅展出，然后到城市中的企业、学校和省内各区。博物馆准备在十月革命四十周年以前扩充流动展览的题目，并且派遣一些博物馆科学工作者，带着俄罗斯、苏维埃造型艺术到集体农庄和省的中心地区。

从弗拉基米尔和高尔基地志博物馆的例子可以看出利用流动展览，可以展开多么巨大的工作。地志博物馆在组织流动展览时，要竭力避免公式化。使得尽可能清楚而通俗地，用最易领会的方式，宣传提高劳动生产率的最合理的方法。例如在农业问题上，流动展览的重要意义，在于帮助推广先进的经验。它不仅说明生产队、牧场、农庄所得到的成果，而且用具体的例子表现了提高收获减少每一项产品费用，降低每一公担谷物、肉类、乳类的成本的道路。

组织有关政治的、地志的、科学无神论和其他题目的流动展览，不仅是博物馆的，而且是文化机构，苏维埃社会主义自治共和国文化部的重要任务和职责。文化部门在这个繁杂的工作上应当帮助博物馆。为了建立流动展览，必须吸收熟练，有才干的工作人员。艺术家、作家、宣传员、文化之家工作人员、乡村俱乐部、图书馆、电影部门都能够参加这项工作。按照展览内容，配合有关的科学普及电影或者俱乐部晚会，以扩大对群众的影响。

当然组织流动展览，不能脱离博物馆的全部活动。象经验所指出的，流动展览帮助博物馆紧密联系生活，更好地反映今天劳动人民所进行的斗争，实现党关于进一步提高国民经济的决议。流动展览同时也宣传了博物馆本身，在相当大的程度上加强了博物馆的群众文化教育活动。

（许维枢　译自苏联《文教工作》1957 年第 4 期）

苏联博物馆和莫斯科大学地学馆

（1957 年 12 月 1 日在北京中央自然博物馆①的演讲）

地理科学博士　　И·В·萨莫依洛夫教授

苏联现在具有 1 千多个各种类型博物馆，其中将近一半是地志博物馆。革命前，俄国只有 150 个博物馆。

十月革命后，随着博物馆数量的增长，苏联博物馆的任务也相应地改变了。

苏联大多数博物馆既是文化教育机构，同时又是科学研究机构、博物馆的文化教育活动表现在陈列资料、组织讲演、参观等。博物馆科学活动的基础是分析博物馆现有的陈列品、档案资料和文献资料，有些博物馆，还组织一些考察队收集资料，一些最大的博物馆在馆长之下有着由科学界代表组成的学术委员会和自己的出版机构。

与大都研究博物馆专门性和技术性问题的资产阶级的博物馆学不同，苏联的博物馆科学主要是注重科学知识和政治知识的宣传任务。属于博物馆学基本任务的还有博物馆工作科学原则的研究；博物馆陈列品的补充、登记、保管和修复，陈列品的研究，目录编纂和陈列等。

由于任务和性质的不同，苏联博物馆分属于不同部门和科学机构。

苏联大多数博物馆都广泛地体现出了自然科学的性质。某些博物馆纯粹是自然科学性质的（植物博物馆、动物博物馆、矿物博物馆等）。有些博物馆在自然科学方面分出了许多部（农业、矿产、工艺等部）。

当然，自然科学不仅需要室内的博物馆，而且还需要类似的、可以叫做"自然界博物馆"的组织，这就是：禁猎与禁伐区、植物园、动物园。它们是整个博物馆综合体的一个重要部分。

因此，为了表明苏联整个博物馆综合体的情况，下面将依次讨论：1）地志博物馆，2）自然科学博物馆，3）部门性（专门性）博物馆的自然之部，4）禁猎与禁伐区，植物园，动物园，5）莫斯科大学地学馆。

苏联科学家认为，莫斯科大学地学馆的组织，在科学发展的现阶段是自然科学和博物馆学成就的最完善标志。至于谈到博物馆学，那么，在建立这一博物馆过程中所获得的博物馆事业一系列问题的新的和独创性的解答，就会迫使我们去考虑应用这些解答于改建某些现有自然博物馆和将来新建各省自然博物馆的问题。属于这些问题的，例如有：全博物馆结构中统一思想的实现，某个主题的陈列品的陈列顺序，不同主题的陈列品数量的协调，取决于不同题目的相对重要性的从发展观点看待某种自然现象的陈列原则，科学和宣传相结合的原则，科学陈列品和艺术陈列品的结合等等。

因此，在下文中，对作为新型综合地质地理博物馆的莫斯科大学地学馆尽可能加以详细的叙述，以

---

① 现多称"北京自然博物馆"，前身是 1951 年 4 月成立的中央自然博物馆筹备处，1962 年正式命名为北京自然博物馆。

便大家能在建立同样性质的博物馆时考虑莫斯科大学地学馆的陈列经验与方法。

1. 地志博物馆

苏联"地志学"的概念是全面地研究国家的一定部分（边区、省、区、城市、村镇）。这种研究工作主要是由当地居民进行，但与科学、文化教育、教学和师范教育机构的一般任务有着紧密的联系。地志工作通过下列机构和方法来实行：1）地志博物馆，2）志愿组合而成的地志学会，3）学校里的地志课，4）旅行家的地志考察，5）地志学爱好者的集会。

苏联"地志学"的概念包括自然、经济、历史、居民文化和生活的研究。地志学的这5个组成部分通常都在地志博物馆中表现出来，但表现方法往往是不平衡的。博物馆中表示当地最大特征的那些部分通常是陈列品最丰富的部分。例如：在南克里米亚为亚热带自然条件，在巴库为石油工业，在牟尔曼斯克为海和渔业，在古的老托罗彼次城为古代罗斯的家常用品，在流放革命家的一些西伯利亚村庄为革命家生活的纪念物。但是其他的，特别是自然之部也相当发达。苏联（1953年）有470个地志博物馆，其中大多数是十月革命后开放的，它们分设在每个省，每个共和国，各大城市和某些大村庄之中。革命前的地志博物馆通常是由个人或个别的集团——自己家乡的爱好者、老住户建立的。十月革命以后，新老博物馆都成了国家的机构，而且是国家文化教育网的一个重要部分。博物馆在业务方面遵循《关于地志博物馆科学研究、搜集、陈列与文化教育工作基本条例》。根据这份条例，地志博物馆是收集、保管和陈列该地区自然界特有矿产、金属、植物、动物等类标本，表现该地区居民经济、文化和生活的历史文件、艺术作品、工业样品和农产品的机构。

地志博物馆必须具备：自然之部（通常这是一个最广泛的部分）；革命前时期历史之部；包括社会主义经济文化史和现状两部分的苏维埃时期历史之部。

地志博物馆是地志工作的学术领导的中心；它周围通常有着广大的积极分子：教师、企业中的工作人员、科学工作者、青年学生等。博物馆有着不大的固定的工作人员编制和由馆长、馆的科学工作者和一些地方机构的代表组成的地志博物馆咨问委员会。

地志博物馆收集和研究供陈列的资料，为陈列品编写科学的说明，研究（在大博物馆里）当地的各种科学问题，准备编写博物馆指南。博物馆工作的基本形式是引导观众在博物馆里和当地参观，组织介绍当地和当地发展情况的讲演。

许多博物馆都与学校有着紧密的联系。许多学校也都有自己的小小的地志博物馆或地理室。所以经常有这样的情况，即由于区博物馆与中学校教师及高年级学生集体的合作，往往能写出非常有价值的地志学的作品（或为"小地理志"亦即"某某区的地理描述"）。

为了编写这种作品，要进行下列各项工作：1）研究当地的景观并阐明地形、小气候、岩石性质、土壤、植被之间的联系；2）人们眼见的及在人们影响下发生的地形变化自然过程（冲沟的发展、土壤侵蚀、河床变化、弓形湖的消亡、地滑等）的研究；3）人口地理的研究和居民点的描述；4）该地区自然界在人类活动影响下的变化的研究；5）居民经济活动，居民各种职业的研究，农作、手工业和工业的季节性的研究，经济和自然环境之间的联系，居民季节性移动的研究等；6）各种企业（集体农庄、国营农场、矿山）经济的研究。在这些工作完成后，要进行：7）该区综合地理描述的编写；8）该区自然地理图和经济地理图的绘制。最后这两项工作就是手稿形式（非印制的）也能给该区的领导机构以很大帮助。这些也常常发表出来。在那些没有复杂的工业研究和描述的农业区，地志博物馆和学校教师的合作能够完成上述的工作。在城市中和工厂区，完成这些工作的情况则很少。

最近的将来，上述形式的地志博物馆和学校的合作工作将尽可能广泛地开展起来。

2. 自然博物馆

地质博物馆　苏联科学院和产业部门的科学研究所，苏联地质保矿部和各大专学校地质教研室都设有地质博物馆。苏联最大的一个地质博物馆是列宁格勒的地质和地质勘探博物馆。

苏联科学院卡尔宾斯基[①]地质博物馆奠基于 1716 年。这是一个最大的综合地质博物馆，极其丰富的地质学和地层学标本广泛地表现了苏联地质情况和地下资源。1947 年，从该馆分出许多标本，并在这些标本的基础上，在莫斯科设立了苏联科学院矿物学博物馆和古生物博物馆之后，这个博物馆又按现代化的形式改组过了。

车尔尼雪夫地质勘探博物馆于 1930 年成立，它属于地质部。这个博物馆陈列室的面积是 3500 平方米，这里的 500 个陈列橱中计有 80000 件苏联的动物化石、岩石和矿产标本。每一组矿产都有其最主要矿床的样品和详细的地质说明。

苏联科学院矿物博物馆（莫斯科）是 1935 年在卡尔宾斯基地质博物馆（列宁格勒）大量标本的基础上建立起来的。该馆聚集了约 90000 件矿物标本，这是研究工作的科学藏品和资料。这里还有 40000 件左右供作教学标本用的矿物标本和研究实验室所必需的资料。矿物博物馆的基本任务是收集完整的矿物学研究资料，进行矿物学方面的研究工作，组织展览。这个博物馆有自己的出版物《矿物博物馆文集》。

苏联科学院古生物博物馆[②]（莫斯科）1930 年成立，它隶属于苏联科学院古生物研究所，它的基础是从卡尔宾斯基地质博物馆拨来的大批标本。古生物博物馆的任务是收集和整理尽可能完整的资料，以便古生物研究所的研究人员和其他科学家能够研究动物界各主要门种的系统发生，查明古生物的分类和生活方式，研究一系列无脊椎动物和脊椎动物的地层分布。从 1932 年起此馆的研究结果陆续发表在《古生物研究所文集》中。

土壤博物馆中最大的是列宁格勒道库恰也夫[③]中央土壤博物馆和莫斯科的威廉斯[④]土壤农艺博物馆。前者的任务和工作是聚集尽可能充分的苏联土壤资料，部分地也收集外国的资料（整段土壤标本，地图资料等），它是土壤和土壤地理某些研究工作的物质基础。后者则具有农艺学的方向。

苏联科学院植物博物馆于 1824 年和植物园（列宁格勒）同时成立。后来，它成了集中收集植物标本和俄国及其邻国植物研究的组织中心。1931 年，植物博物馆并入苏联科学院科玛罗夫植物研究所。博物馆有着极其丰富的果实，种子和木质部和有益的植物产品的标本，有着居世界首位的、拥有 5000000 张标本的标本室。植物博物馆和植物园是许多植物研究工作的基地。自 1902 年起开始出版《植物博物馆文集》和《植物园文集》是 1930～1940 年出版的多卷专论《苏联植物志》和《苏联植被》的基础之一。

标本室　标本室这三个字虽然不是完全意味着博物馆，但这究竟是对植物学、农业和植物地理有很大意义的博物馆类型的标本室。当然，许多机构，特别是高等学校植物学教研室都有标本室。但最主要的是：

列宁格勒植物博物馆标本室——标本 5000000 张。

---

① 卡尔宾斯基（1847～1936），苏联地质学家，曾任苏联科学院院长。
② 欧洲著名自然科学专业博物馆之一，建于 1972 年，位于莫斯科。
③ 现多称"道库恰耶夫"（1846～1903），俄罗斯自然地理学家和土壤学家，近代土壤发生学的奠基人，曾任圣彼得堡大学地理学教授。
④ 威廉斯（1865～1938），俄罗斯土壤学家。

莫斯科大学土壤生物系标本室——标本 500000 张。

基辅标本室——标本 500000 张。

格鲁吉亚科学院（梯比里斯）标本室——标本 300000 张。

托姆斯克标本室——标本 300000 张。

中亚细亚大学（塔什干）标本室——标本 75000 张。

列宁格勒森林技术学院森林植物标本室。

全苏植物栽培研究所（列宁格勒）标本室所藏谷物、蔬菜，药用植物和经济植物标本占世界第一位。

全苏列宁农业科学院饲料研究所饲料植物标本室。此外，几乎所有地志博物馆都有地方性的标本室。

许多大学和师范大学都设有土壤博物馆、植物博物馆、动物博物馆。莫斯科和列宁格勒都有规模巨大的博物馆。

苏联科学院动物博物馆①（列宁格勒）奠基于 1832 年，自 1931 年起，并入苏联科学院动物研究所。苏联动物博物馆是世界上最大的动物博物馆之一。这个面积达 6000 平方米的博物馆有 100000 件陈列品。博物馆有下列的主题陈列部：1）苏联创造性的达尔文主义基础；2）社会主义畜牧业的成就；3）脊椎动物；4）无脊椎动物；5）苏联自然的动物界；6）猛犸馆（这里有世界上唯一的西伯利亚猛犸标本，1903 年制）。动物博物馆每年要接待 4000 多个参观团体和 100000 名左右的观众。动物考察队每年以新的陈列品来充实博物馆的标本。

莫斯科大学动物博物馆于 1791 年成立。在科学资料方面有 50000 哺乳类、75000 鸟类、40000 鱼类和将近 1000000 昆虫标本。这个博物馆的陈列标本远比列宁格勒动物博物馆的为少。在这方面只有 500 哺乳类和 1250 鸟类。它的主要任务是作为莫斯科大学和莫斯科动物学家进行研究工作和教学工作的基地。

在海洋博物馆（海参威，牟尔曼斯克等）中，通常将渔业情况和海洋动物区系及植物区系的描述，以及海洋水文结合起来。

3. 部门（专业性）博物馆的自然之部

（1）农业博物馆

农业博物馆收集、保藏和陈列农产品样品、农业生产资料等。从 1859 年起就开始建立这些农业馆。苏联的农业博物馆是科学研究和文化教育机构，其主要任务是宣传社会主义农业的成就；收集、研究和陈列农业产品样品和农业生产资料。因此，苏联农业博物馆反映集体农庄、国营农场和机器拖拉机站的成就，向广大劳动人民群众介绍苏联农业科学的最新发明，展示农业（以及林业和渔业）先进生产工作者的工作方法和工作组织。

不过，每一个农业馆都一定有一个"序言"部，该部要尽可能详细地表明当地自然界的特征，即气候、土壤、水、植被、动物界的特征，在某些大的综合部内，还有自然区划的情况和景观描述。

苏联 93 个农学院和 11 个林学院及农业科学研究机构都有农业博物馆。其他规模较大的农业博物馆是：阿塞拜疆农业博物馆（巴库）、沃龙涅什农业博物馆。

----

　　① 原为 1832 年建立的皇家科学院动物博物馆，1930 年转为苏联科学院动物研究所附属博物馆，现为俄罗斯科学院动物研究所所属博物馆。

（2）矿业博物馆

矿业博物馆通常展示采矿技术和地质矿物科学。列宁格勒矿业博物馆和莫斯科矿业博物馆最富于地质矿物科学内容。苏联许多采矿中心都有小型的矿业博物馆。

列宁格勒矿业博物馆奠基于 1773 年。博物馆内有下列各部：1）地质陈列部（分普通地质室、地质学史、古生物学室）；2）矿物陈列部（分普通矿物学室，矿物分类学室、矿物成因室、矿物合成室、细工用石和宝石室）；3）岩类学和有用矿物陈列部；4）采矿技术历史陈列部。

地质陈列部有着许许多多的苏联所有岩系和西欧及美国许多岩系的岩层标本。

矿物陈列部有着苏联和其他许多国家的大量的矿物标本（其中有许多是独一无二的）和天然晶体标本。这里有世界上最完整的一套说明结晶物质结构及矿物物理特性和形态与该结构的关系的模型。

莫斯科杰尔比戈列夫矿业博物馆奠基于 1919 年。地质矿物部陈列了苏联许多矿床的有用矿物和矿物标本。许多图画上详尽地描绘了各地质时期的动物区系和植物区系及煤的形成过程。

苏联 26 个矿业学院和矿业冶金学院的矿业博物馆都有地质矿物部。

（3）莫斯科工艺博物馆　奠基于 1877 年。这个博物馆是全苏政治和科学普及协会的中心机构及该协会科学技术宣传的基地。在博物馆内，每天约有 5000 人来阅览书籍，看展览，听报告。该博物馆有一个包括 55 个陈列室的大楼和许多工作间及办公室。这里没有单独的自然之部。但许多陈列室都包含有自然科学的内容。

（4）民族学博物馆　在一定程度上与人口地理问题有关。苏联各民族学博物馆收集、保藏、研究、陈列和普及那些反映各民族物质精神文化以及社会制度的搜集品。按照资料的性质，民族学博物馆分为：1）保藏一个或某几个国家资料搜集品的博物馆；2）地志博物馆中的民族学部，这里陈列某一区或一个省的资料。苏联民族学博物馆的特征是以具体的历史条件为背景，表现苏联和外国各民族的文化和生活习惯。苏联大部分民族学博物馆都是在十月革命以后建立的。许多共和国、省和区的地志博物馆都有民族学部。许多地区都成立了集体农庄历史—民族博物馆。阿塞拜疆、亚美尼亚、拉脱维亚、乌兹别克斯坦、格鲁吉亚历史博物馆也都设有民族学部。大多数共和国，如乌克兰、白俄罗斯、立陶宛等都有小型的民族学博物馆。苏联最大的民族学博物馆是列宁格勒和莫斯科的民族学博物馆：

列宁格勒彼得大帝人类学和民族学博物馆①于 1878 年成立，这个博物馆的第一阶段组织工作早在 1714 年就开始了。博物馆有大量的考古资料，并不断为苏联科学院考察队所充实。在这些标本中，在发掘苏联领土内古代人类遗址所获得的旧石器时代的资料占有很重要的地位。从古墓葬中挖掘出来最古老的旧石器和新石器时代原始的造型艺术文物有很大的价值。这些文物中有最大科学意义的是苏联古人类学家在苏联领土上找到的安尼德人的骨骼化石，中石器时代的人骨，以及新石器时代、铜器时代和一些较晚时代的大量的骨头化石资料。一部分文物是外国的。文物分为若干地理部。主要部分是关于苏联的，但也有许多是关于外国各民族的，如中国人、日本人、朝鲜人、蒙古人、阿拉伯人、土耳其人、阿富汗人、南亚各民族、东北非各民族等。

在 1900～1953 年，该博物馆出版了 15 卷《人类学和民族学博物馆文集》。

国立苏联民族博物馆（莫斯科）奠基于 1901 年。主要资料是关于苏联各民族的文化和生活习惯的。一部分是关于欧洲人民民主国家各民族的。

（5）城市博物馆 设于苏联若干大城市。其中最大的是莫斯科市历史和建设博物馆。这类博物馆展

---

① 1727 年建立，位于圣彼得堡，俄罗斯第一家国家公共博物馆，收集世界四大洲的人类学、民族学资料。

示大城市发展历史、自然条件、居民和经济情况。

4. 禁猎和禁伐区、植物园、动物园

苏联禁猎和禁伐区是专门划出的地区，其自然资源仅仅用来进行具有国民经济实践目的的科学研究工作，用来作为学生进行自然科学野外实习的基地。禁猎和禁伐区的主要任务是：保藏该地理地带或地区最典型的地段（景观）的自然状态；研究禁猎和禁伐区的自然界；保护、恢复和繁殖动植物（特别是在科学或经济方面有价值的动植物）；探讨改善和合理利用自然资源的方法；积极参加苏联动植物区系社会主义改造问题的研究。

苏联有（1952 年）40 个国家禁猎和禁伐区，总面积 15000 平方公里。其中 29 个属于农业部禁猎和禁伐区管理总局，11 个属于苏联科学院。这些禁猎和禁伐区几乎都是近 40 年来组织的。

禁猎和禁伐区进行过并进行着大量的工作。现举几个例子。由于它们的工作，禁猎区内宝贵的经济兽类的数量增加了几百倍（河狸、麋、紫貂、原牛等）。禁猎区已经是某些动物在苏联各地移居的源地。在禁猎和禁伐区内保藏着由于革命前时期不合理的猎杀而在苏联已经减少的动植物种群（欧洲野牛、海狗、雪羊、火烈鸟、鹈鹕、白鹭、莲黄蘗、紫杉等等）。由于有了禁猎区，其他非禁猎的地段经济动物的数量也增加了，捕兽业也很好地发展起来。

在禁猎和禁伐区完成的一系列可贵的科学工作有很大的实践意义。例如，沃龙涅什禁猎区在世界上首次地解决了在动物养育室条件下繁殖海狸的问题。许多禁伐区关于森林天然更新过程的研究对林业有很大的帮助。

许多禁猎和禁伐区成了能够解决国民经济与自然资源利用有关的实践部门许多任务的"天然实验室"。

现在简单地谈谈某些禁猎和禁伐区的情况：

别洛维日斯卡雅密林禁伐区面积 750 平方公里。位于白俄罗斯共和国。基本任务：保护和培育欧洲野牛；保护和研究麋、欧洲鹿、野猪、麕；研究西欧型针叶阔叶林自然综合体。

沃龙涅什禁猎区　面积 700 平方公里。位于沃龙涅什省。基本任务：保护、繁殖和研究海狸；制订在经济上利用水源涵养林的方法。

奥卡禁猎区　面积 225 平方公里。位于奥卡河支流上麦绍尔低地。基本任务：保护、繁殖、研究有价值的经济动物——海狸、麝香鼠、麋、驯化梅花鹿；研究麦绍尔低地典型地段的自然综合体。

中部黑土禁伐区　面积 40 平方公里。位于库尔斯克省。基本任务：保护和研究生荒地草原地段动物区系和植被；研究森林和草原之间的相互关系；研究草原植林和护田植林问题；研究黑土的形成过程。

彼乔拉伊雷奇禁伐区　面积 950 平方公里。位于莫洛托夫省的小彼乔拉河支流上。基本任务：保护和研究中部和北部大森林典型地段自然综合体，借以解决欧洲北部捕猎和渔捞任务。

锡霍特阿林禁伐区　面积 1150 平方公里。位于锡霍阿林山脉东坡。基本任务：保护和研究滨海山地大森林的自然综合体。

坎达拉克沙禁猎和禁伐区　面积 200 平方公里。位于白海沿岸牟尔曼斯克省境内。基本任务：保护和研究"鸟群集栖地"，经济海产哺乳动物、北方大森林经济动物区系。

克兹尔阿加奇禁伐区　面积 950 平方公里。位于阿塞拜疆共和国基洛夫湾。基本任务：保护游禽和涉禽的越冬场和飞移休息场。

阿斯特拉罕禁伐禁捞区　面积 450 平方公里。位于伏尔加河三角洲。基本任务：保护鱼类产卵场；保护游禽鸟巢、换毛、飞移休息场；研究伏尔加三角洲沿岸地形演化过程、水文情况、土壤植被。

列彼帖克禁猎和禁伐区　位于卡拉库姆沙漠。基本任务：研究沙子运动规律；研究荒漠植物区系和动物区系。

依尔明禁伐区　位于南乌拉尔东坡。面积 300 平方公里。基本任务：保藏和研究自然条件下各种矿物的聚集情况；研究作为南乌拉尔森林自然综合体的有机部分的动物区系。禁伐区有 145 种矿物，其中有 30 种是世界上第一次在禁伐区发现的。每年有 400 个学自学科学的大学生来实习。

应当指出，虽然许多禁猎和禁伐区的任务中包括某些有关自然改造问题的纯粹实践工作，但这样的工作并不是任何禁猎和禁伐区的主要任务，因为对它们说来最珍贵的是保护自然界。自然改造措施的研究，列在农艺试验站、畜牧试验站、渔业试验站和其他产业部门试验站的任务内，这样的试验站在苏联是数以百计的。不过，它们的工作（在那里，自然界已得到最大限度的改造）有时也要求在"天然的自然界"的条件下的研究；这种研究有时就是在禁伐区进行的。

还应当指出，禁猎和禁伐区的工作与组织自然保护工作的机构有紧密的联系，因为禁猎和禁伐区能够给它们提供一些方法上的建议；与自然科学博物馆也有紧密的联系，因为禁猎和禁伐区能给它们提供陈列品。

每一个禁猎和禁伐区在一定程度上都是"自然博物馆"。

植物园。十月革命后，苏联植物园的数量从 20 个增加到 60 个，它们分别设立在各加盟共和国，从北极外（希宾极地高山植物园）到帕米尔（霍罗格帕米尔植物园，在 2500 公尺高处）到处都有。

苏联科学院大植物园 1945 年奠基于莫斯科，面积 360 公顷，其中 50 公顷是禁伐林。基本任务：研究植物驯化的理论基础和方法；研究绿化建设的理论和实践；传播植物学知识。植物园有下列学部：苏联植物区系，树木植物区系，第三纪植物区系，栽培植物，花卉园艺，造园学。园内有下列的实验室：植物形态和解剖，植物生理和生化，远缘杂交。植物园还有一些科学辅助机构，如植物保护部，植物资源动员部，气象工作部，出版宣传部，图书馆，标本室，博物馆。植物园出版《植物园文集》、《简报》、专论、种子交换目录。

苏联科学院植物研究所植物园（列宁格勒）从前（1945 年以前）是苏联最大的植物园。这个植物园早在 1714 年就建立了。这个植物园将近 200 年来都是植物考察队的组织中心。目前，这个植物园进行露天观赏植物的引种工作；热带和亚热带植物的温室栽培工作等等。这儿的公园具有许多修饰而成的观赏地段（16 公顷，28 个温室）。自 1901 年起出版《植物园通报》。

动物园。1864 年起开始在俄国建立。十月革命前有动物园 5 个。目前在各大城市有几十个。莫斯科和基辅两个动物园最大。莫斯科动物园（面积 22 公顷）进行大规模的科学研究工作。动物园展览野生动物和某些家养动物。基本任务是向广大居民群众介绍动物界。同时，动物园对中学的生物教学给予系统的帮助。在动物园进行科学研究工作的不但是国内的工作人员，还有许多高等学校教员、助教、作毕业论文的大学生，研究题目主要是兽类养殖、捕猎、畜牧等问题。

5. 莫斯科大学地学馆

（1）总的情况

莫斯科大学地学馆有 24 个陈列室（应用总面积约 3000 平方公尺），计占莫斯科大学新大厦的 7 层楼，在 1955 年 5 月 14 日，即莫斯科大学成立 200 周年校庆日开放。

博物馆陈列出的主要地学主题为：

①自然科学发展史和地学史。第 1 室莫斯科大学自然科学发展历史，第 2 室地学史。

②普通地学和地球发展史

内营力过程部：第 3 室地球的起源和构造，第 4 室火山作用，第 5 室构造运动，第 6 室火成说和变质作用。

成矿过程和矿产部：第 8 室成矿过程，第 9 室造矿作用，第 10 室金属矿床，第 11 室非金属矿床，第 12 室可燃矿产。

外营力过程和地球历史部：第 13 室外营力过程，第 14 室海的活动，第 15 室地球古历史，第 16 室地球新生代史。

③苏联自然区域概述

苏联自然地带和土壤部：第 17 室自然地带及其经济利用，第 18 室苔原和森林地带，第 19 室森林草原和草原地带，第 20 室荒漠亚热带、山地。

苏联自然地理地区之部：第 21 室高加索、克里木、乌克兰喀尔巴阡山的自然界，中亚细亚自然界，第 22 室俄罗斯平原自然界，乌拉尔自然界，第 23 室远东自然界、北极区自然界，第 24 室西伯利亚自然界。

博物馆既是研究机构、教学机构，又是文化教育机关，正是这三重任务使得它在结构上与那些仅有研究目的，或仅有教学目的，或者仅有文化教育目的（向各阶层居民进行科学普及工作）的博物馆有着重大的差别。正是这种情况，即博物馆的结构和陈列品的巨大规模，在组织博物馆的初期造成了许多困难，这表现在博物馆设计延长了两年。

莫斯科大学博物馆的基本特征是：

①这里首次醒目地表示了 60 个关于地球的知识部门的基本资料的综合体。这是按照它们在 20 世纪中叶的发展情况而陈列的。

②岩石、矿物、矿石、化石、土壤整段标本等天然展品的分类和成因标本在陈列栏都有明了的说明，解释它们的特性和形成过程。

③表示地球上发生的各种自然过程的相互联系，各自然现象的复杂变化，这就积极地促进了辩证的世界观的建立。

在博物馆一个特殊的单元陈列出表明苏联自然界的多样性的陈列品，社会主义社会将使用这些取之不尽的资源来建设共产主义社会。

这些按地带原则和自然地理原则布置的陈列品可以培养大学生和其他观众对自己伟大祖国的自然的热爱，培养他们的爱国主义。

④博物馆有一个单独部分表示了自然科学的发展史和苏联科学家在这种发展中的作用。

由此可见，博物馆最重要的特点是辩证地表示地球上的自然界。所有天然陈列品的展出都不是孤立地，而是清楚地与它们的形成过程结合了起来；这就使我们能够揭示地球各种过程和现象的发生、发展、因果关系、相互作用及其现代变化的情况。

博物馆有新收集的地质、矿物、土壤、生物地理和自然科学史的标本。这些标本主要是博物馆各专门考察队（1951～1954 年）的工作成果；从下面的数字可以看出这些考察队的规模，仅仅为了各个地理陈列室，就有 150 个科学工作者分别在 34 个队中在苏联各不同地区进行了 3 年半的工作。有一部分标本和资料是从生产机构和个别科学工作者那里得来的。

收集来的资料的基本部分组成了博物馆几个藏品室，这是科学研究工作和教学工作的基地，也是同国内外各高等学校交换礼品的仓库。在博物馆 24 个陈列室的陈列品仅仅是所有资料的一小部分。

在博物馆这许许多多新颖的陈列品中，应当指出自然科学现实问题各种现代概念的最新综合。例如：世界重力测量图，世界酸性侵入和中性侵入图，世界地貌图，一系列的成矿图，深层断裂图，自然地带综合剖面图集等。

很多大艺术家专为博物馆描绘了许多苏联地质和地理特征风景图画和许多著名科学家的肖象和半身象。

最后，博物馆的木器用具是专门设计的。馆里用的陈列橱的面积按将来的需要可以增大和缩小。活动的标本陈列板或托板保证了陈列品的科学研究工作的方便。

建立博物馆的组织工作　在建设莫斯科大学新大厦（1949～1953年）以前，地质系和地理系还没有博物馆，也没有足够的教学标本。原因是，1930年莫斯科大学将它的丰富的地质博物馆移交给了新成立的莫斯科地质勘探学院；地理系的博物馆在伟大的卫国战争时受到了严重的破坏。因此，政府决定（1950年）组织一个统一完善的地质地理馆，这就是莫斯科大学地学博物馆。应当指出，土壤植被和动物界在这个博物馆里是从生物地理观点展出的，因为土壤、动物学等科学在莫斯科各有自己的如前所述的专门博物馆。

地学博物馆的建立工作根据下列各发展阶段（1951～1954）进行：

①与各系一起共同研究博物馆的具体的科学主题；

②拟订陈列室建筑艺术装饰草案；

③设计、制造40种专门适用于有关科学陈列品的博物馆木器；

④设计各陈列室和各陈列栏的科学内容、各陈列栏上艺术陈列品（壁画）的主题及在野外作出的草图；

⑤陈列栏上绘画陈列品的一般艺术设计；

⑥挑选、鉴定、整理50000多件供陈列的天然陈列品和收藏的标本，并加标签；

⑦拟定包括300多个科学题目的数千件科学——装饰陈列品及其说明书；

⑧陈列栏科学题目内容的安装图纸，用以表明每件陈列品的装饰手续，解决光线技术问题；

⑨博物馆各陈列室木器的安装和电气化；

⑩制定造型陈列品的规格（简单的模型），并加以科学校订；

⑪各陈列栏（专门性的和艺术性的）陈列品的艺术制作工作。在科学工作者参加下，验收陈列品；

⑫陈列栏内外和玻璃柜内艺术品和科学陈列品的安装。

所有这些费力费时的工作共进行了四年，1955年5月14日开放了基本部分，1955年11月7日所有陈列室都开放了。

许多机构和人员参加了博物馆的筹备工作。筹备工作的领导机构先是博物馆委员会，自1951年1月起改为博物馆筹备处（建馆前早已成立），该处和各机关、个人和各系签订合同进行工作（委托给系的工作由教授和讲师作为科学教学任务执行）。各系共有17个教授，20个讲师和实验员为博物馆工作。苏联各机构的艺术家为博物馆作了大量工作。为博物馆解答疑难和提意见的有下列机构：

部：地质保矿部，农业部，国家测绘总局。

科学院：各地质科学研究所，地理研究所，地球物理研究所，植物研究所，动物研究所，森林研究所，冻土研究所，土壤研究所，海洋研究所，古生物研究所，物质文化历史研究所，自然科学史研究所，生产力研究委员会。

属产业部门的有：莫斯科地质勘探研究所、季米里亚泽夫农业科学院，全苏植物栽培研究所，全苏渔业海洋研究所，中央预报研究所。

展览馆和博物馆：全苏农业展览馆、苏联历史博物馆。

参加博物馆各陈列拦的执笔、编辑、顾问工作的校外人士，有 6 个院士、6 个通讯院士、37 个教授、47 个讲师和工程师。

地学博物馆活动的开始，根据苏联高教部 1954 年批准的地学博物馆条例，博物馆自 1955 年开放时起：

①研究和陈列博物馆的陈列品并丰富博物馆的内容，以便大学各自然科学系教研室进行教学工作和科学研究工作；

②与这些系共同地、以及独立地研究那些与保证和改善博物馆教学目的的科学陈列有关的各问题以及与国民经济的需要有关的各问题（根据高教部的计划）；

③为了丰富博物馆的陈列和有计划的科学研究工作进行一些专门性的考察工作；

④筹备新的陈列；将天然标本及照相地理资料保藏、分类和科学整理；

⑤根据博物馆的题目，普及和宣传科学知识，组织参观、报告、咨询，出版科学著作和科学普及著作，复制博物馆的陈列品；

⑥为其他高等学校复制独一无双的科学陈列品。

可见，博物馆与各系的工作是紧密联系的。这也就保证了博物馆随着自然科学的成就和各系教学大纲的变化而不断发展。同时，这又要求博物馆随着客观的需要不断改变、丰富和在数量上增加陈列品。

例如 1957 ~ 1961 年，博物馆就应该：1. 研究或校订分属 1000 个主题的 5500 件陈列品；2. 编制高等学校直观教具材的图录（根据博物馆的资料）；3. 扩大天然陈列品和选择教学标本以供自然科学系各教研室的需要（莫斯科大学和其他高等学校）。

（2）博物馆陈列简介

自然科学发展史和地学史部

第 1 室：莫斯科大学自然科学发展史

陈列品是：科学家的画像，浮雕和胸像；记载伟大发现日期的大理石匾额；盛放说明莫斯科大学历史时期的资料和原本文件的陈列橱。第一版书籍陈列橱，照片、图片陈列橱等。

第 1 室的一半是 1917 年以前的历史陈列品，另一半是伟大的十月社会主义革命以后时期的陈列品。

陈列栏和陈列橱都有专门的陈列主题。举几个例子：

第 4 块匾额说明了 20 世纪初至 1917 年莫斯科大学自然科学和精确科学的发展情况，其附近的陈列橱就展出莫斯科大学先进科学家在当时的科学方面和俄国社会生活方面与反动派进行斗争的情况。

有两个专门的陈列栏和几个陈列橱表明莫斯科大学和莫斯科大学各学会的科学普及活动和社会活动。

第 6 块匾额及其附近的一个陈列橱和一个陈列栏表明了战前各个五年计划的年代；说明书反映了莫斯科大学在各方面的学术活动：光学、振荡论、或然论、发光论、磁力学、土质学等方面许多学派的产生；石油工业机械学，动力气象学等新知识部门的形成等。陈列橱展出了上述知识部门的书籍。

第 2 室：地学史

这个陈列室的陈列品说明本国研究苏联和全球自然界的历史。这些陈列品使第 1 室的陈列品（自然科学历史）与博物馆地学部其他各馆联系了起来。

1917 年前俄国自然界研究历史栏的主要陈列品是巨大的俄国地图，图上表明了俄国 16 ~ 19 世纪的国界和1917年前各大旅行家及自然科学家的旅行路线。专门的颜色或细线条表明各时期地形测量和其他测量所包括的面积。一个特别的陈列栏表明了俄国在国外的地理发现和研究（中亚细亚、阿拉斯加、北极、南极等）。在陈列栏的中央是1917年后苏联自然界的研究情况，有苏维埃时代苏联自然研究成就的原图。图上及其并列的编年史仅仅是表明了最重要的成果。这是许许多多的新矿床；山、河、岛屿（1917年以后，这些东西在地图上的表现已大大与前不同了），极地漂行工作站、穿越北极的飞行。三对同一比例尺的地图表明了1917年～1955年苏联自然界（地下资源、植被）的研究情况。

好几个陈列栏都体现了革命前和1917年以后苏联地图学的发展情况。

陈列室中陈设了俄罗斯各大旅行家，地理学家和其他自然科学家的画像，浮雕和胸像。

内营力过程部

第3室：地球的起源和构造

中央的陈列品表明了太阳系星球通过冷气——尘云的冷凝作用的形成过程，以及太阳系的"剖面"和太阳系星球现状的说明。

地球行星陈列栏反映了太空中各种运动对地表自然地理条件的变化的影响。地球外壳形成栏表明了导致岩石圈、水圈和大气圈形成的各种因素的相互关系。在各别的图上表现了：1）地壳在外营力和内营力作用下的地质演进；2）生物在地球沉积层形成过程中和在现代的含有自由氧的大气圈成分的形成中的作用。

绝对地质年代栏介绍了地壳的绝对年龄和鉴定矿物及地质层系绝对年龄的现代方法。陨石栏展出了陨石标本和绘出了陨石落下的情况。在一个专门的半球形的模型上表明了地球的内部构造，在这个模型的旁边，绘出了岩石在不同埋藏深度的物理性质和地壳的化学性质的变化情况。这里还展出了世界重力测量图。

地球的形状陈列在一个特别的陈列栏内，那里有地球演变的过程：圆球—球形体—椭圆体—地球体。

第4室：火山作用

在地球火山作用栏内，能看到火山大部是出现在年青褶皱地带—太平洋环上，和火山在地球上其他地方的分布情况。火山的各种类型在火山栏内用照片表示。火山—熔岩和火山固体产物—火山气体和液体产物—喷泉各栏都有火山岩石的照片、模型和实物标本。许多陈列栏展示了火成岩和它的成岩作用。这里以图表的形式表明了岩石的分类，图表上嵌有火山岩的实物标本及其显微照片。

第5室：大地构造

大地构造栏介绍构造运动的基本类型和关于地壳构造的各种假设。地壳升降运动栏表明了：两岩层之间的整合层，它们之间的缺失情况；成角不整合的地质构造（油气矿床常与这种构造有关）；苏联地域在各不同地质时代升降运动的顺序发展；地槽形成时发生的离心升降运动。

太平洋底部形态构造栏表明了升降运动和地壳断裂造成了太平洋现代特征的过程。

褶皱运动栏介绍地壳槽褶皱运动造成的地壳褶皱和地槽褶皱。除此以外，介绍褶皱情况的还有褶皱形态和褶皱类型栏。补充这些陈列栏的还有褶皱构造实物（即褶皱运动所改变的岩石）标本陈列柜。关于断裂作用—断层和送断层—逆掩断层和平移断层—深成断裂—矿床微构造等题目都有特别的陈列栏。

苏联大地构造图栏表明了苏联领土内各种年代的地质构造的分布情况。关于已开始在大水利工程地的选择和某些矿产的寻找中起愈来愈大的作用的新构造运动有两个专门的陈列栏，这就是最新地壳运动栏、最新地壳运动和矿产栏。这两个陈列栏表明了新构造运动在地貌形成中的作用及后者对沉积过程的影响。有一个特别的陈列栏专门介绍地震现象的分布情况。

第6室：火成论和变质作用

这个陈列室介绍深成岩浆活动过程，深成岩浆体（侵入体和组成侵入体的浸入岩）的形态和地质结构及在地球深层高温高压情况下、在构造运动影响下发生的变质现象。

深成侵入体栏、浸入岩栏，深成侵入体构造栏，脉状火成岩栏介绍侵入岩和侵入地质体。除陈列栏外，还有许多侵入岩标本。各陈列栏包括有系统的岩石（实物标本）分类概述，岩石典型结构的显微照片，地质埋藏条件的具体例子，地质图，在不同地质情况下形成的深成侵入体形态的彩色块状立体图。

变质作用类型和地带栏，变质作用栏，变质岩栏，水热变质作用栏，水热变质作用产物栏表明变质作用和变质岩情况。此外，陈列出了大量各种变质岩的标本。在各陈列栏中表明：主要变质岩类型的分类系统概述，水热变质作用产物的分类，变质岩典型地带的地质构造，岩石随着下沉到地壳的深层而发生的变化（变质作用）的图解。

在第3、4、5、6陈列室展出了许多巨幅的表明一系列地区地质特征的地质图。

第7室：地质研究方法

该陈列室表明地质研究，地质图和预报图，找矿的地球物理方法。

航空地质方法栏表明各种地质构造条件下航空测量的过程和成就。野外地质方法栏顺次地表明普查，初步勘探、详细勘探、开采勘探。地质图栏展出各种各样的地质图（反映地层、构造和地貌情况）。矿产预报图栏展出了各矿区的详细地质图，图上划出了可能有矿体的"远景"地段，根据这些地图，可以有计划地在必要地区进行勘探，而不致分散力量。

无线电测量栏，重力测量和磁力测量栏，地震测量和电测栏表明了找矿的地球物理方法。

补充这些陈列栏的还有岩石和矿物标本，它们是按下列物理性质选择出来的，即按密度（重力测量和地震测量）、磁化率（磁力测量）、电阻（电测）。

矿物形成过程及矿藏部

第8室：矿物形成过程

陈列室的中央栏——矿物形成的地质过程

在这里表明：所有矿物形成的地质过程划分为如下的过程：内营力过程、外营力过程、变质过程以及这些过程之间的相互关系。为了达到这个目的，在地壳大片地段的巨大的概略剖面上表明：地质环境以及这三个矿物形成过程出现地区中形成的主要的矿物共生体。在栏旁的陈列柜中展出内生矿物最主要的共生结合体，若干套发生的矿物假晶和若干套带状晶体。

在"矿物性质"栏中，用金钢石、金、石墨、方铅矿、岩盐的原子结构模型的例子来表明：矿物的比重、色泽、硬度、解理和溶解度的变化，并从结晶化学的角度来解释这些性质改变的原因。"矿物形态学"栏以具体例子表明矿物形态按照其某些形成条件而发生的变化。"晶体合成"栏说明怎样用人工方法获得刚玉、石英、蓝宝石的晶体和各种压电晶体及光学晶体。表明包体矿物中的矿物溶液这个题目应辟专栏，在这里陈列固体、液体和气体包裹物的一般分类表和它们的显微镜照象。在"胶体矿物形成过程"栏中表明分散系的分类，并说明物质胶体状态的基本概念，用电子显微镜中的显微镜照片来加以说明。

"晶体对称"栏具有32种晶体对称的图表，附有各个例子。"矿物构造"栏用图画和模型表明天然元素和某些人造单原子和双原子物质的构造的主要类型，以及矽酸盐族矿物的最主要的构造图式。

在"元素地球化学"大栏中展示地球化学表，表中说明离子和原子的相对大小，划分稳定同位素和放射性同位素，表明各种性质不同的元素的发展场所。

最后，在12个大陈列柜中展示矿物标本。

第9室：造矿过程

在本室的陈列栏中展示矿物的复杂的形成过程和变化过程，探讨矿物的矿物聚合体的构造和结构，以及矿床结构的成因类型。

"矿物的构造和结构"栏表明矿物构造和结构的新的成因分类，附有天然的标本，它们按成因原则排列。在"岩浆矿物形成过程"栏中展出从岩浆中析出金属成分的过程的略图，援引关于早熔离矿床迟熔离矿床和分熔矿床的概念的定义，在块状立体图上表明矿体的形态和这些矿床的结构。在专门的表中概略地说明各种类型的岩浆矿床和各种有益矿物（铬、钛、金钢石、铁、镍、铜、稀有元素）同岩浆化学作用的关系。在这里挂了一幅世界地图，表明各种岩浆矿床同侵入地壳的超基性岩浆、基性岩浆及碱性岩浆的成因关系。在"伟晶岩"栏中揭示伟晶岩的形成过程，在块状立体图上表明脉状伟晶岩因母岩侵入而产生的一般地质情况，援引伟晶花岗岩的构造一共生类型图解，展出稀有金属伟晶岩的化学组成和矿物组成图解，并表明不同类型的伟晶、花岗岩体中的有益矿物的分布。在"斯卡隆矿床形成过程"栏中表明石灰质和镁质的接触及脉状斯卡隆矿物的地质情况和形成过程。说明斯卡隆矿物形成时所处的物理—化学条件，对斯卡隆金属生成的矿物特性和经济特性加以说明。在"气成矿床形成过程"栏中说明表层及深层气成作用的过程以及与之有联系的锡、钨和钼的云英岩矿床。"云英岩"应辟专栏。

"水热矿床形成过程"栏陈列有褶皱区花岗岩类四周的金属矿床的地带性分布的块状立体图。

对于主要的水热矿族，表明其同一定的浸入类型的关系，说明它们形成时所处的温度条件和深度条件。

"风化壳中矿床形成过程"栏的主要陈列品是综合地质剖面图，它表明风化壳类型及与之有联系的有益矿物的发展，是以基岩的组成和地质构造为转移的。表明耐火粘土、陶瓷粘土、褐铁矿、菱镁矿、矽酸镍、氧化锰及其他有益矿物的情况。在本栏中表明：岩石风化壳的形成对于地形和气候的依赖关系；这一过程的地球化学；化学元素在岩石风化地带的移动；氯化物矿床和矽酸盐—镍矿床的风化壳（氧化带）的结构和矿物组成。"沉积矿床形成过程"栏的陈列品反映出沉积矿床的积累过程，在这一栏中展出：在沿海、泻湖、河流和湖沼条件下的沉积矿床形成过程的块状立体图。沉积矿床按其在自然界中不同积累方式的分布，积累方式有：胶体溶液和真溶液的沉淀，生物的生命活动，碎屑物质的沉积。

在"变质矿床形成过程"栏的陈列品片说明受变质矿床、变质矿床和"阿尔卑斯"矿床在"矿床变质作用"栏中概略地反映变质条件，在"矿床构造"栏的中央有一种金矿的构造形成图解，此外，在本栏中还展出矿床构造的分类并举出构造类型的具体例子。

第10室：金属矿床

本室的主栏以"铁、锰、镍、钴"为名称，对"铁"作出矿床类型的成因分类，并援引综合剖面来说明它们所处的地质条件，对下述6种典型的铁矿作出地质剖面图，即岩浆的（钛磁铁矿）、接触交代的、变质的、水热的、淋积的和沉积的铁矿，展出苏联最主要铁矿成因图。对于"锰"这个题材，举出锰矿主要成因类型的例子（沉积的、水热的、变质的），对"钴和镍"则举出矿床的成因类型和它们的例子：岩浆的、接触变质的，铜镍的，水热砷化物的钴矿和镍矿。

"稀有金属和小金属"栏用系统图、剖面图和块状立体图表明矿床的各种成因类型（铋、砷、锑、汞、钼、钨、锡、等）。"铅、锌，铜"栏包括世界成矿图、地质剖面图以及苏联和外国的矿床的各种成因类型的矿石标本。"金、白金"栏中介绍了矿床成因类型，并举出了具体的例子。在"铀"栏中，除了陈列铀矿类型成因图解以及伟晶矿床、水热矿床和沉积矿床的某些成因例子而外，还表明铀的放射性转化和含铀矿物的同形交替作用。

第 11 室、12 室非金属矿床

在本室陈列品中占重要地位的是非金属矿床的成因标本。

"建筑材料"这一大栏，包括下述物质的成因及工业分类：铺面石、石料、水泥原料、胶凝物质、陶瓷原料和玻璃原料，矿物颜料，绝热绝声的疏松的建筑材料，表明个别矿床的结构，展出铺面石材料矿床图。"熔剂和耐火材料"栏表明这几种原料的成因分类和具体的矿床的地质构造。

"石棉和滑石、盐类、磷盐矿、硫黄"栏：

包括：矿床的成因分类，地质略图、矿床各种成因类型的剖面图。

"宝石和细工用石料"栏包括：矿床的成因分类，它们的地质构造的例子，全世界宝石矿床图。

在"压光原料"栏表明光学方解石、压光石英和光学萤石的矿床的形成条件。

在"云母"栏中展出：矿床的成因分类，地质图（其中包括全世界金云母和白云母矿床分布图）和若干具体矿床的剖面图。

"石墨和金刚石"栏的内容是：这些矿物的金属结构和这些矿床的成因分类，并用地图和剖面图来说明。

第 12 室：可燃矿产

在若干栏和其他的陈列品中表明有机物质的积聚过程和可燃矿产的形成条件，对可燃矿产作质量说明。

"泥炭"栏的内容是低位沼泽和高位沼泽的植被说明，与它们相应的泥炭层的剖面图；用图解说明各种泥炭的组成和技术性能。展出苏联泥炭层分布图。

"煤"栏的内容是：沿海沉积作用和大陆沉积作用下的煤的形成过程图解，以及地槽区和不太活动的地台中的煤的积累的顺序和性质。展出 2 个由天然标本组成的岩石——地层柱状剖面图（中石炭纪和下石炭纪），并表明这些盆地中沉积作用的相位条件。展出全世界煤矿的地层分布图解。展出新编的苏联含煤程度图和所有主要工业矿床的剖面图。

在"油母页岩"栏中援引综合地质剖面图和矿床海相及陆相类型平面图，以及苏联最大油母页岩矿床的地层剖面图和它们的质量说明。

"石油、气体"栏的内容是：天然气体的地球化学性质，地壳及大气中天然气体分布的描述，造成石油和气体的有机物质在地壳中的积累条件的说明，说明有机质沉积物的"埋葬"条件，随着条件的不同，或者形成碳质物质，或者形成分散的地沥青——原石油；典型的油气矿。除此而外，主要的陈列品是褶皱区和地台区的地质剖面图，它说明油气矿的各种成因类型。这些类型，在 10 个透光的陈列品中单独地加以较详细的说明。在结束部分提出：天然油气聚集的分类以及天然气体的地球化学分类。

除了上列各栏而外，在 8～12 室中还挂有大量的艺术图画，来说明苏联在地质方面值得注意的地点，苏联和国外大地质学家的半身象和肖象，大量的矿物和矿石标本，这些标本陈列在离说明它们的栏，很近的陈列柜中。下面举出这些标本的几个例子：各种各样的矿物（12 个大陈列柜），岩浆矿床的类型，各种伟晶花岗岩地带中的构造—共生组合体；碱性岩浆伟晶岩，具有锡石、黑钨矿、辉钼矿的云英岩矿床的标本；喷气孔的矿物：高温、中温和低温水热矿床的主要类型；标本；硫化物矿床、蛇纹岩和花岗

岩的风化壳；各种沉积矿床的标本，有色石、细工用石和宝石，压电石英的晶簇重达 225 公斤等等。陈列柜和储藏箱中共有 15000 种矿物和矿石标本。

<h2 style="text-align:center">外力作用和地球历史部</h2>

第 13 室：陆地的外力作用

导言栏表明：外力作用的综合作用，结果导致：（1）整个地球表面上矿物物质从岩石破坏区移动到物质积累区，（2）形成地表上的地形——在搬运区为剥蚀地形，在堆积区乃堆积地形。

"风化作用"栏表明岩石破坏现象，导致形成风化壳——残积物（物理风化、化学风化、生物风化）。陈列全世界和苏联的现代各种风化地带分布。个别地陈列风化壳各种岩石的标本。"风力活动"栏说明风对破坏岩石和形成风成地形的作用。挂有下列地图：世界风蚀作用和风成地形图以及中亚和亚洲中部沙地地形图。展出岩石风蚀形态和风力破坏产物的标本。在"流水"的两个栏中表明冲积物的积累和侵蚀及堆积地形形态的形成过程。附有河流沉积物（冲积物）的标本。若干栏按统一的计划说明湖泊、沼泽、冰、雪等的活动。其中的每一个说明，都从分布面积（在苏联境内或全世界）开始。除图表材料外还陈列了被这些作用改变的岩石标本。

"湖泊和沼泽"栏表明湖泊和沼泽的发育类型。挂有苏联和全世界的湖泊成因图。附有湖泊和沼泽沉积物的标本。"冰和雪的冰动栏"包括有：雪、冰、海冰和冰山地理分布图，冰川作用各种类型的说明，山地和平原冰川的堆积活动的说明。陈列冰川沉积物的标本。在"冰冻作用"栏中挂有苏联和全世界的永冻层及冰冻作用所造成的地形形态的分布图。

"地下水"栏中包括：苏联地下水分省图、按理化性质作的地下水分类，地下水引起的地滑的分类。在"喀斯特和潜蚀"栏中可以看到苏联境内喀斯特岩石、喀斯特产物的类型和形态的分布。在块状立体图上表明喀斯特作用的发展过程。

用专门的栏说明"海岸"，作出两种海岸类型（海蚀的和堆积的）的发展略图。作出海岸分类图，并用照片来说明。

用大栏来说明"地形"。世界地形图占陈列的主要地位。在栏中用图表说明地形一般发育规律的主要观念。用照片和块状立体本图表示主要的地形形态类型和地形形成过程对地质构造特点的依赖性及岩石硬度。着重说明地形考察方法和实用地形学在国民经济中的意义。在"土质学、工程地质学"栏中揭示外力作用对工程建设的意义，表明考察的工程地质方法。作出以工程建设为目的的土质发生分类，展出相应的天然的整段土质标本。

第 14 室：海水活动

本室说明世界各大海洋，它的陈列品表明：世界各大海洋的生物如何在陆地、海洋和大气圈的相互作用过程中发育着的。岩石圈对海岸形态和海底地形形态的影响，表示在"海底形态"栏中。在"海流、波浪"栏中有北半球海流图。由于水平和垂直的水体交换，造成了世界各大海洋水体垂直结构的各种类型，这些类型在"世界各大海洋水体结构"栏中加以说明。"潮汐"栏说明各种类型的潮汐，以及浅水处的潮波的特征。

本室的主栏以"海洋的生命"为题目。这里表明"世界各大海洋生命地带"（滨海带、大陆波、深水带、深海带），用一系列鲜艳的图画来加以说明。在同一栏中表明海中的有益和有害的动植物。

苏联诸海动物区系形成史，用专门的栏来加以表示，在这里还展出海洋盆地第四纪（部分是第三纪）动物区系发展略图。

海洋考查方法，用专门的栏来表示，这里集中有最新的仪器和器材。

"海底形态"栏陈列有黑海和里海海底及海岸地形图。

"沉积作用"、"岩相与地层"和"成岩作用"这3个栏，是"海水活动"室和后一"地球古代史和古地理"室之间的联结环节。

在"沉积作用"栏中表明假定的海盆地，其中分出受到波浪作用的水层，含有砾质物质和粗粒物质的水层，和含有细粒沉积物的水层（滞水带）。展出了表明沉积矿床形成条件的略图。"岩相与地层"栏表明：1）沉积岩沉积的相位条件的多样性，2）在各种不同的构造和气候环境下在地槽形成的主要岩层类型。"成岩作用"栏表明沉积物变成沉积岩的各个阶段。

除了这几栏而外，本陈列室中还有7个巨大的水族馆，精确地复制下来的白海潮汐带和亚潮汐带的生物群落。按照专门的方法把生物群落固定在磨光的石英容器中，它保持着动物色彩的天然的新鲜性（鲜艳性）。

第15室：地球古代史

本室陈列品表示地球历史的如下方面：1）不同地质时期陆地、海洋、地台和地槽区的分布，2）沉积岩和火山沉积的最主要类型的分布，特别是海相沉积和陆相沉积的分布，3）有机界的演化，4）地球的地质构造的发展，5）景观的发展。

导言栏，"地质年表、植物发展系统图、动物发展系统图"它们表明沉积物的绝对年龄和相对年龄。其余的栏大都说明地质发展史和古生代及中生代各个时期的生物。在"前寒武纪"栏有：全世界前寒武纪岩石露头图，前寒武纪岩石区的、大型的古地理图和地质图：各大洲前寒武纪剖面图，原生代孢子和藻类的图画以及苏联不同地区典型的前寒武纪岩石标本。

其余各栏的结构大致相同：

在栏的中央，对该时期各个时代各作出两幅世界岩相—古地理图。下面有各该时期的沉积的岩层柱状剖面图。柱状剖面图的左面和右面悬挂大型的苏联相应年代的最典型的沉积的岩相—古地理图。栏的上面有描绘各该时期景观改变情况的图画，或动物界和植物界的典型代表的图画。

在栏附近的玻璃柜中陈列典型的岩石标本和沉积矿床标本。除此而外，陈列说明各个纪、世和期的生物界的动植物标本。

各栏具有一般的统一结构的同时，其中分出下述几个特殊结构：

在"志留纪"栏，提出最早的地上植物的孢子的绘画和波罗的沥青页岩标本。在"泥盆纪"栏中陈列红色砂岩和硬皮鱼类碎屑组成的角砾岩的标本。

在"石炭纪"栏中陈列鳞木木质部化石的大碎片和沼泽性"石炭纪"森林的景观。在"二叠纪"栏中绘示爬虫类（二叠纪动物界最大的代表）。在其他的玻璃柜中展出古生代的化石标本。

在这些栏中特别有趣的是下述陈列品：寒武纪和奥陶纪的藻类，寒武纪、奥陶纪和志留纪的三叶虫，泥盆纪和石炭纪的腕足类和珊瑚，二叠纪的菊石。

在"侏罗纪"栏中展出翼龙类和始祖鸟以及大大不同于石炭纪的侏罗纪热带森林。在"白垩纪"栏中反映下白垩纪末发生的植物区系组成的变化：出现了被子植物。在许多玻璃柜中陈列侏罗纪和白垩纪海中最发达的头足类菊石类和箭石类，以及白垩纪的有孔虫和海胆。

有一些专门的栏表明地质构造。在这里的古构造图上表明每一构造旋回开始和结束时的地槽区及地台的分布情况。除此而外，在每个栏中展出两幅各该构造旋回最典型地槽区的构造运动史略图以及一幅最典型褶皱区的地质剖面图。

在室中陈列一系列动人的壁画，来说明相应地质时代的古代景观。

地球的新生代史

第 16 室

大家都知道，新生代以后，自然地理环境和有机界面貌开始向下述方面变化：即越来越接近于现代的情况。因而对这一时期应给予较大的注意。

导言栏——阿尔卑斯构造阶段（旋回）——与第 15 室的古代构造栏相类似，介绍新生代的地壳构造运动。

"老第三纪和新第三纪"栏的内容为：这两个时期的全世界岩相古地理图，苏联不同地区和西欧的地层略图和古地理略图及岩相分布图，古代动物的图画，植物化石，软体动物群的标准种类，岩石标本。这一栏补充以动人的壁画，即俄罗斯平原西南部两个地区在老第三纪初和中新世的古代景观壁画。

第四纪说明得最为详细。

第四纪古地理的基本方法是综合地研究地形区及第四纪地层的标准剖面（同时应用一系列方法：古植物学的、古动物学的和考古学的等等）。用 6 个栏说明第四纪古地理。

"第四纪——人类起源"栏包括综合性最强的陈列品，它们说明苏联和欧亚大陆某些毗邻地区的第四纪自然条件。这里陈列了下列模型："北半球最大冰期的分布"、"最大冰期欧亚大陆北部的古地理"、"间冰期沉积利黑文冰期标准剖面"、"莫斯科近郊的阶段间沉积的剖面"、"旧石器时代人类的居住地"。除此而外，在栏中还援引：俄罗斯学者和西欧学者制作的传布得最广泛的地层略图，植物区系、动物区系和人类发展阶段的对照图解。

"人类起源时期的苏联欧洲部分及人类起源时期的苏联亚洲部分"栏的内容如下：苏联欧洲部分第四纪沉积图（1∶5000000），植物区系传布主要途径和植被史图解，构造运动略图，黑海和里海的第四纪历史，俄罗斯平原瓦尔载（武木）冰期古地理图，西伯利亚和远东第四纪沉积类型分布略图，大森林和苔原形成过程图解。附有苏联第四纪沉积类型的标本。

"人类起源时期的植物区系和动物区系"栏的内容为：苏联欧洲部分中部主要植被类型和植物区系最主要代表的比例在第四纪发生的变化的图解，动物区系史图解（说明依次更替的动物区系综合体中的某些种类的分布地段的特征），说明这一图解的是植物区系和动物区系的代表的图画。在特殊的玻璃柜中陈列了黑海、里海和波罗的海第四纪海盆的海生软体动物群的标准种类及其他的生物化石（鱼群、木质部、种子等）。

该室最后一个栏"人类的形成与第四纪人及其文化"的内容如下：乞什克一塔什岩穴中的内安得塔尔人的雕刻，各物质文化发展阶段的劳动工具。

室中陈列对新生代研究事业作过巨大贡献的学者的半身像。

苏联自然地带和土壤之部

这一部综合地表明苏联各种自然地带的条件（土壤、气候、植物和动物界）以及这些地带的农业利用特点。实物陈列品是陈列的基础：1）所有自然地带生荒地和熟荒地的整段土壤标本，2）各自然地带突出的植物群落的立体模型，动物标本和剥制的鸟兽，3）谷类作物、技术作物、饲料作物、果树浆果作物和其他农作物的主要品种的样品（禾捆、标本、种子、塑型等），它们说明苏联各自然地带农业各部门配置的特征。

实物陈列品的补充是为数众多的图，剖面图、图解、照片；它们说明每一自然地带天然景观和文化景观的特征，景观成分的相互联系，以及各地带的农业利用特征。

在陈列室的外缘陈列着实物和图片，内缘则陈列农业利用的类似陈列品。这样一来，参观者在陈列室的任何地点都能从左面看到每一自然地带的"自然"，从右面则看到"自然的农业利用"。在所有的栏上都安置有巨大的艺术壁画——天然景观和文化景观的景色。

第 17 室：自然地带及其农业利用

"苏联土壤"栏包括如下的陈列品：苏联土壤图、最主要成土母质的标本。"苏联农业气候"栏包含：苏联农业区划图（区、边区、省），气候图、早霜预报图、林带对农业气候条件和冬小麦收成影响图。"苏联植被"栏包括：苏联植物图，图上表明现有植被的群系和群落组，在文化景观区则表明以往存在的天然植被，在图的上面展示有益野生植物的许多标本。

"苏联动物界"栏含有：自然地带动物区系图（图上表明邻近地带动物区系相互渗透的地方以及禁猎区。

"苏联景观地理地带"栏具有同名的地图。

"苏联土壤利用"栏中有：土地总额图，它表明各个地带的土壤的利用程度，可耕地的分布：按土类作的农业用地特征说明，苏联东南部和东部生荒地和熟荒地的土壤特征说明。"侵蚀过程"栏有："苏联侵蚀分布图"，侵蚀类型照片，水土保持措施的说明。

"苏联自然地带农业利用"栏有：苏联农业生产专门化略图，它反映出农业类型随着自然条件和经济条件改变的情形。在"饲料基地和发展畜牧业"栏中展示：饲料基地区划略图；国营畜牧农场的配置。在"肥料"栏中表明肥料对提高各种自然地带的收获的意义。在许多巨大的有起伏的地球仪上表明世界土壤、植被和动物区系的分布（为了同苏联的相比较）。

第 18 室：苔原地带和森林地带

第 1 栏"苔原地带"的内容如下：北极荒漠地带及四个亚带植被图，这些地带和亚带一起组成苔原地带；北极植被古地理图（从第三纪末到现代）；现代苔原植物区系传布途径略图；苔原主要类型的综合景观剖面，空间模型：1）北极多边形苔原，2）斑点苔原，3）多边形苔原沼泽。此外，在栏中和它旁边的陈列橱中展出主要的景观形成植物（苔藓、地衣显花植物和苔原地带动物界的典型代表。有些陈列品表明动物如何适应于凛冽的北方气候条件的生活以及它们对植被和土壤的影响。

"森林苔原"栏的内容如下：森林苔原图、古植物图，它们都表明森林苔原植物区系的形成过程；景观剖面：云杉——桦树、云杉和落叶松森林苔原；森林苔原地段的立体模型。展出森林苔原的沼泽土的整段标本（天然土壤和熟化土壤）。

"苔原和森林苔原农业利用"栏有如下的陈列品："极北区农业"略图、农业气候说明，说明谷物、马铃薯、蔬菜的增长以及养鹿业、养兽业和猎狐业的增长的图表。

苏联森林地带有若干栏：

"导言栏"的内容如下：森林地带、其亚带及小带自然特征图，主要造林针叶树种分布区图，具有最典型的动物界的森林地带景观的说明，动物对土壤和植被的影响的说明，食虫鸟类的有益活动的说明，展出大森林强烈灰化的土壤的整段标本。

"大森林"栏具有若干综合剖面，它们结合地形、土壤来表明森林类型的分布，以及森林群落自北而南发生的变化。出主要乔木树种的标本，草层的典型种类，典型的鸟兽的剥制标本。

说明"针叶阔叶林"亚带的是植被成层现象略图，以及与之有联系的动物分布特点，并用植物标本和生草灰化土的整段标本来加以说明。在许多陈列品上表明啮齿动物和有蹄动物对森林更新的害处以及掘土动物的好处。

"阔叶林"栏表明：阔叶树种分布区，用综合剖面说明栎林和栎一林生长在生草灰化土和准灰化灰色森林土上，栎一松林生长在碳酸盐类岩石上的深色土壤上；植物标本以及准灰化的森林土壤的整段标本。

在"森林地带农业利用"栏的中央部分展出该地带的农业略图。农业气候特征说明以及耕种土壤的整段标本。按照灰化程度把它们列入生草灰化土的发生土系中，并提供关于它们不同的熟化程度以及大力提高肥力的概念。

"沼泽和浸水草地"栏有：苏联泥炭分布图、沼泽发展史略图——从全新世到现代（苏联欧洲部分中部）气候变迁比较图。

花粉的分析图解表明同一期间森林更替的情况。栏中展出高位泥炭沼泽的立体模型，低位和高位泥灰的标本，用显微镜照像来表明植物遗体的植物组成；泥炭沼泽土和泥炭的整段标本，泥炭藓和沼泽灌木的标本。

"河漫滩草地"栏展出奥卡河和乌拉尔河的谷地的综合剖面。附有河漫滩草地动物区系的图片，在这里着重表明动物适应于草地和水中生活的情形。展出典型动物的剥制标本。展出成套的河漫滩生草冲积土的整段标本。

"河漫滩农业开发"栏表明农作业、草地经营和畜牧业利用河漫滩的合理类型。

第 19 室：森林草原和草原地带

"森林草原"栏，表明这些亚地带的土壤植物特征和气候特征。"重点"图表明综合特征：植被（桦林、草地草原、生草禾本科草原和碱化草地的复杂结合）以及由灰化及淋溶程度不同的黑土所组成的土壤。综合剖面表明这里在开垦以前存在过的植被。小剖面"山杨林"表明：土壤和植被的更替受到小地形的性质的严格控制。

展出生荒地黑土亚类的整段标本：准灰化黑土、淋溶黑土和肥沃黑土。在特殊的陈列柜中展出草地森林草原和灌木森林草原的主要的生活型：矮生浆果灌木、直根性和根茎草本多年生灌木，鳞茎类多年生短生植物、生草禾本科植物以及森林草原最典型的动物。

"杂类草——针茅草原"栏含有：植物群系和土壤分布的综合剖面，生荒地草原地段的立体模型，季相更替略图，啮齿动物和掘土动物活动的说明。

"棱狐茅——针茅干草原"栏含有：第聂伯尔河和亚速海之间分水地段的综合剖面，生荒地草原地段的立体模型，季相更替略图，典型动物的说明。

"森林草原农业利用"栏表明森林草原最典型的是谷物（主要是小麦）、糖用甜菜的生产、乳用畜牧业和养猪业；西西伯利亚的森林草原以亚麻生产为主。"黑土草原农业利用"栏表明：黑土草原最典型的是小麦、谷用玉蜀黍、向日葵的生产，乳用及肉乳用畜牧业，养猪业和养羊业。在草原的欧洲部分有发达的果树业和葡萄栽培业。

"干草原及半荒漠农业利用"栏表明：它们最典型的是春小麦、黍的生产以及肉乳用畜牧业和肉用畜牧业和养羊业、养马业。

在最后三个栏中表明：土壤条件和农业气候条件，农业用地的结构，播种面积和畜牧业的饲料基地；展出谷类作物、向日葵、亚麻、各种果树浆果作物、蔬菜作物、瓜类作物及葡萄的典型品种的天然标本。

用特殊的栏来说明"生荒山和熟荒地的开发",在这里表明自然条件和1954~1956年这些土地上发展农业的成就。

第20室:荒漠、亚热带、山地

"半荒漠"栏含有:若干综合剖面,它们说明土壤和植被随着大地形和小地形的性质而变化的情形;用图表表示盐渍土系的演化——从盐土到碱土,然后到栗钙土,具有很发达的根系和生草禾本科植物的半荒漠典型半灌木的说明。

"盐渍土熟化"栏表明:用排水方法使灌溉盐土脱盐的过程,用加石膏的方法提高黑土地带的碱土的肥力。用专门的耕作方法来熟化栗钙土地带的碱土。在"荒漠"中有:荒漠亚地带和类型的自然特征图,荒漠植物和动物的分布区。表明植被和土壤的分布的综合剖面(以锡尔河的粘土阶地为例);荒漠植物(粘土荒漠)的标本,动物适应于荒漠条件的例子,掘土动物对土壤的影响。展出典型动物的剥制标本。"沙漠"栏中含有:自然条件的一般说明,植物和动物适应于沙漠的土壤气候条件的说明。

"荒漠农业利用"栏表明荒漠绿洲的意义主要在于作为苏联棉花生产的基地。然后说明种稻业、葡萄栽培业、果树业、瓜类栽培业、养蚕业和卡拉库尔羊饲养业。

山地——用三个栏来说明:

"垂直地带性"栏含有:山区土壤和植被图、垂直地带类型,各垂直地带气候条件变化的例子,坡度对土壤和植被的影响。除此而外,栏中展出:整段土壤标本(发育在各种坡积物上的灰钙土),高山动物区系的代表,干燥寒冷的山原的垫状植物,高山草地的矮生草类(有鲜艳的花朵的),高大的亚热带高草;说明山地气候对动物某些生理特征的影响的资料(心脏重量增加,血液循环量增加等等)。

"山地森林"栏含有:说明山地森林景观沿山坡向上更替的剖面,关于高山土壤化学组成和机械组成的资料,山地乔木树种的标本,动物对山地森林更新的影响的资料,"山地草地"栏表明高山低草草地和亚高山高草草地的景观,展出高山的典型的哺乳类和鸟类,以及不同垂直带的山地植物。

"亚热带"栏是最有效果、最生动的栏之一,它表明这一地带多种多样的优美的自然条件。这里陈列湿润亚热带自然条件图,表明土壤和森林类型随海拔和离海远近而改变的分布的综合剖面(以外高加索西部为例)。展出最宝贵的乔木树种的标本和典型动物的景观的图片。展出一系列整段土壤标本:红壤、黄壤、碳酸盐棕壤、山地黑土以及山地草地发育差的粗骨土。

"苏联亚热带农业利用"栏详细地说明这一亚地带,这里的气候条件对农作极其有利。表明优先发展如下的农业部门:茶叶、柑橘类植物、油桐树、果树(柿、无花果、石榴、齐墩果)、技术作物(竹、月桂树、桉树)、挥发油料作物(蔷薇天竺葵、罗勒、拉芬大、挥发油蔷薇)、葡萄栽培业。在山区则为养羊业和乳用畜牧业。上述农业类型按分布面积和产量来加以说明,并展出天然的样本。

苏联自然地理地区(区域)之部

这一部的陈列品表明苏联各大区的自然界、自然资源及其利用和改善利用的途径。在表明苏联大区的8个陈列室中,有一个陈列室的陈列综合栏(反映整个地域的自然界)和局部栏(表明这一地域的省的特征),说明包括陆地、陆地的水流以及苏联四周的海。

为了说明自然特征,广泛应用天然陈列品;典型的岩石标本(并按剖面和地质构造单位进行分组),整段土壤标本、植物标本、完整的植物和木质部、成套的果实,动物的剥制标本,当地原料做成的制品的样子。陈列在大厅中心的成套的有益矿物,说明该陈列室所陈列的各地区(区域)的矿床和矿物资源,从上文可以看出,这些陈列室中往往重复地展示上述陈列室中个别地展出的对象和自然现象。但是，在这一部中，它们是组合成为自然资源的综合体的，它说明了国内该区的特征。

本部的入口处挂上大幅的苏联一览图，它反映高程和苏联的工业经济区划。

第21室：高加索、克里木、乌克兰喀尔巴仟山和中亚细亚的自然界

若干栏说明克里木、乌克兰喀尔巴仟山和高加索的自然界，若干栏专门地说明黑海、亚速海和里海。个别较大的栏用来说明高加索的下列各省：前高加索、西高加索、中高加索（连同黑海沿岸）、东高加索、库罗—阿拉克辛低地（连同阿普锡隆半岛）、外高加索山原、高加索的湿润亚热带省份（科尔希德和连料兰沿岸）。这一陈列室中有一幅表明阿尔卑斯褶皱带（从喀尔巴仟山到帕米尔）的综合地质的大地图。全部中亚细亚的自然条件反映在2个栏中，它们分别说明平原和山地。个别省的自然界反映在一系列较大的栏中：例如卡拉库姆沙漠、克泽尔库姆沙漠、南土库曼山地、帕米尔、库希斯坦、费尔干纳盆地、阿赖山、天山、巴尔喀什湖湖滨地区、哈萨克斯坦浅丘。

第22室：俄罗斯平原及乌拉尔的自然界

在大栏中表明整个俄罗斯平原的自然界，个别栏说明下列各省：科拉半岛和卡列里亚，俄罗斯平原西北部（连同波罗的海沿岸和瓦尔载）、北部（德维拿和伯绍尔，连同卡门诺—维特鲁日边区）、莫斯科近郊、中俄罗斯高地（连同奥卡—顿河低地）、波列西叶（连同第聂伯河沿岸）、伏雷诺—波多尔斯克高地（连同黑海沿岸低地）、赖巴斯、伏尔加河流域、滨里海低地、外伏尔加高地（连同前乌拉尔）。个别栏说明大题目：大伏尔加河、第二巴库。北方和西北方栏中说明巴伦支海、白海和波罗的海。

乌拉尔的自然界反映在下述栏中：乌拉尔自然界（土壤、植被等）乌拉尔的地质构造和矿物资源。用个别大栏说明南乌拉尔、中乌拉尔、北乌拉尔、滨极地乌拉尔和极地乌拉尔。

第23室：远东和北极区的自然界

个别栏反映整个远东的自然界。个别栏说明下述各省：黑龙江沿岸、滨海区、萨哈林岛、勘察加半岛、千岛群岛、远东各海（日本海、鄂霍次克海、白令海）。"北极区自然条件"栏主要反映北极诸海和北极群岛的自然界，部分地包括苔原地带境内的苏联北极大陆。

第24室：西伯利亚的自然界

这里以一大栏表示整个西伯利亚的自然界。个别栏说明下述各省：西伯利亚低地、中西伯利亚苔原、阿尔泰山、萨彦—图瓦山原、贝加尔湖、外贝加尔、东西伯利亚山地、勒拿—维吕斯克低地、极东北区。用个别的栏说明对发展国民经济的第六个五年计划（1957～1961年）最重要的区：安加拉河沿岸、库兹涅茨盆地、库隆金平原和达拉宾平原。

显而易见，在下一个五年计划中将增加说明新国民经济区的栏。

（李恒　杨郁华译）